国家出版基金项目
NATIONAL PUBLICATION FOUNDATION

“十四五”时期国家重点出版物出版专项规划项目

中国黄河文化大典

古近代部分

黄河治理（近代部分）一

《中国黄河文化大典》编委会 编

中国水利水电出版社
www.waterpub.com.cn
·北京·

图书在版编目（CIP）数据

中国黄河文化大典. 古近代部分. 黄河治理. 近代部分. 一 / 《中国黄河文化大典》编委会编. -- 北京 : 中国水利水电出版社, 2023.1
ISBN 978-7-5226-1193-8

Ⅰ. ①中… Ⅱ. ①中… Ⅲ. ①黄河流域－文化史②黄河－河道整治－史料－近代 Ⅳ. ①K29②TV882.1

中国版本图书馆CIP数据核字(2022)第257644号

项目负责人：营幼峰　王厚军　陈玉秋
选 题 策 划：马爱梅　宋建娜　戴甫青

审图号：GS（2023）14 号

书　名	中国黄河文化大典（古近代部分） ZHONGGUO HUANG HE WENHUA DADIAN (GU-JINDAI BUFEN)
卷　名	黄河治理（近代部分）一 HUANG HE ZHILI (JINDAI BUFEN) YI
作　者	《中国黄河文化大典》编委会　编
出版发行	中国水利水电出版社 （北京市海淀区玉渊潭南路 1 号 D 座　100038） 网址：www.waterpub.com.cn E-mail：sales@mwr.gov.cn 电话：（010）68545888（营销中心）
经　售	北京科水图书销售有限公司 电话：（010）68545874、63202643 全国各地新华书店和相关出版物销售网点
排　版	中国水利水电出版社微机排版中心
印　刷	涿州市星河印刷有限公司
规　格	184mm×260mm　16 开本　60.75 印张　818 千字　1 插页
版　次	2023 年 1 月第 1 版　2023 年 1 月第 1 次印刷
印　数	001—800 册
定　价	**480.00** 元

《中国黄河文化大典》
编 委 会

《中国黄河文化大典》编委会办公室

《中国黄河文化大典》
学术顾问及专家委员会

序　一

5000多年前，中华大地形成了裴李岗文化、仰韶文化、良渚文化、红山文化、马家窑文化、大汶口文化、龙山文化等众多的文明雏形，考古学家形象地比喻为满天星斗。但最终能延续并发展成为中华文明主体的都集中在黄河中下游地区，绝不是偶然的。

黄河中下游绝大部分属于黄土高原和黄土冲积平原，地形平坦，土壤疏松，大多为稀树草原地貌，是对早期农业开发极其有利的条件。在尚未拥有金属农具的条件下，先民用简单的石器、木器就能完成开垦荒地、平整土地、松土、播种、覆土、除草、排水、收获。

黄土高原和黄土冲积的平原地处北温带，总体上适合人类的生活、生产和生存。5000年前，这一带的气候正经历一个温暖期，3000年前后有过一个短暂的寒冷期，然后又重新进入温暖期，直到公元前1世纪才转入持续的寒冷。因此在5000多年前，这一带气候温暖，降水充沛，农作物能获得更多热量和水分，物种丰富，成为当时东亚大陆最适宜的成片农业区。

这片土地是当时北半球面积最大的宜农土地，足以满足不断扩大的农业生产和持续增长的人口的需要。在这片土地中间，没有太大的地理障碍，函谷关、太行山以东更是连成一片的大平原。黄河及其支流、独立入海的河流、与河流相通的湖泊，形成天然的水上交通网。交通便利，人流、物流和行政管理的成本较低。这样的地理环境，使一些杰出人物萌发统一的理念，逐步形成大一统观念，由政治家付诸实行。这一片土地成为大一统观念的实践和基础，“中国”的概念由此产生，并逐步扩大到整个中国。

中华文明的起源和早期发展阶段，呈现出多元格局，并在长期交流互动中相互促进、取长补短、兼收并蓄，最终融汇凝聚出以二里头文化为代表的文明核心，开启了夏商周三代文明。黄河文明是早期中华文明的核心和基础，黄河中下游地区是中华文明的摇篮，黄河是中华民族的母亲河。

中国历史上的统一时期，政治中心都在黄河流域（包括历史时期黄河改道形成的流域）。宋代以前，全国的经济中心和大多数区域经济中心都处于黄河流域。春秋战国时的黄河流域是文化最发达的地区。儒家学说的创始人孔子是鲁国陬邑（今山东曲阜）人。他曾周游列国，晚年回到家乡，致力于儒家典籍的整理和教学；他的众多学生主要来自鲁、卫、齐、宋等国；他的主要传承人孟子、曾子等也都在这一带。齐鲁地区是儒家文化的中心。春秋战国时百家争鸣，几种主要学派的创始人和主要传播地区也集中在黄河流域。墨子（墨翟），道家学派的创始人老子，道家学派代表人物杨朱、宋钘、尹文、田骈、庄子，从道家分化出来的法家慎到，战国中期产生的黄老学派，法家商鞅，荀子（荀况），法家韩非等，以及其他各家的代表人物，都不出黄河流域的范围。

秦汉时代，黄河中游已是名副其实的全国性政治中心，其影响还远及亚洲腹地。黄河下游是全国的经济中心，是最主要的农业区、手工业区和商业区。黄河流域的优势地位由于政治中心的存在而更加强。两汉时期见于记载的各类知识分子、各种书籍、各个学派、私家教授、官方选拔的博士和孝廉等的分布，绝大多数跨黄河流域。“关东出相，关西出将”的说法反映了当时人才分布高度集中的实际状况。

从公元589年隋朝统一至755年安史之乱爆发，黄河流域又经历一个繁荣时期。隋唐先后在长安和洛阳建都，关中平原和伊洛平原再次成为全国的政治中心。唐朝的开疆拓土和富裕强盛还使长安的影响远及西亚、朝鲜、日本，成为当时世界上最大最繁荣的城市。尽管长江流域和其他地区已有了很大的发展，但黄河流域在农业、手工业、商业以及国家财政收入中还占着更多的份额。唐朝这一阶段的诗人和进士主要分布在黄河流域，显示出文化重心所在。

从河源到出海口，亿万中华各族人民在黄河流域生活，生产，生存。他们或农，或牧，或工，或商，或狩，或采；或住通都大邑，或居茅屋土房，或凿窑洞，或栖帐篷，或依山傍水，或逐水草而居。他们的方言、饮食、服饰、民居、婚丧节庆、崇拜信仰，形成丰富多彩的地域文化。

总之，中华文明的源头就是黄河文明，就是中华民族的先人在黄河流域创造的；中华民族最早的生活方式、生产方式、行为规范、审美情趣、礼乐仪式、伦理道德、价值观念、意识形态、思想流派、文学艺术、崇拜信仰，都是在黄河流域形成的，或者是以黄河流域所形成的为主体，为规范，然后才传播到其他地区。

黄河，不愧为中华民族的魂。

大量历史事实足以证明，黄河曾经哺育了华夏民族的主体，曾经哺育了中华民族的大部分先民。她的儿女子孙遍布于中华大地，并已走向世界各地。

夏朝的建立和长期存在形成了由各个部族融合成的夏人，又称诸夏。在商、周时代，人口的主体是夏、诸夏，他们被美誉为华夏（华的本义是花，象征美丽、高尚、伟大），以后常被简称为夏或华。华夏聚居于黄河流域，通过周朝的分封和迁移，扩散到更大的地域范围，并不断融合残留的戎、狄、蛮、夷人口。到秦始皇统一六国时，长城之内的黄河流域，非华夏族都已被融合在华夏之中。

秦汉期间，华夏人口从中原迁入河套地区、阴山南麓、河西走廊、长江两岸、巴蜀岭南、辽东朝鲜。在两汉之际、东汉末年至三国期间、西晋永嘉之乱后至南北朝后期、安史之乱至唐朝末年、靖康之乱至宋元之际，一次次大规模的人口南迁使华夏人口遍布于南方各地。一部分人口主动或被动迁入匈奴、乌桓、鲜卑、高句丽、突厥、吐蕃、南诏、回鹘、契丹、渤海、党项、女真、蒙古、满族的聚居区，在与这些民族融合的同时，传播了华夏的制度、礼仪、文化、技艺、习俗、器物，扩大了中华文明的影响范围，促进了中华民族大家庭的逐渐形成。到了近代，成百万上千万的内地移民闯关东，走西口，渡台湾，迁新疆，开发和巩固了祖国的边疆。至20世纪初，从黄河流域迁出的人口与他们的后裔，已经遍布中国大地。

在向各地输出移民的同时，黄河流域也在大量吸收其他地区的移民，特别是来自周边地区的非华夏移民。匈奴、东瓯、闽越、乌桓、鲜卑、西域诸族、昭武九姓、突厥、粟特、吐谷浑、吐蕃、党项、高句丽、百济、契丹、奚、女真、蒙古等先后迁入黄河流域，这些民族的整体或大部分人口在这里融合于中华民族的主体之中。

尽管今天全国各地的汉族人口并非都来自黄河流域，在南方一些地区和边疆地区其实是世代土生土长的人口占了多数，但绝大多数汉族家族，甚至一些少数民族家族都将中原视为祖先的根基所在。显然他们所认同的不仅是血统之根，更是文化之根，而这个根就在黄河之滨、黄河流域。

黄河，不愧为中华民族的根。

黄河流域有世界上黄土覆盖面积最大、覆盖最厚的黄土高原，本身植被稀少，经农业开发和人为破坏，加剧了水土流失。黄河中游降水往往集中在夏秋之际，在局部时间和地点会将大量泥沙冲入黄河，使河水含沙量达到世界之最。泥沙淤积在下游河床，形成高于两岸地表的“悬河”，一遇洪水就泛滥成灾，决溢改道。黄河成为世界大河中改道最频繁、波及范围最大的河流。

这条哺育了中华民族的母亲河，也曾经使她的儿女子孙历经磨难，黄河的安危历来是国运民瘼所系。“海晏河清”“黄河清，圣人出”，是从帝王到庶民的千古期盼；但面对现实，多少人不得不发出“俟河之清，人寿几何”的浩叹。大禹治水的成果奠定了华夏立国的根基，历代治黄的成功保障了中华民族的繁衍。从《尚书·禹贡》到历代《河渠志》、各地的水利志，从《水经注》到《水道提纲》，从贾让的“治河三策”到潘季驯的“束水攻沙”，从“导河积石”到《河源纪略》，从金匮石室的秘籍档案到野老村夫的私人记录，历代治黄留下皇皇经典和浩如烟海的史料。

黄河作为一条饱经忧患的河，凝聚了中华民族的苦难和与苦难的奋争。“黄河宁，天下平。”历朝历代都将治理黄河作为兴邦安民的大事。特别是1946年以来，中国共产党领导人民开展了波澜壮阔的治黄实践，取得了举世瞩目的伟大成就。黄河文化经久不息、历久弥新，是中华文明的重要组成部分，是中华民族的根和魂。习近平总书记强调，要深入挖掘黄河文化蕴涵的时代价值，讲好“黄河故事”，延续历史文脉，坚定文化自信，为实现中华民族伟大复兴的中国梦凝聚精神力量。

水利部领导有鉴于此，成立以党组书记、部长李国英为主任的编纂委员会，组织专家学者、水利部门领导和专业人士编纂《中国黄河文化大典》，举凡河流与人类文明之关系，黄河文明与其他河流文明之异同，黄河及其流域之自然地理和人文地理，黄河何以为中华民族之魂与根，黄河文化之内涵、外延、特色和变迁，历代治黄之实录、经验和教训，新中国治黄之巨大成就与未来展望，黄河流域生态保护和高质量发展的理念与实践，黄河文化之传播与弘扬，史籍文献、档案资料、旧典新篇、巨著零札，无不广搜博引，严选精编。

盛世修典，功在千秋。我忝为编纂委员会学术顾问，得参与其事，躬逢其盛，曷其幸哉！是为序。

葛剑雄

2021年10月

序　二

黄河流域文明源远流长，首先表达为中国新石器时代的仰韶文化（公元前5000年—前3000年）、大汶口文化（公元前4300年—前2400年）、龙山文化（公元前2400年—前1900年）。至于中国水利文明的开始，则是妇孺皆知的距今4000年前的大禹治水的传说。有人说当时的大暴雨是全球性的，因为一些民族的神话传说都流露出一些痕迹。大禹治水主要发生于黄河流域，在中华民族形成过程中是有着强大凝聚力的伟大事件。黄河流域也在此后几千年间成为中华民族政治、经济、文化的重心地带。

文化是民族的血脉，是人民的精神家园。在我国5000年文明发展历程中，各族人民共同创造出源远流长、博大精深的中华文化。它凝聚着中华民族自强不息的精神追求，为中华民族的发展提供了强大的精神支撑。回顾历史为的是着眼于未来。人类文明发展史证明，先进的文化筑就国家强盛之基。从文艺复兴的历史来看，它曾开创人文主义的思想解放运动。当年一些思想家挣脱欧洲中世纪宗教神权的精神枷锁和封建君主专制，在古希腊和古罗马的优秀思想中寻求智慧，从而开创了欧洲社会发展的新纪元，促成了18世纪末由英国开始又很快传播到欧洲的第一次工业革命，成为人类思想史辉煌的一页。然而以优胜劣汰为指针的西方文化，在以“大同世界”“天下为公”为目标的中华传统文化面前，却难掩其不足。当年辜鸿铭就曾当面责备翻译《天演论》的严复说，“自严复译出《天演论》，国人只知物竞天择，而不知有公理，于是兵连祸结”，直指只讲自由竞争的西方价值观的缺憾。真正的大国强国，不仅取决于它的经济和军事实力，也取决于它的精神文化的感召力。历史经验提示，文化是社会政治、经济、技术发展的原动力。在前人的基础上，我们应该探寻优秀传统文化的时代内涵和新的发展理念，走出一条新的道路。如今编纂的《中国黄河文化大典》系统总结黄河流域的文化演进，是水利部党组落实习近平总书记关于黄河流域生态保护和高质量发展讲话精神的重要部署，是保护、传承、弘扬黄河文化的重大出版工程，是服务于当代水利实践的重要文化建设。

如何理解前人沉淀在众多文化典籍中的古老智慧，青蒿素的发现就是有说服力的例证。从20世纪60年代开始，由屠呦呦领衔的研究者从众多古代医药书中筛选出有研究前景的几种治疗疟疾的中药。从大约1900年前晋代葛洪著《肘后备急方》记载的“绞汁”获得灵感，发现青蒿素，获得诺贝尔奖。后来又从其他典籍和民间验方中发现黄花蒿等几种高效抗疟药物，进一步打开传统医学研究服务当代的成功之路。

在前沿科学创新中也不乏传统文化的身影。2001年数学家吴文俊指出，他发现并因此获得国家最高科学技术奖的“几何定理证明的机械化问题，从思维到方法，至少在宋元时代就有蛛丝马迹可寻”。他在《东方数学的使命》中再次强调，现代计算机数学和我国古代数学算法的思维方式相一致，“从这个意义上讲，我们最古老的数学，也是计算机时代最适合、最现代化的数学”。既然现代基础科学尚可以从传统文化的继承中推陈出新，在经验性很强的以大自然为背景的科学领域，尤其要进行综合研究。

科学发展史说明，在古代文明中，科学是一个统一的体系。直至15世纪下半叶，在文艺复兴运动推动下，科学才逐渐分化为自然科学与人文科学两大部类，而每一部类又逐渐分化为各门学科。正是由于学科的分解才有力地促进了科学的深入发展，生产力大为提高。在科学不断分化的同时，近百年来科学的融合也在悄然兴起。自然科学内部的有关学科之间加强了交叉联系，进而自然科学也开始注重与历史、管理等社会科学的相互渗透。尤其是像水科学这样以大自然为背景的科学领域，边界条件十分复杂，还不可能分析一切自然界的影响因素，何况其间还加入了人类大规模改造自然所产生的对水环境的影响。而水科学与历史的交叉研究恰恰在构建一个包括人类活动在内的自然界的统一景象，并由此在增进对自然的理解方面显现出自己的优势。

例如，以往的防洪方针主要是控制自然态洪水。水利规划就是根据算水账来进行工程布置，认为控制了洪水也就控制了灾害。但多年来的实践却未能尽如人意，灾害损失大幅度提高，主要江河都发生了不利于防洪的变化。但这些防洪形势的不利变化并非由于水利工程不足，也不是自然洪水显著变异所致，而主要是社会无序发展所产生的负面效果。然而直到20世纪末，世界各国都仍将水灾只称作自然灾害，其实2000年前汉代贾让“治水上策”早就强调：水灾与过度的社会开发有关。自此之后，在2000年的治河史上，当出现单纯运用工程防洪走投无路时，几乎无例外地提出了人类发展要主动适应洪水客观规律的类似见解。世界各主要国家在20世纪中叶以来所普遍推行的工程与非工程相结合的防洪措施的精神实质也相类似。由此我们在自然科学和社会科学交叉研究的基础上，通过历史模型方法提出："灾害具有自然属性和社会属性，双重属性全面概括了灾害的本质属性，缺一不成其为灾害。"灾害双重属性不是防灾减灾政策制定的依据，也不是工程与非工程减灾措施的另一种表达方式，而是对灾害本质属性的哲学概括。在双重属性当中，二者缺一就不能构成灾害。没有人类活动，就算天崩地裂也无所谓灾害。水利部原部长汪恕诚在2003年发表署名文章，认为"灾害双重属性进一步阐明了灾害的本质属性，这是一种哲学思维方面的进步，也是中国政府在1998年长江发生大洪水后对洪水问题进行深刻思考得出的结论"。他还进一步指出：这些基础理论成果在2002年新修订的《中华人民共和国水法》中得到了体现。古代治水思想研究为当代防洪减灾方针提供了有益借鉴。

在高科技时代，为什么还能够从传统哲学中寻求借鉴？古代生产力低下，自然力对人类社会处于支配地位，人们不得不怀着敬畏的心情，更多地关心和记录自然变异对人类社会的影响，注重天文、地理与人事之间的综合思考。虽然前人对自然规律的认识不及今人深刻，但这种综合思考的原始自然观和世界观，反映的却是和现代相似的客观事实。可见，科学与人文的分割，曾经妨碍了我们的视野。"灾害双重属性"的提出是在许多水利及相关历史典籍的整理中，在1991年淮河、长江和太湖大水灾的实地调查中得到的启示，继而将视野扩展至世界防洪减灾现实，终于有所感悟。

近年来，基于传统水利典籍的搜集整理，在水科学和水文化上做出重要贡献的还有许多。例如中国大运河申请世界文化遗产的基础论证；世界灌溉工程遗产的研究与申报；水利风景区规划；古代水利典籍汇编；以及向社会推介12位历史治水名人，无不借重于传统水利及文化典籍的学习和研究。从事这些工作的心得，是期待更广泛、更系统地搜罗宏富的系统文献。如今《中国黄河文化大典》率先启动，邀约部内精英和社会贤达共襄盛举，汇编流域内水科学水文化典籍，规模巨大，蔚为大观。此外还安排有和黄河治水文化有关的专题研究。在流域范围里产出如此大体量系统的文献整理和研究成果，彰显出组织者促进水科学与水文化融合的深邃思考。

被喻为“中华民族的摇篮”的黄河，既造就了广大的华北平原，提供了民族生存和发展的基础环境，又是一条“善淤、善决、善徙”的多灾多难的河流。2000多年来，它曾北夺海河，自天津入渤海；又南夺淮河，从云梯关入黄海。它在华北平原上往复摆动，频繁决溢，对面积达25万平方千米的国家腹心经济区构成重大的威胁。黄河之所以如此不安定，主要是由于河水挟带的大量泥沙淤积在下游，将河床年复一年抬升的缘故。以往黄河每年从中游带下约16亿吨泥沙，除12亿吨可以直接输送入海外，其余4亿吨堆积在下游河床里。下游河床越淤越高，形成高于两岸地平面的“悬河”。黄河也因此成为“中国之忧患”。黄河下游地区历来是国家的重要经济区，因而历代王朝都把治理黄河，减轻黄河洪水灾害，作为国家的大政方针。

黄河的根本出路何在，是古往今来人们关注的重大宏观研究课题。今天的宏观研究应不同于古代。为了科学地制定黄河防洪战略，对于它的高含沙量以及由此带来的种种后果和问题，都应有准确科学的答案。也就是说，宏观研究必须以一系列的微观研究做基础。因此，为了把黄河治理纳入科学的轨道，为防止和减轻黄河水灾，基础科研亟待加强。近百年来曾经用过模型方法，试图求得解决之道。在模型运用上首先是物理模型和数学模型，这是运用最多的两种方法。加上上面提到的历史模型，三种模型都有着共同的特点，即无论哪种模型，都是中介物。模型方法都是通过对中介物的研究来认识原型。区别则在于它们模拟原型的方法和形态各有不同。近百年间通过对黄河下游的水沙调节，谋求防洪安澜的努力，就曾结合我国古代治河经验，开展了以上三种模型方法的试验。

黄河上第一次物理模型试验，是在20世纪30年代进行的，那是由李仪祉先生推动，委托德国水工模型实验创始人恩格斯教授主持，在瓦痕湖试验场开展，共进行了两次。第二次试验采用平面比尺1∶165，垂直向比尺1∶110的变态模型，河床质采用从国内带去的黄土。验证试验肯定了明代治河专家潘季驯“束水攻沙”理论和他所设计的系统堤防。然而限于当时的条件，模型比尺小，悬移质模拟困难，因而只得出了定性结论，没有取得定量成果。

在20世纪60年代，也曾直接依据历史文献说明黄河下游河床演变规律，首见于钱宁和周文浩所著《黄河下游河床演变》。这是国内研究黄河泥沙和河床演变的力作。在该书绪论中，作者就详细说明：“研究河床演变不可能离开河道的历史背景……这些丰富的历史遗产使我们有条件重温河道的历史演变过程”，历史治水文献“是造床科学中一份最宝贵的历史遗产”。他们还在该书的许多章节中大段引用历代先贤治理河道状况和水力输沙的创造性见解，如欧阳修、苏辙、万恭、潘季驯、陈潢等一众先贤的认识。而在写到黄河游荡性河段特性时，还记录了沿河群众“一弯变，弯弯变”和“一枝动，百枝摇”的民谚，生动地说明了由于险工挑溜角度的改变，或滩岸河势变化，河床左右摆动会向下游传播的游荡性河道特征。可见，汇编整理治黄历史典籍和民间谚语等智慧，对于了解和研究黄河科技和文化，对于社会可持续发展有重要的意义。

当然，历史研究能再现实在的历史过程，但历史与现实只具有一定程度的相似性。历史研究不可能穷尽对研究对象的所有认识，并且主要在宏观问题上具有显著的优势。黄河含沙量居于世界诸大河之冠，带来了黄河治理的复杂性。1949 年后，我们曾对黄河下游防洪做了许多工作，主要依靠堤防和险工，取得 50 年无决口的历史纪录；也曾在中游河道建设系列水库滞蓄洪水和泥沙，并提出黄河水沙同是宝贵资源的新理念。但黄河安定的最终出路何在，仍是国家关注的重大课题。直到 21 世纪初，开始了旷古未有且极具魄力的黄河下游河道治理的全新探索，相较于模型研究，它是在 1∶1 的黄河下游原型上的“模型”实验。于是，调水调沙应运而生。其主要目标是，在黄河下游河道堤防现状下，运用现代化高新技术以及万家寨、三门峡、小浪底等水库对水沙的调配，使黄河进入健康发展阶段。

调水调沙试验在 2002 年开展，通过水库调蓄泄放，形成人造洪峰，加大了对下游河床的冲刷。20 年来黄河调水调沙取得的成果是：黄河主槽不断萎缩的状况得到初步遏制；下游河道主槽平均降低 2.6 米，主河槽过流能力（水不上滩流量）由 2002 年汛前的 1800 立方米每秒，提升到 2021 年汛前的 5000 立方米每秒左右。调水调沙以来，黄河累计入海总沙量达 28.8 亿吨，防洪减淤效果明显。得益于调水调沙，黄河下游河道沿线以及河口三角洲生态状况好转，取得了显著的社会效益，在适应自然规律的基础上，助推了黄河的健康发展。调水调沙实践将成为科学技术史上的重要篇章。

如今，社会以前所未有的速度在前进，物质层面的新技术新产品令人炫目且极具诱惑，科学技术也因此走上圣殿，被公认为社会发展的动力。而孕育科学发展原动力的文化，却一度被冷落。然而看似柔软的文化，却是人类社会持续发展的内在动力，对传统文化的重新整理研究，也应成为科学创新的源泉之一，为科学带来灵感和想象力。可见，科学的发展非但不应该排斥文化，相反，提炼文化中的历史经验和信息，并与之相融合，正是科学所要完成的重要课题。为了大力加强黄河水文化建设，为水利科学发展提供精神营养，我们期待着《中国黄河文化大典》的早日问世。

周魁一

2021 年 11 月

编纂说明

《中国黄河文化大典》全面记录了我国历代黄河治理的辉煌成就，系统展现了历代黄河治理的理论与实践，传承了经典典籍中蕴含的思想观念、人文精神和道德规范。《中国黄河文化大典》是胸怀国之大者、保护传承弘扬黄河文化的具体体现，是坚定文化自信、延续历史文脉的重大出版工程，对中华优秀传统文化创造性转化、创新性发展意义重大。

《中国黄河文化大典》编纂出版原则是：句读合理，标点正确，校雠细致，校勘有据。

一、为方便阅读，将底本的繁体竖排改为简体横排，原文中表示前后关系的“如左”“如右”等予以保留，实际表达的含义为“如下”“如上”，只在每个编纂单元首次出现时统一注释说明。

二、底本中的异体字、俗字等原则上改为简体字，不出校。“粘”“爬”等用字因字词的义项发生变化，虽然已经不适用于现在的字词义项，但仍保持原貌不予修改，只在每个编纂单元首次出现时统一注释说明。

三、原文中的数字用法仍依底本不改；人名、地名易生歧义者，不予简化；底本中的双行小字注释改为单行小字注释。

四、对原文献分段，逐句加标点，标点遵循 GB/T

15834—2011《标点符号用法》。

五、文献正文以及文中引文部分，除校改明显错误外，一般不作不同版本的校注。对原文献进行校勘，凡有可能影响理解的文字差异和讹误（脱、衍、倒、误）都标出并改正。如有必要再以校勘记进行说明，校勘记置于页下，文中校码紧附于原文附近。正文改字在正文中标注增删符号，拟删文字用圆括号标记，正确文字用六角括号标记，如把拟删的“下”改成“卜”，格式为“（下）〔卜〕”。

六、对于史实记载过于简略，明显谬误之处，以及古代水利技术专有术语、专业管理机构、工程专有名称及名词等，进行必要的简单注释。

七、每个编纂单元前，有文献整理人撰写的“整理说明”，其主要内容包括文献的时代背景，作者简介及其主要学术成就，文献的基本内容、特点和价值，文献的创作、成书情况和社会影响，整理所依据的版本及其他需要说明的问题。

八、每分册前设有“前言”，其主要内容包括本分册涵盖的典籍内容、文献价值、出版意义和版本特色，本分册典籍入选原则以及与编纂有关的需要特别说明的情况等。

九、为保持文献历史原貌，本次整理不对插图进行技术处理。

《中国黄河文化大典》的编纂出版得到了水利行业及社会各界的广泛关注和大力支持，中共中央宣传部、中央政策研究室、文化和旅游部、中国科学院、中国社会科学院、中国工程院、清华大学、北京大学、复旦大学等部门及单位给予了大力支持，不少院士、专家、学者担任编委会及专家委员会委员，指导编纂工作。本书的点校专家、审稿专家、编纂工作组织者亦付出了巨大努力，在此诚表谢意。

由于工程浩大、编校繁难，编纂过程中难免存在疏漏，欢迎广大读者、专家批评指正。

《中国黄河文化大典》编委会办公室

《中国黄河文化大典》

黄河治理（近代部分）一

主　　编　刘晓燕

副 主 编　牛建强　岳德军

参编人员　陈二峰　蒋　超　武　强

审稿专家　陈红彦　邓永标

前　言

黄河是我国的第二大河，黄河流域是中华民族的摇篮，是华夏文明的发源地。

在漫长的历史时期，黄河在为我国政治、经济和文化发展作出重大贡献的同时，也曾给两岸人民带来深重灾难。平均“三年两决口，百年一改道”，洪灾波及范围北达天津、南抵江淮，包括冀、鲁、豫、皖、苏五省的黄淮海平原，纵横二十五万平方公里。历史上黄河流域还是旱灾最严重的地区之一，旱灾范围广，历时久，常常形成“赤地千里”“饿殍遍野”的悲惨局面。

黄河宁，天下平。2019 年 9 月，习近平总书记在黄河流域生态保护和高质量发展座谈会上指出：“黄河文化是中华文明的重要组成部分，是中华民族的根和魂。”“从某种意义上讲，中华民族治理黄河的历史也是一部治国史。”为了把黄河治理好，历代先民与水旱灾害进行了长期艰苦的斗争，对治河进行不懈的探索。大禹治水的传说，至今仍广为流传。春秋战国时期，黄河流域开始修建黄河大堤、人工运河和灌溉工程。秦汉以来，经过长期的治河实践，在防洪、灌溉、航运等方面都有较大建树，治河方略不断得到发展，涌现出一批治河名家能手。他们在治河上取得的重要经验，提出的重要治河观点，对后世治河实践与研究发挥了积极的借鉴作用。

鸦片战争以后至民国时期，中国逐步沦为半封建半殖民地社会，内政日益腐败，加上外国侵略势力的掠夺，黄河水患频仍。社会的巨大变化，给黄河治理带来巨大影响：一方面，国家财政日益贫困，使得河防长期失修，决溢灾害频繁；另一方面，不少治河人士或接触新的水利技术知识，或勇于创新开拓，善于总结，对黄河治理技术的发展做出了新的贡献，极大地丰富了黄河治理的文化内涵。本书辑录的《豫河志》《洪洞县水利志补》《贻谷督办内蒙垦务记》和《王同春开发河套记》即是这一时期代表作。

由吴筼孙主编的《豫河志》是河南黄河及其支流沁河的第一部水利专业志书，也是民国年间成书最早的江河志。全书包括图、源流、工程、经费、祀典、职官、附著等共二十八卷。除源流部分广泛征引《禹贡》《水经注》等典籍外，其余各卷只收录清代的治河文献。关于编写《豫河志》的意图，吴在序言中写道："筼孙既领河堤之役，连年行河之暇，每欲考历来变迁之由，与夫前人之良法美意，足以为则效之资者，而不得其书。著于世者，皆南河诸书。"该志对于后来的《豫河续志》和《豫河三志》起到了示范和引领作用，是研究河南黄河治理十分重要的基础资料。

《洪洞县水利志补》是民国初年重要的水利专志，内容涵盖分布在洪洞县境内的四十多条渠道自唐代以来历年渠册、水规、水案碑文等文件，以及各渠所经村落、灌溉土地数目、水程期限、渠规渠例、惩罚条款等资料。《洪洞县水利志补》成为该县民众公正地使用渠水、避免水利纠纷、人人必须遵守的一部地方法规，也为今人解读山陕地区水权保障系统、研究洪洞县的水利发展史，提供了一份较为完备的资料。该河渠灌溉志由时任洪洞县知县孙奂仑主持编纂，在黄河流域乃至全国均产生了重要影响。

《王同春开发河套记》由著名历史学家、地理学家顾颉刚撰写。1934 年夏天，顾在考察察哈尔和绥远时，听到了关于王同春开发河套的神奇传说，通过对当地军政官员、历史学家、文学家和民间人士的采访，撰写了《王同春开发河套记》。他用大量的史料对被誉为“开渠大王”的王同春开发河套水利事迹进行了较为详尽的记述，使这一颇具传奇色彩的历史人物更加真实。他同时还把自己收集的文献资料都附于文章之后，并希望大家帮助修改这篇文章。顾称其为“改稿”。

内蒙河套荒芜的牧场，依靠王同春的智慧、勤劳和勇敢，逐渐开辟成肥沃的农田，这引起清廷的垂涎。为筹辛丑条约赔款，光绪二十七年，清廷任命兵部左侍郎贻谷做垦务大臣，到内蒙古去督办垦务。《贻谷督办内蒙垦务记》记述了这段历史，包括贻谷设立垦务局接收土地，设立垦务公司谋取私利，巧夺豪取王同春的渠田等。贻谷垦务之得失，对后世河套地区开发具有深远的影响。该书由民国时期经济史、历史地理学者孙媛贞撰写。

本书收录的近代科学技术引进之后的四部黄河重点治理文献，展示了古代治黄的发展演变、艰辛历程和重要成就，无疑具有重要的时代价值。

《中国黄河文化大典》编委会、专家委员会高度重视该书的编纂工作，进行系统谋划和严格把关，编委会办公室精心组织，很好地保证了本书的品质和进度。本书的整理、编辑和审稿工作由具有深厚古文功底和水利专业知识，经验丰富的资深专家担任。正是他们的奉献、责任、协作和戮力，得以保证了本书的质量。

由于现存资料的限制，加之时间紧迫，挂一漏万恐难避免，恳请方家不吝赐正。

刘晓燕

2022 年 11 月

目　录

豫河志

吴筼孙　陈善同　纂辑
陈二峰　整理

整理说明

吴筼孙，河南光州固始县人。民国7年（1918年）1月，就任河南河防局局长。任职期间，在行河之暇，每欲考校历代河道变迁的原因和前人治河之良方，往往不得其书。遂慨然自任，召集属员专司抄录之事，而吴筼孙总而辑之。民国8年（1919年）秋兴作，历时两年，粗成初稿，名之《豫河志》。民国11年春，稿甫脱而筼孙离任。至民国12年，陈善同继任，始铅印若干部，《豫河志》才得以存世。

《豫河志》全书共二十八卷，分图一卷、源流三卷、工程九卷、经费六卷、祀典三卷、职官三卷、附著三卷。图全称为《河南全省黄河形势图》。源流部分通过梳理历代经典文献，勾勒行河之大要，以便“循其涂而范我驰驱”。工程、经费两部分占到了全书的一半的篇幅，是最有价值的部分。前者梳理了有清一代黄、沁二河决溢、河防工程及河工变迁的情况，后者详载豫省河工经费收支和损益状况。祀典、职官部分勾勒职官制度之变迁，原始要终，分别表列，不仅使后之从事河务者，深究古今因革损益之故，而且能在治河实践中使豫省得河流安澜之福，且下游四省实利赖之。就豫河专志而言，煌煌数十万言，堪称巨帙。

《豫河志》专为豫省所作，断代为书，囊括顺治至光、宣年间豫省河工兴替。豫省黄河漫决二十四次，历次经营补苴之方，可为殷鉴。鉴于西学冲击，《豫河志》仍然坚持传统治河之学，讲求一代河防工程之制，必先精一代人事，注重河道大工之间的起承关系。《豫河志》“工程”各卷详细罗列清代河南黄河兴作工程，并依据官方簿籍文书，详载河工经营者和决策者之间的来往疏奏，对于考察豫省工程之制创立的文化因素、现实诉求及地域性特征都有重要的参考价值。由此引发河工研究路径之革新：世人皆以欧西治河之学重河性，因利是导，为河患彻底解决之道，锐意欧化，不复措思于固有之载籍。《豫河志》则融会中外，力革抱残守缺之弊。“是编以穷原委，则必洞明史迹，灼知变化之端。参引西法，曲尽疏凿之利。”在运用历史方法方面，《豫河志》可称研究豫省河工的经典之作。

《豫河志》堪称“豫河成案汇编”，保存了大量文书档案。官方档册，无法流传，散轶严重。主要原因有二：一曰官焚，二曰私毁。官焚的情况，在《豫河志》卷十九《经费六》中所载最为详细。光绪二十年（1894 年）六月，河东河道总督许振祎片奏：“凡从前河院两道各厅所存档册，凡有涉往来支发，盖行销毁。凡各衙门所存从前批禀，均作为废纸在案。”所奏出于公心，以禁伪造私册之弊。私毁主因有三：“朽腐断烂者有之，交代之散乱湮沉者有之，吏胥乘移转之际隐没居奇者尤不能免。”官私各色人等，或有意，或无意，遂使文书档案残缺不全。《豫河志》保存了大量豫河成案，成为后世研究清代黄河的重要资料和依据。

吴筼孙鲜明提出“河工之要者，在成案，在文书簿籍”。查检往事，一事始末不能衔接者十常六七，又因司河工之官，分任黄河、沁河，簿籍出于多门而不能两全，兼惧档案散轶，遂兴纂辑之意。司河工，重成案，可以矫正时论空谈西学之弊。民国科学昌明，有志于河工研究者，以兴利除弊为圭臬，视区区详案之书，“奚关重轻”，甚至讥其“但录成案，不过文书簿籍之细”云云。而不知吴贯孙治河之功，“管理东、豫两河，先后十年，一本尚书之说，略著成效”，“去豫八年，河安如昔”。

《豫河志》一书传世有民国12年铅印本和民国19年重印本。前者为吴贯孙首倡纂辑，陈善同整理，翻成其书。此书铅印，不为世人所喜，存世不多，流传不广。后者是于廷鉴担心河署孤本再轶，筹资重印三百部，以广其传，使后世知豫河专志始创之意。铅印本和重印本，时间间隔不长，改动较少，唯重印本多出《重印〈豫河志〉序》五篇和一篇《〈豫河志〉正误表》。原有未错之处，重印本多指其为错，并以“正误表”的形式改错为正。另“正误表”多次出现校对不精、错误之处，令人疑惑。两个本子版式极为相似，“凡例”之前稍有差别，之后近乎相同。此次整理以民国12年（1923年）铅印本为底本，参照民国19年重印本，并依据后者补五篇《重印〈豫河志〉序》和其他缺漏之处，吸收《〈豫河志〉正误表》不误之处，在正文中出注，而将该表予以删除。本书由陈二峰整理。若有不当之处，敬请批评指正。

整理者

豫河志

信陽陳善同題

中華民國十二年十月河南河務局印

河渠舊蹟

水竹邨人題

循源溯流

徐世光

目　录

张凤台序[1]

士大夫读书稽古，关怀梓桑，凡名山大川之在其地者，靡不博极群书，旁稽众说，精心研核，辩谬订讹，以为因革损益、随时考查之铁证。凤，豫人也。黄河，豫渎也。源虽发于昆仑，然《禹贡》导河由积石而龙门，而华阴，而底柱，以至于孟津、大伾。道经豫境者最多，其源流经纬、分合伏见，以及疏浚启闭、波潴蓄泄之法，凡我豫人皆当因委穷源，逐细研求，借以雪数典忘祖之讥。况职司河务者，尤属责无旁贷，更未可以度外置之也。顾吾豫自张清恪公总督河道时，著有《居济一得》八卷，附《河潜类纂》一卷，采入《四库全书》，迄今二百余年。吾乡士大夫以著述鸣者，固不乏人，而河务专书竟付阙如斯，亦豫省一憾事也。河南河务局自吴君咏湘来为局长，乃慨然有修《豫河志》之举，书成见示并嘱为文以弁简端，余盥而诵焉。除图以外，一源流，次工程，次经费与祀典，终以杂著。其体裁已详，凡例无容赘述。其宗旨则以汇辑成案，借资考镜为主，在实用不在空谈，诚为河渠历史上铁板之主义。夫治河有成绩，而无定形。查张清恪公所陈三禁、三束、四防、八因诸条，固皆躬亲履勘，事事切于实用，较之万斯同《河源考》、

[1] 底本无，据内文补。

薛凤祚《两河清汇》以及崔惟雅《刍议》《或问》等书，条分缕晰，最称详赅。惟水视地迁，法随时变，神而明之，存乎其人。若必拘拘于簿籍文书之迹，则刻舟求剑，识者日误矣。然若无簿籍文书之可凭，窃恐书阙有间，不特荐绅先生难言之，即于役河干人员擿埴索涂，茫茫无所据，将何从而征之且信之耶？吴君咏湘为吾乡望族，仕不废学，言有足征，综计生平宦绩，由鲁而豫从事茭防者十余稔矣。以故纪事纂言，皆由躬行实践而来，绝非纸上之空谈。是志也，实与《居济一得》为吾乡绝无仅有之书。余固不敢曰吴君学问、经验与乡先哲清恪公相提而并论，然就豫言豫，就志言志，搜残补阙，自顺、康以后之大经大法皆得并垂不朽，后之人考已往之成规，树将来之遗范，均于是志取法焉。其有功于吾豫河防者，岂浅鲜耶？查《河南通志》向列“河防”一门，余莅豫后，筹设全省通志局，甫经开幕而是志适先告成，足资甄采，不禁先睹为快而揭橥之以饷同人，庶可为防河之一助云尔。是为叙。

安阳张凤台谨识于梁垣公署

吴篑孙序[1]

尝闻陆朗夫中丞请修《河渠志》之言矣，曰：有每岁经营之迹，无百年不变之形。昔人所编《河渠》诸书，止就彼时事势而言，阅历年岁，遂多歧异，不及今厘为一书，则后人考镜无资。盖官运河道时所上，在乾隆三十九年前后。总督东河者，实为姚公立德。当时虽然其说议修，然卒未闻成书。迨中丞以居忧，按察使复衔命视运河，乃自成《备考》六卷而别著《河防要览》一书，而皆非此书内所拟。自雍正以来，黄流之决塞，运道之变更，闸坝之废置，泉流之通塞，官师之增并，钱粮之盈绌，及时追录，以上接《全河备考》《治河方略》《行水金鉴》诸编之说也。

篑孙既领河堤之役，连年行河之暇，每欲考历来迁变之由与夫前人之良法美意，足以为则效之资者，而不得其书。著于世者，皆南河诸书，其中以《行水金鉴》为最后，然所载至康熙六十年而止。河工之要者，在成案，则文书簿籍是已，亦尝于此求之。然一事始末不能衔接者十常六七，或乃仅有其名称可稽，其始末悉付之茫然者亦有之。盖自雍正二年以前，豫之黄河或统于南河，或兼于豫抚，而沁河则为豫抚专司。因其分也，而两不能全。雍正二年以后，既由副总河改为总河，名曰

---

[1] 底本无，据内文补。

东河，与南河划然为二，专矣。然二百余年，兰阳、武陟、济宁、开封，总河驻所既不常厥居，卒乃裁总河并于巡抚，岁月既已久远，益以迁移之频迭。所谓文书簿籍，则架阁之朽腐断烂者有之，交代之散乱湮沉者有之，吏胥乘移转之际隐没居奇者尤不能免。用是，有所深惧而兴纂辑之意。

计去朗夫中丞建议时又一百四十余年，而究不敢忘其言。以为及此时而为之抱残守阙，固已是千百之十一，倘复因循，将并此十一之仅存者亦且不得而见。一朝之大经大法，敢以敝屣置之乎？于是，属员司以钞录之事，而筼孙总而辑之。先求之档案，其有不具者，则遍及他书。两年于兹，粗得讫役。书成，名之曰“豫河志”。诚知有如中丞所谓河东所辖开归二道，在黄河腰脊之间，止叙一节，全体不完。然自铜瓦厢决口以后，姑无论南河之久裁也，即东河总河所得辖者，亦只河南南北两岸二百余里之河。虽使今日总河之职尚存，亦只能就豫言豫。是编阙略之讥，诚所难免，要亦竭吾力矣。吾力之所不能及者，则亦付之无如何耳。然如《河南通志》成于雍正十三年，其“河防”一门于当时兴建有关，阙而未录而今之补入者固自不少。又如李观察逢亨所修《永定河志》在嘉庆之时，而于初建堤工及设官设兵诸原案已称年久，卷牍残缺，所甄录只百余年间事而已。如此，况从二百余年以后，欲在在原始要终，不免感喟于书缺有间矣。异日或有所获，当别成《补遗》一编。誓心则然，而未敢必其能操左券。然自顺治之初，以连光、宣之时，行河之大要略具于是矣。循其涂而范我驰驱，固三人之师也。后之览者，毋亦谅此大辂椎轮之苦乎？

中华民国十年岁在辛酉仲冬固始吴筼孙序

邓长耀序[1]

治河之书，旧皆详于南河，而豫为独略。然河自华阴以东入豫，挟建瓴之势，奔腾冲激，千有余里。至广武而下，地形尤为平衍，土疏沙浮，颇称难治。顾自河流南趋，夺淮而后，稍不顺轨，则害及运道。是以明清两朝治河专家，若潘尚书季驯、靳尚书辅精力皆萃于南河，而所著《河防一览》《治河方略》等书亦皆多言南河也。讵知南河不治，患在胫股；豫河不治，患在腹心。南河不治，苏、鲁固被其灾；豫河不治，豫、直、皖先受其害，而苏、鲁必将波及。其究也，运道亦不能免，豫河顾可忽乎哉？今南河绝流已六七十年矣，可无赘言，所亟宜治者首在于豫。然欲治其病，必先求其受病之源与历年所试之法，若者为有功，若者为无效，深思而慎择之，庶有济乎！

壬戌之夏，长耀来长豫之河务，适继固始吴君咏湘之后。吴君在任时，辑有《豫河志》二十八卷，甫经脱稿而解组，长耀得卒读之。于有清一代之经营筹措，迁流沿革，采录綦详，堪为从事豫河者之殷鉴暨凡为河者韦弦之助也。亟嘱缮清以付剞劂，未及观成而长耀又受代矣。宦海升沉，

[1] 底本无，据内文补。

浮云变幻，爰为是序以当骊歌之唱，并以志数月来鸿爪之留云尔。

中华民国十一年十一月会川邓长耀序

陈善同序[1]

黄河发源阿勒坦郭，道青海、甘肃、山陕六千余里至潼关入豫境，又千里出豫境。自三门以上，河流为两岸之山所束，循涂守辙，不能少纵。自三门以下，北太行、南广武两脉截然而止，河突得平地，挟高屋建瓴之势，奔腾湍悍，几于不可收拾。顾河之为患也，其下游或北取道直、鲁，由碣石与千乘入海，或南取道苏、皖，夺淮由云梯关入海，两溜不能并大，一方即时有决塞，患虽烈而尚有息肩之日。独豫省正当河身，土疏沙松，梁、卫数百里间，自周定王迄今溃决之事较多，昏蛰之祸亦较惨。此固地势为之，人力无可如何者。《禹贡》导河龙门以下，南至于华阴，东至于砥柱。又东至于孟津，东过洛汭至于大伾，皆豫州也。于冀、兖二州则第曰：北过降水，至于大陆而已。曰：又北播为九河，同为逆河而已。桑钦《水经》记河水自黎阳以下，辞亦较略，盖繁省异工，缓急异势，如此其相悬也。有清一代，黄河决三十九次，豫境乃二十四次，而漫溢尚不在内。是豫河工程，固居全河五之三而强，然其时工部河防经费岁縻千数百万，南六而豫四。而河臣记河事者，如

---

[1] 底本无，据内文补。

《治河方略》《河防志略》《安澜、回澜纪[1]要》《居济一得》《行水金鉴》等书，亦独于南河加详，毋亦以事关济运，京师民食所系，不得不有所畸重与！

铜瓦厢一决，河改漕停，都水官制渐次缩减，国家之重河工已非复乾、嘉、道、咸之旧。然而豫河自郑工后四十年来，犹苟安无事，不见灾檖之警者。砖石坝垛，逐年添筑，棋布星罗，足资抵御。且河身较宽，伏秋涨发时尚有容纳余地，非下游流狭溜急者比也。惟是堤址日高，淤淀日积，势随时变，不无可虞。夫上游者，下游之率也。前事者，后事之师也。河流无百年不变之形，行水亦无一成不易之法。验之实迹，以策其全。参之古人，以要于久。斟酌而用之，神而明之，监于成宪，夫岂在远！己未，吴咏湘先生莅长豫河，亟欲为桑梓谋捍患救灾、一劳永逸之策。乃仿《南河成案》正续编遗意，搜查本署档册，并杂考他书，始自清世祖终于逊帝，凡与豫河有关者汇辑成帙。源流、工程、经费、祀典、职官五项各以类从，而名人论著并摘要，附录于后。都为二十八卷，颜曰“豫河志”。虽自称难免阙略，然由顺治迄宣统二百七十年豫河之制，其大要已粗具于此。先生之用心，可谓勤矣。壬戌秋，稿甫脱，先生去官。邓君鉴三继之，未及观成，余乃续为参校而付之梓。后之从事斯职者，诚能手此一编，深究古今因革损益之故，则所谓行所无事当不难。于此中得之，将匪独吾豫一省之福，下游四省实利赖之。至于职官制度之变迁，柳浚船只之废置，工段区域之起讫，兵夫食额、砖石坝垛、柳秸埽材之因时定制，允宜原始

[1] 纪　原作“记”，当作“纪”。

要终，分别表列。公余之暇，当为从事赓续，借竟全功，先生其许我乎？是为序。

中华民国十二年癸亥立秋前五日信阳陈善同

李纯如重印《豫河志》序

豫河，旧无志也。自民国八年，吴君咏湘长河务而编辑，乃始其书。综事隶物，提纲挈领，犁然为治河之导师。顾以断代为书，胜国以前，共和而后，均付阙如。于是，陈君雨人继起纂述，复有《豫河续志》之编，补缺拾遗，厥功匪浅。后先辉映，蔚成巨观。以故治豫河者，必先治是书而后得所依据，以实施其方略，洵要册也。惟陈志曾寿枣梨，流传较易，而吴志以铅字排印，迄今数稔，访求已艰，读者憾焉。于君镜三莅茭防之三月，经营擘画，百废具举。而行河之余，乃重印是书数百帙，以事饷遗。工既讫，问序于余。余代绾乡符，时虞陨越，而河防水利则又经国大业，为夙昔所究心者，因举所见以相质。曰：吾豫为黄河中游，自大禹疏凿后，历夏迄殷，始患崩决。至周定五年，河以大徙，而神禹之故道浸失，沿及后世，决溃频仍，豫灾最剧。虽水性之湍激无常，亦人事之规画未尽耳。方今寰海交通，欧西治河之书，汗牛充栋。其大要以循源疏治，引水灌溉为主。注意水利而不偏重堤防，适合于大禹利民之旨。加以专门科学研求之精深，日新月异，有足资吾借镜者。故近世人士辄乐道之，惟是锐志欧化，而不复措思于固有之载籍，则其失也，亦与抱残守缺无异。诚取是编以穷原委，则必洞明史迹，灼知变化之端。参引西法，曲尽疏凿之利，于以融会中外，斟酌时宜，使洪流顺轨而崩溃无虞，利用有方而泛滥不作，始可与言治水矣。于君闻之瞿然，曰是吾志也。海内望治方殷，傥得与当代贤豪息马论道，讨论古今治绩，以企臻平成之上理，岂惟永弭河患，于无穷乐利且肇基焉。讵非豫人之厚幸欤？此则馨香所默祝者。已越数日，余乃综其语意，序而归之。

中华民国十有九年七月陆浑李纯如序

楚纬经重印《豫河志》序

余偕凌厅长云门会勘河工，由柳园口抵郑州，周历黄河南岸者累日。既又奉督修之命，仍与云门偕，而于君镜三实管河务，对于勘修两役，孜孜赞画，无倦色。并以河务专书存者甚鲜，乃慨然有重印《豫河志》之举，而嘱余为文序之。余考有清一代河防，经费岁糜数百万，而河决豫境，乃至二十四次之多。自河督裁改后，领茭防者，人选渐轻，所需经费复削减几尽，而数十年来尚无决溢之患者，何也？砖石坝垛，屹立于惊涛浊浪中，堪以捍御一时。且河身较广，尚能容盛涨而杀其势也。顾或以目前无事，遂视河工为缓图，则又不可夫作事宜。谋于豫防患，必慎于微，涓涓不塞，瞬成巨浸矣；履霜不戒，驯致坚冰矣。河自三门以下，地平土疏。复无天然保障，其水质多挟泥沙。逐年淤淀，高出地面甚多，就使增高培厚，以堤束水，亦系治河下策，究非一劳永逸之计。倘再不知防范，一旦横决，则挟建瓴之势，溃溢四出，豫、兖、青、徐尽沦泽国，岂不殆哉？此非过虑之言也。试观下南中汛八、九堡及中牟下汛二、三堡等处，或则大河南圈，逼近堤岸，势成坐湾；或则大溜顶冲，堤岸塌陷，形成缺口，危险已达极点。其他次要工程暨例应岁修者，证以河流靡定，随时随地均有发生危险之可能，而帑金多欠，料石无存，修守皆不足恃。举数百万民众之生命财产，尽委于不可知之天数而不加援手，余诚不解其何说也。今幸我同志吁呼于下，我当局主持于上。当军书旁午之秋，作水患预防之计；值物力拮据之会，供河工必要之需。且所估修者，纯系石工，虽多费在所不计，以期保固于永久焉。可谓念切民生，知所先务矣。而《豫河志》一书，又于是时重印，以广其传。凡我同志尚其反覆研究，黾勉进行，思筹款之艰难，念大汛之险迫，持以毅力，勉办事之认真，本诸良心，冀开支之核实，庶几大工早竣，永庆安澜，为我两河造福无量也。余因治河事重，特假叙言发之，以自勖而勖人。至是志要旨，前序论之详矣，兹故略而不论云。

中华民国十九年七月荥阳楚纬经序

陈善同重印《豫河志》序

《豫河志》为吴咏湘先生所编次，同于民国十一年冬，曾为序而行之。并另编《续志》以为征实，从事茭防者率奉以为圭臬。惟以铅印无多，得者为难。十九年春，政府简于镜三先生长豫河。初莅任，履勘堤工，废坠具举，亟拟重印《豫河志》若干部，分散同人，以为趣事赴工之助。来书，属为之序。同方在苫块中，安敢违斩衰，唯而不对之义，轻弄笔墨？顾谊关桑梓，未容缄默，谨自托于识途老马，为进数言。

夫黄河为祸中夏，四千余年矣。自神禹以降，如贾让、王景、贾鲁、潘季驯以及前清朱、栗、靳、黎诸公，相与焦心殚虑，以毕其生，除防导兼施外，别无异能奇策，是岂古人不及今人智哉？诚以河自邙山下，挟沙而行，奇悍实具特性，本标两治，其道不过如此也。近五十年来，厉行石工政策，昏垫之患渐减，亦成效之略可睹者。岂非未然之防？较逸于已然，善因之工，不减于善创欤？第无事已久，相与安之，则亦相与忘之，且相与厌之而思去之。于是，变法之说兴焉。夫法亦孰云不可变者，顾必利害相十百而后可，否则必另有确乎不败之方，足以取而代之而后可。若云吾以徇时，不计其他，是直以濒河千数百万人生命财产为试验场，侥幸于一逞，同实危之。是志详载例案，实自明以来，治河之法之见诸实行者，咏湘举以诏示后世，殆予人以可守。镜三此举，劳虽省于始作，事尤便于善成，其嘉惠于吾豫者至巨，斯皆不朽之盛业也。已抑又思之，各省诸行政廨署，中央可以统一之制行之，事同则职同也。豫河情形特殊，微独与东南江圩海塘异，即直、鲁河务，亦容多不能强同之处。是宜以完全地方制施之。读是志也，当能知之。敢举以为镜三告，并以告我豫人。

民国十九年七月信阳陈善同序

吴篔孙重印《豫河志》序

秋浦周尚书之巡抚山东也，余居幕职，司河务。尚书辑有《治水述要》一书，复命余参考成案，从事补辑。每届汛期，随节周历各河，益资印证。尝言治水之法，必先考其源流，察其经过，利弊择其善者而从之。嗣余管理东、豫两河，先后十年，一本尚书之说，略著成效。民国六年，来总豫河，得见全河案卷，有清一朝，灿然备具。盖自改制以来，曩者河督、豫抚及各河道署之案卷，悉萃于兹，诚恐岁久散佚，则将来无所考据，因延揽通儒，督集幕掾，纂集《豫河志》若干卷。信阳陈雨人先生为刊行之，余在事凡五年，限于经费，计画诸事，多未举行。其行者不过十之一二，若减埽增坝，若裁兵加饷，若沁河改归官办，若测绘黄、沁两河精密全图，皆拮据就绪，而纂集《豫河志》，其一事也。近年东西诸国，于土木工程之学，一日千里。吾国之习此者，亦日出不穷。倘能以新法修治各河，一扫数千年之积患，宁非快事？乃时会多乖，经费日绌，仅能于昔日之成法，略事补苴，为苟且目前之计，岂当事者之本心哉？余在豫之日，即力言各河受病日深，必须速修，迟恐遗患。忝官乡邦，更何颜以对父老？乃去豫八年，河安如昔。不敢谓昔日之规画遽能保全至今，然不能不深佩于后之来者，维持之心，亦良苦矣。比得西平于镜三先生来书，谬承奖饰，以《豫河志》昔印无多，拟重刊，征序于余。余弇陋不文，挚意又乌敢拒？昔周尚书辑治水各书，自题绝句云“山崩水竭理还在，休问他年覆瓿无”。余窃慕其意，始有是书之辑。今幸陈、于两先生先后为我印行，他日文献有征，皆两先生之所赐也。是为序。

中华民国十九年岁次庚午七月固始吴贳孙

于廷鉴重印《豫河志》序

昔仲尼论从政，特许子贡之达。盖达则政理，不达则政不理，断断然也。廷鉴不敏，忝掌吾豫河政。自念服务桑梓历有二十年，虽尝竭力殚心，求达于治体，而于河务，究未服习。譬如北人学没，悚惕在心。是以受职以后，遇河上老兵宿员，罔不虚心咨访。尤思多搜言河载籍，借资考镜，以为先事之师。顾治河专书，向不多见。纪晓岚先生《全书目录》所载治水之书，亦仅二十二种，以汉桑钦所著《水经》为最古，郦道元《水经注》为最详。尝览至晋司马孚上表言兴水利，中有"勿使稽延，以赞时要"二语，而恍然于治河之道，不外先时筹备、临时策应、随时纠察而已。第防患与兴利，其法当有不同，不达将何以筹备，何以策应，又何以纠察乎？因念民国以来，黄流无恙，吾乡先生之长此席而有声者，前有固始吴公筼孙，继有信阳陈公善同。两贤者，皆河工所称为博达者也。吴著《豫河志》，陈著《豫河续志》，篇章具在。窃幸取则不远，乃检阅架上，《续志》存者虽夥，《豫河志》则仅余一部。询诸友朋，告阙如者，亦复十人而九。嗟嗟！是志经始于己未秋，至壬戌春稿甫脱而吴去，陈为翻成其书。当时绌于公帑，板无力，乃铅印若干部。曾不数年，而是书之存于河署者，已如硕果。倘不续印，并此孤本而再佚，恐此后于役河干者，披阅《续志》，转不知椎轮所自始矣。顾或谓是志也，但录成案，不过文书簿籍之细。况近年科学发明，河工亦日新月异，有志者方研究埃及之治尼勒河、美洲之治米西西毕河，患除利兴，力求进化。至于吾国所谓石犀、铜龙、水楗、滉柱以及辫竹、纠芟诸法，且将薄之，以为非一劳永逸之策。则此区区详案之书，有无又奚关重轻。不知是志专为豫作，断代为书。自顺治讫宣统二百七十年间，黄河漫决凡三十九次，而豫境至二十四次之多。其经营补苴之迹，开卷了然，可为殷鉴。且此书类分为五，“经费”一门纪载尤悉。旁观者痛恨昔年河工积弊，激而为矫枉过正之论。但言节帑，不复顾及督工，殊不知惜费误工之为害更烈。郑工用帑千万，事经四十余年，尚有谈之太息者。至乾隆间，青龙冈之工，堵筑用款至二千万，尤鲜有知之者矣。则是志之堪备观省，非一端而已也。由此考求掌故，而更博采曩哲论河各书，旁及各国治河新法，斟酌损益，以求适当，未始非借挽狂澜之一助。爰请命大府筹资重印三百部，以广其传，非第彰吴、陈两公之美，亦望吾侪同志，相与蠠没，以练达河政云尔。是为序。

中华民国十九年岁在庚午仲夏

西平于廷鉴谨序于河南河务公署

凡例

一、河渠本史志之一类，然自马班而后，诸史往往分别部居，各为起讫。兹从其体，不为长编，以类区之。分类之中，仍以年为次第。

一、言河诸书，如《全河备考》《治河方略》《行水金鉴》，皆不以志名，惟永定河道李观察逢亨于嘉庆时所修《永定河志》，望江倪中丞文蔚于同治时官荆州府修《万城堤志》皆以志名。分类标题，故从之。

一、李、倪二志分类之法固善矣，然伤于琐屑，反易混淆。兹编于图而外，只于源流、工程、经费、祀典为分别，略足尽河之大纲矣。

一、《永定河志》于各类之外，又有"奏议"一类，是则分类而又兼长编也，未免自乱其例。《万城堤志》无之，是矣。兹编本以奏议为主，或一疏而必应两见者，则分别详略。

一、《永定河志》有"附录"一类，《万城堤志》有"志余"一类，兹仿其例，缀以附著。

一、河防固以黄为重，然沁工关系亦要，故《河南通志》以沁入河防，兹从其例。名曰"豫河志"，既不专主于黄，亦别于旧所谓东河，其余诸水概不及焉。

一、是编既前无所因，故取义于断代。为书凡属于有明者，《河南通志》已著之，其在民国者，则别从详辑为续编。

一、是编经始于民国八年十一月，至十二年八月方得付印，以案牍之纷繁，载籍之浩博，参稽考订，实有多人。如分任编辑者：番禺黎士安，夏邑李续曾，商城周德宣、李大捷，桐城袁允橚，涿县康昌第，昆明孙务义，绍兴陈凤衔，寿平格孙佐，高平祁佑曾，铜山崔铭箴；任校勘者：罗山曹景彬、王荣搢；校对者：息县黄光远、嘉善陈德舆；监刊者：汲县高正樾；缮写者：丁启泰、娄鼎铭、张贞、许述谦。例得备书。

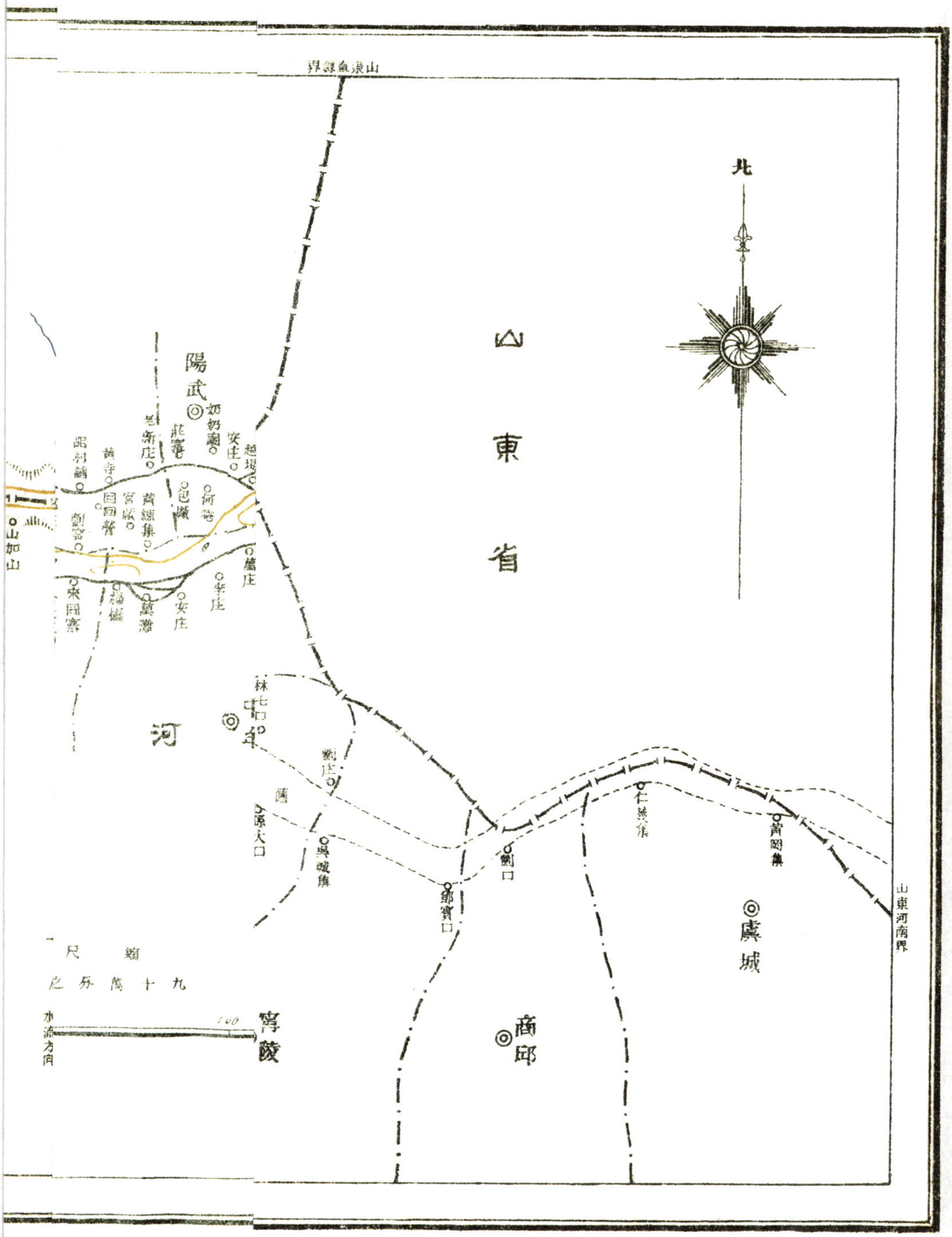

山東直隸界
北
山東省
陽武
奶奶廟
安庄
趙堤
莊寨
老新庄
黃寺
呂村鋪
包廠
何營
黃練集
宮廠
回回營
劉営
萬庄
李庄
安庄
萬灘
楊橋
來同寨
河
林七
劉庄
吳城集
劉口
郭寶口
仁義集
黃岡集
虞城
商邱
寧陵
山東河南界
縮尺
九十萬分之一
水流方向

卷圖

卷一 图

说明

一、《豫河志》本系断代，为书已详《凡例》。此图乃清文宗咸丰五年河决铜瓦厢改道北行后之状况，为清代最后之变迁。

一、此图西自山西、陕西、河南交界起，东至直隶、河南交界止，并附故道形势。

一、河务局管辖工段南岸，向自荥泽广武山起，至兰封止。由荥泽而上，有邙山为天然之保障。北岸自孟县起，至陈留之竹冈迤东止。

一、书因断代，故图中仅分县界。关于现时之组织，如各分局工巡队管辖地段，概未列入。

一、两岸埽坝工程，因河势变迁时有兴废，图中仅具河之形势及堤之位置。其余工程限于篇辐，概从简略。

卷二　源流一

尚书·禹贡

导河积石，至于龙门，《传》曰：施功发于积石，至于龙门。《正义》曰：河源不始于此，记其施功处耳。南至于华阴，《传》曰：河自龙门南流，至华山北而东行。易氏曰：河自龙门口，又二百里至陕州之西北，对河为华州华阴县。蔡氏曰：华阴，华山之北也。东至于底柱。《传》曰：底柱，山名。河水分流，包山而过，山见水中，若柱然，在西虢之界。胡渭《禹贡锥指》曰：西虢，今河南府之陕州是也。底柱，在州东四十里黄河中。又东至于孟津。《传》曰：孟津，地名，在洛北，都道所凑，古今以为津。《正义》曰：在孟地置津，谓之孟津。《传》云：地名谓孟，为地名耳。杜预云：孟津，河内河阳南孟津也。胡渭《禹贡锥指》曰：河阳，本晋邑，汉置县，属河内郡，其故城在今河南怀庆府孟县西南三十里。东过洛汭，至于大伾。《传》曰：洛汭，洛入河处。山再成，曰伾。至于大伾而北行。《正义》曰：洛入河处，河南巩县东也。释山曰：再成英，一成岯。李巡曰：山再重曰英，一重曰岯。《传》曰：再成曰岯，与《尔雅》不同。郑康成云：大岯，在修武、武德之界。张揖云：成皋县山也。《汉书音义》有臣瓒者，以为修武、武德无此山也。成皋县，山又不一成。今黎阳县，山临河，岂不是大伾乎？程氏曰：洛既北入河，河之南，洛之北，其两间为汭。汭之为言，在洛水之内。黎阳，山在大河，垂欲趋北之地，经之于河，方其自南而东，尝即华阴以记折东之始。今其流东已远，垂欲折北，亦当以地之极东者记之。参揣其叙，则黎阳实为惬当，而成皋则为太蚤也。胡渭《禹贡锥指》曰：巩县，汉属河南郡，其故城，在今河南府巩县西南三十里。修武、武德，汉属河内郡。修武，故城，在今卫辉府获嘉县西北。武德故城，在今怀庆府武陟县东。成皋，汉属河南郡，其故城，在今开封府郑州汜水县西北。黎阳，汉属魏郡，其故城在今浚县东北。大伾山，在县东南二里。北过降水，至于大陆。又北播为九河，同为逆河入于海。

山海经

《西次三经》：不周之山，东望泑泽，河水所潜也。其原，浑浑泡泡。槐江之山，丘时之水出焉。而北流注于泑水，实惟帝之平圃。南望昆仑，其光熊熊，其气魂魂。西南四百里曰昆仑之丘，是实惟帝之下都，河水出焉。而南流东注于无达，赤水出焉。而东南流注于泛天之水，洋水出焉。而西南流注于丑涂之水。黑水出焉，而西流注于大杅积石之山。其下有石门，河水冒以西流。

《海内西经》：海内昆仑之墟，在西北，帝之下都。昆仑之墟，方八百里，高万仞。赤水出东南隅，以行其东北，西南流注南海厌火东。河水出东北隅，以行其北，西南又入勃海，又出海外，即西而北，入禹所导积石山。洋水、黑水出西北隅，以东，东行，又东北南入海，羽民南。弱水、青水出西南隅，以东，又北，又西南，过毕方鸟东。

《大荒西经》：西海之南，流沙之滨，赤水之后，黑水之前，有大山名曰昆仑之丘。其下有弱水之渊，环之其外，有炎火之山。

尔雅·释水河曲　郝懿行《义疏》

河出昆仑虚，色白。《山海经》曰：河出昆仑西北隅，虚山下基也。发源处高激峻凑，故水色白也。所渠并千七百一川，色黄。潜流地中，汩漱沙壤，所受渠多，众水溷淆，宜其浊黄。百里一小曲，千里一曲一直。《公羊传》曰：河曲流，河千里一曲一直。

《水经注》引《春秋说题辞》云：河之为言荷也，荷精分布，怀阴引度也。《考异邮》云：河者，水之气，四渎之精也。《初学记》引《考经·援神契》云：河者，水之伯，上应天汉。又引《穆天子传》，河与江、淮、济三水为四渎。河曰河宗，四渎之所宗也。按：《尔雅》既言四渎，而以九河终焉，其意盖在此也。《说文》云：河水出焞煌塞外昆仑山，发源注海。《释文》引郭《音义》云：《禹本纪》及《山海经》皆云河出昆仑山。《汉书》曰：张骞使西域，穷河源，其山多玉石，而不见昆仑也。世人皆以此疑河不出昆仑。案：《山海经》曰：东望泑泽，河水之所潜也。其源，浑浑泡泡。又云：敦薨之水，注于泑泽，出乎昆仑之西北隅，实惟河源也。《西域传》又云：河有两源，一出葱岭山，一出于阗。于阗在南山下，其河北流，与葱岭之河合，东注盐泽。盐泽一名蒲昌海，去玉门、阳关三百余里，轮广三四百里。其水停，冬夏不增减，皆以为潜行地下，而南出于积石山，而为中国河云。然则河出昆仑，便潜行地下，至葱岭及于阗，复分流歧出也。张骞所见，盖谓此矣。其去昆仑里数远近，所未得而详也。泑泽，即盐泽也。又引郭图赞云：昆仑三层，号曰天柱，实惟河源，水之灵府。按：此以上《释文》所引，皆是古来相传旧说。然于河出昆仑里数远近，靡得而详。《新唐书·吐蕃传》载：刘元鼎所经紫山，直大羊同国，虏曰闷摩黎山，即古所谓昆仑，距长安五千里。而《元史·地理志》称：河源出吐蕃朵甘思西鄙，名火敦脑儿，译言星宿海也。又言：朵甘思东北，有大雪山，即昆仑，不知此乃积石山也。康熙、乾隆年间，两遣侍卫寻河源，后乃得之。阿勒坦郭勒之西，远出星宿海之上三百余里。其昆仑在今之回部，所以知河出昆仑虚者。《一统志》言：西藏有冈底斯山，在阿里之达克喇城东北三百十里，直陕西西宁府西南五千五百九十余里，乃《西域记》《水经注》所谓阿耨达山。今名冈底斯山，即昆仑也，《河源纪略图说》详矣。近人徐松能言西域地形，今采其说。曰：冈底斯山，分为四干，向西北者为僧格喀巴布山，译言狮子口也。绕阿里而北二千五百余里，入西域，为和阗南山及葱岭。葱岭，在今叶尔羌、喀什噶尔境。和阗南山，在今和阗境。和阗，即古于阗。《汉书·西域传》言：河有两源，一出葱岭，一出于阗。其实出葱岭者，尚有南河、北河之分，与于阗河而三也。今以新疆地形验之，和阗河二源皆出南山。东源曰玉陇哈什河，西源曰哈喇哈什河，二水分流，经和阗城东西。又北流二百余里，而合为和阗河，是为河源之一。葱岭南河者，即今叶尔羌河。二源，东源曰听杂布河，西源曰泽普勒善河。二水分东北流，至叶尔羌城东南，而合为叶尔羌河，是为河源之二。葱岭北河者，即今喀什噶尔河。二源，南源曰雅璊雅尔河，北源曰乌兰乌苏河。分东流至喀什噶尔城南，而合为喀什噶尔河，是为河源之三。三源分，东流至噶巴克阿克集而合为塔里木河。又东流一千四百余里，潴为罗布淖尔，即古盐泽，亦谓之蒲昌海也。诸河水皆澄清无滓，惟喀什噶尔河之北源，乌兰乌苏，色赤而浊。而东至叶尔羌，东北衡阿喇克之地，亦清流见底，故统谓之色白也。

史记

《大宛列传》：张骞为天子言之曰：“于阗之西，水皆西流，注西海。其东，水东流，注盐泽。盐泽潜行地下，其南则河源出焉。多玉石，河注中国。”汉使穷河源，河源出于阗，其山多玉石。采来，天子案古图书，名河所出山曰昆仑云。

汉书

《西域传》：南北有大山，中央有河，其河有两源：一出葱岭山，一出于阗。于阗在南山下，其河北流，与葱岭河合，东注蒲昌海。蒲昌海，一名盐泽也，去玉门、阳关三百余里，广袤三百里。其水亭居，冬夏不增减，皆以为潜行地下，南出于积石，为中国河云。

水经注河水　赵一清释

昆仑虚在西北，去嵩高五万里，地之中也。其高万一千里，河水

《春秋说题辞》曰：河之为言荷也，荷精分布，怀阴引度

也。《释名》曰：河，下也，随地下处而通流也。《考异邮》曰：河者，水之气，四渎之精也，所以流化。《元命苞》曰：五行始焉，万物之所由生，元气之腠液也。《管子》曰：水者，地之血气，筋脉之通流者，故曰水其具财也。而水最为大，水有大小，有远近。水出山而流入海者，命曰经水；引他水，入于大水及海者，命曰枝水；出于地沟，流于大水及于海者，又命曰川水也。《孝经·援神契》曰：河者，水之伯，上应天汉。《新论》曰：四渎之源，河最高而长，从高注下，水流激峻，故其流急。《风俗通》曰：江、淮、河、济，为四渎。渎，通也，所以通中国垢浊。《释名》曰：渎，独也，各独出其所而入海[1]。

出其东北陬，

《山海经》曰：昆仑墟在西北，河水出其东北隅。《尔雅》曰：色白。所渠并千七百一川，色黄。《物理论》曰：河色黄者，众川之流，盖浊之也。百里一小曲，千里一曲一直矣。汉大司马史张幼功议曰：河水浊，清澄一石水，六斗泥。而民竞引河溉田，令河不通利。至三月桃花水至，则河决，以其噎不泄也。禁民勿复引河，是黄河兼浊河之名矣。《述征记》曰：盟津、河津[2]恒浊，方江为狭，比淮、济为阔[3]。

屈从其东南流，入于渤海。又出海外，南至积石山下，有石门，河水冒以西南流。河水又南入葱岭山，其一源出于阗国南山，北流与葱岭河合，东注蒲昌海。

河水又东，与于阗河合。南源道于阗南山，径于阗国西，

---

[1][3] 本段为释文。

[2] 河津　原作“河”，据陈桥驿校证《水经注校证》卷一《河水》改。

又西北流，注于河，即《经》所谓北注葱岭河也。南河又东径于阗国北，释氏《西域记》曰河水东流三千里至于阗，屈东北流者也❶。

又东，入塞，过敦煌、酒泉、张掖郡南。又东，过陇西河关县北，洮水从东南来流注之。又东，过金城允吾县北。又东，过榆中县北。又东，过天水北界。又东北，过武威媪围县东❷。又东北，过天水勇士县北。又东北，过安定北界麦田山。

河水又北，过北地富平县西。又北，过朔方临戎县西。屈从县北流，至河目县西。屈南，过五原县、西安阳县南。屈东，过九原县南。又东，过临沃县南。又东，过云中桢陵县南。又东，过沙南县北，从县东屈南，过沙陵县西。又南，过赤城东。又南，过定襄桐过县西。又南，过西河圁阳县东。又南，过离石县西，奢延水注之。又南，过中阳县西。又南，过土军县西。又东❸，过上郡高奴县东。

河水又南，过河东北屈县西。又南，过皮氏县西。又南，出龙门口，汾水从东来注之。又南，过汾阴县西。又南，过蒲坂县西。

又南，至华阴、潼关，渭水从西来注之。又东，过河北县南。

县与湖县分河。（翏）〔蓼〕水出襄山蓼谷，西南流注于河。河水又东，永乐涧水注之。水北出于薄山，南流径河北县故城西，又南流，入于河。按：《中山经》，即渠（猪）〔潴〕之水也。河水自河北城南，东径芮城，又会槃涧水，水出湖县夸父山，北流入于河。河水又东，径湖县故城北。湖水又北，径湖县东而北，流入于河。河水又东，合柏谷

❶ 本段为释文。

❷❸ 东 陈桥驿校证《水经注校证》卷三《河水》作“南”。

水。水出弘[1]农县南石堤山，北流入于河。河水又东，右合门水。门水，即洛水之枝流者也。洛水自上洛县东北，于拒阳城西北，分为二水，枝渠东北出，为门水也。门水又东北，历阳华之山，《山海经》所谓阳华之山，门水出焉者也。又东北，历峡，谓之鸿关水。门水又东北，历邑川，二水注之。左水出于阳华之阳[2]，东北流，径盛墙亭西，东北流，与右水合；右水出阳华之阴，东北流，径盛墙亭东，东北与左水合。即《山海经》所谓姑之水，出于阳华之阴，东北流，注于门水者也。又东北，烛水注之。水有二源：左水南出于衙岭，世谓之石城山，其水东北流，径石城西，东北合右水；右水出石城山，东北径石城东，东北入左水。历涧东北出，谓之开方口。又东北，径邑川城南。又东北，田渠水注之。水出衙山之白石谷，东北流，径故丘亭东。又径鹿蹄山西，历田渠川，谓之田渠水，西北流，注于烛水。烛水又北，入门水。门水又北，径弘农县故城东侧城北流，而注于河。河水于此，有湼津之名，俗或谓之偃乡涧水也。河水又合左右二水，其水二源，疏引俱导薄山南流，曾成一川。其二水之内，世谓之闲原。又南注于河，河水右会谷水。水出南山，北径曹阳亭西，西北流入于河。河水又东，菑水注之。水出常烝之山，西北径曲沃城南。又屈径其城西，西北入河。河水又东，得七里涧。涧在陕西七里，故因名焉。谷水自南山通河，亦谓之曹阳坑。河水东合谯水，水导源常烝之山，西北流，注于河[3]。

---

[1] 弘　原作“宏”。下同，不再出校。

[2] 阳　陈桥驿校证《水经注校证》卷四《河水》作“阴”。

[3] 本段为释文。

又东，过陕县北。

橐水出橐山，西北流。又有于水出南山北谷，径崖峡北流，与于山之水会。出于山东谷，两川合注于崖水。又东北，注橐水，北流出谷，谓之漫矣。涧与安阳溪水合，水出石崤南，西径安阳城南，东合漫涧。又西，径陕县故城南，又合一水，谓之渎谷水。南出近溪，北流注橐。其水又西北，径陕城西，西北入于河。河北对茅城，东则咸阳涧水注之。水出北虞山南，至陕津注河❶。

又东，过大阳南。

交涧水出吴山，东南流入河。河水又东，路涧水亦出吴山。东径大阳城西，西南流，注中涧水，入于河。河水又东，径大阳故城南。又东，沙涧水注之。水出虞山，东南径傅岩，南流注于河。河水又东南，左合积石、土柱二溪，并北发大阳之山，南流入于河❷。

又东，过砥柱间。

砥柱，山名也。昔禹治洪水，山陵当水者凿之，故破山以通河。河水分流，包山而过，山见水中，若柱然，故曰砥柱。三穿既决，水流疏分，指状表目，亦谓之三门矣。全氏曰：赵冬曦云：砥柱山之六峰，皆生河之中流。夏后所凿，其最北有两柱相对，距对而立，即所谓三门也。都穆云：砥柱，在陕州东五十里黄河中。循河至三门，中曰神门，南曰鬼门，北曰人门。水行其间，声激如雷，而鬼门尤为险恶。舟筏一入，鲜有得脱。三门之广，约二十丈。其东百五十步，即砥柱，崇约三丈，周数丈。以三门为砥柱者，误也。山在虢城东北，大阳城东也。河之右，则❸崤水注之。水出河南盘崤山，西北流，历涧东北流，与石崤水合，水出石崤山。崤水又北，左合西水，

---

❶❷ 本段为释文。

❸ 右，则　陈桥驿校证《水经注校证》作“右侧”。

乱流注于河。河水又东，千崤之水注焉。水南，导于千崤之山，北流注于河[1]。

又东过平阴县北，清水从西北来注之。

清水出清廉山之西岭，东南流出峡。峡左有城，清水历其南。东流，径皋落城北，与倚亳川水合。水出北山矿谷，东南注于清。清水又东，径清廉城南。又东南流，右会南溪，溪出南山而东注清水。又东，合干枣涧水。水出石人岭下，南流，俗谓之扶苏水。又南历奸苗北马头山，亦曰白水原，西南径垣县故城北。其水西南流，注清水。清水又东南，径阳壶城东。又东南流，注于河。河水又东，与教水合。水出垣县北教山，南径辅山，高三十许里，上有泉源，不测其深，山顶周圆五六里。一清按：《太平寰宇记》：东辅山在沁水县西南九十二里，其山及西辅山与析城山相连，有相辅之势。又泽县、沁水县下云：害水出西辅山。《水经》云害水出垣曲县界，今本无害水之目，盖缺失矣。《山海经》曰：孟门东南有平山，水出于其上，潜于其下。又是王屋之次，疑即平山也。水广一十许步，南流，历鼓钟川，分为二涧。一涧西北出，一百六十许里，今闻喜县东北谷口，犹有干河里，故沟存焉，今无复有水。一水历冶官西，世人谓之鼓钟城。城西阜下有大泉，西流注涧，与教水合，伏入石下，南至下峡。《山海经》曰：鼓鉴之山，帝台之所，以觞百神，即是山也。其水重源。又发南，至西马头山东截坡下。又伏流，南十余里复出。又谓之伏流水，南入于河。《山海经》曰：教山，教水出焉。西南流，注于河。是水，冬干夏流，实惟干河也，今世人犹谓之为干涧矣。河水又与畛水合，水出新安县青要山，

---

[1] 本段为释文。

今谓之强山。《山海经》曰：青要之山，畛水出焉。北流注于河，即是水也。河水又东，正回之水入焉。水出騩山，强山东阜也。东流，俗谓之强川水，与石瓜畤川合。水出西北石涧中，东南流，注于强川水。强川水又东，径强冶铁官东，东北流，注于河。河水又东，合庸庸之水。水出河东垣县宜苏山，俗谓之长泉水。《山海经》曰：水多黄贝，伊、洛门也。其水北流，分为二水。一水北入河，一水又东北流注于河。河水又东，径平阴县北，右会瀍水。水出垣县王屋西北瀍溪，夹山东南流，径故城东，即瀍关也。瀍水西屈，径关城南，历轵关南，径苗亭西。又东流，注于河。《经》书清水，非也，是乃瀍水耳❶。

又东至邓，湛水从北来注之。

河水又东，径河阳县故城南，又径临平亭北。又东，径洛阳县北。又东，径平县故城北，南对百阳山。河南有钩陈垒，世传武王伐纣，八百诸侯所会处。河水至斯，有盟津之目，故曰孟津，亦曰盟津，《尚书》所谓东至于孟津者也，又曰富平津，又谓之曰陶河。河水又东，洇水入焉。全氏曰：窃疑是湨梁之湨水而误为洇字。盖湨水引流入河，支流入济，适当温原之地❷。

又东，过巩县北。

河水于此，有五社渡，为五社津。县北有山临河，谓之崟原丘。其下有穴，谓之巩穴，言潜通淮浦，北达于河。直穴有渚，谓之鲔渚❸。

洛水从县西，北流注之。

洛水于巩县东，径洛汭，北对琅邪渚，入于河，谓之洛口

❶❷❸ 本段为释文。

矣。自县西来，而北流注河❶。

又东过成皋县北，济水从北水注之。

河水自洛口又东，左径平皋县南。又东，径怀县南，济水故道之所入，与成皋分河。河水又径黄马坂北。又东，径旋门坂北，今成皋西大坂者也。河水东径成皋大伾山下，《尚书·禹贡》曰：过洛汭，至大伾者也。郑康成曰：地喉也，沇出伾际矣。然则大伾在河内修武、武德之界，沛沇之水与荥播泽出入自此。然则，大伾即是山矣。伾北，即《经》所谓济水从北来注之者也。今沛水自温县入河，不于此也。所入者，奉沟水耳，即沛沇之故渎矣。河水南对玉门。又东，合汜水。水南，出浮戏山，世谓之曰方山也。北流，东关水出于嵩渚之山也。泉发于层阜之上，一源两枝，分流泻注，世谓之石泉水也。东流为索水，西注为东关水。西北流，杨兰水注之。水出非山，西北流，注于东关水。又西北，清水入焉。水自东浦西流，与东关水合，而乱流注于汜。汜水又北，右合石城水，水出石城山。又东北流，注于汜水。汜水下北，合鄤水。水西出娄山，东北流，径田鄤谷，谓之田鄤溪。水东南流，注于汜水。汜水又北，径虎牢城东。又北流，注于河。河水又东，径板城北。有津，谓之板城渚口。河水又东，径五龙坞北，临长河❷。

又东过荥阳县北，蒗荡渠出焉。

大禹塞荥泽，开之以通淮、泗，即《经》所谓蒗荡渠也。全氏曰：以荥泽为禹所塞，善长之谬极矣。一清按：《禹贡·豫州》云：荥波既（猪）〔潴〕，禹陂水为泽。故道元《济水注》云大禹塞其淫水，则指既（猪）

❶❷ 本段为释文。

〔潴〕而言。此言禹塞荥泽，辞不达意，未为大非。惟云开之以通淮、泗，则指鸿沟为禹迹，乃其谬耳。汉平帝之世，河、汴决坏，未及得修。汴渠东侵，日月弥广，水门故处，皆在河中。汉明帝永平十二年，议治汴渠，上乃引乐浪人王景问理水形便。景陈利害，应对敏捷，帝甚善之，乃赐《山海经》《河渠书》《禹贡图》及以钱帛。后作堤，发卒数十万，诏景与将作谒者王吴，共筑堤防修堨，起自荥阳，东至千乘海口，千有余里。景乃商度地势，凿山开涧，防遏冲要，疏决壅积，十里一水门，更相洄注，无复渗漏之患。明年，渠成，帝亲巡行，诏滨河郡国置河堤员吏，如西京旧制。景由是显名，王吴及诸从事者皆增秩一等。顺帝阳嘉中，又自汴口以东，缘河积石，为堰通古渠口，咸曰金堤。灵帝建宁中，又增修石门，以遏渠口。水盛则通注，津耗则辍流。河水又东北，径卷之扈亭北。又东，径八激堤北。汉安帝永初七年，令谒者太山于岑，于石门东，积石八所，皆如小山，以捍冲波，谓之八激堤。河水又东，径卷县北。又东北，径赤岸固北，东北而注之❶。

又东北过武德县东，沁水从西来注之。

河水自武德县东，至酸枣县西，濮水东出焉。又东北，通谓之延津，是为灵昌津。河水又径东燕县故城北，则有济水自北来注之。于是，有棘津之名，亦谓之石济津，故南津也。河水又东，淇水入焉。又东，径遮害亭南。《汉书·沟洫志》曰：在淇水口东十八里有金堤，堤高一丈。自淇口东，地稍下，堤稍高，至遮害亭，高四五丈。又有宿胥口，旧河水北入处也。河水又东，右径滑台城北，即郑廪

❶ 本段为释文。

延邑也。下有延津，今时人谓此津为延寿津[1]。

又东北，过黎阳县南，

晋灼曰：黎山在其南，河水径其东，今黎山之东北故城，盖黎阳县之故也。城内有故台，谓之鹿鸣台，又谓之鹿鸣城，亦曰鹿鸣津，又曰白马济。津之东南，有白马城，河水旧于白马县南，泆通濮、济、黄沟，东径鹿鸣城南。又东北，径白马县之凉城北白马渎。又东南，径濮阳县，散入濮水。所在决会，更相通注，以成往复也。河水自津东北，径凉城县。又东北，径伍子胥庙南。又东北，为长寿津[2]。

河之故渎出焉。《禹贡锥指》曰：按：《水经》，东汉人所撰。凡称故渎者，皆时已无水。戚城以下，东光以上，河水不至，又无他水行其中。孟康所云：王莽时空者唯此耳。故谓之大河故渎，其自长寿津以西，至宿胥口，为东汉见行之河，则叙入河水。东光以北，至章武，为清河、漳水之所行，则叙入清河。漳水并不列大河故渎。

《汉书·沟洫志》曰：河之为中国害尤甚，故导河自积石，历龙门，酾二渠以引河。一则漯川，今所流也。一则北渎，王莽时空，故世俗名是渎为王莽河也。故渎东北，径戚城西。又径繁阳县故城东北，径阴安县故城西。又东北，径乐昌县故城东。又东北，径平[3]邑郭西。又东北，径元城县故城西北而至沙丘堰。不遵其道，曰降，亦曰溃堰，障水也。至于大陆，北播为九河。《禹贡》：兖州，九河既导，谓徒骇、太史、马颊、覆釜、胡苏、简、洁、句盘、鬲津也，同为逆河。郑元曰：下尾合曰逆河。言相承授矣。汉世河决金堤，南北离其害，议者常欲求九河故迹而穿之，

❶❷ 本段为释文。

❸ 平 原作“频”。

未知其所。是以班固云：自兹距汉，北亡八枝者也❶。

河之故渎，自沙丘堰南分，屯氏河出焉。又东北，右过卫县南。又东北，过濮阳县北，瓠子河出焉。

河水东，径铁丘南，河南有龙渊宫。武帝元光中，河决濮阳，泛郡十六，发卒十万人塞决河，起龙渊宫。盖武帝起宫于决河之傍，龙渊之侧，故曰龙渊宫也。河水东北流而径濮阳县北，为濮阳津。城北十里有瓠河口，有金堤、宣房堰。又东北，径卫国县南，东为郭口津。又东，径鄄城县北，河之南岸有新城，北岸有新台，为卢关津。又东北，径范县之秦亭西。又东北，径委粟津，大河之北，即东武阳也❷。

左会浮水故渎，

故渎，上承大河，于顿丘县而北出，东径繁阳县故城南。应劭曰：县在繁水之阳。《春秋·襄公二十年》经书：公与晋侯、齐侯盟于澶渊。杜预曰：在顿丘县南，今名繁渊。澶渊，即繁渊也，亦谓之浮水焉。故渎东绝大河，东径五鹿之野。又东南，径卫国邑城北。又东，径卫国县故城南。又东，径河牧城而东北出。又东北，入东武阳县，东入河❸。

又有漯水出焉。又东北，过东阿县北。又东北，过茌平县西。又东北，过高唐县东。又东北，过杨虚县东，商河出焉。又东北，过漯阳县北。又东北，过利县北。又东北，过甲下邑，济水从西来注之。又东北，入于海。

---

❶❷❸ 本段为释文。

卷三　源流二

通典杜佑

按：《水经》云：昆仑虚在西北，去嵩高五万里，地之中也。其高一千里，河水出其东北陬，屈从其东南流，入于渤海。又出海外，南至积石山下，有石门。又南，入葱岭山。又从葱岭出，而东北流。其一源出于阗国南山，北流，与葱岭所出河合。又东，注蒲昌海。又东，入塞，过敦煌、酒泉、张掖郡南。又东，过陇西河关县北。按：《水经》，晋郭璞注三卷，后魏郦道元注四十卷，皆不著所撰者名氏，亦不知何代之书。佑谓：二子博赡，解释固应精当。详《水经》所作，殊为诡诞，全无凭据。《水经》所云"河出昆仑山"者，宜出于《禹本纪》《山海经》，所云"南入葱岭及出于阗南山"者，出于《汉书·西域传》，而郦道元都不详正。所注河之发源，亦引《禹纪》、《山经》、释法明《游天竺记》、释氏《西域记》。所注"南入葱岭，一源出于阗南山，合流入蒲昌海"，虽约《汉书》，亦不寻究。又《水经》云：出海外，南至积石山下，有石门。然后南流，入葱岭。据此，则积石山当在葱岭之北。又云：入塞，过敦煌、酒泉、张掖郡南，并今郡地也。夫山水地形，固有定体。自葱岭、于阗之东，敦煌、张掖之间，华人往来非少。从后汉至大唐，图籍相承，注记不绝。大碛亘数千里，未闻有桑田碧海之变，陵迁谷移之谈。此处岂有河流，纂集者不详斯甚。

又按："禹导河积石"者，尧时洪水，下民昏垫。禹所开决，本救人患。积石之西，砂卤之地，河流小，地势复高，不为人患。不恶疏凿，以此施功发迹。自积石山而东，则今西平郡龙支县界山是也，固无禹理水之功。自葱岭之北，其本纪灼然荒唐，撰经者取为准的。班固云"言九州山川者，《尚书》近之矣"，诚为惬当。其《后汉书·西域传》云：河水一源出葱岭，一源出于阗，合流东注蒲昌海，皆以潜流地下，南出积石为中国河云。比《禹纪》《山经》，犹较附近，终是纰缪。按：此宜惟凭张骞使大夏，见两道水从葱岭、于阗合流入蒲昌海。其于阗出美玉，所以骞传遂云穷河源也。按：古图书名河所出曰昆仑山，疑所谓古图书即《禹本纪》。以于阗山出玉，乃谓之昆仑，即所出便云是河也。穷究诸说，悉皆缪误。孟坚又云《禹贡》云"导河自积石"，遂疑潜流从此方出。且汉时群羌种类虽多，不相统一，未为强国。汉家或未尝遣使诣西南羌中，或未知自有河也。宁有吐蕃中河，从西南数千里向东北流，见与积石山下河相连。聘使涉历，无不言之。吐蕃自云昆仑山在国中西南，则河之所出也。又按：《尚书》云："织皮，昆仑、析支、渠叟，西戎即叙。"又范氏《后汉书》："西羌在汉金城郡之西，南滨于赐支。"《续汉书》曰："河关西千余里，河曲羌谓之赐支，盖析支也。"然则析支在积石之西，是河之上流明矣。昆仑在吐蕃中，当亦非缪。而不谓河之本源，乃引葱岭、于阗之河，谓之蒲昌海伏流数千里，至积石方出，斯又班生之所未详也。佑以《水经》僻书，代人多不知睹，或有好事者于诸书中见有引据，谓其审正，此殊未之精也。不揆浅味，考诸家之说，辨千古讹舛，是故曲析言之。胡渭《禹贡锥指》曰：按：《水经》叙西域两源，较《汉书》尤为明备。惟是积石一山，错简在渤海之下。遂来后人之弹射，并其全经而疑之。而不知此非本文，乃庸妄人之所窜易也。彼见《山海经》云："河水出渤海西北，入积石山。"遂以此经海外之海为渤海，殊不知泑泽之亦名蒲昌河也。彼见此经云"河水东入塞，过敦煌、酒泉、张掖郡南"，遂谓积石。距敦煌辽远，而泑泽最近，故移积石于渤海之下，使泑泽与敦煌相接。殊不思三郡界中实无河也。盖汉世河关以西，皆为羌中地。河水所经，人莫能睹，故聊假二郡之南以表之，非真谓河自盐泽入玉门、阳关也。杜佑不察此意，而以为纂集之不详，固宜矣。若夫道元之注，惟渤海以上，引释氏怪诞之说，甚觉无谓。至葱岭山以下，发明颇多。其所言昆仑虚也，曰浅见未闻，非可详究；其言积石也，曰宜在（浦）〔蒲〕昌海下；其言葱岭河也，曰河源潜发，分为二水；其言蒲昌海也，曰洄流雷转，为隐沦之脉。正其缪而补其阙，亦可谓精审之至矣。杜佑诋《水经》，并诋道元，岂通论哉。又曰此渤海，当在葱岭西塞外，凡大泽谓之海，渤海即蒲昌、雷翥、牢兰之类，非真海也。又出海外二十字，郦意以此为错简，盖以下文南入葱岭观之，则积石反在葱岭之北，必无是理也，今移在后。又东注于泑泽之下，则自昆仑而葱岭，而蒲昌，而积石，原委秩然，方位悉当矣。赵一清《水经注释》曰：《通典》为人所尊信，其讥《水经》，以为纂集之不详，其摘《郦注》云都不详正。又云亦不寻究，是于本书尚未通览，仅撮割数言，以逞其私说。而其所指积石，乃是隋置河源郡，唐置积石军之地，误以龙支之积石，当《禹贡》之积石。曾不悉在塞外西南羌者，大积石也。在枹罕西北者，小积石也。《地理志》《括地志》之文，可覆按也。

唐书

《吐谷浑传》：太宗时，其王慕容伏允数入寇。贞观九年，诏李靖、侯君集、任城王道宗等，率兵击之。道宗破伏允于库山，俘斩四百。伏允西走，靖等分军追之，又数破之。君集、道宗行空荒二千里，阅月，次星宿川、达柏海，上望积石山，览观河源。《旧唐书·吐谷浑传》：侯君集与江夏王道宗趣南路，登汉哭山，饮马乌海。经涂二千余里空虚之地，又达于柏海，北望积石山，观河源之所出焉。《李靖传》：军次伏俟城，吐谷浑退保天非谷[1]。靖深入敌境，遂逾积石山。《侯君集传》：君集、道宗历破逻真谷，逾汉哭山，转战过星宿川，至于柏海，北望积石山，观河源之所出，乃旋师。与李靖会于大非川，平吐谷浑而还。

《吐蕃传》：穆宗长庆元年，以大理卿刘元鼎为吐蕃会盟使。使还，逾湟水，至龙泉谷，西北望杀胡川，哥舒翰故壁多在。湟水至蒙谷，抵龙泉，与河合。河之上流，由洪济梁西南行二千里，水益狭，春可涉，秋夏乃胜舟。其南三百里三山，中高而四下，曰紫山，直大羊同国，古所谓昆仑者也。虏曰闷摩黎山，东距长安五千里，河源其间，流澄缓下，稍合众流，色赤。行益远，它水并注则浊，故举世谓西戎地曰河湟。河源东北直莫贺延碛尾，殆五百里，碛广五十里，北自沙州，西南入吐谷浑浸狭，故号碛尾。隐测其地，盖剑南之西。元鼎所经见，大略如此。

元史·地理志·河源附录

河源古无所见。《禹贡》导河，止自积石。汉使张骞持节，道西域，度玉门，见二水交流，发葱岭，趋于阗，汇盐泽，伏流千里，至积石而再出。唐薛元鼎使吐蕃，访河源，得之于穆穆哩山。然皆历岁月，涉艰难，而其所得不过如此。世之论河源者，又皆推本二家。其说怪迂，总其实，皆非本真。意者，汉唐之时，外夷未尽臣服，而道未尽通。故其所往，每迂回艰

---

[1] 天非谷 《旧唐书·李靖传》作“大非川”。

阻，不能直抵其处而究其极也。

元有天下，薄海内外，人迹所及，皆置驿传，使骑往来，如行国中。至元十七年，命都实为招讨使，佩金虎符，往求河源。都实既受命，是岁至河州。州之东六十里，有宁河驿。驿西南六十里，有山曰杀马关，林麓穹隘，举足浸高，行一日至巅。西去愈高，四阅月，始抵河源。是冬还报，并图其城传位置以闻。其后翰林学士潘昂霄，从都实之弟库库楚，得其说，撰为《河源志》。临川朱思本又从巴尔济苏家，得帝师所藏梵字图书，而以华文译之，与昂霄所志，互有详略。今取二家之书，考定其说，有不同者，附注于下。

按：河源在土蕃朵甘斯西鄙，有泉百余泓，沮洳散涣，弗可逼视，方可七八十里，履高山下瞰，灿若列星，以故名鄂端诺尔。原作火敦脑儿。鄂端，译言星宿也。思本曰：河源在中州西南，直四川马湖蛮部之正西三千余里，云南丽江宣抚司之西北一千五百余里，帝师萨斯嘉地之西南二千余里。水从地涌出如井，其井百余。东北流百余里，汇为大泽，曰鄂端诺尔。群流奔辏，近五七里，汇二巨泽，名阿剌诺尔。自西而东，连属吞噬，行一日，迤逦东骛成川，号齐必勒河。又二三日，水西南来，名伊尔齐，与齐必勒河合。又三四日，水南来，名呼阑。又水东南来，名伊拉齐，合流入齐必勒，其流浸大，始名黄河，然水犹清，人可涉。又一二日，歧为八九股，名伊逊鄂罗木，译言九渡，通广五七里，可度马。又四五日，水浑浊，土人抱革囊，骑过之。聚落纠木干象舟，傅髦革以济，仅容两人。自是两山峡束，广可一里、二里或半里，其深叵测。朵甘斯东北有大雪山，名伊拉玛博啰，其山最高，译言腾格哩哈达，即昆仑也。山腹至顶皆雪，冬夏不消。土言远年成冰时，六月见之。自八九股水至昆仑，行二十日。思本曰：自浑水东北流二百余里，与和啰海图河合，和啰海图河源自南山。水正北偏西流八百余里，与黄河合，又东北流一百余里，过玛拉噶地。又正北流一百余里，乃折而西北流二百余里，又折而正北流一百余里，又折而东流，过昆仑山下，番名伊拉玛博啰。其山高峻非常，山麓绵亘五百余里，河随山足东流，过荫斯嘉库济克特地。

河行昆仑南半日，又四五日，至地名库济及克特，二地相属。又三日，地名哈喇伯勒齐尔，四达之冲也。多寇盗，有官兵镇之。近北二日，河水过之。思本曰：河过克持，与伊赛巴萨沁。河源自铁豹岭之北，正北流凡五百余里，而与黄河合。昆仑以西，人简少，多处山南。山皆不穹峻，水亦散漫。兽有牦牛、野马、狼、狍、羱羊之类。其东，山益高，地亦渐下，岸狭隘，有狐可一跃而越之处。行五六日，有水西南来，名纳琳哈喇，译言细黄河也。思本曰：哈喇河自白狗岭之北，水西北流五百余里，与黄河合。又两日，水南来，名奇尔穆苏。二水合流入河。思本曰：自哈喇河与黄河合，正北流二百余里，过鄂勒博站折而西北流，经昆仑之北二百余里，与奇尔穆苏河合。奇尔穆苏河源自威、茂州之西北，岷山之北，水北流，即古当州境，正北流四百余里，折而西北流，又五百余里，与黄河合。

河水北行，转西流，过昆仑北，一向东北流，约行半月。至奎腾原作贵德。州，地名必齐勒，始有州治官府。州隶吐蕃等处宣慰司，司治河州。又四五日，至积石州，即《禹贡》积石。五日，至河州安乡关。一日，至打罗坑。东北行一日，洮河水南来入河。思本曰：自奇尔穆苏河与黄河合，又西北流，与彭赞河合。彭赞河源自彭赞山之西北，水正西流七百余里，过札苏克建实地，与黄河合。折而西北流三百余里，又折而东北流，过西宁州、奎腾州、马岭，凡八百余里，与邈水合。邈水源自青唐宿军谷，正东流五百余里，过阿勒巴站与黄河合。又东北流，过土桥站古积石州来羌城、廓州果密站界羌城，凡五百余里，过河州与页彭河合。页彭河源自西倾山之北，水东北流凡五百余里，与黄河合。又东北流一百余里，过塔布城银川站与湟水、浩亹河合。湟水源自祁连山下，正东流一千余里，注浩亹河。浩亹河源自删丹州之南删丹山下，水东南流七百余里，注湟水，然后与黄河合。又东北流一百余里，与洮河合。洮河源自扬萨岭北，东北流，过临洮府，凡八百余里，与黄河合。又一日，至兰州，过北卜渡。至鸣沙州[1]，过应吉里州，正东行。至宁夏府南，东行，即东胜州，隶大同路。自发源至汉地，南北涧溪，细流傍贯，莫知纪极。山皆草石，至积石方林木畅茂。世言河九折，彼地有二折，盖奇尔穆萨及奎腾、必齐勒也。思本曰：自洮水与河合，又东北流，过达勒达地，凡八百余里。过丰州西受降城，折而正东流，过达勒达地古天德军中受降城、东受降城，凡七百余里。折而正南流，过大同路云内州、东胜州与黑河合。黑河源自渔阳岭之南，水正西流，凡五百余里，与黄河合。又正南流，过保德州、葭州及兴州境，又临州，凡一千余里，与察纳河合。察纳河源自古宥州，东南流，过陕西省绥德州，凡七百余里，与黄河合。又南流三百里，与延安河合。延安河源自陕西芦子关乱山中，南流三百余里，过延安府，折而正东流三百里，与黄河合。又南流三百里，与汾河合。汾河源自河东朔武州之南乱山中，西南流，过管州，冀宁路汾州、雷州，晋宁路绛州。又西流，至龙门，凡一千二百余里，始与黄河合。又南流二百里，过河中府，过潼关与太华大山绵亘，水势不可复南，乃折而东流。大概河源东北流，所历皆西番地。至兰州凡四千五百余里，始入中国。又东北流，过达勒达地，凡二千五百余里，始入河东境内。又南流至河中，凡一千八百余里。通计九千余里。

东华录

康熙四十三年，侍卫拉锡等探视河源。奏星宿海之东，有泽名鄂陵，周围一百余里。鄂陵西又有泽名札陵，周围三百余里。鄂陵之西，札陵之东，相隔三十里。星宿海，蒙古名鄂敦搭拉登，山之至高者，视之星宿海之源。小泉万亿，不可胜数。周围群山，蒙古名为库尔滚，即昆仑也。南有山名古尔班吐尔哈，西南有山名布胡珠尔黑，西有山名巴尔布哈，北有山名阿克塔因七奇，东北有山名乌兰杜石。古尔班吐尔哈山下诸泉，

[1] 州　原作“河”，据内文改。

西番国名为噶尔马塘。巴尔布哈山下诸泉，名为噶尔马春穆朗。阿克塔因七奇山下诸泉，名为噶尔马沁尼。三山之泉，流出三支河，即古尔班索罗谟也。三河东流入札陵泽，自札陵泽一支入鄂陵泽，自鄂陵流出乃黄河也。除此，他山之泉，与平地之泉流为小河者，不可胜数，尽归黄河东下。自星宿海回程向东，南行二日。登哈尔吉山，见黄河东流至呼呼托罗海山。又南流，绕撒除克山之南。又北流，至巴尔托罗海山之南。次日，至冰山之西。其山最高，云雾蔽之，蒙古言此山长三百余里，有九高峰，自古至今，未见冰消。自此回行十六日，至席拉库特尔之地。又向南行，过僧库里高岭，行百余里，至黄河岸。见黄河自巴尔托罗海山，向东北流，于归德堡之北、达喀山之南，从两山峡中流入兰州。自京至星宿海，共七千六百余里。《舒阑河源记》大略相同，惟称鄂陵周围二百余里，而漏列布胡珠尔黑山、乌阑杜石山、噶尔马塘泉、噶尔马春穆朗泉、噶尔马沁尼泉。

乾隆四十七年七月，谕：今年春间，因豫省青龙冈漫口，合龙未就，遣大学士阿桂之子乾清门侍卫阿弥达，前往青海，务穷河源。告祭河神，事竣复命，并据按定南针绘图具说呈览。据奏，星宿海西南，有一河名阿勒坦郭勒。蒙古语阿勒坦，即黄金。郭勒，即河也。此河实系黄河上源，其水色黄，回旋三百余里，穿入星宿海。自此合流，至贵德堡，水色全黄，始名黄河。又阿勒坦郭勒之西，有巨石高数丈，名阿勒坦噶达素齐老。蒙古语噶达素，北极星也。齐老，石也。其崖壁黄赤色，壁上为天池，池中流泉喷涌，酾为百道，皆作金色，入阿勒坦郭勒，则真黄河之上源也。其所奏河源，颇为明晰。从前康熙四十三年，侍卫拉锡等往穷河源，其时伊等但穷至星宿海，即指为河源，而未穷至阿勒坦郭勒之黄水，尤未穷至阿勒坦噶达素齐老之真源。是以《几暇格物编》“星宿海”一条，亦但就拉锡等所奏，以鄂敦他腊为河源也。又《汉书》河出昆仑之语，考之于今昆仑，当在回部中。回部诸水，皆东注蒲昌海，即盐泽也。盐泽之水，入地伏流，至青海始出。而大河之水独黄，非昆仑之水伏地至此，出而挟星宿海诸水为河渎而何？《宋史·河渠志》有云：河绕昆仑之南，折而东，复绕昆仑之北。夫昆仑，大山也。河安能绕其南，又绕其北？此不待辨而知其诬。且昆仑在回部，离此万里，谁能移此为青海之河源？又康熙年间，拉锡所具图，于贵德之西，有三支河，名昆都伦。乃悟昆都伦者，蒙古语谓横也。横，即支河之谓，此元时旧名。谓有三横河入于河，盖蒙古以横为昆都伦，即回部所谓昆仑山者，亦系横岭。而修书者不解其故，遂牵青海之昆都伦河，为回部之昆仑山耳。汉武帝所云昆仑为河源，本不误，特未详。伏流而出青海之阿勒坦噶达素，而经星宿海为河源耳。至元世祖时，遣使穷河源，亦但言至青海之星宿海，见见[1]泉百余泓，便指谓河源，而不言其上有阿勒坦噶达素之黄水，又上有蒲昌海之伏流，则仍属得半而止。朕从前为《热河考》，即言河源自葱岭以之东和阗、叶尔羌诸水，潴为蒲昌海，即盐泽，蒙古语谓之罗布诺尔。伏流地中，复出为星宿海云云。今复阅《史记》《汉书》所记河源，为之究极原委。所有两汉迄今，自正史以及各家河源办证诸书，允宜通行校阅，订是正讹，编辑《河源纪略》一书。着四库馆总裁督同总纂等悉心纂办，颁布刊刻，以昭传信。

河南通志

河南省黄河道南岸自陕西潼关，《荟蕞》云：潼关卫，在西安府华阴

---

[1] 见 衍字。

县东北四十里。南有潼谷，潼水出此。东北有黄卷坂，在黄河南岸。其坂隆起，下望关城。北有黄河，自华阴县流入，与山西蒲州后界，东入河南阌乡县界。《卫志》，城北一里，水中有石，高出丈余。河水涨，其石不没，亦谓之砥柱石。西有潼水，源出潼谷，入河。入阌乡县境，经灵宝、陕州、渑池、新安、孟津、巩县，《荟蕞》云：阌乡，在河南府陕州西南一百二十里。西南有阌山，西为黄河。自陕西华阴界流入，与山西芮城县分界，东入灵宝县界。西有玉涧水、全鸠水、郎水，东有盘涧水，西南有阿对泉。灵宝，在陕州西稍南六十里。东南有岘山，曹阳水出此入河。西南有石堤山，柏谷水出此入河。又有石烛山，烛水出此入河。又有门水，自洛南县流入，亦名弘农涧。又有丰盛等五十渠，引山水灌田。陕州，在河南府西三百里。东北有砥柱山，在黄河中，去州四十里，即《禹贡》所谓砥柱也。又有公主河，在三门山左。唐开元中，凿此通漕，以避三门之险。约百丈许，复入于河。西有七里涧，自南山入河。西南有谯水，东有淆水，自永宁流入，北入于河。又有利人渠、二广济渠，一引水入城，以代井汲，今湮。渑池，在河南府西一百六十里。东北有渑池山，涧水出焉。西南有马头山，谷水出焉。北有黄河。按志黄河自三门集津，下迄钓鱼嘴，奔流迅急，舟筏难渡。新安，在河南府西七十里。东南有瞻诸山，慈涧水出焉。汇诸川水，入谷。而有密山，豪水出焉，注洛。西南有郁山，练谷水出焉，入谷。西北有队山，长垣河出焉。又有魄山，回水出焉。东北有邙山，马陵川出焉。孟津，在河南府东北四十五里。两岸平阔，河势渐盛，溃决之患，从此而始。唐时，筑石堤当河阳、平津两县，岸高五丈，阔如之，延六七十里。今南岸止有二三里，北岸尽决。巩县，在河南府东北百二十里。南有寒战山，下临玉仙河。又有乱石山，下有五泉入洛。至汜水、河阴，至荥泽县而始有堤工。《荟蕞》云：汜水，在郑州西一百四十里。东南有方山，即《山海经》浮戏之山也，汜水出焉。有马跑泉、汉家泉、柏池泉。有玉仙山，山上有玉仙元君祠。祠前有二泉，一为小龙池，即小里河源；一为黄龙池，即汜水源。西有大伾山，山之东尽于玉门山，乃汜水入河处。又有广武山，沿河六十里。河阴，在郑州西北五十里。北为武济山，传有武王济河处。宋元丰中，范子渊议导洛通汴，屡请于武济山北麓，修堤置埽是也。荥泽，在郑州北少西四十里。有敖山，殷仲丁自亳徙嚣，即此。黄河旧在县北十里，渐南徙逼近城。明弘治时，徐恪言自孙家渡口旧河疏之，经朱仙镇，由泗入淮，可杀上流之势。成化十五年，以水患徙筑今县。东北有蒗荡渠，西通河洛。南江淮，隋通济渠也，今堙。南有贾鲁河，亦堙。西南澮然河，达于大河。自此而郑州、原武、阳武、中牟、祥符、陈留、兰阳、仪封，《荟蕞》云：郑州，在开封府西少南一百四十里。北为黄河，东有郑水，出梅山，东北入贾鲁河。西有须水，正德时凿之，以纾河患。东南有七里河，其源有三：一出泰山，一出梅山，一出站马屯，会流于此，入贾鲁河。东有潮河，出栾巴，南下合贾鲁河。东有龙池湖，周三里。原武，在开封府西北一百二十里。县旧在河之南，明正统十三年，河决荥泽，南徙，始在河之北。南有古济水与古阴沟水，今皆混入黄河。西北有沁河，自武陟县东入黄河。阳武县，在开封西北九十里。东有脾沙冈，西有黑洋山。河决后，皆沦于河，南为黄河。东南有白沟，亦名清水，亦名白河。流至封丘境内，曰翟沟。西有沁水，自武陟县流入，后筑堰截入黄河，其故渠皆为桑田。中牟，在开封府西七十里。北有牟山，南有马陵冈，长五十余里，即故河堤。北有汴水，即蒗荡渠也，亦名鸿沟，亦名官渡水。明正统七年，改流入黄河，遂淤为平地。南有汜水，东流入官渡，今涸。东南有刁马河，今堙。又有双洎河，名小清河，即《郑风》所咏“清人在旁”者，源出新郑县。至郑西，东北流入丈八沟。《县志》载：九沟、八沟、三十六陂。祥符县，即开封府治。西北有驼牟固，河决后，今为平陆。东北有赤冈，西有狼城冈，东北有槐疙疸冈。万历中，河决于此。西北有黑冈，明崇祯中河决于此。南有汴河，即蒗荡渠分流也。隋自大梁城西南，凿渠引汴水，即此。至元二十七年，始淤。明初，欲以大梁为北京，议浚之，不果。宋都汴时，引汴、蔡诸水，漕舟城中，沟洫互通。自明季灌城后，俱为平陆。西有金水河，即荥阳之京水，汇入五丈河者，今堙。东北有隋堤，一名汴堤，今遗迹尚存。陈留，在开封府东少南五十里。北有黄河，自祥符流入，入兰阳县界。北有汴河，自祥符流入，入杞县界。又有蔡河，自祥符流入，入通许县界，即沙河也，今涸。北有睢水、沙水分流，开通济渠，今堙。东北有巴河，一名沁水，今涸。县北有秦陈留故城，东北有魏小黄故城。兰阳，在开封府东少北九十里。北有黄河，又有贾鲁河。又有马蹄河，一名清河。南有巴河，亦名沁河。北有古济水，今入于河。西北有赵皮寨，一名张禄口，又有铜瓦庙集。仪封，在开封府东少北一百一十里。东北有黄陵冈，北有青陵冈，又北有黄河。县有七河，曰北旧黄河、南旧黄河、贾鲁河、庞家河、圈头河、巴河、新河，皆黄河转徙所经，忽南忽北。今贾鲁河、巴河故道堙，余河故在。经考城、商丘、虞城，《荟蕞》云：考城，在睢州北九十里。北有黄河，自古为冲决之所。北有贾鲁河，又有沁河，南有沙河、汴河，西南有戴陂，黄水注焉。商丘，即归德府治，北有黄河。元至大二年河决而南，府治在河北，至顺以后河决而北，府治仍在河南。明正统河决而南，府治又在北。正统以后，仍在河南。其新集口、丁家道口，皆河之险要。虞城，在归德府东北七十里。北有黄河，其地上接考城，下接砀山，邻比数县。土皆卑下，每经河溢，互相倾注。河决考、砀，则土聚虞城。河溃虞城，则土聚考、砀。故旧道尽湮，水患无已。欲竣支河则易淤塞，欲筑堤则无山陵可倚。若于李景高口西岸浚水南行，则县境之流自杀。又自杨厚口起，筑堤分水，使下流有归，然后河不为患。北有汴水，亦名获水。西有孟诸泽，今俗呼为湄台。西有丁家道口，北有罗家道口，皆黄河要地。至江南徐州之砀山县界出河南境。北岸自山西垣曲县，垣曲，在山西绛州东南二百一十里。东北有王屋山，接河南济源县及阳城界。西北有黄河，自平陆县流入。入济源县境，经孟县、温县、武陟，《荟蕞》云：济源，在怀庆府西七十里。东北有太行山，南有黄河，北有济渎，东南流入孟县。《禹贡》导沇水，东流为济。西南有溴水，东经孟县入河。《新志》，溴水，一出姑嫂山，一出五指山，一出秦岭山。至三河口合流，与滮水合，东南入孟县界入河。北有滮水，源出莽山，入溴。西南有漫流水、涂沟水，入溴。东南有天浆水、同水，俱孟县界。西南有湛水，注河。西有瀑水，入沁。北有沁水，自阳城流入，东入河内界。东有千仓渠，济水分流也。孟县，在怀庆府南少西五十五里。南有黄河，自济源县流入，与孟津县接界，河广二里。南有孟津，一名陶渚。西南有冶坂津，北有沇水，即济水也。北有溴水，南合流入河。西有河阳废县，南有下孟州城，即古北中城也。金大定中，以河患因于故城北十五里徙治焉。曰上孟州故城、曰下孟州。东魏又筑南城，在今孟津县界。及中潬城，在今县西南，是为三城。温县，在怀庆府东南五十里。今逼近城西，有济水南入河北。有广济河，沁水分流也。又有温润渠，隋刺史卢贲引沁为利人河。又派流入温县，故名温润。有丰稔河分流，广济河水入温，即此。北有劳水，通丰稔河。东有平皋，多菱荇蒲苇。武陟，在怀庆府东一百里。南有清风岭，濒河。东有沁水，自河内县至南贾村入河。其支流入县北，东引灌田二千余顷。西南有广济河，沁水分流也，今涸。西北有小丹河，即丹水分流之长明沟也，今淤。又有上清河，即沁水分流之蔡沟也。自河内县流入，东入修武之三桥陂入卫。东北有莲花池，在沁河东岸地名木栾店，去卫河百里。明万历中，沁河从此决入卫。亦至荥泽县而始有堤工。自此而原武、阳武、封丘，《荟蕞》云：封丘在开封府北六十里。北有黑洋山，东北有淳于冈，皆湮于水。南有黄河，本在县西北。金明昌五年，河决阳武，灌封丘而东，县遂居河之北。终明之世，凡五决。荆隆口一决，陈桥顺治七年、九年两决，至十二年始塞。按黄河自阳武入封丘，出荆隆口，直东至长垣、东明两县境。从此经曹、濮直趋大清河，东入于海。较之出徐、沛，合淮、泗以入海，其道最为径易。从来河行之道，宜直不宜纡。入海之口，宜近不宜远也。西北有沁河，一名巴河，自武陟、阳武流入，经于家店北，绕县南穿桃陂河，东注。每泛滥则能为害，自怀庆增堤遏之，水始全落。南有翟沟，自阳武境入，即白沟也，今堙。西南有黄池，东西广三里。南有金龙口，即荆隆口，自砥柱孟津而下，最为险隘。今离河稍远，然地方洼下。夏秋水发，一堤之内，皆为巨浸。西南有中滦城，元时运道中梗，受江淮之米，陆运赴淇，仍以舟载送京师。后改为海运。其西为大王庙口，顺治九年河决于此。决口有积水潭，汪洋数十顷，深广十余丈。今县治，本封丘故城。金时，以河淹没，迁治新城。元时，新城又为河坏，仍迁故城。西有董家堤，障御黑洋山水。历祥符、陈留、兰阳、仪封，以至山东曹县界出河南境。

皇朝通志

黄河源出昆仑山，在今回部极西境有三源：一为喀什噶尔河，出喀什噶尔城极西之哈喇库勒，迤北两水合流南注，东会支河，经城东流，计千余里。一为叶尔羌河，出叶尔羌城西南山内，纡折出分流，经城左右复合，亦千余里，会喀什噶尔河。一为和阗河，出南山，二源分流，名玉陇哈什河、哈喇哈什河，夹额里齐城而北，合流数百里，与喀什噶尔河、叶尔羌河会。东流有阿克苏河，源出北山名托什干河，经乌什城北迤南至阿克苏城南，又南流来会，遂名塔里木河。东流有木素尔河，源出北山西南流，又东过拜城，又东过赛喇木城，合库车之赫色勒河，过沙尔雅城北来会。又东流有海都河，源出北山之裕勒都斯，经哈喇沙尔城西，汇为博斯腾淖尔。自淖尔流出，经库陇勒境来会。又东会于罗布淖尔而伏，即古所谓盐泽蒲昌海也。河水伏流千余里，东南有孔道斜直。青海之西境重发于巴颜喀喇山，噶达素齐老之上涌为天池。水色独黄，流为阿勒坦河，百余里入于鄂郭淖尔，即《元史》所谓星宿海也。东南流出，注于札楞淖尔，又东南注于鄂楞淖尔，又折东南流，始名黄河。又东南流，经阿木奈玛勒占木逊山之南，亦名大雪山，即《禹贡》导河之积石也。其南有三昆都伦河：一曰得持昆都伦，一曰多木达昆都伦，一曰道喇昆都伦。三河先后来注之，折而转西北流，绕大雪山之北。又折东流，经库库淖尔之南，库库淖尔即青海也。有哈克图河、魁屯西里河、硕尔浑河来会。又东北入甘肃河州归德所边，有青海南境诸水来会。过小积石山，经兰州府西有大夏河，即古漓水来会。又东有洮河来会，又东有湟水来会，又东有庄浪河来会，又东循长城金县境有浩尾河来会，又北有会宁、安定二县水来会。出长城，又东南流入，折东北有清水河自固原州来会。又经灵州北，东北经宁夏府境。又东北出边，经河套、鄂尔多斯部地，分流复合，折东南经乌喇特部境。又东南有黑河自归化城境来会，南流入山西平鲁县边界，自此而南出河套，东岸为山西境，西岸为陕西境。经河曲县西，府谷县东。又经保德州东，岢岚州西。又经神木县东，兴县西，有蔚汾水，自岚县经兴县来会。又经葭州东，临县西，过孟门镇。又经永宁州西，吴堡县东，有白泉河，即古离石。水自水宁州，合宁乡县诸水来会，折西南经清涧县东。有榆林水，合米脂县、绥德州诸水及耆延州诸水来会。又经石楼县西，延川县东。又经永和县西，延长县东，有延水自延安府来会。又南经大宁县西，有忻州合隰州蒲县、大宁县诸水来会。又南经宜川县东，吉州西，其南为壶口山。又南有汾川水，合银川、丹阳诸水来会。又东南经乡宁县西，韩城县东，其东岸为河津县之龙门，山西南流有汾水来会。又经郃阳县东，临晋县西。又经朝邑县东，蒲州永济县西，有涑水自绛县、闻喜县，合安邑、解州、猗氏县、临晋诸水来会。又南经朝邑县南，有洛河来会。

又经华阴县东，有渭水来会，折东流至潼关南岸，入河南阌乡县境。又东经芮城县南，又经灵宝县北，有弘农河来会。又经陕州北，平陆县南。又东过底柱山，经渑池县北，垣曲县南，有清水出绛县，沇水出王屋山来会。又东北岸亦入河南界，经新安县北，济源县南。又经孟津县北，孟县南。又经巩县北，有济水自北来会。又经温县南，巩县北。又经汜水县北，有洛水来会，又东北有猪龙河来会，又东南有沁水来会。又经荥阳县北，又东经荥泽县北，原武南县、郑州北。又经阳武县南，中牟县北。又经延津县南，祥符县北，封丘县南，陈留县北。又东南经兰阳、考城县北。又东入山东界，经曹县南。又东经单县南，又东南流入江南界，过云梯关入于海。

河源图说吴省兰

《汉书》及《水经》皆言河源一出葱岭，一出于阗。盖出葱岭为正源，出于阗者为旁源，其形势然也。西域山之极偏西者，莫大于葱岭。盖山脉延亘，自僧格喀巴布山分支西鹜山、齐齐克里克岭、特拉克岭，经喀什塔什岭、和斯鲁克岭而北折，经吉布察克、三[1]喀克善诸山，皆得以葱岭名之。自此东行为天山正干，山脉所入，其诸山之水随地而发，群支散衍，总归大河。其大源有二：喀什噶尔河，发源最远；叶尔羌河，与和阗邻接，俱东行与和阗河会。源流广大，视和阗数倍过之，盖和阗两岸地多沙碛，水或湮渗不流，而葱岭之水源委数千里，或分或合，不渗于沙，不隔于岭。自古数河源者，必曰葱岭，以是故也。至葱岭西方所出诸水，或入于达里冈阿鄂谟，或汇于腾吉斯鄂

[1] 三 衍字。

谟，此则《水经注》所述入雷翥海诸水皆以西海为归墟，而在葱岭之外矣。和阗共六城，其哈拉哈什、玉龙哈什二城水为河水分见之源。行至厄格尔雅尔而合东北行共千一百里，始会葱岭诸山西来之水，其左右如都瓦城、三珠城、额里齐城、塔克城诸水，自流自止，不显与和阗河会。盖沙碛间之实，亦和阗之旁源也。

西域北山，即古天山，亦称折罗漫山，东西六千里，中以此山为北障，其南境水无不入。大河今考蒲昌海以西，所受北山之水有四大源：最西为阿尔苏河，会乌什水南流，会于葱岭和阗河交汇处。其一为库车河，四源合流，流至沙雅尔城，南入河水。其一玛巴赫色尔库尔水，自潴不流，与河水相望，隔数十里，盖伏流而入河水者也。其最东为海都河，挟四源出众山之口，潴为淖尔，溢出南入大河。盖古今山西麓水，《山海经》称：敦薨之山，敦薨之水出焉。西流注于泑泽，出于昆仑之东北隅，实为河源，即指斯水。盖天山南麓约以四源，而海都河为最盛。故《山海经》亦以河源称之。所谓传闻异词，仅得其近似者也。惟我朝天山南北尽隶职方，诸水所经皆有城郭，自乌什、阿克苏、拜城、赛喇木库、车哈喇沙尔至吉尔森呢木诸城，耕屯井牧，不殊内地，皆借河水为灌溉。故分合脉络，一一可稽焉。由是汇于罗布淖尔，为西域河水。总之，汇计自葱岭之东，嘉峪关之西，天山之阳，南山之阴，纵横七八千里，稽其大势，一涓一滴咸于是汇归，即古之蒲昌海也。唐杜佑疑蒲昌海为西域自行自止之水，不与积石河通。今老罗布淖尔北近天山，南则束以沙碛诸峰，其西方为大河众源来处。东境又为伏流，来赴之水合稽西域地势，无有下于是者。故西域支流别派，亦无有不归于是者。至于涉历冬夏，不减不盈，则以其沙道潜通，有泄有受，其迹似异，而其故可以理推也。淖尔北倚天山支峰，南有鲁齐图达巴汉，其旁众池骈列，为圆池，为方椭池，为鄂尔沟、海图水、巴哈噶逊水、弩齐图色钦水，错居环绕，灿然亦如星宿。论者谓其肖形成象，与鄂敦他腊诸泉，祖孙一气，信不诬也。《水经注》称其洄湍电转，为隐沦之脉，可以证伏流矣。

若夫罗布淖尔东北路诸泉，为托克三土尔、番辟展、哈密诸地水，皆出天山南麓，或称交河，或称南湖，泉流散瀯，自行自止。诸土依之，以为聚落，伊古以来，未有言其归向者。今以西域地势考之，天山正脊，东出南折，以属于安西，则其中也。蓄诸山势，亦必西向归于罗布淖尔。特流沙间阻千里，水泉不流。行于沙面，必贯输于沙底。虽无显然奔赴之迹，要不容区而别之于大河外也。盖西域大势四隆，中隆罗布淖尔适当其隆处，群水四面环归，惟以东南方一隅为泄水之尾闾。众水不同，总以出天山南麓者为断焉。由罗布淖尔东南伏流，沙碛千余里，重出为阿勒坦郭勒之源，此则渐及于近世所称之星宿海矣。盖自北干、南干分行，连山划然中断，诸沙委积，宏流潜伏，由罗布淖尔以至阿勒坦郭勒重发之处，测其经度约一千五百里。若以伏流随山曲折，东西激荡，当不止二千里。而赢其间诸泉，仰发不一而足，实大河伏流入阿勒坦郭勒之孔道也。《尔雅》载：河出昆仑虚，色白。所渠并千七百一川，色黄。今考回部所受经流支川，无虑千数，所谓渠并者在西域已居大半矣。徙来水潜地底，侧出仰流，无不麤然澄清，独阿勒坦郭勒、噶达素齐老之水，伏流初见辄作黄金色，因即以黄金名之。岂非大河灵渎，虽伏地千里而仍不改其本性者乎？唐人始有柏海、星宿川之目，元人穷源至星宿海，皆未识阿勒坦真源。我朝命使穷源，自鄂敦他腊而西更三百里，历古亘今所未能穷见者，于是乎大河真源昭然如发蒙焉。若元使穷河源至鄂敦他腊而止，不知其西有阿勒坦之黄水，已为失实。其尤舛者，以朵甘思东北鄙有大雪山，名亦耳麻不莫剌，译言腾乞里塔，指为昆仑。自河源至昆仑已行三十日程，河绕其三面则是昆仑为河所经由之地，而非源矣。侍卫拉锡旧所具《河源图》贵德之西有三昆都伦河入河水，谓蒙古语以横为昆都伦，河之横者为昆都伦，山之横者，亦为昆都伦。彼昆都伦，以横山延亘得名。说者不察，遂以三河之名附会而误。《宋史·河渠志》：大雪山之非昆仑，而为《禹贡》之积石山。山川道里形势，方向昭然，明晰无可置疑。西域自汉武帝时，通于中国，张骞始发其端，厥后开置四郡，设都护。轮台、渠犁，皆置田卒，则大河所注咸在节制之中。《班史》言：南北有大山，中央有河。河水两源，一出葱岭，一出于阗。东注蒲昌海，其水渟居，冬夏不增减，皆以为潜行地下，南出积石山为中国河，其言信而有征。自唐以来误指西海境山为昆仑，反诋《史记》《汉书》所称西域河道为非，是则舛谬甚矣。《禹贡》导河自积石，言治水施功之始，非谓河源。《山海经》《水经注》沿河源重发，于积石，则举青海境大山，以包举诸地。言积石，而星宿海亦在其中也。积石山，今之阿木奈玛勒占木逊阿林，山形蟠屈数百里，巍峨高耸，为通境之望。其山脉自祁连山南出，迤逦而东，为托灰哈达阿林、巴哈图尔根阿林、哈尔吉布达巴汉诸山，随处异名，其实皆积石一体也。大河自西方流绕其南，合三昆都伦河折而北，而转西绕其东北境，与库库淖尔相望。盖环积石三面，一千三百余里。大河自此东北折，由温泉边入贵德堡，众流渐浊，复其本性。盖自昆仑正源，青海重源，再伏再见，至此始名黄河焉。

若夫青海在大雪山之北，肃州、安西州之南，旁列群峰，中环巨浸，周围十余里。其水不与西域通，亦不流注河水。然西北一隅，正与哈拉淖尔诸水，如衣马尔山、长马山诸源邻接。其西南一隅阿穆呢色尔沁，地与河水东折之处相望，才数十里，是又大河旁源潴流不泄者也。盖交流总汇于罗布淖尔、积石、重源，又旁潴于是地。既与河源邻接，则与西北流出之居延海、休屠泽诸水隔绝河水者，迥乎不同云。

豫乘识小录·黄河说朱云锦

《史记·河渠书》谓：河所从来高，水湍悍，难以行平地，乃北载之高地。诬哉，斯言！河行平地尚决溢，岂行高处反顺流乎？禹亦第能顺水性耳，乌能强之使行高地哉！《禹贡》所纪底柱、孟津、洛汭，俱在今河南一府之地，河出秦陇之险固，安驱于西山金堤之间，未尝横流中原一步。历周定王、汉明帝时，海口屡易，在豫境乃未失其故。武帝时塞决河，作歌曰“啮扶桑兮淮泗满”，亦几几有南流合淮之势。赖其时，障而北之，而梁楚复宁，历东汉至隋唐迄无大患。金明昌五年河决阳武，东注梁山泺，分为两派，一由北清河入海，一由南清河夺淮入海。即今河道。元至元中，河徙阳武，南夺涡入淮。泰定时，改从汴渠至徐城，东北入泗、入淮。明弘治河决荆隆口，逾黄陵冈，东经曹、濮至张秋入运河。命刘大夏等治之，遂塞荆隆口，治黄陵冈堤，迄后决塞无常。至崇祯十五年流寇围汴不下，决黄金坝口灌省城，城沦没。帝发帑金五十万，命嘉夫塞之，河由故道。十六年，又决，南入涡河。顺治元年，河自复故道。

古今治河之说，自贾让三策出，无出其范围者，然多用其下策耳。今之治河与古迥异，较古倍难。唐宋以上，惟欲河流不溃溢。其入海之路，可听其便。自元明开会通河，借河为运口，岁漕东南之粟四百万石，以实京庾。河北决则由张秋、临清一带冲运道，会大清河入海，而汶水不能北流，而运道绝。南决则合淮、泗入湖，湖溢而南，则淮扬既为巨浸，而清口南趋而运道断。故古者，河自河，运自运。今河道即运道，清口为南北运道一大关键。都水者，乌容稍轶于寻尺之外哉！又河性宜合不宜分，盖流分则势弱，势弱则淤益多，淤多则决溢更甚。河流昔至安东，距海已近有四套、五套、六套之名。再东即为苇荡，向无堤工，河流既漫而潮汐又若迎若拒，互相洄漩，积日既久，尾闾高仰，下游不畅，上游屡有漫口。迩年近海处所皆筑堤保固，添设专员，借堤束水，借溜刷沙，河流直注，海口通畅。始知向所称之地有铁门限、铁板沙之言，皆缘溜缓沙停，日久坚致，督事者采摭浮说塞责耳。十八、九等年，河决豫境，清水独力刷汰，愈见深通矣。豫距其地较远，盖有阴受其福而不知者。今将黄河经行之处，自入中国至抵海口皆以今地名注之。两岸堤工，自武陟、荥泽起，至江南安东、海州止，各有分汛管辖，亦约略备书。

河发源于昆仑，至积石而入中国。在西宁卫西南百七十里。又东经河州城北，又东北经兰州城北，北门外有浮梁，用巨舰二十四，贯以铁絙，架以木板，可行车，长三四十丈。临河建有杰阁。颜曰天下黄河第一桥。冬月冰冻，铺土其上，往来如常。将泮前数日，有声如雷，相戒不敢行泮。后仍设浮梁焉。又东经金乡县北，至县北六十里，入乱山中，危湍仄涧，凡二百里而入靖虏卫界。又东北经靖虏卫北，又东北经宁夏中卫南，又东北经宁夏卫东，又东北入榆林西境，经古三受降城。又东折而南，经榆林之东。又南经府谷县东，又经神木县南，入葭州境，经州城东，东岸为山西河曲、保德州及兴县境。又南经吴堡县、绥德州东，东岸为山西临县、永宁州及宁乡县界。又南经青涧县东，又南经延长县及延川县东，东岸为山西之石楼及永和太宁县境。又南经宜川县东，东岸为山西河津汾水至此入河。及荥河、临晋县西境。又南经朝邑县东，又南经华阴县东北，渭水于此入焉。东岸为山西蒲州。又南过雷首山，乃折而东。河流自东腾州折而南，几千八百里。自壶口以至潼关，两岸重山翼带深险，而华山横亘于南，河于是复近而东。又东经阌乡、灵宝县北，北岸为山西芮城县南境。又东经陕州城北，又东经渑池及新安县北，北岸为平陆及垣曲县境。州城西北三里，曰太阳津，即古茅津，为渡河要地。其西为三门，即大禹凿山，水从山而下之处。中曰神门，南曰鬼门，北曰人门。水行其间，声如雷激。其东北五十步，即底柱，高数丈，孤立水中。又东经河南府北，北岸为济源县南境。又东经孟津县北，北岸为孟县南境。河在孟津北五里，孟县南三十里，至此两岸平阔，其流渐涨，溃溢之患，自此而始。然尚未设堤者，缘其地仍得山除气，土脉犹坚，尚不善崩耳。晋杜预造河阳桥，北魏至唐之河阳三城，皆在此中，城在中潬。至宋嘉祐中，始没于水。《孟津志》谓即县西十五里之雷家滩，《孟县志》谓即郭家滩，皆无确证。又东经巩县北，洛水入焉，是谓洛汭。北岸为温县境。济水入之。又东经汜水、荥阳县北，北岸为武陟县南境。沁水至是入河。又东经河阴、荥泽县北，河阴今并入荥泽。又东经荥泽县北，北岸为获嘉县南境。又东经原武县北，阳武县南。又东经开封府城北，封丘县南。又东经陈留及兰阳县北，北岸接直隶长垣县境。又东经仪封厅北，北岸接东明县界。又东南经睢州北，北岸为考城。又东南经商丘县北，北岸为山东曹县界。又东经永城夏邑北，北岸为单县境。又东经虞城北，北岸亦单县境。又东经江南砀山县北，又东经丰县南，又东经沛县南、萧县北，又东经徐州北，又东南经灵璧县北，又东南经睢宁县北、邳州城南。又东经宿迁县南，又东经桃源县北，又东南经清河县境，又东经淮安府城北，又东经安东县城南而入于海。按：河南岸自阌乡入豫境，至江南徐州府砀山县出境。北岸自济源县入境，与垣曲分界。至山东曹州府曹县出境。

按：此篇大半取之《河南通志》，而略有所增，以其为后出之书，故不录《河南通志》所载古黄河道，而录此篇。

葱岭三干考魏源

葱岭即昆仑，其东出之山分三大干：北干自天山起祖，由伊犁绕宰桑泊之北而起阿尔泰山。中干自于阗南山起祖，经青海由三危、积石绕套外为贺兰山，其在大漠南、黄河北者为北支，在黄河南、汉水北者为中支。南干自阿里之冈底斯山起祖，起阿里东为卫藏葱岭。河源经回部汇于蒲昌海，在天山之南，于阗山之北。自蒲昌海东至玉关千余里，自玉关东至辽西瀚海六千余里，此北干、中干天然之界也。

冈底斯山考魏源

冈底斯山，在阿里之达克喇城东北三百十里，直陕西西宁府西南五千五百九十余里。其山高五百五十余丈，周一百四十余里，四面峰峦陡绝，高出众山者百余丈。积雪如悬崖，皓然洁白，顶上百泉，流注至山麓，即伏流地下。前后环绕诸山，皆才岩峭峻，奇峰拱列，按其地势出西南徼外，以渐而高，至此而极。山脉蜿蜒，分干向西北者为僧格喀巴布、冈里木孙诸山，绕阿里而北二千五百余里，入西域之和阗南山及葱岭诸山；向东北者为扎布列斜而克、角乌尔克、年唐拉木萨坦冈、匝诺莫浑、乌巴什、巴颜哈喇诸山环卫，地竟青海，连延而下六千余里，至陂西西宁等处边界；向西南者为闷郡克尼儿、萨木泰冈诸山，亘阿里之南二千余里入尼讷特克国；向东南者为达木楚克、喀布巴冈、噶尔沙弥弩、金刚花诸山，历藏卫达喀木七千余里至云南四川之境。康熙五十六年，遣喇嘛楚儿沁藏布、兰木占巴，理藩院主事胜住等绘画西海、西藏舆图，测量地形，以此处为天下之脊，众山之脉皆由此起云。按：《水经注》阿耨达山西南有山名遥奴山，西南小东有水名萨罕，小东有水名恒伽，此三水同出一山，俱入恒水。《康泰扶南传》曰：恒水之源，乃极西北，出昆仑山中有五大源，枝扈黎大江出山西北，流东南，注大海。枝扈黎，即恒水也。今阿里为藏中极西南，地近古天竺境。北山、西山狼楚、拉麻、楚楚三大水，皆西流转东，而南合为冈噶江，入南海，疑此即阿耨达山也。节张穆《昆仑异同考》曰：《水经注》引释氏《西域记》曰：阿耨达大山，其上有大渊水，宫殿楼观甚大焉，即昆仑山也。阿耨达山，即今西藏之冈底斯山，在后藏达克喇城东北三百余里，直青海西南五千五百余里。其山四支，北出者，曰僧格喀布巴山，与和阗之尼莽依山，南北联冈尼莽依。《水经注》所谓仇摩置也。黄河初源，实出于此。

河源异同辨范本礼

河有初源，有重源，出葱岭，经喀什噶尔为喀什噶尔河，东会叶尔羌河。又东会和阗河，是为塔里木河，至罗布泊而伏。重源出阿勒坦噶达、苏齐老山为阿勒坦郭勒河。初源出葱岭，详见于《汉书》。后之言河源者，无能知也。重源出阿勒坦噶达、苏齐老山，则实自乾隆时发明，之前之言河源者不能识也。《汉书·西域传》云：河有两源，一出葱岭，一出于阗。于阗在南山下，其河北流，与葱岭河合，东注蒲昌海。一名盐泽，其水渟居，冬夏不增减。南出积石，为中国河。其所谓出葱岭者，即今喀什噶尔河及叶尔羌河。所谓出于阗者，即今和阗河。蒲昌海，即罗布泊也。喀什噶尔河为葱岭北河，乃河之正源。叶尔羌河为葱岭南河，与和阗河皆为河之旁源。以今地证《汉书》，河源出葱岭，彰彰明甚。顾自汉以后，聚讼纷纷，而卒不得河源之真者，则以其舍葱岭而求昆仑也。夫《山经》《禹纪》皆荒诞不经之书，无足凭者。即《尔雅》云河出昆仑虚，亦未实指昆仑为某地。至汉使穷河源归，天子乃按古图书名河所出，山曰昆仑，是昆仑至汉时已仅存虚名。则汉以后之求河源者，自当舍仅存虚名之昆仑而求确有实据之葱岭。唐人不知此理，刘元鼎遂以吐蕃中闷摩黎山为河源所出，杜佑又力主其说，以诋《汉书》。良以《汉书》所载，唐人不能亲至其地，乃等诸《山经》《禹纪》之无凭而轻信吐蕃之言，谓昆仑在其国西南。元鼎求之西南而不得，转以其东北之闷摩黎山当之。元都实又沿其谬，遂谓河源出星宿海，又在昆仑之西，自以到唐人未到之处，沾沾自喜，不知都实亦仅仅得河之重源，且于重源亦未可为真得者。

康熙中，侍卫拉锡寻至鄂敦他腊而止，失与都实同。至乾隆中，侍卫阿弥达始得重源之实，盖犹在星宿海西三百余里，自古访重源者未有若此之详且确也，遂以是为河之初源，则又不然。河为万水之源，其发源之山自当为众山之祖。今考《水道提纲》称噶达苏七老峰高止四丈，谓为众山之祖可乎？且罗布泊受葱岭南北河及和阗河三大水而无泛溢，岂无所泄而能然乎？吴省兰谓西域诸水惟东南之罗布泊为泄水之尾闾，虽流间隔千里而水不流行于沙面，必贯输于沙底。虽无显赴之迹可决其潜发之源，其说最当，惜乎仅从遥度。而阿弥达仅以探得阿尔坦塞责，不知细察伏见之实据。至康熙中，侍卫胜住偕剌麻绘西藏青海地图归，以后藏阿里之冈底斯山当昆仑，谓即河源，则是胜住能知河之有初源矣，而泥于昆仑二字，为剌麻所愚。盖剌麻只欲推崇其境内山川，犹吐蕃之谓昆仑在其国中也。今之求河源者，只当问其是河源非河源，不当问其是昆仑非昆仑，河源所在即昆仑所在。今考葱岭河源，银涛一片未至罗布泊以前，即受回部千百支干之水，而阿勒坦噶达苏齐老山中之池，流泉喷出皆黄色，证诸《尔雅》“河出昆仑虚，色白。所渠并千七百一川，色黄”，一一吻合，则葱岭所出为初源，阿勒坦噶达苏济老山所出为重源无疑。彼《水经》之言河出昆仑又南入葱岭山者，犹拘于昆仑之名而不知葱岭之即昆仑也。我故曰：自今以后言河源者，但云出葱岭，不必更云出昆仑也。至《汉书》之以积石为重源，唐人以小积石为积石，其纰缪更不足辨。

皇朝通志

入河诸水：洛水即豫州川，源出陕西商州洛南县冢领山，经县北东入河南界，经卢氏县南熊耳山北。又经永宁县南宜阳县北。又东北经河南府洛阳县西南，有涧水合谷水自渑池、新安县来会。又东经府城南，有瀍水自北来会。又经孟津县、偃师县南，有伊水自卢氏县，经嵩县、伊阳、宜阳、洛阳诸境来会。又东北经巩县、汜水县入黄河。济渎源出怀庆府济源县西北，与山西垣曲、阳城接界之王屋山，即《禹贡》沇水也。经济源北分二派：一经巩县西北境入河；一东流为猪龙河，经府城南。又经温县北，又经武陟县南入黄河。其南岸为荥泽，东为荥阳，即《禹贡》溢为荥地。自西汉来，不复溢为荥也。

水道提纲齐召南

沁水源出山西沁州沁源县北之绵山车家领，俗曰山谷河。东南流，其东源出琴谷者，自东北来会。经绵上镇南，又南经阳城村西官军镇东，有二小水自东北来会。一香果山水，一马圈沟水。西南流有五龙川，合浩河自西北来会。五龙川，在土岭西山，东南流。有浩河出仁雾山，东流经韩洪镇北郭，道镇南与五龙川会，东南流入沁水。又南经县东而南，有青龙河自东来会。折西南，有西川河自西北来会。南流经围寨镇西，有大南川自西北来会。又南经屯留县西境、岳阳县东境之高壁村东，有和川自西来会。又南经苏村东、卫寨西，有边寨镇水自东北来注之。又西南至端氏镇南，有邢堡水自西北来注之。其南，即三峡偃月山也。又东流一小水，自东北来注之。又南经沁水县东境，有海河合诸水自东北来会。海河出沁水县西之乌岭，东流北合一水，东南流经县城北。又东南流，有固镇水合一水自西南来会。又东，有碧峰山水自北来会。俗曰大峪沟。又东，有友泉村水自南来注之，东入沁水。又东流，有海子河、玉溪河自东北来注之。折而东南，经泽州西北境至阳城县东，有小水自东来，芦水自西来并会。又南，有泽河自西来会。泽河出阳城县西南境析城山西北之岳神山，东北流，合一小水，折东南流。经濩泽故城南，又东流，有一水西北自西山来会。又南流，有桑村河自西来会。又东，入沁。折而东，受东北来之长河水。又南流入河南界，经怀庆府西北、济源县北之太行山东南流，经窑头村南。又东南至府西北，有一水至西南来注之。东经府城北而东，有广济河支津，至西南穿城而东北流来会。其北受大丹河水，水势益盛。大丹河，出潞安府西南山，南流至高平县东北，有浮云河西北来会。南经县城东，又南许河自西来注之。有耳白水东北自陵川县东北之圣宫山西南流合蒲水来会。又南流，东受白羊河水。又南，经泽州东南境，有白河、黄沙河西北自州城合而东南会。天井关北水，东入丹河。又折而东，南入河南界，经怀庆府北境之方山东。又东南出山，流分为二：其东流者曰小丹河，东北经修武、获嘉与卫河合者也。其南流曰大丹河，历怀庆城之东北，入沁水。又折而东，经温县北境至武陟县城北，折而东南流数十里，入河曰沁口。在涧沟村东二十余里，南岸即河阴县北境也。

改沁入卫辨范泰恒

沁水出山西沁源县，至济源五龙口出山。至河内西十五里，折西南，由温入黄河，其旧迹也。晋司马时，改而流城北，过武陟入河，而旧迹不可复。又传昔有引沁入卫济运者，张清恪公《居济一得》亦及之。乾隆初年，建议者用水平测地势，卫辉下怀庆十余丈，复欲改沁入卫以济漕。司河者主其议，几行矣。怀庆守任应烈毅然争之，事乃已。夫水势就下，引高沁入卑卫，且可济运益国，计而无害于民，为之可也。然随山治水，自古为昭，非但因势利导也，抑下流有关键，则顺趋者得所凭，而无横决之害。大行山由怀、卫渐转而北，即曰水随山转，而东南无山与陵为之抗水，岂能曲折随人而束身以趋乎？且由沁源而沁州，而阳城，曲屈诸山间，蓄极则势壮，五龙口建瓴直下。又时当夏秋，合众山之流，稽天而至。即在河内因势利导，长堤抗之，然且漂人畜[1]坏城郭。金明至今，三被其害，而强之复使北，即怀卫诸邑之处、沁东南者，尽鱼鳖矣。如之何，其可行也。即建议者欲不惜帑金作石坝，以抗水，亦臆说也。夫石坝，诚可拒水，然顺势过水，则可耳。沁水东南流而逆抗之，虽钳石以铁，灌以灰浆，以为牢不可破矣。然水浸之，烈日暴

---

[1] 畜　原作“蓄”，据民国19年重印本改。

之，恒风不息，石裂而有，立而见溃矣。自非天作高山，或移山鞭山之有术，岂能使水听命哉！或曰黄河、江、淮尽趋东南，草坝石坝所在，有之未闻无用也。然补溃防，费广而力劳矣，且江南一隅耳。众水所汇，不尽人力则不可。河、东二省漕运有限，卫河达临清，合西山众流，亦足矣。改沁入卫，岁修堤坝，糜有限之金钱，填无穷之巨浪，又焉用之说者。又谓清恪公，豫人也，必谙豫河，且有治河名，故《行水金鉴》载其说。夫公居仪封，在大河之南，去河北怀庆四百余里，地形恐未悉，复沿改沁水入卫之说，误之耳。今虽不改，窃恐后之胶柱鼓瑟者，仍执前议以见能，如之何不辨。

卷四　源流三

禹贡锥指·论河胡渭

禹酾二渠，自黎阳宿胥口始，一北流为大河，一东流为漯川。周定王五年，河徙自宿胥口，东行漯川。其大河故渎，则至长寿津，与漯别行，而东北入海。其经流自宿胥口，徙流至成平，合漳水，复归禹河旧迹，至章武入海。今直隶静海、天津。汉武帝元光三年，河决濮阳瓠子，则东南注钜野，通淮、泗，而北渎之流微，漯川之水涸。及武帝塞宣防，导河北行二渠，则正流全归北渎，余波仍为漯川。此自定王五年至西汉末，所行之地也。成帝建始四年、河平三年，两决皆从平原至济南千乘入海，河势骎骎向东。至王莽始建国三年，河决魏郡，泛清河以东数郡，而北渎遂空。直至后汉明帝永平十二年，诏曰自汴渠决败六十余岁。盖河自平帝之世，行汴渠东南入淮，亦行济渎东北入海，与后世南北清河之分派，几相类。岁月逾甚，荥阳以下，正流渐微。至后汉永平，则莽时馆陶决口，亦必淤浅。故王景治河，修渠筑堤，自荥阳东至千乘海口千余里。盖河、汴分流，遂从漯川，导河至东武阳，始合王莽故道。此东汉以后，大河之所行也。武帝雄才大略，使欲尽复禹河故道，当亦无难，而难于讨论，仅执北渎为禹河。及哀、平之世，人始有知禹河之所经者。贾让请决黎阳遮害亭，放河使北入海。王横请徙河缘西山足，乘高地而东北入海。意皆欲复禹河故道，而国祚阽危，事不可为矣。永平上距平帝时，仅六十余岁，故道岂遽湮灭？而王景治河，惟从事汴、济，盖当时所急在运道，就其利便者为之，不暇远图耳。史称景凿山阜，截沟涧，防遏冲要，疏决壅滞，十里立一水门。费以百亿计，财力之充裕若是。向使讲求禹河故道而复之，则河流归北，汴、济不劳而治，功施到今。五代以降，溃溢横决之祸，可以免矣。惜乎，其不及此也！河虽徙自周定王时，而东光以下，至章武入海，犹是徒骇之故道。至王莽时，始改从千乘入海，而景遂因之，禹迹藩然无存。君子于此有遗憾焉。

贾让议决黎阳遮害亭，放河使北入海。曰：大汉方制万里，岂与水争咫尺之地。盖让欲复禹河故道，故曰：尊古圣之法，定山川之位。此功一立，千载无患。非谓任河之所向，虽横流失道，亦弃地予之也。李寻、解光云：因其自决，可且勿塞，以观水势。关并云：河决曹、卫之间，南北不过百八十里，可空此地，勿以为官亭民室。则其言稍涉孟浪矣。永平中，议修汴渠，或以为河流入汴，幽、冀蒙利。故十三年诏述其言曰：左堤强，则右堤伤；左右皆强，则下方伤。宜任水劳所之，使人随高而处，公家息壅塞之费，百姓无陷溺之患。此即李寻、解光、关并之说也。宋神宗所以语宰执者，意亦如此。愚谓斯言不善，用之则为害匪细。夫故道难复，而新河所行，颇得地宜。两崖完固，势不能远泛滥。如贾让所云“西薄大山，东薄金堤”者，任其所之可也。若平地横流，则急宜修塞，使归故道。苟任其所之，则兖、豫、青、徐数州之地，皆为糜烂之区矣。所争，岂仅万里中之咫尺而已哉。若田蚡利鄃邑之岁收，劝武帝勿塞。谷永党于王氏，成帝时河决，言修政以应之，则灾变自除，以阴为元城冢墓之计。此盘庚所谓“聒聒起信险肤”“胥动以浮言”者也。

自王莽始建国三年，河徙由千乘入海。后五十岁，为汉明帝永平十三年，王景治河功成，历晋、唐、五代，千年无恙。至宋景德而有横陇之决，庆历有商胡之决。河复北流，而汉、唐之河遂废，此又河之一大变也。考宋初河道，与唐、五代略同。欧阳修所称“京东故道”是也。景德元年，河决澶州横陇埽，寻复修塞。景祐元年，又决横陇，遂为大河之经流。自长清而下，始与京东故道合。迨庆历八年，河又决澶州[1]之商胡埽，而横陇断流，于是李仲昌议开六塔河，引归横陇故道。嘉祐元年，塞商胡北流，入六塔河，不能容，是夕复决。自后无复言横陇者，而京东故道遂废，于是二股河之议兴。二股者，商胡决河之别派也。决河自魏至恩、冀、乾宁入海，二股自魏、恩东至德、沧入海，即唐马颊河之故道。熙宁二年，开二股河以导东流，裁及六分而北流闭。河自其南东决，泛滥五州军境，自是屡塞屡决。元丰四年，澶州小吴埽复大决，北注御河。诏：东流已填淤不可复，自今更不修闭。元祐中，复议回河，久之不决。绍圣中，卒行之。元符二年，河决内黄口，东流断绝。诏：大河水势十分北流，其共力救护堤岸。是后，不复开二股河矣。以今与地言之，开州、大名、元城、并属直隶大名府。冠县、馆陶、章丘、临清、并属山东东昌府。威县、清河、并属直隶广平府。夏津、武城、并属东昌府。枣强、直隶真定府。故城、直隶河间府。恩县、东昌府。德州、济南府。吴桥、景州、东光、南皮、交河、沧

[1] 州　原作“川”，据民国19年重印本改。

州、青县、静海、天津天津府。诸州县界中，皆宋时黄河北流之所经也。商胡决后二十一岁，为神宗熙宁二年，导东流而北流闭。又十二岁为元丰四年，河复北流。哲宗绍圣初，又闭。后数岁为元符二年，东流断绝，河复北流。盖自仁宗庆历八年，下逮金章宗明昌五年，凡百有四十六岁，而河始南徙。

宋河东流为二股河，北流则行水济渠、清河入海。考宋时论北流之利者，如熙宁初提举河渠王亚等，谓："黄、御河一带，北行入独流东寨，经乾宁军、沧州等界入海。其近大海口，阔六七百步，深八九丈。其更西，阔三四百步，深五六丈。其势愈深，其流愈猛，天所以限契丹。议者欲再开二股，渐闭北流，此未观黄河在界河内通流之利也。"元丰四年，李立之言："自决口相视河流，至乾宁军，分入东西两塘。次入界河，于劈地口入海。通流无阻，宜修立东西堤。"从之。元祐初，有回河东流之议。范百禄等言："昨按行黄河独流口至界河，又东至海口，熟视形势，各称界河未经黄河行流以前，阔百五十步，深一丈不等。自黄河行流以后，今阔至五百四十步，次亦二三百步，深者三丈五丈，次亦二丈。乃知水就下，行疾则刮除成空而稍深，与汉张戎之论正合。自元丰四年河出大吴埽，一向就下，渐入界河，两岸日阔，连底成空，趋海之势甚迅。虽遇汛涨非常，而大吴以上数百里，终无决溢之患，此乃下流深快之验。窃谓本朝以来，未有大河安流，合于禹迹，如此之利便者也。"绍圣初，复议回河，范祖禹言："今之河流，方稍复大禹旧迹，入界河趋海。初无壅底，万壑所聚，其来远大，必无可塞之理。"大观二年，都水使者吴玠言："自元丰开小吴口决，北流入御河，下合西山诸水，至清州独流寨三叉口入海。虽深得保固形胜之策，而岁月浸久，侵犯塘堤，冲坏道路，啮损城寨。臣奉诏修治，御捍涨溢。然筑八尺之堤，当九河之尾，恐不能敌，乞逐旋增修。”从之。此皆知北流之利者也。按：今静海，本宋清州地，县境有界河，亦曰潮河，即易、滹沱、巨马三水所会，合卫河入海。自塘泺既兴，文安、大城之水，多入白河。其行界河者，睢、漳、卫耳。独流口在静海北二十里，劈地口在县东北。又东为三叉口，即宋时北流入海之处也。其后北流兼混入漳水，亦自两行。至清池之合口，始会流入海。故徽宗即位，张商英议引大河。自古漳河、浮渎入海，盖欲导全河以入漳，而废永济之故道。浮渎，即浮水，在今沧州东南，《水经注》所谓“浮水故渎”也。地势东高西下，北流屡决而西，导全河入漳，尤合于禹迹。但河由界河趋独流口入海，极其通利，而顾欲改从久淤之浮渎，至盐山界入海，殊为多事，商英亦非知水者也。

禹河本随西山下东北去，西山，即黎阳西山。杜佑指为大行恒山，去河太远，恐非。贾让请决黎阳遮害亭，放河使北入海者也。时不见用，而宋之北流，实行其道。河入海之路，宜近不宜远。孙禁议决平原金堤，令入故笃马河，行五百余里入海是也。许商阻之，而宋之东流，卒由笃马河入海。即商胡决口之别派也。事当于理，虽为人所格，而天必从之。故事机之善，未有善于宋之东、北二流者也。盖清河行漳河之南，王莽故渎之北，去禹河最近。漳水，故禹河。欲复禹河旧迹，莫如导黄河入白沟，以人力为之，其可也。而况商胡自决，北流通快，海口广深，此诚千载一遇。诚能因祸为福，转败为功，于魏、恩、沧、冀之境，宽立堤防，约拦水势，疏其壅积，遏其冲要，则虽不及禹迹，犹可比王景所治之千年无患。而朝议纷纭，必欲回河使东。六塔既败，二股复兴。至元丰四年，河又北流，而神宗之意怠矣。哲宗即位，复议回河。大略谓河尾北向，恐入契丹之地，则其界逾河而南，彼必为桥梁，守以州郡，中国全失险阻。而苏辙驳之，以为契丹之河，南注于海，地形北高，无北徙之道，而海口深浚，势无徙移。范百禄亦云："界河向去深阔，加以朝夕海潮，往来渲荡，必无浅淀，河尾安得直注北界?"亦足解其惑。已而绍圣诸臣，力主东流，借河事以伸其绍述之说。意不在河，更无足论。元符二年，河复决而北，地势可知。而建中靖国初，犹有献东流之议者。呜乎！宋君臣论河者，犹有可取，而治河则皆坐失机会，舌敝耳聋，不见成功。卒委其地于金源氏，而河益南徙。浚、滑、汲、胙之间，化为平陆，岂不惜哉？何谓宋君臣之论河，往往有可取也？

熙宁五年，神宗语执政曰："河决不过占一河之地，或东或西。若利害无所较，听其所趋，如何?"元丰四年，又谓辅臣曰："水性趋下，以道治水，则无违其性可也。如能顺水所向，徙城邑以避之，复有何患？虽神禹复生，不过如此。"此格言也。然施之于商胡北流，适得其宜。若地平土疏，溃溢四出，所占不止一河之地者，岂可亦随其所向迁徙避之乎？欧阳修曰："河本泥沙，无不淤之理。淤常先下流，水行渐壅，乃决上流低处。故大河已弃之道，自古难复。"此格言也。然瓠子决二十余岁，而武帝塞之，河复北行二渠。河侵汴、济，注淮、泗六十余年，而王景治之，仍由千乘入海。今横陇之徙，裁二十年，安见故道必不可复？但北流实利便，不当更事横陇耳。苏辙曰："黄河之性，急则通流，缓则淤淀。既无东西皆急之势，安有两河并行之理?"此格言也。然吾观古河未有不两行者。禹酾二渠，为万世法。自三以上，则必败。宋之二股，即唐之马颊，以此为枝渠，受河水十之一二，亦自无害，但不可令指大如股耳。张商英曰：“治河当行其所无事，一用堤障，犹塞儿口止其啼。”此格言也，语出贾让。然让意谓正道常流，不可效战国曲防之术耳。若冲激之处，溃溢可虞，非增卑培薄，何以御之？任伯雨曰：“昔禹之行水，不独行其所无事，亦未尝不因其变以道之。”此格言也。然必如北流之合于禹迹者，不妨因其势而利导之。若注钜野，通淮、泗，安得不反之使北邪？此数说者，如奕者必胜之着，而低手混施之，则全局皆空。古今经验之方，而庸医误之，则杀人无算。是故治河之道，或新或旧，或合或分，或通或塞，或无事，或小有事，或大有事，神而明之，存乎其人。苟非其人，则必有害，孟子所以恶执一也。

金始克汴，两河悉畀刘豫。豫亡，河遂尽入金境。数十年间，或决或塞，迁徙无定，而汲、胙之间如故。迨明昌五年八月，河决阳武故堤，灌封丘而东。都水监官见水势趋南，不预经画，各削阶罢职。盖河流至是，又一大变矣。金吉甫云：河至绍熙甲寅，南连大野，并行泗水以入淮，于是有南、北清河之分。北清河，即济水故道。南清河，并泗入淮，今淮安之西二十里对岸清河口是也。绍熙甲寅，即金章宗明昌五年。盖是时，河徙自阳武而东，至寿张注梁山泺，分为二派。北派由北清河入海，即今大清河，自东平历东阿、平阴、长清、齐河、历城、济阳、齐东、武定、青城、滨州、蒲台，至利津县入海者也；南派由南清河入淮，即泗水故道，今会通河自东平历汶上、嘉祥、济宁，合泗水至清河县入淮者也。初，宋熙宁十年，河汇梁山泺，分入南、北清河。寻经塞治，至是复行其道，而汲、胙之流遂绝，去禹迹益远。《朱子语录》云：“见刘枢家《中原图》，河却自西南贯梁山泺，迤逦入淮来。神宗时，河北流，故金人盛。今却南来，故其势亦衰。”谓此事也。考河自南渡以来，渐离浚、滑，势益趋而南，特至明昌五年而始决裂。先是，都水监丞田栎言：“前代每遇古堤南决，多经南、北清河分流。南清河北下有枯河数道，可容河水十之七八；北清河[1]乃济水故道，可容十之二三而已。”因欲于北岸墙村决河入梁山泺故道，依旧作两清河分流。未及行，而八月河决，竟如其言。盖是时决势已成，栎欲因而利导之，且以宋为壑，故利河之南而不欲北。然前代河行淮、济，未几即塞，曷尝以是为正道而任其所之哉？迨金人南迁于汴，于是温撒可喜言：“近世河离故道，自卫东南流，由徐、邳入海，以故河南地势益狭。窃见新乡县西河水，可决使东北流。其南有旧堤，水不能溢，行五十余里，与清河合，由清州柳口入海，清河，即卫河。清州，今青县。柳口，即静海县北之杨柳青渡。此河之旧道也。皆有旧堤，补其缺略足矣。如此，则山东、大名等路，皆在河南，而河北诸郡亦得其半，退足为御备之计，进足壮恢复之图。”议者以为河流东南已久，决之恐故道不容，衍溢而出，遂寝。盖国势已蹙，实无暇及此。而原其始，实由宋人不尽力于北流。驯致此变，于金何责焉？

河自金明昌甲寅之徙，大半入淮，而北清河之流未绝也。逮元世祖至元二十六年己丑，会通河成，于是始以一淮受全河之水。盖自汉元光三年，河决濮阳瓠子，东南注钜野，为河通淮、泗之始。下此宋太平兴国八年、咸平三年、天禧三年、熙宁十年，河皆屡决入淮。但未几即塞，其久而不变，历今五百余岁。河、淮并为一渎，则始于明昌，成于至元也。暨元顺帝至正四年，河决白茅堤。又北决金堤，水势北侵安山，延入会通运河，朝廷患之。其后脱脱用贾鲁言，挽河东行。十一年四月鸠工，七月疏凿成，八月决水故河，九月舟楫通行，河复故

[1] 北清河　原作“清河”，据内文改。

道，南注于淮。贾鲁巧慧绝伦，奏功神速，前古所未有。惜为会通所窘，河必不可北。其所复者，仍是东南入淮之故道耳。使鲁生汉武之世，则导河入宿胥故渎，当无所难，不仅如史迁所谓复禹旧迹者；生明帝之世，亦必能导河入清河，合漳水至章武入海，岂徒与王景等烈？所遭不偶，功成而乱作，遂使庸人以鲁为口实，岂不悲哉！其时余阙有言：南方之地，本高于北，河之南徙难而北徙易。自宋南渡至今，殆二百年，而河旋北。议者虑河之北，则会通之漕废，当筑堤起曹南讫嘉祥，东西三百里，以障遏之。予则以为河北而会通之漕不废，何则？漕以汶，而不以河也。案：此言正与当时挽河之议相左。盖河在梁、卫之郊，北流为顺，其曰南徙难而北徙易，是也。谓河北而会通之漕不废，则大非。明之中叶，河屡贯会通，挟其水以入海，而运道遂淤。河之不可北也审矣。向使河北而无害于漕，则听其直冲张秋[1]东北入海，数百年可以无患，奚必岁岁劳费，防其北决耶？

太史公《天官书》曰：“中国山川东北流，其维首在陇、蜀，尾没于渤、碣。”一行言：“山河两戒，以河、济为北纪，江、淮为南纪。”由此观之，禹河从渤、碣入海，上应天文，下协地理。汉武帝所谓圣人作事，为万世功，通于神明，恐难更改者也。《殷本纪》载《汤诰》之言曰：“东为江，北为济，西为河，南为淮。四渎已修，万民乃有居。”四渎之由来，尚矣。《尔雅》：“江、淮、河、济，为四渎。四渎者，发源注海者也。”刘熙《释名》曰：“渎，独也，各独出其所而入海者也。”自王莽时，河徙千乘入海，而北去碣石远矣，犹未离乎渤海也。自金明昌中再徙，而河半不入渤海矣。元至正中又徙，而河全不

[1] 张秋　原作“秋张”，据民国19年重印本改。

入渤海矣。河南之济久枯，河或行其故道，今又与淮浑涛而入海，淮不得擅渎之名，四渎亡其二矣。万一清口不利，海口愈塞。加之以淫潦，而河、淮上流，一时并决，挟阜陵、洪泽诸湖，冲荡高堰，人力仓卒不能支，势必决入山、盐、高、宝诸湖。明嘉靖四年、万历三年是已。而淮南海口沙壅，更甚于曩时。怒不得泄，则又必夺邗沟之路，直趋瓜洲，南注于江，至通州入海。四渎并为一渎，拂天地之经，奸南北之纪，可不惧欤？欲绝此患，莫如复禹旧迹。然河之南徙，日以远矣。浚、滑、汲、胙之间无河，新乡、获嘉亦无河矣。贾让、李垂之策，将安所用之。或曰：金温撤可喜请于乡新县西决河水，使东北合清河，至清州柳口入海，其说不可行乎？曰：今新乡流绝，欲自武陟之东，浚其故道，约一百三四十里。更于新乡县西，决河使东北流，凿生地五十余里，劳费不赀，民何以堪！且荥阳以下，每决必溃右堤，未有决左堤而北者，疑此地北高南下。新乡县西之故道去清河虽近，未必能导之使北也。然则河竟将若之何？曰：封丘以东，地势南高北下，河之北行，其性也。徒以有害于运，故遏之使不得北而南之于淮。南行非河之本性，东冲西决，卒无宁岁。故吾谓元、明之治运，得汉之下策，而治河则无策，何也？以其随时补苴，意在运而不在河也。设会通河当时不开，则河可以北。先期戒民：凡田庐冢墓当水之冲者，悉迁于他所，官给其费，且振业之。西岸之堤，增卑培薄，更于低处创立遥堤，使暴水至，得左右游波，宽缓而不迫。诸事已毕，然后纵河所之，决金龙，注张秋而东北，由大清河入于渤海，殊不烦人力也。盖禹河本有可复之机，一失之于元封，再失之于永平，三失之于熙宁。至明昌以后，事无可为。居今日而规复禹河，是犹坐谈龙肉，终不得饱也。河之离旧愈远，则反本愈难，但得东北流入渤海，天文、地理两不相悖，而河无注江之患，斯亦足矣。求如西汉之河不可得，即如宋之北流，亦不可得，而况泽水大陆之区也？呜呼！禹河其不复矣乎。元末河复北徙，自东明、曹、濮，下及济宁而运道坏。明洪武初，命徐达自曹州东引河，至鱼台入泗，以通运。永乐九年，又命宋礼自曹疏河，经濮州东北入会通河，是北流犹未绝也。迨迁都之后，仰给于会通者，重始畏河之北，北即塞之。弘治中，两决金龙口，直冲张秋。议者为漕计，遂筑断黄陵冈支渠，而北流于是永绝。始以清口一线受万里长河之水。阳武以下河之所经，缮完故堤，增卑培薄。但期不害于漕，则汉之下策转为明之上策矣。至于黄、淮既合，则淮以堰闸为务。堰者，高家堰。闸者，淮南诸湖闸口也。堰闸以时修固，则淮不南分，助河冲刷黄沙，使海口无壅。故潘尚书季驯之言曰：“河之性，宜合不宜分，宜急不宜缓。合则流急，急则荡涤而河深；分则流缓，缓则停滞而沙淤。此以堤束水，借水攻沙，为以水治水之良法也。”又曰：“通漕于河，则治河即以治漕。会淮于河，则治淮即以治河。合河、淮而同入于海，则治河淮即以治海。”观其所言，若无赫赫之功，然百余年来治河之善，卒未有如潘公者。盖会通必不可废，则河唯宜注淮以入海。且自汉以来，治河者莫不以分水为长策，唯张戎之论不然。潘公深得其意，故其治之者有二要：一在海口，一在高堰。盖河之出海，旁口日多，则正口日塞。淮之会河支流益分，则正流益弱，皆潘公之所禁也。此则近代治河之大略也。

铜瓦厢改道始末

咸丰五年六月，署河东河道总督蒋启扬奏：“下北厅兰阳汛铜瓦厢三堡漫口，夺溜迤下，正河断流。漫水微向西趋，复折东北，注直隶、山东境内。”

咸丰五年七月，河南巡抚英桂奏：“黄水由三堡口门，先向西北斜注，淹及封丘、祥符各县村庄。再折向东北，淹及兰仪、考城并直隶长垣等县各村庄。行至长垣县属之兰通集，溜分两股。一股由赵王河下注，经山东曹州府迤南，至张秋镇穿运；一股由长垣县之小清集，行至东明县之雷家庄，又分两股。一股由直隶东明县南门外下注，水行七分，经山东曹州府迤北下注，与赵王河下注漫水，汇流入张秋镇穿运。一股由东明县北门外下注，水行三分，经茅草河由山东濮州城及白阳阁集、逯家集、范县迤南，渐由东北行。至张秋镇穿运，统归大清河入海。系从前北岸漫口行走旧路。”

咸丰五年十月，河东河道总督李钧奏：“据张亮基咨称，由兰仪、封丘入直隶境，前往被水之长垣、东明、开州境内，逐细探量。目今节逾霜降，黄水长不敌消，渐有归槽之象。虽仍分三股行溜，而半月来，复见改移。一股从赵王河斜串洪河，历东明县城南，出开州境，直向东北归入濮州者为最大。其原趋菏泽县城南北之二股，溜势转小，北股先近城垣，今已渐往西掣。”

咸丰五年十二月，河东河道总督李钧奏：“据张亮基咨称，带同员弁，由东明取道濮州。山东委员盐运使陈景亮，先经在濮等候，水陆分途。一自范县、寿张，沿黄水顺流而下；一从聊城、阳谷入运河，溯流而上。至张秋穿运处会齐，周历履勘。黄流到此，汇成一股，决五空桥，入大清河，道趋东北归海。探量五空桥口门，宽九十五丈，水深三丈二尺。其余清黄分泄之口，霜后日见消落，间多涸露埝底。复由大清河跟查前进，经历兖州、泰安、济南、武定各属地面。水势奔腾湍急，皆因河身逼窄，土崖虽有刷塌，宽处尚不过四五十丈。现在水落归槽，仅能容纳。蒲台以东，距利津铁门关不远，两岸洼地积水渐宽。督饬委员乘驾小舟，直抵关外四十里牡蛎口洋面而回。目前黄流趋海，甚属畅利。此外，惟北岸惠民县白龙湾缺口，溜势约有一分。因离海壖较近，经惠民、滨州，出沾化之蒋河门，由古久山口入海，余无旁泄海口。其济阳、商河、惠民、阳信、海丰、滨州等处渟蓄之水，缘上游徒骇、马颊诸河形，节节淤废。旧时各海口久成高仰，暴水下注，散漫汪洋。低洼处浊变为清，几同湖淀，一时遽难疏泄。查明海口后折回省城，绕道济宁。设法驰抵曹县，勘得兰阳漫口而下大溜仍分三股，曹州府城正值顶冲。水至时，万分危险，护城堤几不可保，幸官民竭力抢救。南二股即从堤外分支，一入赵王河，在府城东；一入陶北河，在府城西，均与东明洪河一股会合东趋。其由菏泽、东明交界常岗庙、米口、马庄，刷出支河数处，漫注定陶、曹、单、城武、金乡五邑。现俱浅缓，尚未断流。此东省自曹、濮至海口，各州县被水实在情形也。”

同治二年十二月，河东河道总督谭廷襄奏称：自咸丰五年，河南兰阳汛北岸溃决，由直隶之长垣、东明、开州，至山东之濮州、范县、寿张，横穿运河，过张秋镇入大清河，而直达利津海口。利津海口，即系汉千乘故道。现在河由西南绕趋东北铁门关，下游深至六七丈，去路不为不畅，而上游仍复到处旁溢，则因大清河身太窄，不能容纳之故。查附近大清河有徒骇、马颊二河，皆禹时行水故道。徒骇尚宽深，马颊则大半淤浅，必须将此二河设法疏浚，庶乎水有分泄，不失同为逆河之意。至于张秋以上，如濮、范、寿张等处，河流散漫，并非全有沟槽。察度情形，犹如人身之肚腹，宽平辽阔，随处停蓄。现在旁串定陶、曹、单，一股业已淤垫，其正溜全趋濮、范等处，依然如故。若能相地筑堤，东水自是一劳永逸之方。论曰：《禹贡》言施功所自，故以积石为始。汉张骞乃有河源之说，孝武以昆仑定之，实本于《尔雅》《山海经》。《山海经》之说，不免夸诧，司马子长非之，亦犹《西域志》梵天之说，而郦道元致疑。然阿耨达山之为今冈底斯山，则固非诬。故言河源，必宜折衷于《尔雅》为舆地之学，又必躬履，乃足征信，非目论所可臆断也。张骞而后，都实、拉锡辈虽往，而未究其极。至章佳司空阿弥达所得，过于前人远矣。故王司寇昶曰：元都实未逾星宿海而西，康熙中叶之使，亦以回部未靖，仅至于都实所至之地。及是而列史之谓河源者，乃定云。嗣是吴、徐、张、魏诸家，言之綦详，则《西域志》固非尽出无稽，而非章佳司空之身历，则真河源，终不可得。元脱脱辈于《宋史·河渠志》，乃谓蒲察笃实所得，过于博望。甚哉！其见目而不见睫也。自西汉而后，更历二千年，昭若发蒙矣。其余枝说，殆不足议。然亦或兼收之者，以俟后人有以考订其是非云尔。昔禹行河之故道，自河阴以西，终古不变，以东虽周定王及王莽时两徙，然北流大经未改也。宋则东流、北流为二派，金移其一入淮，以病宋也。元会通河成，北派渐微，益以运道兼全为难。至明乃举全河输之于淮，南行者数百年，固且习而安之。

自乾隆十八年，江南铜山决口后，则有主北流之议，而以孙文定公嘉淦言之最详。其疏曰：欲导水者，必先相天下之大势。山分三干，水别四支。恒山九边，是为北干。衡山五岭，是为南干。华嵩东岳，是为中干。华山之阳，江为南支。华山之阴，河为北支。嵩山之南，淮水出焉。泰山之北，济水出焉。

此二水者，南不入江，北不入河，自为一派。臣所言大清河者，绕泰山之东，北起东阿而讫利津，乃济水之正道，四渎之经流也。依古以来，与河别流。自宋熙宁十年，河决澶州，分而为二：一[1]由南清河入淮，即今之河道也。一由北清河入海，即臣所言之大清河也。黄河始夺淮、济之道矣。北宋之末，南北分流。南渡以后，河遂南徙，史不言其故。大约金人塞北流以病宋，可想而知也。

元初河屡北决，辄复堵塞。大德初，决蒲口，廉访使尚文言："相度形势，南高北下，宜顺水性，导之北行，决口无塞为便。"而有司卒塞之。后蒲口复决，水全北流，竟如文言。至正初，河决金堤等处，丞相脱脱用贾鲁充河防使，大开黄河故道，水遂安流。贾鲁称善治河，乃导之北行，未尝令南徙也。明洪武时，河决阳武，东过开封，南入于淮，而河之故道遂淤。正统十三年，河决张秋湾，东流入于海。景泰时，又决张秋。弘治时，又决金龙口，漫长垣，趋张秋，冲会通河以入海。按：张秋并非河岸，而史屡言决张秋者，以黄河北决，必经张秋以溃运河。史以运道为重，故书决张秋也。张秋之东，不及百里，经东阿之山，山下即大清河。黄河决水，不能逾山东走，自必顺河北行。故凡言决张秋者，皆由大清河入海。史有详略，故有书有不书也。金龙口决，后命侍郎白昂治之，塞决口三十六处，而河乃入淮。又以河徙入淮，终非正道，乃自东平兴济，凿小金河十二道，引水入大清河及古黄河以及海。是量开减河以入大清河，古人有行之者，非臣创为此言也。自白昂治后，河复决金龙口，溃张秋堤以入海。命都御史刘大夏治之，乃浚贾鲁河，以杀水势。开新河七十余里，导使南行。筑太行堤三

[1] 一 原文缺，据内文补。

百余里，用夫十二万有奇，铁木薪刍不可胜计。而张秋之决塞，盖逼河使南行，若斯之难也。河用全力以争之，必欲北入海；人用全力以堵之，必使南入淮，不能别筹运道，而亏国计，害民生。逆水性以为此，亦可谓拙于谋矣。

及于我朝，运道河流皆沿旧制。顺治、康熙年间，河之决塞，有案可稽。大约决北岸者十之九，决南岸者十之一。北岸决后，溃运道者半，不溃者半。凡其溃运者，则皆由大清河以入海者也。盖以大清河之东南，皆泰山之基脚，故其道亘古不坏，亦不迁移。从前南北分流之时，已受黄河之半，嗣后张秋溃决之日，间受黄河之全。然史但言其由此入海而已，并未闻有冲城郭淹人民之事，则此河之有利而无害，亦百试而足征矣。

目今铜山决口，不能收功，上下两江二三十州县之积水，不能消涸，故臣言开减河也。上游水减，则下游水微，决口易塞，积水早消。但河流甚急，设开减河而夺溜以出，不可不防，故臣言减入大清河也。大清河能受黄河之半，兼能受黄河之全，从前屡试之矣。况今三冬水涸，即使大溜全出，尚不敌秋汛之半，则大清河之必能容受，可以理揆也。但自黄河以至张秋，皆系平原旷野，恐有漫溢。然今年阳武方决，决出之水，现在张秋境内，其所经由，不过长垣、东明一两县耳，未闻成灾也。今于阳武之下开减河，其道更近，则为患更小，可以理揆也。现今漕舟未上，张秋之运道空闲，开堤使河东流，初无碍也。至于运道，尤易为力。漕舟北上，即从张秋入河，顺河北流，五六日而可至利津。利津去天津之海道，不过四五百里，且在登、莱之上，并无隘阻。臣于乾隆三年，由海道运登、莱之谷三十万石于天津，刻期可至，颗粒无损。此亲办之事，非空言也。即使并此不敢，则又有策焉。

大清河之经流，在山东之北，运河之南岸，现开减河数处，皆与大清河不远。又沧州以下之宣惠河，臣所疏浚，计其下游，与大清河甚近，开渠通之，以达漕舟，亦非难行之事也。计大清河所经之处，不过东阿、济阳、滨州、利津等四五州县，即有漫溢，不过偏灾。忍四五州县之偏灾，而可减两江二三十州县之积水，并解淮、扬两府之急难，此其利害之轻重，不待智者而后知也。减河开后，其至张秋，不过经两三州县之境。计其漫溢之处，筑土埂以御之。一入大清河，则河身深广，石岸堵筑之处甚少。约计所费，至多不过一二十万。而所省下游决口之工费，赈济之钱米，至少不下一二百万。此其得失之多寡，亦不待智者而后知也。是减河之开，所费甚少，为害甚轻，而决口可塞，积水可消，漕舟不误，其利甚大。

臣熟思之，计无便于此者，特以河流尚无趋北之势，而事同创始。故以格碍难行，寝其说。至四十六年，青龙冈漫口，嵇文恭公璜亦奏，请令黄河北流，仍归山东故道。究以水由赵王河归入大清河。入海者，止有二分。其由南阳、昭阳等湖，汇流南下，归入正河者仍有八分，未能挽使北注，复寝其说。然孙、嵇二公之说，嘉道以还讲求河流利病者，无不宗之。迨咸丰五年铜瓦厢之决，经直隶、山东而由大清河以出利津口，正合前说。信哉！老成渊识，为不可及也。

时既军务倥偬，度支告匮，未暇议及宜南宜北。惟山东巡抚崇中丞恩言之，其疏曰：兰阳漫口，水由曹、濮归大清河入海，经历五府二十余州县，亟宜本境别筹分泄之路，稍纾目前之患。月余以来，详稽志乘，博采众论，历溯河道迁徙之由。金明昌五年，河徙自阳武，而东历延津、封丘、长垣、兰阳、东明、曹州、濮州、郓城、范县，至寿张注梁山泺，分为二派。

北派入北清河，自东平历东阿、平阴、长清、齐河、历城、济阳、齐东、惠民、青城、滨州、蒲台，至利津入海。南派入南清河，自东平历汶上、嘉祥、济宁会泗水入淮，凡历九十余年。元至元二十六年，会通河成，而黄河始全注于淮。北派者，即今漫水，由曹、濮归大清河之道。会通河，即今之运河也。河初东后，大清河已不能全受黄流，巨浸分而为二。而自元明迄今，五六百年。东平南北，久为运导咽喉，故治河诸策，必以障黄保运为全局关键。前河臣靳辅《治河书》云：河决之害，北岸为大。然同一北岸，而其害又有不同。开封北岸，一有溃决，则延津、长垣、东明、曹州，三省胥溺。近则注张秋，由大清河归海；远则直趋东昌、德州，以赴天津，而济宁上下无运道矣。今之所患，正与前论符合。豫省北岸漫口不堵，则全黄穿运万难容受。在常时，运河盛涨掣泄，归海之路有三。其在张秋以上，为东昌、兖州府属之阳谷、聊城交界，开龙湾减水闸，泄入徒骇河，东北经博平、高唐、茌平、禹城、齐河、临邑、济阳、商河、惠民、滨州，至沾化之久山口至海。又其上为东昌府属之堂博、清平交界，开魏家湾减水闸，泄入马颊河，东北经清平、高唐、夏津、恩县、平原、德州、乐陵、庆云，至海丰之沙土河入海。其一则开东阿之五空桥，即泄入大清河，至利津之牡蛎口归海。三河故道，虽未尽湮，而间段淤浅，由来已久。全黄穿运，水势浩瀚之时，断非三河所能尽泄。若欲因势利导，使横流别有归宿，则惟循金时故道，尽废运河诸闸，一使之由济宁迤南，会泗水达淮、徐入海；一使之由东昌、临清迤北，会卫水归天津入海。再以东岸之大清、徒骇、马颊三河，为旁泄之路，由利沾等县入海，以分其势，或可免于旁趋之患。洵如此议，则弃运河为黄河。现虽南漕改由海道，运河暂可勿治。而黄流湍急，挟沙而行，听其奔放，不待半载，恐河身已淤成平陆，闸座亦尽倾圮。且黄流迁徙，非可以常理测度。运河两岸堤埝，向不如黄河金堤高厚坚固。每届伏秋盛涨，万一别有冲决，则修复之资，恐与现堵漫口相等，而其贻患实有不胜述者。臣通盘熟筹，舍此别无分泄之策。而此策则关系更易数百年成规，非臣管窥轻敢拟议。

其时方遣张惠肃公亮基，周历河南、直隶、山东三省查勘，以因势利导，使横流有所归宿，通畅入海为归。故崇中丞虽未显言宜挽之使南，要未尝以北行为然也。就当时情形而论，东省堤防卑薄，河身浅窄，容受黄流窒碍实多。特南河自道光时，河身之淤塞，已日甚一日。姑无论无巨款，以为堵合之用，即使堵合强之使南，能保其不复北乎？故咸丰十年，沈文忠公兆霖援孙文定之言，力主北行。其疏曰：导河始自神禹，九河故道，皆在山东之德州、东平、平原，直隶之沧州、献县、东光界中。入海之处，在今沧州，则《禹贡》之河，固由东北入海也。自汉王莽时河徙千乘入海，而禹之故道遂失。然东汉迄隋唐，水患迭见，而由千乘入海从无变易。迨宋神宗时，河分两派：北派由北清河入海，即今大清河。南派由南清河入淮，合淮入海。其时犹南北并行，南受河水十之七八，北受河水十之二三。北流虽小，犹未断也。至元世祖至元，开会通河成，始惧河之北行碍运，而北流塞矣。历今五六百年，河屡北决，无不挽之使南。说者谓河入运河，必挟其水以入海，而运道益淤。故顺河之性，则以北出为宜。兼筹运道，从无任其北出者。惟乾隆朝吏部尚书臣孙嘉淦《请开减河入大清河疏》言之最详。意欲以大清河受全河之水，而运道则拟顺河至利津，再由利津出海，四百余里达天津。否则从沧州之宣惠河，开渠通之，以达漕舟。其说皆足破北行碍运之疑。夫河入大清河，由利津入海，正现今黄河所改之道。

臣尝询之东省官绅，俱云现在张秋以东，自鱼山至利津海口，皆经地方官劝筑民埝。逐年补救，民地均滋沃可耕，灾黎亦渐复业。惟兰仪之北，张秋之南，则黄河自决口而出，夺赵王河、沙河及旧引河，泛滥平原，汪洋一片，田庐久被淹浸。张秋高家林，本有旧堰，断缺过多，工程最巨。余如直隶境之东明、长垣，在山东境之菏泽、郓城，其培筑拦御，又较张秋为易，皆可责成地方官设法办理。臣又闻兰仪缺口，经数年大溜卷掣，口门深不可测。即欲发帑堵筑，其开引河之费，数十倍于前。故臣以为宜乘此时顺水之势，听其由大清（可）〔河〕入海。张秋下游至海门，既经官民培护，不必施工，则惟缺口抵张秋，数百里间尚易筹办。惟当经费支绌之时，岂能议拨帑金？河所泛溢，无非民间恒产。与使惜费，而任其久淹，何如捐资而即可乐业。应请饬下直隶总督，山东、河南巡抚，东河总督，悉心酌议，核实查估。剀切晓谕，令各处绅民力筹捐办，遴派熟谙河务之道府大员，会同本处州县绅士，妥为区画。或应开减河，或应筑堤埝，就逐段形势，分别相度。其劝捐及出入银钱，雇夫购料，均归绅董经手，毋使委员吏胥干涉，以至需索扰累。核定后，奏准办理，统于本年霜降水落时，一律兴工。候来年水涨，再加察看，随宜补救。果能经过数汛稳固无虞，则从此河庆顺轨，民乐力田，缺额之地丁可复，征历年之赈济可停止。就此裁去南河总督及各厅员，可省岁帑数十万金。而归德、淮、徐一带，地几千里，向之滨河，不敢开垦者，均可变成沃壤，逐渐播种升科。民生既裕，国课自增，似亦一举而兼数善者矣。或谓现虽历年海运，而河运亦宜兼顾，自元迄金皆因运道而挽河使南。今且因其北出，设为堤防，则南道竟废，河运殆不可复。臣以为北出之害，恐其淤运河也。河之性缓则滞，急则通。明臣潘季驯之言曰：以堤束水，借水刷沙，为以水治水之良法。今若任其泛滥，存沙日多，张秋势必淤垫。筑堤以束其势，则溜急足以送沙，自无淤塾之虑。日后仍复河运，张秋渡黄，当亦可行。倘有窒碍，则尚有前臣孙嘉淦之二策，斟酌用之。自不至无办法，何必拘守成局，强水就我而不思变计哉！疏上，虽饬直隶、河南、山东各督抚暨总河，酌议勘估，劝谕绅民，力筹捐办。终以军务未平，发帑与劝捐两难，请从缓兴办，而以劝谕绅民自筑土埝，为暂时补救之策。

及粤、捻既平，于是议者纷然，有若胡侍郎家玉之奏，曾文正公国藩联衔之奏，兵部代奏蒋主事作锦之条陈，乔勤恪公松年之奏，丁文诚公宝桢、文总漕彬之奏，李文忠公鸿章之奏，游侍郎百川之奏，张勤果公曜之奏，延太仆茂之奏，觉罗总河成孚、边中丞宝泉之奏，翁司徒同龢、潘文勤公祖荫之奏，卞中丞宝第之奏。其始则以因势北行，挽回南行，二者相持最后，乃有南北分流之说。主南行者，最初为胡侍郎，因荥泽之决而为言。其意以为荥泽既兴办大工，宜趁此时，仿古人发卒治河之法。令直隶、山东、河南、安徽等省及清、淮一带留而不遣之勇，齐赴河干，挑淤补堤，令河循故道，由云梯入海。江、广之漕运可行，直、东之水患可纾。荥泽口未塞，固有裨于荥泽。荥泽已塞，亦收效于兰阳。疏上，交各督抚议。曾文正以直隶总督领衔，会同覆奏，以为不能废行规复。二疏详见“工程门”。

胡侍郎先于同治三年，有主北行之疏，曰：窃维黄河故道北流入海，经史所载，历历可稽。自宋熙宁十年，河决澶州，分而为二：一入淮，一入济南。北分流迨南渡后，河遂南徙。论者谓金人塞北流以病宋，其说非诬。元则时决时塞，或北或南。明自金龙口再决，命都御史刘大夏治之，浚贾鲁旧河以杀水势，开新河七十余里，筑长堤三百余里。盖费帑金亿万，方能逼河使南行也。我朝因之，一百余年河决不一处，大约在北岸者居多，殆地势然欤？今自兰阳溃决，泛滥于直隶境内，已十年矣，昔之河身今成平地。臣于咸丰七年，由清江浦进京，经故黄河摆渡处，见庐舍俨然，浸成村落。计上下五六百里，节节塾高，层层淤塞。此而欲循旧道，开新河，挽狂澜而东之，诚万难之势。自不若因势利导，由大清河入海之为便也。若谓黄河北徙，有碍南漕，臣拟于向来漕船渡黄处所，开挖横河一道，令南岸清江闸之水，与北岸运中河之水，互相贯注，血脉流通，漕船由此经行，较为顺利。其说既如是，故续奏乃以荥工为发端，以发卒治河为要。归而不复，论及南北行之何宜。而文正诸公疏中曰：原奏"决放旧河，掣溜东行"一语，似言之太易，亦所以抵其"循旧道，开新河，万难之势"之语矣。会奏，不见《文正集》，似非文正主稿。然文正不主南行之意，则见于《复张总漕兆栋书》，曰：规复河道一事，内外多持此议，而鄙人窃有所疑，未敢随声附和。今欲挽河而南，使复故道，无谥巨款难于骤集，河内建置田庐难于迁徙，自清口以下至云梯关，河身节节高仰，虽于浚深，即使事事竭力为之，而河之北徙南徙，似亦有天意主之，而非尽人事所可争。此书本因蒋主事条陈而发，当时只交总漕、总河、东抚议覆，而江督不与，故以书抵张要，足见公意之所在矣。蒋之条陈有四，而以筑铜瓦厢，渐复黄河故道为上，其言曰：自浚会通河以来，断不容黄河北行。咸丰五年，黄由铜瓦厢北决，贯运粮道，久被梗塞。人知筑铜瓦厢之难，而不知黄从张秋贯运，设法更觉匪易。挑浚旧河，实为一劳永逸之策。但就河当心挑土，离岸太远，每土一方，非工银三五钱不可。若依治河方略旧法，拟留河当心，左右各开引河一道，中间未挑之土，三面刷溜，久将尽随水去。距岸少近，计每方工银不过二钱。二引河各面阔十四丈，底阔十丈，折中十二丈，深一丈。每丈应挑土一百二十方，即以二引河所挑之土，筑两岸之堤。应筑堤底阔十丈，顶阔六丈，高一丈五尺。每堤一丈，亦用土一百二十方。自铜瓦厢至云梯关一千二百里，两岸共土五千一百八十四万方，即以旧有堤岸河身抵算一半，尚挑土二千五百九十二万方。再加铜瓦厢决口及挑浚云梯关海口诸工，费需银固多，惠利实溥。

时同治十年，适为侯家林决口，黄水穿运入湖之后，而总河、东抚议复之言，则乔勤恪不主南行，丁文诚不主北行。乔疏曰：山东境内，黄水日益泛滥，运河日益淤塞。治之之法，不外两策：一则堵河南之铜瓦厢，俾其复归清江浦故道，仍由云梯关入海；一则就黄水现到之处筑堤束之，俾不至于横流，出利津入海。此两者，皆为正当之策。于两者之中，权衡轻重，又以就东境筑堤束黄为优。自汉至唐，河从千乘入海。千乘，即今利津乐安境，正为汉唐故道。且淮、徐间，旧日河身半成平陆，两岸旧堤多已圮废。欲令河归故道，必先挑浚河身，补还堤工。计此费极巨，而为日亦甚长。况河之北徙，似关天意。北宋时，河匆南徙，百计挽其北行而不能。今既北徙，恐挽令南行而亦不能。若浚旧河，筑旧堤，而河终不能行，是虚掷帑金也。莫如即就东境筑堤束之，斯为顺水之性，而事半功倍。丁疏曰：张秋穿运之黄水，欲令其即由利津入海，就河而论，其不便约有数端。自铜瓦厢至牡蛎嘴，计程一千三百余里。创建两堤，中间相去约须十里，始足为河槽。滩面容水之地，弃地甚多，居民作何安插？沿河州县城郭，皆须迁避，难于建置。泰山之阴，大小溪河，胥于大清河为尾闾？置堤束黄以后，有妨水利，河从利津入海。盐船春运艰难，滩场动遭冲没，东纲必至隳废。至于治运济漕，亦觉可虑。两岸置堤，先自中间有关运道之处施工。范、濮旧堤与张家志门，南北相去约七八十里，滩面太宽，仍属散漫停淤。比至沈家口、张秋之间，陡然收小，水势携高，运口必至吃重，南患倒灌，北患夺溜。借黄济运日久，终归淤阻，似仍以堵合铜瓦厢，使河复淮徐故道为正办。彼此相衡，计有数便。就现有之河身，不须弃地、弃民，因旧存之堤岸培修，不烦创筑。厅汛裁撤未久，制度犹可查考，人才亦尚有遗留。漕艘灌塘渡黄，不虑阻阂。综计修筑旧堤，修复旧河两岸长堤，费约十之七，堵合铜瓦厢口门并挑引河费约十之三。前估旧河复故，经费共计银二千二百余万两。若酌分四五年，次第兴办，再行核实删减，估计集事非难。

廷议请简大臣履勘，于是命李文忠从长计议，乃综群说而论水势之顺逆，以挽回南行为不可。其疏曰：现在铜瓦厢决口，宽约十里，跌塘过深。水涸时，深逾三丈。旧河身高，决口以下，水面二丈内外及三丈以外不等。如其挽河复故，必挑深引河三丈余，方能吸溜东趋。查乾隆间，兰阳青龙冈之役，费帑至二千余万。大学士、公阿桂奏言引河挑深一丈六尺，人力无可再施。今岂能挑深至三丈余乎？十里口门进占、合龙，亦属创见。国初以来，黄河决口宽不过三四百丈，尚且屡堵屡溃，常阅数年而不成。今岂竟能合龙而保固乎？且由兰仪下抵淮、徐之旧河身，高于平地约三四丈，因沙成堆，老淤坚结。年来避水之民，移住其中，村落渐多，禾苗无际。若挽地中三丈之水，跨行地上三丈之河，其停淤待溃，危险莫保情状，有目者无不知之。而岁久干堤，即加修治，必有受病不易见之处。万一上游放溜，下游旋决，收拾更难。议者或以河北走则穿运，为运道计，终不能不挽之南行，以会清口。臣查嘉庆年后，清口淤垫，夏令黄高于清，已不能启坝送运。道光以后，御黄竟至终岁不启，遂改用灌塘之法。自袁浦泄黄入湖，湖身顿高，运河水少，灌塘又不便，遂迭次奏行海运。彼时河务实有岌岌不可终日之势，今即能复故道，亦不能骤复河运。非河一南行，即可侥幸无事。此淮徐故道势难挽复，且于漕运无甚裨益之实在情形也。近世治河兼言利运，遂致两难，卒无长策。元明大河南行，始能开会通以运漕。至河北徙，则无如运何，断难一治而两全。事穷则变，变则通。为今之计，似不得不出于河自河、漕自漕。

现在议漕政者，鲜不以规复旧制为望。然此两言可以决耳。运河有水可漕，无水则不可漕。水能分其自然之有余者，以利济漕船，则可漕。反是，则不可漕。同治初年，大溜全趋，张秋尚能灌运。嗣流势南滚，运堤节节穿断，漕船绕坡河至八里庙，而黄水不能入运。不得已，引沟塍雨水，逐段倒塘灌放，难险已极，岂可一再尝试？即运河黄淤，岁积岁挑，亦难久行。若以全漕阻聚河干，幸此无常之水，其所害又非徒劳费已也。若如前人所议，漕船顺河而东，由利津渡海，入天津，取道固捷，但江船不能入河，河船不能放洋，势难强为。若仿前代，置仓转般之法，建仓设官，一不得人，便滋流弊。而由张秋至临清，陆挽二百余里，车牛盘兑之烦费，阴雨云变之折耗，何可胜计！且北路亦无许多剥船可备，接运反覆筹维，竟无别有利运之术。臣愚以为天庾正赋，惟苏、浙为大宗。国家治安之道，尤以海防为重。当今沿海数千里，洋舶骈集，为千古以来创局，已不能闭关自治，正不妨借海运转输之便，逐渐推广，以扩商路而实军储。苏、浙漕粮，现既统由海运，臣前招致华商购造轮船搭运，颇有成效。江、广等省，自军兴后，奏改减价折漕，民心大定。若复征解本色，苦于运费无措。加之于民，则必滋事变。取之于公，又无此闲款。似应暂准照章折解，仍由各督抚体察情形。如可酌提本色若干石，即运沪由海船解津，较为便速。如京仓尚有不足，再随时指拨漕折银两，由南省采买运津。或派员在天津招商采办，亦尚合算。疏上，遂有河流既难挽之使南利运，又别无长策之谕。乃命户部筹画海运，妥议具奏，命东抚于张秋、利津一带，加培民埝，命总河于兰仪、东明一带，量筑遥堤，黄流由张秋穿运而行。

凡主挽回淮徐故道者，无不以阻碍漕运为词。即主因势利导，亦但就河势而言，而于运道终不能无徘徊却顾之意。要不特是时之纷拿草决也，亦不特乾隆时孙、嵇二公之说不能行也。自顺治初年，某言官尝请使黄河北流，而杨总河方兴即以漕运力格之。故其言曰：治河即所以治漕，可以南，必不可以北。欲挽北流而趋南，自不得不逆其性，而曲为堤防，二百余年皆宗此说，牢固而不可夺。然曰挽南逆性，则于河势非顺，亦天下之公言也。河自河，运自运，朱氏云锦虽尝发之于嘉庆之时。然非海运著效，则末由判而为二。建大议者固亦视乎其时哉！主南行者，不足坚持矣。迨光绪八、九年间，山东之河不治弥甚，患乃日亟。张勤果公曜奉命查勘，乃建南北分流之议。其疏曰：统计黄河下游形势，总虑盈满为灾，减水分流，实为当今之急。兰仪干河口，从前高出水面，计有两丈。近岁以来，伏汛涨时，仅有六尺。再历数年，诚恐黄流自寻故道，冲入南河。河身未浚，堤岸未修，四出奔流，猝不及备，为患何堪。设想全河挽归故道，势实难行。减水分入南河，事尚可办。综计南河上下游形势，若分黄流十分之三，足以容纳。惟兰仪干河口，必须横筑大堤，紧接两岸，中间建造带闸石坝，分本多寡，庶有限制。三年之间，如有积淤，霜清以后，酌量挑修。议者每谓黄河不宜分流。汉时河入千乘，王景治之。德、棣之河，播而为八，无河患数百年，此分流之明效也。近如荥泽、中牟、丰北以及铜瓦厢，前后十六年，四次漫口，此河不分流，不能无患之明证也。其建带闸石坝之法，坝一，连十二孔，每孔口门一丈八尺。闸以高出堤岸为度，约计二丈六尺。下铺根脚，宽六丈，顶面宽二丈四尺。石坝以内，仍应铺垫石板，以防跌塘之患。近坝两面各筑石堤一段，与坝相接，于是游侍郎百川力主此说，而延太仆茂则欲挽复淮徐故道。防河之夺运而趋天津，治运复漕，免致海运，为敌人挟持。挑深下游，掣引正溜，以堵筑兰阳决口，否则仿刘大夏浚贾鲁河，或孙家渡口，自上游分水势，以堵决口，实则张勤果未创南北分流之议以前。

游侍郎于同治十一年官御史时，会疏称南行、北行二说，利害互见。及奉命察看黄河，且以挽回南行为非计。其疏曰：自来论河者，分持南行、北行二说。臣详察形势，河本迁徙无常，将来遇伏秋盛涨，水复折而东趋，自寻故道，亦未可知。若以人力挽之，则势有万难者。一则北堤决后，已冲刷净尽，只余东、西坝头，相距计一千六百九十六丈有奇。就其间筑堤，节节进占，工已甚巨。且全河止流北行，中流堵御，以图合龙，必震骇非常，办理殊无把握。一则故道以旁之沙岭，势难挑动。且徐、海一带，河身涸出淤地千余里，民已尽行垦种。一旦驱而之他，民岂甘心失业？南行之说，应请毋庸置议。迨见张勤果分流之议，则谓只用徒骇分水，实不能容纳，与其迁就，但顾目前终归无济，曷若兼权熟计，早为久远之图。既主分流，并非掣动大流，全入南河，不过就原有之河槽，量加挑浚，于南民田庐毫无妨碍。且建造带闸石坝，分水多寡，自有限制。御灾捍患之计，莫要于此。盖与胡侍郎之前后自相抵牾者，略同。张勤果疏上后，即交江、豫各督抚会议。江督曾忠襄公国荃但以旧河湮废，旧堤坍废，利病未能逆睹为言，而觉罗总河成孚、边中丞宝泉，则以筑坝窒碍既多，分流毫无把握，合词覆奏。其说至详，已见"工程门"。

廷议综群说而折衷之，亦谓拦河建闸，未可轻试，特以张勤果续奏，援引延太仆挽回故道，撙节估计，分年筹办之法，为可行。谓饬再议，议未及定，则郑州告决，水由陈州以入淮。于是，南行之说盛起。翁司徒同龢、潘文勤公祖荫，乃会奏论之。其疏大意以为黄水南注，有一大患五可虑，而郑重言之曰：黄河自大禹以后，行北地者三千六百一十余年，其南行者五百一十九年。是黄河由云梯关入海，本不可谓之故道。即使指为故道，而现在郑州决口，由贾鲁河入淮，直注洪泽湖，形如釜底，北高南下，断不能导之，使出清口。其去故道，尚不止百余里，安能挽既倒之狂澜循久淤之旧辙乎？故曰现在水势，断不能复入黄河故道也。或者曰：山东数被水害，遂以黄河南流为幸，不知河性利于北行。自金章宗以后，河虽分流，大德中决蒲口，至正中决金堤，有明一代决而北者十四次，决而南者五次。顺治、康熙以来，决而北者十之九，决而南者十之一。况今之淮水，本无经行之渠。黄水入淮，安有归宿之地？下流不得宣泄，上游必将复决，决则仍入山东境内，齐鲁之间，安能高枕哉？故曰：山东之患，仍未弭也。而湘抚卞中丞宝第则疏称：黄河之水，奔激无定，当使南北分流，挽之顺流归海，可免漫决之患。

黄水经行五省之地，入海之路，只有三途：一由天津之碣石，一由山东之利津，一由淮北之云梯关。天津，畿辅重地，无引河趋海之理。云梯关迤上旧黄河，现闻两江督臣筹议兴挑。如能一律深通，直接海口，是南趋之水业有归路。而利津一途，即汉之千乘，宋之东流，金之北派。自汉迄今，实皆由此注海。不若由今之石桥决口，北达铜瓦厢以东，循漫河故道，开浚一河，引归大清河，瀹旧路分溜，由利津入海，顺其势，可收一劳永逸之效。分其势，不至全力注淮。并于淮北归海之路，多开引河，如刘老涧迤下之六塘等河，双金闸迤下之盐河、管渎河，皆受中运河之水，下达海口。又如两江督臣所议开成子、碎石两河，尤为洪泽湖上下游分泄要路，均应一并兴挑。是疏虽曰分道疏浚，而与张勤果分流之说，又不甚同，则议愈多，而愈歧也。迨合龙后，仍沿北行之，故以迄于今，而士大夫无复议及之者，亦明于势之不可复强也。盖自铜瓦厢决口，以迄郑工合龙，中间数十年敝精研思，相应以辨难之文者，累牍连篇，皆一时之名公巨卿也。每一议起，中朝必综群说，思求一万全之策，亦深悯此黎民之无告，而必欲奠安之。迄不可得，则两害相权，而取其轻，未肯南莽而贻他日不可复之悔也。

夫主南行者，宋之回河之说也。主南北分流者，宋之二股之说也。当其建议之初，未始不持之有故，而言之成理。然欲于实事以求其是，则未见说之可恃也。观于郑工决后夺流而南，一年有余，仅仅自淮入湖而止，始终未闻自寻入海之路，则云梯关之不可复出，昭昭然矣。岂惟全河南行之不可？即分流十分之三，又岂能望其必达哉！山东昏垫岁罹，备御无术，丁文诚之断断相持，固守土之义之出于不得已。然数十年来，虽溃决连连，而所谓东纲必至隳废者，终亦不验。故北行之说，实胜南行。胡氏渭，毕生致力于《水经》之人，其言河流变迁之由，至详且慎，而终以北流为归。孙、嵇、曾、李，老成谋国之重臣也。胡，通儒也，味其言，亦足决指归矣。故备录而论及之。南行、北行之道，十之七八无涉于豫，特下流苟有壅阏，则上游实受其病，亦犹河源实在塞外，而自荥泽出山始猛。豫虽居秦、晋下，而所宜穷究以致详。乃急于秦、晋，如人一身，豫居腰腹，其顶趾之何？若其利病皆中之于腰腹，非好为词费也。入河巨川，昔言伊、洛、瀍、涧，今则沁为最著。张清恪公著《居济一得》，言之曰：沁河发原于山西，由河南武陟东四十里木栾店，由西北而东南，汇入黄河。黄河之水至大，而加以沁河之水尤大，是以其害为最甚，盖专言黄、沁交会处也。要其出济源而历河内，其所独行冲啮悍猛，亦至可骇。其为安危，几与黄流埒，则范氏泰恒之说至审矣。

卷五　工程上之一

顺治元年夏，黄河自复故道。

顺治元年秋，温县河北堤塌二十里，村落尽没。

顺治二年，河决考城县之流通口，次年塞之。

顺治二年，荆隆朱源寨口决，挟汶水由盐河入海，始筑荆隆口堤。

顺治三年，流通口决，水北徙，午沟至徐州一带河流涸竭。

顺治五年，河决兰阳。

顺治七年，河决封丘县朱源寨，筑荆隆口堤。

顺治八年，筑祥符单家寨堤，封丘李七寨堤、陈桥堤、郑家庄堤。

顺治九年，河决封丘大王庙口，冲毁封丘县城，水从长垣，趋东昌，坏安平堤，北入海，大为漕渠梗。河督杨方兴、巡抚亢得时起丁夫治之，旋筑旋决，乃于丁家寨凿渠引河杀其势，祥符时和驿筑堤。又筑常家寨堤、商丘王家坝堤、考城王家道口堤。

顺治九年，河决祥符之朱源寨，全河北徙。浚支河以分之，越五载始复旧。

顺治十年，武陟沁水决，浸及修武。

顺治十年，筑祥符黑冈堤，又筑回龙庙堤，又筑李七寨堤，又筑原武赵家庄堤、兰阳板场堤及月堤，又筑考城芝麻庄堤。

顺治十一年，筑阳武慕家楼堤、商丘夏家楼堤、虞城土楼堤、考城王家道口堤。

顺治十二年，筑祥符守公寨堤、回龙庙月堤、陈桥堤，兰阳板厂堤，阳武潭口寺堤、包家厂堤及封丘中滦城堤，决口始告成。又筑考城王家道口堤、武陟沁河传村堤。

顺治十二年，大王庙决口塞。

顺治十三年，筑祥符黑冈堤、清河集堤，兰阳艾家楼堤，阳武月堤。又筑堤坝，商丘王家坝、虞城黄堌坝。又筑土楼堤。

顺治十四年，河决祥符之槐疙疸。

顺治十四年，筑祥符槐疙疸堤、清河集堤、魁星楼堤，陈留孟家埠迤堤、月堤，兰阳刘家楼堤，仪封三家庄堤，阳武堤，封丘大王庙楼堤，荥泽南岸堤，商丘王家坝堤。

顺治十四年，黄河南徙，陈留孟家埠口溃决，于堤南筑缕、月堤五百丈，复筑堤一千二百丈，陆续坍坝水冲遥堤。知县张重润浚河一道，引河折入新河，南面遂免冲决。

顺治十四年，浚仪封县三家庄河一千丈，以杀北来水势，而黄渡河涸为田。

顺治十五年，筑祥符黑冈堤、常家寨堤，仪封三家庄堤，封丘阳家楼堤、大王庙堤，虞城欢堌寺堤。

顺治十五年，河复决阳武县城南慕家楼，筑河堤赖以无患。

顺治十六年，筑祥符陈家寨堤、贯台堤，仪封苏家楼堤，处城罗家口堤，考城王家道口坝。

顺治十七年，河决陈州郭家埠。

顺治十七年，筑祥符斑家埠堤、魁星楼堤，仪封杨家堂堤，封丘新龙口堤，商丘苏家楼堤，考城王家道口坝。

顺治十七年，堵塞槐疙疸。又河决虞城之罗家口，随塞之。

顺治十八年，筑祥符王卢集堤、中牟遥堤、仪封杨家堂堤、考城王家道口坝。

康熙元年六月，开封黄练口河决，祥符、中牟、阳武、杞县、通许、尉氏、扶沟七县，田禾尽被淹没。七月，淇县河水溢灌入御河，浸没民田甚众。

康熙元年，筑祥符狼城冈堤、马家店堤，阳武姜家庄堤，原武赵家庄堤，修商丘高家庄堤，虞城待宾寺堤。

康熙二年，筑祥符单家寨遥堤、青谷堆帮堤、瓦子坡堤。又与中牟、阳武，会筑堤岸。又筑陈留梁家寨堤，兰阳常家楼堤、王家楼堤，原武赵家庄堤。

康熙三年，河决杞县。

康熙二年，筑祥符黑冈月堤、陈留贯台堤、兰阳铜瓦厢堤、仪封蔡家楼堤、虞城罗家口缕堤。

康熙四年四月，河决，虞城、永城、夏邑三县庐舍田禾多被淹没。

康熙四年，筑封丘大王庙堤。

康熙五年，筑祥符魁足楼堤、黑冈口堤，封丘于家店月堤，仪封石家楼月堤。

康熙六年，筑祥符黑冈堤、中牟黄练集堤、阳武穆家楼堤、仪封石家楼堤。

康熙七年，筑祥符一览台堤、聂家寨堤、黑冈堤、魁星楼堤，阳武赵家寨月堤，兰阳谷家营堤，仪封石家楼堤、小宋集堤。

康熙八年，筑祥符瓦子坡堤、魁星楼堤，陈留梁家寨堤，中牟原墩寺堤，兰阳梁家埠堤、谷家营堤。

康熙八年，河决三汊口。

康熙九年，筑祥符李七寨堤、守公寨堤，中牟小潭溪堤，原武庙王口堤、赵家庄堤，封丘大王庙堤，河内仁孝寺堤，武陟木栾店堤。

康熙十年，筑祥符黑冈堤、陈桥堤，中牟小潭溪堤，仪封石家楼堤，郑州王家楼堤，商丘蔚家阁堤，考城芝麻庄堤，河内、武陟各筑沁河堤。

康熙十一年，虞城河溢。

康熙十一年，筑祥符黑冈堤、白石冈堤，陈留黑家寨堤，中牟辛庄缕堤，阳武潭口寺堤，封丘大王庙堤，仪封石家楼堤、蔡家楼堤，商丘苏家林堤，考城芝麻庄堤，河内大马口堤，武陟大源村堤。

康熙十二年，筑祥符回河寺月堤、陈留赫家寨堤，中牟、阳武会筑堤。阳武又筑王家店堤，封丘筑大王庙堤，仪封筑蔡家楼堤，商丘筑禹王庙前堤，虞城筑刘家庄堤，考城筑史家楼等处堤。

康熙十三年，筑祥符贯台堤、阳武张家庄堤、仪封蔡家楼堤、考城芝麻庄堤。

康熙十四年，筑阳武王家店月堤。

康熙十五年，筑兰阳铜瓦厢月堤。

康熙十六年，筑中牟小潭溪月堤、兰阳铜瓦厢月堤、仪封堌阳集月堤、商丘阳家堂月堤、虞城周家楼堤。

康熙十九年，筑祥符口石冈堤、中牟小潭溪月堤及格堤、商丘徐家庄月堤。又筑虞城堤。

康熙二十一年，筑祥符回河寺月堤、仪封堌阳集月堤、考城王家道口坝。

康熙二十二年，筑祥符堤，陈留阳寨堤，中牟堤，原武马家渡月堤、张家水口堤，阳武脾沙冈堤又南岸堤，兰阳孙家庄月堤又北岸堤，仪封陆家口堤又北岸堤。又筑郑州堤，又与荥泽会筑沈家庄月堤。商丘筑传家庄月堤，考城筑小阎家集堤。

康熙二十三年，筑原武、封丘、兰阳、仪封、荥泽、商丘、虞城、考城堤。

康熙二十四年九月，河道总督靳辅奏："前赴河南确勘黄河两岸工程，目前至急之务，如考城、仪封等县应筑堤工，共长七千九百八十九丈。又封丘县荆隆口应筑大月堤，三百三十丈。又荥泽县应修筑埽工，二百一十丈。此工告成，不特河南无虞，实可为江南保障。"下部议行。

是年，筑虞城韩家楼堤。

康熙二十五年，筑商丘传家庄月堤。

康熙二十六年，阳武、郑州会筑裴昌庙月堤。

康熙三十一年，兰阳、仪封与长垣会筑月堤。

康熙三十四年，筑虞城黄堌坝堤。

康熙四十四年，加帮接高祥符、陈留、兰阳三县连界之回回寨与韩罗湾大堤，二千一百三丈。

康熙四十六年五月，谕："河南黄河上游工程，关系最为紧要，伏汛水长，着加紧修防。其黄堌坝工程，更为紧要，宜着贤能官员前往加意防险。相度形势，修建挑水坝挑溜开行。"总河张鹏翮遵即动帑，修建挑水坝一座并下护涯埽七十丈，历年委官驻防。巡抚汪灏题准岁修。

康熙四十八年六月，大雨，河涨漫溢兰阳县北岸雷家集堤工二十六丈、仪封县北岸洪邵湾堤工二十一丈，水驿堤断口四十三丈八尺，张家庄堤断口二十五丈。巡抚汪灏督官抢筑。

康熙四十九年二月，部覆："总河赵世显疏称'河南虞城县黄堌坝新建挑水坝一座，甚有裨益。因对面沙滩渐次西蛰，大溜直冲挑水坝之上。坝受敌，崖岸坍卸，须于挑水坝之上再建挑水坝一座，挑溜开行。其险工迤里当日，原有旧决河口一道，虽有月堤为内障，其如堤根正坐河形之内，应用柳束填垫，压土坚实，月堤之外，又有遥堤一道，日久残坏，亦应修补。至险工、埽台、里戗，宜帮宽厚。又新建挑水坝之处，堤工单薄，亦宜加帮。又归德府虞城、仪封、兰阳、祥符卑薄堤工，俱应加帮高厚。又郑州至荥泽县堤工尽处，民筑小横堤一道，卑薄之甚，恐黄河水长，必至内灌，应加帮高厚。又武陟木栾店迎着沁、黄交会处，堤工卑薄，应帮高厚，再接创三百丈。又荆隆口月堤之外，又有大黄堤，而践踏之缺口宜补。又兰阳与长垣交界，堤工应加高子堤三尺。兰阳子堤当年创筑虚松，又兼地势卑洼，应帮筑坚实。袁家寨、邵洪湾、水驿、张家庄旧堤止高七八尺，杜家楼前堤止高七尺，均应加高三尺。又杨家堂、韩李寨堤，应行帮宽。凡黄河两岸旧有月堤、格堤、护城堤，残缺之处，均应帮筑。以上工程，抚臣鹿祐情愿率属捐俸修筑'等语。议得河南堤系巡抚就近料理，如遇水长，即饬管河等官，协同地方官合力抢护。如有仍前怠玩始，误河工者，将管河地方官，照黄河例议处，仍查明年限，着其赔修。"

康熙六十年八月，河决怀庆府武陟县之詹家店、马营口、魏家口等处，经直隶总督赵宏燮奏，河南武陟县等处堤工决口三处，兼以沁河之水由胙城县入滑，流至长垣、东明，遣侍郎传尔赛查视。据奏，河南武陟县黄、沁之水，冲决堤岸，由长垣流入山东张秋镇等处。九月，九卿议堵筑黄河决口，引沁入运。谕大学士等："堵筑黄河漫溢工程，此第一紧要之事，着左副都御史牛钮、侍讲齐苏勒、员外郎马泰前往监修。其堵筑时，宜先于上流建挑水坝以减水势，俟沙淤后再渐次加筑，则漫溢之势自平而堵塞不甚费力矣。其建挑水坝之时，应挑引河。黄河有曲折之处，即成洲渚，务详勘酌量取直，挑成引河，俟黄河决口堵塞报竣后，再引沁济运。"经巡抚杨宗义率河官驻工堵筑，于九月初九日将詹家店、魏家口塞之。奉差阅视河工，原任知府陈鹏年奏："河臣赵世显委臣勘明河南武陟县钉船帮决口，臣查看黄河老堤冲开八九里，见今大溜直趋决口约五六分，老河内止存四五分，急应堵筑。臣愚以为对岸上流之广武山下淤滩上，另开引河一道，使溜南趋。再于决口稍东，逢湾取直，开一引河，止长三里余，引溜东行，仍归正河，方可渐次堵筑。"又吏部尚书张鹏翮等奏："臣等遵旨，由山东张秋循流而上，一一查看黄河决口。在武陟县之钉船帮支河口，由此冲入詹家店之魏家庄及马营口，今副都御史牛钮会同河南巡抚杨宗义，于支河筑拦水坝，魏家庄已经堵塞，马营口之消落指日成功。其引沁入运之处，臣等至武陟县，相度地势，西北高而东南下，沁堤内地较沁河涯低有一丈，从此而东，则地形愈低。若引水从高直下，恐牵动全沁灌入内地，而黄河随其后，亦未可定。"得旨："前因运河水小，引沁入运，或有裨益，是以下旨。今张鹏翮等回奏，甚属明晰，即令照伊所奏，不得稍有更改。"又工部议覆："副都御史牛钮等奏，沁、黄两河交汇之处至詹家店，共十八里，原无堤工。遇沁、黄两河之水齐发，水势彼此相激，大溜退回，每于此处泛溢。且河岸高不过三尺，两河之水相激，以致河底渐长，河岸卑矮，应自沁河堤岸接至荥泽之大堤，建筑遥堤以护御，沁、黄两河之水方无退回之虞。”得旨：“依议，速行。”总河赵世显先于十月，奉旨派出熟练河务官员，多备物料工役，遂率江南各营弁并桩埽手与民夫，协同巡抚并力在李先锋庄建坝堵筑。适钦差牛钮、齐苏勒等至，传谕：“在钉船帮支河口两岸，卷下拦黄埽坝。”遂于十一月十二日合龙，即于南岸坝尾，接筑子堰一道，至秦家厂止。而李先锋庄，亦于十二日合龙。马营口，于二十九日合龙。

康熙六十一年正月，河冰溢，水复漫涨。钉船帮南坝尾接至秦家厂子堰，决断二十余丈。又将新来月堤塌断，水由李先锋庄坝下，直逼马营口堤工，决开二十余丈。署理总河陈鹏年建议于广武山下王家沟，挑挖引河一道，使水由东南入荥泽旧县前入正河。又于沁河口东，建挑水坝一座，水势始平。于十二月，相继堵塞之。又于马营口，筑大月堤一道，自决口东荥泽大堤起，至詹家店新筑堤头止。又筑荥泽大堤，以为遥堤。四月，于仪封县白家楼北岸挑引河，长七百丈，虞城县黄堌坝对岸挑引河，长一百六十丈，河流通畅。

康熙六十一年六月初四日夜，沁水暴溢，冲塌秦家厂北坝台八丈，南坝台九丈五尺，边埽加厢坝卸六丈。又钉船帮大坝蛰陷四十五丈，抢筑将成，至初六日复陷，幸王家沟引河汛水刷宽一百余丈，全河尽注，不浸马营决口。总河陈鹏年、巡抚杨宗义于广武山官庄峪，挑引河一百四十余丈，以泄水势。至九月，秦家厂南坝甫合龙。次日，又将北坝尾决开一百余丈，大溜归马营口，亦漫开八丈，然底埽未动。至十二月初八日，塞讫。忽冰凌水积，将坝尾后埽堤面漫水二十余丈，马营口亦漫开八九丈。遂并力抢筑，至二十一日工竣。十二月，总河齐苏勒奏：“秦家厂虽合龙断流，现今细水透露，正在抢救。但细看情形，地势卑洼，非宜建坝之区。况两岸无倚，孤立于巨浸之中，势甚危急。故必恃前后有助，方能善后。宜急筑背后土堤，以断其流，多下护坝边埽，以敌其冲，使前后有恃，并力捍御，此一定之法也。臣目睹危急，不敢遽赴新任，随会抚臣杨宗义带同管河道等官，议定先治其急。星夜将秦家厂拦河大坝加厢高厚，以捍水势；将马营口冲断之堤于水中接合两头，以绝其流。但时值隆冬，土冻难施，因时迫事急，不得已，设法挖冻赶修，以防春汛。其余修防，俟春和土化，次第修理，庶保万全也。”

雍正元年正月，总河齐苏勒报秦家厂、马营口堤坝完竣，河归故道。

雍正元年二月，总河齐苏勒奏：“前月虽接堤断流，大溜全归正河，尤宜于马营口一带旧堤普律加高培厚，于后面添筑撑堤一段，格堤一道，以为重门保障。又将秦家厂前草坝前面下埽签桩，层层厢蛰，以防顶冲之患。再于后面筑靠堤、月堤，俾有倚恃之固。今已完工，其建筑十八里之遥堤并赵庄、詹家店等处埽坝，现今人夫协力数日，即完。但新筑各项堤埽，应设堡夫防守。河南向无额设桩手、埽手，凡遇工程，俱系现雇土人，做法颠倒，徒资縻费。臣于南工选千总二员，率领谙练河兵八十名，暂驻工所，以防伏、秋两汛，以便教习土人按法修防，庶无贻误。”

雍正元年三月，总河齐苏勒奏：“河自荥泽以下，陈留以上，长二百余里，向因武陟决口，大溜趋正河者仅止四分，水力微弱，不能攻沙，以致河底淤垫，已经二年。今全河下注，两边河岸，有仅露尺许者，有与水面平者，更有槽不能容，漾出旁溢，直至两岸，堤根宛若湖淀者。北岸阳武、祥符、封丘一带，有岔流三道，各宽十五六丈，深六七尺。逼近堤根，绕行五十余里，始归正河。南岸由清佛寺地方，刷成支河一道，宽一百余丈，深一丈四五尺。沿堤下注，至四十里始归正河。伏思黄河不宜两行，两行则势缓，势缓则沙停，沙停则河底淤高，河底淤高则出槽旁溢，致有浸漫之患。向年马营堤，原由支河冲刷所致，深为可虞。臣同抚臣嵇曾筠详加商定：将两岸应筑子堤八段，共长九千二百八十八丈，顶宽一丈五尺，底宽四丈五尺，高八尺。应筑隔堤二段，共长七百八十丈，顶宽二丈，底宽八丈，高一丈二尺。倘俟题请开工，恐缓不济急。故一面发帑修筑，一面具题，俟工完之日，听抚臣将做过工程、用过钱粮，核实造册请销。”

雍正元年六月，河南巡抚石文焯奏称：“窃查六月初八日，据把总张朝弼禀报‘本日河水骤长，黄河南岸中牟县地方十里店西，冲开大堤，水向南行’，飞报前来。臣即刻委开归道陈时夏，督同开封知府王熹，星夜前往查勘，并于司库动发银三千两办料去后。初十日，据开归道陈时夏驰回面禀‘查勘得十里店西，冲开口子二处，一在上流者刷宽十一二丈，一在下流者刷宽十六七丈’。臣伏查黄河水势，因北岸秦家厂等处工程，完竣之后始复归正河，尚未刷深。兹五月二十七、八，六月初二、三等日，大雨连绵，沁、黄并涨，水势陡长。一时不能疏泄，遂致冲缺。现委该道等，督令相机堵塞。臣于武闱事竣，即星驰前往料理。”

雍正元年六月，河南巡抚石文焯奏称：“窃查豫省黄河，自秦家厂决口夺流，河身淤高，漫溢堪虞，一入伏汛，在在危险。今北岸马营口等处，自六月初一等日，沁、黄并涨，以致堤坝多有塌卸蛰陷，当即动料，昼夜厢填，抢护无虞。又北岸挑园口等处，有支河三道，引溜北趋堤根，势甚危险，已经动支库银，责令北河同知潘尚仁等，于迎溜处下埽保护。再，南岸蒋家寨等处，水逼大堤，工甚危险，随饬南河同知刘永锡等，备料抢护。以上各处险工，俱已抢险、防护无虞。其南岸中牟县之十里店、娄家庄二处，冲开大堤，漫溢之水由十里店西南入贾鲁河，流至朱仙镇入洪泽湖。惟朱仙镇人烟凑集，河身浅窄，遂致出槽泛溢，镇上房屋间有被水淹浸，晚种禾豆不免少有伤损。已饬行该府县确查，加意抚恤，毋致失所。臣武闱事竣，亲赴冲溢处所查勘。现因伏汛之内，水势时长时消，俟水势渐次消落，便可相机堵闭。至奉旨‘交员外郎祖秉圭等，赍到嵇曾筠条奏，会商武陟工程善后事宜’。臣经咨商河臣齐苏勒，嗣准咨覆‘以月堤内不必下拦水埽，止应将大月堤靠小尾堤加帮高厚，二铺营迤西应筑格堤，一体确估兴筑’等因。臣随转饬河道，发银办料兴筑在案。”奉旨：“遣兵部侍郎嵇曾筠，会同总河齐苏勒、巡抚石文焯驻工修堵。”

雍正元年六月，河南巡抚石文焯奏称：“窃中牟南岸十里店堤工冲决，蒙谕不限多寡，一面动用作速堵筑，一面奏闻复命。嵇曾筠率领官员，助臣与齐苏勒料理。臣现在驻宿工所，亲督河道张杓等，相机堵闭，上紧趱修。数日之内，十里店西口可以先竣。至南岸荥泽县迤西，原无堤岸，今河身淤高，恐水发泛涨，河臣齐苏勒临工亲勘，已汇入加帮案内，估计筑堤，工尚未竣。于六月二十一夜，黄水陡长，将新筑堤工，汕开十余丈，水势南趋，以致朱仙镇水势复长，比前次更大四尺有余。两岸房屋土墙，被水淹浸坍坝甚多。臣已委布政使牟钦元亲往查勘，加意抚恤，毋致失所。再，六月二十七日，据怀庆府通判高士钥等申报‘本月二十二日，沁、黄并涨，水从姚其营无堤处漫滩而来，至马营詹家店之西新堤头漫溢而过，汕塌十余丈。又梁家营、南二铺营南，水从堤根漏入，渐塌二丈有余。又马营前大坝漫溢，水势直浸后大坝’等情。臣即委管河道张杓，上紧抢修，并动发司库银五千两解交应用。臣现住十里店，俟南岸决口工程就绪，即星赴北岸，相度情形，亲督修理。”奉朱批：“今年河决，实属意中之事，此时不过随宜捍御，苟安目前而已，断不能奏一劳永逸之效。兹特命张鹏翮前来，会同尔与齐苏勒、嵇曾筠，熟筹深计久安长治之策。待秋汛后，须大费一番经营也。”

雍正元年六月，筑太行堤。

雍正元年七月，河南巡抚石文焯奏称：“窃查六月二十二日，黄、沁水长，交会泛溢。汕刷堤坝情形，臣一面具折奏闻，一面即亲往查勘。马营地势洼下，水从姚其营等处漫溢，致将马营等处堤坝，汕刷过水，漫及原武。大溜仍走正河，此处并未成流，非从前冲决可比。是以秦家厂等处工程，俱平稳无虞。今水消落数尺，各决口悉已断流，涸出口岸。现在备料募夫，臣会同侍郎臣嵇曾筠，细加相度，务期补筑坚固。再，中牟十里店漫口二处，正在上紧施工，俟堵闭合龙，另折奏报。至荥泽新筑堤工，漫开之处，已据同知刘水锡抢筑堵闭。”

雍正元年七月，修帮阳武县之大滨、申家潭、朱家潭、赵家潭、琵子冈、靛池阁、张家庄七处堤工。

雍正元年七月，兵部左侍郎嵇曾筠奏称：“窃臣钦承简命，堵筑河南中牟县决口。于六月二十一日起程，行至彰德府境，闻北岸又复漫溢，随星驰前进，于七月初四日至武陟县木栾店地方。初五日，阅看姚其营至马营漫口，共十一处。即于初六日，由沁堤头阅看秦家厂一带堤埽工程，渡河由荥泽至中牟十里店西。臣查得西决口八丈，现在厢筑坝台，渐次下埽。东决口二十余丈，亦现在修筑坝台，其势涌急，俟水溜稍减，即便上紧催趱下埽堵塞。派委随带官祝兆鹏、朱藻、李世杰在西口，高文恺、张近光、冯敬玉、朱于宣、拖克拖海在东口，并协同印、河各官，无分昼夜，加紧防护，相机堵塞，不得再有汕坍。”

雍正元年七月，兵部左侍郎嵇曾筠奏称：“中牟县漫决口岸，其西口加谨进埽，已于本月十四日卯时合龙。现在厢垫边埽，建筑月堤，以资保固。东口亦现在相机进埽，俟水势稍减，即便催趱堵筑，务期作速修成。东口于十一月合龙断流，于背后建筑月堤、靠堤，以资筑固。”

雍正元年七月，兵部左侍郎嵇曾筠奏称：“窃臣钦承谕旨，堵筑中牟决口。查中牟县属官堤危险之处尚多，臣一面严饬印河各官，加谨巡防。凡有险要，即便加帮修治，以为未雨之防。查豫省河工，废弛已久，两岸官堤，约长八百余里。河水旁泄，则河身渐高。河滩淤淀，则河堤卑薄。一遇伏秋暴涨，在在危险，断非篑土束薪，略加修葺，便可济事。但印、河各官，因向无额设岁修钱粮，未免因陋就简，苟安目前。及至冲决，则募夫办料，费用浩繁。而庄村田庐之淹没，又不可胜计。臣愚以为，与其补救于后，费多而工难，毋宁预防于先费省而工易。伏乞敕下河、抚两臣，确查豫省两岸官堤，估计夫料，于秋汛后遴委干员，协同办理，普律加帮宽厚坚实。其险要处所，应如何分别修筑，工完之后，应如何看守防护，听河、抚两臣详加酌议，务期周备完固。纵使汛水涨发，庶几有备无患，于河道民生均有稗益。”

雍正元年八月，兵部左侍郎嵇曾筠奏称：“查钉船帮挑水坝，应加保固。但建筑格堤，若从秦家厂北坝尾起，诚如圣谕必有兜水之虞。应即从钉船帮坝尾接至遥堤，庶河水有所捍御，姚其营一带村庄可赖保全。再查秦家厂月堤，在外帮筑，工价似属稍减，但每年修理，为费亦多。况两面皆水，龙口门埽工，几及百丈，沁、黄交涨时，不无意外之虑。若从中填实，堤工大有倚靠，人力容易施展，洵为一劳永逸之功。”

雍正元年九月，兵部左侍郎嵇曾筠、河南巡抚石文焯奏称：“雍正元年九月二十二日，据南河同知刘水锡呈称‘本月二十日起，北风大作，水乘风势，漫溢郑州来童寨民堤，直射南岸。中牟县杨桥官堤，抢护不及，于二十二日子时漫开’。又据阳武县丞谢球报称‘郑州知州张铵误听来童寨居民，于本月二十一日夜，挖阳武民堤放水，致漫溢杨桥官堤’等因到臣。臣等随即亲诣勘视，缺口约宽十余丈，即委郎中祝兆鹏、管河同知刘永锡等，率领南工千把总河兵，加谨相机堵筑，详勘情形。来童寨民堤决口之水，自西北顺流而下，居十之八九。阳武民堤挖口之水，自东南倒流而入，居十之一二。俱注射杨桥官堤，以致漫决。杨桥，在十里店上流，其漫水俱从贾鲁河南下。现今秋禾已经收获，不致为患。河抚督官分堵，阳武决口于十月合龙断流，杨桥决口于十二月合龙并建筑月堤、靠堤，以资捍御。”

雍正元年，筑祥符南岸堤七百丈、北岸堤一千四十三丈，筑封丘堤七十丈，筑格堤一道长一百九十三丈。其余堤工，因水占停修。

雍正二年正月，兵部左侍郎嵇曾筠疏奏：“沁、黄交会，姚其营、秦家厂一带皆属顶冲。但此系下流受患，其上流必有致患之由。臣由武陟至孟县，所属皆有沙滩，将大溜逼趋南岸。至仓头对面又横长一滩，自北岸伸出，使全河之水，直趋广武山根，以致土崖汕刷。至官庄峪，则大溜又为山嘴所挑，直注东北。于是姚其营、秦家厂遂为顶冲矣。臣以为下流固须堵筑，上流尤贵疏通。应于仓头对面所长横滩，开引河一道，直接中泓，俾水势顺流，由西北径达东南，不致激射东北，则姚其营、秦家厂可免顶冲之患。再，钉船帮大坝，甚属有益，但孤立水滨，惜少辅佐，须厢建雁翅，以资帮护。更于大坝上下，相度地势，添建挑水坝二三座，挑溜开行，庶秦家厂顶冲之势可减，坝工赖以永固矣。”

雍正二年五月，副总河兵部左侍郎嵇曾筠奏称：“上年奏明挑挖仓头对岸引河，已于本月十六日竣工。候水长风便之时，即将河口相机开放，俾由西北顺连东南，以缓北岸顶冲之势。其钉船帮坝尾、格堤、护埽，现在督催，昼夜厢筑，用资捍御。至遥堤、秦家厂、马营等处工程，亦俱上紧趱修。”

雍正二年八月，修筑郑州石家桥迤东埽工一百二十丈，复于埽湾接厢防风一千一百一十丈并下木头投筑矶嘴坝一座。又于中牟县拉牌寨厢垫工长二百五十丈，下护崖埽长一百六十丈并建碍嘴挑水坝二座。又加帮断堤至大堤，长二十五丈，以捍大溜顶冲。又修筑阳武县黄河北岸堤工及祥符珠水、牛赵二处堤工，于钉船帮挖槽，下护崖埽，加厢坝，以御沁、黄冲刷。

雍正二年九月，河道总督齐苏勒、副总河兵部左侍郎嵇曾筠奏称：“归德府属之虞城县于八月初四日，因黄家庄民堤漫溢，将南岸待宾寺迤西大堤漫决丈余。幸内有月堤为重门保障，得以捍御，水势并无泛溢。该县令钱启心等捐办料物，率领人夫，奋力抢筑。随即于八月十五日，堵闭完工。又令于新坝之外，帮筑戗堤一层，以保永固。”

雍正二年十月，副总河兵部左侍郎嵇曾筠奏称：“仓头口引河，业经汕刷深通，水势顺流，自西东注，而北岸钉船帮、秦家厂一带，俱已淤成滩地。”

雍正二年，于钉船帮北坝尾、直对姚其营北首，接筑堤工一道，长八百七十五丈。秦家厂月堤内填实周围，阔长三百七十丈。加帮秦家厂北坝尾堤，长七百十三丈。加帮秦家厂靠堤并南坝尾堤，长九百九十一丈。加帮詹家店并马营口堤，长二千六百九十七丈。又加帮马营口格堤，长一百九十三丈。又加帮遥堤，自沁河堤头起，至荥泽大堤止，长五千八百六十一丈。又马营口、詹家店后接筑格堤二道，共长七百四十三丈。

雍正二年，加帮南岸堤工，共长七万六千四百余丈；北岸堤工，共长四万八千一百余丈。

雍正三年三月，副总河兵部左侍郎嵇曾筠奏称：“窃查祥符县南岸回回寨对过北岸官路李家地方，淤长大滩，直出河心，以致河势尽趋南岸。雍正二年，伏秋水涨，冲射回回寨、老君堂等处。沿河一带，皆成巨浸。村庄茅屋，多有被淹。堤根迤溜，甚属危险。且系单堤，并无外护。切近省城，关系甚重。臣乘船往来细看北岸形势，并访之土著士民，知北岸官路李家一带，原系旧日黄河故道，历年淤塞，以致滩嘴日长，河流南射。臣详加勘视，应由北岸旧回回寨起，至官路李家旧河身处，挑挖引河一道，引溜直走，俾成东西之势。不特老君堂等处，居民免遭水患，耕凿可安，而堤工亦得保固，于城社民生均有裨益。随经檄饬管河道、厅、印各官，公同丈量，计长三百四十丈，估计土方工价，共需实银三千二百两有零，应请于司库动用题销。”

雍正三年四月，河道总督齐苏勒奏称：“窃照豫省祥符县旧回回寨，挑挖引河，经副总河嵇曾筠折奏。奉旨：‘令与臣商酌，或应用挑水坝，或应挑引河之处，详定而行。钦此。’又准河南抚臣田文镜咨称，准工部咨，奉旨：‘嵇曾筠奏称汛水长发以前，及时挑挖引河，方为有济等语。但此引河，曾经挑挖完否，并有无裨益之处，现今齐苏勒奏闻前往豫省，着行文问齐苏勒，令其看明具奏。若齐苏勒事竣回任，即着田文镜看明具奏。钦此。’钦遵转咨到臣。臣等看河挑挖引河，必须上口正对顶冲，而下口有建瓴之势，方可吸引大溜归入新河，借其水力，涤刷宽深，以成河道。今查回回寨引河，嵇曾筠已经兴工挑挖将完，但上口之地势，与现在之水向不甚相对。臣等因往上首，改挖三十余丈，以对顶冲，以迎大溜。然引河虽挖，非挑水坝不能挑开大溜，以入引河。臣等钦遵谕旨，于对岸指示建筑挑水坝一座，挑溜顺行，以对引河之口。俟水长之时，相机开放。俾大溜全归新河，庶河势得以直畅东注，而南岸老君堂等处之堤根，可保无虞矣。”

雍正三年五月，副总河、兵部左侍郎嵇曾筠奏称：“窃臣为‘祥符挑挖引河’折奏，钦奉朱批，臣谨会同河臣齐苏勒，遵旨前往，细看形势。其地身西高东下，开挖引河，颇属顺利。据齐苏勒详加酌议，应将河头往西移上三十丈，以迎水势。复于南岸建筑挑水坝一座，挑溜逼入引河，俾无旁泄。当即遴委谙练河员，领帑募夫，挑挖兴修，于四月内完工。今乘水势长发，风色顺利，于五月初七日，将引河相机开放。河头一开，大溜掣入，奔腾东注，势若建瓴。顷刻之间，河头至河尾，汕刷宽深，水势直下，畅流无阻。现在民间重载大船，俱由引河遄行，水归中泓。祥符回回寨、老君堂一带，堤工及居民房屋，可免浸刷之虑。”

雍正三年五月，河南巡抚田文镜奏称：“窃查祥符县之回回寨、老君堂等处，挑挖引河，仰蒙指授方略，饬建挑水坝一座，使水尽归引河，以免旁溢。今水势已长，正可乘机开放。臣随谕令河员，于本年五月初六日，将河头河尾集夫挑挖，已于五月初七日开放。大溜掣入，奔腾东注。旬日之内，河头宽有二百余丈，河身至河尾宽关相等，水势直下，尽入引河。旧日正河两边俱已露滩，中泓止有三四丈。流水亦甚迟缓，人可涉水而过，大约不久正河即可淤断。至挑水坝座，亦于五月二十日已经完工。其上下雁翅、护崖埽个之类，现在赶工修筑，指日亦尽可告竣。则是挑挖引河之利，不特回回寨等处纳粮地亩，可以永保无虞，而新涨河滩并可渐施畚锸。且与沿河一带，数十村庄以及省城地方，大有稗益矣。再，臣伏查南北两岸加帮大堤，各处俱已报竣，惟祥符、中牟、太康三县或因工程稍多，或因前令未完，每县尚有数段。现在勒限严催，作速赶筑，务于六月中旬告竣，合并声明。”

雍正三年七月，河南巡抚田文镜奏称：“窃查豫省今岁伏汛，势甚汹涌，幸而保固平稳。不谓入秋以来，自七月初四日起，大雨连线，黄水徒涨。且伊、洛、沁水，一时并皆长发。而江南朱家海漫溢决口之水，未能畅泄。正河又复淤浅，水不下流，以致上游有长无消。自七月初六日起，至十四日止，共长水至四五尺及六七尺不等。各处堤岸，高出水面，仅止一尺至二三尺不等，并竟有水与堤顶相并者。其余如祥符县之程家寨、郑州属之薛家寨、阳武县之金马张、仪封县之南北两岸堤工，尤为危险。臣随移咨副总河臣嵇曾筠，相机上紧料理。并委员四路周流巡查，督催抢护，复严饬管河道暨印河各官，无分风雨昼夜，率领兵夫住宿堤上。多备料物，设法捍御，协力修防。并檄饬管河道，前赶南北两岸堤工，逐细确查。于七月初七日，据管河道回称，虞邑待宾寺迤西一带工程，势亦危险，幸皆厢垫平稳。于七月初八日，又据郑州详报薛家寨工程危险。臣随即飞饬管河道，星诣该地方，督同厅、汛、印、河各官，作速竭力修防。甫据管河道回称，工程已保平稳。又于七月十三日，据南河同知刘永锡禀称，祥符之程家寨势甚危急。又严饬管河道，携带帑银，前赴工所，设法防护。臣正在缮折具奏间，不期七月十四日酉刻，据臣差巡南岸东首堤工之把总赵连回称，仪封县知县袁珂因北岸堤工危险，该县过河抢救。忽于本月十三日二更时分，狂风大雨，顷刻水长。南岸大寨地方大堤，陡被黄水漫溢，决口一十余丈。又于本月十五日辰刻，又据兰阳县报称，本月十三日酉刻，狂风骤雨，顷刻水长漫溢，北岸板桥后地方大堤缺口一十二丈。臣一面飞饬管河道并厅、汛各官，防护堤头，并多备料物埽个，立即抢救。臣随于本月十五日，亲诣漫溢处所，督率各员，相机抢救。并查明缺口丈尺，以及进水远近，民间田庐，再另折具奏，并会同河臣缮疏题参。”

雍正三年七月，河南巡抚田文镜奏称：“窃查仪封、兰阳二县南北两岸堤工，均于七月十三日，因大风骤雨，顷刻水长，各将堤岸漫开一十余丈。业经臣于本月十五日，缮折奏闻。臣随兼程前赴各漫溢处所，亲自勘查问，适据副河臣嵇曾筠亦先后赶到。臣随会同嵇曾筠逐一确查，所有仪封县南岸，漫缺大堤，离黄河十有余里。先因大堤之外，民堤被水漫溢，次将大堤漫开，实止一十余丈。而堤内积有雨水，内外相平，其势甚缓，并未掣动大溜。至黄水与清水合流，离缺口沿堤往东二十余里，至仪邑之石家楼地方而止。往南一十余里，即仪封县城城外，有护城堤以止水。且东南地势均高于北，绕堤至城南半里而水竭。约计水深止二三尺不等，并未损伤人民。至堤外黄水，业已归槽，滩皆涸出。堤内积水，值今天时晴霁，其涸亦自可以立待。又查兰阳县北岸大堤，离黄河十里，堤外旧月堤，漫缺二口，将未估加帮大堤，漫开一十余丈。亦因堤内积有雨水，其势甚缓。清水与黄水，顺堤往东合流，约长二十余里。至兰邑所属之傅家寨，而水竭散漫，往北约宽八里，至洮滨河而水止。初时水深二三尺不等，现今地土尽皆涸出，并未掣动大溜，口门业已淤塞。且喜黄河水势，于本月十四日起，至十九日止，随即尽消，共落水七八尺不等，已尽归槽。兼之，连日天时晴霁，水更易消，工亦易趱。其兰、仪二邑修筑缺口工程，每处约费银三千余两。臣与副总河臣嵇曾筠面商，趁此水势稍落、汛水未长之时，先借动河库银两，分发厅印河员，协力上紧补筑，一律完固，务保无虞。约计旬日之内，俱可告竣。统俟工完之日，臣再另折奏闻。其用过银两，据仪封县知县袁珂、兰阳县知县佟国芬，情愿竭力赔补还项，断不敢使库帑久悬。至于堤岸漫溢防护各官，固难辞疏忽之咎。但臣查七月初四日起，连日大雨倾盆，以致黄、沁、伊、洛等水同时并长，较之去岁秋汛水，尚大二尺有余。且七月十三日，风大雨骤，工程在在危险，人力实系难施。仪封县北岸堤工，共有五处危险，知县袁珂、同管河同知张近光实在北岸抢护，一时不能兼顾，致有疏失。兰阳县缺口处所，原系未估加帮，大堤年久，不免残缺，其情皆有可原。今此项修补银两，又已据各该员情愿设法赔补。且缺口之处与民间田禾，所损无几，而水已尽涸，工程亦甚平易。副河臣与臣再三斟酌，查据二处堤工，实与抢险无异，似可无庸具本入告。”

雍正三年八月，河南巡抚田文镜奏称：“窃臣于雍正三年八月初四日，接准部咨，内开钦奉上谕：‘仪封、兰阳两处冲决堤工，可星速会同副总河嵇曾筠，督率各属河员，并力抢筑，务期永久坚固等因。钦此。’钦遵。臣伏查仪封县缺口，已于七月二十八日，将民堤合龙，经臣奏闻在案。今据南岸管河刘永锡禀称，仪邑大堤已于八月十一日合龙，现在加高厢垫，指日可以全完。其兰阳县板厂后缺口，先据副河臣嵇曾筠正在下埽兴筑，适河臣齐苏勒到工，谕令河员抢筑铁心堤，费省工速，已于八月十二日合龙，现在加高厢厚，指日可以完竣。”

雍正三年十月，副总河兵部左侍郎嵇曾筠奏称：“窃查豫省堤工，年久废弛，蒙颁发帑金，大加修治，一切明险之工，俱已加帮高宽，足资捍御。惟外有民堤、月堤之处，当时原估之员从慎重钱粮起见，既有重门可恃，暂缓加帮，俱未入估。即间有估修者，亦不过每丈加土两三方，略补残缺。但民堤筑自民间，卑矮虚松，非若大堤之高宽坚实。而月堤亦多年不修，单薄颓圮，均难足恃。查豫省堤工，每因民堤成患，如本年仪封县之大寨、兰阳县之板厂，皆民堤先溃，致漫大堤。即前年中牟县之杨桥、十里店，亦俱因民堤漫开。可见暗险之工，因有恃而失所恃，前车可鉴，急应为未雨绸缪之计也。又查加帮大堤，原估之时，工程绵远，俱未测量地势之高下，而概行估计，是以每有间段高低未能一律。今秋水涨，其地本高者，堤亦高，水不能漫。至低处，水平堤顶，危险非常。随于堤上，加筑小堰，暂为抵御，亦非长久之道。此皆实在情形，臣往来巡视，目击心儆者也。谨委谙练河员，逐细算估。臣再行覆勘明确，与河、抚二臣会核，题请兴修，以期永远无虞。”

雍正四年三月，修筑郑州等处堤工，三千五百二十二丈；祥符等处南岸堤工，二万二千四百六十七丈；考城等处堤工，五千九十四丈；武陟县堤工，二千四百五十三丈；原武等处堤工，五千八十一丈。又修祥符县北岸堤工，一万三千三百二十六丈。

雍正四年十一月，副总河、兵部左侍郎嵇曾筠奏称："本月臣谨具折恭进《黄沁安澜图》，臣赍折家人回。奉旨：'令于所指之处，或应开挑引河一道，若别处有形势类此者，俱应相机开河。钦此。'臣当即率领河员，乘船相度。伏查黄河形势，东西畅流则势顺而安，南北斜冲则势横而激。今河身上自广武山而下，引河深通，尚能东行于两岸之中。而祥符以下，河势多曲，每遇埽湾转溜，即成南北斜冲，两岸险工均坐此病。如南岸考城之司家道口等处，北岸仪封之三家庄，其最著者也。细阅河身，自仪封北岸之赵家寨迤西，湾环起势，直走正南。至考城之缕水堤，迤北环向正东，扫逼句家寨，淘作兜湾。每至水长之时，下行不畅，则横流旁注，汕成支河，分道两侵，此考城司家道口一带受病之源也。又自句家寨斜趋西北，折行东北，经豫省之三家庄、东省之芝麻庄等处，绕道而南，至王家楼迤下，方斜流东注，此北岸两省险工受病之源也。今若将南北两湾，从中挑断，引水直流，则改南北之形而成东西之势，两岸工程，诚有裨益。但从来开挑引河，必须河头有吸川之形，河尾有建瓴之势，方可期其必成。至于上下接挑，尤必上段之河尾与下段之河头，吐纳相应，呼吸相通，方能一气贯注。今查仪、考两邑之河滩，皆系平沙漫衍，并无西高东下之势。而两层首尾，亦不能直接顺通。且河头接溜之处，去北岸较远，而离南堤较近。恐北岸之险虽去而南岸之险复增，似难必其万全。臣两年以来，因仪、考堤工告险，往来救护，舟楫频经。再三相度，缘未获因势利导之机宜，未敢冒昧陈请。今惟有督率各员，加紧保守，以防明岁汛水。倘河形迁改，机遇可乘，即当随时具奏开挑，断不敢因循贻误也。至于此外工程，则有祥符县南岸之陈家寨、兰阳县南岸之四水口险工，似应疏浚，而形势亦未敢轻议。臣谬膺河务，所昼夜萦心者，惟期事出万全，功在必成，固不敢因工大而畏难，亦不敢因急功而轻举。是以逐细查勘，再三斟酌。兹河身甫渐刷深，若改挑引河，旧时深处变为淤浅，新挖河槽未必骤深。臣愚以为不如尽力保守两岸堤工，详看全河形势，倘有动移，即当因利乘便，估计开挑，以慰圣怀。”

雍正五年十月，吏部右侍郎、河南副总河嵇曾筠奏称：“窃惟黄河之水，湍悍变迁，其性多曲。每遇埽湾转溜，非斜趋而北，即直注而南，以致两岸堤工，或当大河之顶冲，或被支河之汕刷。签桩下埽，多方救护，始获保固平稳。此南北两岸各工，致险之源也。上年十月内，臣恭进《黄沁安澜图》，仰蒙圣慈，就图指示，就湾处挑直堤工，即可化险为平。谕臣查勘具奏。臣遵即来往河滨，详细审视。因河头俱无吸川之形，河尾又无建瓴之势，是以不敢冒昧议开。倘河流稍有动移，或遇可乘之机，即当随时入告，不敢因循贻误。当经奏明在案。今查得仪封县北岸雷家寺一工，向因大河在南岸青龙冈迤下，由西南埽湾起势，直注西北，致将雷家寺上首之滩，刷开支河一道，沿堤走溜。经宋家营、徐家堂、曲家楼等处，直至三家庄出口五十余里，腾波涌浪，势同奔马。每遇汛水泛涨，上下抢护，救应不遑。该厅等曾将支河堵筑，土坝拦截，以保大堤。而水力甚大，殊难抵御。臣经营筹度，乘舟亲往查勘。现今青龙冈迤下水势，潆回纡折，将上湾淘作深兜，与下湾相对，止隔四百一十丈。上水河头已有吸川之形，下水河尾亦有建瓴之势，亟宜乘机因势，开挖引河，导水东行，则河身顺直，水不纡回。大河之流既畅，支河之势自缓，随筑坝拦截，可以经久捍御矣。引河既成，支河坝既筑，俾黄流全归正河，自当愈刷愈深。将来河滩渐次淤高，不特北岸雷家寺迤东五十余里之埽工，可以渐次减省，而涸出之滩地，亦得广为耕种，实于运道民生，大有裨益。今据道厅详估前来。臣复细加踏勘，核估该挑引河四百一十丈及堵筑支河土埽等工，共银七千余两。谨缮折绘图，先行奏闻。"

雍正六年二月，河道总督齐苏勒奏称："窃河南雷家寺一带，堵截支河，开挖引河一事，臣钦遵圣谕，于正月三十日，前至河南雷家寺工次，会同副总河臣嵇曾筠，沿堤逐加详勘。看得黄河大溜，于北岸雷家寺上首，刷成支河三道，沿堤走溜，直至三家庄埽坝顶冲之处，抵其大溜，始归正河。我皇上明烛万里，于河图之上，朱批谕旨'此支河虽在在险工，尚有敌三家庄顶冲之力。此支河断流，则此三家庄埽工当着实留心。钦此'。仰见洞悉河防，恐致顾此失彼之虞，深合以水敌水之道，臣等细加相度。河势情形，今此引河一开，支河一堵，则三家庄顶冲之势，自必增重。必须先于三家庄埽坝受冲之处，添筑迎水大坝一座，以抵全黄直冲之力，方为至当。再查山东曹县所属芝麻庄堤工，地居三家庄之下游，正对黄流之埽湾，水势甚属猛捍。应于旧坝上首，添筑挑水大坝一座，挑溜开行，以顺其势，庶上下俱保万全矣。除开挖引河，堵截支河，已经会题，动帑兴工外，其添筑之迎水坝，臣等现在指明坝基，令各该员动银备料，克期趋竣，以资巩固。"

雍正六年二月，吏部左侍郎、河南副总河嵇曾筠奏称："雍正六年正月二十七日，臣于山东曹县工次，时值河臣齐苏勒陛见回南，赴豫传奉圣谕‘河南雷家寺一带，堵截支河，开挖引河一事，尔于回南之时，前往彼处，再行详看。会同副总河嵇曾筠，细加商酌。钦此’。臣于正月三十日，同至雷家寺工次，细看河势情形，凛遵指示机宜，详加斟酌。应于仪封县三家庄，添筑迎水大坝一座，以抵全黄顶冲之力。臣一面飞饬趱运料物，将三家庄迎水坝，昼夜兴筑，下埽签桩，厢垫稳固。复亲至雷家寺，督催各员挑挖引河。已经挖有八分，指日可以告成。臣因桃汛届期，由山东黄河北起，一路沿堤查勘，直至河南武陟，即渡河查勘南岸堤工。往返巡历，目击沿河滩岸，竟有高出水面七八尺一丈不等，可见河身渐次刷深，足以仰副圣怀。”

雍正六年三月，兵部尚书、河南副总河嵇曾筠奏称：“窃照兰阳县北岸耿家寨地方，原系临河险要。臣前同河臣齐苏勒，相度形势，必得重门保障，方资筑固。因议将大堤及临河缕水堤并中间土堰一道，亦帮作越堤，共有三重，均酌量估计，于雍正二年、三年，陆续题请加帮在案。近因河势下移，南岸长出淤滩，黄流北注，渐成顶冲。本年二月间，节据该厅汛具报，埽工蛰陷，历经批饬，动料填厢抢护。嗣于二月二十八日，臣正在巡查南岸，据下北河同知张近光报称‘二十七日未时，河势陡涌，大溜冲刷堤根，走埽一个，连夜卷埽抢护。至二十八日卯时，塌卸堤顶一丈余’等情。臣随冒雨渡河，赴工查勘。见水势已缓，即住宿工次，相机修守如式，下埽签桩坚实，买土厢填，业经抢筑平稳讫。伏念桃汛水势，易长易消，尚然报险，急应未雨绸缪，以防伏、秋二汛。因查第三道大堤，久已加帮高厚，其第二道越堤，虽经加帮，顶宽二丈，底宽八丈，高一丈二尺，尚嫌卑薄。其临河第一道缕水堤，近因大溜直射堤根，深至二丈有余。臣再四筹度，现于堤南迎溜顶冲之处下搂崖埽。一路沉水埽；一路又预备料物，相机下鱼鳞埽；一路再查缕堤北面，有积水深潭，因昼夜赶筑里戗坝台，密钉拦土排桩；一路又于险工左右堤顶，尽行酌量加高，则头门已属稳固。次将第二道越堤，随地势加帮，高至一丈五六七尺，顶宽三丈，底宽十二丈，并估下等埽。一路则二门亦有捍卫，再于第三道大堤上，添贮料物，以备不时需用。多拨员弁兵夫防守，则二门亦有准备。再估从缕水堤北，直接大堤，东西建筑格堤二道，预为收束水势地步。则四面层层有备，虽至伏秋，可保万全矣。”

雍正六年五月，吏部尚书、河南副总河嵇曾筠奏称：“窃查仪封北岸河势，直注西北，刷成支河。沿堤走溜，腾波涌浪，势同奔马。经宋家营、徐家堂、曲家楼，直至三家庄，绵长数十里。每值汛水涨发，抢护不遑。臣曾会疏题请，于雷家寺地方，开挖引河，导水东行。荷蒙恩允，钦遵在案。臣于正二月间，即亲督厅、印、汛各员，挑挖如式。嗣缘桃汛水小，不敢轻于开放。至五月十二日，河水长有四尺五寸。臣随星夜前往，督同承挑各员，多雇人夫，将河头河尾一夜挑挖深通，于十三日清晨开放。时值西风忽起，水激风顺，涌溜东注。引河瞬息盈科，畅流无阻。臣又于二十三日，乘舟察勘。适当雷雨交作，西北风猛，住宿舟中。是夜水长四尺四寸，风顺水涌，大溜皆归引河。至次日查勘，河身汕刷宽有百丈，深有二丈四五丈不等。新河愈刷愈深，旧河水势顿落。雷家寺迤东一带埽工，将来可渐次减省，而水占滩地，亦可逐渐堌出，广为耕种，实于运道民生，均有裨益。计引河，长四百一十丈。”

雍正八年三月，吏部尚书、总督河南山东河道嵇曾筠，内阁学士、协理河工事务徐湛恩奏称：“窃查豫省黄河，全势既复故道，则旧时险要之处，必须先事堤防。兹有北岸封丘县荆隆口者，因南岸淤滩日渐增长，全黄大溜逼注北岸。该工坐当数十里之顶冲，埽湾汕刷，塌卸河崖，去堤仅五六十丈。虽现经多备料物，加帮戗堤，严饬道、厅、汛弁，相机上紧修防，务保无虞。但查该工，乃旧时决口。顺治九年，河决封丘大王庙口，由直隶长垣越东省运河，北注于海。兴工堵塞，需用夫役钱粮，累岁不下数十万计，方得成功。今荆隆口与大王庙、古黄池首尾交接，咫尺相连。内临积水深潭，形如釜底。北面虽有汰黄旧堤，卑矮残缺，难资捍御。外滩皆属浮沙，堤根之下，又系旧时朽桩腐埽。一遇黄水漫滩，未免气脉相通。若至伏秋汛长，水势奔撞腾击。纵有长桩大埽，卫护周密，难支经久。且埽工必须岁岁加修，需帑繁多。而大溜紧迫，上提下坐，呼吸变迁，终非万全之策。臣再四思维，必须于上游对岸开挖引河，分泄水势。则荆隆口一带险工，便可邀淤，渐成平陆，洵为一劳永逸之举。随率同道、厅等官，乘舟由上而下，细加审度。现今上游之黑堽口，刷成兜湾，天然自立，河头大有吸川之形。至柳园口，自高而卑，河尾喷泻，亦得建瓴之势。形势既成，急应迎溜开挑，俾水由两岸之中泓，畅流东注。南北堤工，俱堪保护平稳。从前武陟之仓头口、仪封之雷家寺等处，引河至今通畅，旧日河身业已化为沃壤。今若于荆隆口上游，开挑引河，便得化险为平。臣等查勘详确，随会商督臣田文镜，亦云引河该挑，须早兴工，当饬道、厅确估，工长三千三百五十丈，需用土方银二万七千九百二十两零。因系紧要工程，一面先动河银，选派干员，划地分工，檄委河北道朱藻催趱，乘时挑挖。臣等复严加督催，务期速竣。俟汛水长发，相机开放，以保荆隆口、古黄池一带要工。”

雍正八年五月，河东总督田文镜奏称："雍正八年五月初三日，臣准部咨，奉上谕：'南河总督印务，关系紧要，着尚书嵇曾筠前往署理。北河总督印务，着田文镜暂行兼管。'钦遵移咨到臣。除恭折奏谢天恩外，窃惟河务重大，臣既仰邀恩命，即当受印视事，以便嵇曾筠交代起身，前往新任。但查黄河北岸，封丘县所属荆隆口地方，素称险要。近因黄流从黑堽口迤下，自南而北三十余里，大溜顶冲，直注荆隆口，奔腾浩瀚，势如建瓴，冲塌河崖，离大堤仅五六十丈不等。经河臣嵇曾筠亲往勘度，查自黑堽口迤下，至柳园口陡岸，现有引河形势，急宜开挑，导水东注，可以永保无虞。河头河尾，计工长三千三百五十丈，于本年三月内，会同臣等题估。一面动拨河银，分委厅汛员弁，兴工趱挑。今河身业已挑挖告竣，惟俟汛水一至，即可开放，以庆底绩。臣查引河奏效，全在开放之一时。指授得宜，则乘机导注，享利无穷。若调度偶有未合，不但无益工程，而且运道民生胥受其累。臣于开挖引河，大概仅得之传述，实未亲身经历，不敢自信。河臣嵇曾筠于开放引河，则已数经其事，熟悉机宜，临时调度，悉出万全。今荆隆口引河，为垂成紧要之工，必得借其指示，开放收工，顷刻为久安筑固之计。况时已仲夏，汛水刻日可至。而嵇曾筠亦为开放引河，现驻工所，大工未竣，不能放心而去。是以臣与嵇曾筠面相商酌，俟其开放引河之后，再为交代，庶险要有可借之人，而工程无意外之虞。且此旬日之间，凡有河务重大事件，紧要工程，并得就近，臣与悉心筹酌，庶接手办理头绪亦清。臣因荆隆口为自来最险之地，而开放引河，实千万年底定之工，不敢不慎重其事。是以冒昧奏请，仰祈恩允俯准，俟河臣嵇曾筠开放引河后，再为接印视事。"

雍正八年五月，河东总督田文镜奏称："窃查荆隆口地方，挑挖引河，计工三千三百五十丈。地险工长，经臣奏明，俟开放引河后，河臣嵇曾筠再赴南工。正在祗候圣谕，兹于五月十六日，据河北道朱藻禀称'河头、河尾工程，已于本月十五日一律告竣。甫完畚锸，即于十五日戌刻，汛水陡涨二尺六寸，渐至三尺有余，与河头崖岸相平'。该道即差员飞赴荆隆口禀请，河臣嵇曾筠、协理河臣徐湛恩，齐至河头，督率厅、营各汛员，于十六日子时乘势开放。畅流奔注，顷刻深通。查河面原开宽十余丈，今已刷宽至二三十丈不等。原开深九尺一丈不等，今已刷深至二三十丈不等。迨至十六日辰刻，即有重载客船，从新河来往驾驶，莫不共颂神速等语。引河既经开放，臣候河臣嵇曾筠到省，便当接印，嵇曾筠便可驰赴南工。"

雍正八年六月十四日至十六日，大雨，河水陡涨。大溜顶冲祥符县南岸程家寨月堤，漂走四埽，堤工坍塌过半。总督田文镜率领各员夫役万人，昼夜加帮里戗一百零四丈。七月二十八日，工竣。

雍正九年六月，原任河东总督田文镜奏称："窃照祥符县南岸程家寨堤工，逼近省城，最关紧要。因于对面北岸，淤长大滩，直出河心，以致全河之势，逼射该工，甚为危险。必得于北岸兜湾之处，挑挖引河一道，引溜直行，则该工不致有顶冲之患。经臣于掌管总河印务时题估，奉旨俞允，发帑委员，预期兴挑在案。兹于雍正九年六月初八日，汛水骤长，大溜直注河头。随于初九日巳刻，乘机开放，风利溜急，全河归注。水势浩瀚，顷刻成河。连日大溜，奔注两岸，塌崖河头，现宽五十余丈，河身宽二十余丈，河尾宽四十余丈，俱深一丈六七尺至二丈余不等。往来重船，遄行无阻。所有旧日大河，逐渐淤出新滩。伏秋汛后，即可淤平。”

雍正十一年七月二十日，大风雨，河水涨溢，漫决陈留县七堡、九堡。总督王士俊、总河朱藻、副总河阿兰泰率领各员募夫堵筑。时数日内，河岸挂淤，大滩毕露，得以取土施功。因昼夜抢筑，于八月初八日十三日合龙断流。筑七堡月堤一百二十丈，大堤五十五丈。九堡月堤一百一十丈，大堤一百六十五丈。十月初一日，工竣。

雍正十三年，筑祥符县程家寨堤。

卷六　工程上之二

乾隆元年，官修孟县小金堤防风五十丈。小金堤，向系民修，此次奉旨动帑兴修。至十九年后，仍归民修，详见“经费门”。

乾隆四年，筑郑州黄冈庙月堤。

乾隆七年，筑中牟十二堡月堤。

乾隆九年，河势南徙，筑荥泽县月堤。东自胡家屯，西至李家庄，长三里。

乾隆十一年，筑郑州头堡月堤。

乾隆十六年六月，河决阳武。祥符朱水自十三堡口门，经太平镇，分为二道。自口门沿堤东流，分入延津、封丘二县之渠，复合于封丘之居厢渠。至铁炉庄分为二股，一股从太行之王家堤口入直隶界，一股由太行堤之大册口入直隶界，由此口入东明县之魏河，经山东濮州、范县、寿张，出张秋镇，梗运河入海。是年七月兴工，先筑月石堤、民堰，以遏其冲。次筑玉皇庙大坝，以塞其倒流。凡五阅月，费帑金数十万。十一月，合龙断流，水归正河。十七年正月十三，堡口门大堤筑成。又增筑缕堤、格堤等工，数百丈。

乾隆十八年四月，河东河道总督顾琮、河南巡抚蒋炳奏称：

“阳武五堡民埝并十二堡大堤，因雨沁、黄并涨，以致漫溢。现在抢筑断流，上游进水地方，亦赶紧拦河筑小坝。又五堡外，地势极洼，滩水汇聚，急应疏通去路。现于坝东开引渠，滩水至此，循民埝东去，漫入滩地，以分水势。”

乾隆十八年九月，河水骤涨，阳武汛漫开五堡三坝及格堤横坝，冲决十三堡大堤四十二丈，随经补筑完固。

乾隆十八年，筑郑州花园月堤。

乾隆二十年，筑中牟九堡月堤。

乾隆二十二年，筑中牟十堡月堤。

乾隆二十六年，秋汛，沁、黄并涨。北岸武陟、荥泽、阳武、祥符四汛，漫缺内外堤十五处。因南岸杨桥夺溜，大河干涸，次第修备完固。

乾隆二十六年七月十七至十九日，大风雨，河水陡涨，漫溢中牟县杨桥大堤，夺溜成河。命侍郎裘曰修驰往，查勘、抚恤并筹堵浚。

乾隆二十六年八月，谕：“昨据常钧奏，豫省祥符黑堽口等处，河水漫溢，已命裘曰修前往，会同办理。今据奏报，见在漫水渐就消退，地方城郭可以无虞。虽因奏稍慰，但河溜夺出杨桥，直趋尉氏县。贾鲁河旧流淤浅，斯于河防最关紧要。着大学士刘统勋，协办大学士、公兆惠星速驰驿，赴豫督率查办。旋经钦差大学士刘统勋，协办大学士、公兆惠，同河督张师载、巡抚胡宝瑔，率领各员，募夫堵筑。江南河督高晋亦奉命到工，并率领南工将弁，一体趋办。九月，开放引河，通畅。十一月初一日合龙，河流顺轨，筑大堤二百七十七丈。”

乾隆二十六年十月，奉上谕：“据裘曰修奏‘沁水堤埝民工，天师庙、寻村二处及各段大小缺口，皆为急不可缓之务。

现据该府县估需银四万两，士民吁请借领库项，亟为动工，分作十年清’等语。此等堤埝，虽系民修，现今被水之后，秋成未免歉薄。若借给库项，乘时修筑，事属可行。着传谕胡宝瑔，即照所奏，速为办理。钦此。”随经添筑天师庙斜堤一道，长二百三十七丈，挑水坝长十八丈。

乾隆二十七年，挑杨桥上游引河，八百一十二丈。筑祥符县时和驿、二堡、三堡、焦桥、五堡、湾庄、九堡、埽头、十九堡堤，兰阳县头堡、二堡堤。又黄沁、上北、下北三厅，因二十六年堤工漫溢，水势过大，高于堤埝。择其形势最要、出水极矮之处，于善后事宜案内，增筑缕堤一百一十二段。

乾隆二十九年十一月，上谕：“李宏等奏‘豫省耿家寨引渠告成’一折，该处埽工旧称险要，今开挖引渠，全河大溜，悉行归注。冲刷宽深，险工淤闭，甚属可嘉。”

乾隆四十三年七月，姚立德、郑大进奏：“河水骤涨，仪封汛漫水六处，考城汛漫水三处。其仪封之十六堡一处，逼近大河，掣溜湍急，刷宽七十余丈。”命尚书袁守侗，驰往河南，会同总河姚立德、巡抚郑大进查办漫工。又命两江总督高晋，赴河南堵筑漫口。又两江总督高晋奏：“时和驿漫口下注之水，历陈留、杞县、睢州、柘城，境内之横河、康家河、南沙河、老黄河，均归贾鲁新河，下达江南亳州之涡河。仪封漫口下注之水，一由考城之盘马寺沟入北沙河，至商丘县之邓滨口，由归德府之陈两沙河汇入涡河。一由宁陵县之马三河，亦会归德之陈两沙河入涡。”

乾隆四十三年十二月，谕：“高晋等奏‘堵筑仪封漫口情形’一折，拟将引河挑深，宜即妥速为之。此次引河，不能得力，究系原挑过浅所致。据称见在口门，上水十丈，下水九丈，拟将口门收至二三丈，时尽力多压厚土，俟引河挑深，开放掣溜，再将坝工堵闭等语。自属正理，但口门收窄后，河底愈深，溜势愈急，施工自难期速效。昨时和驿合龙时，曾经指示兜袖之法。若宜合龙固佳，若复有变局，或照前说，将此处金门东坝之埽，酌展向南，西坝之埽酌展向北，使为兜袖之势，则急湍至此，或成回溜，合龙自应较易而速。因于图内用朱笔标识，高晋宜急熟筹，妥协办理，不必拘于遵旨也。再阅图内，见挑引河之处，距漫口太近，且不得势。今就图观之，引河本当向北施工，因于图内用朱笔标示。若伊等初时即就此处，挑挖引河，虽工大费多，而事或可早蒇。乃专就地近工小起见，所费虽觉少省，今复经淤垫重挑，且屡开屡塞，前工尽成虚掷，恐其费更不止于朱笔所指处兴工之多矣。合龙必须于惊蛰前办竣，方为妥善。”

乾隆四十四年正月，高晋卒，命大学士、公阿桂赴河南查勘河工善后事宜。

乾隆四十四年四月，谕：“阿桂等覆奏‘现在筹办河工及将来查勘应办各工情形’一折。前因阿桂等，原奏四月初可望合龙，是以谕询阿桂，或于合龙后，将善后事宜，择其要者办定章程。阿桂即先行回京，令袁守侗在彼仿照妥办，乃就前此垂成之局而言。今北坝复冲坝二十丈有余，见在筹挑挖引溜沟及设法进埽。此时应办之事，关系重大，阿桂自当在彼督办，冀速蒇工。至新挑引河，务须极宽极深，方可期掣动大溜。不得存惜费之见，当以从前之浅窄，后致不能得力为戒。坝工进埽，照图内朱笔标识，自新作坝台，起斜向西北进埽，俾挑大溜由东北趋注引河，庶开放掣溜，更为顺利。至进埽合龙，亦照朱笔横识处施工，仍不离前此所指兜袖之法，自当有益。阿桂等务即悉心妥筹，一面办理，一面覆奏。其见拟另挑之引河，通计不过三百丈，易于趱办。阿桂等务须董饬承办各员弁，攒集人夫，上紧赶办，以期速竣。其坝工进埽，必须较前宽厚，逐步培压坚实，方可有济。总之，此次办理堵筑事宜，引河必比旧宽深，进埽必加意坚固，以期速收实效。见今河流平缓，上紧趱办，自可速期蒇事。本年节候虽早，然初伏亦在六月初八日。伏汛距今尚有两月，此时上紧趱办，断无至伏汛时，尚未能蒇工之理。着阿桂等详悉核计，若果如法施工，诸事应手，约计何时可以合龙，先行核奏。再仪封工次，四月初七日，东北风暴，以致塌动坝工。是日京师下午，亦有东北风，可见百里不同风之说，亦不尽确。前日下午，此间西南风甚大，豫省谅亦相同。或将大溜逼向引河，可期畅注。该处情形，实在如何，并着阿桂等据实复奏。朕于豫省河工一事，昼夜焦劳，思古有沉壁理河之事，因择白玉壁一件，并撰拟祭文一道，由驿发往。着阿桂等于接奉后，即诣见作坝工河岸，诚致祭，或可冀河神佑助，速得蒇工。”又谕：“上年仪封漫口，屡筑屡冲，推原其故，皆由豫省河身宽广，漫滩之水冲有沟槽，姚立德未能预计堵塞，以致水涨时，穿近堤根。且河形近年渐已趋逼南岸，姚立德并不早为筹画妥办，因循贻误。所以在在冲决，此皆姚立德经理不善所致。且堵筑仪封漫口，屡有蛰塌。日久未能竣事，物料狼藉，帑项虚縻，更难辞咎。姚立德，本系革职留任之员，即着革任，仍留工次效力赎罪。”

乾隆四十四年十一月，谕：“前据阿桂等奏，顺黄坝工口门未施工者，止有七丈余。见在上紧赶厢，计日可相机堵合。连日盼望甚切，兹据阿桂等奏‘自下大埽后，口门止余四丈有零，正在督令趁势抢压，冀可合龙。乃十一日早，水势猛汹异常，陡将南坝蛰塌二十余丈，怀惭无地，询之徐建功等。再上，又无可移办之处，惟有上紧接做软厢。虽有埽底，仍属无碍。计工段，亦不至过迟’等语。览之，深为焦急。然亦实无别法，已于折内批示矣。因思向来冲蛰，俱系北坝。此次则系南坝，其坝身尚非顶溜，不至与水急争。今补厢补筑，似较北坝施工稍易。或可期迅速葳事，亦惟有全力赴之。一切皆臻妥善，以待天佑神助耳。至阿桂等另折，恳请议罪、议罚之处，俱可不必。伊等在工，俱实心任事，百计经营，似此次之工亏一篑，信非人力所能施，意计所能及，并非怠玩误工。不但阿桂不必引为己咎，即袁守侗、陈辉祖，有河工地方之责者，亦不必各请归罪。仍将见办坝工、引河情形若何及合龙约在何时，迅速覆奏。”

乾隆四十五年二月，谕：“据大学士、公阿桂等奏报，‘自本月初六日，开放引河后，日渐畅达。又连值顺风，全河溜势掣动八分。因于十一日趁机堵合，未逾数刻，金门立见断流，大溜全入新河。其有腰漏挂帘之处，率同带往司员冯应榴、舒濂，并司道知府等，分头督催，竭数昼夜之力，金门一带俱已闭气。从前水深至十一丈者，均已停淤，止剩四丈余。所有腰漏等处，亦已填压坚实，从此黄流顺轨，永庆安澜’等语。昨据萨载奏，徐城志桩长水一丈一尺余，云梯关长水四尺九寸，流势湍急，全黄已复故道，直达归海。此次仪封决口，办理几阅两载，特命重臣，前往经理。近复将引河大展宽深，接作挑水坝，逼溜北趋，始将溜归正道。天佑神助，幸得成全。至前此遣德成前往豫工阅看，原以其略知工程作法，而其回京覆奏，乃欲仍于十六堡漫口筑坝，逼归入旧引河。彼时以德成甫经到工数日，即议更张，乃欲于屡经决口处，施工厢坝，执缪不通。

因阿桂等素轻[1]其人，不加礼貌，遂尔意存偏执甚。至奏对朕前，尚复哓哓渎辨，思用小聪明，故翻成案。且引袁守侗为证，而袁守侗至京，与彼而议，原不以彼为是也。朕岂肯因德成一人偏见，遽尔轻听，致阿桂等掣肘难办。因令军机大臣存记，俟阿桂引河挑成，再降谕旨。今阿桂等引河放溜，金门合龙已成。若尔时轻信德成，遽议更张，岂不贻误大事。德成，着交部严加议处。”

乾隆四十六年七月，谕：“据富勒浑奏报‘万锦滩于初二、三日，长水一丈八尺，黑堽于初四、五日前后，长水一丈二尺五寸。八堡迤东焦桥一带，漫水过堤，赶护不及，以致大堤被刷三十余丈。初六日午后，水落四丈有余，滩面露出，始见圈堤与八堡大坝。见饬属赶作裹头，保护大堤。自请交部，严加议处’等语。又据韩鑅奏到漫溢情形，‘将道厅、营汛、疏防各员，查明题参，并自请严加治罪’等语。此次河水漫溢，虽属汹涌，但大溜仍走中路，圈堤、大坝已露出滩面。韩鑅、富勒浑闻信后，即亲赴该处，督率抢护，办理尚属无过。所请严加讲处及治罪之处，尚可宽免。惟见届秋汛，务须加意防护，赶紧办理，以期工程巩固。”

乾隆四十六年七月，谕：“据韩鑅等奏‘祥符南岸漫溢之处，水已断流。见饬员弁，赶紧补筑’一折。又据奏‘仪封北岸曲家楼堤工，于初五日亥刻，水高于堤一二尺，抢护不及，刷坍堤工二十余丈，并未掣溜。见在上紧裹头，以免刷宽，并亲赴北岸确查’等语。此次北岸水势，既据查看，已见消落，大溜仍走河心。酌量情形，大概与南岸焦桥漫溢相同。着韩鑅等速行督饬厅营员弁，上紧赶筑，以期迅速集事。并将见在饬

[1] 素轻　原作“轻素”，据民国19年重印本改。

勘水势，曾否已经断流，迅速据实具奏。所有北岸漫工，请交部治罪之处，着加恩宽免。”

乾隆四十六年七月，命大学士、公阿桂查阅河南河工。

乾隆四十七年四月，大学士、公阿桂奏称：“臣伏查治河书内，原称堤工漫溢一次，则河身定有数处受病，此必然之势。豫省自乾隆四十三年以来，祥符八堡，仪封十六堡、张家油房、曲家楼等处，屡次漫溢。滩面淤高，较之堤顶仅低数尺。是以于旧河身内，挑挖引河，深至一丈五六尺，尚不能与河面相平。向来堵筑漫口十余丈时，未有不开放引河者。而此次口门，收窄至七八丈，方能蓄水三四尺，与引河相平，可望进水。总由漫口日益刷深，而河底日渐淤高。万丈之引河，挑至一丈数尺，断不能再加挑挖。至开放时，坝工业已着重。诚如圣谕，此次所开引河，虽大溜两经全入引河，终不能得手。而滩地既已一例淤高，实无可以别行度筹。再开引河之处，且至曲家楼一带。经上年暴涨之后，冲成沟槽坑坎，纵横无数，败坏决裂之状，屡见叠出。是此二百余里内，受病已深。即使堵筑合龙，亦不过目前急则治标之计。竭力补偏救弊，终不能保一二年无虞。今既不可就败坏之局，敷衍于目前。即遇伏秋大汛，亦无善地可以改建坝工。臣等前于屡次蛰失、改筑坝工之时，即曾先事预筹，设法变通。遴委谙习员弁，于南北两岸往来查勘，相度善地，以为改弦更张之计。初拟就漫水所注，加筑北堤，使大河即由潘家屯归入黄河正道。但计算堤工，共长六百余里，劳费甚大。且漫水自出大堤后，趋向东北，不能顺堤而行。且自微山湖以下，湖河一片，难以施工。惟南堤外，尚有可更改迁移之形势。顺治九年，河决封丘北岸，兴工堵塞，旋筑旋溃，迄无成功。彼时河臣因于上游时和驿一带，多开引渠数道，引溜南趋，以分其势，方克蒇工。目今南岸近地，既无可筹办。因于迤上堤内民田，复加履勘，再四测量地势。惟得青龙冈迤上南岸堤内，自兰阳三堡起，向东地势就下，较之堤内大河面低至三四尺不等。若较之北河唇滩面，低至一丈五六尺至二丈不等。自此至考城、商丘，共一百七十余里，大率相同。即间有稍高处所，亦不甚悬殊。现拟于南堤相距千丈外，连筑大堤一道。且前次南岸漫水所过，本有沿堤旧河形，再间段挑深数尺，引渠一道，实有就下之势。查此两项工程，计长一百六十余里，工大费繁，非四五月之久，不能竣事。俟渠已挑成，堤已筑数丈后，即于兰阳三堡老堤，挖宽缺口，导水由引渠下注，从商丘七堡出堤，归入正河。大溜势必全掣东向，下归故道入海。其曲家楼漫口，自可堵闭。并将圈堤两头，接筑北堤，易于防守，亦可免防北岸无数险工。其原有旧南堤，任其冲刷。若大溜串入旧南堤，畔顺堤河，合流而下，尤为宽广。而距新堤甚远，既有余地，水势荡漾，游波宽缓，足资容纳。夫然后水由地中行，势必深通畅远。避去仪、考一带受病地方，是此事一成，可望数年无患。较之筑坝堵塞、仅补救于一时者不同。熟商妥议，舍此别无良法。至堤内民田庐舍，原不能无碍，且考城一县，亦须迁移，臣等亦未尝不筹思及此。查考城自四十三年以后，屡被漫水淹浸，城郭塌隳，官民俱在堤上居住，本有不得不移之势。至堤内居民屡被灾祲，各移高阜居住。其傍堤庐舍，甚为寥寥。即有民田，亦可将旧河身滩地，拨给更换。或情愿于新堤外居住者，即将其地照河滩减则，不使稍有扰累失所。并先期出示谕，以一劳永逸，以期长远安全之意，小民自必乐从。又有虑及江南河身，高仰水势，不能畅注者。查自清口归海之路，自黄流漫溢，止有淮水下注，久已冲刷深通。

而徐州以下，则开放潘家屯后，湖水刷河，亦可无虞阻滞。惟萧、砀、铜山迤西，或间有淤高处所。臣李奉翰拟即逐段察看，测量挑挖，务令一律疏浚深通，俾黄水归入故道时，顺流迅驶，以期一劳永逸。至估计土方，应用银数若干，及如何派员分段承办，并量地势上下之别，以酌建筑之高卑，定挑挖之深浅，臣逐细履勘，缕晰条分，续行具奏。再，河臣韩鑅现奉谕旨，令其驰回工次。现系改办之事，关系甚大，俟伊到日，再令详悉履勘，各抒所见，自行陈奏。大学士三宝等议覆，应如所奏行。又大学士嵇璜奏，南岸兰阳三堡，建堤开渠，通盘筹画，实于事势恰当。惟是大汛将届，将来伏秋盛涨之时，上游险工颇多。设其时大溜南趋，或归中泓，情形又有变更，则青龙涧漫口堵筑，尤可不费人力。况值大雨时行之际，筑堤挑河，均不能不稍稽时日。或俟秋汛水退时，再行开工，似无赶办不及之处。”

乾隆四十七年四月，谕：“昨据阿桂等奏‘南岸筑堤改渠’一折，批交大学士、九卿议奏。今日复召见大学士、尚书与军机大臣等，面降谕旨，询问见办河工。除筑堤改渠之外，是否别有长策？佥称青龙冈坝工，屡筑未就，自应于南岸改办。即目前形势而论，不得不如阿桂所奏办理。又据嵇璜奏请‘俟白露过后，秋汛水退时，再行施工’等语。河工，乃国家大事，关系民生，不独朕日夜焦劳，凡在廷大臣均应尽心筹虑，以期有裨国是。嵇璜此奏，亦有所见，其是否可以待至八月后施工，不致赶办不及之处，着传谕阿桂等再行通盘熟筹，据实具奏。至青龙冈坝工，见在既不能堵合，其所存口门三十余丈，务须保护完固，不得续有塌失，方为妥善。总之，此事朕毫无成见，惟期于民生实有裨益。阿桂等昨所奏‘兰阳三堡建堤改河’，即系朕前旨所指之‘迤南一带，另筹去路’。惟前旨系通论大势，未尝身亲履勘目击情形。今览所奏图说，阿桂等既经亲勘，筹酌得宜，饬下廷议，众谋佥同，自应照所奏办理。至嵇璜所称，缓至秋间开工之处，亦为斟酌事势、慎重要工起见。阿桂等身亲其事，见闻真确，果否可行，候阿桂等奏到，再降谕旨。所有大学士、九卿奏折，同此旨，由六百里发往，传谕知之。”

乾隆四十七年七月，谕：“据李奉翰等奏‘直隶、山东、江南各省附近豫工，各属代雇民夫，派员带领来工，指与工段，即令该省委员驻工，督率人夫兴挑等因’一折。‘此项协济人夫，直隶、山东等省，其签派押解小民，不尽踊跃乐从。’朕从前早经见及，屡次传谕甚明。而此次李奉翰、韩鑅等折内，但知借资邻省，并未通盘筹画。以朕观之，其中实有碍难办理情形，以致哓哓不已，转若有互相推诿之意，已于折内详晰批示矣。李奉翰等应遵照节次谕旨，务尽本省人夫召募雇用。盖开挑引河，原因堵筑漫口，为民田庐舍奠安之计，乃驱率隔省不乐从之人夫，押解赴工，是欲利民而转以病民，甚非朕轸恤穷黎、廑念要工之意。再代雇之夫，无论裹粮远出，不愿前往者居多。即所奏直省派委官员，令押带民夫，赴工分段承办，一切呼应不灵，动多掣肘。隔省差员，岂能如本省属员之畏上司。即李奉翰、韩鑅等，管理直隶委员，亦不能如本省属员如臂指之相使也。看来李奉翰、韩鑅、富勒浑等，于此事工大任重，竟至畏难，茫无主见矣。且河南之工，富勒浑自当身任其事。今贫民无地可耕者甚多，岂一省之中不能得数十万夫，而必借资邻省乎？昨令阿桂起程赴工，或顺道由山东运河一带，查勘河湖形势。本日据韩鑅等奏到纤道及粮艘北上情形，俱属安稳。看此光景，阿桂不必由东省查勘，应即由京径赴豫工，督办一切。至直省见在雇备夫五千名，着传谕郑大进。如此项人夫尚未起身，即可停止。如已起身前往，恐前派之员不足以资弹压。即派清河道永保，并带同干练丞倅等官，管领夫役，前往帮办，一切或尚得力。总之，引河工程，其创挖沟槽及堤工基址，大局已定。即眼前人夫，不能十分齐集，就本处雇觅，尽属从容，亦无庸借资邻省。况前已降旨，将开放之期，宽限至霜降。节边见在伏汛已过，秋汛将临。设霜降时候，所有开挖工程，尚不能一律完竣。即缓至冬间，甚或迟至明春桃汛以前开放，一举集事，亦无不可。此等机宜，阿桂到彼，会同李泰翰等，悉心筹酌，妥为办理。”

乾隆四十八年三月，谕：“据大学士、公阿桂等奏报‘自本月初一日，开放新河后，奔腾掣溜，全黄已复故道，直达归海。十三日辰刻，挂缆堵合。十四日辰刻，金门一带俱已断流。从此黄流顺轨，永庆安澜’等语。此次曲家楼漫口，为民生运道攸关，特命大学士、公阿桂前往经理筹办，几阅两载。因谕阿桂等，于迤南一带，另筹去路。经阿桂等公同酌于兰阳十[1]二堡至商丘七堡，共一百七十里，另筑新堤，疏挑引东。阿桂等原议本拟霜降以前完工开放，而堤渠并举，需用人夫较多。该地方督抚等，屡请邻省助夫，非便。屡经降旨训谕，并令展缓至春间桃汛，开放引河，俾豫省夫役，可以从容挑筑，停止他省拨派之烦。阿桂等遵照办理，定期开放，大溜全掣，坝工堵合稳固，此皆仰邀天佑神助，幸得蒇工。”

乾隆四十八年，钦差、大学士、公阿桂奏“筹改河善后事宜疏”曰：“伏思东水南行，莫重于坝工。此次兰阳十二堡，新做大坝，自合龙后，仍昼夜追压，高出水面二丈五尺。坝前之

[1] 十　原作“一”，据内文改。

水，原深三丈九尺，逐渐停淤，目下仅存数尺，是金门一带，业已垫高。而大坝后，又添筑净土二坝，实无可虞。至河头、河尾，为入水出水之处，最关重要。臣等前议善后各工时，拟将十二堡滩地、新开七百余丈之河头，上唇西岸上截，下唇东岸下截，各斜挑展宽二十丈者。原欲使黄流入旧南岸后，畅顺东注，可免冲逼新堤。其商丘七堡河尾旧堤，先已遵旨，展宽至百余丈。现亦扫再破堤一百丈，并于下唇挑川字沟二道，共宽五十丈，俾水长时，启放冲刷汇通，共有二百数十丈。尾间流行既畅，大溜必向东北，归入正河。其南漾者，不过平漫之水，亦可不致壅遏为害。至新河，系从平地开挖，两岸崖头不高，漫涨自所难免。且引河从来取直，而黄流性必坐湾。自上月初一日放河以来，新河塌宽，已间段露有湾形。其地势少洼者，亦有漫水漾至堤根之处。臣等悉心体察，新堤内外地形，本无甚低昂，漫水虽至南堤，而新河已刷深自一丈至一丈数尺不等。此外，地势更无低于河身者。是以大溜总由新河身内，奔腾东注，断可不至分掣。但新建堤工，虽饬令如法夯筑，而土性一时究未能融洽，亦应加意防护。原定新堤，底宽十七丈余，顶宽七丈余，高一丈四尺，较之两岸旧堤，已加高厚。本年，抚臣李世杰又于堤顶之上，加筑四尺子堰一道。臣等起程时，并商定将子堰帮筑，与堤顶一律宽厚。其土性稍松处所，亦于堤后帮护里戗，务令益归巩固。且现在河已归槽，水退沙停。再经伏汛黄水，荡漾一两次，沟槽既可填平，崖头亦渐次淤高，则形势更可大定。臣等复因漫水之浅深，以测地形之高下。其浅者，傍堤酌扎埽枕。深者，厢做防风，以防大汛。时风浪汕刷，伤及堤根。其河形坐湾之处，若坐近新堤，是诚如圣谕，恐至顶冲受险。臣等勘估河头时，若从滩地取直挑挖，原不过三百余丈，但究恐黄水尚有向南之势。现复将上启下唇，斜势开宽，亦期大汛。时河水不至向南大坐兜湾，新堤免受顶冲。此时溜势，总傍旧南堤东趋。河身距新堤至近者，亦有四五里。惟河湾尚未坐定，应俟大汛届临，察看形势，如何向南坐湾。离新堤相近，或筑坝挑溜北趋，或下埽护住。是以于'佥议善后'折内，留备料三千万斤，即系大汛防护之计。"

乾隆四十九年八月，睢州河溢，命大学士、公阿桂督治之，会同两江总督萨载，南、北总河李奉翰、兰第锡，巡抚何裕城，会勘详笺筑塞。

乾隆四十九年八月，议："据兰第锡等覆奏'筹办漫口情形'一折内称'正河去路，并未淤塞堵筑，似易为力'等语。正河幸未淤塞，但仍宜慎重办理，以期妥速集事，不可为满足之言。至朕前因豫省堤防而外，无可分泄之路，堤工往往易救溃决。是以降旨，令于贾鲁河、睢河等处，详细履勘。是否可以于倒勾引河处所，酌建减水坝，以分水势。今兰第锡等折内，未据复奏及此。想此事关系重大，伊二人未敢遽定。阿桂接奉前旨，自已迅速赴豫。李奉翰，俟南河分泄事宜，筹办停妥，亦必即起程前往。阿桂等一到，自当会同相度熟商。但思河南土性浮松，若建立坝座，不能坚固，是欲减水而转致掣溜，所关匪细。着传谕阿桂等，务宜详细履勘。选择土性坚实、并非顶冲处所，酌量修建。如贾鲁河一带，并无胶泥，或择其土性稍坚之处，酌建石工一段。即于石工之中，建坝数座，以便相机启放，自更足资巩固。河工关系民生，苟有裨益，虽费帑金一二千万，亦非所靳。况修建石工数百丈，所费亦不至一二百万，又何所靳而不为耶？但此事究出于朕不得已之创见，实不肯自以为是。着传谕阿桂等，公同悉心妥商。如建立石工有益，即当奏明办理，但须十分坚固为要。如该省地势，实有难于建筑石工减水坝之处，亦当据实具奏，不可稍存迁就也。”

是月，钦差、大学士、公阿桂等奏：“查豫省黄河，上自荥泽，下至虞城，计程五百余里，堤长共九万四千三百丈，向无分泄之路，似属前人办理未周。然建坝必须胶泥，引河尤须倒勾，庶不至掣动溜势。如南河之毛城铺、苏家山、天然、峰山等闸，或借山脚基址建设，或土性坚凝，外滩宽广，临黄有倒勾引渠，距堤甚远，可以分泄。即王营减坝，距河虽近，而内有盐河，横亘其中，过坝之水，泄入盐河，以水御水，是以无掣溜之处。今臣等勘得，豫省堤工，荥泽、郑州境内，土性尚坚。该处距广武山甚近，堤头至山脚，一千四百余丈。其无堤之处，遇黄河水势长至一丈以外，即由山脚漫滩，归入贾鲁河，下注。是此一带，本无庸再设减水石坝。其自郑州以下，中牟、祥符、兰阳境内，沙土夹杂。兰阳以下，仪封、考城、睢州、宁陵、商丘等处，因历次漫口，沙多土少，并有纯沙之处。大堤之上，建筑减水石坝，既恐不能坚固。测量外滩，距堤远者，不过数段，近则止数十丈。外滩高于堤南平地，七八尺至丈余不等。见今河势，日渐南趋，外滩时长时塌，形势不一。开挑倒勾引河，亦无作准之处。其南堤泄水，除滩水河久经淤塞，惟贾鲁河一道，系泄水要路。该河发源于荥泽县之大周山，由郑州、中牟、祥符、尉氏、扶沟、西华等州县，至周家口入沙河。自沙河，经商水入江南太和县境。至正阳关，淮河归洪泽湖。其入惠济河一道，即贾鲁河之分支。该河历中牟、祥符、陈留、杞县、睢州、柘城、鹿邑，入江南亳州境内涡河，下达淮河，亦归洪泽湖。此二河离黄河大堤，自十三四里至四五十里不等，绵长数百里至千余里不等。现俱窄狭，间有淤垫。如须减黄，必应大加挑浚，两岸亦应筑堰拦御。第各河原为分泄各州县坡水，一经筑堰，则坡水无路分泄，必须于河之两旁，酌建闸座，增挑汊港，以资启闭而泄坡水。查临黄堤工，臣等逐段看视，土性浮松，实难建立石坝，外滩亦无可挑倒勾引河之处。若就外滩宽广堤工，稍坚之处添建，既恐盛涨时，引水不畅，未足以资分泄，徒然有名无实。若于大汛，分泄得力处建设，恐坝基不固，易致倾圮。再四商筹，若仅就目前挑浚下游引河，趱堵漫口合龙，即为了事，尚不放心。况臣等往来兰仪一带，察勘高家寨一工，即本年河势坐湾，由仪封旧城折转东南，冲出河道。该处河内庄基树根颇多，一时难以冲刷宽深，溜势至此奔腾湍激，是以高家寨甚为险要。本年伏秋汛内，经臣兰第锡等，绘图具奏，蒙朱批指示。彼时因水势弥漫，未能施工。今睢州漫口下段，应挑引河，见在加挑宽深。若再将上游仪封境内高家寨、河北官亭一带正河，遵奉前谕，重加挑深取直。引溜北注，则上下河道，可以畅行，新堤不至着重。但此际当大工兴举之时，势难同时并挑。且挑成后，亦须水势盛长时开放，方能夺溜北趋。臣等拟俟明春兴工挑浚，一俟汛水长发，即行启放，可望得力。”得旨：“止可如此补救而已。”

乾隆四十九年十一月，睢州漫工合龙。详见《祀典门·御制河神庙碑记》。

乾隆五十二年六月，睢州下汛十三堡河溢，命大学士、公阿桂驰往督办。十月合龙。

嘉庆三年九月，睢州上汛河溢。四年正月，漫口合龙。

嘉庆八年，谕：“嵇承志奏‘伏汛安澜工程稳固情形’一折。现在伏汛，虽过秋汛方临，该河督益当督饬属员，敬慎巡防，以期长臻巩固。再，前此曾经降旨，令河臣等于抢险各工，一面兴工，一面将段落尺寸若干，详细奏闻，以备查核。今该河督折内，叙述抢险之处。据称‘祥北魁星楼迤东一带，厢做新埽七段。其迤下之头坝、二坝等处抢厢新埽九段。又下北厅补厢新埽八段。兰仪厅补厢新埽七段’各等语。未将工段丈尺，详细报明。将来报销时，恐不肖属员，易滋弊混。着该河督即查明地方丈尺，先行具奏，交部存案，以便题销时，按款查核。此后，俱着随折开单具奏。”

嘉庆八年九月，衡家楼河溢，命刘权之、那彦实驰勘河工。九年三月，合龙。

嘉庆十四年，谕：“马慧裕、清安泰奏‘衡工大坝，河势北趋，日见塌滩，请盘护坝头，并估筑越埝挑坝，以资保障’一折。该处工段，因对岸及河心现在俱长新滩，逼溜北趋，若滩面日塌，一交大汛水长，不免直注坝前。自应豫为筹备，所有二坝南面，估筑越埝挑坝，均属应办之工。即着责成该道厅，赶紧兴筑，于大汛以前，一律完竣，务使工归实用。”

嘉庆十六年，奏准中河厅中牟下汛河势已成，南北兜湾，顶冲堤埽。于大堤后，自头堡起至六堡止，圈筑月堤一道，共一千五百丈，以作重门保障。

嘉庆十八年九月，李亨特奏：“沁、黄二河，水势异涨。南岸睢工下汛二堡无工处所，大堤坐蛰过水，现竭力抢办，自请治罪。谕：‘李亨特本系弃瑕录用之人。兹又有睢州下汛二堡漫口之事，可见其平日漫不经心，疏防贻误，怠玩已极，不能再为宽贷。着革职，留于工次效力。其河东河道总督员缺，着戴均元补授。’接奉此旨，即驰驿前往工次，接印任事。戴均元曾任江南总河，于南河工员内，有素知谙练堵筑者，一面奏闻，一面调拨差委至该工，督办紧要。见在广厚陛见来京，并着于途次，接奉此旨，亦即驰驿赴工，会同戴均元，督率妥办，迅就合龙。俟工竣后，广厚再来京陛见，回湖南巡抚之任。”

嘉庆二十年二月，睢州二堡漫口合龙。

嘉庆二十四年八月，兰阳、仪封北岸河溢，夺叶观潮职，命吴璥驰往，会同琦善堵筑。又命李鸿宾督办漫口工程。又黄沁厅属武陟汛河溢，命叶观潮抢筑赎罪。

嘉庆二十四年九月，谕：“吴璥等奏‘黄河北岸王家沟地方，溜势骤向北趋，刷通沁沟，汇注九堡、马营坝口门’一折。黄河南岸，兰仪漫口，尚未归注一处。今北岸王家沟地方，又复将河滘高崖刷塌。盖滩北注刷成沟槽，直通沁沟，汇注九堡、马营坝口门，已塌宽一百六七十丈，掣溜五分有余。前派叶观潮专办北岸武陟漫口。乃甫将沟槽五道堵合，王家沟又复刷通，实属办理不善。若不严行欲治，何以示儆？着吴璥等即传旨，将叶观潮先在北岸工次枷号。北岸工竣，再移至南岸工次枷号，俾通工人员，皆知儆畏。俟大工合龙，再发往伊犁效力赎罪。该革员误工縻帑，此时姑免籍没。着伊自矢天良，先竭力措交银两，以助工需。见在北岸漫口，虽已掣溜五分余，正河尚有三四分。着吴璥、李鸿宾，即在北岸上紧设法抢堵。能使北岸不成大工，则南岸漫口尚易于为力。吴璥等务勉力办理，不可稍懈。琦善此时先回南岸，集料鸠工，察看兰、仪二处漫工，现已归并何处。督办盘筑裹头各事宜，俟北岸工竣，吴璥等再赴南岸，会同办理可也。”

嘉庆二十四年十月，命戴均元、那彦宝驰往河南，查看河工。那彦宝留驻马营坝督理。

嘉庆二十四年十月，谕：“李鸿宾奏‘不胜河督重任，请另赐简放’一折。李鸿宾由京员出身，于河务本不谙习。但既自揣不胜河督之任，则于简放时，即当据实陈明。兹已视事两月，忽奏请辞职，显系因吴璥等办工迟缓，恐将来一同获咎，豫为诿谢地步。伊既不谙河工，即留任河督，亦属无益。李鸿宾着革去河东河道总督，给予郎中衔，留于河南，专司大工钱粮。”

嘉庆二十四年十月，谕：“叶观潮前因疏防漫口，革职枷号工次，已足示惩。现在李鸿宾降调，一时简用乏人。叶[1]观潮平日尚谙河务，加恩着即疏枷，补授河东河道总督，无庸给予顶戴。如能奋勉出力，速蒇大工，再酌量赏给降等顶戴。如不知愧奋，则发遣不足蔽辜，必当从重治罪。”

嘉庆二十四年十月，谕：“吴璥由驿递到奏折，朕以为必系开工日期。及披阅所奏，乃称现在立限趱挑引河，仍以料物未能应手为词，欲缓至出月，方始择吉进占，太觉疲玩矣。朕宵旰焦劳，无一日不以大工为念。即本月初六日庆节正辰，犹与军机大臣等筹议河工情形，期于桃汛前合龙。乃吴璥等历次奏报，总以购料为艰，迁延观望。夫兴工以购料为急，原在大吏认真督催。有延玩者，即当严参示惩。吴璥虽属年老，然以钦差驻工督催，不得诿之呼应不灵。琦善系本省巡抚，通省官员皆其所属，尤应上紧严催，迅速购运。乃亦任听所属延缓，毫无振作。伊前次疏防漫口，本应革职，朕特予宽贷，不加谴责，何竟不知感奋？吴璥、琦善，俱着先行拔去花翎，戴罪图功。如果知愧知奋，迅速蒇工，再当量予恩施。如再延玩，必当立予严谴，不稍宽贷。现在发给工需银两，几及千万，尽足敷大工之用，不准丝毫再行渎请。吴璥等接奉此旨，务令月内择吉兴工进占，趁此天气晴和，人力易于趱办。若延至出月，一遇冰雪，又将借口耽延。总之，桃汛以前，必须合龙。吴璥等择

[1] 叶　原作“业”，据民国19年重印本改。

定日期，先行具奏。以后进占情形，仍遵前旨，进占至一百丈，绘图具奏一次。二百丈，再绘图具奏一次。二百丈后，每得数十丈，即具奏一次，庶可按期计算合龙。吴璥等当奋勉督办，不可再涉因循，有负委任。”

嘉庆二十四年十一月，谕：“戴均元等奏‘驰抵武陟，查看坝工、引河及购运料物情形’一折。本年马营坝漫口，自夺溜以来，已一月有余。两坝运贮秸料，仅有一千余垛。是大工办理迟缓，竟由购料稽延所致。吴璥等因屡经降旨饬催，始奏于十月二十七日开工，现在所购料物不过十分之一。即使尽数动用，进占至五六十丈时，料物不能接济，势必停工以待，所关匪细。吴璥系钦差，驻工料物，乃巡抚专责。现在拨发帑项，已将及千万，陆续到工，无虞缺乏。朕于来往河南大臣官员，时常询问。佥称该省本年未经被水，地方秋成俱十分丰稔。是产料不为不多，虽距工较远，总当设法赶紧购运。历来兴办大工，原不尽在附近地方采办料物。豫省本系产料之区，尚谓转运艰难，岂邻省购运转能捷于本省耶？琦善本有疏防之咎，今督办料物又如此延缓。着先革去顶戴，暂留河南巡抚之任，戴罪图功。即饬所属于附近府州，广为购买，无分昼夜，转运赴工。如再有贻误，吴璥等即行严参，定将该抚革职治罪，不稍宽贷。吴璥等即督催挑挖引河，一面克期进占，务期明年桃汛以前合龙，全蒇大工，不可迟延。”

嘉庆二十四年十一月，命文孚驰勘马营坝引河，督催工料。

嘉庆二十五年三月，马营坝漫工合龙。

嘉庆二十五年三月，谕：“豫省南岸三堡，复刷成漫口，续塌至一百三十余丈。吴璥等于北岸合龙后，迟延十余日，并不赶赴南岸，迅速筹办，均难辞咎。吴璥着革去太子少保衔，以协办大学士、吏部尚书署理河东河道总督。那彦宝革去都统，降补内阁学士，署理河南巡抚均撤回议叙。叶观潮着革去河道总督，留于工次效力赎罪。琦善着革去巡抚，赏给主事衔，随同吴璥等办理大工，俟合龙回京，以刑部主事用。”

嘉庆二十五年四月，谕：“吴璥年老，不能耐劳，河督事务较繁，精力恐难周到。河东河道总督，着张文浩以道衔署理，专驻豫省，筹办大工及黄河堤岸各事宜。吴璥，俟张文浩到任，将豫省应办工程，筹画周妥，交代后，即驰驿前往江南，查勘高堰水势工程情形，回京供职。”

嘉庆二十五年八月，命吴璥督理仪封河工。

嘉庆二十五年，奏准：“仪封漫口以上，南北两岸各工内，有河滩刷成沟形，切近大堤，最为险要，应筑做土格、土坝，以资拦截。大堤堰坝各工，尚形单薄，或帮宽接长，或加高筑坝，以及河势圈湾塌滩近堤处所，并添筑堤堰，建筑坝戗。”

嘉庆二十五年十一月，谕姚祖同迅挑仪封引河。

嘉庆二十五年十二月，仪封漫口合龙。

嘉庆二十五年，奏准：“仪封大工合龙，其大坝及挑水坝，普律加厢坚实，并添筑挑坝二坝。土戗帮宽，旧堤圈筑新工，兰仪、仪睢二厅堤坝工程，亦均修补。”

道光元年，谕：“张文浩奏‘筹添马营坝土埽各工’一折。马营坝内塘各面宽阔，一经长水势，必更增浩大。其越堤、缕堤，尚形单薄。兹据该河督查勘，月堤长一千三百三十六丈，除旧厢护埽长二百九十丈外，应于东面接厢护埽长一千四十六丈，西首接连楼堤二堡之秦家厂越堤向南长九百五十一丈，东首接连缕堤之东大坝尾向南长一千九十二丈，内厢做防风。其越堤中间及西头缕堤，再于北面帮筑宽厚，半戗东大坝尾自北向南长七百二十九丈，帮宽加厚，均着照所奏办理。”

道光元年，谕：“严烺奏‘豫省黄河两岸堤堰，加帮各工，请拨银款’一折。豫省黄河两岸堤工，自嘉庆二十五年盛涨以后，节经增培添筑，并普加子堰。本年伏、秋两汛，幸臻稳固。惟夏间河水漫滩之处，滩既因淤增高，堤即因淤见卑。且子堰有较为单薄者，难资经久。该河督以普律帮宽，为费过多，现在筹估。除于新筑之堰帮宽加高外，旧有堤堰，或一面帮宽，或两面帮宽，或顶上加高。及添筑戗埽、填补残缺等工，系为堤防久远之计，着准其照估修办。”

道光元年十二月，着河东河道总督严饬承办土工章程告示：照得豫、东黄河南北两岸堤工，抵御盛涨，保障地方，关系至为紧要。自嘉庆二十四年以后，节经动项加培，但以工多限迫，尚未能一律高厚。道光元年，伏前异涨，出槽漫滩，水抵堤根，滩既因淤而增高，堤即因淤而见卑，并有汕刷残缺之处，仍应大加修筑，以资捍卫。业经本署院奏请，拨帑项数十余万，普律增培，仰蒙恩准发办。钦遵饬行在案。查增培堤工，必须遵照原估丈尺。如式坚筑，依限早完，方可捍御大汛，防守无虞。现届分派员弁，兴办之时，恐有不肖工员，领银到手，任意侵渔。及至开工兴筑，一味偷减草率，为一己渔有限之利，而贻百姓以无穷之殃。无论清夜扪心，不堪自问。且一经败露，三尺具在，何能幸逃？况国家经费有常，仰蒙廑念民依，不惜数十万帑金，以为民生保障。倘工员狃于积习，罔知重公，不独法所不容，即揆之本署院请帑卫民之心，亦断有所难贷。与其惩办于事后，不如告诫于事前。所有现定办工章程，合亟详晰开列，剀切晓谕。为此示，仰承办各工员，即查照后开章程，一体恪遵，湔除积习，认真妥办。统限八十日，一律如式全完，报候本署院临工查验。自此示谕之后，倘有铺底短窄、收分不足，或硪工短少、锥试渗漏，以及堤根取土并土塘不留埂格等弊，定将承办工员，从严参办，决不姑容。慎勿泄视，自贻后悔，勿谓言之不早也。

计开办理土工章程：

一、新筑加培土工丈尺，不准稍有偷减也。查本年大案土工，本署院于霜降后，即委妥员，逐细勘估。又经各该道覆勘，均系必应加培之工，断断不容稍减。该工员于开工安夫时，即照原估量准丈尺，铺足底土，按坯照收分递加，不得推顶、凹腰、挂口、接爪。该管厅营及分催员，应随时查量，毋许朦混。倘仍有短少偷减，经本署院临工按册查出，除将该工员及管工人等斥责翻筑外，该厅营及分催之员均干未便。

一、未铺底土以前，应将估筑堤工之滩面，先行芟除草根，再打地硪，以免日后渗水也。查河水漫滩时，往往堤腰渗水，此皆从前加帮堤工不打地硪之故。因河滩新受淤土，多有裂缝，以致水随缝入，经水泡日久，遂有渗水之患。此次加帮堤工，应于未上底坯以前加帮滩工，先行芟除草根，再打地硪两遍，方准上土。倘有不打地硪即行上土者，该厅营及分催将管工人，随时惩处，仍严押遵办。

一、土工偷底之弊，应严行查察究办也。查土工之弊，偷底最大。不肖工员，任听土夫于堤根取土上堤，既可贪近省事，而工完收工时，滩面量高，又可借此弊混，殊堪痛恨。今定以离估帮新底十五丈以外收土，其十五丈以内，所存草根麦苗，留以为凭，不许稍为挖动。即近堤之处有淤，亦不准混挖。本署院收工时，先查验土塘下方，再验新帮堤外及土塘两面，草根麦苗是否一律。倘有偷底之弊，除将该工员严行参办外，该厅营及分催，如不预先禀知，亦必附参，决不宽贷。

一、按坯筑做，务须薄坯重硪，锥试不漏也。查筑做堤工，加帮加高，均须如法。按坯递加，先将旧堤开出八寸马蹬，每上虚土一尺为一坯，趁潮压花套打，打成八寸，方可处处保锥。近来工员帮堤，不肯粉蹬勾坯，并希图省费，不肯多雇硪夫。查硪有轻重之分，如灯台式者，其腰细面凹，而底面转大，重不过三十斤，即用力亦不能坚实如式。各工员见此等之硪，毋许雇觅，自贻伊累。其如礅子式者，最为沉重可用。但如硪夫十人中，有一二人不合手者，筑打即不能平正，以致形似马蹄印。如此等硪夫虽重，亦不保锥。务须随时留心更换，至硪夫包方，固免偷闲躲懒之弊。但因系计方包打，硪夫往往只图赶快，偷打单片，不肯压花用力，是以锥试多有渗漏之处。此次工员等，务要每日计上土之多寡，定用硪之架数，万不可晒坯待硪。其两棚土夫接榫处，尤不可听其深留沟槽。随后浇土，硪不得手，以致多不保锥。约计套二连包坦在内，每硪一架，每日打不过四十方。若遇老干淤，须先将大块敲碎，并于坯头上泼水润透，再行用硪套打。饬令管工人，随时查看锥试，一有渗漏之处，即刻再行套打。倘有不遵，即行禀究。至本署院收工时，堤顶、堤坡之土，仍以干燥候验，不得临时泼水，以图搪混。再铁锥必须细长，连耳四尺为度。锡壶嘴，亦须细而长者。倘有用大厚坯头，以致筑打不能坚实、锥试不能保者，即随时惩处。至试锥所灌之水，闻有用白芋、山药、榆树皮、鲇鱼等项，做水取粘，希图饰混者，尤为狡诈可恶。本署院临工一经验出，定即将该工员参革不贷。

一、取用土塘，应严禁挖成河形，以杜隐患也。查取土无论堤里堤外，总应远离堤根。植立土塘，其滩而必须挖成品字，或梅花。塘务须挖深为主，既可淘取淤土，而河水漫滩时，堤内又易于受淤。四面仍留宽厚土块，不准顺长一片取土，乱插土塘，致成顺堤河形，留为隐患。即堤外亦防雨后积水，将来更难取土。本厅营及分催，须随时指示督办，倘有前项等弊，经本署院查出，决不姑宽。

一、务须依限完竣，以御汛涨也。查本年大案土工，专为捍御汛涨。今酌中定限于二月初十日以前兴工。予期八十日，统限以闰三月底完工。限期不为不宽，自可依限完竣。各工员务须以工计土，以土插夫。如每工员派土三万方者，以八十日为限，每日须上土三百七十五方。以底坯、顶坯牵算，每日每人推土七八分而计，共需人五百名。每段安工时，亦照此科算。如每丈原估加新土三十方者，每夫一名安工二丈。原估加新土二十方者，每夫一名安工三丈。以此而计，不可短少，则限期自然不致迟误。即土夫之勤惰，各工员亦可随时查察。倘有人夫不足之处，该厅营及分催，务当随时饬令添足，逾限定干严究不贷。

一、筑堤新土，必须选取纯淤，以责经久也。查本年土工，委员勘估时，本署院即谕令逐段查看，选估淤土。其无淤之处，亦应淘挖深塘及远处找寻。是以于淤少之处，原估例价之外，酌加津贴。各工员务须饬令管工人等，时时查察，不准混用沙土。其沙土一经风雨剥削，必致丈尺不足。且过大雨时行，所冲水沟浪窝甚大。土工本系保固一年，各工员时常填垫，不免赔累。岂有甘心赔累，不肯选取淤土之理！但管工以及办工人等，只图自己易办，不顾工员保固，是以往往遇有淤土之处，亦必偷用沙土。盖沙土做工，各样省事。即如土车，因沙轻淤重，兼以阴雨之后，淤土粘腻车轮，尤属难推，必须晒晾一半日，方能施工。不如沙土，雨止之后，即可取用。硪夫于淤土之工，一经遇雨，粘硪沉重，不便套打，不如沙土易于行硪。管工之人，取用沙土，如法行硪后，锥试可以不漏。如系淤土，潮湿行硪后，虽可保锥，一见风燥，而上即有裂缝，锥试必然渗口。凡此管工以至车硪等夫，均以畏难，不愿取淤。即使有淤之处，亦常以为无淤。全在各工员，自顾考成，随时查看淘取，断不可听管工人等朦混。其淤土实在艰难之处，即不能全用淤土筑做，亦必选淤连坦包筑，愈厚愈好，俾免风雨剥削，可资经久无虞。况淤土虽有风燥裂缝，如果筑做坚结，四五寸以下，锥试即不致走漏，此本署院素所深悉者。倘敢有淤不用，一经本署院查出，除翻筑外，仍将工员参办不贷。

一、本厅营及分催人员，务须轮流往来，严密巡查，毋许稍有徇隐也。办理土工，必须处处坚实，丈尺敷足为主。该管厅营乃切己之事，而分催又系遴委干员，各有指示、调度、查核、劝惩之责。即如各工，铺底则随时丈量，是否丰足？土塘则随时查看，是否合式？人夫则随时查点，是否足数？坯头则随时锥试，是否坚实？如有稍不如式，则随时责惩翻筑，俾各工员及管工人等，无从弊混。倘有不听调度，许该厅营及分催，即时具禀，以凭惩办。各工员内，如果取用淤土如法，筑做丈尺丰足，锥试均保，该厅营、分催，据实具禀，该道覆验，转禀本署院验收如式。必将该工员，据实保奏。候补试用者，必予即补。现任者，即予升用。倘办不如式，轻者斥责翻筑，重则立予参革。其本厅营及分催所管工内，均能如式者，亦必保奏。倘如式不及五成者，亦必将该内营及分催附参处分。本署院言出法随，各工员人等，均宜凛遵，毋得自误，致贻后悔。勉之，慎之。

道光二年，河东河道总督严烺议覆“马营挑坝紧要，碎石并无流弊疏”曰：“窃臣于三月初三日，承准廷寄。道光二年二月二十八日，奉上谕：‘前据严烺会同罗含章奏“马营挑水坝必应抛护碎石，当经降旨准行。兹据罗含章奏覆，勘挑水坝情形，原非专为拦沁归黄。而设沁水力弱，即遇有沁、黄并涨，亦不致遽坏堤根。但得沁堤高厚，不使漫溢。河水一退，沁水自然归黄，不须拦截。且挑水坝正当河水之冲，即抛护碎石，亦恐不能持久，徒滋劳费。万一河由内走，则石坝反在河心，不可不虑”等语。挑水坝之设，既非十分紧要，抛护碎石，转恐别滋流弊。着严烺、罗含章，再行悉心妥议。如果窒碍难行，是挑水坝抛护碎石工程，竟须停止，不必兴办。惟上游沁河官堤民埝，必须一律帮高培厚。严烺等即督饬赶紧估办，以资捍御。将此谕令知之。钦此。’当即恭录一分，寄知。臣罗含章先后跪读，下忱钦感，非可名言。

“伏查近年黄沁、卫粮一带，堤岸之患，莫大于沁水之沿堤东走，而漫滩之黄水乘乎其后，以致掣动河溜，冲啮堤根，使长堤处处着险。故欲固黄河北岸之堤工，必先除沿堤之沁水。而欲除沿堤之沁水，惟有守上游马工，挑坝以拦截之。从前黄河滩唇，积淤不厚，沁水自北而南，循轨入黄，尚无顶阻。自嘉庆二十四年，黄河异涨，滩唇增淤，沁水入黄之路，节节淤高。加以沁河之原村漫口，不由故道入黄，滩面愈淤愈远。沁水力弱，既不能刷滩而南，即不免顺堤而东。马营漫缺，掣动黄河正溜，即其坏及堤根之明验。迨马工堵合，即借此挑坝，拦沁东注，得以并力南趋。黄水一落，沁水即随之而消。是挑坝工程，虽非为拦沁归黄而建，而因时利用，固不可执一而论。两年以来，挑坝拦截之力，已经著有成效。惟因坝身系柴土厢做，易于朽腐。每次蛰厢之工，费用不赀，终恐未能持久，是以酌议间段估抛碎石。其已抛碎石之段，不复再用柴土加厢，即可固守久远，为一劳永逸之计。若以该坝系堵筑马工大坝而设，竟欲弃而不守，必致沁水无所拦抵。地势南高东洼，水即串洼东注，顺堤成河。自黄沁至卫粮两厅，无埽之堤不下二百里，土性纯沙，断无如许钱粮，在在厢埽。倘再遇黄水漫滩，汇入顺堤河内，添波助澜，掣溜迅猛，即将大堤倍加高宽，亦恐难资抵御。是挑坝为黄、卫两厅安危所系，实属至紧至要，未可稍存忽视也。至埽前抛护碎石，可资经久稳固。臣严烺前在南河，历经办理。现今江南各险工，于抛护之后，均皆屹立，未见一处冲塌。而抛过碎石之上下各埽，仍照旧厢修，并无格碍。且碎石坝工，不惟可以捍御大溜，其坝之后尾，经黄水潆洄荡漾，并可次第澄淤，倍臻坚久。即使河势北徙，得此坚稳之石坝，挑溜开行，亦不致益向里卧生险，是随在均有得力之处，并无别滋流弊之患也。臣严烺节将各项情形，并估抛碎石实能保其持久缘由，详细往返札商。臣罗含章前次覆勘该工时，将挑坝迤西，迭加查看，并未见有沁水伤及堤根之处。此坝挺入河心，正当河水之冲，恐抛护碎石，亦不能久。且现拟抛护碎石之内里数段，系在沙滩之面。万一黄水由上流逼堤而来，恐石随沙卸，不护堤根，荦确支离，反碍厢埽，不敢稍存回护，是以专折陈奏。今既据河臣严烺详述各情，并力言碎石工程，实能保护垂久，不致冲断滋弊。臣罗含章于河工，究未熟习。臣严烺系专管河工之员，职任攸关，责无旁贷，自应仍听臣严烺斟酌。请照原议办理，以专责成而免歧误。至接连挑坝，黄河官堤及上游沁河民埝，现均分别估办。”

道光二年八月，沁河溢，命程祖洛勘办。

道光十二年，河东河道总督林则徐“查覆东河碎石工程情形疏”曰：“自到任以来，将碎石档册，逐一检查。从前豫、东黄河，本无抛护成案。因道光元年，前两江督臣孙玉庭、南河河臣黎世序会奏‘以碎石工程，实资巩固，并无流弊。东河从前未抛碎石，是以漫决频仍，请饬一体照办’等语。旋奉谕旨，饬令仿照兼办。二年春间，前河臣严烺覆奏，请于北岸黄沁厅属营挑坝，酌量试抛。继因河势不定，仅抛两段而止。迨五年间，调任河臣张井，以南岸兰仪厅柴坝工程险要，议办碎石两次，奏准抛护一万四千八百余方。该处险工，因成平稳。迨后北岸之下北、祥河、曹考，南岸之中河、下南等厅，先后仿照请办。经严烺节次奏准，各在案。随于两次上堤，周历查防，并询之年老兵民，咸谓‘未办碎石以前，诚不知其有济与否。既办之后，每遇险工紧急，溃埽塌堤，力加抛护，即不至于溃塌，功效甚著’等语。臣于伏秋抢险，虽未经历，而人言凿凿，异口同声。因就埽前有石之处，细加测量，悉心揣度。缘埽工势成陡立，溜行迅急，每易淘深。是以埽前之水辄至数丈，而碎石斜分入水，铺作坦坡，既以偎护埽根，并可纾回溜势。《考工记》所谓善防者，水淫之，似即此意也。豫、东河堤，多系沙土，不能专恃为固。堤单而护之以埽，埽陡而护之以石。总在迎溜最险之处，始行估抛。盖东河采运碎石，比南河远近悬殊，方价倍蓰，难以多办。而其化险为平，频岁安澜之效，未尝不资于此。是碎石之于河工有益，实可断为必然，而非敢随声附和者也。”互见“经费门”。

道光十六年，奏准：“黄沁厅属唐郭汛拦黄堰工，尾内向有挑水坝，年久坍塌，现购备砖块，抛筑砖坝。又于七坝下，筑挑坝一道，并修补已塌之八坝戗坝，复于空当筑坝三道，层层托溜。下南厅祥符上汛黑堽工十九堡，向有盖坝一道，陆续坍损，现以砖石里护，并接筑坝堰。又挑筑砖坝，自该汛起，至陈留汛止，估筑土坝，并将旧有坝格加高接长，择要帮培堤戗，逐段拦护，以免吃重。”

道光十七年七月，谕：“前据御史李莼奏请，将东河砖工暂停烧造，当有旨，派敬徵驰往查办，并命李莼随同前往。兹据该尚书查明具奏，所议甚是。据称道光十五年，该河督栗毓美因原阳一带堤工吃重，本系无工处所，物料不备，即时收买民砖，抛筑挡护，试有成效。因欲多办砖工，以期减埽节费。该尚书周历履勘下北、祥河等厅，抛成蛰定之工，压盖碎石，根浇土戗，现在尚属整齐。并据各道厅密禀水浅溜缓之处，抛砖压石，以及保滩护崖，均堪得力。其水深溜急之处，有砖石并用，放手加抛，始经站定者；有屡抛屡塌，改用埽工，方能稳固者。用砖抢办险工，未可深恃等语。治河之法，不外以土刷水，取其柔能抵刚。碎石质重体坚，用以防风护埽，亦得刚以济柔之义。砖本土成，原可济料石之不足，于河工亦不无裨益。该河督前请沿堤立窑，烧造新砖，本为抢办要工起见，惟土性沙碱，坯难坚实。且近堤例有取土之禁，近料宜防意外之虞。行之日久，流弊滋多。是烧砖不如采石之无弊，用砖不如用石之一劳永逸也。着栗毓美即将抛砖工酌量压石浇土，以期稳固。所有未抛之砖，严饬道厅员确切报明，存贮河干，以备应用。毋庸再行烧造，以符旧制，而杜弊端。”

道光二十一年六月，谕：“文冲奏‘抢堵漫口，人力难施，见已掣溜’一折。前因下南厅祥符上汛三十一堡堤顶漫塌，叠经降旨，着该河督赶紧设法抢堵。兹据奏称，见在漫缺之处，已刷宽八十余丈，掣溜七分。文冲身任河道，总督河务，是其专责，乃未能先事防范，致有漫口，咎实难辞。文冲着即革职，暂留河东河道总督之任，戴罪图功。即着督饬道、厅、营、汛各员，赶集料物，设法抢办。倘能迅速蒇工，其咎尚可稍从末减。若再玩延贻误，定当重治，其罪决不宽贷。所有口门以上，两岸四厅各处堤工，并着饬令文武员弁，实力防范，毋稍疏虞。牛鉴着交部严加议处。所有漫工事宜，着协同赶紧办理。”

道光二十一年七月，命林则徐折回东河，效力赎罪。

道光二十一年七月，谕：“牛鉴奏‘河南省城自上游水势大溜掣动以后，由城北护城堤冲入，斜向南行，刷成深槽，直冲而下。黄水经过之处，已成河形，去路已畅，不至再有他虞。见在南北两岸各厅，料物接济，间段赶筑挑水坝三通，外砌砖坡，深资抵御’等语。现当伏秋，大汛来源正旺，水势靡定。牛鉴务当督率文武员弁，极力设法疏浚，毋令省垣受冲。”

道光二十一年七月，命大学士王鼎、通政使慧成赴东河，督办大工。

道光二十一年七月，谕：“牛鉴奏‘保守省城情形’一折，据奏‘正河业已断流，各厅无工可施。护堤缺口，势难抢筑，惟以保守省城为要’等语。着牛鉴仍遵前旨，多集夫料，赶紧厢筑。现在秋汛方长，该抚保卫省城，责无旁贷，不得借口水势涨发，人力难施，致有疏失。至旁溜注射之水，亦着设法疏消，以免浸灌。其下流归宿之处，得有确耗，即行迅速奏闻。”

道光二十一年七月，谕：“牛鉴奏‘省城水围匝月，来源盛涨，见在吃重情形’一折，据称‘省城自黄水全掣以后，西城稍见安定，北城又添分溜注射，势渐里卧，情形更为危迫。其余四面，久泡酥损’等语。着牛鉴设法疏消，以免浸灌。其如何挑溜，勿令水势冲射之处，仍着悉心妥办。见当秋汛正长，尤当加意防护，毋得再有疏处。”

道光二十一年八月，谕：“牛鉴奏‘省城西北角，以至西门，赶紧作挑水大坝，以资抵御’等语。着督饬文武员弁，将应办各工，迅速妥办。见在节交白露，可冀水渐消落，仍当察看大溜，勿令冲射。据称料物不敷，已降旨饬，令文冲赶紧运赴省城，源源接济，不准稍有迟延。该抚验收料物后，即派熟习干员，督率夫役，分工堵筑，毋得迟缓误事。至省外被水各属，亦应查明，派员抚恤。下游水势，作何归宿，仍遵前旨确查具奏。”

道光二十一年八月，谕：“前据牛鉴奏‘署藩司张祥河因省城被水，禀商河督，欲于上游胡家屯一路，设法宣泄’等语。当交王鼎等，前往查办。兹据奏称：查询该署藩司，实因省城危迫，众绅民等，均以上游设法宣泄为词，据情禀商河督，原非意在必行。取具，亲供呈览，张祥河以藩司大员，于省城猝被水围之时，辄据绅民之请，遽为禀商，殊属轻率。张祥河着交部议处。”

道光二十一年八月，谕：“文冲身任河道总督，河务是其专责，乃未能先事豫防，致有漫口。当经降旨革职，暂留河东河道总督之任，责令戴罪图功，以观后效。乃迁延日久，并不赶紧抢堵，致大溜全行掣动，下游州县多被漫淹，糜帑殃民，厥咎甚重，着即革职。交王鼎等传旨，即将文冲枷号河干，以示意儆。”

道光二十一年十月，江南河道总督麟庆奏：“遵查黄河大溜，直奔河南省垣，西北城角分流为二，汇向东南，下注至距省十余里之苏村口。又分南北两股，其北股溜止三分，南股溜有七分。计经行之处，河南、安徽两省，共五府二十三州县被灾，轻重不等。”

道光二十二年二月，谕：“王鼎等奏‘祥符大工合龙’一折，上年六月，河南祥符上汛漫口，当派王鼎、慧成前往，会同朱襄、鄂顺安，筹办堵筑事宜。兹据奏称二月初八日，两坝挂缆合龙，尚未尽行闭气，恐有渗漏。经该大臣等，驻工督率员弁兵夫，不停力作。现在大工告竣，层层压实，涓滴皆无，十分稳固。引河亦通畅东注，全黄悉归故道。所有一切善后事宜，着朱襄妥协经理，倍加详慎，以期堤防巩固，永庆安澜。”

道光二十二年十二月，河东河道总督慧饬照得：“豫、东黄河南北两岸，应修堤工，业经本部堂奏请帑项，择要修筑。惟防河之道，首重于堤，必须勘估确实，筑做方臻坚整。第恐工员狃于积习，罔知重公，草率从事。本部堂案查，办理土工旧章，极为周密，合亟开列，剀切晓谕，并发去告示一本。为此仰道官吏，查照事理。即将发去告示，照样刊刻。转发各工员，按段张挂。俾承办工员咸使闻知，恪遵办理。该道仍上下往来，躬亲督办。倘查有不遵章程，敢于偷减草率之员，即据实禀揭，以凭尽法严参。如敢徇隐，并干未便，此系特示之件，慎勿视为具文，一行了事。当此整顿之时，惟有言出法随，以一警百，断不能稍从宽贷。仍将遵办缘由，先行禀报查考。凛之。慎之。毋违。切切。按办理土工章程，悉照元年严任所发，不复列。”

卷七　工程上之三

道光二十三年七月，河东河道总督慧成奏称："陕州万锦滩黄河于六月二十一日长水五尺五寸，武陟沁河于初八、初九、初十、二十、二十一日，十次共长水一丈五尺三寸。当二十一日，沁、黄并涨之时，加以入伏后，无日不雨，众水汇注，以致各厅积存长水，大于上数年。两岸普律漫滩，汪洋无际，临黄砖石埽坝，纷纷报塌。臣上堤后，行抵归河厅工次，接据中河厅禀报，中牟下汛八堡工程，异常危险。缘该处于嘉庆二十五年，曾出大险，厢埽二十余段。至道光二年，淤闭。迄今二十余载，不独埽坝久经淤没无存，而滩崖垫高，已非从前情形可比。本年入伏前后，该工对岸，忽生滩嘴，挺峙河心，逼溜南趋，汇及堤坝。当经开归道福敏驰往，督厢埽工二十余段，借资抵御。不料六月二十一日，沁、黄并涨，大溜涌注，新埽先后全行蛰塌，赶即集料抢补。甫厢出水，溜忽下卸，至九堡无工之处。偏值二十六日，大雨一昼夜。二十七日黎明，继以东北风大作，鼓溜南击，浪高堤顶数尺。兵夫不能立足，有力难施。九堡堤身，顿时过水，全溜夺入南趋口门，当即塌宽一百余丈等情。臣闻信之余，心胆俱裂，远在下游，相距三百里外，冒雨连夜驰赴该工，业已无及。所有该工现在情形，因溜仍南向口门，尚在续塌。臣即驻工筹办，盘做裹头事宜，不敢懈忽。其口门溜势，系由东南下注，至水由何处州县行走，并经抚臣委员确查，另行具奏。”

奉谕：“慧成奏‘中河厅九堡，堤顶过水，夺溜南趋’一折，着该河督，督饬道、厅、营、汛各员，赶紧筹办，盘作裹头事宜，毋得再有懈误。慧成身任河督，未能先事预防，着交部严加议处。鄂顺安兼辖河务，亦着交部议处。疏防之专管中河通判王葵初、协备张广业，并防守之中牟下汛县丞张世惠、把总辛得成，均着即行革职。兼辖之中牟县知县高均，着交部议处。开归道福敏，到任仅止半月；开封府知府邹鸣鹤，现令专管城工，惟均有兼辖之责，咎亦难辞，着一并交部议处。”

道光二十三年七月，命协办大学士、户部尚书敬徵，户部右侍郎何汝霖，赴东河查勘。

道光二十三年七月，谕：“据慧成奏‘中河厅九堡口门，现在筹款集料，盘筑裹头，并拟估拦黄埽及溜势情形’一折，中河口门，既已刷宽二百余丈。大溜圈注东岸南趋，自应将西岸裹头赶紧盘做。至东岸形势，俟稍定后，亦应赶筑，以免再行塌宽。着敬徵等，于到工后，督饬在工文武员弁，迅速集料，赶筑裹头，并饬将拦黄埽上紧办估，俾正河不致受淤。现在秋汛正长，水势靡定。该尚书等务当详加履勘，严饬工员等，加意修守，毋得再有疏虞。”

道光二十三年闰七月，敬徵、何汝霖、慧成、鄂顺安奏称：“东坝裹埽，长八丈，上宽二丈二尺，下宽二丈八尺，埽高水面一丈六尺。其上下藏头、雁翅二坝，亦俱节次加宽。复于雁翅埽之下，作护崖埽一段，以防洄溜汕刷。又因溜势东趋，金风司令，恐正埽淘深蛰陷，于藏头埽上首，新抛石坝一道，以资抵御。西坝裹头埽，长八尺，上宽二丈九尺，下宽三丈五尺。其藏头、雁翅二埽，宽长如式。该坝头滩面，较前愈宽，可期稳固。仍严饬预储料物，以备缓急，不得稍懈修守，再有疏虞。其拦黄土坝，因天气晴霁，人夫众多，按照原估高宽丈尺，现已一律筑完。查量相符，亦属妥固。至估办堵筑大坝挑河等工，前经派员，分投估计，尚未据查勘详报。”

道光二十三年闰七月，谕：“慧成身任河道总督，河务是其专责，乃并不先事豫防，致有漫口。前已降旨革职，暂行留任。见在口门，塌宽至三百余丈。下游州县，较之上次祥符漫口，情形更为宽广，縻帑殃民，厥咎甚重。着即革任，交敬徵等传旨，即将慧成枷号河干，以示惩儆。”

道光二十三年闰七月，命工部尚书廖鸿荃往东河，会同钟祥督办中牟大工。

道光二十三年闰七月，谕：“麟庆，着发往东河，交廖鸿荃、钟祥差遣委用。”

道光二十三年闰七月，廖鸿荃奏：“查勘‘中河厅九堡口门，现在黄水情形疏’曰‘□[1]月十三日，前往中河厅九堡抵缺口处所，南望一片弥漫。随用大船九只，匀排水面，下锚拴橛，以绳横船上，逐细丈量。计口门东西相距，实宽三百六十余丈’。乃知外间所传为五六百丈者，系指旧堤而言。缘该处河流弯环，形如张弓。就弓背而论，固不止此数。就弓弦计之，则实止此数。即将来两坝进占做法，须迎上水，微向外越要，亦不过四百丈。以此须临时察度水势，刻下尚难豫定。复于口门中间，用丈竿测量，计深二丈一尺及一丈七尺，口门外跌塘约深二丈七八尺。此因口宽，水势平衍，故不甚深。然土性纯沙，

[1] 原文缺字。

恐堵合时，口门收窄，沙松溜急，冲跌常益加深。臣又遣司员乘船自九堡溯流而上，将至八堡。据禀中泓水深，大抵二丈及一丈余尺不等，比较上两年秋分第十三日，该处水志俱少数尺。第节气未交霜降，黄流长落，正自靡常。臣已与钟祥面商，檄饬上游各厅汛，仍当倍加严防，不得稍形疏懈。至两头裹埽及拦黄坝等工，业已完竣。丈尺做法，均与敬徵等原奏相符。其引河头东西坝基、挑水坝基，亦经敬徵等豫委素诸河务之员弁，择地勘估，插立标竿为识。臣前往相度，似觉得势，然关系至要，未敢草率，拟俟麟庆到时，委令详慎覆勘。臣与钟祥再行核定奏闻。”

道光二十三年八月，督办中牟大工事宜工部尚书廖鸿荃、河东河道总督钟祥奏“循例调用南河员弁来豫襄办大工疏”曰：“臣等历稽成案，东河有事，俱关南河，熟练文武员弁襄理。缘南河工繁任剧，多谙堵筑事宜。不特厅营员弁于勘度坝基、河头及捆厢进占之法，素有传授。即河兵中，亦多练习其事者。若东河，则自马工、仪工而后二十余年，河工安定，以故河兵渐忘做法。迨至祥工初，拟用本地河兵，因不得力，复奏调南河河兵来豫襄助。是以此次大工，必得仍照向例，调取南河员弁，带领捆厢兵来，庶可放心。查江南河营参将卢永盛，精晓河务。合无仰恳敕下江南河臣，先将该参将卢永盛调遣，赶于九月初十日以前到豫，令覆勘引河头、坝基形势。再于各厅营中，择其曾历大工、熟谙能事者，各派两三员，带领捆厢兵，随后来豫。卷查从前马工，系调南河兵四百名；仪工，系调六百名；祥工，系调四百名。现距祥工，阅时未久，本地河兵，谅亦有能谙晓者，酌调三百名，可期得力。并令豫省兵夫，随同学习厢捆，实于河工，大有裨益。”

道光二十三年九月，命礼部尚书麟魁，往东河。会同廖鸿荃、钟祥、鄂顺安，督办大工。

道光二十三年九月，谕慧成，着疏枷，加恩留于河工，效力赎罪。即交麟魁等，差遣委用。

道光二十三年十一月，督办中牟大工事宜礼部尚书麟魁、工部尚书廖鸿荃、河东河道总督钟祥、河南巡抚鄂顺安奏“查明上游河势，实无淤塞情形疏”曰：窃臣廖鸿荃、臣钟祥、臣鄂顺安，于九月十三日，承准军机大臣字寄，道光二十三年九月初八日，奉上谕：“御史齐承彦奏‘黄河上游闻有淤塞，请饬在工大臣会同河臣查勘’一折。据称‘小函关土山坍塌，壅塞水势。虽现在业经过水，仍流至漫口而出，恐河底一时未能刷通。来年伏秋大汛，如遇盛涨，挟沙带泥而来，防有壅阻’等语。着廖鸿荃、钟祥、鄂顺安，会同查勘。如果小函关淤垫属实，自应设法疏浚，俾畅行无阻，以期河流顺轨。又另片奏‘疏通黄河之法，惟爬沙船及混江龙，可以荡疏淤塞，并切滩二法，似可循照办理’等语。是否可行？着廖鸿荃等，体察情形，悉心妥议具奏。原折，着钞给阅看，将此谕令知之。钦此。”

臣等查该御史原奏称，七月十四日，陕州灵宝县因黄河陡长，西去漫入小函关数里，土山坍塌，正河断流，黄水由西南下注襄江。又称陕州之万锦滩，为全河一线咽喉通塞，最关紧要。即《禹贡》所谓底柱，今陕州之三门山是也。今闻小函关土山坍塌，自必淤垫。壅塞水势，断难畅顺等语。伏思中牟大工，正在兴筑，其上游河身是否通畅，必须查明筹办，以期有备无患。惟灵宝、陕州距中牟，八百余里。

臣等因大工吃紧，未能亲往勘视，当派熟悉河道之署归河通判邹尧廷，带领明练弁兵并绳等物，沿河察看，逐段探量去后。嗣臣麟魁到工，臣等谨将廷寄告知，并会同商办。兹据该署通判禀称“于九月奉檄后，即由上南厅之杨桥、胡家屯，溯流而上，至荥泽之涸河，一路水势顺行无阻。逾河而西，由广武山，历汜水、巩县、偃师、孟津等县。两山夹峙，河水中流，滔滔下注，溜势极为平顺。由孟津上溯新安、渑池，河中有滩，滩皆乱石纵横，水甚湍激。渑池以上，为三门山，即《禹贡》底柱。南北皆危崖峭立，河流盘涡旋洑。南岸突起小阜，土山戴石，禹王庙即建其上。庙山之石，迤逦而下，壁立水涯，东西数十丈。河中二大石对峙，河出二大石之间者为神门，南岸为鬼门，北为人门。神门宽三十余丈，深不能测。人门宽二十余丈，水深约二丈余。鬼门宽仅二十丈，水深不过五六尺。隆冬时，惟神门之水如故，余皆干涸。其河底俱整石相连，中洼旁高，若石槽然，约计禹庙高于三门一丈有余。居民佥称向年盛涨，三门山出水，尚有丈许。本年七月十四日，河水陡发，直漫三门山顶而过，禹庙亦被冲刷。由三门达陕州万锦滩，计六十里。滩在州北门外，州城高河滩十余丈，滩距水面二丈余。

“陕州而上为灵宝县，黄河去城北三里，函谷关在县西南二里。按：函谷秦关故城，在县南十二里。今之函谷，则魏时许褚凿道于旧关之北十里，滨大河以转运。虽距河较近，然两旁土山陡起，关跨其中，勘无坍塌痕迹，又有弘农涧水环关之南。东北入河，居高下注，黄亦不能倒灌。关外河身宽一百八十丈，水深四丈。城北河宽二百四十丈，深与关北相等。溜势畅行，遍询乡民，实无他故。二十里至稠桑，又四十里至阌乡县，县城临河土崖上。大河由西来，斜向东南，直走崖根。崖本沙土参半，易于坍塌。嘉庆十八年，道光四、五年等年，北城陆续塌去。本年六月，黄水叠发，刷去碎石，坦坡连及东城并县署后堂，极为危险。幸七月十四日，黄水复涨，溜忽北卧，归入老河。身内崖下，涨出干滩，现宽九百余丈，滩高水面二丈九尺。河身宽一百八十丈，水深二丈三尺，溜行甚畅，可保无虞。沿河行至潼关，为陕豫分界处，大河即在关下，现宽二百四十丈，水深二丈一尺，溜虽平而势甚利”等语。

臣等详查，黄河大势，自潼关至阌乡，两山相去颇遥，水势故尚平缓。灵宝以下，山渐过河，亦渐陡。渑池、新安一带，怪石嶙峋，千仞壁立，两山夹河，直至孟津，俱系石底，无倒流旁灌之路。今年土山塌入河身，乃阌乡县事，并非灵宝之函关。现在阌乡河身水深尚二丈三尺，其无壅塞之处，自属可信。况查灵宝县北临大河，东接陕州，西接阌乡，南接卢氏，西南与陕西洛南县接壤，去南阳七百余里，去湖北襄阳则千里而遥，并有层峦叠嶂，如秦岭及老君、伏牛诸山横隔其间。河虽猛迅，又安能越山旁泄，而注于襄江乎？至陕州万锦滩，居三门山上游。每岁清明始立志桩，霜降即彻。黄河水报，必于此者。以下有三门阻扼，水去不能迅疾，极马之力，可以行及水前。是全河咽喉，不在万锦滩，而在三门山。若三门山，则固天之设险，以蓄河势，而无庸疏凿矣。总之，上游水势荡迅，无停淤之所。山岭重复，无他出之途。每当伏秋盛涨，河水怒发，一泻直下。纵有泥沙，亦随之而逝。由汉迄今，千有余年，未闻有于上游加疏治者。彼夫汉底柱，唐凿三门，特为漕计，并非治河。岂真置此于度外哉！地势然也。

迨至荥泽以东，地势坦夷，堤防之功，自不可少。昔明臣潘季驯及前河臣靳辅治河最善，其要不过“固守堤埽”“束水攻沙”二语。若爬沙船、混江龙及铁篦子、杏叶爬、扬泥车等物，均经前人设法试行，迄无成效。缘黄河来源甚远，时长时消，溜激沙行，趋向不定。即能将淤处挖净，不能禁水过复淤。即能将浅处挑深，不能禁他处又浅。故此等器具，施之闸河则可，施之黄河则不可。切滩一法，则亦切滩之在水面者而已。至水中之滩，随切随长，非人力所能争。况上游地势陡峭，河身又极深通，应请无庸另筹疏浚。惟下游地既平衍，河流迂缓，每有淤高之虞，然亦非爬沙船等物所能奏效。臣钟祥惟有严饬各厅汛员弁，于堤工单薄之处，加高培厚，以期放河时，束水刷沙，一律深通，此外实无善策。

道光二十四年正月，麟魁、廖鸿荃、钟祥、鄂顺安会奏："查中牟大工丈尺较长，而河底又系纯沙，施工倍难，厢筑宜稳。臣等屡经督饬员弁，妥速进占，并加压重土，以防蛰动。惟豫省交春以后，向多烈风，而河边沙土相助，其势尤猛。每间三五日辄值一次，动即数昼夜不止。当狂飙怒发之时，洪涛沸地，巨浪掀天，两坝十分危险。只得抛石压土，保护已成之占，断不敢再做新占，以故坝工不能迅速。兼之河底沙庴浮松，最易淘刷。口门收窄，溜势湍急，愈刷愈深。撑档进占，倍形艰苦。向之每占撑五丈余者，今则穷日夜之力，亦不过撑三丈而止。向之两日可成一占者，今则四五日一占，尚不能十分坚实，必须加厢至二十余坯用。从前三四占之工料，方可站稳。初五、初六两日，风雪严寒，人夫蜷伏，该掌坝等激励弁兵，赶紧追压，不辞劳瘁。初七日，天始晴和，引河积冻稍融，正拟试放清水，催划河头老土。不意初八日寅刻，又起东北大风，浪涌如山。东西正坝及上下边埽，无不随处撞击，搜根刷底，倍形危险。臣等于风沙之中，督饬员弁兵夫，加紧厢压。无如风势愈发愈狂，埽占亦随厢随蛰。至申刻，东正坝陡蛰十二三丈，水势淘涌，激浪翻波。以出水三四丈之埽占，有蛰入水中者，有蛰及水面数尺者。其东坝捆厢船二只，埽推风簸，竟将摘脑缆绳全行掣断。两船冲击，歪侧欹斜，均经损坏。并将载绳小船撞入西坝埽中，担缆船飘去三只。西正坝亦淤丈余，而情形较轻。两坝之上下边埽，俱稍有蛰动之处。缘正坝较边埽长做数丈，适当溜头，而大溜东趋，风向西吹，激成过溜，故东坝倍加吃重。臣等目击之下，惶急难名，无分昏晓，尽力督催。并加买土料，不敢须臾少息。竭四昼夜之力，始克将两正坝及上下边埽厢筑高巩。并于上边埽外，多抛块石，以防冲击。其捆厢等船只，多雇人夫拉回，赶紧收拾完固，以备拒缆出占。乃十三日，复遇东北狂风，东正坝并边埽又微形蛰矮。臣等仍驻坝头，督令抢厢。至十四日，风始少息，两坝幸得保护平稳。现在东坝埽前，水深九丈二三尺。西坝埽前，水深八丈七八尺。口门尚剩十四丈九尺，溜势东趋，东坝断难再进。已饬令西坝多做数丈，虽少须时日，而避溜为要，不得不倍加慎重。挑水坝，续得十丈九尺，连前共二百七十一丈，业已挑动大溜。仍饬令进占，以资放河得力。引河积冻已融，试放清水，亦尚畅顺。间有微仰之处，现饬划除。其河头老土及龙须沟，均经挑竣。惟土性沙松，刷深最易，抬高殊难。故坝工虽形吃重，而放河究不敢太早，一俟水面抬高，风势顺利，再行相机启放，期于一律稳固，不敢稍致疏虞。并于上次请添秸麻之外，另为酌量添购，固不敢任意虚糜，亦不敢惜费误工。”

道光二十四年正月，谕：“前据麟魁等奏坝工遭风屡蛰情形，已有旨令。该尚书等，相机妥辨，万勿坐失机宜。计此时当已接奉，因思口门仅剩十四丈九尺，合龙较易。惟埽前水深八九丈余，进占尤须慎重。本年节候较早，转瞬桃汛，经临办理，恐更棘手。连日未据奏报，朕心焦念之至。着谕知麟魁、廖鸿荃、钟祥、鄂顺安，将现在水势平险若何，进占能否顺利，约计合龙当在何日，据实具奏。仍不得因有此旨，稍存将就之见，草率蒇事，致贻后患。再，前奏内称‘挑水坝筑已挑动大溜，一俟水而抬高，风势顺利，再行相机启放’等语。引河必须一律深通，启放时方能畅行无滞。此时所挑引河情形若何，并着一并具奏，以慰廑怀。”

道光二十四年二月，谕：“有人奏‘中牟大工，办理不善，未能及时报竣，请专责成，以杜后患’一折。前因坝工遭风屡蛰，降旨令麟魁等，相机妥办。昨又由四百里驰谕，令将见在情形，据实具奏。计此时，当已接奉矣。办理大工，全在委用得人。据于管理料厂、管办引河各员，均不能核实认真。少发工钱，以致人夫逃散。克扣厂价，以致料贩不前。且近日连走五埽，工程较难等语。着麟魁、廖鸿荃、钟祥、鄂顺安，将折内所指各情，节逐一确查，据实覆奏，毋稍容隐。”

道光二十四年二月，麟魁等奏“坝工蛰失五占疏”曰：“窃臣等于初七日，将引河启放通畅及西坝门占将成各缘由具奏，满望克日可以合龙。讵意即于是夜子刻，据报东坝上边埽三十七占，埽眼被浪冲刷，过水横串，夹土坝前，及正坝门占翻花不止。臣等督率员弁，甫将埽眼极力堵护。旋于寅刻，东正坝门占，向西掣走，牵动三十六、七两占，一并挤合。西正坝前出水仅三四尺，后离档一丈余尺。西坝门占底钩，亦被挤断歪闪。臣等目击之余，心胆俱裂。赶即多集人夫，抢厢土料，冀可先护正坝，次塞空档。无如黄水陡长，又遇北风，半入引河，半趋坝前。各埽占原高出水三丈七八尺，忽已淹及中腰。正诧异间，适据陕州六百里驰报，初五日戌时，黄水陡长一尺七寸，计以后逐时增长。又兼坝水抬高，自有此象。风浪淘击，人力实难堵御。至午刻，三占尽行掣走。初九日卯刻，续蛰去三十四、五两占。现在臣等仍分驻坝头，饬令将已成之占加厢守护，并筹补料物。查看引河，溜尚东趋，但恐日后溜掣沙停。已派员专驻河头，随时察验。一见平缓，即速筑拦黄坝，以免受淤。”

道光二十四年二月，谕：“前派麟魁、廖鸿荃，督办中牟大工，连日具奏，将次合龙，方深殷盼。乃本日复据奏称‘于初七、初九等日，连次蛰失五占。自请从重治罪，并请简派熟谙河务之大臣，来工督办’等语。览奏，愤懑之至。从前若能赶紧办理，于正月内合龙，则春水未旺，焉有此失。总系麟魁等，办理颟顸、迁延所致，罪无可宽。惟遽予罢斥，另派大臣接办，伊等转得置身事外，诿过他人。麟魁、廖鸿荃均着革职，给予七品顶戴，仍留河工督率。倘能竭力挽回，尚可量从宽典。钟祥任事未久，着革职，给予七品顶戴，暂留河督之任。鄂顺安系兼管河工，着革职留任，降为三品顶戴。所有全工事宜，仍着责成麟魁、廖鸿荃、钟祥、鄂顺安督饬在工文武员弁，赶紧设法相机妥办。设若仍前玩泄，必皆重治。其罪所有，应行陈奏，事件仍着照旧列衔会奏。此次失事之文武、掌坝各员弁，着麟魁等查明，严参具奏。”

道光二十四年二月，谕：“前因麟魁等奏‘大工蛰失埽占，自请治罪’。当经降旨，将麟魁等分别惩处，仍责令赶紧挽回，以图后效。本日复据奏称‘所需物料，近处无可筹买，分投购运，愈远愈迟，断非一二月所能备齐。水势日增，补筑万难措手。且时方耕作，人夫多已归农，一时难于招集。请援照仪封等工成案，展缓办理’。所称种种棘手，自系实在情形。若仍令勉强趱办，终归无济。着准其将现在坝工，暂行缓办。麟魁、廖鸿荃系特派督办之员，迁延不力，咎无可辞。前已有旨革职，着将所给七品顶戴，一并革去。即行来京，听候谕旨。钟祥现留河督之任。鄂顺安系兼管河务，所有全工事宜，着即会同悉心筹画。将来兴举大工，即着钟祥、鄂顺安督办，以专责成。此时惟有严饬工员，将两坝埽占，设法保护。遇大汛经临，尤须竭力防守，庶将来补筑，尚易为功。”

道光二十四年二月，麟魁等奏称：“奉上谕：‘麟魁等奏，蛰失埽占，自请治罪。当经降旨，将麟魁等分别惩处。现既仍令督办，若能相机厢筑，仍获蒇工，尚可量加宽贷。即或情形险要，一时未克施功，亦当将已成埽占，择要加厢守护。现在如何修守，新工如何保护，着体察情形，酌量缓急，迅即据实具奏等因。钦此。’窃中牟大工，埽占蛰失后，种种棘手。臣等已将万难补筑情形，缕晰陈明，请援照成案，暂行缓办。于二月十八日，具奏在案。兹钦奉谕旨，询及新工如何保护。详查《续行水金鉴》，乾隆年间之仪封青龙冈、嘉庆年间之曹工邵家坝等案，俱因堵闭无成，奏请停缓。然所以保护新占之法，并无明文，连日与道将等悉心计议。据称黄河挟淤夹沙，势甚雄猛。豫省又俗名坡河，伏秋盛涨，非二百丈口门不能容纳。此时若将两坝并留口门，仅剩三十余丈，一遇大汛，不惟埽占难于守护，兼恐下壅上溃，别有疏虞。且引河头之拦黄坝，亦虑刷塌受淤，挑挖更为费手。为今之计，西坝埽前，虽水深溜急，但有挑水坝盖护。若将挑水坝，择要加倍，西坝埽占，尚可不致全弃。东坝现当大溜，与其任汛水冲刷，不如及早将出水埽面拆除，展宽口门。择其可用之料物，作为加厢之用，俟秋后兴办，庶费省而工较速。其拦黄坝，亦须竭力保守，以免引河淤垫，致将来挑挖过费。臣等再四熟商，意见相同，拟即饬令该管道员，督同厅营，随时相机办理。查历届大工口门，至宽不过二三百丈。此次宽至四百三十余丈，为从来所未有。且屡遭风暴，土性纯沙，上愈厢而下愈淘。自来厢筑之难，又未有过于此者。臣等虽愚，亦深知事体重大。自到工以后，督率工员，昼夜不懈，将四百二十余丈坝工，均已做成，只剩口门四丈五尺。并已将两坝捆厢船提出，挂缆合龙，即在指顾。不意水势骤长，复遭风暴，埽占顿蛰，既惜功败于垂成，又愧补救之无术，计穷力竭，措手万难，并非取游移推诿。”分见“经费门”。

按：后经钟祥、鄂顺安，于十一月奏明。因伏秋来源，向不甚旺，酌量少拆，金门实宽一百六十八丈。

道光二十四年，给事中陈庆镛奏称：“窃河南中牟九堡，于上年七月漫溢，一时未能合龙。现当秋汛届期，各处要工，贵推行尽利，方能底成厥绩。臣愚以为，当责其所成，储其所用，保其所要，防其所因。本年二月，因前任尚书麟魁、廖鸿荃办理合龙，埽工蛰失五占，特命撤任回京，而以钟祥、鄂顺安留工筹办，并令悉心妥议。近因河南省城水溢，请款疏浚近河，以御城垣保护，诚无可虞。惟转瞬大工合龙，该河督、巡抚在工日久，当经相度机宜，胸有成算。应请饬下，专心一手办理，于秋汛既平、春水未旺，克期合龙。倘自揣未能即叙，合行先期疏明，仍俟简派熟谙河务大员及曾任著有成效者往治之，以期一劳永逸，无复虚糜国帑，致蹈上年故辙，臣故曰当责其所成也。上年冬间，需次合龙，闻各处料垛，价倍异常，施工无所措手。嗣因出示晓谕，乃陆续运至，而大工业已愆期，价值倍数，而偿竟不济事。现该省未及被水村庄之处，年景尚顺。乘收成之日，厢秸不至昂贵，宜及时购买，敷足于用，则事省而功倍，临时无掣肘之处，臣故曰当储其所用也。东河与南河，虽分两地，其实止一河。东河溢，南河必受其壅。漫水下注，江南必须大疏海口。黄水利于迅厉，急则通，而缓则淀。兹以无制之水，任性罔行，决不能循道而下，势必全黄入洪泽湖。而湖底本为高仰，又增以挟沙之漫水，积淤其中，设使西北风起，高家堰最为吃重。应请饬下南河总督，于高家堰一带，竭力保固。复遣明干河员，驻札海口，设法疏通，导之归海。高家堰既固，则南河之水可无患。南河之水无患，则东河合龙之局，计日而成，臣故曰当保其所要也。大河出中牟，即由兰仪、考城，经归德府，入江苏之徐州，以至淮安府之清河县汇淮，由云梯关入海，此顺轨也。兹乃溢出祥符县之朱仙镇，由陈州府之周家口下注，于安徽之颍州府浸淫于凤阳府。查河南省城，外来饥民，其数不少，而抚驭尚属安靖，惟颍州、凤阳二郡，民情素称强悍。自上年七月漫溢之后，至今已及一年，其失业流亡之人纷至沓来。原望本年合龙水退，可期回家耕作。今兹未能，且其地离家较远，巡抚藩臬耳目不能周到。而向办赈务，不过委佐杂微员，下乡稽查户口，开载姓名。甚或串通胥吏，以小报大，以寡报多，从中渔利。今纵不至于此，而亦不可不防其渐。应请饬下安徽巡抚，会同河南巡抚，设法抚绥。仍选素知自爱之员，实力稽查，安插妥善，不致颠沛流离，酿成他故。则与其治之于已然，何若遏之于未然，其势易治，故曰当防其所因也。”

道光二十四年三月，钟祥、鄂顺安奏称：“臣等查堵筑坝，分派掌坝文武员弁，各有专司。文员系稽查弹压，催趱夫料。武弁系撑档打张，厢筑进占。即武掌坝，亦有分管正坝、上下水并上下边埽以及夹土坝之别。原期各有责成，而免推诿。此次中牟大工，东坝蛰失埽占，系先由上边埽二十七占埽眼被浪冲刷，过水横串，夹土坝前，及正坝门占翻花不止。适值水长风紧，人力难于抢护，以致掣走。应请将掌管上边埽之仪睢协备吴怀恩、经管上边埽夹土坝之兰封都司邱广玉，即行革职。掌管正坝上下水之江南桃北营守备周宜、豫省下南协备张奇亮、掌管下边埽之东省曹河协备杨怀理，均降为千总。其余随同力作员弁，由臣等分别惩办。至文掌坝各员，虽不管埽占工作，惟亦有稽查之责。应请将掌理东坝之兰仪同知张承恩、下南同知赖安、下北同知徐启山、署中河通判王广恕，均革去顶戴，仍责令各该员弁，自备资斧，留工效力，以赎前愆。”

奉谕：“钟祥等奏‘查明掌坝文武员弁，分别严参’一折。此次中牟大工，蛰失埽占，该员弁等各有专司，自应分别惩处。所有掌管上边埽之仪睢协备吴怀恩、经管上边埽夹土坝之兰仪都司邱广玉，均着即行革职，加枷号一个月。满日释放，留于河工，自备资斧，效力赎罪。掌管正坝上下水之江南桃北营守备周宜、豫省下南协备张奇亮、掌管下边埽之东省曹河协备杨怀理、掌理东坝之兰仪同知张承恩、下南同知赖安、下北同知徐启山、署中河同知王广恕，均着革职，留于河工，自备资斧，效力赎罪。”

道光二十四年五月，准筑拦黄堰及盖坝各堤，防护省城。

道光二十四年五月，钟祥、鄂顺安会勘中牟坝工现在督饬修守情形，奏曰：“窃臣等奉上谕‘钟祥等奏“筹画全工事宜”一折。现在坝工拆展埽占，务须审度溜势趋向，勿失机宜。引河头新筑拦黄坝，现须加高培厚，外厢防风。着即督饬员弁，分赴各坝住守保护。仍责成该管道厅，实力修防。并着钟祥等，不时查察。倘因灌受淤，惟该河督等是问等因。钦此。’臣等当即敬谨，钦遵办理。并转行该管道厅委员，一体遵办。旋据禀称‘坝工拆展，原备伏秋盛涨之水行走畅速，以免上游堤工吃重。惟溜趋靡常，前摊就东坝拆展，现在溜由西坝行走，应察看两坝形势，分别展宽。而坝工厢做，均系层土层料。现历数月，业经蛰实。料土胶粘，起拆倍费工力。所拆之料，均已散碎’等语。臣钟祥到工，会同臣鄂顺安，亲往详细履勘，与所禀情形相符。现在督饬赶拆，兼须护惜工料，固不敢拘定展宽二百丈之数，亦不敢徒博撙节之名，致滋贻误，惟当相机妥慎办理。其两坝在后埽占，因秫秸发扁，均多蛰矮，必须加高，以资保守。挑水坝并坝尾，现系临黄，亦应增培，外厢防风埽工，用以挡御盛涨之水，兼可盖护西坝未拆占埽。先据道厅委员具禀，臣等到工覆勘，俱属应办之工，亦已督饬分投赶办。至引河为全局最要关键，除将前筑拦黄坝并防风埽，业已加高培厚外，复退后数十丈估筑拦黄二坝一道，以资重障。且查每年盛涨之水，系普律漫滩，诚恐滩水由土山后，串入引河，致有淤垫。现于北岸阳武汛十五堡，斜向东南，至引河南崖，估筑拦河大坝一道，长一千七百四十丈。而一经拦截，水无去路。又恐上游堤工吃重，并于迤上估挑宽深出水沟一道，俾滩水仍由沟归入大河，以免停积。其余串水沟槽，亦俱筑坝拦截，务保无虞。凡修守各事，臣等当会同督饬道厅委员，随时审度机宜，妥为防守，断不敢游移疏忽，重干咎戾。”

道光二十四年七月，钟祥、鄂顺安奏，预筹补筑中牟坝工，现在勘估情形。见“经费门”。

道光二十四年九月，钟祥、鄂顺安奏“沟工、线工先行兴挑疏”。曰：“引河为全局最要关键，择委河北道龚庆祥，总理其事。先经委员勘估，复饬该道自上而下确切覆勘，具禀前来。臣等细加确核，查上年原估引河，自第一段至八十九段受淤，尚不甚重现，须抽沟疏导，拟作为上截。俟宣放清水后，再行估计外，以下自阎河集东南蘧张庄起，至兰仪厅兰阳汛十二堡止，应估加挑下截引河一百二十五段，共长二万七千六百三十五丈。减准挑口宽十七丈四尺至八丈二尺，底宽十三丈至五丈，深一丈一尺至八尺。又自兰阳汛十二堡以下，至江南交界，共估加挑沟工五十八段，线工四十一段，共计长四万三千七百九十丈。惟泉水积潦，通长淤垫，必须自下而上挑挖，使水有去路，方能办理迅速。现经责成该道龚庆祥，先将沟工、线工派员承挑，克日完竣，以便宣放清水，接办加挑引河。”

道光二十四年十月，钟祥、鄂顺安奏“沟工、线工将次完竣，赶办加挑引河工程及挑水坝，先行兴工疏”曰：“伏查堵筑坝工，必须将引河挑有分数，方能定期进占，始免停坝待河之虞。此次补筑中牟大坝，因上年原挑引河，尚须加深。并因通长积水，应自下而上挑挖，借以宣泄，易于施工，是以先挑下游沟线工程。臣等督饬河北道龚庆祥及总催分催等官，上下轮流严催，承办厅员认真如式赶挑，辰下将次完竣。一俟验收后，即宣放清水。其原估加挑下截引河，一百二十五段，业于九月二十及二十五，十月初一、初六、初九等日，先后控水兴挑，责成河北道督办。臣等仍往来严查密察，不任草率迟延。至上截引河，自上年原估引河头起，至八十九段，蘧张庄下截引河工头止，现长三千五百五十三丈。经夏秋雨水冲刷，来沙淤垫，河身高洼不平。今分作八段，除积水较深之第一、第三、第五、第七等段，只须俟宣放清水后，相机顺势抢挑外，其第二、第四、第六、第八等段，应估加挑均，深一丈，口宽自十七丈四尺至十二丈，底宽十三丈四尺至八丈，以期一律通畅。亦已派员克日兴工，勒限趱挑。又引河头应向北挪展，并接挑工段。饬据河北道督同委员，确切勘估。先将拦河坝迤西旧挑龙须沟北面前积土山挑切，与滩面平，南长八十五丈一尺，北长七十三丈一尺，宽十八丈至三十三丈，高八尺五寸至一丈八尺。再将拦河坝东，引河头北面展宽，与水而平，南长五十一丈，北长五十六丈六尺，上宽十六丈，下无宽牵，高一丈七尺五寸。再与拦河坝西面，嫩滩之上，先接挑引河头一段，牵长一百三十三丈，上宽八十丈，底宽七十四丈，下宽七十丈，底宽六十四丈，深一丈五尺。如此分别挑办，以期放河可得吸川之益。惟该工出土较多，必须赶早办理。现已派员即日兴工，分投趱办。并据总局司道府等议禀'引河头既向北挪展，则旧挑水坝形势不顺，未敢拘泥原奏接长之议，虚费钱粮，亦请向北移。距旧坝一百三十五丈，就老滩另建坝基，长一百八十五丈，接进埽占，以期挑溜得力'等情。臣等复亲往确勘，所请移建挑水坝，甚合机宜，业经饬令，先筑坝基。并因该坝，系挑坝归入引河，为全局最要关键。既已移筑，则应做埽工较长，必须赶早兴工。谨诹吉于十月十二日，督令掌管挑水坝之文武员弁，进占厢埽，妥慎办理。其二坝工程，应于东西两岸建筑坝基、坝尾。先经饬据总局，督同委员，估定东二坝尾做长四百八十丈，西二坝尾做长二百三十九丈，估筑坝基，各长五十丈，日内即可办竣。臣等验收后，亦即督饬派掌二坝员弁，接进埽占。须俟挑水坝并二坝埽工，各进数十丈，再将大坝择吉兴工补筑，始能一气呵成。"

道光二十五年正月，谕："据钟祥等驰奏'中牟大工合龙日期'一折。此次兴办大工，责成钟祥、鄂顺安，专心督办。节据该河督等，将办理情形，随时奏报。至上年十二月十八日，启放引河，黄流东注，甚为畅顺。兹据奏称于二十四日，两坝同时挂缆，料土并进，追压至底。复因水势涌激，间有刷蛰。

竭两昼夜之力，赶饬抢办。所筑埽占，一律高整稳实。大工合龙，金门断流，全溜悉归故道，畅达东趋，此皆仰赖天神加佑，俾于春前一律蒇工。朕庆幸之余，倍深寅感。现在大工甫经告成，善后各工，俱关紧要。仍着钟祥等，督饬各员弁，妥协办理，务须慎益加慎，以期全工稳固，永庆安澜。”

咸丰五年六月，谕：“蒋启扬奏‘下北兰阳汛三堡漫溢，请将疏防各员，分别惩处’一折。本年黄河水势异涨，下北厅兰阳汛铜瓦厢三堡，堤工危险。六月十八日以后，水势复长，南风暴发，巨浪掀腾，以致十九日漫溢过水，二十日全行夺溜，刷宽口门至七八十丈，迤下正河业已断流。着该署河督，严饬道厅，赶集料物，盘做裹头，毋使再行坍宽，以致工程愈大，糜帑愈多。所有疏防专管之署下北河同知王熙文、署下北守备梁美、汛官兰阳主簿林际泰、兰阳千总诸葛元、兰阳汛额外外委司文端，均着即行革职，枷号河干，以示惩儆。兼辖之代办河北道事务、黄沁同知王绪昆，着交部议处。蒋启扬，以该管道员署理河督，未能先事豫防，实难辞咎，着摘去顶戴，革职留任，仍责成赶紧督办，以赎前愆。”

咸丰五年六月，谕：“蒋启奏‘下北厅属兰阳三堡河工漫溢’一折。览奏，实堪痛恨。当此军务未竣，帑项支绌，民间兵燹流离，已堪悯恻。该文武员弁，不知慎重修防，以致河堤漫溢七八十丈之宽。沿河一带，小民荡析离居。虽已将该署河督等，分别惩处，尚不足以蔽辜。倘不能赶紧兴筑，及早堵合，伏秋大汛，水势正长，漫溢各处，该河督等，自问当得何罪？兰阳北岸，为黄河上游，较丰北之距海较近者，迥不相同。据奏漫水微向西趋，复折往东北，是以直注直隶、山东境内。该河督等现议如何宣泄，由何处导令入海，即着迅速筹办。其漫口处所，亟应赶紧盘筑裹头，庶不致再有刷宽。现在核计兴工，约需用项若干，着李钧等，督率熟悉员弁，相度情形，先行驰奏。朕意须赶于年内合龙，俾被灾小民得早复业。并着查明此次漫口，是否实系无工处所，不得借词掩饰。”

咸丰五年七月，命已革山东巡抚张亮基发往东河，交河道总督李钧差委。

同治二年，奏准：“黄河节次异涨，上南各厅险工叠出，赶紧抢办平稳。将堤边溃塌之处，于南面用土帮做后戗，以固根本。于北面抢厢护埽，上下首抛，筑砖石坝、盖托，以备抵御续涨。”

同治三年九月，谕：“谭廷襄奏‘抢办中河厅十三堡险工，绘图呈览’一折。据称中河厅十三堡溃堤圈刷之处，抢办后戗。因滩系纯沙，随筑随塌。拟于退后数十丈，现圈筑围埝之处，加高培厚。再将先年老越堤，补筑完整，以作重障。赶筑围埝，长三百余丈。补筑老月堤，原长七百七十八丈，力为收缩，尚有六百余丈等语。中河十三堡存滩被刷，骤出奇险。现虽抢办，渐臻底定。而筑埝修堤，既据谭廷襄奏，万分紧迫，自未便稍涉延缓。至石家桥郑下汛九堡刷塌堤边二十余丈，亦关紧要。即照谭廷襄所拟认真办理。”分见“经费门”。

同治四年七月，河道总督张之万奏，“南岸上南厅郑下汛十堡一带无工处所，因河势圈注，塌埽溃堤，情形紧要，正在抢办。间风雨频番，全河溜势侧注，踊激趋淘，非常湍急，以致该工新厢埽工，先后墩蛰。堤身同时陷塌，随厢随垫，堤顶仅存丈余”等语。奉谕：“该厅河岸逼近省垣，工程甚关紧要。见在河流侧注，埽工蛰塌，仅存一线长堤，万分危险。张之万身任河督，责无旁贷。即着督饬道厅营汛各员弁，实力抢护，毋稍疏懈。”

同治四年八月，河督张之万奏“祥河厅祥符汛，大河溜势，由十四堡对岸湾折北趋，直射十五堡，势甚湍激，致顺堤七、八两埽，陡蛰入水。其八埽后起，至十六埽后止，大堤裂缝七十余丈”等语。奉谕：“督饬该道厅等，将应厢堤埽各工，实力抢办，俾一律均臻稳固，不准稍有疏虞。”

同治五年十二月，谕：“接修豫省上游及滑、浚等处长堤。”

同治七年七月，河督苏廷魁奏称“窃臣昨将防护秋汛情形具奏后，旋即督饬两道各厅，将上南、中河、祥河险要各工，分投抢护。而上南厅胡家屯，溜势于二十四日以后，忽尔提至荥泽汛十堡。该处旧工，久经淤闭，堤身本矮。水势非常旺盛，又复停积不消，泛滥奔腾，涌注堤根。登时抬高数尺，直与堤身相等。当经号召人夫，催料上堤，下埽抛石，抢帮后戗。埽则随下随漂，石则随抛随卸。更兼彻夜风雨，无土可取，人力难施。水势由堤顶漫过，刷宽口门三十余丈。探量，水尚不深。所幸溜走中泓，尚有一线可救。臣已一面饬司宽筹款项，一面飞调州县办料集夫，一面督率道厅，盘做东西裹头，抢下埽占，实力追压，为亡羊补牢之计。惟冀仰叨神佑，水势不长，大溜不变，便可一气呵成。但秋汛正水，来源莫测，臣惟有尽心竭力，冀挽狂澜。其余祥河、中河两处险工，亦在分投督饬赶办”等语。奉上谕：“该处险工，亟宜抢护。着苏廷魁，督饬所属，宽备秸料，广集人夫。乘此尚未夺溜之时，赶紧盘做东西裹头，抢下埽占，实力追压，以维危局。”

同治七年七月，谕：“苏延魁奏‘上南河厅，黄水漫口，请将文武惩处并自请治罪’一折。本年六月间，上南河厅溜势，提至荥泽十堡，坐湾淘刷，水势抬高，漫堤过水。虽经该道厅盘做裹头，正河未至夺溜旁趋，而口门已刷宽九十余丈。在工各员疏于防护，咎无可辞。除上南同知邹梁办理不善，业经随堤身故外，该署河督请将厅员等，分别革职议处，尚觉过轻。署上南守备王麟、荥泽汛县丞龚国琨、署荥郑汛把总朱永和，均着即行革职，枷号河干，以示惩儆。开归道绍诚，着摘去顶带，交部照例议处。苏廷魁，督办河防，是其专责，未能先事豫防，亦难辞咎，着摘去顶戴，革职留任，仍责成戴罪自效，督率在工各员，赶紧堵筑，毋稍延误。”

同治七年七月，谕：“前据苏廷魁、李鹤年先后驰奏，黄河南岸荥泽汛十堡漫口情形，叠经谕令，该抚等督饬各该道厅，赶紧抢护。兹据苏廷魁奏，该处漫口已刷宽九十余丈，虽经盘做裹头，正河未至夺溜，而口门丈尺甚宽，实属修防不力。苏廷魁，身任河督，河务是其专责，着即赶紧鸠集物料，设法抢办，倘能迅速蒇功，其咎尚可末减，若再玩误，定当严惩不贷。李鹤年，现既前赴工所，着即星驰抵工，会同苏廷魁，督率道厅营汛各员，认真抢筑堤工，毋任大溜旁趋，致成巨患。北岸七坝及顺二坝埝身，为黄水冲刷，各塌数丈，情形吃紧。并着苏廷魁、李鹤年，会督河北道，堵御抢护，毋任再有疏失。同知邹梁于所属工次石料，任听土夫偷窃售卖，漫无稽察，致令失事，殊堪痛恨，业经随堤落水身故，应毋庸议。嗣后，各厅营汛文武各员弁，如有此等玩误情形，该署河督当随时访察，严参惩办，不得稍事姑息。”

同治七年七月，谕：“李鹤年奏‘沁河陡涨，民堤漫溢，见饬勘办大概情形’一折。据称武陟县西北岸赵樊村，连日河水陡长，水高堤面，溜势顶冲。该处堤身漫溢，掣溜北趋，口门约宽五十余丈。由下游修武一带行走，现已设法堵筑等语。前因荥泽十堡漫口，当经谕令。该抚驰赴工所，会同苏廷魁，督属抢筑。兹复据报樊村民堤漫溢，是前险未平，后患洊至。览奏，实为焦急。着苏廷魁、李鹤年，会督该管道府厅县等，赶紧购集夫料，设法堵筑，毋任泛滥无归。并查明水势，究由何处归宿，妥筹办理。荥泽漫口工程，已否办有头绪，秋汛前能否竣工，见在大溜曾否全行掣动。并着苏廷魁、李鹤年，分饬赶筑。各厅文武员弁，如有偷减玩误情事，苏廷魁等当懔遵前旨，随时访查，严参惩办。”谕：“李鹤年奏‘荥工口门刷宽’一折。览奏，曷胜焦急。前据苏廷魁、李鹤年，先后奏报漫口情形，声称口门尚未刷宽，方期赶紧堵筑，易于蒇事。乃现在荥工门，口已刷宽二百余丈。若任其溃溢，将来逐渐塌卸，势将何所底止。着苏廷魁、李鹤年，严饬道厅及在工各员弁，赶紧盘筑两坝裹头，毋令再行冲刷。俟霜清水落，即行设法堵合。”

同治七年八月，谕：苏廷魁、李鹤年奏“请拨款堵筑荥工分流”一折。“黄河荥工漫口，堤岸塌宽二百十丈之多。现经苏廷魁等，督率工员，抢厢两坝裹头。虽已完竣，而口门宽广，正河溜势恐其并归分流处所南趋。该署河督等，现拟于外口估筑拦沟大坝，以闭其气。俟坝基增培完竣，即于两坝先行进占，为收窄合龙地步。着即赶紧筹办。”分见“经费门”。

同治七年十一月，谕：“苏廷魁、李鹤年奏‘荥工两坝埽占情形’并‘防护凌汛’各折片。荥工口门，自本月初八日，溜势即走中泓。东、西两坝埽占情形，均见轻缓。趁此事机顺利，着该署河督等，督饬在工员弁，赶办料物。无分昼夜，竭力兴办，以期年内合龙。现在河冰，虽未淌凌，但一经风雪，即转冱寒冰凌，不可不防。并着该署河督等，饬属妥慎防护，力保无虞。”

同治八年正月，河东河道总督苏廷魁、河南巡抚李鹤年奏称："窃臣等于本月初三日，将展办荥工情形，由驿具奏。后仍督率两坝文武员弁，实力催趱，冀早竣事。查该工系属分流，难挑引河。当于西边占添做雁翅埽，以顺溜势。东边占厢做鱼鳞埽，以资辅助。坐蛰埽段，跟盘高整。察看正边两埽门占，均臻稳定。遂择吉于本月十五日，挂缆合龙，赶进料土，穷三昼夜之力，追压到底，护以土包。截至十八日，一律闭气，工已坚稳。此皆仰赖圣德神庥，俾三省灾黎得免昏蛰。而所请帑金部库，拨至百万，不致停工待饷，用能告厥成功，僚吏军民同深欢跃。第该工大溜并股东趋，仍靠坝前，尚须普压大土。其秸料发扁之处，并须加厢。统俟办竣，再行确核用数。其大坝前面应厢护埽，后面应帮土戗，及增培堤坝，筹备料物，统归善后估办。本年南岸三厅修守，尤关紧要，必须按汛确估。俟荥工用款核定，即以原请节省存项，办理善后修守，均不另请添拨。如再有盈余，奏缴部库，以免虚耗。荥工总局及在工文武委员，应即裁撤，以省糜费。善后修守各工，即责成该管道，督饬赶办。原派弹压营弁兵丁，亦由臣李鹤年分别裁减，酌留防守。至此次调工当差，河工地方文武员弁，冲寒冒险，分投办料厢埽。数月耐劳，颇有成效。容臣等援照历届成案，择其尤为出力者，酌量请保，以资鼓励。"

同治八年正月，谕："苏廷魁、李鹤年奏'荥工合龙并筹办善后'一折。见在大溜并股东趋，仍靠坝前，必须普压大土。其大坝前后应厢护埽、应帮土戗及增培堤坝，均当速筹妥办。南岸三厅修守，尤关紧要。着苏廷魁等，即将此次节省存项，筹备物料，责成该管道督饬赶办，务期全工稳固，永庆安澜，不得草率从事，致有贻误。"

同治九年十二月，谕："东河总督严禁河工偷减、侵蚀诸弊。"

同治十年七月，谕："李鹤年奏'沁河漫口'及'漫水趋近拦黄埝'各折片。豫省河内县所属之徐保村，本年沁水盛涨。复因大雨，长至九尺余。该县小王庄无工处所，漫溢过堤，冲刷二十余丈。见在水势趋至拦黄埝后身，情形甚为吃紧，亟应设法保护。着李鹤年饬令河北道，督率厅汛各员，赶紧分别疏消，保护黄河堤岸。并将沁河漫口堵筑，毋稍迟缓。其武陟原村等处埽段，据称情形亦甚吃紧，该抚务当豫筹防范，以保无虞。"

光绪八年，奏准："上南厅荥泽汛十堡，为同治七年大工。金门近数年河势南圈侧注，叠生巨险。现已加筑月格等堤，以期防患未然。"

光绪九年十一月，河南巡抚鹿传霖奏称："窃前因荥泽县保和寨东北，黄溜南圈，陡生险工，形势万分吃紧。经臣等将派委员弁，竭力抢护缘由，会同具奏，在案。查该处河势忽然变迁，从前溜在北岸，自鸡心滩，淤高出水，河身逼窄，北岸只余一线细流。全河大溜直趋南岸，不惟民埝塌卸无存，即当时赶筑之土坝及护坝之砖篓，时被冲刷。当溜急之处，并有连土坝砖篓大坯塌入河内者，危险异常。计陆续塌陷南圈已不下数十丈，经副将裴政、荥泽县知县连魁等，督饬兵夫节节退守，昼夜用砖抛护。并赶将上南厅存储竹篓一千余，尽数提借。复谕附近居民，赶编柳篓，估价收买，随时应用。一面派参将陈锦标，星夜驰赴孟津，催运石方到工，相机抢护。因于民埝之内，添筑月堤一道，长二百一十五丈。未塌民埝，加帮后戗，长一百五十五丈。均高八尺，底宽三丈。顶宽一丈。幸堤内之地，较水面略高，时又节届霜清，水将归槽。十月初旬以后，河水渐落，郭庙后砖石大坝抛成，始将急溜挑出。而回溜仍刷堤根，相其水势缓急，设法多抛砖垛，以资抵御。计自保和寨迤东，共抛砖石大坝八道，小垛五十八个，工长二百一十余丈，均已次第告成。察看河溜，年内可保无虞。惟此次所筑坝戗等工，原系仓卒抢办，均形单薄。河已坐湾，来春汛期溜长，恐难抵御。当饬开归陈许道陈彝妥细勘估。据该道勘验，禀称能将北岸河身，挑挖引溜，仍归故道，最为上策。但工程过于浩大，难于估计。惟有于西埝头，择要修筑大石坝一道，约长十丈。再于中间添筑砖石垛一道，即可接至现抛之头坝。第抢办之大坝八道，入水未深，形势亦小，难期稳住。应再加高培厚，处处联络，保护新筑土堤。亦一律帮宽六尺，选取淤土层层加筑行硪，以期坚固。其保和寨后涸河新冲之处，刻值水势上提，西面岸滩日见塌卸。程庄一带民田，半入水内。亦须顺河筑埝，与西埝头上首相接，南北约长八百余丈，中筑土坝数道，借资防御。此河溜南趋，暂时抢护平稳。来春亟须续筹防范之实在情形也。刻因严寒冻结，工作难施，已饬撤队回防。酌留参将陈锦标，驻工防守，随时察看。如有塌卸，将存工砖石相机抛护，以臻稳慎。俟来岁春融，即行动工加筑。除饬该道等，将来春应筑工程，确实勘估核明，另行陈奏。并派员即日赴山采办石方，多雇船只，迅速运工。仍于工次收买砖料，均限汛前一律办齐，以资防护。”

卷八　工程上之四

光绪十三年八月，武陟县属小杨村，沁河漫决一百四十余丈。

光绪十三年八月，河东河道总督成孚奏称："窃臣前将节交白露，各厅水势厢工情形，并以两岸工用不敷，援案奏请添款办理在案。讵拜折后，即据陕州续报'万锦滩黄河，于七月二十六八月初七、初十等日，统计三次，共长水一丈一尺五寸'。并据黄沁厅呈报'武陟沁河，于八月初二、初七等日，接续陡长水一丈一尺七寸'。前长未消，后水踵至，兼以阴雨浃旬，添波助溜，拍岸盈堤。各厅水势频报陡长，奇险环生。两岸各工，尤以南岸上、中两厅为最多。查上南厅工程，始于荥泽坝将军庙等处，全河侧注，汕刷不移。当将各该工砖石坝二道，塌卸殆尽，迤下各埽，因之纷纷蛰塌。上下兼顾，已有应接不遑之势。又值风雨交加，办理更形棘手。当经督饬该道厅等，并力分投抢护，厢办十数昼夜，方始渐有转机。讵于初八日，长水陡落一尺二寸，河势忽又更变，圈湾下卸。至郑州汛八、九、十、十一等堡各埽前，节节圈卧，巨浪掀腾，势若排山倒峡。搜根淘底，迅利非常，立将各埽朽底掣动。初九、初十两日，脱胎及陡蛰入水之埽，共计四十余段之多。甚有塌及堤身之处，宽长不一。居民惊避，运料不前。目睹情形，殊深焦灼。中河厅河势始由头、二、三、四、五堡各埽前一带，上下趋刷。各埽坝垛，本已厢抛不已。初八日，长水稍落，全河堆注四、五等堡。顺堤各埽前，河声如吼，猛力搜淘，致将四堡头埽后，汇下首石垛塌卸，五堡顺堤头埽至九埽同时墩蛰入水，堤身连坯汇塌，长百余丈，宽一丈五六尺至六七尺不等。该两工所塌之埽工片段既长单堤一线，情势危险。同在呼吸，目击情形，不寒而栗。当经亲督该道厅等，调集兵夫，无分风雨黑夜，分投撒手，抢护无如。埽则随厢随蛰，石则屡抛屡塌。本工物料，计将用罄。即饬转运邻汛所存物料，并借用荥泽民埝砖石。一面飞饬沿河各州县催料，分运两工，并宽备现钱，放价购办。一面分别咨调总兵蒋东才，率领勇丁一千余名，副将裴政、李家吕，率领练军一百数十名。均已星夜来工，派令分赴两厅，帮同力作，以期群策群力，转危为安，仰纾圣廑。”

光绪十三年八月，河东河道总督觉罗成孚奏称：“窃臣昨以上、中两厅，猝生巨险，当将筹备抢办情形，恭折驰奏。后查南岸上南厅属河势，自荥泽坝圈湾下卸，尤以郑州下汛十堡，为顶溜最要之区。该工内塘外河堤工，本系沙松，埽坝林立，工段更属绵长。经此猛溜趋刷，时急事迫，实有抢护不遑之势。当经严督道厅营委汛弁，调集练军兵夫，料土兼施，砖石并进，昼以继夜，冒雨冲风，不稍遗余力，与水争命。窃幸夫工料物，均经筹备裕如，无虞缺乏。业经择要抢厢埽工，一面帮助后戗，大局稍可支持。讵于十四日，尚未黎明，正在抢护间，该堡迤西无工之处，堤身走漏过水，即用毡絮铁锅等物，堵塞严闭。上首又复走漏，赶紧如前严塞。乃堤身虽尚宽厚，忽渐矬蛰，水乘风势，浪涌如山。登时抬高数尺，水由堤顶漫过，当刷宽口门三四十丈。幸尚未掣动全溜，半多仍走中泓，归入正河。当失险之际，固由事起仓卒，风狂浪激，人力难施。究属办理不善，咎无可辞。所有此案疏防，上南同知余潢、上南营守备王炘、郑州州判余家兰、郑州下汛千总陈景山、署郑州下汛额外外委郭俊儒，均请旨一并革职，俟堵筑完竣，照例办理。并经臣已将该厅营汛员弁，先行摘去顶戴，撤任听参。一面遴委接署，以专责成。其兼理河务之署开归道李正荣，请旨交部议处。并应参之地方府州，查取职名，循案核题。臣督率无方，万分惶愧，惟有仰求交部照例惩治，以昭儆戒。至此次漫口，附近居民，均见事机危急，先经迁移高阜，尚未损伤人口，业经捐施赈钱，先为抚恤。其较远村庄，有无损伤以及水经之处、被灾之区，商同抚臣，饬查明确，再行妥筹办理。彼时溜仍湍急，南北两岸工程并中河三、四堡等，仍多险要，谨当严饬该道等妥慎修防，不容稍涉疏懈。一面督率道厅，拟先估筑口门东西裹头，俾免续塌。一俟水落归槽，即当殚竭愚忱，勉力筹堵，以期稍赎前愆。”

光绪十三年八月，谕：“成孚奏‘南岸郑州下汛十堡，河水漫溢，请将文武员弁惩处，并自请惩处’一折。在工员弁疏于防护，实属咎无可辞。该河督请一并革职，尚属过轻。上南同知余潢、上南营守备王炘、郑州州判余嘉兰、署郑州下汛千总陈景山、署郑州下汛额外外委郭俊儒，均着即行革职，枷号河干，以示惩儆。署开归陈许道李正荣，着摘去顶戴，交部议处。成孚督办河防，是其专职，乃未能先事预防，亦难辞咎。着摘去顶戴，革职留任，仍督率在工员弁，赶集物料，设法抢办，务期迅速蒇功。并先行盘筑裹头，以免再行坍卸。至该处漫口，据称附近居民，先经迁移高阜，尚未损伤人口，业经得捐抚恤。

其较远村庄及漫水经行、被流之处，着即会同倪文蔚，查明具奏。一面将灾黎迅饬赈抚，毋任流离失所，是为至要。”

光绪十三年八月，河东河道总督成孚、河南巡抚倪文蔚奏：“郑下汛十堡漫口，大溜全掣正河，下游断流，口门刷宽三百余丈，深一丈七尺。溜分三股，直趋东南下游，已夺淮入海。”

光绪十三年九月，谕：“前山西布政使绍诚、降调浙江按察使陈宝箴、前山东按察使潘骏文，均着发往河南，随同成孚、倪文蔚办理河工事宜。即着厢黄旗满洲都统、两广总督、山东巡抚饬令该员，迅速赴工，毋稍迟误。”

光绪十三年九月，谕：“河南郑州黄河决口，前经谕令薛允升就近驰赴工次，确查具奏。着添派李鸿藻，即行驰驿前往该省，会同薛允升，将现办大工一切情形，详细查明，迅速覆奏。”

光绪十三年九月，谕：“李鹤年，着署理河东河道总督，会同倪文蔚，筹办大工事宜。即行前赴署任，毋庸请训。成孚获咎甚重，现值堵筑加紧之际，未便令其置身事外。着留工效力，以观后效。”

光绪十三年九月，河南巡抚倪文蔚奏称：“查明黄河漫溢，水由郑州东、北两乡东姚等堡流入中牟县市王庄出境，被水者一百一二十村庄。中牟县城被水围绕，漫水所及，三百余村庄。由中牟而入祥符县境，大溜趋向朱仙镇南之闹店及西南之赵店、正南之腰铺、东南之西市等堡。水趋尉氏，围绕县城，由正北歇马营折向正东，直趋扶沟县境，计长一百余里。城垣四面皆水，漫水反于鄢陵县之部村等处，共淹浸四十余村庄。其通许之吴台、邸阁等处，数十村庄，亦有漫水深至七八尺不等。而太康县境，水由崔桥至长营，挟河出槽，直趋东南，入于鹿邑县境。其西华县惟沙河以南三十余村庄，不受水害。西华与淮宁、商水两县接壤之周家口北寨，为淮宁地面，亦被水淹。淮宁县境，水由柳林集会贾鲁河、大沙河之水，散漫靡常，致淹一千五百数十村庄。南流入于项城县，由李村等牌，流赴沈丘县纸店等处，遂从槐店出境。至归德府属鹿邑一县，亦经黄水漫及，由西南囚冢集等处，流入洺河、黄沟河，东流入于安徽太和县境。盖郑工漫口，夺溜横行，就地平铺，溜分三道。灌入贾鲁河，东过朱仙镇，西南经尉氏。又东会涡河，南注周家口。经扶沟、西华、商水、淮宁、项城、沈丘各县，入于淮河，合流至皖北，东趋洪泽，是其大端也。其泛滥，旁及开封府属之鄢陵、杞县、通许，陈州府属之太康，归德府属之鹿邑，各县水深三四尺及六七尺不等。"

光绪十三年九月，河南巡抚倪文蔚奏称："臣伏思堵口未合以前，筹办赈抚，为日方长。遍观粥厂，流民露宿风餐，情殊可悯。然其中老弱妇女，尚可一饱无求，彼精壮男丁，归耕无期，麕聚一处，日久必生他志。一经匪徒煽惑，即恐滋生事端。故欲设法安置，莫若以工代赈。现在挑筑残堤，开挖引河，均须雇募民夫。迨至大工兴办，需夫更多。与其临时号召散夫，何如招此长夫，各归棚头督率，便于稽查。臣现拟招募精壮灾民，在距工次百里以内者，先挑二千五六百人，编以营制。俾以工作，名之曰工赈营。平时既可归视家室，口粮所余，兼可补粥厂之不足。将来大工告竣，遣归较易，非若寻常招募，易聚难散。"奉朱批："招募壮丁，以工代赈，所筹尚妥，着依议行。"

光绪十三年九月，河东河道总督成孚奏称："窃臣承准军机大臣字寄，八月二十九日奉上谕：'翁同龢、潘祖荫[1]奏"黄河

[1] 荫　原作"阴"，据民国19年重印本改。

南决，恳饬速筹堵塞并设法补救”一折，览奏均悉。此次郑州决口，为患甚巨。翁同龢等所称，黄河南注，有二大患、五可虑，均系切中事理之言。现在大溜南趋，经行何处，尚未据成孚续奏。昨据倪文蔚奏报，折内有溜分三股之说。目前无论情形如何，总以迅筹堵口为要策。成孚业已疏防于前，必应补救于后。着即会同倪文蔚，赶集料物，盘筑裹头，务将堵合之法，克日筹议。若再冀幸迁延，致误事机，该河督自问当得何罪等因。钦此。’旋又承准军机大臣字寄，九月初二日奉上谕：‘上南厅郑下汛漫口，大溜南趋，贻害甚大。朝廷日深焦。念成孚于八月十九日奏报后，迄今尚未续奏。现闻决口刷宽至七八百丈，成孚迁延未奏，岂尚思弥缝掩饰耶？现在盘筑裹头工程若何，失事已将二旬，必应办有端绪。成孚此次疏防，厥咎甚重，宜如何愧奋力赎前愆？倪文蔚兼任何务，亦应驰赴工次，会同筹办。着即将近日口门情形，并抢筑办法，迅速据实具奏等因。钦此。’伏念制用维艰之际，兴此意外之工，谨当督率在工员弁，力图补救，万不敢迁延时日，致误事机。计自失险以来，筹拨饷需，采办工料，昼夜严催，实未敢一时少息。当以东坝情形紧要，未俟工料齐集，即于八月二十五日，赶紧动工。甫经旬余，已将两坝裹头、护埽，一律抢办完竣。西坝各工，现已跟压到底，追盘坚实。仍饬两坝工员，随时加意修守，毋稍疏虞。至该口门，昨经臣会同抚臣，确切丈量，实止五百五十丈，并未宽至七八百丈。业经督饬开归道，约估工款，吁恳饬拨，具折会奏在案。查口门水势，现已节届霜清，冀可水落溜绵。所有堵合事，宜亟应赶速筹备。”

光绪十三年九月，河东河道总督成孚奏称：“郑工口门，溜势无定，有由西坝潆洄、西行折而东流者，有由东坝顺堤东驶、合股南流者，良由下游河槽未能刷深，以致散漫较广。现在西坝三面皆水，远至数里之外，方得干壤。设厂筹料，不独转运维艰，且远道取土，更非所宜。再四筹勘，惟有赶筑拦黄坝，以资束水。一面于漫水下游，设法疏消，俾可渐臻涸复，次第经理。该坝裹头、护埽，均已追盘稳实。而北面临黄顺堤埽段，仍宜厢护帮齐，以免搜后之虞。现正接续厢修，不容稍涉停辍。旧河迤东，尚有串沟数道。每遇水长风涌，辄即普漫东趋。水退受淤，势所必然。正河多受一分之淤，即挑工多增一分之费。亟宜南北截筑土坝，以免漫淤之患。即挑挖引河，亦不致水中施工，诸形艰阻。盘筑东西坝基、坝尾，各二百余丈，均已估定。即与前项拦黄等坝，同时举办，加夫趱筑，不准草率迟延。引河挑坝，形势颇为棘手，应俟溜势趋向稍定，再行相机筹办。黄沁厅属拦黄埝埽、坝、砖、石各工，亦多险要，兼之沁河漫口，夺溜西趋，正冲该埝之北，以致腹背受敌。当饬河北道厅，来工面商机宜，赶紧筹办，近已大致稳定。”

光绪十三年十月，河东河道总督成孚奏称：“窃于光绪十三年九月二十五日，承准军机大臣字寄，九月二十一日奉上谕：‘成孚奏“漫口水势绵弱，亟待款料兴办”，倪文蔚奏“塞决疏淤，亟宜并举”各一折，览奏均悉。倪文蔚所称“添募灾民、挑挖引河”，并与成孚“分驻河干，督饬修办，暨严定赏罚”各一节，所筹尚属认真，均着照所请行。该处工需，前已由部提银二百万两，并准源源接济，自无停工待款之虞。现在虽届霜清，水势渐减，转瞬春汛涨发，若不及时抢筑，后患何堪设想？成孚身任河督，责无旁贷，何得以办理棘手，借词延宕？如必俟溜势稍定，始行相机筹办，试问此项工程，尚有可成之日耶？倘再不知振作，亟图补救，必当重治其罪。着即会同倪文蔚，严督工员，趁此河流绵弱之时，迅筹堵合。务于来春大汛以前，将大工一律告竣，不得任听河员进占迟缓之词，贻误大局。所需料物，迅饬各属赶紧运解。如有迟误、浮冒等弊，立即从严参办。余均照所议办理等因。钦此。’

“伏查郑工漫口，本为旧堤转湾之处。两坝形势，既已参差不顺，复于口门上游挺生一滩，西北东南，约中斜长二十余里。大溜全逼南趋，西坝尤为吃重。该坝八、九堡一带，均系深水，溜无定向。挑水坝不能得底生基，引河不能得力。是欲挑动全溜，侧注引河，须俟溜势之趋向稍准，方能定挑水坝基之所在。非敢俟大溜全定，始行筹办。臣前折未经声叙明晰，致滋牵混，实深惶恐。至抚臣倪文蔚，拟在上游胡家屯北面另开引河，相距口门尚远，与东坝应挑之引河，两无关碍。臣至省，会商一切工款事宜。即于九月二十四日，驰回工次。及抚臣与刑部侍郎臣薛允升，先后来工，周历两坝，逐工履勘。查西坝头前以上，三面临水，筹土难求。故先于该坝头南面，筑拦黄埝一道，以御漫水，现在已经工竣。原拟东坝迤北，估筑拦黄坝，现拟向北改筑新堤，俾与西坝斜对，以期一举两得。两坝坝基业经兴工，加紧趱筑。并经详细履勘，审定河势趋向，盘筑挑水坝基，俾得渐次进占，以资挑溜。惟坝工之长短，以引河头远近为定，而引河头之上下，又以挑水坝逼注为准。东坝迤北引河，先就中段挑起，仍留引河头，待合龙时，相机抢办。盖两坝分路进占，上下边埽、夹土坝，同时并举。而挑水坝渐近渐逼口门，愈收愈窄。合龙时，水势抬高。于是看定河势之趋向，即将引河、并力挑挖三项工程，一气呵成，乃可吸溜东趋。此历办大工不易之成法，故仍仿而行之。

“此次大工，需用秸料，为数较多。自八月间，开厂以来，撤手给偿，每垛至价银一百数十两。两坝所收秸料，除动用外，计存不过三百余垛。实缘本年伏秋大汛，上、中两厅迭抢奇险，附近陈料业已茎束无存，而新料又因旱潦不时，收成短少。前经会同抚臣，摊派六十余州县，同力协办。严定功课，勒县购运。一面委员分查，札牍交催，运到仍属无多。复于两坝暨北岸以及邻近之东省曹州府、直隶开州等处，分派委员，设厂采购，源源接济工用。并另片奏请，准予通饬各属，劝谕绅商富户，凡有捐输料物，各按例价，核明银数，遵照海防新章请奖，以昭激劝而期踊跃。其余麻斤、砖石、缆橛各项杂料，亦经提早委员，分投采购运工，以济要用。

“刻下盘筑东、西坝基及挑挖引河，需用人夫甚夥。虽已雇集数千名，并经抚臣召募工赈营勇，仍不敷用。复经会饬沿河州县，摊募民夫，管带来工，分段合作。臣智虑短浅，于催料集夫事宜，实已竭尽心力，无计不施。现惟会同抚臣，并力严催。一面详核各州县办料之勤惰，开单咨请抚臣，分别存记功过，以示劝惩。如实有疲玩不力者，并请严予撤参，以资观感而免延误。一俟催集稍多，应即行择吉兴工。臣职有专司，责无旁贷，惟当昼夜监督，力任其难，殚竭血诚，倍加振作。不敢任听河员迟缓之词，稍涉因循，以仰副谆谆训诫之至意。”

光绪十三年十二月，命礼部尚书李鸿藻督办郑工。

光绪十三年十二月，督办工程礼部尚书李鸿藻奏称：“窃臣在安阳途次，奉到寄谕：‘本日已明降谕旨，特派李鸿藻督办工程等因。钦此。’当经具折陈奏，于拜发后，即率同随员司员，赶紧折回。正在函商河臣、抚臣，定议间，适接到李鹤年、倪文蔚函称，已于十四日将议定做法、开工日期，奏报在案。臣趱程前进，于十八日行抵工次，面晤李鹤年、倪文蔚。复将潘骏文之议，和衷商榷，反覆熟筹。盖原估做法大坝之外，尚有二坝因节省料物，将二坝减去。今若再减挑水坝，恐将来合龙时，不能得势。况现在所存秸料甫及三千垛，质之潘骏文，亦称实无把握。抚臣倪文蔚，亦以事太涉险，不如仍从绍诚之议，较为稳慎。刻下开工，就现有之料，从挑水坝做起，节节进占。此后物料，如能应手，东坝亦可趁势并进，昼夜赶做，一气呵成。即或料物不能接济，亦尚可固守。臣等公同商酌，意见相同，应即定议，克日兴工。一面严催正杂料物，以期源源接济。臣连日驰赴东、西两坝，传集在工文武员弁，剀切晓谕，务各激发天良，破除积习，以冀迅速蒇工。该员弁等，颇知感奋。臣惟有殚竭血诚，与河臣、抚臣和衷商办。如有可以变通成法、速助工作之处，即当随时商定具奏，仰慰宸廑。”

光绪十三年十二月，国子监祭酒宗室盛昱奏称：“窃维本年郑州决口，特遣重臣，迭颁巨帑，谕以迅筹堵合，勿得延缓。诚以决口一日不堵，小民一日不安。明年大汛经临，不徒数百万灾黎，归耕无地，淮扬[1]数百里财赋之区，亦必同遭浸没。民生国计，所关至重也。顾现在既以堵口为正办，而堵口又以秸料为要需。闻秸料现需两万垛，两月之久，实运到工，方及十分之二。就令印、委各官，悉秉公忠，邻省亦殚心协助，源源接济，已恐误过汛期。况又闻该工委员，有小民运料到工，因不能成垛，驳令仍回本县者。本县因购运料物，有每亩加钱二十文者。故夏邑有烧毁料车之事，曹州又有不肯出料之谣。所闻虽未必果实，然风语既达京师，在彼小民之更熟，能无疑惧？窃恐大工未成，他端又起。凡兹祸害，何可胜言！然于无可如何之中，亦未必无一二补救之法则，惟有间用砖工而已。查砖

[1] 扬　原作“阳”，据民国19年重印本改。

工之议，起于前任河东河道总督栗毓美。栗毓美因道光十五年原阳堵截支河分溜，用砖有效，遂即推行各处。嗣因旧砖购尽，又议置窑烧造。然烧砖一万块，需用秸三万斤。既妨近堤取土之禁，又有侵碍积料之虞。其时臣祖敬徵任尚书，蒙派往查阅，当以用砖有益，烧砖有弊，请改碎石、碎砖，同性且无烧造之烦。是特谓新砖之不宜烧，未尝谓旧砖碎石之不可用也。现既秸料无出，自当兼用砖石，请言其善约有二端：一、购办易。漫水所过，城堡庐舍坍塌必多，饥民搬运，即可代赈。较之购料于完善之区，远近难易迥乎不同，善一。一、工作易。秸料追压不足，偶经闪失，即行漂没无存。据栗毓美原奏，砖工虽有蛰卸，探量砖块，仍存水底。加抛即能屹立，是其夷险亦复判若天渊，善二。顾或谓砖石宜于培堤，未必宜于塞决，臣谓其说非也。按：原阳一役，为栗毓美得名之始，即为栗毓美庙祀之由。其时支河刷开一百二十丈，栗毓美迎溜抛砖，口门收至五六丈，拔大柳横塞之，砖如雨下，不逾时而填阏。此见之举人蒋湘南《七经楼文钞》者所言，较奏报为详。夫迎溜施工，与堵合有何区别？善乎！栗毓美之言曰：'汉以竹楗塞瓠子，土石兼施。明以木囷塞阳武，瓦石并用。'倘谓砖石之不易塞决，则亦不考古之过也。或又谓'砖石不宜与土料并施'，此亦不然。栗毓美原奏不云乎'先用砖石抛坝，后用土料加戗，工程至为稳固'。是则刚柔相济，而用益神，亦毋庸过虑者矣。总之，栗毓美已为庙祀正神，灵应昭著。凡所施设，当无不合。伏请寄谕李鸿藻等，悉心筹议，迅速奏办。庶几工程有堵合之期，百姓免追呼之苦。至于上游抛筑挑水坝，对面开挖引河，皆为向来办工之成法。又清化镇产竹，取之无尽，去工亦不远，正可补秸料之缺弥，可当竹缆之用，皆当筹议及之者。并请寄谕诸臣，勿泥守秸料为堵合，致误事机。”

奉上谕：“祭酒盛昱奏‘大工缺料，难期堵合，请间用砖石’一折，前因郑工需料甚殷，谕令李鸿藻等，兼用柳枝竹石，辅秸料之不足。本日该祭酒所奏，参用旧砖竹石，亦本前人成法。系为早日蒇工起见，尚属可采。即着李鸿藻，会同李鹤年、倪文蔚，妥速筹商，奏明办理。至所称工员，驳回运料，州县加派钱文等弊，并着该尚书等，确加访察。如有其事，立即从严参办。”

光绪十四年正月，督办工程礼部尚书李鸿藻、署河东河道总督李鹤年、河南巡抚倪文蔚奏称：“窃臣鸿藻奉命督办河工，当将到工日期并会同商办情形，具奏在案。伏念时届立春，西坝即报兴工，东坝进占，亟应赶紧办理。臣等连日会商，并筹进堵之策。查现在金门，溜势紧抱西坝，分股东趋，东坝头正当迎溜顶冲。惟值隆冬之际，溜行绵弱。改筑坝基，撑堤工程，日内均可竣事。坝前进占，虽系深水，幸日来北风，司令河势极顺，靠坝北面略见新滩。趁此春水未生，正坝与上下边埽，分路同进，较为得手。核计东坝现储正料一千七百余垛，杂料等项，尚可敷用。据总办东坝事宜、前山东臬司潘骏文禀请，示期兴办前来。臣等与在工文武员弁，一再筹议，众意佥同。兹择于正月初六日，祀土兴工。臣文蔚仍一面分饬办料，州县并承催各员，迅速趱购，源源接济。俾不致有停工待料之虞，以期仰慰朝廷轸念要工至意。”

光绪十四年正月，督办工程礼部尚书李鸿藻、署河东河道总督李鹤年、河南巡抚倪文蔚奏称：“窃查郑工西坝工程，拟先就挑水坝做起，节节进占。于光绪十三年十二月二十日，祀土兴工，先经奏报在案。臣鸿藻到工后，覆加查核。一面严催料物，一面会饬总办西坝事宜。前山西藩司绍诚，督饬在工文武员弁，严催兵夫，提集捆厢船只，就堤、放堤、进厢，如法筑做。所有该处估帮后戗，早经完工，一律宽厚坚系，足资展布。惟河溜紧逼坝前，淘刷不已。入首埽占，即系深水，撑挡下料，不易施工。虽照估定占，宽十二丈筑做，而单坝孤悬，三面着溜，尚虞力薄难支。探量坝前水势，已淘深二丈七八尺至三丈一二尺不等。更恐出占，难于藏头。当于该埽上首后身，饬抛砖石垛一段，俾坝身有所凭依，庶免回溜后汇之患。旬日以来，并力工作。偏值二十七、八、九等日，风雨交乘，飞沙述目，坝头人难立足，不能不稍待晴霁施工。现截至本年正月初五日，止做成埽占十六丈一尺，均系层土层秸，逐坯厢筑。仍按段加压大土，实力跟盘，总期进一占，即有一占之益。查看溜势，渐向外移，事机颇为顺手。惟此次口门过宽，占数较大，如以阴晴靡常，即施工难易不一。过求迅速，恐致草率偷工。而稍涉延缓，又恐春汛将临水长沙松，淘深费手。臣等惟有赶紧催趱，务期以速补迟。惟是工需秸料一项，购办仍难踊跃。近料则搜罗殆尽，远料则限于程途，车运倍形濡滞。统计两坝秸料，除动用外，实存三千二百余垛，不敷甚巨。现在东坝亦经开工，两坝次第进占。设一时料物不能应手，将不免停工待料之虞。臣等焦急万分，莫能名状。又经饬派委员，于距工适中之地，催觅车辆，添设转运料厂。俾远来之料，得以源源济运，以期迅速。仍严饬办料，州县及委员等，尽力购办，毋使缺乏。冀得早蒇大工，仰纾宸廑。”

光绪十四年二月，督办工程礼部尚书李鸿藻、署河东河道总督李鹤年、河南巡抚倪文蔚奏称：“窃臣等前于两坝开工后，当将西挑水坝进筑埽占丈尺，会折奏报在案。连旬以来，严檄两坝总办绍诚、潘骏文等，督率在工文武员弁，加紧进占，迅速赶办，不准稍涉延缓。现计东坝自开工日起，已做成正坝埽占，长四十五丈六尺，上下边埽夹土坝，亦同时分路跟进，层土层秸，厢筑稳固。西坝挑水坝，续成埽占，连前共得一百三丈二尺。测量水势，东坝埽前水深一丈二三尺至一丈七八尺不等，西坝上首，紧靠大溜水深之处，尚有三丈一二尺，溜势亦仍如前。察看新筑埽工，均属一律坚稳，并无淘刷蛰动情形。臣等以节近春分，汛期将至，正工程吃紧之时。迭经亲往查催，坝头兵夫人等，负楗牵茭，往来无间，未敢稍形松懈。第以新做工段，宽长必须逐坯厢筑，实力盘筑，一气追压到底，始得稳实可靠。操之过急，难保无偷减之毙，转恐不足以昭慎重。臣等惟有随时稽察，竭力趱催，庶期工归实济。惟秸料一项，原估二万余垛，叠经核减，至少亦一万三千余垛。屡饬各州县设法购运，并在两坝设厂，放价收买。两月以来，仅据运到四千余垛，终未能十分踊跃。缘民间存料有数，愈购愈少，价亦愈昂。瞬届春耕，车辆雇觅艰难，转运更行濡滞。查两坝应进占数，西坝居十之六七，东坝居十之三四。而东坝应进之料，除动用外，现存二千一百余垛，尚不至遽行短绌。西坝除动用外，止存一千四五百垛，为数无多，不敷甚巨。设一时不得应手，将不免停工待料之虞。且工段太长，以时日计之，亦恐赶办不及。臣等焦灼万分，彷徨无措。现经札饬绍诚等，详加筹度。如有可以变通成法之处，另由臣等，会同妥商具奏。”

光绪十四年二月，督办工程礼部尚书李鸿藻、署河东河道总督李鹤年、河南巡抚倪文蔚奏称：“窃臣等于‘续报两坝进占丈尺’折内，钦奉朱批：‘览奏均悉。桃汛将至，工程吃紧，该尚书等务当多方设法，赶催料物，以资应用。如能变通成法，并工节料，即着会商速奏等因。钦此。’连日督同两坝总办绍诚、潘骏文等，于万难之中，力求济事之策。敢竭愚虑，备渎宸聪。伏查口门，共宽五百五十丈。迎溜越堵，须进埽占约六百丈。除两坝做成埽占外，未做工段约尚有五百余丈。每占约五丈，连深水不能做足，约一百十占。按成规三日一占，东西并进须一百六十五日。再以两坝存料，核应做工程，西坝约少七八千垛，东坝约少一千余垛。访查离工二三百里内，民间存料将罄。求诸远方，如直隶、山东，每垛到工，需银四五百两。不特转运需时，财力亦必不及。今虽柳枝、黍秸，悉皆参用，而收集有限，无济工需，此时促料少之实在情形也。绍诚等议附挑水之坝，接筑土坝，宽五丈，边埽宽六丈，水戗宽二丈。变挑水坝为正坝、边埽，可省出边埽一路之料。即正坝兼挑坝作用，又省出挑坝一路之料。省料两路，计可少用二三千垛。并工一路，计可节缩三四十日。臣等一再筹商，舍此更无变通之法，可以减料赴时。现在一面督饬，加派兵夫，昼夜厢筑。悬重赏以鼓其气，持峻法以策其后。一面再放料价，以广招徕。并在周家口一带，设厂收买，由水路运工。此后，事事应手，约计合龙已在四五月间。况近料则日见其少，远料则力莫能致。春汛倏临，河流日长，水势变迁，瞬息异态。天事既难悬拟，尤虑人力亦有时而穷。臣等所由，皇皇焉必求其成，又惴惴焉不能竟操其券。冀邀神灵之佑，庶几底绩有期。”

光绪十四年七月，督办工程礼部尚书李鸿藻、署河东河道总督李鹤年、河南巡抚倪文蔚奏称：“窃维郑工漫口，宽至五百五十余丈，为历届大工所未有。其时日之促，料物之缺，工作之难，迭经臣等奏明在案。两坝进占，截至五月二十日，东坝计成四十六占，共长二百四十五丈。西坝连挑水坝，计成六十占，共长三百九十丈。两坝并计，共长六百一十四丈，尚余口门三十余丈。满拟再进六占，即可蒇工。乃至二十一日，捆厢船失事后，两坝埽占，走失蛰陷，抢厢无已，以致不能进占。节经由电奏闻。臣等本拟将两坝蛰失各占补齐后，仍加紧前进。乃月余以来，此厢彼蛰，将购备合龙之料，半为抢厢耗去。现实无可再筹，人力已穷，此诚无可如何者也。连日饬据两坝总办绍诚、潘骏文及郑工总局司道刘瑞祺、朱寿镛等，转据文武掌坝等官禀称'时届中伏，水力正猛，瞬交秋汛，淘刷更深，人力万难与争。坝头托缆催等船，每遇旋涡巨流，时有倾覆。委兵船户人等，先后已沉殁二十余名。纵使勉力进占，难保不为急溜冲失，徒縻料物，无益工程。不得不吁请停缓，俟秋汛后接续赶办。惟口门非留百余丈，全河万不能容。现仅三十余丈，能否不至塌宽，亦实无把握。至续拨工款，现计未解到者，约有七十万。除应补还司库蛰款外，两起所存银钱，统计不及二十万。非豫为筹计奏请派拨，不足以资接济'等情，会禀前来。臣等据所禀各节，再四筹商，目下大汛将临，款料又复不继，惟有请旨停缓，俟秋汛稍平，即行前进。但两坝员弁兵夫，不下十余万人，虽可量加裁减，仍须酌留数成，以备防护抢厢之用。现已严饬文武，两坝分段驻防，竭力保护。惟口门过窄，深恐巨溜难容，至秋汛后，如何情形，实非目前所能逆料。"

奉上谕："据李鸿藻等奏'伏秋汛至，请停缓大工，俟秋汛稍平接办'一折。览奏，殊深愤懑。自上年八月，郑工漫口，迭谕该河督等，迅筹堵筑。明旨电谕，不啻三令五申，乃该河督等，迁延观望。节经严旨催办，至岁杪始行开工。幸自春徂夏，水势极平，为向来所未有。前据奏报，仅余六占未进，不日可望合龙。满冀早蒇全功，俾数百万灾黎同登衽席。讵自上月二十一日，西坝捆厢船失事，阻碍不能进占。又不先期放河引溜，以致口门淘刷日深。秋汛已临，不克堵合。该尚书等办理不善，咎无可逭。但据奏称种种棘手情形，若仍令勉强趱办，终归无济，着准其暂行停缓。李鹤年身任河督，责无旁贷。陛辞之日，自诩克日就工。讵到任，奏报词气全涉推诿。嗣后并不竭力催办，一味敷衍取巧，致功隳垂成，误工糜帑。与成孚厥罪维均，纵令留工，难期后效。李鹤年着革去顶翎，与成孚均发往军台，效力赎罪。李鸿藻系督办之员，倪文蔚系兼辖会办之员，督率无方，主见不合，亦难辞咎。李鸿藻、倪文蔚，均着革职留任，降为三品顶戴。现已简派吴大澂署理，河督未到任以前，着李鸿藻暂署，俟吴大澂到任，再行来京。绍諴、潘骏文，分任东、西两坝，进占未能如法，以致蛰陷误工，厥咎亦重，均着革职，留工效力。倘再不能保护新工，定当重治其罪。至两坝失事之文武员弁，并着李鸿藻、倪文蔚查明，覆参具奏，毋稍瞻徇。”分见“经费门”。

光绪十四年七月，督办郑工礼部尚书署河东河道总督李鸿藻、河南巡抚倪文蔚奏称：“窃臣等钦奉光绪十四年七月初十日，上谕：‘本日李鸿藻等奏“伏秋汛至，请停缓大工，俟秋汛稍平接办”一折，着准其暂行停缓。一面固守已成之工，一面添集料物，俟秋汛稍平，迅速接办。现已饬户部迅筹巨款，接济工需。着李鸿藻等，将如何挑溜挖淤及添集料物各事宜，认真速办，详晰覆奏。至两坝失事之文武员弁，并着李鸿藻、倪文蔚查明，严参具奏，勿稍瞻徇等因。钦此。’臣等才庸识暗，勉任巨艰，不能早奏平成，仰纾宵旰。重负罪戾，诛谴难宽。顾蒙恩慈仅予薄惩，以责后效。悚惶无地，感极涕零。

“伏查郑州溃口，工艰时迫，不易程功，久邀圣明洞鉴。自开工以来，臣等与前署河臣李鹤年，督率在工文武员弁，殚谋竭虑，昼夜催趱。六阅月，连挑水坝，共成占六百十四丈，挑引河二千九百丈。卒以时在大汛，人力难施，且民间秸料旧储已罄，新秫未收，不得不暂议停守。上辜训谕，下疚民生。溯查道光年间，中牟大工，其时尚在二月，亦以金门收窄，连走五占。此次绍诚、潘骏文等，亲督厢筑，料实工坚。伏汛之中，蛰失一两占，尚能竭力补厢，未至一蹶不振。惟秋汛方盛，必非三四十丈之口门所能容纳。从前牟工停办，拆宽二百丈，而后能守。臣等与绍诚、潘骏文等，悉心筹酌，一占之费，动逾巨万。但有一线可守，不得轻弃尺寸之工。万一洪流异涨，金门东溜太紧，猛悍之势，实不能支。随时酌量，拆展数占，以免掣动全坝。仍责成两坝，日夜防护。将新工回溜之处，分别赶做护埽，抛筑石垛，务保无虞。向来开放引河，大抵在将次合龙之时，水势抬高，引河吸川得力，正口水平门占随下，始能一气呵成。

“本年节交夏至，汛水骤长，两坝十分吃重。冲开引河，平流月余，受淤不少。议者谓宜堵塞河头，俾免续蛰，以保河身。但引河分水一分，下游灾区即减一分之潦，两坝新工亦减一分之险。究竟挑河工费，省于进占，两害相形，自当取其轻者。臣等现在督同总局司道，并原办引河之河北镇总兵崔廷桂，逐段履勘。凡有阻溜之处，一律设法挑挖。河头西北面土山，有坐湾遏溜之病，已估定土方，责令赶紧起除。一面就势抽沟，以顺溜势。一面用混江龙，于溜急之段往来疏浚，借资冲刷。

“至正杂各料，均已动用，将尽预筹。将来接办大工之事，尤以及时集料为要义。现已督饬总局，遴派妥员，分投设厂。部拨工款，计可陆续解到。俟白露后，秫秸干实，由局出示广为收买。麻斤一项，亦为工需大宗，并已委员分路采购。此外一切杂料，均即次第添集，必可无误工作。大河形势，时有变迁，指日秋汛，水销接续。堵合或应溯流而上，别觅河头；或应从西坝接筑雁翅坝，以挑溜势；或应避去旧口，另行越堵，皆非此时所能预拟也。”

光绪十四年八月，督办郑工礼部尚书署河东河道总督李鸿藻、河南巡抚倪文蔚片奏称：“再，两坝失事文武员弁，奉旨饬臣等‘查明，严参具奏，勿稍瞻徇等因。钦此。’伏查坝头进占，事属文武掌坝。各该员自冬徂夏，督率兵丁，无日不躬亲力作于严寒冰雪、炎风烈日之中。逮伏汛大至，金门日窄，急溜狂澜，旋涡怒卷。两坝撑档厢坯，万分艰险。或厢船震动，或新占蹶蛰，弁兵常有死者。掌坝之员，亦屡濒于危。臣等在工目击，未尝不心焉悯之。此次大工未竟，办理不善，咎在臣等。捆厢船之沉没，实非事前所能逆料。该员等于埽占蛰走、间不容发之时，舍命抢厢，旋即一律补齐。似与从前牟工连走五占，未能抢护者，情形不同。惟既已失事于前，亦难辞咎，相应请旨。将东坝文掌坝下北同知高善志、中河通判崔惠均、武掌坝下北营守备樊景山、中牟下汛把总徐进德、西坝挑水坝文掌坝黄沁同知陈履成、祥河同知张士杰、武掌坝中河协备朱永和、黄沁协备杜长春、边坝文掌坝下南同知朱懋澜，候补同知陆费棻、李棠，武掌坝上南协备张敬修，均革职留任，仍留工效力，以示惩儆而策将来。至捆厢船失事之管领，郑下汛外委吴凤山、唐郭汛外委齐建，因该船陡彼蛰压，猝不及避，当与兵目水手人等，一同沉溺。时值黑夜，浪涌风狂，无从捞救。该二弁因公毙命，殊堪怜悯，其应得处分，应请从宽免议。”

光绪十四年八月，署河东河道总督吴大澂奏称：“窃臣初八日接印后，即于初十日到工。十一、十二两日，亲赴东、西两坝，查勘工程。并于引河头上下测量水势。与掌坝文武各员详加辨论，博访周咨。有不可不办之要工，亟须预筹布置，敬谨陈之。臣查东坝四十六占，实量得二百一十五丈。西坝六十一占，实量得三百五丈。口门约计三十五六丈。自中泓至东坝根，水深九尺。西坝上首水深七丈有余，下首水深六丈。查验两坝工程，均尚结实。惟西坝五十六、五十七两占，冲缺正坝，尚未填补整齐，日内正在加厢加筑。所挂埽段，亦可抵当边溜，不致再有走失。臣与绍诚、潘骏文，素未谋面，亦无书翰往来。公是公，非自有定论。

“既奉谕详查，自应一秉至公，不敢意为轩轾。但核其工程做法，西坝不如东坝之切实。即捆厢船失事之时，亦由西坝赶工急切，未能稳慎进占之所致。谕两坝施工之难易，东坝逆流进占，其势较难。西坝顺流进占，其势稍易。故当日两坝兴工，有东三西七之议。以通工一百十四五占计之，东坝现进四十六占，已得十分之四，西坝现进六十一占，不及十分之六。且东坝于正坝之外，加筑上边坝、下边坝，三路并进，较为稳固。西坝于开办之初，先筑挑水坝，后就挑水坝改作正坝一道，并无边坝。直至二十占后，始行添做下边坝一道。移步换形，胸无成竹，此掌坝大员主见不定之故。盖绍诚，曾经办理荥泽大工，自谓熟谙河务，不免有易视工程之见。岂知工段太长，专恃一坝进占，力量未免单薄。及至事机艰阻，始图补救之方，已觉进占不能如法，是绍诚之勇往有余，稳慎不足。在工人员，所共见共闻。臣平心而论，东坝功过足以相抵，西坝则功不抵过。此后工程，应于西坝添筑挑水坝，最为紧要。虽霜降以后，水力渐微，然以南北两岸，大溜三四股，全注于口门，非有挑水坝，不足以障其流而缓其力。李鸿藻等会奏，折内拟筑雁翅坝，亦即此意。

“臣查挑坝与引河，相为维系。挑坝不筑，不能逼溜归入引河。引河不深，不能吸溜使复故道，此一定不易之理。前山东按察司潘骏文，力持此议，正与臣意见相同。合龙之有无把握，视挑坝引河之得力不得力。河工有可省之费，有必不可省之费，所贵权其轻重而不敢迁就以贻误也。至从前河北镇崔廷桂，承办引河，宽深丈尺，经前署河臣李鹤年、抚臣倪文蔚，派员勘估，系分九十六段，挑挖工竣。前督办臣李鸿藻，亲临阅勘，尚无偷减草率情弊。惟向章引河，不宜早挑，亦不宜早放。总在合龙前三两日，开放引河。则一面合龙，一面放水。大溜所趋，建瓴而下，引河有吸川之势，不致泛滥无归。此次引河，自行撞开，本非意料所及。始则分溜下注，大溜似觉稍松，究不能掣正溜，以达引河。河水不旺，则停淤易积。经一次长水，即多一次积淤。日久则愈积愈蛰，拖泥带水，人力既无所施。分溜之功甚微，而垫淤之受病甚深。此引河之不得势，由于合龙之无期，非挑挖浅率之咎。臣既深明其故，不得不据实陈明。如果承办之员糜费误工，臣亦当查明奏劾，无所用其回护也。

“臣到工之日，即据潘骏文禀请，拦坝堵流，挑深引河，言之确凿。在世俗之见，以为引河分溜，岂有堵塞之理。臣既亲自履勘，引河头所分之水，仅山东坝脚回溜余波。自南而北，复自北而东，纡回曲折，只此一线。分流灌入引河，至多不过十分之一。滩面浮水，平流不过尺许，实不足以资宣泄。现在引河头深处，自一丈至五六尺不等。两傍所积浅滩，时隐时见。若不设法深挑，转瞬霜清水落，其涸可立而待。欲大溜之归复故道，非深挑引河头不可。欲挑引河头，非筑拦坝不可。虽与前督办臣李鸿藻、前河臣李鹤年等，会奏情形，稍有不符，而河势变迁不一，自当随时相机办理，未便拘执成说，致误要工。应如何择日兴筑估挑之处，臣饬郑工总局司道，会议禀复，即行赶办。臣与该司道等核计时日，拦坝以后须二十余日，方可干涸，估挑引河头须两月，方可竟功。而霜清以后，东、西坝同时进占，兼筑挑水坝，约计两月内，可望合龙。现将派员设厂收料各事宜，竭力催办，以便兴工。后赶筑、赶堵，总期早日蒇事，上慰宸廑。”

光绪十四年九月，署河东河道总督吴大澂奏称：“窃维医者治病，必考其致病之故。病者服药，必求其对症之方。前事之师，即后车之鉴。臣自到任以来，日在河干，与乡村父老咨询旧事。证以前人之纪载，知豫省黄河之患，非不能治病，在不治而已。筑堤无善策，厢埽非久计，其要在建坝。以挑溜逼溜，以攻沙溜入中泓。河不着堤则堤身自固，河患自轻。厅员中到省最久者，佥言咸丰初年荥泽汛，尚有砖石坝二十余道。堤外皆滩，河溜离堤甚远，就坝厢埽以防险。而堤根之埽工甚少，自旧坝失修，不数年间，废弃殆尽。河势愈逼愈近，埽段愈添愈多。厅员救过，不遑顾此失彼，每遇险工，辄成大患。同治六年，前上南同知邹梁拆去石坝一道。七年，荥泽决口，而邹梁投河自尽。豫省绅民人人知之，至今衔之刺骨。然自荥工合龙以后，旧时石坝并未补还，臣实不解其故。此次荥工生险，大堤处处裂缝，十堡九埽以下，裂塌四十余丈，宽约四丈余。十六埽以下，裂塌三十余丈，宽约四五丈不等。堤岸沙松，见水即化，抢修三十余日，危险异常。河工人员，以厢埽为能事。及至大溜圈注不移，旋厢旋蛰，旋蛰旋走，几至束手无策。臣亲督道厅，赶抛石垛，河底蛰石，不过一二尺，而溜即见。窃河员以为厢埽，乃救急之计。石坝非仓猝可图，不知兵家御敌必能战而后能守。臣于河工，亦创以战为守之说。三四丈深之大溜，投之以石，似属糜费钱粮，乃石未出水，溜即外移。此臣躬历而目睹，确有把握，信之愈深，持之愈坚。始知水深溜激之时，惟抛石足以救急，其效十倍于埽工。以石护埽，溜缓而埽稳。历朝河臣如潘季驯、靳辅、栗毓美，皆主建坝挑溜之议，良不诬也。然以数十年久废之要工，非臣一旦所能补筑。以数十道历修之大坝，亦非一年所能工竣。惟有于郑工拨款内，力求核实撙节，省得一万，即多购一万之石垛，省得十万，即多做十万之坝工。虽系善后事宜，实应提前赶办。如中河厅头堡大王庙前顶冲之石坝、四堡迎溜处，应添石坝。八堡之人字坝、托头坝，最为紧要。下南厅十七堡之顺二坝、十九堡之盖坝、二十堡之新挑坝等处，均应接筑加抛，以固省城门户。趁此干河修筑，人力易施，否则郑工合龙以后，明年春夏，再出险工，必致措手不及。臣惟有尽此心力，先期设法修补。存石多则用碎石，存石少则兼收旧砖，择要以图。补得一段，必有一段之效。验豫省士民，属望于臣之意甚深。臣所以仰答朝廷知遇之心，亦甚切诚，恐心有余而力不足。臣不敢谓一治而病即减，较愈于不治而病日增，但须对症发药，一年而小效，三五年后必有大效。”

奉谕：“砖石挑溜，历著成效。该署督既确见及此，应即照折内所陈，切实办理，以复前规而弭隐患。”

光绪十四年十月，署河东河道总督吴大澂奏称：“窃臣于光绪十四年十月二十四日，准直隶总督臣李鸿章转电各国事务衙门来电，钦奉二十二日谕旨，垂询郑工现办情形，即于是日敬陈大略，电复奏明在案。至挑坝所以停止之故，不能不据实上闻。西坝议筑新挑坝一道，在五十一占埽前生根。自九月二十二日兴工，至十月初三、四日，始得盘压到底，费料几及百垛。盖因二十七、八日，连日大风，全河奔注，埽前愈淘愈深，一占进至十二三日，殊非意料所及。正在赶进第二占，河势忽又生险，全力汇注，挑坝上首，将旧坝四十六、七占，陡蛰平水。初六日辰刻，情形甚为危险。经前山东按察司潘骏文，督率文武掌坝，激励委兵，抢厢稳固。

“适当秸料不足之时，旧坝新占同时吃紧，需料过多，颇形掣肘。臣与潘骏文，通盘筹画。若必俟挑坝筑成，再图正坝，核计时日，过于迟缓，料物亦难接济。与其兼营挑坝，有误金门堵合之期，不如节省料垛，专供两坝进占之用。凡事有经有权，常则守经，变则达权，亦因时制宜之办法。而局中、局外，议论纷纭，皆谓挑坝不宜停做，责备甚严。且系臣自行奏办之工，忽又中止，未免自相矛盾。然臣再四思维，回护前说，必至贻误大工，旷日糜料，事无把握。常人知经而不知权，臣则当统筹全局，权其轻重，坚持定见，不能不力排众议，舍挑坝而专力金门。函商抚臣倪文蔚，意见相同，遂即定议。西坝于十三日开工，先进一占。东坝于二十四日开工，续进一占。惟口门愈收愈窄，工作愈进愈难。除新进两占不计外，现在实量东西正坝中间金门，尚存三十二丈。以后撑挡，不敢过宽，约须分作七占，东坝进三占，西坝进四占。再进两占后，昼夜不能停手，便当一气呵成。赶至合龙为止，臣亦不敢过于催迫，致蹈草率之咎。但令稳进稳压，料足土匀。得一占，保住一占，自无意外之虞。计距小寒节，不及四十日，为期颇形局促。幸河势尚属平顺，溜力渐微。趁此冰凌未结之时，即应竭力赶办，以期仰慰圣怀廑念河工之至意。

“至筹购料垛，甚为费力。始于东、西坝及河北之花园口，分设三厂，荥泽坝另设一厂。旋又派员于北岸之王屋、赵庄、平皋滩，添设三厂。因西坝收料拥挤，续添分厂一所，总计八厂。截至十月二十五日止，共收秸料二千二百四十二垛。体察民情，亦不谓不踊跃。臣大澂亲赴各厂，稽察勤惰。谕令委员宽定价值，随到随收，随时发价，不令乡民守候赔累，亦不准料户囤积居奇。抚臣倪文蔚，亦屡札近工各州县，亲自赴乡劝谕民户，赶速运料，赴工售卖。并派员分路查催，至再至三，不遗余力。无如各工紧要，需料过紧，日计有余，总计不足。除荥泽坝抢护险工，销用三百垛及东、西两坝逐日动用外，现存新料一千三百一十五垛，旧存未用之料二百七十三垛，统共存料一千五百八十八垛。约计收至十一月底，尚可续收二千余垛，足敷两坝进占，不致短缺。惟遇大风雨雪，料车不能源源而至，此又未可逆料者。两坝开工以后，其势不能停工待料。臣所以力为筹购，日夕焦思，惴惴焉惟恐辜负圣恩为惧。臣惟有宽筹秸料，不误工需。庶可克期蒇事，借纾朝廷宵旰之劳。”

光绪十四年十二月，署河东河道总督吴大澂、河南巡抚倪文蔚奏称：“窃查郑工东、西两坝进占日期，迭经臣等遵旨，随时电奏。并于十一月二十九日，将合龙已有把握情形，据实奏闻在案。自十二月初一日以后，金门外积凌甚厚，一时未能融化。察看河流微弱，水势未必抬高，旋长旋落。诚恐引河头、拦黄埝外，或为流冰拥塞，致有阻滞之虞。因于初十日，趁天气和暖之时，即将引河开放。是日申刻，正溜即由金门北面，分道东趋。河槽刷深至一丈四五尺，间有涧凌冻结，水面尚无妨碍。一面督饬两坝文武员弁，昼夜赶办。议将西坝上边坝原定两占丈尺并作一占，以期迅速。东、西两坝门占，已于十二月十四日，一律告成，均已坚实高整。十六日挂缆后，臣等躬率在工文武沉玉祭河。十七、十八两日，正坝上边坝同时合龙，已于十九日闭气。下边坝料物，亦已齐备，即于数日内赶成加筑后戗，益臻稳固。臣等仰秉宸谟，获邀神佑，得以克期奏结。借纾朝廷宵旰之廑，幸得免于罪戾。臣大澂接办以来，经营四月有余，大工始克告竣。而事当创始，规画尤难。追溯前功，皆前督办臣李鸿藻，前河督臣李鹤年、成孚，协同趋办之力，臣不敢掠美自居。李鸿藻等获咎于前，臣等收工于后，雷霆雨露，莫非君父之生成。所有李鸿藻、李鹤年、成孚前得处分，应如何加恩之处，出自圣裁，臣等不敢没其劳苦之忱。其余在工员弁，择其劳绩最著者，开单奏请奖叙，仰恳天恩。俯念郑州大工，堵口五百余丈之宽，历时一年之久，工程之艰巨，为历届所未有。随工差委各员，寒暑无间，辛苦备尝。请照异常劳绩，随折保奖四十四员。此外在工出力各员弁，应俟臣等查明，择尤酌保，再行奏恳恩施。记名提督河北镇总兵崔廷桂，承挑引河兼筑挑坝，并在坝头照料进占事宜，不无微劳足录，惟系专阃大员，应如何奖励之处，臣等未敢擅拟，伏候圣裁。再，抢办埽占，落水捐躯及在工积劳病故员弁，拟俟查明汇案，奏请恩恤合并声明。”

光绪十四年十二月，署河东河道总督吴大澂、河南巡抚倪文蔚奏称：“再，前署山东按察使潘骏文，经臣文蔚奏调来豫，委令总理东坝事宜。臣大澂接办郑工，奏派总理西坝事宜。该员于河务阅历最深，有谋有断，识力坚定，不为众论所摇。其能耐劳苦，始终不懈，又有过人之精力。臣大澂自问学识不如潘骏文，此次到工遇事咨询，深资臂助。潘骏文与臣往复辨论之书，积至数十函。论其才具、见识，臣大澂自应荐贤自代。

惟大工告竣，善后事宜，亟应布置，臣不敢存推诿之心。潘骏文以监司大员，稍事回翔，即堪大用。惟有仰恳天恩，准将头品顶戴、前山东按察使潘骏文开复革职留任处分。应如何擢用之处，出自圣裁。臣等不敢擅拟，谨附片具陈。”

卷九 工程上之五

光绪十五年正月，河东河道总督吴大澂奏称："窃维豫省黄河之患，其病在南北分流，中多积沙，阻隔河溜。或断或续，时有变迁，中泓不能畅行。北溜弱，则南溜吃紧。南溜外移，则北溜较大。最可虑者，河势由北折而南，直抵南堤。或与南溜会合为一，其顶冲之处，即受患之根。堤岸沙松，险工迭出。其所由来者，渐不明其理，不察其势，辄以为患不可测，而实非意外之虞也。近年河流趋重，南岸淘刷过深，有北高南下之势。堤身着溜，圈注不移，沙滩愈长愈宽，溜势愈逼愈紧，埽段愈添愈多。推原其故，皆有。南岸之广武山，本系土冈，日被黄流冲刷，三十余年塌去山根八九里之遥，上游无所拦蔽，下游实受其冲。广武山以东，有民埝一道，约长千余丈。民埝以下，即上南厅管辖之堤头。就官工而论，山脚与堤防无涉。就河势而言，广武山为南岸三厅之保障，唇齿相依，关系实匪浅鲜。臣于正月十六日出省，周览全河形势，督率道厅，履勘善后要工，分别派办。十八日，行抵广武山下，查得该山在荥泽县境，南北横亘十余里，叠巘重峦，悉皆土阜。北面临黄之处，久为河水所啮，如危崖下堕，半离半合。旧有古庙沦入河心，山下民田，亦随滩嘴淹没不少。询之土人，频年伏秋大汛，民埝亦常漫水，幸地势高于河面，尚无冲决之患。然山麓与民埝接壤，不为保护数十百家之田庐坟墓，亦复岌岌可危。若于广武山下，添筑五六十丈大坝一道，以柴土为心，护以碎石四五千方，挑托河溜，必可得力。但使大溜渐向北趋，以后山根不再里塌，民埝不再生险，荥泽、郑州各汛一带堤工，借可稍松。与北岸庙工大堤，相去尚远，亦无此轻彼重之虞。臣与抚臣倪文蔚通盘筹画，意见相同。拟在善后工程内，拨银十余万两，奏派道员陆襄钺悉心经理，克日兴工。竣事之后，由抚臣倪文蔚专案奏销。将来修守事宜，或即归入上南厅同知，就近照料。如须加抛砖石，所费无多，即于常年添款内酌量匀拨，似与民埝、河防，两有裨益。”

光绪十五年八月，河东河道总督吴大澂、河南巡抚倪文蔚会奏称：“窃臣大澂前因郑州大工合龙以后，亲赴两岸各厅，周览黄河全局形势。勘得南岸荥泽县境之广武山，地居上游，实为上南、中河、下南三厅保障。近年来，因河流逼注，致将该处山根刷塌坐湾，引溜南圈，实为下游各工险夷所关。察度情形，须在黄门嘴山根，修筑柴芯大石坝一道，挑托溜势，以资保护要工。曾于本年正月二十四日，会同臣文蔚，专折奏请。拟于善后工款内拨银，派委道员陆襄钺专司经理在案。旋即檄饬该道，具领银两赴山。又买秸料，采运碎石，克期筑做。据报分派委员，一面在附近开设料厂，一面赴巩县采办石方。并调上南河营弁兵，到工力作。当将秸料碎石各项，办有成数。即于光绪十五年三月初三日兴工，先筑柴芯大坝一道，计长六十六丈，牵宽八丈。继于坝头及四面裹抛碎石，长七十四丈，牵宽三丈八尺七寸五分，东面坝筑后戗土工六十二丈九尺。均经一律，跟压坚稳。出水亦属高整，足资挑托盖护，已于五月初九日完竣。臣等亲往勘验，并无草率。将前项坝工，就近饬交上南河厅经管修守。”

光绪十五年十二月，河东河道总督吴大澂、河南巡抚倪文蔚奏称：“窃查上南河厅属郑州下汛十堡石家桥堤工，因黄水非常盛涨，于光绪十三年八月十四日，漫溢过堤。陆续刷宽口门五百数十丈，淹及河南、安徽、江南一带地方。仰蒙朝廷轸念三省灾区，不惜巨帑，责令臣等，督率工员，昼夜兴堵，力挽狂澜，以救东南昏蛰。先经臣文蔚会同礼部尚书臣李鸿藻、前署河臣李鹤年，督率两坝文武，进筑埽占，筹办料物，挑挖引河，土料兼施。西坝于光绪十三年十二月二十日兴工，先从挑水坝做起，进至一百十九丈，与西坝头遥对。因患时促料短，筹商变通办理之法。即于挑水坝头至西坝头，横筑撑堤一道，改挑水坝为西正坝。就撑堤身，宽留上柜，添生下水边埽一路。由此，两路并进，撑堤之西，仍曰挑水坝。撑堤之东，乃谓西大坝。其东坝工程，系于光绪十四年正月初六日钉橛开办。始则正坝、上下边埽，三路同进。及至五月中旬，亦因料物过于短绌，议从三十七占减去下水边埽一路，以期节省秸料。孰知做至四十余占之后，南面回溜十分汹[1]涌，正坝屡被冲突，情形危险异常。不得已仍将下水边埽添出，照旧三路进厢。

“臣等查阅卷宗，核减下边埽一层，当经礼部尚书臣李鸿藻于‘恭报续得埽占丈尺’案内奏明，嗣后复经添出，漏未具奏，不得不补行声明。至引河工程，原估挑挖二千九百丈，内留引河头三十丈，先挑二千八百七十丈。经河北镇崔廷桂董率工员，于十三年十一月二十二日兴挑，次年五月工竣。臣大澂到任后，履勘两坝，已做各工，均尚屹立稳固。所挑引河，亦无偷减草

[1] 汹　原作“洶”，据民国19年重印本改。

率情弊。惟拦黄坝为串沟之水，自行撞开，河身不免淤浅。臣等公同筹议接办，一面先将拦黄坝缺口填补，原挑引河展宽加深，迤下接挑三十段。并于拦黄坝外，挑挖龙须沟一道，以吸河溜。一面在两坝分设各厂，广购秸料，添办麻缆骑橛，诹吉兴工。西坝于第六段门埽外，接筑新挑水坝一道。第七段门埽外，修建盖坝一道。再在盖坝下首坝档生根，添出上水边埽。一路与东坝埽占，均按三路同进，以期两相凑合，积挑引河。奏报于九月二十二日兴工，西坝于十月十三日，东坝于十月二十四日，分投接办。竭尽六十数昼夜之力，始告成功。引河挑挖完竣后，于十二月初十日开放两坝。门占厢齐，即于十二月二十日合龙闭气。全河挽归故道，大工普庆成平。所有做过各项工程，段落丈尺、约核用银总数，现已饬据郑工总局司道查明，具详前来。

“臣等逐细覆核，系做过大坝埽工，长五百四十丈，上面普律加厢。又上水边埽，自东坝头起，至盖坝档止，埽工长二百九十丈，夹土坝长二百九十丈，上面普律加厢。下水边埽，埽工长五百四十丈，夹土坝长五百四十丈，上面普律加厢。西第六段门埽外，接筑新挑水坝一道，埽工长十二丈，上面普律加厢。金门迤上西坝第七段门埽外，修建盖坝一道，埽工长二十八丈，上面普律加厢。西坝第五段门埽外，厢做护埽，长二十三丈。东坝下边埽外，厢做护埽，长三十丈。西大坝基就旧堤南面，帮筑土工一段，长三十八丈四尺。该大坝基北面至挑水坝头，筑做撑堤一道，埽工、土工各长三十三丈。东大坝基就旧堤北面，帮筑土工一段，长三十丈。挑水坝埽工，长一百十九丈，上而普律加厢。挑水坝第二段门埽外，厢筑护埽，长二十二丈。挑水坝基就九堡大堤南面，加帮土工，长四十丈。挑水坝南面，随坝浇筑土戗一道，土工入水，长八十八丈，出水顶长，一百一丈五尺，底长八十八丈。西坝第五段门埽外，护埽迤上抛护碎石二段，长十一丈五尺。护头埽上跨角抛护碎石一段，长五丈五尺。东坝上边埽外，抛护碎石三段，长二十丈。碎石下首，抛护砖块二段，长十六丈。挑水坝上首顺堤，抛筑石坝一道，长十二丈。新挑水坝上水，抛护碎石一段，长五丈。又东、西两坝，盘护裹头埽工十二段，长八十二丈五尺。东西裹头埽上下首顺堤，厢做埽十九段，长一百三十四丈七尺。以上系做过土埽砖石各工。又估挑引河，先在旧河身筑做拦黄坝一道，土工十二段，长六百十四丈。内六、七两段中间，因被串水撞开，补还缺口，土工长七十四丈六尺。引河北面，先切土山二段，长一百六十一丈一尺。抢挑引河头一段，工长三十丈。挑挖引河九十六段，工长二千八百七十丈。该工督律展宽八丈，加深六尺，计长二千八百七十丈。迤下接挑引河三十段，工长一千九十五丈。拦黄坝外，挑挖龙须沟一道，分十三段，工长二百六十丈。以上系办过引河各工。”

光绪十六年八月，护理河南巡抚廖寿丰片奏称：“再，本年八月初五日，据怀庆府属孟县知县王兰森禀称，该县滨临黄河，离城二里，旧有护城堤一道，以防河患。堤之西南，又有小金堤一道，借资保卫。自道光二十二年，借款修堤以来，迄已四十余年之久。堤身卑矮，残缺不堪。历年因黄河紧靠南岸行走，离堤甚远，尚不紧要。讵本年七月十六日以后，南岸忽涨沙滩，河流北趋，大溜逐渐转移，直逼堤根，致将小金堤陆续刷塌。常经该县督集人夫，抛砖挂柳，并于扼要处所，修筑新堤，竭力拦御。无如溜势过紧，不特小金堤多被冲刷，即现筑新堤，亦复随筑随塌，形势岌岌可危。禀请委员勘办前来。臣查孟县居黄河北岸上游，向系无工处所，仅设汛官主簿一员，为黄沁厅所兼辖。其小金堤护城各堤，亦属民筑民修，并无官堤。今河流直向北趋，距城较近，诚恐冲及城垣，患延河朔，所关匪细。立即饬司委员，星夜驰往，会同该县，实力抢护。现据河北道明保禀报，该道已于八月初八日，轻骑驰抵孟县，查勘情形相同。并据孟县绘呈图说，臣详加察核。此次黄河北徙，大溜坐湾，势甚湍急，恐非民堤所能抵御。必须在上游赶做石坝，方能挑溜外移。复又遴派熟悉河务人员，前往勘办。并札行黄沁厅督饬汛官，会同办理。一面饬司筹款济用，除俟测度河势情形，确估工程银数，再行详细具奏。”

光绪十七年五月，河南巡抚裕宽奏称：“窃查上年七八月间，黄河北岸孟县小金堤，因大溜北趋，岸滩塌尽，溃及堤身，距城切近。当据孟县禀，经藩司廖寿丰，于护抚任内，檄饬河北道明保，督同印、委各员，相度机宜。自新庄下首起，至小金堤西头大王庙东止，抛筑石坝四道，石垛六个。大王庙之西，建筑拦河堰一道，长八十丈。并将庙东塌剩小金堤一段，长四百四十一丈，残缺间断之处，培修完整。又于首尾接筑三百三十九丈，拦御漫水，奏准办理。臣到豫后，即经檄饬该管道，督同该县，暨调熟悉河务各员前往，认真筹办。一面派员前赴济源山中，凿购石方，广调船只，源源起运，次第抛筑。嗣因二月中旬，西南风连朝不息，河心老滩忽蛰宽数十丈，逼溜北滚。南河水涨，复淋滩而下，直射北岸。该处上土下沙，基不能稳，新工已为撼动。经该道督同在工各员，相机抢护，加抛一坝三垛，添护柴土两段，溜势始渐外移。维时坝垛各工，已将告成。

“臣正拟于河北镇属，查阅营伍之便，顺道查看该处新筑工程，曾于奏报阅伍起程折内声明在案。一面札调熟悉工程之祥河营都司朱永和，随同前往，查看河势情形。三月二十日，自怀庆府前赴孟县，天尚未午，随即督同河北道明保、怀庆府知府李芳柳、孟县知县王兰森，暨在工各委员，周历履勘。复沿河西行，直至上游十余里之戍楼村，全局在目，始悉河势变迁之由。盖缘孟县黄河南岸，即系孟津县之铁谢镇，汉陵石坝所挑。河流侧注，日向北趋。铁谢之对岸，为孟县西乡紫金山之麓，其地土石坚固，未致刷动。而迤东下游，自义井村至曹波村、大王庙，地势愈下愈洼，土性松浮，遂致塌成大湾。十里之间，形如弓背，已成入袖之势。上年正当秋汛泛涨之时，逼近城垣，势甚危险，人心恐惧。是以议建石坝、石垛，旁筑拦河堰，以资捍御。今各工既成，河岸虽不复塌。而此段河身，上下数十里内，中间淤滩，参差相接。分溜至北，河势变迁，亟应妥筹稳固。须再于上游建坝，将溜挑远，方可无虞。随饬该道县与都司朱永和等，反覆商议。戍楼村前，土性较坚，屡冲无恙，可借作基，抛坝挑溜。第河心老滩既厚且大，恐非百数十丈石坝所能挑动。万一挑溜不出，激则怒生，回溜势必倍猛。新工适当其冲，诚恐反受其害，不可不慎。惟有于戍楼村前，添抛磨盘大坝二座，顺水势而不撄其锋，俾得托溜外移，逐渐啮滩。坝下不经回溜，自能渐生淤蛰。一二年后，老滩刷有河槽，磨盘坝亦当蛰抛坚实。届时再为相度，加抛改作挑水大坝，因势利导，或有河走中泓之日。并将新庄已成头道坝上首之第二道石垛，添长丈尺，改为石坝，以御回溜。将来磨盘坝抛成，中间如仍嫌脱气，再行酌量加垛。务期气势联络，工收实效。再三究论，众议佥同。当饬该道督饬各员，确切勘估，赶为动工。

"查孟县黄河，本系无工，因对岸铁谢石坝所挑，遂致水势北注，塌卸河岸，不可胜计。上年情形危险，请款抛筑坝垛各工。该处地势既洼，又复上土下沙，不能不于曹坡受患之处抢护，以免续塌无已。此工既成，则上游挑护之坝，势在必需。查察地势，土性坚实，惟成楼相宜挑坝。既不敢骤筑，惟改用磨盘坝，以缓其势，此亦河工成法。但成楼相距曹坡，气嫌过长，则新庄已成第二道石垛改坝之工，又不可少。臣周历河涯，详加体察。所有现议之磨盘坝及石垛改坝各项，正如指臂相联，辅车相依，诚为必不可缓之工。惟是黄河形势，变动靡常。傥或大汛泛涨，别生奇险，此项坝工将来能否永远得力，亦不敢确有把握。惟以亲往查看情形，参以众论，相符目前，借保完善。日后进步有基，舍此似无良策。自当相机筹办，以妥要工，而卫地方。已檄饬该道督同印、委各员，乘此伏秋大汛未至，赶紧购运石方，集夫兴工，照议速办。合无仰恳天恩，俯念河工紧要，准其办理，地方幸甚。"

光绪二十三年，因兰仪县境黄河南岸无工处所，坐湾生险，奏称于老河身内最洼处，筑做拦黄土坝一道，长三百二十丈，顶宽三丈，底宽八丈，牵宽五丈五尺，高一丈。拦黄坝前，筑做土坝二道。头道土坝长九十五丈，顶宽三丈，底宽五丈四尺，牵宽四丈二尺，高六尺。二道土坝长六十五丈，顶宽三丈，底宽五丈四尺，牵宽四丈二尺，高六尺。头道土坝头外，接抛砖坝，顶长五丈，底长十二丈二尺，牵长八丈六尺，顶宽五尺，底宽七丈七尺，牵宽四丈一尺，高深二丈四尺。再于砖坝外，抛护碎石，顶长四丈七尺五寸，底长十一丈九尺五寸，牵长八丈三尺五寸，顶宽五尺，底宽七丈七尺，牵宽四丈一尺，高深二丈四尺。二道土坝头外，接抛砖坝，顶长四丈，底长十丈，牵长七丈，顶宽五尺，底宽六丈五尺，牵宽三丈五尺，高深二丈。再于砖坝外，抛护碎石，顶长三丈八尺，底长九丈八尺，牵长六丈八尺，顶宽五尺，底宽六丈五尺，牵宽三丈五尺，高深二丈。

光绪二十四年，因兰仪县黄河南岸，河势南圈，逼溜生险，奏明于新筑拦黄坝上游薛家庵一带抢抛石垛四个。第一石垛，牵长三丈四尺，顶宽三尺，底宽四丈三尺，牵宽二丈三尺，高深一丈六尺；第二石垛，牵长三丈三尺，顶宽三尺，底宽四丈三尺，牵宽二丈三尺，高深一丈六尺；第三石垛，牵长三丈二尺，顶宽三尺，底宽四丈三尺，牵宽二丈三尺，高深一丈六尺；第四石垛，牵长三丈五尺，顶宽二尺，底宽四丈二尺，牵宽二丈二尺，高深一丈六尺。

光绪二十四年十一月，河南巡抚刘树堂奏称："窃照黄河南岸荥泽县境广武山黄门嘴，山根地处上游，首受出山之水，关系下游全局利害。光绪十五年，前河臣吴大澂任内，因该处河势南趋，奏明建筑柴芯大石坝一道，挑托溜势。岁拨司库银五千两，作为岁修。霜清后，核实报销，历经办理在案。上年该县民埝告险，抢厢埽工十六段，石坝十道，石垛二十八个。诚恐伏秋大汛，淘刷蛰动，亟应讲求修守。复经臣遴员驻工，会同荥泽县，加意修防，责成开归陈许道核办。兹据署开归陈许道李国和禀称，查广武山柴芯石坝，下接民埝，地段绵长，全河侧注。本年伏秋汛内，河势异常盛涨。上年所筑石垛及石坝，均形势单，不能挑溜外移。因择要于程庄上首于庄一带，抢抛护沿碎石五段，以保坝工，兼卫民田等情。呈请，具奏前来。臣覆加察核，尚属实工实用，并无浮冒。"

光绪二十五年，奏准："在兰仪县薛庵一带抛筑土芯石坝三道，石垛六个，并将新筑第一道石垛改为人字坝，接长加宽。计土芯挑水石坝三道，长二十六丈一尺；石垛六个，长十六丈；加挑人字坝一道，长十丈六尺。”

光绪二十五年十一月，河南巡抚裕长奏称：“窃照怀庆府孟县地方，滨临黄河北岸，首当西来大溜之冲。向有沿河小金堤一道，并护城堤十二里，以障河北全局。嗣因南岸孟津县境铁谢镇，筑坝挑溜，保护汉陵，致使河心老滩淤蛰日高。全河大势侧注向北，小金堤均被冲刷。当于光绪十六年，由前东河总督臣许振祎、前护抚臣廖寿丰会奏，请修补完整。并添筑拦河埝一道，格堤一道，加抛石坝四道，石垛六个。奉旨允准，遵办在案。迄今将及十年，皆得恃以无恐。本年三、四月间，迭据彰卫怀道暨该管府县，以堤身日见坍塌，河溜北圈，愈啮愈近，情形危险异常等情，先后禀报。并由该县绅民，联名请款修防。时以工费太巨，又当大汛伊迩，未便兴工。当经严饬该管府县，相机抢护。又派委员查勘，禀覆正在设法筹办。突于九月下旬，据署孟县知县胡嗣芬禀称，本月十八、九日，河水暴涨，风急浪涌，直逼堤身，立时冲刷等情。并由怀庆府知府江槐庭，同时禀报。当即飞饬彰卫怀道岑春荣亲临确查去后。兹据禀称，该县小金堤为下游府县保障，自堤外沙滩，层层坍陷，堤身岁久失修，已多蛰动。适遭风浪湍激，救护不及，旋被冲卸一百一十丈，宽一丈五六尺不等。甚有仅存堤顶之处，格堤、拦河埝亦多塌陷。现在堤内，尚有漫水未退。幸届霜清以后，水落归槽，不致成灾。明年春汛涨发，诚恐横流冲决，波及其余，不堪设想。现议力求撙节，先其所急，惟有将已塌堤埝，随坦加戗，照旧时高宽丈尺，一律补齐。并在堤外择要酌抛石坝三道，石垛十二个。仍恐险生不测，另行购备石方，以备随时抛护之用等情请奏前来。臣查孟县逼近大河，地当河朔上游，关系畿南利害，仅赖小金堤为之屏蔽。就目前形势而论，须将淤滩开浚，引溜中行，再将护城全堤迤逦加高培厚，方为经久之计。现在大溜已与堤根紧逼，仅照该员所拟办法，即使硪筑坚实，诚恐大汛湍悍，一线单堤，不足以支全局。惟骤议大修，工费浩烦。计惟修堤筑坝，尚为因陋就简，一时权宜之计。自应暂如所请，以顾目前。如蒙俞允，即饬彰卫怀道，遴委熟悉河工之员，会同该管府县，克日兴工，核实承办。

“奉朱批：‘着照所请。’旋于二十六年四月工竣，计自大王庙前托坝下首起，至锁水阁下首止，共抛筑石坝三道，石垛十二个，又小金堤补筑土工三段。第一道石垛顶长三丈，底长六丈，牵长四丈五尺，顶宽二丈，底宽八丈，牵宽五丈，高深一丈二尺。第一道石坝顶长十六丈，底长十九丈二尺五寸，牵长十七丈六尺二寸五分，顶宽四丈，底宽十丈五尺，牵宽七丈二尺五寸，高深一丈三尺。第二道石垛顶长三丈，底长六丈，牵长四丈五尺，顶宽二丈，底宽八丈，牵宽五丈，高深一丈二尺。第三道石垛顶长三丈，底长六丈，牵长四丈五尺，顶宽二丈，底宽八丈，牵宽五丈，高深一丈二尺。第四道石垛顶长三丈，底长五丈五尺，牵长四丈二尺五寸，顶宽一丈五尺，底宽六丈五尺，牵宽四丈，高深一丈。第五道石垛顶长三丈，底长五丈五尺，牵长四丈二尺五寸，顶宽二丈，底宽七丈，牵长四丈五尺，高深一丈。第六道石垛顶长三丈，底长五丈五尺，牵长四丈二尺五寸，顶宽一丈五尺，底宽六丈五尺，牵宽四丈，高深一丈。第七道石垛顶长三丈，底长五丈七尺五寸，牵长四丈三尺七寸五分，顶宽二丈，底宽七丈五尺，牵宽四丈七尺五寸，高深一丈一尺。第二道石坝顶长十六丈，底长十九丈，牵长十七丈五尺，顶宽四丈，底宽十丈，牵宽七丈，高深一丈二尺。第八道石垛顶长三丈，底长五丈五尺，牵长四丈二尺五寸，顶宽一丈五尺，底宽六丈五尺，牵宽四丈，高深一丈。第九道石垛顶长三丈，底长六丈，牵长四丈五尺，顶宽二丈，底宽八丈，牵宽五丈，高深一丈二尺。第十道石垛顶长三丈，底长六丈，牵长四丈五尺，顶宽一丈五尺，底宽七丈五尺，牵宽四丈五尺，高深一丈二尺。第十一道石垛顶长三丈，底长六丈二尺五寸，牵长四丈六尺二寸五分，顶宽二丈，底宽八丈五尺，牵宽五丈二尺五寸，高深一丈三尺。第三道石坝顶长二十八丈，底长三十一丈七尺五寸，牵长二十九丈八尺七寸五分，顶宽五丈，底宽十二丈五尺，牵宽八丈七尺五寸，高深一丈五尺。第十二道石垛顶长三丈，底长六丈，牵长四丈五尺，顶宽一丈五尺，底宽七丈五尺，牵宽四丈五尺，高深一丈二尺。原筑小金堤工长八百七十六丈，分四段。内除第一段长九十丈不计外，第二段工长一百一十丈，堤顶原宽二丈，高八尺。因河溜趋注，堤身溃塌，量堤顶牵宽三尺，北高八尺。于北面随坦加帮，顶底均宽一丈七尺，高八尺，与旧堤顶平，合新旧顶宽二丈。第三段工长三百九十丈，堤顶原宽二丈，高八尺。历经风雨剥削，汛水冲刷，量堤顶牵宽一丈二尺，北高八尺。于北面随坦加帮，顶底均宽八尺，高八尺，与旧堤顶平，合新旧顶宽二丈。第四段工长二百八十六丈，堤顶原宽二丈，高八尺。历经风雨剥削，量通身残缺，牵宽九尺，牵深四尺。于堤面通身修补残缺，牵宽九尺，牵深四尺。”

卷十 工程下之一

顺治初年，定黄河堤岸修筑不坚，一年内冲决者，管河同知、通判、州县等官，降三级调用；分司道员，降一级调用；总河，降一级留任。如异常水灾冲决者，专修、督修官，皆住俸修筑，完日开复。本汛堤岸冲决，隐匿不报，别指他处申报者，加倍议处。如一年外冲决者，管河等官，革职戴罪修筑；分司道员，住俸督修，完日开复。本汛堤岸冲决，隐匿不报，别指他处申报者，管河等官，降二级调用；分司道员，降一级调用；总河不详查具题，罚俸一年。如地方冲决少而申报多者，降三级调用；转详官，降二级调用；总河不查实具题，降一级留任。无论一年、二年，遇有冲决地方，限十日申报，逾限者降二级调用。

顺治初年，定分汛防守之法。每岁立春后，东风解冻，候水初至。量水一寸，则夏秋当至一尺，颇为信验。故汛水，亦称信水。二月桃始华，冰泮雨积，川流汇集，波澜盛涨，曰桃汛。春暮芜菁作花，曰菜花汛。四月陇麦结秀，擢芒变色，曰麦黄汛。五月瓜实延蔓，曰瓜蔓汛。朔野之地，山深谷邃，冰坚晚泮。迨至盛夏，消释方尽。沃荡山石，水带矾腥，并流于河。故六月中旬之水，曰矾山汛。七月菽豆方秀，曰豆花汛。

八月荻蘼华，曰荻苗汛。九月以重阳纪节，曰登高汛。皆随时长发，其防守之法则统于桃、伏、秋三汛。自清明节起，阅后二十日，为桃汛。自桃汛后，至立秋前，为伏汛。自立秋至霜降节，为秋汛。汛临之时，该管官弁责令河兵堡夫，加谨分防。每里设立窝铺，铺各标旗，编书字号。夜则悬灯鸣金以备抢护，昼则督率兵夫卷土牛小埽以听用。遇有刷损，随刷随补，毋使坍塌。至夜分，巡守易于旷废，应设立五更牌，而分发南北两岸。照更次，挨发各铺递传。如天字铺发一更牌，至二更时，前牌未到日字铺，查明何铺稽迟，即时拿究。再，汛发之时，多有大风猛浪，堤岸难免冲激，应督令堤夫多扎埽料，用绳桩悬系附堤。水面纵有风浪，随起随落，足资防护。又凡骤雨淋漓，易致横决，应置备蓑笠，令兵夫冒雨巡守。此外，非时客汛及十月后槽汛，十一月、十二月蹙凌汛，非三汛可比，止令兵夫照常巡守。

顺治二年，议准："凡浚河，面宜阔，底宜深，如锅底样，庶中流常深，岸不坍塌。如无堤之处，须将土运于百余丈之外，以免淋入河内。遇河流淤浅，即令疏浚。如水溜在中，两岸筑丁头坝，以束之水势。在旁顺筑束水长坝，以逼之。或排板插下泥内，逼水涌刷。或排小船，或用勺，或用混江龙，或用刮板，皆因地制宜，不拘器具。"

顺治十三年，定滨河州县新旧堤岸，皆种榆柳，严禁牧放。各官栽柳，自万株至三万株以上者，分别叙录。不及三千株并不栽种者，分别参处。

顺治十六年，议准："河工各官，遇有升迁降调事故，将任内修防事宜，造册交代离任，后有堤岸冲决者，该管官参处。"顺治十六年，总河朱之锡题奏"两河利害疏略"云："一、议建设柳园。河防紧急，埽料在手，咄嗟之顷转危为安。然必使生植之数常有余于采办之数，而后可以源源相继。宜责令黄河经行各州县印官，于濒河处各置柳园数区。或取之官地，或近买民田。每园安置堡夫数名，布种浇灌。而道厅等官，时时稽查，秋冬验明，行以劝惩之例。将数年遍地成林，以济河工，且节河帑。再照官给柳价，每束五分。既令印官，责成里甲均买均运。更宜申饬照地均买，有柳之家，听其转售。如有包揽、措索、扣克、准折等弊，立行揭报，以凭参究。一、严剔河工弊端。如工程有工力不到，法式非宜。如料物虚浮，徒事粉饰之弊。如器具储备不预，徒手莫施。制作草率，不堪适用。如夫役有扣克工食，有奸豪包占，有卖富签贫，有贿鬻私逃之弊。如料物有交修措勒，有扣减价值，有折干肥私，有盗用官物之弊。然有在官、在衙蠹地棍之不同。臣以为在官者，宜责令司、道、府、厅互相觉察，如隐讳不报，治以徇庇之罪。在衙蠹地棍者，一如防蠹之例，责成各官不时开报。庶弊端可除，而河工克济也。一、慎重河工职守。司厅系河工切要之员，非淡泊无以耐风雨之劳，非精细无以察防护之理，非慈断兼行无以尽群夫之力，非勇往直前无以应仓猝之机。故必预选熟试果其有才有守，尽心河务，即许荐举。凡河官悬缺，吏部升补之日，许臣岁终题荐官员内，照其本等职级，循序升转。庶始终练达，驾轻就熟，而河防有恃。更有请者，河差俱以三年为满。惟会通一差，一年代更。恐初任，头绪不知，甫得通晓，而报代之期又至。且恐以传舍视之，工作不坚，钱粮益费，亦有可虑。合无准照各河差例，改为三年，运道河帑均有裨益。一、交代河防职掌。刻难乏人，员缺代署，不惟利害不切，即骤然经营，省解不易，难免误事。相应将管河道并各府州县管河佐贰官，如遇升降调用，俱令候代离任，仍将任内修防事宜，备造清册，传告新官。违者，容臣指参。庶综理周密，便于责成。”

又，“申明河官专责疏略”云：“天下事，刑名、钱谷，皆可以文移办治。独河工一事，非足到眼到，则形势之委曲，工程之坚瑕，鲜有不错施而误事者。可见经理河事，非身亲不可，又何暇舍己而耘人也。河工官员，遇有上司差遣，势不敢辞。州县佐贰，忽有上司差委，势不敢辞。甚至，有宁舍河务汛地而勉强从事者。猝有河变，岂不误事。请嗣今河官奉妥，即自行具报到臣，庶万一有误，责有所归。不报，即坐以营求差委之罪。又照按臣考察事关大典，但恐河道多故，竟以修防付之老人夫役，亦恐害事。合无容令该辖道府，代为申明，俟河事稍定，准赴补考，庶责成专而河防得以有恃矣。”

顺治十七年，题准：“修筑堤岸，工完，令承修官出具‘伏秋无虞’印结，同册奏销。如本年冲决者，即指名题参。”

康熙元年，题准：“黄河堤岸冲决在一年内者，参处修筑之官。在一年外者，参处防守之官。如未至一年修筑，官于保固限内去任，防守官不为料理，致被冲决者，将防守官一并参处。”

康熙元年十月，户科给事中史彪古奏：“河工官员，宜久任以专责成。请将沿河州县升沿河府厅，沿河府厅升沿河道员，庶驾轻就熟，为久安长治之计。”下部议行。

康熙二年，覆准：“凡黄河大工告竣，保固限满，交汛修防。其工常大溜顶冲，汛水长发，在在险急。相度情形，必须每年动帑，用长桩、大埽修筑加镶，岁以为常。嗣后，岁修工程，令河道总督，俟秋汛水涸时，即估计具题。”

康熙七年五月，河道总督杨茂勋疏称：“黄河沙水沸腾，常苦淤决。每年伏秋，于危险中集夫抢救，名曰岁修。此外近河则筑缕堤，稍近[1]则筑月堤，稍远又筑遥堤，附郭则筑护城堤。犹恐水势暴横，又筑格堤及减水石坝，以泄水势。前人良法，具载纪志。今沿河堤坝，年久圮坏，十不存一，请于农隙，责成沿河州县，量雇民夫，按堤修筑，庶免临时张皇。”

康熙九年，题准：“河工冲决，地方承办，桩柳等物迟缓，或称非系本汛，推诿误工者，皆降一级调用。不行转催之上司，罚俸一年。”

康熙九年闰二月，工部覆：“总河罗多疏奏，黄河两岸，令督臣委官栽柳。如能于该督所定之数成活者，其栽柳之人，许其三年后查明册报，以巡检录用。”

康熙九年，奏准：“于沿河州县，择闲散人，授以委官名色，专管栽柳，三年分别劝惩。”

康熙十二年，题准：“大工需柳，先从本地采办。再有不敷，于近省协济。”

康熙十五年，议准：“河道关系甚大，堤岸冲决，皆由修筑不坚，防守怠玩所致。宜严定处分之例，嗣后不得诿之水灾，具题。黄河堤岸，仍定限一年半。年内冲决者，经修、防守等官皆革职，分司道员降四级调用，总河降三级留任。过半年冲决者，经修、防守等官降三级调用，分司道员降二级调用，总河降一级留任。如已过年限冲决者，管河各官皆革职，戴罪修筑；分司道员住俸，督修完工开复；总河，罚俸一年。若年限内冲决，经修官已去，仍将经修官与防守官，一同处分。其年限内，本汛堤岸冲决，别指他处申报者，经修防守等官，皆革职；分司道员，降五级调用；总河不查实具题，降三级调用。其余仍照旧例。”

---

[1] 近　原作“进”，据内文改。

康熙十五年，议准：“河官种柳不及数者，免其处分。成活万株以上者，纪录一次。二万株以上者，纪录二次。三万株以上者，纪录三次。四万株以上者，加一级，多者照数议叙。分司道员，各计所属官员内，有一半议叙者，纪录一次；全议叙者，加一级。均令年终题报。”

康熙十六年，题准：“筑堤取土，或百丈外，或里余，近者离堤二十丈，或十五丈外。每堆土六丈为一层，杵三遍，硪三遍，层层杵硪，期于经久坚固。”

康熙十六年，题准：“河工顶冲之地，即以旧堤为缕堤。于旧堤之外，别筑遥堤，以为重门保障。”

康熙十七年，议准：“河工堤岸有无冲决，该督抚于年终造册报部。”

康熙十七年，覆准：“河南省岁修工程，暂交该抚料理，俟河南大工告竣，仍照旧例总河亲勘具题。”

康熙十七年，议定：“河南省特设管河道员，一应督修挑筑办料诸务，均令河道协同催趱，联衔会详，一例责成。”

康熙十七年，议准：“知府有地方之责，嗣后如遇冲决等事，照道员处分。承修两河堤岸一应工程，均限半年完工。半年不完，承修官罚俸一年，督修道府罚俸半年。再展限三月完工。如仍不完，承修官降一级调用，督修道府罚俸一年。如承修官，原系革职戴罪之人，半年限内不完，降一级调用，不准展限。工程别委他官，仍限三月完工。不完，罚俸一年。督修道府所属官员，工程一年内不完，降一级调用。限内不完，总河不题参，罚俸三月。若实系大工，不能依限完竣，令总河豫为题明。其监理、厅印、分管、佐杂等官，所筑堤工，合式坚固，该管厅印河官，出具甘结，道府验实加结，申送总河勘实具题。准照应升之官，加二级即升。原非正途者，均作正途，一例升迁。至分管官所筑堤工，有一处不坚固，或一二丈不丰满合式者，降一级调用。两处不坚固，或三四丈不丰满合式者，降二级调用。三处不坚固，并五丈以上不丰满合式者，革职。监理官所辖分管官，有一人议处者，监理官罚俸一年。二人议处者，降一级调用。三人议处者，降二级调用。四人以上议处者，革职。由监理官揭参者，免坐。如议处议叙相同者，准与抵算。若兴举大工，附近地方官，不协同设法募夫，不将急需柳草等项，速买解运，致误河工者，题参，将州县官降三级调用，道府降一级调用。凡举劾大计，将河工一并考成。河道果无冲决，或旋决旋修，不致殃民损课者，方准荐举。”

康熙十八年，题准：“抢修工程，虽难预定，亦照岁修例估计具题，其费以五百两为率。别项大工，不在此限。”

康熙二十年，定武职栽柳，照文官议叙。

康熙二十二年，定：“河官栽柳成活二万株以上者，纪录一次。四万株以上者，纪录二次。六万株以上者，纪录三次。八万株以上者，加一级，多者照数议叙。其分司道员，因属员栽柳，议叙之例停止。”

康熙二十二年六月，工部议覆：“河道靳辅奏‘康熙二十一年以前，江南决口，未堵上流，不至壅滞’。今决口全堵，除减水坝之外，更无旁泄之途。江南运道，费如许金钱，甫有头绪。若河南亦有疏失，则前功尽弃。其开封、归德两府堤工，通长一千余里，或照往例拨岁修人夫兴筑，或照近例动帑金兴筑。查前经原任河抚佟凤彩具题，停止派夫，今应动河库钱粮修理，总河、豫抚会同详定，务须修筑坚固。”得旨：“河工关系紧要，萧家渡决口，筑塞方完。河南堤岸工程，专令河南巡抚暂行署理。如有应会同总河事情，仍移文商榷，勿致贻误。”

康熙二十四年，总河靳辅题请豁免河南堡夫课程物料。从之。

康熙二十四年，覆准：“嗣后抢修工程，五百两以内者，该督详开各工，细数造册汇题。”

康熙二十四年，议准：“抢修工程，堤岸偶被损伤。该管厅官一面申报河道总督，一面即运料修防勒，令克期告竣。仍详具工费，缮册题销。”

康熙二十九年，议准：“嗣后加帮之堤，将原堤重杵，再加新土。创筑之堤，将平地杵深数尺，加土建筑。”

康熙二十九年，议准：“平常工程，向用龙尾埽稀钉排桩。一遇风浪，即易塌卸，均令停止。”

康熙二十九年，议准：“嗣后，一应石工，无论马牙、梅花等桩，皆用整木深钉。无论面里丁头等石錾凿，务极平整。石灰重筛，用米汁捣杵胶黏。又用铁锭、铁锔联络，该道厅验看，如违揭报。”

康熙二十九年，覆准：“分修工程，每人有一定丈尺。令总河于分修之官交界处所，各立石桩，上镌修理官姓名。旧堤亦立石编号明，旧堤字样造册报部。如有不依定式，致被冲决者，治罪。”

康熙三十一年，议准：“河道堤面阔二丈者，留八尺为行路，其一丈二尺密栽细草。遇有坦坡，均栽卧柳。”

康熙三十二年，奉旨：“河南工程，不必行总河往勘，照该抚所请修筑。”

康熙三十三年，谕：“嗣后，堤岸冲决，傥河水漫决，河流不移者，应否免其革职，止令赔修，着确议定例，具奏。钦此。”遵旨议定：“嗣后堤岸冲决，河流迁徙者，照定例处分。若堤岸漫决，河流不移者，免其革职，责令赔修。年限内漫决者，经修官赔。修年限外漫决者，防守官赔修。”

康熙三十九年，议准：“嗣后，排桩购木，令该道厅赴工验看，是否与原估尺寸相符。承筑之官桩用整木，签钉埽用整柴镶塞。如修筑不坚，该道厅揭报。徇隐者，一并题参，汛弁革究。”

康熙三十九年，覆准：“嗣后，堤岸冲决，河流不移者，管河各官皆革职戴罪，勒限半年赔修。分司道员，各降四级，督赔工完开复。如限内不完，承修官革职，分司道员降四级调用，总河降一级留任，仍令赔修。其应赔工程，已经奏明动帑者，仍将应赔银两，亦照赔修例勒限处分。如限内不完，分司道员不揭报，总河不题参者，皆照徇庇例议处。”

康熙三十九年，议准：“凡黄河曲处，挖浚引河，果属深阔，偶至淤垫者，该督亲勘保题，免其赔修。”

康熙三十九年七月，河道总督张鹏翮奏河工事宜。

一、堤工之宜坚筑也。凡加帮之堤，务将原堤重用夯硪，密打数遍，极其坚实，而后于上再加新土。其创筑之堤，先将平地夯深数寸，而后于上加土建筑，层层如式，夯杵行硪，务期坚固。照依估定远近土方，取土加帮，不许近堤取土，亦不许挖伤民间坟墓。该管员弁不时巡查，如有前弊，即将前筑官参究。

一、桩木之宜用整木也。凡遇顶冲刷湾之处，水势湍激，务用整木签钉排桩，整柴钉头镶压，以资捍御。嗣后，购木到工，该道厅必躬亲围验，与原估尺寸相符。勒令承筑人员，桩用整木，签钉入地甚深，埽用整柴镶压，方能坚固永久。如将木柴截用，修筑不坚，旋修旋坏，该道厅不时揭报，以凭参究。

一、埽工之宜核实也。嗣后报险呈详一到，果系险工，即令动料抢修。一面估计申报，以凭稽查。如系假捏，即以谎报参处。

一、挑河之弊宜除也。凡遇挑河之工，将挑出之土，尽堆于原估堤上，层层夯硪成堤，不许估计散土，以滋堆高假河之弊。如有前弊，不准销算，仍复以侵冒误工参究。

一、夫役之宜优恤也。河工夫役工成之日，给与印票，该地方官查验，免其别项差徭。

一、石工之修砌宜得法也。嗣后一切石工，无论马牙、梅花等桩，皆用整木深钉，务期极其坚深。无论里面钉头等石，皆照原估置办，錾凿极其平整。石灰须重筛筛过，多用米汁调和，捣杵极其胶黏，满灌而入，使之无缝不到。又用铁钉、铁锔联络上下，合为一体。凡有石工将兴，备料到工。该道厅先验物料，次勘工程。或物料不堪，短少灰米，以及修砌草率，立即揭报，以凭参究。

一、黄河淤垫之曲处宜取直也。直则水流畅快，而泥沙不淤。查阅河工顶冲大溜之处，对岸必有沙嘴挺出，此河曲之验。从此曲处挑挖引河，以杀水势，则对岸险工可平。但挑挖引河，需费甚多。若挖后引水，必大溜始可成河。若逢缓水，必至沙淤，例应追赔，是以人心畏惧，挑挖多不如式。倘嗣后虚应故事，理应赔修。若实心任事，偶致淤垫，请免其赔，庶人无畏缩而河工底绩矣。

一、龙尾扫之宜停也。河工工程坚固者，首在石工，次则密钉马牙桩，以资捍御。其顶冲大溜之处，用丁头埽密钉大木排桩，深埋入土，亦属有益。若寻常工程，概用龙尾埽稀钉排桩，浅埋浮土，究亦何益？宜行停止。

康熙四十年，题准：“石工所用，马牙、梅花等桩。土坚之地，用一木二截。土松之地，仍用一木整桩。”

康熙四十八年，谕：“河防紧要，不可稍忽。宿迁以下，有清水入黄河，得以刷沙遄行。宿迁以上至河南一带，无清水入黄河，必须将两岸堤工小心修防，令水不出槽。导水由槽中行，无淤沙之患。至于黄河发水，由上源宁夏而来，着陕西总督转行宁夏同知，遇黄河涨水时，速报总河、河南巡抚豫为修防。”

康熙四十九年，总河赵世显疏称：“河南堤上，柳株寥寥，倘遇险工，凭何取用？应饬州县河官，凡官地之上，广栽柳株，务期成活，不许奸民盗窃。”

康熙四十九年，覆准：“令河南各州县于官地内，责令堡夫广栽柳树。”

雍正元年七月，谕工部：“沿河州县，向有额设河夫，自百名至数十名不等。兴工则并力浚筑，工停则分遣巡防。损者随补，塌者随培。修抢拥护，俱系熟谙夫役，故虽偶有冲决，不能为患。近闻管夫河官，侵蚀河夫兵食，每处仅存夫头数名，遇有工役，临时雇募乡民充数塞责，以致修筑不能坚固，损坏不能堤防。冒销误工，莫此为甚！嗣后，着总河及近河各省巡抚，严饬河道，不时稽查，按册窍实，禁绝虚冒。傥有仍前侵蚀，贻误河防者，即行指名题参。”

雍正元年，议准：“每年山东、河南巡抚饬令沿河州县暨管河各官，将沿河空地勘明，各捐资多栽柳树，各以种柳细数呈报上司。三年后，该督抚察核报部，酌量议叙。如希图议叙，强占民地累民者，即行参究。至河南旧植柳树，年久枯坏者，令察看一并补种。”

雍正二年，覆准："河工镶埽，理宜画一。自本年为始，每工宽长一丈，高一尺，用苇柴三十八束，秫秸如之，永为定式。"

雍正二年，议准："江南省浚船开明三等丈尺式样，令总河移送豫省，每汛照式建造五船。修理年限，悉照江南浚船之例。"

雍正二年，覆准："豫省浚船额定四十，柳船亦照江南之例，成造二十二船。"

雍正二年七月，部覆议得："总河齐苏勒疏称'豫省改设河兵一事，令臣酌拨分给，听副总河就近使用。臣即将江南十营河兵一千名，并检选千总三员，把总三员，带领赴豫会同副总河及抚臣商定。随将所拨河兵，守武陟北岸险工处所。除先经题设千总二员，河兵一百名，堡夫一百名外，今又安置河兵一百四十三名，委令原设千总管辖。阳武、封丘二县北岸险工处所，安置河兵二百六十名，派委千总唐相管辖。祥符、陈留、兰阳、仪封四县北岸险工处所，安置河兵一百名，派委千总李斌管辖。荥泽、郑州二处南岸险工处所，安置河兵一百四十六名，派委千总刘国杰管辖。阳武、中牟二县南岸险工处所，安置河兵一百四十四名，派委把总李应娄管辖。祥符、陈留、兰阳、仪封四县南岸险工处所，安置河兵二百零七名，派委把总张禄、耿宜管辖。以上北岸，共安置河兵五百零三名，南岸共安置河兵四百九十七名。其所食江南河库粮饷，已经开除，令就于河南藩库支给。将此项兵，一年一换。即于堤上苫盖窝铺，令其就近栖止，以便策应灵捷。再，武陟县臣经题请添设千总二员，河兵一百名，堡夫一百名。此项堡夫，未便裁革，应仍留以防要工。其余南北两岸堡夫，俟过秋汛水落工平，尽行裁汰，以节工食，以充兵饷'。应各如该督所奏，先于四月以设副总河，就近拨河南抚标守备一员，千总一员，把总二员，马步兵丁一百名，听其差遣，按季更替。”

雍正二年十一月，副总河、兵部左侍郎嵇曾筠奏：“谨陈管见。一、柳枝荻苇，为河工第一要料。豫省堤园柳株，岁久瘿枯，更兼连年险工取用，采伐殆尽。臣查黄河两岸滨河处所，多有新淤滩地，尽可种植柳枝、荻苇。可否令行地方官，逐一清查。其未经升科之滩地，或有种荻一顷，或有种柳千株，实能成活济工者，验实详报咨部。官则给予纪录，民则给予顶戴荣身。则人皆踊跃，二三年间，荻柳蕃盛，而岁修购料银两，可以渐减矣。至现今一切堤占地亩，并取土挖废坑塘，合无仰请俯赐，循照江南之例。俟堤工告成之后，行令地方官逐细查丈，蠲除钱粮，亦留以栽种荻柳，则所产愈广。在朝廷普宽大之恩，小民免虚粮之累。而物料所出，当不减于正供所入矣。一、豫省原额堡夫，因臣上年奉差到工，往来堤上，见其踪迹寥寥，有名无实。且不谙签桩下埽，是以议请裁去。循照江南之例，添设河兵驻工防护，庶为有济。荷蒙特谕，调拨江南河兵来豫修守。随经河臣齐苏勒，抽调十营河兵一千名，千把总六员赴豫。当由臣等择其险要之处，分派安插，讫。但归德府属考城、商丘、虞城三县，不敷分拨，原未安兵。今值冬季，裁去堡夫，则兵夫俱缺，乏人防守。似应再于南工调兵二百名，分令驻防，庶工程大有裨益矣。”其土方、钱粮两条见“经费门”。

雍正三年正月，巡抚田文镜奏言“仍留堡夫以重河防”：“该臣看得豫省酌拨江南河兵一案，前准部覆‘除武陟县仍留河兵一百名，以防要工。其余南北两岸堡夫，秋后尽行裁汰’等因。随行管河道遵照去后，兹据管河道陈世倕详称‘黄河两岸堤工，绵亘千有余里，向设堡夫九百余名，令其按堡修防。嗣因黄水连年泛涨，堤工在在危急。堡夫为数无多，不足修防抢护之用。酌拨江南河兵一千名，分列各堤，共资防御。是河兵之设，原以增堡夫之所不足。今南北两岸新建埽坝，岁、抢各工，不下数十处。若设兵裁夫，则防守之人仍不足用，难免顾此失彼之虑。且归德府属之商丘、考城、虞城等县，并未派列河兵。若裁去堡夫，则数百里顶冲险堤，竟无一人防视矣’。伏查河臣齐苏勒疏内称‘俟过秋汛水落，工平尽行裁汰’。但每年俱有水长水发之时，非一落之后竟不长发也。堡夫甫裁，而桃汛即届。加帮大堤，又系新筑之土，更须巡防保护。新来河兵，虽卷埽、下埽、镶垫、打桩，固所熟谙，然而一年一换，新旧接替，本处之地形水势，未必深知。至于搜索狼窝、獾洞、鼠穴、水沟、雨溜，时加填补及瞻望水势，风防雨守，无分寒暑昼夜，是河兵又不如土著堡夫之熟悉也。务须兵夫兼用，协力修防，方有实效。所有原设堡夫，断难裁汰。再查堡夫工食，又系各州县于额设各役工食内拨给，并无额外增加之项，更无庸裁。惟于给发工食时，严加确核，务令均沾实惠，不使稍有虚冒。再，堡夫中如有学习桩镶埽填等事，试验得实者，即准其补充河兵，以免淮兵远涉之劳。仍招募土著勤壮之人，顶补堡夫，勿致额缺，庶几兵夫协力防守得宜矣。”

雍正三年七月，巡抚田文镜奏称：“臣伏查豫省两岸堤工，关系运道民生。因原额堡夫不足防御，拨江南十河营兵千名，千把总六员，分派险要。嗣因正副总河议请裁去堡夫，经臣题请，照旧仍留。并令堡夫跟随河兵学习桩埽镶垫等事。于每年南兵将换之时，试验得实，即准其拔作河兵，以免淮兵远涉之劳。但臣伏思堡夫之欲学习桩埽，必须责令河兵教导，而河兵之四散逍遥，必须分责河员董率。或一月一试，或按季一试，内有教习勤而成就多者，则给赏以奖励之。或有懒于指示，怠于学习者，则责治以儆戒之，方克有济。臣查拨到河兵，虽有千总、把总为之管辖，然而官卑职小，不足以资弹压。况南北两岸堤长千里，一时耳目难周，约束不及。至于印、河各官，则又文武不相统摄。勿论其不能令河兵教习堡夫，即遇有险工，亦多不服驱使。虽有河兵之名，究难收河兵之效。臣愚以为守、巡二道，旧有兼带兵备之衔。而拨到河兵，又无操演营务之事，原与堡夫不相上下。应请责令管河道统辖稽查，并分责各河同知，董司教习。如有怠惰不服者，许管河道径行责治，并许各河同知，会同千把总究处。如此河兵必咸知法度，不敢抗违，而堡夫学习桩埽等事，亦易于成功。不过二三年内，尽皆谙练明白，均可拔作河兵，毋庸再调南兵矣。如蒙俞允，惟将管河道敕书内加入此款，便可遵循矣。”

雍正三年十月初六日，部覆：“总河齐苏勒奏言‘黄河两岸附近空闲官地，令官民弁兵栽柳种苇’，议定劝惩之法。其官员栽柳成活五千株者，纪录一次。成活一万株者，纪录二次。成活一万五千株者，纪录三次。成活二万株者，准加一级。种苇一顷者，纪录一次。二顷者，纪录二次。三顷者，纪录三次。四顷者，准加一级。其殷实之民，有能情愿栽柳二万株，种苇四顷者，准给与顶戴荣身。至于河营目兵，每兵一名，每年栽柳一百株。若不能如数栽植及补栽柳秧成活不及一半，或河兵内有将附近民柳借端砍伐者，即将河兵究处。其专汛之千把总、守备等，分别查参议处。俱限于冬末春初，广为栽种。次年春末夏初，查验成活数目，造册报部，分别议叙。仍令督抚将官民地界查勘分别，不许侵占，以垂永久。傥印、河文武员弁，希图议叙，将民地指为官地，栽植柳苇，有累民居者，该督抚即行题参，从重治罪。自雍正四年为始，着为定例。”

雍正三年，覆准："豫省增设河官。凡岁修、抢修，均令河汛各官专司其事。倘遇紧要大工，仍令沿河印官与汛河各官，协同办理。"

雍正四年，谕："赔修之例，甚属无益。从来河官领帑修工，豫留赔修地步，以致钱粮不归实用，工程断难坚固。即幸而得保无虞，而钱粮终归入己。似此情弊，相习成风，必照侵欺钱粮例，严加治罪，方足示惩。着九卿详议具奏。钦此。"遵旨议定："嗣后，承修之官，估计工程，总河与该督抚分司勘明工段丈尺、桩埽料物。如果与所估数目相符，核实具题，发帑兴修。如估计过多，有心浮冒，察出即照溺职例革职。察勘之官，不实心详核，扶同徇隐，即照徇庇例议处。至工完之日，该总河、督抚、分司，再逐一察勘修过工程，果否如式坚固，与原估丈尺钱粮数目相符。如工程单薄，物料克减，钱粮不归实用，以致修筑不坚，不能保固，将承修官指名题参，照侵欺钱粮例，分别治罪。其侵欺银，着落该员家产，勒限追赔。所修工程，令总河、督抚等，别委贤员，动帑修筑坚固，工完题销。"

雍正五年，谕："向闻河工不肖之员，有将完固堤工，故行毁坏，希图兴修，借端侵蚀钱粮者。着该督时加察访，再有此等不法之员，着即奏闻，于工程处正法示众。"

雍正五年，谕："河工追赔之项，其中情由不一。有该员侵蚀入己者；有修筑草率本不坚固，易致冲决，应当赔修者；有当溃决之时，该员豫知例当赔修，而以少报多，先留地步者；甚至，有故意毁坏工程，以便兴修开销者。种种弊端，不可枚举，皆法所难宽。但亦有经手之人，本无情弊，而照例则应分赔者。在该员情稍可原，而承追之时无力全完，亦于国帑无益。

其如何酌量，分别定例，方为妥协。着九卿详议具奏。钦此。”遵旨议定：“嗣后黄河一年之内，堤工陡遇冲决，所修工程原系坚固，于工完之日，已经总河、督抚保题者，承修官只赔修四分，其余六分，准其开销。如该员修筑钱粮，均归实用，工程已完，未及题报，而陡遇冲决者，该总河、督抚据实保题，亦令赔修四分，其余均准开销。如黄河一年之外，堤工陡遇冲决，该管各官实系防守谨慎者，该总河、督抚察实具题，止令防守该管各官共赔四分，内河道、知府共赔二分，同知、通判、州县守备共赔分半，县丞、主簿、千总、把总共赔半分，其余六分，准其开销。其承修、防守各官，皆革职留任，戴罪效力。工完之日，准其开复。倘总河、督抚保题不实，照徇庇例议处，仍照定例，勒令分别项。”

雍正五年，议准：“豫省河工社夫名色，永远禁止。”

雍正五年，覆准：“河工办料百万斤，限十日。二百万斤，限二十日。照数递增。并令依限交工，如逾限不完，将承办迟延职名题参。”

雍正五年，议准：“黄河南岸刘家口坝工，归商、虞二县就近管理。”

雍正五年，议准：“令河南沿河州县等官，检稽地册。会同厅汛，将现存柳园并从前坍塌及新淤地亩，逐一详勘，丈明立界。如有隐占，拨补还额，广为栽种。”

雍正五年二月，诸王、大学士、九卿会议：“柳束系埽料必需之物。豫省向有柳园若干，现今坍塌若干，应行巡抚责令沿河州县等官，将现存柳园并从前坍塌及新淤地亩，逐一查丈立界，严督河员，广为种植。二三年间，不惟秫秸可省，抑且埽料足用。”

雍正五年二月，诸王、大学士、九卿会议："副总河嵇曾筠奏称'沿河州县官，有娴熟河务者，准令河臣会同抚臣保题升调河工道厅；其河工厅汛官，有才守兼优者，亦准令河臣会同抚臣保题升调沿河府州县。傥徇情升调，贻误地方河工者，除将该员照例治罪外，仍将保题不实之上司，照滥举匪人例议处'。又称'豫省堤工，向曾调拨江南河兵一千名，分派防守。嗣经奏明，将两岸堡夫仍留学习桩埽。如果熟谙，拔充河兵，将南兵发回原汛，以免跋涉。今应于堡夫内，逐渐拔补足额，即将南兵逐渐扣除发回。其拨来之千把总六员，亦应发回本汛，不便久留。豫省应请专设千总二员、把总四员，分隶开封府南岸河厅管辖。至归德府通判汛内，应将原设武陟千总二员，内调往一员，分拨河兵一百名，移驻归德各工，交与该弁管领'。应如所请，仍饬各厅严加约束。又称'豫省大堤旧制，每一里设立堡房一座，以便堡夫栖身修守。因年久塌毁，十无一二。前南兵到来，竟无地容身。仍照旧制，行令地方官建造。每座约银三两，即于节省项内，动支报销。又临河月堤，居其大半，堡房未设，防守无人'。应如所请，着地方官亦如前制建造堡房。其堡夫既称不必另设，即于河兵一千名内，酌量调拨防守。月堤仍将造过堡房，查明报部，题销。又称'开封府祥符县堤长八十里，止有县丞一员。近日险汛下移，祥符一带工程，更为险要。应将开封府南岸添设主簿一员，于开封府下北河地方添设巡检二员，一驻祥符陈留适中之地，一驻兰阳、仪封适中之地。如遇险工，协同应汛，募夫办料，竭力抢护。所有一切逃盗事宜，令其稽查。其祥符等处北岸太黄堤一道，并令该员管理修垫'。应如所请，酌量提补。其俸工等项，令河南巡抚酌议题奏。又称'江南黄、运两河，凡遇岁、抢工程，俱有柳船载料拨运。今豫省上自武陟，下至虞城，岁、抢二工，拨运无船，不能济急’。应如所请，照依江南浚船宽长丈尺式样，每汛造船五只，给发各汛河兵，运驾看守。如河兵不勤照管，致有损失，着令该管厅汛赔修。”

雍正五年二月，部覆议得：“河南巡抚田文镜疏称‘豫省南北两岸大堤，关系运道民生，极为重大。河性变迁不常，当汛水长发之时，素称平易者，忽成险要，宜暂用民力。每岁于夏至后，将凡有田地村庄相离大堤一二里者，集公所，各照佃户多少认夫几名。偶有急工，堤上鸣锣为号，各照所认名数，无分雨夜，赴工抢护，工完立散。若非计日可竣之工，接名给与工食，在于抢修项下，核实开销。询据绅士，佥称出一时之夫，力享万载之安澜，并无不便之处，舆情允协。傥非汛水长发之时，亦非忽成险工之处，河、印、汛、委各员，借此冒销工帑，扰累里民，并令绅士、富室、佃户用钱买脱，派及一二里外无力穷民者，查出即行题参，革职究拟。庶几行之无弊，于堤工不无裨益矣’。均如所奏，遵行可也。”

雍正五年闰三月，巡抚田文镜请于河北彰、卫、怀三府，复设守道一员，统辖三府，稽查吏治并责巡防，仍照管河道之例，加以兵备职衔。将河北一带堤工、埽坝、厅汛各员，河兵、堡夫并一应钱粮，令就近督率修防。部议，应如所请。

雍正五年，议准：“月堤离河甚远者，就近圈以套堤。甚长者，上下截以遥堤，作重门保障。”

雍正五年，覆准：“黄河大溜顶冲及埽湾之处，遇河涯汕塌，近至堤根，当多募人夫，广用锨锹，将临河堤涯受冲处所，砌成斜坡。复伐取密叶大柳，悬于坡上，以御急溜。”

雍正五年，议准：“河工修防，全在临时审度。应探水势之浅深，酌量用埽之大小，层路之多寡，签桩之粗细，加镶之宽厚，随时窍定。”

雍正五年，议准：“沉水大埽并埽上加镶，每长一丈，用秫秸三十八束。水浅防风，每单长一丈，用秫秸三十束，土半方。”

雍正五年，谕：“黄河下埽之人，办理工程，不惜身命，当照军功例，定以恩恤。钦此。”遵旨议定：“嗣后，黄河下埽之官兵，如在事遭险、入坎幸生者，照军功保守、在事有功例，官加一级，兵夫以一等军功伤例给赏。身故者，官不论衔级大小，照军功阵亡例，以现在职分准荫加赠，给祭葬银。外委官弁以及兵丁夫役，亦照军功阵亡例，分别给以祭葬银。如无亲族者，照例委官致祭。”

雍正五年，议：“准河工镶填，每宽长一丈，高一尺，柴工用柴三十八束，柳工用柳二十八束，均压土五分。如水势深涌，于镶填之上，签桩一根。又定龙尾埽，每长十丈，高一尺，用柳十八束，苇柴十八束，小百条，每条重六斤。”

雍正六年，谕：“副总河专理北河，总河兼理南、北两河之事。今朕欲分任南、北两河，又思治河之道，必合全河形势，通行筹画，方可疏导安澜。若分令两人管理，亦有推诿掣肘之处。着详议，具奏。钦此。”遵旨议定：“河之南北，因地而分。其原委分流，本属一贯。河臣虽分两人，而办事应如一体。请授总河为总督江南河道提督军务，授副总河为总督河南、山东河道，提督军务，分管南、北两河。其有江南、河东修理工程，令公同商酌，会稿具题。倘遇紧要抢修，一面堵筑，一面知会，不得借会商为名，以致迟误工程。至题补河官及奏销钱粮等事，仍令分办。”

雍正七年七月，谕内阁：“黄河堤岸，乃运道民生所关，最为紧要。工程报竣，例应归汛修防。而额设河兵、堡夫，止能修补水浪冲激之区，防备临险抢护之用。至于堤身一年之内，风雨淋漓，车马践踏，渐至侵蚀者，亦势所必有。而堤远工多，不能责诸寥寥夫役。朕留心访察已久，又复询问通晓河工之人，知故明总河潘季驯，每岁派夫加高五寸，载在《河防一览》。即从前河臣靳辅，亦有每丁一名，招募帮丁四名，给以堤内空地耕种免粮。岁令加土五寸之议，与朕计虑之处，实相符合。朕思堤工，虽千有余里，若按丈每年加修五寸计，费不过三四万两。着南、北两河督尹继善、嵇曾筠，悉心商酌，具奏。至于州县派夫锢蔽，久经严革。而募丁给田之说，亦不可行。其每年岁修之费，或动用藩库帑金，或于沿河州县应解公用银两内，就近支给。若有不敷，仍于藩库拨补，亦着河臣一并定议具奏。”

雍正七年八月，河东总督田文镜奏称：“雍正七年七月二十一日，准总河臣嵇曾筠咨内开，钦奉上谕：‘黄河堤岸，乃运道民生所关，最为紧要。年来增卑培薄，幸庆安澜。独是工程报竣，例应归汛修防，而额设河兵堡夫，只能修补水浪冲激之处，防备临险抢护之用。至于堤身一年之内，风雨淋漓，车马践踏，渐致损坏者，亦势所必有。而堤远工多，不能责诸寥寥兵役也。朕思堤工几千有余里，若按丈每年加高五寸，计费不过三四万金。傥置之不议，一年剥削四五寸，合十年而计之，其所费之多，恐有不止于加修之数者。况河流涨漫不时，难以预料。何若逐年增修保固，为未雨绸缪之计也。朕意如此，其果否有益之处，着南、北两河总督尹继善、嵇曾筠，悉心商酌，详确定议，具奏。钦此。’臣查豫省黄河两岸堤工，荷蒙叠发帑金，指示修筑，是以一律高坚完固。臣有兼理河道之责，时时饬令管河各官，敬谨料理。如车马往来，另有道路，不在堤上行走，不致轮蹄践踏损伤。其雨淋残缺，水沟浪窝，则令兵夫随时修补，毋许稍缓。若新修之堤，其顶面两旁，尚未有草根盘结，风吹雨淋，不免侵削。则于霜降之后，兵夫工闲之时，各就所管之工，逐日抬取细土，填垫丰厚，夯硪坚实。日积月累，由少成多，帑不费而工自固也。况豫省所筑堤工，有逾四五年者，有逾二三年者。在工人员，各就土性所宜，种草固堤。现今草蔓丛生，盘结坚固，若加帮新土，必须铲去堤面草根，方与旧土胶粘。草根一去，新土虚松，又不如旧土草根盘结之为坚实。适河臣嵇曾筠到省，臣即与面商，嵇曾筠深以臣言为然。随令管河道、河北道等，各将南北堤工，亲加查丈。据称现在丈尺，较之原占，均属相符。是豫省堤工，一律高坚，并无卑矮处所，似毋庸岁加五寸，概议增修也。惟豫省额设河兵一千名，缘上年添造浚柳船只，即于河兵内挑选三百四十名。现在河兵，只有六百六十名，不敷力作。且河兵签桩下埽，往来调遣，未能专守堤岸。今查豫省现在堡夫一千五十八名，专以守堡修堤为事。臣拟添设堡夫三百四十名，分派两岸，力作修防，以补河兵之数。臣亦与河臣嵇曾筠面商，所见相同。臣伏思两岸堤工，关系紧要。命河臣酌议岁加五寸，原恐风雨淋漓，车马践踏，渐致损坏，额设兵役，不能修补之故。今豫省堤工，既无车马践踏损伤，而雨淋残缺，又随时修补，现今一律高坚。臣拟请停加修堤工，止酌议添设堡夫，则力作多人，即偶有雨淋，残缺修补更易。而堤工日益巩固，国帑不致虚縻矣。”

雍正八年，覆准：“豫省堡房，五百十有二座。如遇州县升迁事故，令其造入工程钱粮册内。如有破损，照不修炮台烽墩例议处。”

雍正八年，议准：“豫省河工，增设堡夫三百四十名。”

雍正十年，议准："岁修工程，应编列字号，开明起止、段落、长阔、高厚、尺寸，造册报部。至抢修别建之工，交汛修防。应附入岁修者，于题估册内，预为声明。"

雍正十一年，议准："河工需用石料双料、面石里石，宽厚均一尺二寸。单料面石、里石，宽一尺二寸，厚六寸。河砖宽五寸，厚三寸三分，长一尺二寸。"

雍正十二年，议准："黄河一堡二夫，寒暑两月免其积土。每月积土十五方，该管汛官各将堡夫所积旧土报明备案。以雍正十二年正月为始，每名每月如数担积，造于新土册内汇报，并入交盘，以专责成。"

雍正十二年，议准："河兵于霜降后，工务稍闲，计两月日期，照堡夫例，每兵二名，每月积土十五方，储于堤工备用，造册入于该管备弁交代项下。如有缺少，照堡夫积土之例，分别参处。"

雍正十二年，议准："黄河堡夫挑积土方不及数者，专汛文官罚俸一年，该管厅官罚俸六月。挑积不及半者，专汛文官降职一级，留任躧挑，该管厅官罚俸一年。兵丁挑积土方不及数并不及半者，专管汛弁及该管将备议处，亦如之。"

卷十一　工程下之二

乾隆元年，议准：“河南省豫河、怀河二营河兵千一百名内，原拨看守浚柳船兵三百四十名撤回，各归本汛修防，其浚柳船别行募夫。”

乾隆元年，奏准：“嗣后，岁修、抢修镶填工程须用土方，河兵担运十分之四，夫役担运十分之六。”

乾隆二年，谕：“河营内有桩手一项，下埽签桩，履危蹈险，较之力作兵丁，更为辛苦。前江南二十河营兵丁，改为战二守八，俾桩手均食战饷，以赏勤劳。而河南、山东尚循旧制，所当照江南之例，一体加恩者。着将河、东二省河兵，亦改为战二守八，使效力较多之桩手，得食战粮，以示慎重河防，优恤戎行之至意。”

乾隆三年，覆准：“豫省承办秫秸，交工时，令附近不管河工之同知、通判验收。”

乾隆三年，奏准：“嗣后山东、河南印、河文武官弁，于沿河官地内，有能捐资栽成小杨五百株者，纪录一次。千株者，纪录二次。千五百株者，纪录三次。二千株者，加一级。其沿河居民，有情愿出资在官地栽成二千株，或在自己地内栽成千株者，给以九品顶戴荣身。每年春间栽种，次年秋间核验栽成数目，题明议叙。杨树，交汛官收管。如栽成不及议叙之数，令其次年补栽并算。”

乾隆三年，议准：“河南省商丘、虞城三汛堤工，应清界址。虞堤自一堡至火神庙止，长千有五十丈五尺，改拨商汛与商堤相接。商堤自五虎庙东埠口至萧家庄止，长千有九十一丈，改拨虞汛与虞堤相接。曹县越堤一段，长一百八十八丈。东九十四丈，改拨虞城上汛。西九十四丈，改拨商丘汛。则工段联络，便于巡防。”

乾隆四年三月，总河白钟山请归德府属添设管河通判一员，将虞城与江南砀山县交界起，上至商丘县头堡止，堤埽各工，俱令新设之通判分管。与江南新设之萧砀通判，彼此关会，相机办理。其原设之归河通判，改为仪考通判，专管仪封县堤埽各工与考城县河道工程。开封府下南河同知，专管祥、兰、陈三县河道工程。部议，应如所请。

乾隆五年二月，总河白钟山请曹州属添设曹仪通判一员，专管曹县曹家庄起，至仪封县与兰阳县交界止，河道工程，听山东河道、河南河北道，各行督察。如有举劾事宜，督臣会同山东、河南巡抚一体考察。河南下北河同知，仍令专管仪封以上，至祥符县与封丘县交界止河道工程。部议，应如所请。

乾隆五年，议准：“河工各厅汛，可以增办芦苇者，饬令河官增办。应用河滩地内可积芦苇之处，劝民栽种，以资应用。”

乾隆五年，议准：“嗣后沿河州县地方官，有能劝民在沿河坑洼沮洳、不宜禾稼地内，种苇二百顷以上者，纪录一次。四百顷以上者，纪录三次。六百顷以上者，加一级。八百顷以上者，加一级，纪录一次。数多者，照数递加议叙。”

乾隆五年，议准：“豫、东二省，额设柳园地亩，如有坍缺，即于次年新淤滩内，民人未经认粮领种以前，详报咨部，按数拨补，每五年一次。饬令印、河各官，公同查丈，将原存柳地若干，坍塌若干，已补若干，取具册结，送部查核。如河[1]官将坍地以少报多，印官不将新淤地据实报明以及占用民地，指为官地，有累居民者，该河督据实参处。”

乾隆五年，议准：“抑勒栽苇，或所栽苇地以少报多者，照官员勒民开垦地亩，以少报多例，州县官皆降一级调用。”

乾隆五年，议准：“嗣后州县官所属境内，有可栽苇草之地，劝谕不力，计十分之地，栽植不及三分者，该督抚指参，罚俸六月。不及二分者，罚俸一年。不及一分者，罚俸二年。二年内，栽植仍不及数者，降一级住俸。至三年内，仍有不行栽植者，降二级留任。”

乾隆五年，议准：“苇、柳，乃河工必须之料。令将柳树数目、苇粮地亩，一并造入交盘册内。再，豫、东二省，全用杨桩。各汛报栽成活杨树，交与该管厅官，不时稽查，造入交盘。如有短少，详参着落。补栽成活足数者，开复。”

乾隆六年，裁怀庆府沁河通判，将所管堤工，归黄河同知管理。

乾隆六年，裁豫省浚船四十，增柳船四。

乾隆六年，裁豫省浚船长夫四十名。

乾隆七年五月，总河白钟山覆奏疏略，所属厅汛各缺，无论旧设新增，逐一清查，详加酌议。其中有可以裁并者，如怀庆府沁河通判一员、阳武县县丞一员，皆系旧设。但事简工少，所当据实请裁。至新设各缺，如河南河北道，系题请复设，原非新添。今彰、卫、怀三府，俱在黄河北岸，与直隶、山东、

---

[1] 河　原作“何”，据内文改。

山西三省接壤，地方辽阔。又当南北孔道，必得大员巡守，稽查官员勤惰、仓库钱粮盈亏，数百里河道防护，催办夫料，查工核帑。北岸止有该道一员，未便议裁。怀庆府黄河同知，经管武陟、荥泽二县黄河二处工程，实关紧要。况现将武陟沁河埽工归于该同知兼管，更为黄、沁两河最要，断难议裁。开封府添设同知二缺，系在南北两岸与旧设之同知，二员上下分管，各有一百数十里至二百余里不等。其中，险工林立。在南岸者，则关省城。在北岸者，则关运道。实属紧要，未敢轻议裁并。新设仪考通判、曹仪通判二缺，因旧设之曹州府黄河同知、归德府管河通判，所管堤工，俱黄河下游。各管工程二百七八十里，相隔遥远。大汛水涨工险之际，仓猝奔驰不及，是以添设，画地分防，责守始专。今如裁汰，仍归旧设之员，实难周顾。添设祥符主簿一缺。查祥符南岸堤工八十六里，汛长工险。旧设县丞一员，不能照管，是以添设今县丞。现有要工，如裁并一员，势必顾此失彼。祥陈巡检、兰仪巡检，虽分管堤工无多，但此二缺原因地方印捕各官俱在南岸，北岸地方于直隶、山东毗连，民俗刁玩，自添设以来，地方河工俱属便宜，未便裁汰。武陟县沁河主簿一缺，查沁河水性猛烈，与黄河相等。该县旧设县丞一员，系专管黄、沁两河，工长八十余里，皆系险要，势难再管沁河。且现将沁河通判裁汰，则沁河工程专责该主簿一人，仍裁并县丞，分身无术，实在不可裁汰。

乾隆七年，议准："阳武县县丞所管黄河两岸堤工，归并郑州州判管理，裁阳武县县丞。"

乾隆八年，议准："堵筑河口，皆水深溜急，须先用软镶盘筑坝台。犹恐水激撼动，如细长麻绳兜缆拴系，并用长大杨桩、梅花签丁，按层铺土捶压，庶免渗漏。接下丁头埽，除例用工料外，加用粗长滚肚、揪头、麻绳拴系，橛桩上加镶垫背，后接筑靠堤，以资堵闭。”

乾隆十三年，工部议覆：“河南巡抚硕色疏称‘江南桃、伏、秋、凌四汛，要工不绝，且险要处，相离甚近。河干无业之民，千百成群，以做工为生，所以一呼而集。豫民散处务农，工程稀少，一年征调不过二三处。即地方官按里征发，犹虑迟误，而厅汛专司抵御，岂能分营调遣？但工有缓急，夫有多寡。今议凡遇冬春农隙、缓工及零星添补、厢修，照江南令工员自备。傥遇紧要险工，在四汛内，以及创堤开河，抢护紧急，用夫浩繁者，俱饬令州县飞拨赴工。其一县力不能任者，仍于邻邑协济。调夫之中，向有里夫、牌夫之分。里夫，派之地亩。牌夫，按烟户签拨。因猝遇险工，签拨里夫，一时不能云集，先拨沿河烟户应役。俟里夫拨到更替，以免偏枯。至于到工计方、发银，必须工员按名核计，不得委之雇头里总，克扣侵蚀。不致要工有误，亦不虑小民受累’，应如所题。”

乾隆十五年，议准：“嗣后开浚河道，以领帑日为始，限十日兴工。须戽水筑堤者，准于限外酌量半月。计土千方，限半月竣工。数多者，准此加展。修建桥闸堤坝等工，均限两月兴工。工料数百两及千两者，以兴工日为始，限三月。三四千两者，限四月，各竣工。其工料自五千两及万两以上者，如平易工程，亦限四月竣工。果工程险要，不能依限告竣者，准于估报册内，预为声明，酌展限期。违者，皆交部严处。”

乾隆十七年六月，谕军机大臣等：“前因蒋炳查看黄河堤工情形，奏称‘河底受淤，向无疏浚之法。惟有将两岸堤坝，加修高厚’等语。朕批示：‘此虽无法，然两岸益高，束水墙上之策，未有不偾事者。仍应悉心讲求，取直去湾，俾自行刷汕之法，为庶几耳。’究之蒋炳所奏，原非目下有急、应办理之河工，不过因勘河工为此常谈之论。而朕之所批，亦不过统论治河之道。加高培厚，不若取直去湾。庶此后应作工处，俾知有所遵守，非令其于此时，别开取直去湾之引河也。今顾琮、蒋炳乃会奏‘于祥符汛十九堡对岸，看得引河一千七百余丈，兰阳汛耿家寨对岸，看得引河一千三百余丈，均应开挖。请于霜降后，遴员分段趱挑’等语，则是因朕批而生新工矣。黄河水势无常，所谓取直去湾，不过因势利导耳。若欲于河底开挖引河，以待来年汛水开放。夫引河有几许宽深，遂能容受全河盛汛乎？汛过，即于工费，徒为虚掷。此理甚明，人所易晓。顾琮等所奏，霜降后兴工，开挖引河之处，竟不必行。着大学士高斌，于秋汛过后，河务稍暇，赴豫查勘。是否应行开浚，或不必挑挖，详悉审度，具折奏闻。”

乾隆十九年十二月，部覆：“总河白钟山条奏‘广栽柳树，如有劝捐无术，培养失时，致有枯损，缺少一千株以上者，将厅官一并查参议处，庶几厅官汛员均有考成’。又‘监生捐栽杨柳，在官地内栽成四千株及自己地内栽成二千株者，免其考试，给与主簿职衔’，应如所请。”

乾隆二十一年，谕：“黄河两岸，当夏秋水势盛涨之时，往往刷成支河。若不于水落时，即行堵筑，一遇水发，则就下之势必冲突夺溜，于河防农田，均有关系。向时之阳武，近日之孙家集，皆其明鉴也。嗣后该总河等，应督率厅汛，逐一查勘，实力堵筑。于次年桃汛前，完竣。其有承办不力者，将该员查参，交部议处。其作何分别劝惩，着河道总督会同督抚，详议具奏。”

乾隆二十二年七月，部覆：“两（河）〔江〕总督尹继善，总河白钟山、张师载等覆奏称：‘江南、山东、河南等省黄河两岸滩地，冲刷支河。每年于霜降水落之后，厅营各官，即将各汛内滩地，冲刷支河几道，长宽深浅丈尺若干，应筑土坝几道，高矮长宽丈尺若干，逐一亲加确勘。移会地方州县印官覆勘，核计土方数目。先尽兵夫力作，将额积土方，分派兵夫堵筑。如兵夫额土不敷，地方官即拨民夫堵筑。统限霜降后一月内，会造清册，详道核转。定限于次年春融兴工，务于桃汛前，如式完竣结报。该管河道亲验转详，永为定例。经过伏秋汛后，如厅、印各官所筑土堤坚实，漫滩之水足资抵御，并无坍塌者，验明确实，照修筑堤岸已有成效例，加一级。二年内，亦能无误，加衔一等。三年内，始终无懈，于河道实有裨益，该督抚保题到日，以应升之缺即用。其营汛各官所筑土堤坚实，漫滩之水足资抵御，并无坍塌。验明确实，兵部亦照文职修筑堤岸已有成效例，准其加一级。二年内，亦能无误，加衔一等。但查武职虚衔，已经奏明，删除所有应加衔一等者，改为随带加一级。三年内，始终无懈，于河道实有裨益，该督抚保题，以应升之缺即行题补。如厅营各官，于水落后，不即亲为估计，移会印官覆勘。或印官推诿，不即查勘堵筑及桃汛前不能完竣者，即行查参，照堤岸预先不行修筑例，经管官降一级调用，该管官罚俸一年，总河罚俸六个月。至堵筑不坚，致有坍塌及冲突夺溜情事，亦即查明。承筑各员揭参，照管筑堤工例，有一处夯杵不坚，盛水即漏，并有一二丈不丰满合式者，降一级调用。有二处夯杵不坚，盛水即漏，并有三四丈不丰满合式者，降二级调用。有三处分杵不坚，盛水即漏，并有五丈以上不丰满合式者，革职。监理并兼管营汛各官所辖分管官，有因筑堤不坚固合式，一员议处者，罚俸一年。二员议处者，降一级调用。三员议处者，降二级调用。四员以上议处者，将监理并兼管营汛各官革职。如议叙、议处相同，准予抵算。如系监理并兼管营汛各官揭参，免其连坐。又称该管河道亲验转详，与河臣核题。若不定以限期，恐迟延亦所不免。请于每年九月后，该管河道验明上年所有支河堵筑土坝，经历伏秋大汛，如果坚实完整者，即取结具题议叙。如有承办不力，以致冲突、坍卸、夺溜者，即详请题参，河臣核明具题。如有迟延，听部议处。'又称：'黄河两岸，有堤系豫省厅营管辖，而内外民田隶东省者，亦有堤系东省管辖，而内外民田属豫省者。该地人民，往往呼应不灵，而地方官与厅员，亦因隔属，遂多膜视。嗣后堤工内外居民，无论本省隔省，如有需用修防之处，即知照地方官一体调拨。倘民人违抗以及地方官慢应，俱分别究参。'各事宜均应如所奏，俾于河防农田两有裨益。"

乾隆二十三年四月，总河张师载奏准："两省河臣，每年或九、十月，或二、三月，先期咨会。乘查勘工程之便，会于连界地方，将应修、应浚工程，凡有交涉者，务须详加商酌。如应会勘，即行会议具奏。倘猝遇险工，本汛料物不敷，就近于接壤厅汛内拨用。工平之后，再行拨银买补，通融办理。"

乾隆二十三年，裁豫省黄河柳船二十六只。

乾隆二十三年，谕："豫、东黄河大堤，相隔二三十里，河宽堤远，不与水争。乃民间租种滩地，惟恐水漫被淹，止图一时之利，增筑私埝，以致河身渐逼。一遇汛水长发，易于冲溃。汇注堤根，即成险工。不知堤内之地，非堤外之田可比。原应议之于水者，地方官因循积习，不加查禁，名曰爱民，所谓因噎而废食者也。着交与河南、山东巡抚，严饬该地方官，晓以利害，严行查禁，俾小民知所顾忌，不许再行培筑。地方官不实力办理及厅汛员弁明知徇隐，即行参处。嗣后如有仍沿积习，为害河防者，惟该抚等是问。”

乾隆二十四年七月，总河张师载条奏：“一、黄河月、格等堤内外，宜广为栽种也。黄河两岸月、格等堤内外以及沮洳坑塘，一体饬令各该地方官，劝谕民人广为栽种芦苇，以资工料。其有情愿报捐者，确查成活数目，分别造册咨部，照例议叙。如或不愿报捐，令本主自行栽种，给价交工。至本主力不能栽，情愿捐为官地者，厅汛地方各官或另劝他户，或自行捐栽。其捐出地亩，额征丁地钱粮，令地方官查明详请具题，准其豁除。再民间纳粮地亩，如或不愿栽植芦苇，亦不愿捐为官地者，俱各听从民便，并令饬令各该地方官不得勒派栽捐。一、两岸滩地支河，宜劝民栽种也。坝内支河，广种芦苇，务期实力奉行，俾得蔓延畅茂，盘结堤根。既可充裕工料，并可以借以挡御汛水，庶于工程、钱粮，均有裨益。一、河工岁办料物，宜苇、秸兼收也。民间如有应交料物，令其苇、秸并交。各照成规给价，仍令出示严禁，毋许胥役人等克扣侵肥，借端滋扰。傥有短价累民等弊，查出严参，照例议处。一、年远废堤，宜劝栽杨株也。黄河两岸，既有大堤、月堤，重门捍卫，尚有年久废堤。离河甚远，无资障御，均可栽种杨柳，以裕工料。除责令兵夫，每年栽植额柳外，劝谕官民捐栽，俟成活之日验明，造册咨部议叙。一、民人捐栽杨、苇，宜酌示优异，以为鼓励也。民人栽种杨、苇，如不及议叙之数者，准其次年补栽。地方官先行查验收管，申报河督存案。俟三年之内，能在官地栽成小杨二千株、己地栽成一千株及种苇四顷者，造册咨部议叙，给与九品顶戴荣身。间有沮洳不能栽敷额数，民人在官地栽杨五百株、栽足苇二顷，在己地栽杨二百五十株、栽足苇一顷，果能成活者，饬令道府厅州县等官，酌量分别给匾奖励。其印、河各官捐栽杨、苇，仍照旧例办理，毋庸更张。其栽杨种苇各户，免派差徭，按照多寡，酌定年限，分别办理。”

乾隆二十四年，议准：“豫、东黄河两岸，堤内堤外以及沮洳坑塘，官地少而民地多，责令地方官劝谕民人，栽种芦苇。其有情愿报捐者，按照成活数目，照例议叙。如或不愿报捐，令本主自行栽种，给价交工。本主力不能栽，情愿捐为官地，厅汛各官另劝他户捐栽，其捐出地亩，额征丁粮豁除。如不愿栽种，亦不愿捐为官地，各听民便，不得勒派扰累。两岸滩地支河，责令地方官劝谕民人，广栽芦苇，俾得蔓延畅茂，盘结堤根。既可充裕工料，并可借以挡御。其河工岁办料物，饬令地方官晓谕民间，令其苇、秸并交，各照成规给价。倘有短价累民，查出严参议处。至黄河两岸废堤、两面山坡，循照向例，劝谕官民捐栽杨树，成活之日，验明议叙。豫省并无湖泊，皆系民人承种地亩，责令地方官劝谕民人，栽种杨、苇。有在官地栽杨五百株、苇二顷，己地栽杨二百五十株、苇一顷，给匾奖励，免本年差徭。官地栽杨一千株、苇三顷，己地栽杨五百株、苇二顷，给匾，免两年差徭。如统计三年之内，能在官地栽成小杨二千株、己地栽成一千株及种苇四顷者，咨部议叙，给予九品顶戴荣身，免五年差徭。”按：部议奖励，与张懋敬所奏，略有变更，故并录之。

乾隆二十八年，奏准：“豫省河内县民修埽坝工程，酌拨孟县河兵十名，令分防外委带领，移扎该县天师庙工所，协同县丞，督率民夫，修守防护。”

乾隆二十九年，奏准：“嗣后河工办料，责成道员查验，将每年派委地方佐杂监收查验之例停止。”

乾隆二十九年，奏准："豫省河道沟集，每岁农隙，派道府大员亲勘筹办。"

乾隆三十年，江南河道总督李宏奏称："窃臣勘核黄沁、上南等厅工料，顺赴上游等处，查勘奏明在案。臣经历河南陕州，复由孟津渡河而北，至济源、怀庆辉县各府州县，审察河势源流，并历年水浪大小。查得黄河发源星宿海，自积石以下，至陕州之龙门、底柱，两岸崇山高岸，河不为患。底柱以东，峭壁横河，水从石出，名曰三门。总而计之，宽不过七八十丈，门锁洪流，势甚湍急。至孟县两岸，渐无山冈，河面宽关，约计数里。北岸之武陟县，南岸之荥泽县，始有堤工防卫。北有丹、沁两河，由武陟县木滦店汇入黄河。南有伊、洛、瀍、涧四河，由巩县洛口汇入黄河，源远流长，河面亦宽。每遇雨多水发，亦俱挟沙而行，势甚浩瀚。故南岸厅属之胡家屯、杨柳桥等处，溜势忽来忽去，最为紧要。迤下各厅河道，顺轨东流。惟因土性虚松，逢湾扫刷，究之临河工段有限。若黄河与沁、洛之水，先后长发，则大河尽可容纳，易于修防。若黄河与沁、洛之水同时并涨，则大河漫滩，两岸工程，节节均须防护。

"乾隆二十六年七月，沁、洛等河，长水一二丈。水头甫至宁夏，又三次报长水丈余，同时并下，势若建瓴。两岸处处受险者，职此之故。本年夏间，伊、洛等水并未长发。六月初十日，宁夏长水至五尺二寸，已在沁河水发之后。维时三门以上，陕州城外临河之万锦滩，亦长水三尺五寸，而下游各厅仅报长水数寸至尺余不等。道远流微，又有三门关锁。是以水势递减，工程坚固，又其明证，此豫省黄河之情形也。臣伏思黄河来源，两岸山沟汊港，汇归入黄河之处众多，俱在三门以上。若三门以下，沁、洛二支，伏秋水发，实增黄河水势之二三。是上游长落大小，实关工程平险，不可不一体留心，以资防卫。今查三门，系黄河出入之区，巩县城北洛口，为伊、洛、瀍、涧入河总汇。臣已咨明抚臣，饬陕州、巩县，各立水志。每年桃汛日起，至霜降日止，水势长落尺寸，逐日查明登记，据实具报。其沁河水势，虽由黄沁同知查报，但水志不得其地长洛尺寸，恐难定准。并令该同知在木滦店龙王庙前，别立水志，按日查报。如伏秋汛内，各处水势遇有陡长至二三尺以外，该厅州县即迅速具报，并查宁夏之例，一并飞报江南总河。如此，上下关会司河之员，咸知长水尺寸、日期，相机修防，于工程有益。

“又查济渎在济源县城西北三里，济渎庙后泉出涓流不大，汇漠河之水，由孟县迤东以达黄河。岸高河低，有济无患。又大丹河发源于山西高平县，至河内县之丹谷口，筑有拦河碎石坝，遏大渠河之水，使由小丹河归卫济运。坝下设有九眼，分为十九堰。石隙泄下之水，听民灌田，名曰九道堰。乾隆二十四年，前河臣张师载曾经奏明，于碎石坝下丹河尾闾附近沁河之处，岁筑土坝一道，拦遏水势。今臣细加察勘碎石坝下十九河渠，错出分流甚众，并未全由大丹河归沁下游。土坝不能拦遏，徒费民力，无益于事。此后，应停其修筑。每年春夏之时，惟将碎石坝培筑高厚，以防水冲坍卸。其坝底泄水较多之堰，用草土填塞严密。并将斗门以下，小丹河不时查看，遇有浅窄之处，随即疏浚深通，务与进水斗门一律，俾水畅达卫河，以收实益。”

乾隆三十一年，议准：“沿河附近印、河文武员弁民人，捐栽杨树，终未得用，将原定议叙之例停止。嗣后责令管河佐杂，会同沿河州县，在所属官地，择非盐碱之地，无拘定数，尽地栽植，并令该管道员不时查点。如有不加萴修培养者，分别严惩。枯槁者，勒令赔补。倘有推诿不种，玩视工需，揭报参处。”

乾隆三十二年，奉旨：“前经降旨，令河员一体回避原籍。兹据总河奏请将河南、山东两省河工人员，彼此酌量调补。朕意各该省河工员数，多寡不均，即酌量对调，难于恰当。而其中酌调江南河员一节，视他省尤不免更费周章。盖南河额缺本繁，若拨往北省，惟河南、山东毗连各处情形，犹不甚相悬。至以直隶工务相较，南北不同，办理转恐未能妥协。此等人员专管河工，非地方有经理民事者可比。但不至近邻乡里，与亲故难以避嫌。其于职守官方，原无隔碍。嗣后凡河工同知以下各员，有官本省而距家在二百里以外者，俱准其毋庸回避。如此则工员不至移调纷繁，而河务亦可驾轻就熟。着各该督妥协筹办，具折奏闻。”

乾隆四十一年，奏准：“豫省大河两岸，兵夫堡房中间添建民夫堡房，交汛收管。”

乾隆四十六年，谕：“兵部议覆‘抽拨南河桩埽兵丁，移设河东，以供要工力作各缘由’一折，已依议行矣。各省武职名粮，现在交各该督抚查明。俟奏齐交部，另行核办，议给养廉。其所扣兵饷，俱当挑补实额，归伍当差。但河南为腹里近地，今所有之原额，似足敷差防。而南北两岸河堤，道路绵远，所有豫省名粮改归实额，兵丁或尽行增入河营，或拨十分之七八，以资不足。于防护河工，实为有益。着核议，具奏。钦此。”遵旨议定：“扣存养廉名粮，尽数添作河兵，以资防守，并添都司守备等官。”

乾隆四十六年，谕：“河滩地亩，居民开垦日久，必致填塞河身，于河道甚有关系。且居民庐舍占据滩地，猝遇水涨之时，势必淹浸，于民居亦多未便。因特降谕旨，令确加履勘，其堤外地居高阜者，仍听照常居住耕种。若占居堤内，于水道有碍，即行明切晓谕，俾陆续迁徙。并令该督抚等妥为经理，毋致贫民失业。但此事常为之以渐，持之以久。因思滩地居民垦地结庐，已非一日。小民自谋生计，亦必非当冲刷滩地，聚居垦种。若偶然河徙冲刷，是伊自取，即水退亦不可复令居住。若其目前无事，不免安土重迁，且河堤以外，均属民田，亦无地可以迁徙。所有旧居堤内滩地，无碍河身者，民人已经筑室垦种，仍加恩准其各守旧业，毋庸押令移居，以副朕廑念穷黎之意。至此后河南、山东、江南、直隶等省，凡属滨河堤内滩地，该督抚河臣必当严切查禁，毋许再行居住占种。如有从前侵占滩地，阻遏水道者，惟该督抚、河臣是问。”

乾隆四十六年十二月，谕：“据阿桂、李奉翰、韩鑅覆奏嵇璜前奏令黄河北流仍归山东故道，其事必不可行各折，已批交该部知道矣。此事前据嵇璜面奏，朕揣夺形势，早知其事难行。无论黄河南徙，自北宋以来，至今已阅数百年。即以现在青龙冈漫口情形而论，其泛溢之水，由赵王河归大清河入海者，止有二分。其由南阳、昭阳等湖，汇流南下，归入正河者，仍有八分。岂能力挽全河之水，使之北注，此事势之显而易见者。从前孙嘉淦亦曾有此议，究以形势，隔碍难行，其说遂寝。今嵇璜复有此奏，是以降旨询问阿桂等，令各就所见，据实覆奏。兹据阿桂等覆奏，俱称揣夺时势，断不能行，其词若合一辙。且称‘始而南流八分者，继则全归南注。地势北高南低，水性就下，惟应补偏救弊，以复其安流顺轨之常。山东地高于江南，若导河北注，揆之地形之高下，水性之顺逆，断无是理’等语。谅阿桂等必揣合朕意，故为此奏。但嵇璜尚素为熟悉河务之人，其前奏‘使河流仍归山东故道’之语，亦必中有所见。即使其事难行，而其言为要工起见，究属因公。且治河之策，本应集思广益，正不妨博采周咨，以期询谋佥同，折衷至当。着大学士、九卿、科道等，再行悉心妥协会议具奏。”

乾隆四十六年十二月，大学士等议覆嵇璜奏请，使黄河仍复山东故道，其事难行。惟青龙冈此次漫口，合而复开，实因引河形势窄狭，宣泄不畅所致。现据大学士、公阿桂奏请，将孔家庄等处，引河展宽，应饬令速即派员赶挑。至下游宣泄不畅，上游各处堤工，难保稳固。应敕下河东、江南河道总督查勘，遇有淤阻，即行设法疏通。再，臣胡季堂，窃有请者。黄河南北两堤，相距二三十里及数十里不等。堤内均属河身，不便少有壅塞。近日堤内村庄甚多，并皆耕种麦苗，有碍河身，应饬令迁居堤外。谕军机大臣等：“本日据大学士、九卿等会议‘黄河水势情形’一折，已依议行矣。内胡季堂所称‘河滩地亩，尽皆耕种麦苗并多居民村落。一遇水发之时，势必筑围打坝，填塞日多。是河身多一村庄，即水势少一分容纳。请饬下河南、山东、江南各省督抚确查，令其拆去，迁居堤外’等语。所见甚是，河滩地亩，居民日就耕种，渐成村落。一遇水势增长，自必筑墙叠坝，填塞河身。此弊由来已非一日，最宜严禁。着传谕萨载等，即行确加履勘。其堤外地处高阜、无碍河身者自不妨，听其照常居住耕种。若堤内地方，不便占居，填塞有碍水道，所有村庄房舍，该督抚等务须严切晓谕，令其陆续迁移，徙居堤外，俾河身空阔，足资容纳。仍须遴委干员，不动声色，妥为经理，使迁移贫民毋致扰动失业，方为尽善。”

乾隆四十八年十月，命黄河沿堤种柳，申禁近堤取土。

乾隆四十八年，议准：“河南省兰阳李六口坝工合龙，新河畅注。修守防护，倍关紧要，必须酌量调剂，俾各有专责，方无贻误。将仪考通判改为兰仪通判，兰阳、仪封、睢州各新堤，均归该通判管理。睢州添设管河州同一员，裁南阳府通判，改设睢宁通判。曹仪厅改为曹考厅，管辖考城工程。仪封主簿改为宁陵主簿，兰仪巡检改为兰考巡检，与考城主簿分管汛地。”

乾隆四十九年，议准：“黄河各工，于夫堡二座之间，添设兵堡一处，派兵二名，常川住守。汛期昼夜巡防，平时力作积土，不许私自下堤。”

乾隆四十九年，奏准：“嗣后黄河各工，除道员外，文武员弁将堤工段落丈明里数，分汛经管。俱令于堤工紧急处，盖房居住。一切兵夫、土牛、子堰、柳株等项，责成分驻之员，一体兼管。”

乾隆五十一年，兰仪新修堤工，添设同知一人，分管兰、仪、睢三汛工程。睢州下汛县丞，改为睢州管河州同。

乾隆五十二年，议准：“兰仪通判改为兰仪同知，专管兰阳及仪封上汛。其仪封下汛及睢州上汛，改为新设仪睢通判经管。睢宁通判改为睢宁同知，黄沁同知改为黄沁通判。”

乾隆五十四年，谕：“黄河南北两岸，筑堤捍御，原以防河水盛涨时泛溢为患，专借大堤为之保障。以河流正身而论，则滨河两岸滩地在大堤以内者，当谓之堤内，在大堤以外者，常谓之堤外，此一定不易之理也。乃向来河臣等所奏，以附近河身两岸滩地指为堤外，而大堤外之民田庐舍转称为堤内，殊为倒置。必系河臣等意图影射，以堤内之民田庐舍为堤外，遇黄水冲缺口岸，即可指称在堤外漫溢，以为掩盖蒙混之地。不可不即行更正，以杜隐饰弊端。嗣后总以黄河正身为主，附近两岸滩地在大堤之内者，谓之堤内。在大堤以外者，谓之堤外。毋得再有牵混，以致陈奏失实，借滋影射也。”

乾隆五十七年，题准："豫、东二省，黄河南北两岸堤围兵夫额栽柳株，业已遍栽丛密。若责令按额栽植，不特细小新柳，难以培养，而旧柳限于地方，反致不能畅茂，应行停栽。"

嘉庆四年，谕："河工省分，各设厅汛员弁，专管修防。其地方守令，无兼河之责者，原不应派令办理河务。乃闻近来遇有堵筑挑浚大工，多借帮办为词，派州县令其贴解银两。并将上司应赔工程，亦令州县代赔。以致派累百姓，挪移仓库，地方职守且多旷废。着直隶、江南、山东、河南各督抚及河道总督，通行禁止。嗣后办理河工，止准调丞倅佐杂等官，不得再派州县，致滋弊窦。"

嘉庆四年，谕："河工省分，各设厅汛员弁，专管修防。若派州县代办，不但本任地方公事旷废，兼至赔累难堪。嗣后遇有挑筑工程、购料雇夫等事，附近沿河地方，亦止准派委丞倅佐杂帮办，不得调用州县。至距河千余里及数百里之处，即地方丞倅佐杂，亦不准其派往。"

嘉庆四年，改上北河同知为祥符北岸同知，改卫辉府河务通判为上北卫粮河务通判。

嘉庆七年，覆准："东河上北河祥封汛河兵，不敷力作，于祥陈汛内拨兵三十名，归入祥封汛管辖。"

嘉庆十一年，改开封府开粮通判为开封府中河河工通判。

嘉庆十三年，定河南省阳武汛头堡改为中牟上汛三堡，阳武汛二堡改为中牟上汛四堡，阳武汛三堡改为中牟上汛五堡。堡夫每年工食及岁修堡房，均由中牟县管理。

嘉庆十四年，奏准："祥河厅祥符汛魁星楼一工，为近年北岸第一险要。将黄沁厅属武陟沁河汛抽拨守兵一名，武荥汛抽拨守兵一名，原武汛抽拨守兵二名，改归祥符把总管辖。"

嘉庆十四年，奏准："孟县主簿汛向设埽夫二十名，拨归祥符主簿汛管辖。"

嘉庆十六年，添设归河通判一员，原设虞下汛分防外委改归新设归河通判管辖，原设商丘千总改为归河协办守备，睢宁厅属宁陵把总改为商丘千总，仍归虞商通判管辖。其宁陵把总裁汰，改设宁陵分防外委。

嘉庆十六年，谕："河工购办岁料，分垛堆贮，原应核实查验。现因例价不敷，并准其加价购买，尤不容稍有虚浮。着通谕各河督严饬所属道厅，将秸料束数、斤数，务按奏定章程核实采办，于购买齐全后，该河督亲往抽查。若丈尺、束数、斤数，或有未符及搀杂碎料、泥湿朽腐等弊，一经查出，即据实严参治罪。"

嘉庆十七年，议准："东河购办料垛，统限年内全数到工。该河督于到工后，亲往验收。其未经查验者，不准擅动茎束。每年用剩余料，于霜降后，责令河道周历各厅查明。实存若干，即抵作来年岁料，将新料照数核减。如岁料有余，即于发办防料内照数扣抵减办。防料有余，即于来年岁料内扣抵减办。"

嘉庆十七年，议准："镶工之时，无论远近，先尽旧料拨运厅用。本年霜降后，截数存工之料，止准作次年工程之用，不准存至第三年，致有残朽霉烂。"

嘉庆十七年，议准："东河秸料每垛长六丈，宽一丈三尺，檐高一丈，脊高一丈五尺，重五万斤，不得稍有虚松。傥有擅改长丈高宽，以及搭架空虚，抽秤短少者，从重参处。"

嘉庆二十一年十一月，谕："陈预奏'李逢亨于黄河情形，不甚熟习。近日河势北趋，魏家埠道迤东，迎溜顶冲，明岁必须加意修防。李逢亨每喜于堤内添筑土坝，不惟与水争地，抑且引溜生工，转多糜费。豫、东二省险工林立，李逢亨到东河日浅，未能晓畅机宜，难保不为厅员蒙混’等语。朕本日召见吴璥，据奏称李逢亨于东河河务机宜，实未熟谙，其言与陈预相符。两年以来，河流顺轨，由于海口深通，建瓴直下。此时上游修防，尤关紧要。李逢亨于黄河情形，未能熟悉，着仍回永定河道之任。”

嘉庆二十二年，议定：“大挑举人、知县，拣分三河四省，借补分汛佐贰，以知县本衔升转。”

嘉庆二十四年，谕：“河营兵丁，例有定额。平日应责令学习桩埽，并填补沟窝、堆土植柳等事。若空缺不补，一遇险工，现募民夫应役，岂不坐致贻误？着该河督严行查察，均令挑补足额，以裕巡防。”

嘉庆二十五年十月，申禁河务积弊。

道光元年，署河东河道总督严烺奏称：“窃臣于道光元年十一月二十七日，接奉朱谕：‘朕闻查勘堤工，以木橛插入新堤，凿成小穴，取壶水贮穴中，不渗不漏，即为坚固。舞弊者用白芋煮水，其性粘腻，虽虚土亦不渗漏。又或于新筑堤上，拉车一过，车轮不致深陷，即为坚实。孰知车系空车，自然不陷。况且科派物料，滋扰闾阎，虚开帑项，以少报多，种种弊窦，总为自私起见。当河决筑堤之时，眼见生民漂没，犹忍作此弊端。况太平无事之日，骤得如许帑银，廉吏以为久远之谟，贪吏必为侵吞之计。且以每年岁修言之，于险工扼要之处，下木筑埽，借以护堤。堤上有土堆料堆，以备不时之需。其余各处河堤，不过敷衍故事。偶有培补，仍然役使乡民。不出夫者，即出钱一百六十文。又有旧堤本未加增，铲起虚土，诈称新增。所谓岁修者，每岁支领公项，以为增高增广之费，乃银两恒多入己。所以敢于入己者，因河工官员，以次推升，始终不离河务。今日督率属员、稽查弊窦之员，即昔口曾为属员、身亲作弊之人，向来之不肯认真，有由然也。以前积弊，汝宜秉公剔除，务使工归实用，帑不虚糜，以期永保安澜。毋负委任，是为至要。慎之，勉之。钦此。’

“臣伏思治河，原以卫民，不独科派累民，法所不宥。即领办工程，设有未当，上既虚糜帑项，下即贻患民生。自应力除弊端，以期澜安工固。查全河保障，惟恃两岸大堤。而距河较远并无埽工之堤，道里甚长，防守不易。前经嘉庆二十四年异涨，河滩淤高，堤身单薄。虽节次增培，尚不足以资经久。臣恐因循迁就，将来耗费转多，奏蒙圣恩，不惜数十万帑金，俯准择要加筑。在臣必期此后河工得有把握，钱粮亦可渐归节省。但此时工员积弊，稍不屏除净尽，诚如圣谕‘廉吏以为久远之谟，贪吏必为侵吞之计’。臣感沐殊恩，天良具在，何敢不认真剔除，仰副委任？惟查科派料物、役使乡民之事，以臣所闻其弊，从前实有不免。自地料民夫裁革之后，近今二十余年来，东、南两河，每当办工需用夫料之时，远近居民，因非河员所管，呼应不灵，虽重价招徕，尚多居奇观望。即欲科派，势有不行，委实并无其事。

“至豫、东黄河，向有站堤夫及抢险夫、车两项。一系沿河州县离工二里以内，有田五十亩之户，出夫一名。伏秋汛内，河水漫滩，则号召齐集，分段驻防。水落霜清，各归其业，是为站堤夫。一因险工紧急，在堤兵夫不敷抢护，附近州县添拨民夫，帮同防守，并酌拨车辆赴工转运料物，以备急用。其抬土运料，仍由厅员按数发给身工钱文，是为抢险夫车。案查立法之始，以民助官，本期沿河有佃之民，共知保卫河堤，即以自卫田庐。嗣因日久弊生，所有前两项夫、车，近年必俟大汛水长，遇有紧急险要，始随时调集来工。迨水落工平后，即令散归。并不责令常川住工，用之甚暂，保全实多。是以自雍正年间迄今，未敢议裁，不过存此以备紧急之需，并不指此以为省费之计。至寻常估办土工时，非大汛事，非抢险所需人夫，地方官既不能代为招集乡民，亦断不肯听其役使，此派累诸弊无待剔除之实在情形也。若乃办工之员，一有自私之心，其弊即相因而起。如以白芋煮水，掩其堤工虚松，从前实属有之。而水色不同，一望可知，其弊久已不行。

“臣查筑堤必期坚实，法在筑土之时，薄坯重硪，逐层套打。现已严立章程，限以每坯虚土一尺，打成七八寸，委员监视，以次递加。工竣后，用三四尺长之细铁签，打成小穴，以清水灌试，不漏为准。其工段长宽丈尺，有册可凭，均不致别有弊混。至签试不漏之堤，天晴土干，重车来往，虽有辙而不深。若叠经大雨之后，即空车经过，不免亦有深辙。是以黄河堤工，向无拉车试验之事。现在两岸大堤，普律增培，断不能稍任敷衍。若零星岁修之工，银数既有定额，因视为例办之工，或有急其所缓，甚至以旧作新，难保不肖工员，必无其事。臣莅任以来，每督同各道切实勘查，从不任以例办之工，听其率估捏报。总之，防弊之法有尽，而舞弊之事无穷。臣出身河员，凡河工积弊，亦何敢诿为不知。惟当随时随事，核实严查。如有不坚不实之处，轻则立予斥撤，重则据实劾参，断不敢稍避嫌怨，曲意姑容，致蹈欺罔重咎。务期工归实用，帑不虚糜。再查黄河大堤无埽之处，道里过长，势难在在积料，致滋糜费。惟从前各堡，均有积土。自二十四年后，所存渐少，未及补还。臣除责令官兵堡夫，照例赶积外，仍设法筹积，以裕工防，合并附陈。”

道光五年，河东河道总督张井奏“熟筹河工久远大局，请敕讲求疏导良规疏”曰：“窃惟黄河自豫省荥泽县出山以后，地势平衍，土性沙松，溜极猛迅。又复挟带泥沙，屡治屡坏，原乏长久之策。然臣考之载籍，验以现在情形，窃以河之敝坏与防河之费用繁多，未有如此时之甚者也。臣历次周履各工，见堤外河滩，高出堤内平地至三四丈之多。询之年老弁兵，佥云嘉庆十年以前，内外高下不过丈许，闻自江南海口不畅，节年盛涨，逐渐淤高。又经二十四年非常异涨，水高于堤，溃决多处，遂致两岸堤身几成平陆。现在修守之堤，皆经道光元、二、三、四等年，续经培筑。其旧堤早已淤与滩平，甚或埋入滩底。至临黄埽坝工程，臣检查嘉庆初年底案，每年报销不过三四十万。自十一年以后，渐增至一百余万。近年以来，时有增减，而增多减少，繁费将无已时。盖由河底日高，则流行不畅，萦回纡曲，到处皆成险工。且昔年多有挑顺盖戗等坝名目，不惟捍卫堤身，兼可少镶埽段。多年以来，淤垫塌卸，半已无存。所有顶冲迎溜之工，大半顺堤做埽，上提下坐，补旧镶新。埽段愈长，为费益巨，此二十年来豫、东两省河势日坏，费用日多之实在情形也。臣愚以为事理宜探本原，图功当计久远，不得以目前苟安之局，即守为治河不易之经。即如地方民气凋敝者，当治以宽仁。习俗犷顽者，当治以威猛。未有不力求治理而能自然不变者，亦未有力求治理而无成效可观者。独至今日之黄河，则有防无治。而以防为治，即治之而终不效。历年以来，当伏秋大汛，司河各官皆仓皇奔走，抢救不遑。其竭蹶情形，真有惟日不足之势及至水落霜清，则以现在可保无虞，而不复再求疏刷河身之策。渐至河底垫高，清水不能畅出，并误漕运。又增盘剥起坝及海运等费，皆数十年仅斤斤于筑堤镶埽。以防为治，而未深求治之之要，有以致之也。夫水性就下，本属自然。孟子之疏瀹排决，注江注海。又曰水由地中行。在宋，则有疏浚黄河司官。明天顺间，令河道三年一挑浚。嘉靖中，凡临河州县各造上、中、下三等船，并置铁扒尖锄，疏浚淤浅。隆庆、万历年间，河臣潘季驯专主以堤束水之说。至康熙年间，河道敝坏。南巡指授方略，首疏海口以导黄，次辟清口以助刷。伏读圣谕云：'若黄河刷深一尺，则各河水少一尺。深一丈，则各河水浅一丈。如此刷去，则水由地中行，各坝亦可不用等因。钦此。'维时河臣靳辅，仰承庙训，次第经理。并于海口增设浚船，往来疏浚。百十年来，均资利赖。然彼时，黄河虽云敝坏，尚不至如此时之甚。即如靳辅增筑堤工，有遥堤、缕堤及鱼鳞堤等名目。其言曰：'缕堤失守，则退守遥堤。再失，则尚有鱼鳞堤。'臣揣度形势，必因内外滩地高下无多，是以层层可恃。至现在，两岸则惟恃一线单堤，高下过于悬殊。一经溃决，建瓴之势，断难回下就高。虽有数重退守之堤，亦必逐层递溃。是此时全河受病情形，较康熙年间不啻十倍。然而民无昏垫，岁有丰收者，何也？盖我国家深仁厚泽，不惜帑金，积年例外之增，无不上邀俞允。即偶有大工，一切民夫民料，悉行革除。如乾隆二十六年间，堵筑杨桥漫口，仅用银三十万两。近则概由官办，每堵漫口，用至一千数百万，至少亦需五六百万，从未丝毫累及闾阎。凡此培养民力，洵足感召休嘉。是以河[1]伯效灵，黔黎蒙福，而非司河诸臣区区一手一足之力所能幸而致也。

"顾水势难定，而患宜豫防。见在河高堤险，处处可虞。无论一有漫溢，堵合为难，即使岁庆安澜。而此常年修守之资，

[1] 河　原作"何"，据内文改。

东、南两河动以数百万计。经费有常，似亦未可以各省之正供，备一河之支用。且河底递年垫高，堤身递年请增，城郭居民尽在河底之下。惟仗岁请无数金钱，将黄河拨于至高之处。今每年以淤高一二尺为率，计至数十年百余年之后，其高下情形，殆不可以设想。而仍止镶埽筑堤等，奉行故事，则一厅员营弁，皆足办此。以臣自视，殆同具官。腼受恩荣，实堪愧耻。而为我国家亿万斯年计，尤未可止顾目前而不计及将来之大局也。夫当此河底未能刷深之时，除培堤镶埽而外，原无别策。然治法无定，全在因地因时。如潘季驯以堤束水，以水攻沙而河治。靳辅于筑堤塞决而外，又增海口浚船，而河亦治。其《治河方略》有曰：'数年之后，河底刷深，两岸堤防，皆可弃而不守。'今以堤束水，仍守旧规，而水已不能攻沙，反且日形淤垫。则议者隆堤于天之说，似亦未可谓之过计。议者又谓：'南河闸坝，分泄太多，以致河身日垫。'此说诚然。然当伏秋盛涨，拍岸盈堤，若无分泄之区，必有溃决之患，其势❶又不能以两全。

"臣在河工日浅，且自江境以至海口，未经亲历，更不敢以臆度之词，遥为悬揣。踌躇顾虑，徒切焦思。每念防河重寄，全在权变机宜。必须阅历既深，方可语此。至于规自然之形势，察属吏之勤惰，稽核土料，慎重钱粮，臣即至愚，均可勉强学习。惟海口如何方得大畅，河身加何方可刷深，则竭尽血忱，竟无一得。即与年老官弁、熟谙幕僚，反覆讲求，咸无良法。每一念及，辄为彷徨悚惧，寝食不安。又念此等情形，各前河臣岂不深知？只以筹策维艰，不欲以无补空言，徒劳圣廑。或又以创为议论，必冒糜帑生事之嫌，是以未敢轻于具奏。而臣则以为奉职之道，主于勿欺。既为计虑所及，但以一己之聪明

❶ 势　原作"垫"，据民国19年重印本改。

材力，无可措施，遂并其受病之处，亦隐忍而不言，则贻误将来，臣罪滋大。是以再四思维，惟有据实沥陈。仰恳饬令中外臣工，凡有讲求河工，心知其意者，但能使河底有可以刷深之法。或应逢湾取直；或应设法疏浚；或应复靳辅成法，仍设浚船；或应筑做对头坝工，东逼溜势；或于此外，别有良规。据实敷陈，奏请钦定。由下而上，节节试办。如行之有效，即通饬遵行。要之，就现在海口、河身受淤情形而论，必得有刷深之方，始可遂就下之性。不必谋自臣出，而圣世永庆平成，臣亦与有荣施矣。"

十月，奉谕："据张开奏'熟筹河工久远大局，请饬讲求疏导良规'一折，治河之法，疏瀹与修防并重。近日河底垫高，为患日甚，其弊皆由于有防无治。该河督所奏，历年以来，当伏秋大汛，司河各官率皆仓皇奔走，抢救不遑。及至水落霜清，则以现在可保无虞，而不复再求疏刷河身之策。渐致河底日高，清水不能畅出。堤身递增，城郭居民尽在河底之下。惟仗岁请金钱，将黄河抬于至高之处。所言切中时弊，每年东河、南河，岁请修防经费数百万金。在国家，保卫民生，原不靳惜帑金。惟似此年年增培，堤堰河身愈垫愈高，势将何所底止。见据奏陈，或逢湾取直，或设法疏浚，或复靳辅浚船成法，或筑做对头坝工。在张井、严烺身任河督，河务是其专责。琦善[1]、程祖洛兼管河工，亦责无旁贷。着即会同筹办，或于道将厅营员弁内之谙习河务者，将海口如何可以大畅，河底如何可以刷深，悉心讲求。总期遂就下之性，复旧日成规。于河工大局，计深虑远，筹画万全，以期永庆平成，勿狃于目前积习，方为不负委任也。"

---

[1] 善 原作"喜"，据民国19年重印本改。

道光六年十月，谕："河工要务，全在冬勘春修。每年豫发岁料银两，饬交工员乘时购备，将料垛土牛，堆积如式。该河督向于霜清水洛之后，前往沿河详验，以杜架空浮松之弊。并将应办春工，周历履勘，悉心核估。一交春令，次第兴修，克期竣事。再行亲往验收，查明料物用存确数，以备伏、秋两汛之需。即遇有险工陡出，备料足资应手，是以鲜有失事。朕闻自嘉庆年间以来，各河督等习于安逸，往往不于霜降后，逐段亲诣勘验，以致工员等将虚贮花堆、克扣偷减诸弊，视为固然。甚或有估办春工时，将不应修而修，转将应修处所暗留，为大汛抢险地步，以便借另案工程。事起仓卒，易滋侵冒。着各该河督等，于例届冬勘及次年工竣时，务须亲历河干，详加勘验。料垛必禁其虚松，工程必期其坚实。各宜不惮勤劳，力除结习。并严饬通工员弁，仍不得借公帑以肥私囊，尤须惩奸胥而斥劣幕。如有敢蹈前辙，仍踵积弊者，即当随时严参，惩办勿稍宽贷。"

道光十一年二月，河东河道总督严烺奏称："窃臣接准部咨，内开奉上谕：'嗣后，河工各项料垛，先期约计需办若干，于何时全数到工，应酌定数目、限期，责成厅员遵照办理。该河督于料垛到工后，亲往验收，毋任迟延。现已查出朽料，其非近年存积之料，已可概见。将来每年用剩余料，着该河督于霜降后，责令河道周历各厅，查明用剩秸料若干垛，即抵作来年岁料，将新料照数核减。其预备料物，应如何核实办理，俾厅员不得朦混冒滥之处。并着妥议章程，具奏等因。钦此。'伏查豫省黄河十三厅额办岁料，以五千垛为率，历系每年白露前后，奏拨银两。八月内新料登场，发厅领办。其添办防料二千垛，向于秋分后奏准同额办岁料。各按工程之平险，分别贮备之多寡，于岁料将次办完之时，接手购办。统限年内，一律全数到工。由各该管河道与岁料一体盘验，无亏报。经河臣于次年正、二月间，亲身赴工，挨厅覆验。其未经查验以前，不准动用茎束。此臣自莅任东河前后十载，悉照旧草办理，历年奏报有案。应请仍循其旧，毋庸另议。其岁内不能全完者，亦仍照定例，承办厅员应予降三级调用。外至每年用剩余料，近年以来，两岸各厅所存自三百余垛至七百余垛不等，均经按年造册报部。并于‘动拨司库银款总数’折内，将存工料垛值银数目，据实陈明。迨臣次年查料到工，仍与岁防各料，一同点验。但向来未经作抵岁料，扣除银两。虽于贮备稍宽，而于现拨银两，究未节省。查岁料例应八月内发办，其时秋汛尚长，工用未能截数。存料多少，难以悬定。应请仍照旧章发办，其‘添办防料’一款，嗣后请改于霜降安澜后具奏。其时责成各该道周历各厅，确查用存垛数，报明河臣。即于奏请防料项下，照数扣抵。并将减办银两画还司库，以昭核实而归节省。

“惟豫、东河身宽广，两堤相距自十条里至三四十里不等。土性沙松，流势趋向无定。各厅埽段有上年极险之工，至次年淤闭者。并有春汛平缓之处，伏汛忽然出险，迨至秋汛又复淤闭者。凡此忽平忽险之处，当其预办岁防各料之时，不能不酌量多寡，逐一分贮，以资修守。往往有大汛生险之工，距上冬贮料之处，相隔数里至数十里不等，厅员惮于拨运。或值风雨黑夜，工紧用迫，一时拨运不及，以致积存之料，不无陈陈相因，而其中亦难免借端影射。此臣连年以来，竭力杜弊，尚未能剔除净尽，实不敢欺隐者也。应请嗣后责成该管各道，督率厅员，于厢工之时，无论远近，先尽旧料拨运应用。本年霜降后，截数存工之料，只准作次年工程之用，不准存至第三年，致有残朽霉烂。如有前项等弊，一经查明，据实参处。再，东河料垛定例，每垛重五万斤。但秸料原有干湿温枯之不同，即如本年之料，购自上年秋冬，迨存至来年，其秸色已不能一律鲜明，总以堪适工用与否为断。如河臣到工查验，拆出霉烂不适工用之料，不及一成及抽秤斤重有一处不足者，将承办之厅员革去顶带，戴罪赔补，全完开复。一成以上至二成及斤重有二处不足者，承办之员降三级调用，仍押令赔补。二成以上至三成以外及斤重有三处不足者，承办之员革职赔补。如无力赔者，责成该管道员，照数赔缴。该管道员如先行查出揭报，免议。其失察者，一并分别议处。似此严定处分，俾厅员知所儆戒，庶足以杜弊混而重工储。”

道光十一年三月，河东河道总督严烺片奏称：“再查豫、东所产秸料，质性脆弱，非若南河海柴之性坚者可比。况料垛露堆堤顶，经年累月，雨淋日蒸，已不免于发扁蛰耗。一经折动，则此工之料，运贮彼工，势不能一垛仍堆一垛。若因存料之处，相距险工过于窎远，则拨运之费，几及购价一半。而厅员既以运脚例不开销，又虑抛撒折耗，遂致惮于拨运。兹若议给运脚，恐启借端开销之弊，是欲杜弊而弊转滋。臣拟此后拨运存工之料，准其量为折算。除拨运在十里以内者，仍不准折耗外，其二十里以内，准其折耗一成。三十里以内，准其折耗二成。至远之处，亦不得过三成而止。责令各该道临时确核道里远近，分别禀明办理。俾免厅员借口迟误，则用旧存新，于例既符，而工储益昭核实。”

遵旨酌议东、南两河河工办料章程。

道光十一年四月，工部奏称：都水司案呈，内开抄出河东河道总督严烺奏“河工预备料物章程并严定处分”一折，又严烺片奏“拨运存料，请量准折算”等因。奉上谕：“严烺奏‘东河酌议办料章程’一折，又严烺片奏‘拨运存料，请按道里远近量准折算’等语，俱着交工部核议具奏。钦此。”钦遵。钞出到部，臣等谨将该河督所奏各款，逐一核议，敬呈御览。

一、河东河道总督严烺奏称，“额办岁料，向例统限年内，一律全数到工。由该管河道一体盘验，无亏报，经河臣亲身挨厅覆验。其未经查验以前，不准动用茎束。应请仍循其旧，毋庸另议。其岁内不能全完者，亦仍照定例，承办厅员应予降三级调用”等语。查河工修防，以料垛最为紧要。其办料限期及盘验覆验各章程，如果实力奉行，何致弊窦丛生。应令该河督嗣后将所办料垛，酌定数目，遵照向例，勒限年内，全数到工，据实盘验。如查有亏短挪移及逾限办不足数等弊，即将承办厅员及不行揭报之该管河道，一并查照定例参处。又奏称，“每年用剩余料，嗣后请责成各该道，周历各厅，确查用存垛数，报明河臣。即于奏请防料项下，照数扣抵。并将减办银两，划还司库”等语。查河工存料，若不及时拨用，则陈陈相因，必致残朽霉烂，难免搀杂影射之弊。令该河督请将每年用剩余料，查明垛数，于奏请防料项下，照数扣抵。并将减办银两，划还司库之处，系为慎重工需起见，自应如所奏办理。又奏称，“豫、东河身宽广，土性沙松，溜势趋向无定。当其办料之时，不能不酌量分贮，以资修守。往往有大汛生险之工，距上冬贮料之处，相隔数里至数十里不等。或值风雨黑夜，工紧用迫，一时拨用不及，积存之料，难免影射。请嗣后责成该管各道，督率厅员于厢工之时，无论远近，先尽旧料，拨运应用。本年霜降后，截数存工之料，只准作次年工程之用，不准存至第三年，致有朽烂。如有前项等弊，一经查明，据实参处”等语。

查系申明旧例，应令该河督转饬，实力奉行，毋得日久视为具文。又奏称，“料垛定例，每垛重五万斤。但秸料原有干湿温枯之不同，即如本年之料，购自上年秋冬，迨至来年，其秸色不能一律鲜明，总以堪适工用与否为断。如河臣到工，查出霉烂不适工用之料，不及一成及抽秤斤重有一处不足者，将承办之厅员革去顶带，带罪赔补，全完开复。一成以上至二成及斤重有二处不足者，承办之员降三级调用，仍押令赔补。二成以上至三成以外及斤重有三处不足者，承办之员革职赔补。如无力赔补者，责成该管道员，照数赔缴。该管道员，如先行查出揭报，免议。其失察者，一并分别议处”等语。查系盘验料垛，按查出霉烂不适工用成数及抽秤短少斤重，分别严定处分，以杜弊混，自应如所奏办理。又奏请“将本年截数存工旧料，先尽拨运应用”。又奏请“盘验料垛，按查出霉烂不适工用成数及抽秤短少斤重，分别严定处分”。各款现经臣部，分别核议。又片奏“此后拨运存工之料，准其量为折算。除拨运在十里以内，仍不准其折耗外，其二十里以内，准其折耗一成。三十里以内，准其折耗二成。至远之处，亦不过三成而止。责令各该道，临时确核道里远近，分别办理”等语。查例载“豫省河工料物，存贮险工上流。一遇新险陡出，立即顺流搬运，星飞抢护，核实报销”等语，并无拨运存料，按道里远近，折耗成数之例。若因存料之处，距工窎远，搬运维艰，量准折耗，恐启多开道里捏报等弊。且河势趋向无定，则料物辗转搬运，折耗何所底止。尤恐此后以折耗为名，于额办料垛之外，又请添办，致多糜费。所有该河督请将拨运存料，按道里远近，量准折算之处，应毋庸议。奉旨:“依议。”

道光十一年，河东河道总督严通饬道厅，照得河工料垛，为一岁修防根本，茎束皆关国帑，本不容稍有混弊。自上冬钦派大臣来工查料之后，复经本部堂于本年春间，将预办料物章程处分议奏。奉部覆准，行知遵照在案。各该厅员凛遵奏定章程，认真妥办，实力奉行，自不致再有弊端。但查尚有未尽事宜，兹当发办岁料之始，合再申明旧例，详列规条，通饬即便遵照办理。

一、料垛高宽、丈尺、斤重，宜遵定例也。查东河料垛，向以长六丈，宽一丈五尺，檐高一丈，脊高一丈五尺，计重五万斤。本年复经本部堂，奏明有案。嗣后务当照依漕规斤重、丈尺、坚实，垛堆不得稍有短少虚松。

一、料垛宜一律整齐如式，不准分别门垛、二垛也。查各厅额办秸料，多者六七百垛，少者亦有二三百垛。当本部堂临工查验抽秤之时，势不能垛垛拆验，往往门垛丈尺、斤重均尚敷足，其二垛、三垛丈尺虽足，斤重不敷。虚松之弊，即由此而起。嗣后无论门垛、二垛、三垛，均应一律整齐如式，不准稍有分别。

一、料垛不准随堤坦堆贮，以昭核实也。查各厅堤顶所贮料垛，每有二垛、三垛之后，复随堤坦堆垛，名为坦垛。其高宽丈尺，一经牵算，即多不实。现在两岸临黄有工之处，堤身坝台本宽，尽可于堤顶排列。如一排、二排、三排之外，不能再垛。不妨于堤后平坦之处，四面挑濠。或于工头工尾，河滩宽阔之处，另厂堆贮。除本年用存旧料之中，本有坦垛者，免其搬运另堆外，嗣后总不准再有坦垛名目。

一、料垛宜宽留空档也。查各厅现在所留垛档，不过二三尺之宽。本部堂临工查验，每多不便。嗣后务须一律宽，留五尺垛档，以便稽查。

道光十二年，河东河道总督林则徐奏称："窃臣于本年正月间，验过运河挑工之后，即于二十二日，由济起程，稽查黄河两岸料物。由北岸之曹考厅上堤，查至上游黄沁厅，问渡而南，循顺东行。复从归河渡过北岸，计时一月有余，业经竣事。窃思秸料为修防第一要件，即为河工第一弊端。前次特派钦差，查出虚松残朽等弊，降革示惩，俾在工大小官员咸知儆惕。臣仰膺简任，且蒙训示，谆谆办工。虽尚未谙查料，必先核实。到任以来，讲求访问，因知堆料积弊，更仆难终。盖料物应贮于有工处所，而河堤地段本不甚宽。兵夫堡房，既经林立。积土杂料，又复纷纭。秫秸每垛长至六丈，宽至一丈五尺，占地已多。故堤顶未能尽堆。惟头一层在堤上者，谓之门垛。其余则为滩垛，为底厂。大抵门垛，近在目前，多属完整。滩垛底厂，即为掩藏之薮，最易朦混。其显然架井虚空，朽黑霉烂者，固无难一望而知。更有理旧翻新，名曰并垛。以新盖旧，名曰戴帽。中填碎料杂草，以衬高宽。旁插短节秸根，以掩空洞。若非抽拔拆视，殊难悉其底里。臣周历履勘，总于每垛夹档之中，逐一穿行。量其高宽丈尺，相其新旧虚实。有松即抽，有疑即拆。按垛以计束，按束以称斤。无一垛不量，亦无一厅不拆。兵夫居民观者如堵，工员难以藏掩。闻上年自奉旨严饬之后，各厅办料，皆尚认真。此次所验料垛，除上年旧料剔留抵办，不领钱粮外，其新购之料，丈尺多有出额，间有三五处，长欠数寸。臣先亦疑其偷减，及至拆束称斤，仍无短少。细查其故，始知垛夫堆垛，每高至尺余，必须用木板四围打紧，乃可加堆。而秸料尾细根粗，一板之敲，有轻有重。即两尾相接，有紧有宽。故有前面不足而后面有余，上截不足而下截有余者，均之无关于弊。暨惟一垛之中，成色竟不能一律，缘民间种植高粱，种类本不齐一。有黄色而鲜明者，亦有似黝似红，而质性亦甚坚挺者。是以前次部议章程，总以适用为断。以臣所查南北两岸十五厅之垛，上南同知罗绶所办最为高大结实，簇簇生新。曹考、睢宁、商虞三厅次之，余亦大都如式。惟兰仪同知于卿保所办料内，拆至蔡家楼一处，垛底有潮湿之料。虽据禀称系上冬雨雪之中赶买赶堆，不及晒晾，目下并未霉烂。但此料晾干之后，即恐斤重有差，办理殊为未善。若遽照不适工用之例，革去顶带，又与实在霉烂短斤者，无所区别。如仅责翻晒，令补足，该员在任，复恐易于掩饰。据开归道张坦具禀前来，相应请旨将兰仪同知于卿保撤任，免其革去顶带。即责成接印之员，逐垛拆晾。如晾干有所折耗，仍着落于卿保赔补。俟补完之后，另行察督，酌量补用。至所有各厅麻斤积土，亦已点验如数。土工次第硪筑，尚皆踊跃，应俟大汛前完竣，一律验收。”

道光十二年，谕：“内阁、翰、詹、都察院各保送一员，发东河、南河学习二年。由河督分别送部引见及咨回本任。每两年，拣派一次。”

道光十五年，奏准：“东河沿堤立窑，烧造新砖，以备抛筑挡护，减埽节费。”

道光十九年，谕：“各衙门保送河工，先尽实缺人员拣选。如不得其人，准以候补各员保送。未经奏留之员，概不准保，以符定制。”

道光二十五年，谕河东河道总督：“着每年桃汛前赴工，伏汛前半月移驻兰仪庙工，霜降安澜后周历两岸，立冬后回济。”

卷十二　工程下之三

咸丰五年九月，河东河道总督李钧奏称："窃臣前于覆奏'兰阳漫口暂请缓堵'折内声明，业已遵旨，行知张亮基带同文武员弁，前赴被水各州县，详细查勘在案。兹据张亮基咨称'自陈桥起程，先将祥符、陈留、杞县、兰仪、考城、封丘被水地方，逐细履勘。查得大溜仍分三股，趋向东南行走。河水长落靡定，泛滥所至，一片汪洋。远近村落半露，树杪屋脊，即渐有涸出者，亦俱稀泥嫩滩，人马不能驻足。凡舟车能到之处，督同印、委各员，分投遍历，绕道查勘。随地传询绅耆，亲加抚慰，虚衷商榷如何保卫田庐良法。佥称此时溜势，尚恐改移，须俟节交冬令，水落归槽，方能测量高下浅深。或从上游杜其分支，或从旁面拦其漫水。该绅耆等咸知军务未竣，经费孔艰，情愿富户出粮，贫户出夫，通力合作，互相保护。察其救灾捍患之意，发于至诚。随传谕各该县，令届时审度情形，妥为劝办，毋误事机，不许吏胥涉手。如工程未能熟谙，准请派河工明干员弁，到工指示，以期妥善。此次漫口，灾连三省，只以库帑支绌，未遑即筹堵合，恭译谕旨，设法疏消。因势利导，使横流有所归宿，实为目前切要机。宜连日与委员等，采访舆论，参稽古法。于万难措手之中，力求补苴之术。其一则顺河筑埝也。伏查疏导河流，非无混江龙、浚川杷等制，而用之于闸河尚易得手，用之于黄河，断无实效。黄河悍激湍流，器具难施。泥沙并下，淤垫顷刻。前人治黄河者，总以筑堤束水攻沙为要。务水束则势急，势急则沙行，沙行则河深，而水由地中行矣。然东西亘长千余里，所费不赀，何敢轻议？此顺河埝之宜急讲也。除河身逼近城垣，不能不筑做堤坝，以资挑御。其余拟就漫水所及之边际，酌定顺河之埝基，劝民接做小埝。高出平地不过三尺，择取好土，坚实夯硪。离河宜远不宜近，勿与水争地也。两坦宜坡不宜陡，勿与水争力也。来年水小，借以拦阻。水大，听其漫过。散水无力，随漫随淤，地面渐高。且变沙地为淤地，转成沃壤矣。其二则遇湾切滩也。古之所谓疏瀹，即今之所谓挑引河。审河之势，逢湾取直，避高就低。果能挑挖深通，河头得势，则一经开放，便成建瓴，此所谓利导也。今当经费支细之时，工程浩大，何敢轻议？而欲顺河之性，以杀其怒，只有遇湾切滩之法。水性直则势平，湾则势急。黄河性喜坐湾，每至长水，遇湾则怒。怒则横决，被淹必广。惟于坐湾对面之滩嘴，劝民切除，以宽河势。水长即可刷直，不特就下愈畅，并可免兜湾冲溢之虞。其三则堵截支流也。现在黄河漫溢，既不能坚筑堤，以束其流，又不能挑引河，以杀其势。则溜势无定，必有分支小河。分则力缓沙停，河身垫高，正溜必就下而四溢。且分支小河一遇盛涨，往往掣动大溜旁趋，为害尤重。宜乘冬令水弱溜平，劝民于分股处，筑柴土坝，务使断流。再于迤下跨压沟槽，多做土格。相率自三四十丈至百余丈，以离河远近为断，近密远疏。其土格只令高出沟上地面一二尺。漫水再入，上无来源，下无去路，渐冀淤成平陆。以上三条，系历来保守河滩内村庄之常法，而施之今日则尤宜。

然其大要，尤为鼓舞众心。诚合三省之官吏，劝谕三省之士民，仿行前法，各卫身家。势分则物力易集，患切则人心易奋。责成该地方牧令，则呼应较灵。地方官只加开导，勿事勉强。所需工程料物，应令董事绅耆，豫先估计。禀由州县报明上司，工完之日，速予核实验收。分别官绅出资、出力等差，详请该管大吏奏恳，破格奖叙，庶群情益增踊跃矣。辰下河行地上，本乏十全之策，似此众擎共举，劳费不多。三汛苟无异涨，循轨东趋，保得一分民田，即全得一方生计。愚昧之见，是否有当'，咨请代奏到臣。臣覆核所论，俱能切中机宜，行之自当有效。谨会同河南巡抚臣英桂，据情代奏。"奉谕："张亮基所陈各条，尚合机宜。一俟水落归槽，即可依法次第办理。"

咸丰十年，奉旨："干河各营员弁，着即裁撤。"

咸丰十年，议准："豫省兰仪以下，干河各营现无修防之责，改为操防，不必归抚镇各标管辖。南岸由开归道调遣，北岸兰、考二汛，由河北道调遣。"

咸丰十一年五月，部咨河东河道总督黄赞汤前奏"豫省兰仪以下，干河各厅拟请饬令，会同地方官，丈量旧河滩地，开垦招民，耕种升科，以裨经费。并以营弁改作操防而重地方"一折，遵旨妥议，核准具奏。恭奉朱批："干河各营员弁兵丁，即行裁撤，毋庸再行察看情形。其一切关涉营制事宜，均无庸议。现任实缺营弁暨精壮兵丁，应如何补缺入伍之处，着该河督会同巡抚妥议具奏。"

同治二年，谕："东河南岸所属四厅，北岸所属三厅，河道干涸，厅员无事。所有山东之曹河、曹单二厅，着山东巡抚酌量办理。河南之兰仪、仪睢、睢宁、商虞、曹考五厅，着即裁撤。"

同治七年十月，兵部左侍郎胡家玉奏称："窃维本年秋间，河决荥泽。据河臣奏，决口不过数十丈，请帑不过九十万金。臣以为此小小工程耳，不日即当竣事。近闻大溜南趋口门，逾三百丈，续请帑金又八十万两。且未卜此数，果能合龙否，是兴大役动大工也。既兴办大工，不可不统筹熟计，期收一劳永逸之效。溯查兰阳汛溃决，迄今十数年矣，直隶、山东沿河数十州县田庐漂没，民不聊生。臣曾于同治三年春间，奏请暂拨固本京饷，筑堤束水，保卫农田。比因发、捻未平，内地未靖，饷项未充。又因亲王僧格林沁有请裁河督之奏，故为此因陋就简之议，以见河督之必不可裁耳。今幸逆匪荡平，东南各省元气渐复，库储亦逐渐增添。又值兴办大工，若不将河南河北之利病、治河治漕之方略，统筹而熟计之，恐顾此失彼，贻患将来。臣愚以为宜趁此时，将旧河身之淤垫者，浚之使深，疏之使畅。旧河堤之坍塌者，增之使高，培之使厚。令河循故道，由云梯关入海，庶江、广之漕运可行，直、东之水患可纾，涸复之田地可赋，一举而数善备焉。不此之务塞荥泽之新口，疏兰阳之旧口，是移河南之患于河北也，是以直隶、山东为壑也。不独此也，黄流穿运，沙随水壅，终属可虞。现在张秋以北，临清以南，已不通舟楫矣。是不惟有害于农田，抑且有妨于漕运。臣谓宜统筹而熟计者，此也。

"或谓河流北徙已十数年，而欲浚数百里干河，工巨费繁，难以取办。臣非不知其难也，同治三年之奏，已详言之。第利期可久，治贵因时。不可为而为者妄，可为而不为者荒。审今之时，度今之势，正大有可为。或以工费浩繁，畏难而止，将年复一年，河堤尽成平地。欲再兴工，其难必倍于今日。且臣所谓时有可为者，不必尽资民力也，不必多费库款也。现今直隶、山东、河南、安徽等省及清、淮一带，留而不遣之勇，各数千人。此数省军务肃清，此项勇丁安坐，无所事事，虚糜饷项，殊属可惜。臣拟仿古人发卒治河之法，令各该督抚，督饬各营将领，各带所部，齐赴河干。自兰阳以东，分段挑挖。按照土方，予以程限。其有办理迅速、依限竣工者，即照军功从优奖叙。率无事之勇，用坐耗之饷，挑已淤之河面，补尚在之堤身，事半功倍，何利如之？此外，如有捐资挑掘者，按其丈数里数，核其钱数银数，准照筹饷例奖励。仍另为一班，以示优异，则奏功不难矣。俟旧河一律深通，然后决上游之水，掣溜东行，势若建瓴，沛然直下。彼时荥泽之口未塞，固有裨于荥泽。荥泽之口已塞，亦收效于兰阳。盖大溜东趋，则毋论堵南流、闭北流，皆易集事。此一定之理，其有利而无害也必矣。”

同治七年十二月，大学士、直隶总督曾国藩等奏称：“奉上谕：‘侍郎胡家玉奏“请浚黄河故道，以利漕运”一折。黄水迁徙以来，不遵故道，频年泛溢堪虞。该侍郎拟请，趁此时疏浚河身，高培河堤，令河循故道，由云梯关入海。江、广之漕运可行，直、东之水患可纾。并请将直隶、山东、河南、安徽等省及清、淮一带，留而不撤之勇，各数千人，仿古人发卒治河之法。令各营将领，各带所部，分段挑掘等语。果能如此办理，则旧河深通。决上游之水，掣溜东行，自是一劳永逸之计。且勇非坐食，饷不虚糜，尤为策之善者。着曾国藩、李翰章、马新贻、张之万、苏廷魁、李鹤年、丁宝祯、吴坤修，各按该侍郎所奏，悉心体察。彼此会商，奏明兴办，以重河道而利漕运等因。钦此。’钦遵在案。

“臣等查阅原奏，该侍郎统筹大局，治河即以治漕，原属法良意美，果能办有成效，则江、广获挽输之益，直、东无垫隘之忧，诚一劳永逸之策也。惟以今日时势计之，有不能骤行规复者，其故有三。兰工漫决已阅十四年，自铜瓦厢至云梯关以下，两岸堤长二千余里。岁久停修，堤身缺塌，河身淤塞，比比皆然。今欲将旧河挑浚深通，堤岸加培高厚，恐非数千万帑金不能蒇事。且东河下北、兰仪各厅营及南河管黄各厅营，经久裁撤。校目兵夫，大半星散。今须一一复设，仍须分储料物，厢办埽坝，并预筹各厅防险之资。虽云仍复旧规，其实无殊开创。通筹并计，又岁须数百万。当此中原军务初平，库藏空虚，巨款难筹，一也。荥工在河之南岸，地处上游。兰工在河之北岸，地处下游。论其形势，自应先堵荥泽，后堵兰阳，势难同时并举。使荥工漫口，掣动全黄，则兰工可以干堵。今荥口分溜无多，大溜仍由兰口直注利津牡蛎口入海。奔腾砰湃，势若建瓴。其水面之宽，跌塘之深，施工之难，较之荥工自增数倍。荥工现已发帑二百万，堵合尚无定期。今复议兴兰工，则又须五六百万。其能否堵合，更恐毫无把握。原奏所云‘决放旧河，掣溜东行’一语，似于该处形势言之太易。且刻下瞬交春令，兴工已难，二也。汉时初决酸枣，东溃金堤，兴卒塞之。元光中，再决瓠子，发卒数万人塞之。从官自将军以下，皆负薪，为古人发卒治河之始。元、明之世，发丁夫供役，亦以十数万计。现在直、东、江、豫等省，捻氛甫靖，而土匪游勇，在在须防。所留勇营，各有弹压巡防之责，断难尽赴河干。即令就近分段逐堤帮同堵口，于做法程式，皆所未谙，更难责之以保固。且各省酌拨数千，亦断不敷分挑之用。若再添募数十万之丁夫，聚集沿黄数千里间，倘驾驭失宜，滋生事端，尤为可虑。元臣贾鲁黄陵一役，成遵议之。盖以大役之不可遽兴也，三也。臣等通盘筹画，往返函商，意见相同。应俟天下休养数十年，国课充盈，再议大举。夫治标即所以固本，循序乃可以图成。因时制宜，力求实效。惟有赶堵荥工，为保全豫、皖、淮、扬下游之计。设法挑浚张秋以北运河，以通南北舟楫，是为目前之急务。”

同治十二年九月，河督乔松年奏称：“窃臣前准部咨，以大学士、直隶总督臣李鸿章具奏‘黄、运两河情形’一折。恭奉谕旨：‘铜瓦厢决口以下，兰仪、东明一带，地势平衍，不可无遥堤以防泛滥。着乔松年就近察看，应如何量筑堤埝，以资保护。即行悉心筹办等因。钦此。’当经委员，先往详细查勘。至霜降安澜后，臣即亲往履勘。查得黄河，自铜瓦厢北趋，再折向东，计历东明、长垣、滑县、开州四州县之境。东岸与菏泽相接，西岸与濮州相接。东岸自长垣县治之楼寨起，至廖家楼，北接东明县治之车辋集止，旧有民埝，半多残缺。自此向东北行八十余里，至山东菏泽县界，并无民埝，统计长一百三十余里。西岸自祥符县治之清河集，至长垣县治之大车集，始有民埝，至桑园止，共六十里。旧有民埝，亦多残缺。滑县境内，并无民埝。又自开封界之海同镇起，至清河头止，长五十里。旧有民埝，内有一段尚存基址。其余四十余里，坍塌无存。自此三十余里，至旧有之太行金堤，亦无民埝，统计长一百四十余里。此东西两岸民埝，断续有无之情形也。

“臣又约估筑做遥堤，必须高一丈五尺，顶宽三丈，两边坦坡均照二五收分。堤长一丈，应用土一百方零。每里长一百八十丈，用土一万八千余方。有凭空创筑者，有就民埝加筑者，用土数目不同，取土难易有别，方价不能画一。计两堤将及三百里，约略土方价值，即需银八九十万两。西岸情形较轻，或先筑作东堤，亦非三四十万金不敷办理。十余年来，各该州县叠被水灾，民困已极，势难借资民力。而国家制用维艰，亦难筹此巨款。且臣查旧有之民埝，距河过远。果欲兴办，尚须随地相度，移于略近河流之处。该处民田，虽被水淹，秋令水退，附近居民，或可种麦，以冀春收。今若通长接筑官堤，需占民地。既应蠲免钱粮，或应酌给地价。必须先由各地方官勘定基址，按籍查明，办妥后方能插标兴工。且现在民埝，在断续之间，水之去路尚多。一作官堤，则愚民只顾一己田庐，水势盛涨，必冀以邻为壑，恐有盗决之虞。是此堤办成，又须派员修守。或设厅营，专司其事。或归地方官经理，方免虚费国帑。但既责成官守，则岁需修防经费，又添耗财之门。

"臣愚见莫若仍由各地方官，随时体察情形，择其所急，劝谕各村庄，量力相机修筑民埝，不必定照官堤之高厚。但得稍资抵御漫水，便可各卫身家。既得省费，又免扰民。臣受恩深重，若事关大局，何敢畏难？实因此时水患，全在山东。东明、长垣工尚可缓，而需费良多。故敢冒昧上陈，伏祈饬部妥议等语。"奉朱批："该部议奏。"

同治十一年十一月，工部奏称："都水司案呈，内阁抄出，河东河道总督乔松年奏'查勘兰仪口门以下筑做遥堤'一折。奉朱批：'该部议奏。钦此。'臣等伏查大学士、直隶总督李鸿章前于'议覆黄、运两河'折内，声称'铜瓦厢决口，现已冲宽十里，水势犹日向东坍刷。若不设法约拦，久必泛滥南趋。至于决口以下，兰仪、东明境内，地势平衍。现虽刷有沟槽，而中泓不深。大汛漫滩，仍东西坍涨不定，亦不可无遥堤，以杜窜越。拟请饬下东河督臣乔松年，就近察看形势，应如何量筑堤埝，与东省曹州之堤相接，俾责周防而期顺轨。综计自安山上至铜瓦厢决口，接筑南堤，距北金堤约六七十里，作遥为遮拦之势。去水较远，取土较易，工费较省。此六七十里中，大水所常漫者，不过二三十里。所急流者，不过三五里。任其游波荡漾，宽缓水势，以渐趋下游。宽半里，深数丈之大清河，则缓急得以节宣，不至逼激冲突，别寻去路，斯为稳着’等语。今据乔松年查明东明一带，东西两岸，民埝断续。筑做遥堤，需款甚巨。请仍由‘地方官随时劝谕各村庄，择要修筑民埝。既得省费，又免扰民’。并称‘此时水患，全在山东。东明、长垣工尚可缓’各等语。自系实在情形，臣等公同商酌，拟请‘准如所奏，暂缓兴修，以节庆费’等语。”奉旨：“依议。”

同治十三年，河东河道总督乔松年奏称：“窃维设官分职，总在因时制宜。事有必须专任者，旧虽无官，可以增设。事有易于兼领者，旧虽定缺，可以议裁。查河南山东河道总督一缺，从前事体烦重。因黄河经由河南、山东两省，所辖黄河堤工，共十四厅，而又有运河六厅。且完漕数百万石粮船，络绎北上，人夫众多，宵小易于溷迹。济宁为山东门户，亦须大员弹压。是以设此，驻于济宁，以其专治两省黄河。又治运河兼催漕运，事固繁剧，非巡抚所能兼也。迨咸丰初年，河决铜瓦厢之后，河南黄河工裁去五厅，山东黄河工全行裁汰。是黄河工，惟有河南现在之七厅。其运河工，惟以捕河所属。自戴庙至张秋镇一段，为最要。因彼时河臣防河，驻于豫省。捕河运道，遂改归山东抚臣就近派员，随同运河道办理，循为成案。是运河之事，亦大减于昔年矣。河运之米不过十万石，视从前只三十分之一。船小而人亦无多，无复有匪徒藏匿其内，则弹压亦不须大员矣。是以河臣常驻开封，诚以黄河工为重也。然黄河即在开封城外，距城只二十余里，河南抚臣极可兼顾。且抚臣本有兼理河务之责，若将河南河工交河南抚臣兼办，山东河工交山东抚臣兼办，于事理极为允协，不至有鞭长莫及之虑。臣初履任时，即思维及此。时因东省方有治河之议，果其兴工，则事关两省城，须有大员督办。是以，未敢遽即请裁此缺。今既未举大工，再三揆度，总河实非必不可少之官，莫如裁汰，以期省费省事。臣披阅旧牍，见同治元年御史刘其年即有请裁总河之奏，二年亲王僧格林沁亦有此奏。奉旨交议，经前河南抚臣张之万以详加体察，再行奏请，覆奏以至于今。臣揣张之万之意，亦只因山东河势未定，抚臣或不能兼顾耳。今又阅数年，臣详加体察。目前东省临黄，皆系民埝，已无官工，并运河皆可归于巡抚兼管。豫省黄河，距省极近，亦可由巡抚兼管。山东抚臣丁宝桢、署抚臣文彬，皆在山东，多年于河工极为熟悉。河南抚臣钱鼎铭，讲求河务利弊已及三年，与臣同心并力，克奏安澜，以之兼办运河、黄河，皆绰有余裕，断不至于贻误。夫总河虽不为冗员，然分并其事，于抚臣而不至于贻误，则亦不必定设此总河之官。纵虑将来山东仍有黄河工程，或非巡抚所能兼管。顾其事尚远，目前总河暂裁，但关防不必销毁，封存藩库。如果数十年之后，情形又复不同，仍设总河，亦甚易也。臣去年曾有添设泉河通判之请，今乃请裁总河，两事似为不类。因泉河分隶十七州县，散而无纪，必须有专员，以责其成，是以增设通判。黄河、运河，本分两省，公事少于昔年，改由两省抚臣兼办，洵为简易，是以拟请裁汰总河。皆系酌度时宜，不敢逞其臆见。可否仰恳饬下吏、工两部会议。如臣言可采，荷蒙允准施行。所有河工候补人员，应如何分拨，河标各营应如何分隶及未尽事宜，容臣妥议具奏。”

光绪元年六月，河道总督曾国荃奏“查看黄河上游两岸各厅工程情形疏”曰：“窃臣前将接印任事日期具奏后，随将应办事件，逐一料理。即行驰赴南岸下南河厅，沿堤溯查而上，复由北岸顺查至下北河厅而止。查上南河厅为南岸最要之区，首受出山之水。如荥泽汛十堡，乃荥工金门。郑州上汛之核桃园、邵家寨、胡家屯，郑汛五堡至十一堡石家桥等处，并十四堡来童寨，十七堡裴昌庙以及中平上汛杨桥大坝，或为近年极险之工，砖石毗连，埽工栉比。或为旧时吃重之所，大河切近，堤工沙松。中河厅中牟下汛三堡，前系大河，后系积水深塘。平日黄水高于清水数尺，大汛水长之时，则高于清水一丈有余。单堤一线，势若建瓴，全恃埽工捍卫。八、九堡乃中牟旧工，一片飞沙，河势趋注不时。下南河厅为省垣屏障。十九堡盖坝顺河埝一带，系属历年旧险。下首二十堡，曾经抢办巨险，堤土纯沙，旧埽朽腐，河势现又里卧，塌及坝头。而上首十七堡，上年新生埽工十余段，溜若再行逼注，又恐接生埽段。此南岸三厅之工程情形也。北岸黄沁厅，经管黄、沁两河。黄河之工，以拦黄埝为最要。沁河之工，以莲花池为至险。卫粮厅十四、五堡东圈埝，为衡工旧曰金门，土性纯沙，大溜北卧。前面嫩滩，仅存十余丈。祥河厅祥符上汛十五、六堡一带，埽工林立，大河靠北而行，上提则斜趋十五堡，下卸又直射十六堡。下北河厅祥陈汛头、二堡，紧接祥河十六堡，两境相连，与为唇齿。盖黄河之水，变幻不常，趋向无定。上游溜势外移，对岸有滩挺峙，下游必致折而里卧。若上游工段，着河一经埽坝挑托，下游自见轻松。以故历年两厅险工，互有轻重。此北岸四厅之工程情形也。以上各厅情形，虽有不同，而防守之方要，不外乎工坚料实，未雨先筹。向来岁修麻工砖石，皆于年前预办。嗣因军务繁兴，司库支细工需，筹拨维艰，遂致棘手。”

光绪元年十一月，河东河道总督曾国荃奏称：“窃臣前准部咨，钦奉上谕：‘丁宝桢奏“现办堤坝两工情形，请设立厅汛”一折。着该部会同河东河道总督，妥议具奏。钦此。’部臣以黄河水势何处险要，厅汛应设何处，未便悬拟。令臣详细履勘，体察情形，专折覆奏，再行核办。奉文之际，时值大汛。臣正在黄河上游，督饬修防，奏明暂缓赴东。嗣于霜清后，赴济宁阅伍，查勘运道。即亲履堤工，委员逐段丈量。查自兰阳汛十堡起，至运口十里堡止，计程三百三十余里。内惟菏泽县新工下首堤工，共一百九十余里，顶宽三丈，底宽十丈，高一丈四尺，系贾工合龙后，丁宝桢督率办成者。屹立整齐，堪资防守。惟切近大河，迎溜坐湾之处，尚宜酌量帮宽。其余民埝，或高数尺至丈余不等。且土性沙松，已难拦御汛水。而兰阳口门以下，至长垣县境七十里，则尚无堤岸。如设官防守，须先将该处兴筑堤工。并将民埝卑窄段落，一律帮培高厚，再行设官，方免下防上溢之虞。

“查上游黄河大堤，顶宽六丈至十余丈不等。今纵不能如上游堤工之宽厚，而临黄紧要工段，亦须量为加宽，始能堆料厢埽，尽力防守，以捍不虞。第以土方核计银款，约非二三十万不办。值此经费支绌，焉能筹此巨款？若欲备资民力，则下民昏垫已久，讵能踊跃从公？然察看无堤之处，溜势若一倒注，不独山东境曹、单、金、鱼、巨、嘉等县，漫淹入湖，淤塞运道，而江境淮、扬、通、海财赋之区，亦大可虑。臣再四思维，拟于无款可筹之时，作一变通办理之计。查河南兰仪境内应筑堤二十里，直隶长垣境内应筑堤五十里。及该工下首并东明境内卑窄堤工，应行帮培者，亦复不少。拟请由直隶督臣、河南抚臣，于各省派拨，将备酌带练军、练勇，前往兴筑。兼由河工派拨明白工程，弁兵帮同力作，务令层土层硪，坚实套打，一律巩固。其东省卑薄堤埝，仍由山东抚臣，派令现在驻堤勇丁择要增培。凡于溜势趋注，段重吃落，量为加宽。然后分设厅营汛弁兵夫，按段驻守，庶几联为一气，免至溜再旁趋。至于北岸地势本高，且有旧日金堤，屹峙于二十里之后，实足借资卫护。北岸土地人民，目下先其所急，亟宜防守。南堤为保全山东运道及江北财赋之区，一俟各工办理完竣，便可设官照旧修守。

“惟念国家制用有常，设官则经费难筹。若将从前裁撤干河厅营汛各缺及已裁兵夫，酌量移拨，以免另行添设，为力较易，而为费亦较省。查铜瓦厢失事后，下游河涸工停，南北两岸裁撤同知二缺、通判五缺、州同一缺、州判一缺、县丞四缺、主簿六缺、巡检二缺、经历一缺、都司一缺、协备六缺、千总三缺、把总分防十一缺，共裁撤文武四十五缺。裁撤额兵一千零九十名，又裁堡夫七百二十四名。现拟先就南岸新堤，划分段落，设同知三员、通判一员、州判一员、县丞三员、主簿四员、巡检二员、都司一员、守备二员、协备一员、千总三员、把总二员、分防五员，以上各缺，均于已裁各缺内，酌拨复设。惟所裁缺内并无守备，应于协备缺内改为守备二缺，共计移设二十八缺。额外外委十一名，向于记名外委内拔补。并拨兵六百二十四名，堡夫四百九十五名，将堤岸划分段落，酌定厅汛名目。其直隶河岸地段较少，应分隶于河南之兰垣厅与山东之菏明厅，就近兼管，以免隔河呼应不便。以上四厅，惟兰垣厅应隶于开归陈许道管辖。其菏明厅、濮郓厅、郓寿厅，均应隶于兖沂曹济道管辖。第堤岸既立，则每岁修守之资，即应预为筹备。查从前河南兰仪厅，山东漕河、粮河、曹考等厅另、抢各案，虽无一定之数，而每岁修守，约共需银二十余万两。兰仪用款，历由河南筹拨。今日创始修守，应与旧章无殊。每年实需银若干，原难预为悬拟，必须试办二三年，方知大概规模。以后每厅每年，需购岁料若干，岁麻若干，砖石若干，防险银若干，似应察看各厅情形，就工程之繁简，埽坝之多寡，以定银两之数目。三年之内，由各道厅禀明，河臣亲自履勘险要，秉公酌中定议，方可以垂永久之科则。至于此次工需，应请饬部，预行议定。指明由山东、河南照数拨款，以便丙子年设厅之后，遵照办理。其余一切未尽事宜，俟部臣定议具奏后，再由山东、河南抚臣，饬令兖沂、开归二道，随时具禀咨部，示复遵行。”

附：豫省境内，应行修筑南堤及设官防守事宜单。

一、铜瓦厢西坝头厅厢做裹头埽，以免再塌也。查自咸丰四年，铜瓦厢失事以后，已历二十余年。从前两坝虽经盘做裹头，而料物早已朽腐净尽。钱粮支细，筹办维艰，口门愈刷愈宽，现已塌宽一千四百五十余丈。东坝涸出老滩八百余丈，逼溜西趋，以致西坝陆续汇塌，上首坐湾。湾愈大，而溜势愈向东南侧注，以致兰、通一带吃重。应须先将西坝帮宽，并筑圈埝，外厢裹头护埽，免其再塌。并于裹头埽上下首，酌抛砖石坝，挑顺河溜，使之逢湾取直，以期水患较轻。

一、铜瓦厢以下无堤之处，应筑做堤工，使与上游大堤接头，以便防护也。查东坝以上，兰仪境内夫十堡起，至于园止，计长二十里。下接长垣县辖双楼起，至刘楼止，计长五十里。均无堤坝，必须一律筑做大堤。收顶宽三丈，底宽十丈，高一丈四尺。坐湾迎溜之处，加宽二三丈，以免黄水外泛。新设兰垣河厅同知一员、都司一员，共管堤工八十里，带管铜瓦厢。东坝头内分兰阳下汛巡检一员，分管堤工二十里，堡夫三十二名。兰阳下汛分防一员，分管兵夫四十名，额外一名。长垣上汛县丞一员，分管堤工三十里，堡夫四十六名。长垣上汛千总一员，分管兵夫九十名，额外一名。长垣下汛主簿一员，分管堤工三十里，堡夫四十六名。长垣下汛分防一员，分管兵夫五十名，额外一名。以上一厅一营六汛，应统归河南开归陈许道管辖。其关山东者不录。

光绪二年，河东河道总督曾通饬河工防汛章程。

一、临河埽坝，应常储料土钱文，以资储备，不可稍有短缺也。查各厅修防，以埽为最要。所需正料、杂料、积土，早则岁前，迟则汛前，无不相机预备。其防险钱文，应照章程如法封储，以防猝险。外至捆厢船只，务于入伏日卸去篷桅，捆好预备。谙练桩埽之弁目，亦于是日全行上坝，分管埽段。如违，一并责革，仍将该营严办不贷。

一、埽工淤闭、堤身坐湾等处，应察看河势滩面，妥为预备也。查豫省河面宽阔，流行无定。河势之趋向，滩面之宽窄，时有变迁，不容稍忽。而埽工淤闭之处，生工甚易。每遇河水漫滩之时，堤身坐湾之处，犯风必多。如河势近而塌滩速，即应由该厅转运料物钱文，堆储该处，以备应用。应责成各武汛，督令驻堡之外委，早晚察看。遇有塌滩处所，随时驰报。如敢率忽并不随时禀报，所有汛弁外委，应由该厅营禀揭。如汛弁查报，而厅营不为预备，即将该厅营严参。其滩面串水沟槽，先经由道饬厅，查勘堵截。仍恐尚有未到之处，必须随时填堵，夯硪坚实。或编柳数道拦截，俾涨水漫滩，逐渐淤平，不至行溜生险。每遇长水上滩之时，尤应逐日察看。并将所管大堤，先行按堡逐细确查，以某工某日志桩存水若干作准，计堤高滩面若干，滩高水面若干，滩唇又高堤根若干，滩面宽窄若干。

虽据造册呈送，仍应随时勘查，报厅汇折开报，以备防御。断不许畏难惮烦，致误机要。察出，定干重咎不贷。

一、长堤顶坦，应责成各堡兵夫，分段巡查，不许稍有疏懈也。查大堤无工之处，距河较远，来往人少，恐致忽略。鼠穴獾洞，由此而多。走漏窨潮，由此而起。河防之患，莫此为甚。查獾鼠来去无定，必须时时搜捕，方可放心。非仅于春间签试一次，即为了事。应于天晴之日，责令各堡兵夫二名，一走里坦，一走外坦，轮流察看。一有形迹，即行搜捕，毋许一日一人，稍有旷误。若遇天雨之日，则堤顶堤坦，分投察看。遇有水沟，即用淤土填筑，夯硪坚实。其浪窝深陷之处，更须刨挖到底，坚筑新土。不得率用沙土，浮松干咎。此系堤根无水，寻常巡防之事。若遇涨水漫滩，则无间风雨，每日每夜，应令兵夫按循环号签，轮流往来。如由堤顶前往者，即由堤后坦坡下面而归。由堤后坦坡而往者，即由堤顶而归。巡堤顶以察水势风浪，巡堤后以察獾鼠、窨潮，二者不可偏废，一刻不许断人。如有违玩，除将该兵夫及分段防守之外委责革枷示外，该防汛委员，一并查究。

一、盛涨漫滩，如堤顶出水，仅止二三尺，应即抢加子埝也。查大堤从前频年加高，又经普加子埝，本已足御盛涨。惟近年因钱粮支绌，未曾普律估修，而河底逐节垫高，漫滩甚易。每遇漫滩一次，即淤高一次。若本年涨水，漫抵堤根，难保堤顶出水，一律仍高五尺。两岸大堤均有筹办积土，鳞贮各堡。如有堤高河滩水面止剩二三尺者，应由该堡外委查明。一面驰报汛委厅营各员，一面督率兵夫，赶将堤唇土牛粉成子埝。并将堤后之土粉浇堤唇，总以高出水痕为度，俾资拦御。其堤后如有窨潮走漏，或用铁锅，或用棉袄，立即如法刨挖，堵筑坚固，均毋刻延。傥有违玩，致成险工，除将外委兵夫责革枷示外，厅营汛委各员一并严参。

一、长堤各堡防工器具，应行酌添，以资应用也。查蓑衣、箬笠、锨筐、夯杵、榔头、灯笼、雨伞、铁锅、铜锣、棉袄、棉被各器具，各堡例备一分。但思雨伞、灯笼、铁锨、筐担，如止各备一分，究属不敷应用。应行量为酌添，每堡每夜，应给灯油，点挂壁灯。其巡查堤工，则须各给牛烛。所有添备器具若干，需钱若干，每夜牛烛钱若干，均由厅核明，查照从前章程，禀道给发。其牛烛钱文，或按五日一发，或按十日一发，应令分段防守之外委稽查。如有领钱不买及领出后不留工用者，惟该外委是问。至添备器具，如尚有不全及不能适用者，惟该厅汛是问。

一、长堤各堡兵夫，应添派委员、外委，递相稽查，以免偷惰也。查兵堡每座有兵二名，夫堡每座有夫二名，本属定额不少。但近来除伺候差事外，大抵归家之时多，而上堤之时少。每交大汛，虽由该厅造送花名册折，亦属有名无实。一经查究，或称下堤吃饭，或称赴坝听差。既不替换巡堤，又不轮流在堡，实堪痛恨。应选派认真防守之外委，分段巡防。其夫堡二座，仍派一外委分段防守，由道开册，禀送查核。责令每日递相巡查，毋许一日不周。如有巡堤不力，夜晚灯烛不备者，外委报知委员。轻者委员即行惩处，重者禀厅从严责革。倘知而不报，报而不办，则委员、外委定干严办。

一、防堤委员，应酌给薪水，以资住堡巡查也。查两岸各厅，在在紧要。现任厅营汛员，汛地较长，耳目难周，必须派委候补人员，协同防守，以期严密。除所派同知、通判，职分较大，毋庸议及薪水外，其州同以下佐杂微员，分堡驻防，无店可住。每人所管，约二三十里。每日无分晴雨，往返一周，计四五十里。又属非马不行，一仆一马，势不能省。所需日食喂养，自入伏日到工起，至霜清日止，计一百日上下，需次微员，力难措备。应按每员每日，给薪水钱八百文，俟委员派定后，由道核发开折报查，仍于霜后筹销。

光绪七年十一月，吏部、兵部会奏称："内阁抄出通政使司副使张绪楷片奏：'再，昔库款充裕时，东、北两河修防，岁发数百万，保奖照军营例，处分亦严。自部库支绌，岁修不及其半，处分乃因之较宽。然使大臣督率有方，员弁力加振作，实事求是，涓滴归公，未始不足于用。无如积弊已久，减料偷工，视为故事。甚且敷衍蒙蔽，全饱私囊，以致日就废弛，动辄溃溢。当险工迭出之时，不谓可虑，转觉可喜，以为获咎不过革职留工耳。不数月间，修复即开复原官，依然故我。又可多领帑项，从中侵渔，此其尤堪痛恨者也。非严为惩创，不足以示警。应请饬部严定处分，一经革职，永不叙用。并不准留工效力，谨奏。'光绪七年九月初二日，奉上谕：'通政使司副使张绪楷奏请严定河工获咎人员处分等语，着该部议奏。钦此。'钦遵到部。

"查定例'修筑黄河堤岸，定限保固一年。如于半年内冲决者，将经修防守之同知、通判、州县等官，均行革职。道员降四级调用，总河降三级留任，俱公罪。如于半年外冲决者，将经修防守之同知、通判、州县等官，全行革职。道员降三级调用，总河降二级留任，俱公罪。如已过保固年限冲决者，经修官免议，将管河防守各官，俱革职，戴罪修筑。道员降二级调用，留工督修，工完开复。总河降一级留任，俱公罪。又定例凡堤岸冲决，河流迁徙者，照前例处分外，若堤岸因河水漫决，河流不移，系在保固限内者，令经修官赔修。在保固限外者，令防守官赔修，俱革职，留任戴罪，限六个月修完。道员降四级，督赔，工完开复。如限满不完，将赔修官革职，道员照所降之级调用，总河降一级留任，俱公罪。未完工程，仍令赔修。又定例河南省应修水利，如有虚冒钱粮，侵蚀入己，以致工程不坚者，将承修之员参革治罪，私罪’各等语。此案通政使司副使张绪楷奏‘河防减料偷工，日就废弛，动辄溃溢。当险工叠出之时，以获咎不过革职留工。不数月间，修复即开复原官。又可多领帑项，从中侵渔。请严定处分，革职永不叙用，并不准留工效力’。钦奉谕旨‘着该部议奏’。臣等查河堤冲决，经修防守各官处分定例，已极周备。溯自咸丰十年六月，裁汰冗员，节省浮费以来，处分仍照定例，并未因之较宽。该副使所称‘减料偷工，全饱私囊，以致动辄溃溢。迨险工叠出，又复多领帑项，从中侵渔’等语。此等情形，近来河工，恐在所不免。自应严定处分，以昭炯戒。应请嗣后河工修防各员，如经该上司奏参，有减料偷工，从中侵渔情事，应即比照‘河南省应修水利，如有虚冒钱粮，侵蚀入已，以致工程不坚者，参革治罪例’，一律议以革职治罪。如此从重办理，较之该副使原奏，尤属加严，庶足以杜浮冒而重帑项。

“兵部查定例‘修筑黄河堤岸，定限保固一年。如堤岸半年内有冲决者，将修防守备、千总、把总、外委等官，均行革职，公罪。游击、参将等官，降四级调用，公罪。如过半年外冲决者，将修防守备、千总、把总、外委等官，全行革职，公罪。游击、参将降三级调用，公罪。如过固限冲决者，经修官议处，管河防守各员革职，公罪，戴罪，修筑。游击、参将降二级调用，公罪，督修，工完开复。若固限之内，修筑之官已去，而防守之官疏忽，致有冲决者，将原修防守之官，一体处分。其限内，本官所修堤岸冲决，隐匿不报，捏作未经修筑处所申报者，修防各武职革职，私罪。游击、参将降五级调用，私罪。一凡堤岸冲决、河流迁徙者，照例前处分外，若堤岸因河水漫决，河流不移，系在保固限内者，令经修官赔修。在保固限外者，令防守官赔修。俱革职留任，公罪，戴罪，限六个月修完。游击、参将降四级，公罪，督赔，工完开复。如限满不完，将赔修官革职，公罪。游击、参将照所降之级调用，公罪，未完工程，仍令赔修。如赔修逾限不完，游击、参将不行揭报，各降三级调用，私罪'。又定例'堤岸冲决处少而该管官报多者，降三级调用，私罪。不行确查之游击、参将，各降二级调用，公罪'各等语。今据通政使司副使张绪楷奏'河防减料偷工，日就废弛，动辄溃溢。又可多领帑项，从中侵渔。请严定处分，革职永不叙用并不准留工效力'。钦奉谕旨'着该部议奏'。臣等查河堤冲决，修防武职各官，处分定例，已极周详。惟该副使所称'减料偷工，全饱私囊，以致动辄溃溢。迨险工迭出，又复多领帑项，从中侵渔'等语。此等情形，为臣部例所不及，自应严定处分，以杜弊端。查河工文武，事同一律，应请嗣后河工修防武职各员，如经该上司奏参，有减料偷工、从中侵渔情事，即从严议以革职治罪，以惩贪墨而重工需。"

光绪九年十二月，工部奏称："都水司案呈内阁，奉上谕：'御史吴寿龄奏"黄河修防亟应统筹全局，变通尽利"一折，着该部议奏。钦此。'钦遵。于十月初十日，抄出到部。查原奏内称'东河总督专办河南工程，兼顾运道。而下游修守之工，其在开州、东明、长垣者，则责之直隶总督。其曹州、兖州等属者，则责之山东巡抚。今则黄水大溜，全注山东，大清河不能容纳，奇险百出，灾患频仍。臣闻河督所辖七厅，南三厅尚须筹工积料，北四厅则直一无所事，实则徒有其名。查同治初年，御史刘其年、亲王僧格林沁先后有请裁总河之奏。至十三年，河臣乔松年复请裁撤，良以身任其验，洞悉情实，而后奏请。臣以为直隶、山东既专归督抚办理，则河南黄河，即在开封城外，纵有工程，交河南巡抚兼办，亦不致有鞭长莫及之虑。此时将河道总督一缺，仿照南河裁撤，则岁销之六七十万金，以之移办山东险要工程，实觉大有禅益。如以为设官分职，未可轻议更张，即请责令河东总督统治全河，总理上下游修防事宜。其厅汛如何移置，并恳饬下部，臣会议斟酌妥善，俾各有专责'等语。

“臣等查河东河道总督一缺，从前所辖黄河堤工，共十四厅。咸丰年间，河决铜瓦厢之后，河南黄河工裁去五厅，山东黄河工二厅全行裁汰，仅留河南现在之七厅。同治元二年，御史刘其年、科尔沁亲王僧格林沁，先后均有请裁总河之奏。嗣因黄运河工，关系匪轻，未敢率议裁撤。迨十三年，前河臣乔松年奏请，将河南黄河改归河南巡抚兼办，山东运河改归山东巡抚兼办，并将总河裁汰。经臣部以巡抚有地方之责，若再以河务责成，未免有顾此失彼之处。会同吏部，议驳在案。今该御史奏称‘南三厅尚须筹工积料，北四厅则直一无所事，以岁销六七十万金，移办山东险要工程，大有禅益’等语。查豫省近年河督奏报抢险工程，南岸固多，北岸亦复不少。即如本年该河督奏报，黄沁厅拦黄埝，祥河厅十五、六堡等处，水势汹涌，汇埽塌堤，岌岌可危，不得谓北岸四厅直一无所事。惟北岸险要，减于南岸，是以历年动用钱粮，北岸只居三分之一，而南岸实居其二。溯查数十年中，决祥符、决中牟、决荥泽，历次大工，多在大河南岸。甚至黄水灌入洪湖，湖底淤高，遂为淮扬[1]巨患。可见三厅防汛，不特为豫省要工，且关系江淮全局。况黄河为患，河南与山东情形不同。黄河之在山东者，水由地中。只因河身逼窄，不免漫溢为患。黄河之在河南者，河在地上，全恃堤工为保障。一有疏失，势若建瓴。自同治七年，河决荥泽后，屡出险工。所以不致溃决者，未始非厅汛抢护之功。若以岁销六七十万金，移办山东河务。恐山东之水患未除，而河南之水患又剧，此不可轻为更张者也。第南北七厅，岁销银数，屡经臣部于比较时，请饬撙节。该河督总以险工迭出，碍难删减为词，其中有无浮冒，非臣等所能臆断。至所称责令河督总治全河，并议移置厅汛一节，查河南至山东海口，辖境较远，该河督能否兼顾，应请饬下河东河道总督、山东巡抚，会同妥议，具奏。”

光绪十一年，议准：“河工办料，以厅员为专管，以守备为兼管。办工以守备为专管，以厅员为兼管，互相稽查。如厅员备料，岁内不能全到，守备容隐不报，经该管上司查出，厅员降三级调用，守备降一级留任。守备修做埽工，不能如式，厅员容隐不报，经该管上司查出，守备降一级调用，厅员罚俸一年。如办料依限，办工如式，该管各道具结呈报，该督查勘。倘所报不实，除处分厅营外，将该道照例查办。”

光绪十一年，议准：“黄河两岸堤工，内外居民，无论本省、隔省，需用修防之处，该厅员即知照地方官，一体调拨。倘地方官借词推诿，照协办大工迟误例议处。”

光绪十一年，奏准：“河南省开归道属豫河营额，设兵六百四十一名，裁减三十二名。河北道属怀河营额，设兵七百一十

[1] 扬　原作“阳”，据民国19年重印本改。

九名，裁减七十二名。”

光绪十二年十一月，河东河道总督成孚、河南巡抚边宝泉会奏称：“窃臣等钦奉上谕：‘游百川奏东省河工，仍宜兼用张曜初议分流入故道之策，请仍饬各该督抚会商，坚意举行等语。前经谕令张曜，会商曾国荃等，将减水分入故道一节，妥议具奏。又于七月间，寄谕催问。迄今尚未奏到，仍着曾国荃等迅速会商，限于一月内覆奏，毋得畏难推诿，致误大局等因。钦此。’遵查山东抚臣张曜前经奉命，查勘山东黄河情形，酌拟办法。案内据称‘全河挽归故道，势实难行。若减分黄流十分之三，归入故道，足以容纳。惟兰仪县干河口，必须横筑大堤，紧接两岸，中间建造带闸石坝，分水多寡，庶有限制’等语。奏奉谕旨：‘饬令该抚会商，曾国荃等妥议具奏等因。钦此。’臣等遵即分别委员，分赴干河南北两岸，同自兰仪县干河口起，南至河南虞城县北，至山东单县各交界止，会同沿河各州县，逐段详细履勘去后。旋据禀称‘勘得两岸堤工：南岸虞城、商丘二县境内，残缺不全者，约计长四千一百二十余丈。北岸之考城以至单县，约计二百六七十里。所有堤段，或冲刷残缺，或筑塞铲断，南面堤坦悉如峭壁，均应普律加筑高厚。余虽尚存旧址，亦须随宜修补。至河身沙淤，计睢州兰仪境内，共有二十六段，牵长约共三千二百余丈。此外河身间有沙积宽长不等，但多系飞沙，随风聚散，迁徙靡定。以上二项工程浩大，款实匪轻。旧河槽内虽庐舍无多，而切近老滩以上，皆有居民。若仅引河向导东趋，深恐河溜变迁，仍不免泛滥为害。至于兰仪县境干河口，建筑带闸石坝，亦经会集详勘，挑挖试验，挖至七八尺以下，即系沙水相间，无从得底。而建筑闸坝，惟恐根基难立。是建闸分流之能否有利无害，实不敢轻拟悬定’等情。禀经臣等，复饬司道等，悉心筹议。

“旋据会议详称，所有修复两岸堤工，挑浚上下河道，迁徙河滩，居民其办理难易情形，姑勿具论。而以引水分流，建筑闸坝，实为第一紧要关键。现经详加体察，其窒碍难行之处，约有数端。查黄河北徙，已历三十余年。今以数十丈之引河，而欲导之分溜南行，恐黄水之性，未必即受约束。且查干河口门之南，有积年沙滩挺峙，现高水面二丈余尺至三丈余尺。于此挑挖引河，能否有成，殊难逆计。其窒碍难行者，一也。黄河挟沙而行，溜缓则淤，溜急则变。假使引河挖成，而竟能分溜，无论其归入故道，以后溜行能否通畅，河势有无变迁？即此导入引河之溜，傥或溜行濡滞难禁，其不旋踵而淤。若果不致淤闭，而顺势南趋，以冲突无定之河，万一掣动全溜，建瓴而下，则下游之受害，又何堪设想？其窒碍难行者，二也。黄河两岸，靠堤筑坝，仅止挑溜而不逆溜，尚且溃塌，加抛往往无所底止。今拦河建立闸坝，即使土性坚凝，修筑稳固，而河溜奔腾，无坚弗破。一经撞击，难免塌陷水中。既无从施工，而石质横梗于中，河势愈激愈怒，又不知作何变态。其窒碍难行者，三也。豫省沿河一带，本属土性沙松，而干河口门旧日河溜经行之处，或系层淤层沙。挑挖深至数丈，仍难得底。或挑至数尺以下，即系沙水相间，人夫不能站立。建筑闸坝，即无可凭之基，则事难规始，何以图终。纵令竭力经营，恐亦毫无把握。其窒碍难行者，四也。而况下游堤岸，残缺卑薄，应修段落过多，河道淤垫沙积，应挑地段甚长。滩内民田庐舍，切近河身，必须设法迁移，尤非易易。司道等反覆推求，事关全局，不敢不据实直陈等情，详请核办前来。查干河情形，前经臣成孚先于五月间，由济旋豫，顺道沿河履勘，核与该委员等所禀无并异。亲诣干河口门，逐加详勘建闸处所。河势趋向无定，疏导维艰，闸有定所而溜徙靡常，殊难得吸引之势。况积沙成堆，高下悬殊，挑挖导引，施工亦属不易。并将闸基挖槽试验，深未及丈，即已见水，澥沙深厚之中而欲坚立根基，恐难期有成效。且分流一层，仅分漫水，则于事无济。傥分正溜，又恐掣动全河，建瓴下注。旧槽设或不能容纳，势将冲突，旁趋为患，何可胜言！当与臣宝泉一再确商，详加覆核。该司道等所议各节，委系实在情形，事关重大，自应恪遵谕旨，再三详审，以期有利无害。前于七月间，将业窒碍情形，会咨山东抚臣张曜定议，会衔奏覆，去后尚未接准咨覆。兹奉旨谕，敕议前因。适臣宝泉阅伍归途，复经驰赴睢宁、兰考各州县，干河一带暨铜瓦厢口门，亲历覆勘，悉与臣成孚所勘相同。再三筹议意见，亦复相合。应将干河上游情形，先行覆奏，以免稽延。窃维前项工程，如果有利无害，自应殚竭图维，力任其难，何敢任听属员卸责之词，畏难推诿，致误大局。第分流之策，当先于上游建闸创其基，再议于下游堤防束其势。筑坝则窒碍既多，分流更毫无把握。黄河天险，岂有幸其不夺溜而姑为尝试之理，更曷敢听其夺溜而致滋贻误之患。万一全河奔腾下注，区区闸坝，势难抵御狂澜，未有不溃决而塌陷者。是名为三分，实不可不作十分准备。工程既繁，需款过巨，现就以上应办各工，约略估计已非千万金不办。若堤防一切，处处完缮，其费更有难以数计者。且前项筑坝减水，纵使勉力图成，溜仅三分入故，七分留东，是东省之河患，未必遽形轻减，而江、豫之河防，不免因而转增。通盘筹画，似亦非宜。臣等统筹全局，至再计议，不敢不将窒碍情形，据实沥陈。”

光绪十五年，河东河道总督吴大澂片奏称：“再，舆图之学，古人不如近世之精。海道、长江各图，与海防、江防大有裨益。轮船管驾，测量水道，赖有舆图以为表则。画山必及四址、山麓所占之区，非实测不知其宽广。绘水必及沙滩、河脚所占之地，非实验不知其浅深。而黄河之曲直宽窄，与河防关系尤重。向来绘图多出吏胥之手，仅知大略，并不开方计里。河臣治河，求一详细河图而不可得。中州官吏士子，亦无精于测算之人。风气未开，难求实效。臣拟于汴省，设立河图局，咨商南、北洋大臣，两广总督，船政大臣，选调津、沪、闽、粤各局熟谙测绘之委员、学生二十余人，咨送来豫，分段测量。自河南之阌乡县黄流入境之处，至山东之利津口止，绘画全图，刻成精本，亦河工善后之一端。虽河道时有变迁，而堤岸之宽狭，何处顶冲，何处坐湾，堤内之老滩、嫩滩、新坝、旧坝，堤外之水塘、土塘、官地、民地、大小诸河之会合，南北各山之毗连城郭，村庄之远近疏密，皆可一目了然。有定之界址，既可按籍参稽，其无定之滩河，亦可随时添注，实为讲求河务不可少之图。”

卷十三　工程下之四

光绪十六年八月，河东河道总督许振祎奏称："窃臣呈准军机大臣字寄，光绪十六年六月十三日，奉上谕：'给事中张廷燎奏"河南河工积弊亟宜革除并陈管见"一折。据称河南两岸七厅，每岁发帑六十余万。由藩司拨至道库，发给各厅，层层折扣，求十万到工，亦不可得。嗣后请由厅员径向藩库领款，每年酌提一成为办公之需，二成存储藩库，为购石筑坝之用。其七成尽归工上，广购料垛土方，以备抢险培堤。并严定偷减处分等语。河工积习甚深，亟应认真整顿。着许振祎、倪文蔚，破除情面，将一切克扣偷减等弊，严行查革。至所称迎溜筑坝，分别提款备用之处，均着详加酌度，妥议具奏。总之，河工以核实为主，少一分浮费，即多一分实用。该督等务当悉心筹议，力求经久之方，不得稍有隐饰，以仰副朝廷慎重河防至意。原折，着抄给阅看。钦此。'遵旨寄信前来。臣钦奉训谕周详，莫名感悚。惟时抚臣倪文蔚适已因病出缺，臣自接河篆未及两月，即驰抵工次抢险，一切积弊未及周知。因与护抚臣廖寿丰会商，札委妥员，密查在案。臣惟圣主有核实之政，则群才鼓舞，当共奋于功名。微臣忝宣防之司，当激发天良，何敢避夫劳怨？臣昔官河北道，值钦差大臣孙毓汶、乌拉布奉旨查办河工。臣即以改章裁款之说进，几为通工之所不容。今复叨荷天恩，畀以全河总任，是臣仰酬高厚，生成在此时矣。履任以来，痛自振刷，诚不免矫枉过当。然臣必以坦白习勤，可任属僚之推究，庶几执法整顿，亦当退无后言。今按：张庭燎所奏，其指斥弊端，未必无因，亟应详查禁革。其条陈办法，略得近似，尚须切实讲求。如所称'由司发款，道、厅皆具空文印领，由该道填注数目，填注一万，只发五千，此五千复有折扣'等语。臣官河北道时，历查各前任，未曾有此。推之开归道，亦当复然。顾此语风传已久，密访各厅，诱之使言。且嘱无所顾忌，不妨揭出，以纾患苦。乃该厅等合词禀覆，坚谓无之意者。大汛将临，该道每酌留若干，以为抢险之用。工多则多给，遂有参差。而领款少者，不免怨望。物议之来，或即由此。至折扣一节，查除减平部饭等项，应随发款坐扣外，未闻别有折扣。若霜酬名目，早经查禁停止。自郑工失事，河上益复萧条。虽查无确据之弊端，不得不变法，以杜其隙。应如张廷燎所拟，准令各厅赴司领款，则两道不与支放之事，自可不沾克扣之名。稽查维持，实有裨益。臣等仍通饬所属大小衙门，如有折扣偷减情弊，除严参治罪外，仍按款追缴不贷。至近溜筑坝一节，本系正办。臣初至，力主此说。今抢险一次，乃知小险则抛石可御，大险则非广用秸料，鲜有济者。砖石保常，秸料保变，此定理也。石坝既多，自可省埽，亦定理也。然其要，皆在得人。有切实可用之人，即有确切不欺之工，且必有简便不多之费。谓立一法而能永除积弊者，从古无是道也。谓得其人而不能破除积弊者，亦无是理也。

“张廷燎又请酌提一成，为各衙门办公之需。查河南自道、府、厅，皆经涂宗瀛奏定公费。而以开归、河北两道属之河工，事同一律，自应给予公费。现查督抚两道七厅，共十一衙门，自幕友、委员、差官至胥吏、外工、走卒，月领口粮者，不下数千人，约计非七万五千金不敷。拟请以此垂为定额，亦仅少逾一成之数。此臣等就张廷燎所奏，斟酌妥议之实在情形也。抑臣更有请者，河工实为漏卮，朝廷岂不深知，特以天事无定，故每不能责实。不知河或改道北流，改道南徙，此自天意，不关人事。然必至数百年而一变，或数十年。又若前岁郑工溃决，全河夺淮入湖，奔流年余，并未入海，不知此水消归何处。此自变异，不可以人理测。他若各厅修守，皆有旧章。历年河势，可得大概。但使去隐饰而殚实心，即可筹稳计而得良法，何至年年添款，事事颓废？在工尚以为不足，局外直斥为侵渔。臣实羞之，故改章之举，早蓄此念。言官条陈河工重在惜费，臣之条陈河工重在保险，先保险而后筹减费，人之所共知也，先减费而敢任保险，人之所不敢言也。此事固非改章不能行实，非河臣身任其事，亦不能行。臣请先胪积弊，后明办法，一一陈之。

“其一曰把持之弊。各署皆曰幕友，河工独曰库储。其余例案，全不知之。独抄撮部中报销之册，以为秘本。其在河督署中者，则以险工恐吓，使之不敢拟议更张。而于奏报无工处所，亦必故作张皇，铺排以为见好受酬地步。其在河道署中者，则以力请添款，暗阻发款为务。其在各厅署中者，则以节省工料，劝留银钱为务。此弊不除，各官皆为朦蔽，而河臣受累尤深。故臣此次抵任，即不延用库储，众论哗然，臣不为动。

“二曰轇轕之弊。各厅岁办秸料砖石，本系领款所购。而于交卸时，复将余存列入交代。且于道库陆续扣领，故有已故厅员其子孙仍支领一二十年者。因之有料，亦不办公，留积异日家私，其实秸料早化灰尘，砖石亦归乌有。纸上凿空，坐收实利。此弊不除，实属不成事体。故臣此次改章，于霜降后查取各厅所存秸料、砖石，概行充公，不准再立交代名目，以断葛藤。

“其三曰失算之蔽。大凡秸料早买则价廉，后买则价贵。砖石先办则有济，后办则无及。同一支放，早则可供急变之需，迟则必有贻误之患。查河工款项，名目纷纷，有所谓额款者，有所谓奏添节省防险者，有所谓另案砖工、埽工、土工、石工者，其实皆取之司库，分别各名，以便报销，而弊端即由此出。约计每年报销六十余万，而司库必陆续拨给，或迟之，又久而拨给。有事不能为先时之备，无事究可便中饱之私，以至遇险而故称垫用。河臣尚不能稽核，部臣又安得而考察之哉！此弊不除，无从核实。今臣拟定改章，每年请款，即以六十万为率。寻常抢险，似可不必加添。而将各种名目，概行不用，特定名目曰岁修，额款六十万而已。拟请司库定于每年十月，发四分之一，以办秸料砖石。次年二月，发四分之一，以办春镶埽工。次年五月，发四分之一，以办大汛防险。次年七月，发四分之一，以办善后各工。眉目犁然，免至所报非所用，所用非所报。于是河督道厅人人有保固之责，不得不讲求，不得不节省。无意外之希冀，则必无意外之铺张。有先举之取资，即可责先事之实政。按时课功，不能遁失。

“其四曰忙乱之弊。河臣以公事责之两道，两道以公事责之七厅，七厅以公事责之外工。问其底蕴，半未深悉。遇有险工，加倍张皇。即求添款，计较已定，先请河道，次请河督。至则人工纷纭，无从稽核。用料无料，用石无石，临时采办，辄称借垫，河道茫然，河督默然，但添款了事而已。不知岁领之款，所办何事，何至有工？即尔竭蹶谓之无弊，其谁信之。此弊不除，则奏报几无实话。臣愚以为既为此官，则当各任其事。与其因人误事而自被罪，不若奋身任事而可认真。故臣此次改章，拟以身先群属，先事预防，庶不淆混。

“四弊既明，然非另设河防一局，究竟不能更易旧辙，积久终属空言，何也？河工习气已深，耗费亦甚。即发款尽归厅员，而厅员每办一工，实比外人所办昂贵数倍。盖其受制非止一二人，开销不止一二处所，从来远矣。各厅如此，一厅岂能独异。印、委员弁可借上司弹压，至于不在官之人，招用不能过严也。应分润之人，有工不能尽省也。臣拟设局比较，庶可除去其弊。如同办料石，臣局之所报如此，则各厅之价，岂得顿相悬殊？每遇险工，臣局先有人专司，则各厅之人，究亦无从蒙蔽。故臣拟请岁支银六十万，其四十八万概归七厅，赴司分四次领支。另提十二万两，设一河防局，由臣主之，所委各员不分河工地方，总求廉介精细、熟谙工务之人，不徇人情，务责实效。其银亦不入局，寄存藩司外库。凡领银办工，由工员开陈实数，俟提调核定，两道上详，臣即批准，赴司领取，总求涓滴无不至工。并比河工格外省费一钱，可作两钱之用。如复有弊，臣愿一人独承其罪。且先期相视险要，广储料石，无论何处有工，即饬局员飞驰办理，用厅员之兵夫，动厅员之存料。如有不足，概行取给。河局厅员遇工，除将派定所备料石杂料用毕后，即算无事，不必另禀，以杜朦混求添之弊。

“凡河局专管，先时筹备，临时策应，随时稽查。且可代任勤劳，代承责任，代为禀报。以臣拙见所揣，照此行之，应可弊绝风清，不必另请添款，似无意外之虞。惟此系实用实销，将来各厅报销仍按旧章办理，河局报销只能据实开单，惟乞敕部臣少从宽假，庶臣得以董率各员，共竭心力，以保险工而芟浮费。事如有效，仍按两年安澜，将委用各员吁乞天恩，从优给奖。俾人人自奋，一功名之路而尽破其身家之私。如此，真伪相扔，勤惰相较，物料允积，石坝林立。谓两岸工程，从此不日有起色者，臣不信也。目下节交秋分，河流顺轨，足以仰纾圣廑。除沁工河、武两县工程，向系地方官督饬办理。及金乡是否可以建闸，业经护抚臣委员往查在案。应由护抚臣，另案覆奏外等语。”奉朱批：“着照所请，该部知道。”户部覆奏。见“经费门”。

光绪十六年九月，护理河南巡抚廖寿丰奏称：“窃臣接准河臣许振祎咨，光绪十六年六月十三日，奉上谕：‘给事中张廷燎奏“河南河工积弊甚深，亟宜革除并陈管见”一折。另片奏“沁河水势湍悍，怀庆府之天师庙适当其冲，请于金乡地方建闸宣泄，使由丹河分入卫水。沁工款项，向由道库支发，折[1]扣甚多。请径交两县，督饬公正绅士，分段举办”等语。并着体察情形，一并妥筹具奏等因。钦此。’钦遵，移咨臣，会同查办。除河工积弊，由河臣查办具奏外。臣查沁河发源山西，由济源县入境，历河内、武陟二县，合大丹河之水入汇黄河。该两县地势较低，河身太窄，每遇伏秋大汛，险工叠生，惟借堤岸支持。河内县南岸计长七十六里，北岸七十八里。武陟县南岸计长六十余里，北岸七十余里。向属民捐民修，实归两县代为承办。光绪九年，奏明改为官督绅办，每年由司库各发岁修银一万二千两。彼时未及更定章程，仍系官为经理，冗费过多，官亦不能常驻河干。公事既多假手，上下隔阂，各不相闻。连年生险，转失初意。

[1] 发，折　原作“折，发”，据民国19年重印本改。

“当经会商河臣，檄饬候补道陆襄钺，前往沁河上下游周历履勘，督同怀庆府知府李芳柳、河内县知县高袖海、武陟县知县贾联堂，传集绅士，公议两县各设沁工公所一处。遴选家道殷实、素称办事公正之候选教谕李伯恭、教谕王辂等，每县四人派充首事总办工，务至沿河分段举办。即饬该总绅，公举滨河附近耐劳习事之人，各分地段，设立分防公所。河内县共计工分八段，武陟县共计工分七段，认真修守，保卫堤防。其岁修领款一万二千两，每年十月，先发五千两，采办砖石正杂等料，预为储备。次年正、二月间，发银四千两，以备春镶筑堤并添购料物，雇募夫工。余银三千两，四、五月间拨发，以备伏秋防汛等用。均由该总绅具领，责成办理。所有从前办公幕友、外工得役，并一切浮费，悉行革除。并经道员陆襄钺传见该绅士等，告以查办情形，传宣朝廷德意。为保护地方，冀免河患起见，各该绅莫不欣然感奋，愿从承办。此河内、武陟两县沁工，现拟厘定章程，责成官督绅办之遵办情形也。

“至金乡建闸，使丹河分入卫水一节，查丹河发源山西，至河内县之丹谷口入境，分支为二。南流者为大丹河，东流者为小丹河。小丹河一线细流，由石斗门，历金城村，至薛村出境，迤逶入卫。大丹河水势较旺，自九道堰以下，支汉港渠二十余道，灌溉民田一千五百顷有奇。金乡，即金城村，在小丹河下游，与大丹河中隔二十余里。使并束之入卫，势难节节建闸。山水陡发，必致横溢泛滥，恐附近数十村顿失灌田之利。且查勘卫水下游，地势过低，河身更窄。又有淇、汤、洹、漳等水汇入，连年漫溢为害，势难再容小丹河。两水并流，转滋民患。既据查明窒碍难行，应请毋庸更议。臣伏思沁河虽僻在一隅，而水势浩瀚，修防之事无异黄河。现既厘定章程，两县秉督率之权，各绅有承办之责，不任书差则官民无虑隔阂，尽革浮费则库帑可免虚糜，揆厥情形可期核实。惟岁修款项，本系两县赴司经领，不由道转，而造册报销，仍须由道核办，书吏不免借口。现经定章，发交绅董具领，一切支用均归绅办，不假书吏之手。有余留作次年备用，不足设法筹垫，酌盈剂虚，定为岁额，无所增减。应请免其造册报销，使绅民得以实心经理，以资巩固而垂久远。”奉朱批：“着照所请。该部知道。”

光绪二十二年七月，河东河道总督任道镕、河南巡抚刘树堂奏称：“窃照河工夷险，今昔不同，设官必须因地制宜，庶足以专责成而重修守。查豫省开封府上南河同知一缺，地居上游，为南岸通工门户，最关紧要。该厅经管荥泽、郑州、中牟上游大堤，共长一万一千八百余丈，计程六十五里零。地险工长，埽坝林立。如荥工大坝、郑工大坝、胡家屯、来童寨等处，皆迎溜着重。中牟杨桥大坝，亦系旧日险工。近来河势南圈，诚恐旧险复生，则工段愈长，修守更非易易。查同治八年前，河臣苏廷魁因汛地过长，奏请添设武弁。经部议准，将已裁干河原设之仪封下汛分防外委移设，改为荥泽汛分防。又将虞城下汛分防外委移设，改为中牟上汛分防。其原设荥泽汛把总改为郑上汛把总，郑中汛千总改为郑下汛千总。并将仪封、虞城两汛已裁干河兵丁，一并随同移拨，分段修守。惟以一厅一营兼辖四汛，猝遇各汛同时生险，厅营上下驰驱，往返必须竟日，徒劳奔走，防不胜防，实有鞭长莫及之势。光绪十三年，郑工失事，即因抢护不及所致，虽曰天意，未始非人事之未尽也。该厅汛地之险，工程之繁，甲于七厅，为合龙金门者三处。历次递增埽坝，比较往年，其数倍加，断非一厅一营所能兼领。且河工之夷险，不在道里之短长，亟应因时酌改，分厅设防，以免贻误。臣等公同商酌，拟请将荥泽汛、郑上汛归上南厅同知、上南营守备专管。分郑下汛、中牟上汛，添设通判一员，名曰郑中厅。即以前裁之干河[1]仪睢通判移设，再添设协备一员，名曰郑中营。即以前裁之干河商虞协备移设，应需廉俸马干，应准其照数移拨动支。如将来河归故道，再行酌量裁并。复设不得额外加增，以符定制。至岁修经费，即以上南厅间例支销之数，两厅酌分，不准丝毫增益。文武汛弁、河兵堡夫，均仍其旧，无须更张。新设厅营驻札处所，拟请援照嘉庆十六年豫省添设归河厅成案，饬令即就工次堆料，厂房捐资添盖，俾资栖息。无庸筹款另建衙署，以归简易。如此变通分设，庶该厅营各有专司，可无顾此失彼之虞。于工款既并无增添，于修守实大有裨益。核与同治八年请添武汛邀准之案，亦属相符。”

光绪二十二年八月，河东河道总督任厘订整顿河工章程。

一、河防局事少人浮，殊多糜费，今自丙申年霜清，始酌派监工委员九人、局中常川正佐七人。其中参用地方人员，如另有差使，即补委河工，不委地方。河工人员，终年坐困此项局务，以专委河工为正办。凡候选及外省人员，此后永不委用，以符定章。现委之十六员，一二年酌量更换一次，以均甘苦。如有玩误，随时撤退。果有老练出众、办工得力者，仍准酌留，以示鼓励。

一、七厅工所委员，现派一正两佐，即以正委为总办，足敷差事。此后永不另派道府，以归划一而节经费。

一、河防岁款十二万，自丙申年始，所有支发款目，皆实用实销，绝无朦混。应办一切工料，先由督办核明，禀院批准再行发款，务须案据昭然，人人共见，以备后来稽查。本年霜

[1] 干河　原作“河干”，据民国19年重印本改。

清截数节存银四万三千余两，奏明饬藩库存储。次年如有要需，再行奏拨。虽与历来办法迥殊，而涓滴归公，究属心安理得。倘能年年如此，定可永保茭防。

一、七厅工所岁款四十八万，悉照向章支销。自丙申年，始饬委员厘订出入款目，按月报院，至霜清统结，以备稽核。

一、河工首重料物，既经酌数派办，年前先发料价，即与代办无异，岂容稍涉含糊。查各厅秸料坦垛，仍多于门垛。即门垛亦有架空之弊，殊属不顾考成。现派办丁酉年岁料，应一律门垛，尽临黄工段堆储。如堤面不敷，可堆堤后平地，必得丈尺相符，斤两足数，于年前一律办齐。委员监收，开单禀明某堡新垛若干，旧垛若干。听候院道临工查验，抽垛过秤。如有短少虚松，照例撤参补足。

一、杂料亦当宽备，如麻缆、光缆、橛木、骑马与夫揪头、滚肚绳等类，应视秸垛之数，配搭齐全，不得短少，以致临时掣肘。麻缆为防险要物，断不可缺。

一、举办春厢，即为防汛根本，最关紧要。某厅某堡某埽应加厢，应拆厢，先行核实估计某埽须用料若干，于二月内一律开单呈报。将所办埽段插签标明，听候院道临工查勘核定，方准动工。既须保固工程，尤当撙节料物。凡可做可不做之工，且从缓办，以待汛期至。各坝加抛石方，应俟大汛前察看情形，禀明办理。

一、河防局委办石方，应由委员监收，各厅承领。某月某日，某堡运到若干方，该会同委员即用红单禀报。如石方有中空情弊，惟各委员是问。

一、营汛承办土工，应择堤身残缺或单薄处所，先估计禀明。委员查验得实，然后兴工。如稍涉草率，或不符丈尺，即责令重修，营汛并加惩处。

一、伏秋汛，河水长发，堤工每有暗险之处，皆因浪窝、鼠穴填筑不坚，兵夫以浮土掩盖。一经大雨冲刷，遂成洞穴，即有渗水之患。务令兵夫随时刨挖到底，去尽浮土，至四面无空缺而止。先用夯杵逐细套打坚实，与堤相平，方能一劳永逸。填水沟，亦如之。在工员弁务当随时来往巡查，不可一日怠忽，以期防患于未然。每逢风雨黑夜，尤宜加慎。

一、伏秋大汛，各工埽坝，果系迎溜冲刷坍蛰，自应急用秸石，尽力厢抛，务使稳固而后已。若埽坝并未蛰动，沿河顺溜，即不必遽用秸石，致多糜费。务在储料审工，当用则用，可省即省，方为防险之要策。其中缓急轻重，固应责成厅营，而监工委员，亦当随时审察，相机策应，以期无误无糜，毋得稍存大意。

一、河工候补同通两班，每逢大汛，派帮办驻工二十余人。自丁酉年始，应令各员分赴各厅，将一切修防事宜，留心学习，以备异日任使。各员本有薪水，各厅但与厂房、幕友同桌授餐。此外，车马酬应，一概不问。

一、各厅堡房于丙申年，一律重修。所有委兵夫役，每逢大汛，均应在堡房栖止。预备蓑笠、梆锣，昼夜巡堤，并看料厂。此后料厂，如有纵火情事，一面缉匪究办，一面着落该管官赔补，仍照例参办。至此等纵火人犯，悉系本地匪徒，营汛必知踪迹。定限五日，责成该汛弁兵获犯送究。逾限不获，参革留工承缉，决不宽贷。

一、河兵于霜清后冬三月，每名于堤里堤外，栽柳五十株。栽毕，即插牌标记，听候查验。勤者赏，惰者罚，令出必行。堡夫已虚有其名，此后每逢伏秋汛期，各厅应雇长夫数十名，如上南约八十名，中河四十名。此外各二十名，有工则工帮推土，无工则守夜巡堤，比短夫便益多矣。风雨黑夜，尤为得力。如遇险工，再添雇短夫。核计夫价所费无几，各厅自为计当，亦乐于从事也。

光绪二十七年，河东河道总督锡通饬各厅，整顿工务，扫除积习。

一、各厅宜常驻工次也。查厅官衙署，皆靠河干。即无衙署者，亦有行馆可住。原以河务至重，巡防不容稍疏。乃该厅等近皆住居省城，习为故常。除伏、秋两汛外，住工之日甚少。不过以省会繁华，终日车马驰骋，酒食征逐，甚者奔竞营谋，逢迎伺听，转视职守为具文。若能将此全副精神专注河岸堤工，绝无废弛，岂不尽成贤吏？自此谕之后，该厅等务宜各居衙署。其无衙署者，移居行馆。时时亲堤履埝，察看河势工程，随时补苴，则全河受益多多矣。果有贤能任事之员，本部堂必破格保荐也。

一、水沟浪窝、灌洞鼠穴，宜设法筑填也。文武汛官弁兵夫，专司填筑沟窝，搜查洞穴。该厅营等，皆有督率之责。兹查各堤水沟，有冲至数丈者，浪窝有旋成深坑者，则洞穴之不认真搜寻，更可想见，其废弛尚可言哉！在该厅等不过谓现不临黄，事可无碍。然河无定踪，倘或改溜，试思临时堵御，措手何及？纵使勉力支撑，业已多縻巨款。溯查远年之祥工、近年之郑工，皆因浪窝失事，前车可鉴。方沟窝被冲之始，不过尺寸之罅漏，当时填垫，仅一人之力，数方之土耳。乃置之不问，坐视其成此巨工，思之实为可恨。就此次所查，应按段察参，以儆怠玩。姑念官非一任，事非一人，不究前失，勉观后效。各该厅务宜督饬认真，将沟窝设法修整，内外堤详细寻觅。

如有洞穴，立即开挖补筑，必须坚实。经此谕后，倘仍前玩视，定予严参，勿谓言之不早也。

一、坦坡严禁种禾麦也。坦坡为杀水势、护堤根而设，按例靠堤附近，不准耕种，所以防坏堤也。今坦坡之上，竟任种植，播种既久，土性窃浮。雨水淋冲，必致塌陷，堤身何能坚固？不知该厅员所司何事？本应将坡上禾苗概行拔弃，姑念小民生计维艰，从宽准其秋成收割。自光绪二十八年始，一律不准再行耕种，该厅等务各晓谕周知。傥再有偷种，惟该管官弁是问。

一、柳枝宜按时补种也。栽植柳株，所以稳固堤根。故每年有补种章程，以期多多益善。查南北两堤，如果年年栽种新柳，自当绿阴茂密，一望无际。今则颇形稀疏，甚至有并无树株之处，则其所称补种，半属虚文可知。嗣后，各该厅每年务于冬令严督，认真种植。某堡各种若干株，随时具报查考。

一、石方收垛，宜严查也。查购石定章，每块足五斤以外，方准收垛。兹阅各处石方，颇多碎石，不堪适用。虽曰搬运不无磕损，而破碎亦不应如此之甚。且见收石之时，厅中并无人在彼看视，一任垛工堆放，难保无架空之弊。须知购石虽系委员之事，收储后即系各厅专责，岂宜漫不加察？嗣后，各该厅纵不能亲身验收，亦应派妥实幕友在彼监视，以昭慎重而期核实。

一、工总宜开报也。查各厅幕友，中有工总一席，专为察看河势、管理工程。遇有险工，尤赖其调度经营。是此人所关甚重，非他席朋友可比。各厅自必慎选老成谙练、笃实可靠之人，以当此任。此日虽为厅官入幕之宾，他年未始非河工人才之选，仰该厅等将所延工总姓名、年岁、籍贯、到工年月开单具报，以备查考。如有更换，应即随时声明。

一、酬应宜节也。查河工习尚奢侈，自昔已然。近年虽稍俭于前，而酬酢往来，饮食宴会，仍复夸多斗靡，以之自豪，甚至荡检逾闲，不以为耻。心无二用，赢此绌彼，尚安望其于正经公事振作有为耶？欲除侈廉浇风，先革应酬恶习。经兹谕禁，倘仍不知悛改，本部堂亦惟白简从事，不知其他。懔之，懔之。

光绪二十七年九月，河东河道总督锡良奏称："窃维朝廷设官分职，各有专责，以收群策群力之效。然至风会变迁，自当因时损益。所谓甚者，必改弦而更张之也。恭读光绪二十七年七月初二日、七月三十日叠次谕旨：'漕政日久弊生，亟宜力除糜费，核实整顿。自本年为始，各直省河运、海运，一律改征折色。又各省制兵防勇，积弊甚深。着各省将军督抚将原有各营，严行裁汰，悉心核议，奏明办理等因。钦此。'臣忝任宣防，谨就职守而陈之。查黄河自咸丰五年改道北趋，南河堙废。同治初年，忠亲王僧格林沁遂有请裁总河之奏。奉旨交议，经前河南抚臣张之万以详加体察，再行奏请覆奏。至同治十一年，山东黄河工程改归山东抚臣兼办，河臣责任稍轻，前河臣乔松年复有请裁总河之奏。奉旨交议，部臣以未便裁撤覆奏。盖彼时河运未废，河臣兼有黄、运两河之责，关系紧要故也。今既漕米改折，运河从此无事。河臣所司，仅止豫省两岸堤工，事甚简易。虽有桃、伏、秋、凌四汛，惟伏、秋两汛为重，余皆次之。如能料石筹积有素，自可有备无虞。故臣到任以来，专以购备石方为急。然此区区之擘画，畀之抚臣足可兼顾。拟请将河东河道总督一缺，即予裁撤，仿[1]照山东成案，改归河南巡

[1] 仿　原作"防"，据民国19年重印本改。

抚兼办。抚臣本有兼理河道之责，无可诿卸。且事权归一，办理尤觉裕如，非仅为节省廉俸起见，此河道总督之宜裁者也。河南河工，向设南北两道八厅，计巡守地方兼理河务道二员、专管河工同知五员、通判三员、佐贰杂职二十三员。又豫省河营部司一员、守备二员、协备五员、千把外委十九员、弁兵一千二百四十九名，专司修工防汛，关系至重，以上各员名，厅请仍旧。此河南黄河文武员弁兵丁，应全留者也。”奉朱批：“着政务处会同吏兵两部，妥议具奏。”其关运河及济宁河标事宜，未录。

光绪二十八年正月，政务处、吏部、兵部会奏称：“据河东河道总督锡良‘胪陈河工变通事宜’一折，奉朱批：‘交政务处会同吏、兵两部，妥议具奏。钦此。’查锡良奏称漕米改折，运河无事，河臣仅司豫岸堤工，抚臣足可兼顾，请将河东河道总督裁撤，改归巡抚兼办等语。窃维黄河改道以来，直隶、山东两岸修守工程，久归督抚管理。山东工段之长，险工之多，视豫河尤为繁重。东省既可由抚臣兼管，豫河似不必专设督臣。今之论裁官者，每以河、漕两督所属员弁为言，现值整顿官制，力除冗滥之时，臣等正拟咨行各省疆臣，体察情形，核实裁减，而锡良已先有此奏。该河臣现任河道总督兼署河南巡抚，其言由于身亲目验，自属确实可凭，应如所请行。并请饬下该河臣，即将裁并各事宜，一手经理，足昭妥慎。俟诸事办有头绪，即由该河臣奏明，请旨开缺。”奉上谕：“河东河道总督一缺，着即裁撤，一切事宜，改归河南巡抚兼办。”

光绪三十年六月，督办铁路大臣盛宣怀奏称：“窃照光绪二十九年八月初五日，承准外务部咨，光绪二十九年七月初五日，准军机处抄交河南巡抚张人骏奏‘黄河铁桥建造不易’一折，奉殊批：‘着袁世凯、张之洞、盛宣怀，妥议具奏。钦此。’当经臣盛宣怀札饬卢汉铁路洋总公司沙多，查照原奏详核议复去后。兹据沙多禀称，如原奏称沙松土疏，立根不牢可虑一节，查黄河沙松土疏，系指浮面一层而言，泥沙之下，皆有实地。建桥之法，首在察看实地。就造桥之处，上下数里之内，处处打钻。其钻入地深至八丈，即知地质若何情形。各国海口，建筑码头，水深数丈至十余丈，尚可用空气下水，以求实地。黄河之水，秋冬间深不过数尺，欲求实地，更易施工。欧洲自创造铁路以来，桥梁之学日新月异。其河面之阔，水流之急，施工之难，恒有逾于黄河者。如下埃及之尼勒河大桥、美洲之米西西毕河大桥、俄国之乌粤嘉河大桥，指不胜屈。至希腊、英吉利更有过海之桥，未闻失事。是黄河造桥，可无虑立根不牢矣。

“又原奏称地势南高北下，拖溜旁趋可虑一节，查黄河造桥为接通南北，铁路并非为保护河工。若谓治河专主以堤束水，建桥则数千年无闻，此指治河而言。今铁路建桥，当问建桥以后，有无拖溜旁趋之患。原奏所称‘黄河涨一滩嘴，筑一挑坝，对岸即生奇险，况层层桥柱，势必至于流缓沙停，别寻去路’等语。又第一节所云‘以数十丈钢柱栉比河心，在急溜则激水之怒，在浅滩则分水之势，盘涡挂淤，全河受病’等语。诚以桥柱占地太多，河心容水自少，必有盘涡挂淤、流缓沙停之虑。全折之精意在此数言，此治河之常语，司工程者岂有不知？请略言建桥之法，则可以释然矣。今所择建桥之地，在南北两岸从未泛滥，而河道亦未更改之处。自铁路开办以来，即派有专驻该处，华洋人员，逐日丈量河水之涨落，测勘溜势，考验水痕，得其要领。拟造之桥，不用木柱，而用螺丝钢桩，防其占地过多，计所用钢桩共占河心法尺八十四尺。再将河心开宽至法尺二千八百尺，较平常最大之潮，加宽二百尺。除钢桩所占八十四尺，实加宽一百十六尺，不特不碍流水，尚从而疏通之，又何有流急盘涡、流缓沙停之患哉！

“又原奏称黄、沁交汇，顶托倒灌可虑一节，查工程重在测量，桥工之不碍流水，既已考求精审。就沁河而言，沁汇于黄，即在桥之上游，距桥约二十四华里左右。沁河地势测准，较黄河高法尺二尺五寸，约合华尺八尺五寸。何至因建一桥，黄河之水，即能倒灌入沁，且倒灌入丹、入卫，甚至入于天津耶？又原奏称凌汛暴涨，水能漫桥可虑一节。查黄河凌汛，固属吃重，然考之西彼利亚大河并北美洲大河之凌汛，更十倍于黄河。该处每年河冻逾六月，铁桥林立，未闻于凌汛之时，致生险患。今拟建之桥，桥面高于极大潮汛华尺一丈，而高于该处堤岸三尺有奇。倘凌汛漫及桥面，必先漫及堤岸。查荥泽广武坝为数百年来未闻漫溢之处所，以必于此建桥者，诚非漫然为之也。至原奏称‘建造浮桥，多造渡船，路经黄河，易车而舟，亦无甚耽延’等语，此不明路政之言也。夫卢汉铁路正欲联南北两端为一气，傥中间易车而舟，废时糜费，又何贵乎铁路？况当夏令水涨流急，轮驳均不能行。秋冬河又半涸，南北客货乘火车至河干，须舍火车而用骡车。将至河心，又须舍骡车而用渡船，阻碍尤多。若用浮桥则成于秋冬，毁于春夏，仍失通行之利，更无如此办法。总而言之，黄河固河之大而险者，桥工亦工之巨而难者，若不审河势，不验地质，不谙水工，贻害何可胜道。今选派专门工司，测量地势，上下数十里，考验地质，打钻八九丈，前后十余次。历时四五年，方择定建桥之处。继又特请谙练桥梁工程之大工师，清心考究，详之又详，桥图乃定，断无用疑虑于其间也。且比公司名利攸关，非计出万全，万不肯轻举妄动等语。

“臣宣怀当即移会臣世凯，函招英国工程司金达来津，将沙多覆禀，令其核议。并饬前往，复加勘验。据金达复称沙多议复各款，已属言之极详。即使亲履复勘，以一时之阅历，仍不如沙多数年之讲求较为精核。且所云名利攸关，断不肯轻举妄动，尤为极中窾要之言，似毋庸再往复勘等语。

“臣之洞于本年二月回任后，复经派委湖北道员宝丰，驰往铁桥工次，周历勘验。兹据该道复称‘勘得黄河铁桥南起广武山麓，北达姚期营之下游数里许。桥身长八百五十余丈，中用铁墩为基，统计一百零三墩。南北干各二十六墩，均以六柱为一墩。居中五十一墩，均以四柱为一墩。六柱之墩，两墩相距八丈八尺五寸。四柱之墩，两墩相距五丈九尺四寸。凡此相距之处，皆系留为流水之位，于河流当无阻碍。其铁柱深入沙土，约三丈至四丈不等。现南岸已修成铁墩十六座，北岸已修成铁墩十五座。铁柱森立，每遇风急水涌，并不摇撼，似不致有立根不牢之虑。并于姚期营等处，建筑石坝十余道，以遏水势，使归中流。是拖溜旁趋，亦可无虑。至桥面高于广武坝一丈有余，广武坝从未淹及，则凌汛断不至漫桥。可知桥距沁河二十余里，现在展拓河身，所留水位甚宽。既未减小河身容水之量，自可无虞顶托倒灌之险’等语。臣等伏查卢汉铁路创造之始，即深虑黄河桥工之非易，并恐有碍河防。先经臣宣怀历派德国工程司锡乐巴、美国工程司李治、法国工程司道理怀、意国工程司海沙地，先后履勘，皆称黄河必宜造桥，且所择之地，亦与沙多相符。

“盖桥工为南北铁路枢纽，若不建桥，与无路同。若建桥之后，有碍河防，万一拖溜旁趋，河或改道，与无桥同。故建桥之议，历各国著名工程司详审而后定，不敢不慎也。今原奏未然之虑，自以建桥之后，全河受病为最重。其言桥工之不易，则云沙松土疏，又凌汛则水能漫桥。窃就两者兼权，桥成后全河有无受病，应以造桥是否有碍河身为断，详核沙多复禀其指陈利害之处。凡原奏所虑及者，皆在预防之中。自古治河无善策，各省筑堤培埝，岁縻巨帑，而泛滥仍不能免。若谓建桥以后，黄河从此无病，诚非铁路工程司所敢言。然桥桩之无碍河身，造桥之可以立脚，而极大之凌汛又不能漫过桥面，沙多之言。证以英工程司金达所议及道员宝丰复勘情形，似尚切实，确有把握。至以堤束水，治河者皆知之，而不知河之有桥，亦具束水之力。故凡桥口之水，其流必迅，所谓流迅则势猛，势猛则沙不停，旧沙尽刷，河亦愈深。原奏虽非指建桥而言，似亦实赅此义，此沙多所未及言。臣等揆情度理，反复思之，似建桥之无碍河防，彰彰明矣。

光绪三十二年五月，河南巡抚兼管河工事务张人骏片奏称："再，黄河铁桥建于荥泽，稍明河势者，咸知其非。洋工程司沙多，系异域之人，未谙中国水性，成此误举。及桥成之后，该工程司始悟立根不能坚牢，遂于铁柱四旁多抛石块，环砌围绕，堆积至二三丈不等，竟有露出水面者。与其原议不用木柱而用钢桩，防其占地过多之说，全相违背。计全桥铁墩一百零三孔，自工竣至今，甫逾半年，而桥下已新长大滩，横亘中央，河流劈分两股。南股由桥下出水者五孔，北股由桥下出水者二十七孔，其余全为新滩所占，几居全桥十分六七。而新滩片段，现于桥西者，宽广数倍。桥东其为铁桥桩石阻遏，河流以致淤积，毫无疑义。夫载石沉船，尚能堵塞海口。护堤厢埽，近多改用石工。今于河心建桥，桩石林立，几同拦河筑坝。其有碍河道，固不待智者而知。自桥成以来，上游水势日高，下游水势日促。河溜出桥以后，折而向北，已将北岸老滩冲刷成湾。万一河势变迁，横流旁决，为患何堪设想？河之受害既在于桥，纵使两岸设法修防，而受害日深，变生意外，断非人力所能补救。此时即不加抛石块，而病根隐伏。盛涨之年，已难保无溃决之忧。若再愈抛愈多，则为患益急。臣职司河务，既有所见，未便缄默不言，相应请旨敕下铁路大臣，转饬该工程司，以后勿再抛石，以期暂纾目前。傥邀福庇，于伏秋大汛之时，能将桥下沙滩刷去，则数年之内，或尚可冀无虞。”

论曰：工程之大凡曰堤。堤高一丈者，上宽三丈，下宽十丈。先于本土铲去地皮草根。坑洼不平之处，均填补整齐，施以水硪。然后加以新土，层层泼水夯硪，期于一律坚实，总以签试不漏为度。月堤首尾，属于大堤。河流逼近堤根者，于大堤之外，如式围筑越堤，形式与月堤相仿。堤外围筑，使水绕越而过。遥堤离大堤稍远，筑堤以为重障。缕堤水缓之处，单堤兀立，以资收束曰埽。埽高自五尺至二丈，作十丈长。计料用柳、草各四百束至七千二百束，大缆小各百条至四百条，留橛二根，签桩二根，箍头绳三十条至一百四十条，揪头绳二条至八条，滚肚绳二条至十条。埽个高丈余者，用穿心绳一条，填埽眼用柳、草各七十五束至一千二百束。相机酌用，总以不出此数为度。其式有鱼鳞、龙尾、丁头等名，用以挑溜开行，护堤作障。

其细法则：长十丈、高一尺埽由，用柳十八束，无柳用秫秸二十四束，草十八束，十两重苘绳一百条。长十丈、高二尺埽由，用柳七十二束，无柳用秫秸九十六束，草七十二束，二十两重苘绳一百条。长十丈、高三尺埽由，用柳一百六十二束，无柳用秫秸二百一十六束，草一百六十二束，三十两重苘绳一百条。长十丈、高四尺埽由，用柳二百八十八束，无柳用秫秸三百八十四束，草二百八十八束，四十两重苘绳一百条。各埽由每长一丈，用橛木一段；长十丈、高五尺埽个，每个用柳四百五十束，无柳用秫秸六百束，草四百五十束，一百套，缆一百条，五斤重箍头绳三十条，四十斤重滚肚绳二条，四十斤重揪头绳二条，桩木十株，橛木二十段。填埽眼，柳七十五束，无柳用秫秸一百束。填埽眼，草七十五束。搬料拉埽，募夫二十五名；长十丈、高六尺埽个，用柳六百四十八束，无柳用秫秸八百六十四束，草六百四十八束，一百二十套，缆一百二十条，五斤重箍头绳三十五条，四十斤重滚肚绳二条，四十斤重揪头绳二条，桩木十株，橛木二十段。填埽眼，柳一百八束。搬料拉埽，募夫三十六名；长十丈、高七尺埽个，用柳八百八十二束，无柳用秫秸一千一百七十六束，草八百八十二束，一百四十套，缆一百四十条，五斤重箍头绳五十条，五十斤重滚肚绳四条，五十斤重揪头绳二条，桩木十株，橛木二十段。填埽眼，柳一百四十七束，无柳用秫秸一百九十六束。填埽眼，草一百四十七束。搬料拉埽，募夫四十九名；长十丈、高八尺埽个，用柳一千一百五十二束，无柳用秫秸一千五百三十六束，草一千二百五十二束，一百六十套，缆一百六十条，五斤重箍头绳五十条，五十斤重滚肚绳四条，五十斤重揪头绳二条，桩木十株，橛木二十段。填埽眼，柳一百九十二束，无柳用秫秸二百五十六束。填埽眼，草一百九十二束。搬料拉埽，募夫六十四名；长十丈、高九尺埽个，用柳一千四百五十八束，无柳用秫秸一千九百四十四束，草一千四百五十八束，一百八十套，缆一百八十条，五斤重箍头绳六十条，五十斤重滚肚绳五条，五十斤重揪头绳二条，桩木十株，橛木二十段。填埽眼，柳二百四十三束。搬料拉埽，募夫八十一名；长十丈、高一丈埽个，用柳一千八百束，无柳用秫秸二千四百束，草一千八百束，二百套，缆二百条，五斤重箍头绳七十条，五十斤重滚肚绳六条，五十斤重揪头绳四条，五十斤重穿心绳一条，桩木十株，橛木四十段。填埽眼，柳三百束，无柳用秫秸四百束。填埽眼，柳[1]草三百束。搬料拉埽，募夫一百名；长十丈、高一丈一尺埽个，用柳二千一百七十八束，无柳用秫秸二千九百四束，草二千一百七十八束，二百二十套，缆二百二十条，五斤重箍头绳七十七条，五十斤重滚肚绳六条，五十斤重揪头绳四条，五十斤重穿心绳一条，桩木十株，橛木四十段。填埽眼，柳三百六十三束，无柳用秫秸四百八十四束。填埽眼，草三百六十三束。搬料拉埽，募夫一百二十一名；长十丈、高一丈二尺埽个，用柳二千五百九十六束，无柳用秫秸三千四百五十六束，草二千五百九十六束，二百四十套，缆二百四十条，五斤重箍头绳八十四条，六十斤重滚肚绳六条，六十斤重揪头绳四条，六十斤重穿心绳一条，桩木十株，橛木四十段。填埽眼，柳四百三十二束。搬料拉埽，募夫一百四十四名；长十丈、高一丈三尺埽个，用柳三千四十二束，无柳用秫秸四千五十六束，草三千四十二束，二百六十套，缆二百六十条，五斤重箍头绳九十一条，六十五斤重滚肚绳六条，六十五斤重揪头绳四条，六十五斤重穿心绳一条，桩木十株，橛木四十段。填埽眼，柳五百七束，无柳用秫秸六百七十六束。填埽眼，草五百七束。搬料拉埽，募夫一百六十九名；长十丈、高一丈四尺埽个，用柳三千五百二

[1] 柳　衍字。

十八束，无柳用秫秸四千七百四束，草三千五百二十八束，二百八十套，缆二百八十条，五斤重箍头绳九十八条，七十斤重滚肚绳六条，七十斤重揪头绳四条，七十斤重穿心绳一条，桩木十株，橛木四十段。填埽眼，柳五百八十八束，无柳用秫秸七百八十四束。填埽眼，草五百八十八束。搬料拉埽，募夫一百九十六名；长十丈、高一丈五尺埽个，用柳四千五百束，无柳用秫秸五千四百束，草四千五百束，三百套，缆三百条，五斤重箍头绳一百五条，七十五斤重滚肚绳六条，七十五斤重揪头绳四条，七十五斤重穿心绳一条，桩木十株，橛木四十段。填埽眼，柳六百七十五束，无柳用秫秸九百束。填埽眼，草六百七十五束。搬料拉埽，募夫二百二十五名；长十丈、高一丈六尺埽个，用柳四千六百八束，无柳用秫秸六千一百四十四束，草四千六百八束，三百二十套，缆三百二十条，六斤重箍头绳一百十二条，八十斤重滚肚绳七条，八十斤重揪头绳四条，八十斤重穿心绳一条，桩木十株，橛木四十段。填埽眼，柳七百六十八束，无柳用秫秸一千二十四束。填埽眼，草七百六十八束。搬料拉埽，募夫二百五十六名；长十丈、高一丈七尺埽个，用柳五千二百二束，无柳用秫秸六千九百三十六束，草五千二百二束，三百四十套，缆三百四十条，七斤重箍头绳一百十九条，八十五斤重滚肚绳八条，八十五斤重揪头绳六条，八十五斤重穿心绳一条，桩木十株，橛木四十段。填埽眼，柳八百六十七束，无柳用秫秸一千一百五十六束。填埽眼，草八百六十七束。搬料拉埽，募夫二百八十九名；长十丈、高一丈八尺埽个，用柳五千八百三十二束，无柳用秫秸七千七百七十六束，草五千八百三十二束，三百六十套，缆三百六十条，八斤重箍头绳一百二十六条，九十斤重滚肚绳八条，九十斤重揪头绳六条，九十斤重穿心绳一条，桩木十株，橛木四十段。填埽眼，柳九百七十二束，无柳用秫秸一千二百九十六束。填埽眼，草九百七十二束。搬料拉埽，募夫三百二十四名；长十丈、高一丈九尺埽个，用柳六千四百九十八束，无柳用秫秸八千六百六十四束，草六千四百九十八束，三百八十套，缆三百八十条，九斤重箍头绳一百三十三条，九十五斤重滚肚绳九条，九十五斤重揪头绳八条，九十五斤重穿心绳一条，桩木十株，橛木四十段。填埽眼，柳一千八十三束，无柳用秫秸一千四百四十四束。填埽限，草一千八十三束。搬料拉埽，募夫三百六十一名；长十丈、高二丈埽个，用柳七千二百束，无柳用秫秸九千六百束，草七千二百束，四百套，缆四百条，十斤重箍头绳一百四十条，一百斤重滚肚绳十条，一百斤重揪头绳八条，一百斤重穿心绳一条，桩木十株，橛木四十段。填埽眼，柳一千二百束，无柳用秫秸一千六百束。填埽眼，草一千二百束。搬料拉埽，募夫四百名。凡桩木用杨，需用围圆长短，临时相度开报。橛木，柳中取用，不计钱粮。埽上加镶，并做防风工程，每长宽一丈、高一尺，名为单长一丈。加镶用秫秸三十三束，二分苘麻九斤，土半方，于河兵工作外，准添募夫二名。防风每丈止用柴三十束，土方夫工与加镶例同，用船捆搂软镶。埽工每单长一丈，用秫秸三十束，八分苘麻三十斤半，土方夫工与加镶例同。

曰土坝。筑做挑水、兜水、迎水、顺水各坝工，每单长一丈，用秫秸三十束，八分苘十三斤半，土半方。搬料压土，除河兵力作外，每丈添募夫二名。其土方，每见方一丈、高一尺，为一方。每见方一丈、高一丈，为一大方。砖方、碎石方同。凡筑堤取土，或百丈外，或里余。近者离堤二十丈，或十五丈外。每堆土六丈为一层，杵三遍，硪三遍，层层杵硪，期于经久坚固。加帮之堤，将原堤重杵，再加新土。创筑之堤，将平地杵深数尺，加土建筑。其河工顶冲之地，即以旧堤为缕堤，于旧堤之外，别筑遥堤。其月堤离河甚远者，就近圈以套堤。甚长者，上下截以遥堤，以为重门保障。若黄河大溜顶冲及埽湾之处，遇河涯汕塌，近至堤根，当多募人夫，广用锨锹，将临河堤涯受冲处所，砌成斜坡。复伐取密叶大柳，悬于坡上，以御急溜，此皆见之《工部则例》者也。堤为通制，埽与土坝为豫河专制。《则例》尚有闸，有石坝，有涵洞，有木龙，有障，有簰。豫河固只有土坝，无石坝，虽抛石抛砖，与广武山所建柴芯大坝，皆非《则例》所云石坝之制。其余皆南河运河所用，于豫未之前闻，故不录。要之豫河所宜者，惟堤与埽。所谓“防”也，无借于浚。故自乾隆时浚船悉裁，防之之道，惟堤埽以辅堤也。即种草、种柳、种苇，亦以辅堤也。

自雍正加帮后，豫之堤防始完，故《河南通志》载其详。曰南岸沿河大堤，自荥泽县旧县迤南堤头起，至江南砀山县交界止，通计长四百六十一里零四十九丈，月堤通长一百一十五里六十一丈五尺。北岸沿河大堤，自武陟县沁河头起，至山东曹县堤界止，通计长三百三十五里零一百一丈，月、格、撑、横等堤通长一百一里零三丈。至于道光之初，不及百年则旧堤悉湮，一切皆续经培筑。变易若此，其故何与？盖中当乾嘉之时，东、南两河，溃决频仍。每决必淤，则河日高，而堤日卑。然嘉庆十年以前，堤内堤外之窝下，尚不过丈许。至道光之初，乃至相去三四丈。则又十余年间，变易最甚者也。而续培之工，又只一线单堤。所谓缕、遥、鱼鳞之制，皆不具。入海之道不畅，河流不能自安，必出于别寻去路。故铜瓦厢之事，亦势之所必不能免者也。工之宜讲者，在平素岁修、抢修其要也。嵇文敏之开引河、栗恭勤之抛砖、许奉新之抛石，于豫河为最著矣。至大工合龙，则取具一时。然阿文成之改新河，食其利者二百年，岂非伟画哉！凡著在编者，或垂之令甲，或行自前贤而有功，灿然明备矣。苟不能复禹之绩，使水由地中行，毋亦将有取于此乎？然徒法不足自行，亦在用之者之随地随时，而高下在心耳。若曰胶柱而鼓瑟，则前之获成者，后或循之而致败，窃期期未敢以为然也。其说既夥，故分为上下，略区记事与记言云尔。

卷十四 经费一

顺治初年，定经征河银三百两以上，岁内全完者，纪录一次。

顺治初年，定河工岁修钱粮，先给一半，余俟物料交完，方准找给。

顺治十一年，户部给事中苏文枢题陈中州苦累三事。其言黄河冲决，日近阅抚臣吴、按臣王叠报，河口冲决，疏比前岁之决，为患更大，则首当议估计之事。初估即打算成局，即动费巨万，亦必以实入告。傥工难遽成，不妨再估以请。若一估不敢再估，恐后此之费，不止如朱源之口，使百姓赔累，至六十万两而犹不可言也。次当议派夫之事，地分远近，难以一例纠集。况既行估计，何如发官钱一概招募。即不然，而近县轮夫，令远县按夫征银，亦免往来道路之烦，更绝包揽私折之弊。至分买物料而借名多派，运纳柳梢而抑勒稽延，稽察工程而滥委多人，是又在管河大臣，严行察禁者也。

顺治十二年，定令河臣严查河工官吏扣折夫食，以苏民困。

康熙十二年正月，河南巡抚佟凤彩疏称："河夫之偏累，宜通变也。臣查修筑黄河每岁用夫，或万余，或七八千名。自二、三月起，直至十月终止，俱按亩起派，似乎公矣。其实弊窦有不可胜言者，如狡猾之徒，将自己田地飞洒于人；势豪之家将他人地亩包揽于己；甚至绅衿、衙役借题优免。加以不肖有司，或碍于情面，不能秉公持正，以致懦弱乡愚愈累愈贫。每月或三四两不等，方能雇夫一名。即以初雇每月三四两而言，以一岁万夫计之，每年费至三四十万矣。在上止知河有岁修，而不知岁修之夫费、百姓如许之金银。为今之计，莫如官雇一策。查旧例河工夫役，管河道每岁预估用人夫若干，方行各州县按地起派。若官雇，每夫每月雇价二两足矣，每岁上工九个月，每夫止用雇价一十八两。即以万夫计之，止用一十八万，较百姓之自雇，每岁三四十万，不啻天渊矣。其每岁雇夫若干，该银若干，除岁征河银外，不足者于河南八府一州地亩，分别等则，每亩派银若干，算明刊于由单内。出纳亦照地丁钱粮，年终河臣奏销。倘有余剩，留为下年之用。如是，民知有定额，不但狡猾之徒、势豪之家、绅衿衙役，不能影射幸免，即河棍、夫头、管工官役辈，亦无所施其巧矣。臣入境时，体访与情，无不以官雇称便。倘谓我朝制度，凡钱粮俱照万历年间则例征收。此项银两，似属加派，不知派银派夫，均出于民。而派夫较之派银，所费不啻数倍。曷若稍一更变，每亩不过加之毫厘，俾得安心于亩。并不知有河夫之扰，不亦大便于民乎？”疏下九卿科道，会议：“派夫派银，仍属累民，应将豫省河夫停其佥派。如遇岁修工程，仍动河道钱粮雇觅夫役，每夫一名月给银二两。若钱粮不敷，该抚应动某项钱粮，具题可也。”

康熙十六年，题准：“河南省募夫，每名每月给银一两二钱，照江南省例，按日散给。”

康熙三十二年，奉旨：“河库钱粮，着照盘查州县钱粮例行。”

康熙三十七年，题准：“大工岁修钱粮，均交与总河自行经管。”

康熙三十九年，议准：“嗣后侵帑误工，如分管微员，照例惩处。其现任河官及在工效力旗员，即行题参革职。”

康熙三十九年，议准：“嗣后呈报险工，该道亲行察勘确实，即令动帑抢修，一面估计申报。总河察核，如系假捏，即以谎报题参。该道徇隐，一并参处。”

康熙四十年，议准：“河工夫役工成之日，内有民夫，各给印票，该地方官查验，免其杂项差徭。”

康熙四十年，河南巡抚徐潮、山东巡抚王国昌疏称：“会勘河南考城北岸，堤工五千余丈，换归曹县就近修防，历今十有余年，深有益于运道民生，应仍遵照改换之成规。但查曹县换归堤工，考邑已协夫五十名。兹再议于南北两岸各县乡堡夫内抽拨夫四十名，共工食银一百四十四两，移解曹县雇夫。”

康熙四十二年，谕：“河工官员领正项钱粮，修筑堤岸。被水冲决，应赔还者，照例追赔。其自捐修堤完工之后，被水冲决，或因地势难筑，竣工无期，若仍责令赔修，甚属可悯，着总河查明具题，免其赔补。”

康熙四十四年，部议：“河南巡抚赵宏燮疏奏‘回回寨与韩罗湾一带，乃祥符、陈留、兰阳三县之连界，地势极卑。后有大堤一道，卑矮单薄，并无重堤可恃。今占筑加帮接高，长二千一百三丈，连填垫河形，共计土工夫工银一万三千三百四十六两’，应如所题。”

康熙四十七年，谕：“河工动用钱粮，辄以数万、数十万计。河官当占计之时，先故浮估，以为日后节省之地，此皆河工积弊。嗣后凡有修理工程，河道总督务亲诣察勘，确估具奏，不可一任河官浮冒估计。”

康熙五十二年，议："嗣后河南河库，每年令该抚盘查，出具并无亏空印结，送部存案。出结后，有亏空者，除责令赔补外，仍将该抚照徇庇例议处。"

康熙五十二年，覆准："嗣后，一应岁修、抢修工程，均令河道总督亲勘，以杜冒销之弊。"

康熙五十九年，覆准："嗣后，一应购买物料，严饬河官，协同地方官亲身赴买，仍取具地方官并无累民等弊印结送部。如被累之百姓，具呈出首，许该地方官详报总河督抚，据实题参。"

康熙六十年，覆准："各河道扣过建旷银，嗣后务于本年年终即行起解，不得迟延。"

雍正元年四月，添设千总二员、兵夫二百名，建盖堡房三十三座，令其驻防、巡护。遇有紧急，均许调拨。应役所食俸饷，在河库支领，按月给发。

雍正二年正月，奏准："抽调江南河兵，应给粮饷，即于河南藩库支给，将江南河库兵饷开除。"

雍正二年，议准："嗣后，岁修工程，于本年十月内题估，次年四月内题销。逾限不销者，令授受各官赔偿工费。至抢修工[1]程，将冲决丈尺，动用何项钱粮，报部工完之日，汇册题销。迟至次年四月不题销者，如前赔偿。其岁修及别项大工，动用何项钱粮，于题估日一并声明。"

雍正二年，覆准："豫省修理工程，河库钱粮，或有不敷，于布政使司库内拨解，就近支给。"

雍正二年五月，河南巡抚石文焯奏称："五月十一日，接到发来条奏河工夫料二款。一、查河南河工所需草束甚多，俱派

[1] 修工　两字互乙，据正文改。

各县办运。每草一斤，开销正项一厘。再各县采买价值以及运送脚费，大约秫秸谷草一斤，需费三四厘不等。合计每县一年办草数次，每次不下三十万斤。除正项外，每运约赔五六百金，统计一年约赔数千金。承办州县，先犹挪动库银，再图弥补。今则正项随征随解，火耗亦解补亏空，无项可挪，不得不按派里民，押令办运，此买草之一累也。一、查河工抢险帮堤筑坝卷埽，在在需人，上司按府分派州县，州县派之里民，约计每邑派夫八九百名不等。贫民在工力作，露宿风餐。每夫四名，掘土方一块，定价一钱二分。除节省外，只给九分六厘。计每名每日所得，不过二分四厘。一人赴工，除起身路费、锹筐、衣服，州县捐助外，家中日食，俱本地协助。河工之需夫日众，里下之派累日深，此派夫之一累也。伏查豫省河工卷埽与护堤防风，全赖秫秸谷草，皆需车运。民间所用四轮车，止可运八九百斤，最多不过千斤。故用车甚多，难以觅雇，不得不借民力运送，相沿已久。臣到任后，以运料一事累民，适值[1]备料，防护秦家厂等处工程。臣即发银，委员就近收买。每秫秸百斤，照时价给银二钱，民无运送之累。及十里店等处漫口，分头堵筑，需料甚多。因秋收丰稔，秫秸谷草，在在皆有。每百斤时价不过一钱，外加运费三四分不等。委员自行收买，毋许派累小民。只因需料数千万之多，附近俱已买完，而堵筑工程，亟须上紧。告竣始发价，与开、归、河、怀四府属之相近州县办买。济用即少，借民力亦出于万不得已。时值丰收之际，办买物料，源源济用，以是各处漫口，得于数月之内，相继堵筑完工。目下惟岁修、抢修，需用物料无多。当此丰年，就近预先收买，不须运送，更无累民之处。至于做工夫役，豫省向例，

---

[1] 民，适值　原作“适民值”，据民国19年重印本改。

皆按地应夫。兴修大工，各县接济，每夫日给工食外，里民尚有帮贴，因本省并无应募之人也。今加帮两岸堤工，估计土方银四十九万有奇。沿河各县皆有堤工，每土一方向例定价银一钱二分，除加一节省并行硪，浇水做边等费外，实给银九分六厘。江南每日二人做土一方，每人约得银五分。乃豫省之人，习懒不肯力作，每日三四人方能做土一方。故所得之价，比江南较少。若变通其法，按夫日给工价，夫役甚众，难以稽查督率，势必乘间偷安，以致迟延糜费，不得不仍照旧例，按方给价。此里下所以有帮贴食用之事也。臣已与嵇曾筠、田文镜共商召募力作之人，给以估价。但沿河各州县，在在兴修，所雇之夫百不及一。惟有一面尽力雇募，一面仍用里夫，俟渐募渐多，则里夫自可渐省矣。”

雍正二年五月，河南布政使田文镜奏称：“雍正二年五月十三日，抚臣石文焯传臣至署，捧出朱批谕旨。臣跪读之下，惭悚无地。伏查河工所需草束人夫，臣于本年三月内赴任，路由工所，随留心逐细察访。知每草秸一斤，原议开销正项银一厘。只因从前年岁歉收，草价昂贵，加之运脚每斤实至三四厘之费。迨至去秋收成，大有每斤止费至二厘许。今岁百姓多有自运到工所售卖者，每斤草价仍止二厘，此连运脚均在其内。值今二麦丰收，秋成可望，每斤一厘尽可买备，而挽运转输自不得不稍借民力。条奏内所陈‘每县一年统计，约赔数千金。承办州县，先犹挪动库银，再图弥补。今则正项随征随解，火耗亦解补亏空，无项可挪，不得不按派里民，押令办运’等因。臣查先前草束，檄发附近各州县采买，州县转发里民办运，已经数载，并非因火耗起解而始令里民办买，亦非通省百姓均有派运之事。盖缘草束秫秸，俱系产自民间。既将银两发与州县，承办州县势必散之里下，岂有舍现在物料而另向他处购求者乎？

“又查河工夫役工价，原估干土每方一钱二分，扣存加一节省，暨夯硪、芦辫等项，共银二分四厘外，每方应领银九分六厘。又原估水工每方一钱六分，扣存加一节省暨夯硪、苘辫等项，共银三分二厘外，每方应领银一钱二分八厘。至于需用人夫，分派附近州县。州县按照百姓地亩，或顷半，或二顷出夫一名，论方做工，正与绅衿、里民一例当差之例符合。臣访闻南河每土一方工半，可以做就。每日每名可得工银五六分，竟有谋之而不能遽得者。其如豫省之民，向称懒惰偷安，且不谙做法，以致每方竟有做至四五工者。其工价之多寡，皆由勤惰而分，则又非州县派拨之过也。况做工者，俱系地多之户，不能亲自赴工。即雇觅贫民代往，除工价之外，尚有帮贴。是无地贫民正可借此以资衣食，原非苦累之事。且豫省堤工，从前俱系里民自行修筑。连年以来，不惜数百万金钱，兴工筑堤，下埽堵塞。特设副总河以专其任，又设河员弁目分理其事。遂使黄童白叟，共享升平之福，而富民、贫户均各保其土地，全其家室。是虽有运送草束之劳，亦属分所当然。况古来国家，凡有工役差徭，动烦民力。我朝百姓，除完正项钱粮之外，毫无一事。较之往古，劳逸不啻天渊相隔。目下因兴大工，兼之伏秋在即，难于雇觅如此之多。因而责之州县，领帑给发，暂拨一时。若至堤成工竣，而地方百姓即贻子孙，千百年无穷之利。是名虽为国，所以为民，岂可遽谓之累也？”按：田疏较石疏尤详，故并录。

雍正二年五月，副总河兵部左侍郎嵇曾筠奏称：“雍正二年五月十七日，抚臣石文焯差赍‘钦奉朱批条议办料募夫奏折’。谕旨：‘有人奏此一二事，览之，不胜骇异。朕如此推心置腹，任用尔等，凡有累民之举，令据实入告。而尔等竟若罔闻，政令乖方，一至于此。朕惟仰天泪下，亦无言可谕尔等也。石文焯、嵇曾筠、田文镜同看。钦此。’臣伏查豫省河工料物，向例每斤给价一厘，大半车运交工，不比江南有官造浚船，河兵撑驾之便。所给料价，未免不敷。只缘奏销漕规，遵行已久，臣初到工，不敢遽更成例。每见各属采运艰难，是以上年于‘预备料物奏折’内，请量给车价，以资运送。现今各州县承办岁、抢修料物，即于本境采买运送，犹为省力。惟武陟、中牟二县工程，需料较多，臣会同抚臣细加商酌。若尽于邻邑附近购办，恐滋扰累。故一面委员照时价自行采买，按地远近量给车脚，无致派累里民。复思柳多可以省料，现在官柳次第采取，并饬沿堤密种，以备将来之需。又，购觅山柴荻草以代秫秸，非若从前办料，专责成于州县也。臣谨仰体圣怀，悉心筹画，以纾民力。嗣后办料，总在价贱时，委员多购，设厂堆贮。况目下二麦丰登，雨泽均调。将来秋禾成熟，沿河州县料物，自可早办，无庸取给他境，而里民办运之弊，不禁自除矣。再查上年漫口工程紧急，用夫众多，不得不赖邻邑协济。今加帮大堤各州县，只用本境人夫。臣已谆饬印、河各县，概行召募，不得擅派里下。内有汛长工险之处，所募夫役无多，汛水将至，必资里夫抢筑。有田之家雇觅充应，除所挑之方价领去外，仍要田户按日帮贴。查应募之夫，自食其力，不惮动劳。每日二名，可挑土一方。里下之夫，强弱不齐。希图帮贴，每日四名，始挑土一方。人数既多，则方价自觉其少。臣请嗣后凡用夫役，总以雇募为准。如工程险要，不得已按地起夫，务择年力精壮之人，与其人多而力惰，毋宁人少而力勤。如此，则帮贴之费鲜而修筑亦易见功矣。至土方因取土远近，分别估计，有二钱四分、一钱二分之不等。除司库照例扣存加一节省外，该州县领帑筑堤，有照方全给者；有因系水方并节省银两悉行借给而工犹未完者；有原系旱方，先发九分六厘余一分二厘，为行硪浇水做边并雨淋塌卸、修补残缺之用者。总缘千里长堤，土性不同，地形迥别，自难一律。”

雍正二年十一月，副总河兵部左侍郎嵇曾筠奏：“谨陈管见。一、查豫省修筑堤工之定例，每土一方，给银一钱二分，内除加一节省外，实给银一钱零八厘。臣恪遵定例，批令管河道照数给发。但细加采访平易工程，每方九分六厘，可以敷用，似应于扣存加一节省之外，再扣加一节省，留存河库，作正项支销。倘有难做之工及取土甚远并买土抢险者，责令管河道亲加察核，酌量加增，庶帑项不致虚糜，而工程亦免误累矣。一、河工钱粮，不比州县。黄流泛涨，呼吸变迁，有昔险今平，今平忽险者；有突遇危急，所用银两浮于原估之数者；亦有不及题估而急需趱做，难缓时刻者。事当仓猝，势如救焚，不得不多用料物金钱，移缓就急，竭力抢护，以保运道民生。若执一而不变通，则该管各官恐有赔累，或致临时畏缩，贻误非小。臣愚以为，凡一切工程，或有昔险今平者，据实扣除；或有今平忽险及水势汹涌，抢救银两浮于原估者，据实题销；如有紧急险工难缓时刻者，一面题估，一面通融接应。惟在临时相机修防，管河道严加察核，毋许冒滥，庶紧急工程，不致坐失机宜矣。”栽种荻柳、添调南兵两条，见“工程门”。

雍正二年十二月，河南巡抚田文镜奏称：“窃查豫省南北两岸堤工，仰蒙特发帑银四十九万八千三百余两，以资兴筑。今据管河道陈世倕具奏‘每土一方，除部议加一节省并支给工价银九分六厘外，尚余银一分二厘，通省合算，应共该再扣加一银四万余两，另行题请，以为各工补修补筑等项之用’。转传朱批谕旨，命臣酌量或题或行等因。钦此。臣遵即悉心咨访，原估干土一方，工价银一钱二分，除扣存加一节省，应给银一钱零八厘。今止给银九分六厘者，盖因河工钱粮，实与州县不同。水势变迁，事在呼吸，有昔平而今险者，亦有昔险而今平者。是无论通省之工程多有难易，即一人承筑之工，亦各有平有险。在印、河各官自不得不相度水势之大小，工程之难易，截长补短，随时变通，方克有济。若胶执一定，不特钱粮糜费，抑且苦乐不均，官民畏缩，难免贻误。臣查平易之工，每土一方，即给银九分六厘，或八分上下，一应修边打硪、制办绳索、买土厢垫、拖脚等项，均可在内。如遇昔平今险、取土甚远、难做工程，即给至一钱二三分外，尚需夯硪、苘辫等物银两。至于水工一项，有照原估一钱六分，扣存加一节省，再扣加一节省，已敷所用者；亦有带水泥土挑运，路远难做，易塌之工，竟有给至一钱七八分至二钱三四分不等者。则是前项再扣加一之银，原非尽为部费而设也。若夫奏销各项钱粮，在部胥不能枵腹办事，历来各省皆有发给饭食之陋例。臣访闻南河工程，凡过奏销，每开销银一两，支给部胥饭食银，自五分起至七分止。今豫省此案，大堤动用正项钱粮至四十九万余两，册籍繁多，奏销核算需时，给发些须饭食，亦似不可少缺。兹臣逐细察访，查据两岸堤工，尚可再扣存银二万五千余两。并令管河道陈世倕，再将难易工程暨别案堤工有无一例节省，并节省若干之处，确查详报，一并具题。所有此案堤工，除原议加一节省银两，应听副总河臣嵇曾筠查有应行补修、补筑之工，题请酌量通融支给。仍饬管河道，严加察核，毋许冒滥。庶难做工程，不致偏累贻误，而帑项丝毫均得实用矣。”

雍正三年，议准："嗣后，豫省修筑平易堤工，每土一方，给银九分六厘，永为定例。其险工取土，较远者该道察核酌增，不得浮冒。如不肖河官，以近土作远土，捏饰冒销者，题参。"

雍正三年三月，河南巡抚田文镜奏称："雍正三年三月初一日，接准部咨，据副总河臣嵇曾筠具奏'管河道陈世倕不发钱粮预备物料'一案。钦奉朱批谕旨：'该部严察议奏，速行文与田文镜，动河南司库钱粮五万两，交与嵇曾筠速速相机料理。佟镇调补管河道，陈世倕，问田文镜，如可用，调补南汝道；如无可取，发回交部严加议处。堤岸少有疏虞，将嵇曾筠亦议重处。钦此。'转奉到臣，除遵即檄饬布政使杨文乾，将司库钱粮动拨银五万两，解交副总河臣嵇曾筠，作速相机料理外。臣伏查豫省今岁桃汛，较之去年，虽属稍大，堤工俱各平稳。而加帮大堤工程，合计已完九分之数。其余未完一分，于四月初旬俱可告竣。至于豫省岁、抢修工程，例由河臣于年内秋汛后，勘查确估，会同抚臣具题，预办料物贮工。俟题准部覆至日，动支司库钱粮，移交河道。今雍正三年岁、抢各工钱粮，经副总河题请，于司库内先行拨银五万两，及时分发备料。臣于雍正二年十月二十七日，准副总河移咨到臣。或饬令河道先于河库银内借支，或将加帮大堤银两通融给发。臣随咨覆副总河，令其转饬河道。先于河库银内，查系何项可以借支，酌量给发，并檄饬陈世倕，先行通融动支。而陈世倕过于慎重，不肯一起给发。臣恐贻误，当经屡次面谕，令其速发。续据陈世倕册报于雍正二年冬间，连前署道杨守知任内暨该道接任后，共先发过岁、抢修银二万二千六百六十七两零。又于雍正三年正月起，至二月二十六日止，共陆续发过本年岁、抢修银二万三千五百五十六两零。其余银两，向例留为夫工土方之用，俟各属开工之日，再行发给等情到臣。

“据此，臣查此案应需银两，已发过四万六千二百二十三两有零矣。至陈世倕招怨之处，因伊前奏加帮阳武大堤等工，加一节省之外，不用部费。应再扣加一节省，存贮道库，以备急需。而从前印、河各官做过工程，银两并未扣存。陈世倕欲急于归公，完伊奏请之案，将从前已发者概行严催。因各属未据解交，将现在未发银两竟行扣存，以致沿河州县纷纷具详。臣因此项银两，只可催追，不便扣除。如径行扣除，恐承筑各官借词不敷，贻误工程，关系重大。随经严行批饬，并面谕该道，令其如数给发。俟工完查明之日，如有应追之项，另行催追。仍移咨副总河臣嵇曾筠，转饬并檄饬布政使杨文乾，严查在案。而陈世倕又见前署道杨守知任内，钱粮东挪西扯，纷杂混乱，竟致无可交代。业经臣批饬严查，另揭参追。陈世倕以为前车之鉴，亟欲彻底清厘，丝毫不肯苟且宽容，大招众怨，此副总河嵇曾筠所以有道员掣肘偏执乖张之奏也。”

雍正三年五月，副总河、兵部左侍郎嵇曾筠奏称：“窃臣因慎重钱粮，细加[1]采访，知平易工程，每土一方给银九分六厘，可以敷用，词经奏明在案。今于五月初二日，接准部文钦奉谕旨‘嗣后豫省工程，每土一方给银九分六厘，以为定例。其难做险工，取土甚远者，于估计之时，责令管河道亲加查核，酌量加增，不得浮冒外’。但臣查从前雍正二年加帮堤工，虽据领帑陆续报完，内有平易之工，亦应追缴加二节省。现在檄饬管河道，逐细查勘，分别难易。凡有应扣加二节省之处，严行扣追缴库，以清帑项。”

雍正五年二月，诸王、大学士会议得：“嵇曾筠奏豫省大工

[1] 加　原作“如”，应作“加”。

以及抢修埽料秫秸，俱系临时济急，购运艰难。每百斤实销银九分，并谷草桩麻，万难议减，俱毋庸议外，其岁修所用秫秸，应如所请。行令副总河于雍正五年，承办六年岁修。其所用秫秸，酌定足用数目，务于八月内动支道库银两，给发各厅。勒限十月内，照额办足，责令管河道查验。如有限内不完，将承办之员参处。俟工完之日，将用过数目核实，每百斤即照七分报销。”又议：“建造堡房，每座约银三两，即于节省项内动支报销。”

雍正五年，覆准：“各河同知转发各官承办物料，取具分办人员，照数领足价值、印甘各结，申送查核。如无各结，即将该同知侵扣短少之处，参究分办之。官不能如数交完物料者，一并题参，分别治罪。”

雍正五年，覆准：“豫省河工岁修所用秫秸，定于八月内动道库银，分给各厅。限十月照额办足，仍令管河道查验。如限内不能办完及有短少者，指明题参，工竣核实，每百斤以七分报销。”

雍正五年，覆准：“嗣后，豫省采买岁修、抢修物料，厅汛各官互相秤收。印官分办者，亦令厅官秤收，取具并无短少，印甘各结存案。如有徇隐，即将该厅汛官题参，加倍治罪。”

雍正五年，覆准[1]：“豫省预备物料，堆储险工上游，编立字号，每堆以五万斤为率。倘有霉烂亏空情弊，即将该厅汛各官题参，着落赔补。”

雍正五年，议准：“开浚河道，浚河之土，四面各阔一丈，高一尺为一方，给银九分。积高一丈为一大方，给银九钱。”

雍正十年，奏准：“总河所辖各厅所出河租，苘麻若干，官

[1] 覆准　两字互乙，据正文改。

柳若干，兵采草若干，每岁造册报部。”

雍正十年，议定：“豫省河工岁修秸料，每垛重五万斤，每斤价银九毫，按亩派民，自行交工。”

雍正十一年，议准：“豫省上南河、下南河、上北河、下北河、黄河、归河、沁河等七厅需用土，方无论水旱，每方价银自八分一厘至二钱一分六厘。杉木桩料，围圆一尺一寸至三尺，每根价银自一钱七分至七钱，永为定例。”

雍正十三年，议准：“豫省河工每年抢修所有秫秸，先期酌定敷用之数，与岁修同时发帑，于十一月内一同照数办足，运存工所。价值亦照岁修之例，每百斤以七分报销，永成定规。”

雍正十三年，议准：“豫省需用杨桩，上北、上南二厅，在洛阳、济源等县采办。洛阳与济源相对，运至上北河厅属，原武汛以百五十里为则，阳武汛以二百里为则，封丘汛以二百五十里为则。运至上南河厅属，荥泽汛以百五十里为则，郑州汛以二百里为则。阳武汛南岸堤工在中牟县工段之内，以二百五十里为则。下北、下南二厅，在巩、孟、孟津等县采办。孟津与孟县斜对，在洛阳县之下运至下南二厅属，祥符汛以二百五十里为则，陈留汛以三百里为则。自陈留至兰阳，河道无多，亦以三百里为则，仪封汛以三百五十里为则。沁河、黄河、归河三厅，在温、偃师等县采办。偃师与温县相对，在巩、孟之下运至沁河、黄河二厅属，武陟汛以五十里为则。运至黄河厅荥泽汛北岸，以百里为则。运至归河厅属，考城汛以三百里为则，商丘汛以三百五十里为则，虞城汛以四百里为则。自四百里至五百里，照加一脚价扣算，以次递减。每根围圆自一尺至五尺，长自一丈三尺至五丈三尺。购办在四百里者，每根价银六分至三两四钱五分递减。至五十里者，每根银三分九厘至二两三钱四分三厘五毫，脚价在内。”

雍正十三年，议准：“河工帮贴银，照淮、徐等仓钱粮之例，分作十分核算。经征州县卫所等官初参，欠不及一分者，停升督催；欠一分者，罚俸六月；欠二分者，罚俸一年；欠三分者，降俸一级；欠四分者，降俸二级；欠五分者，降职一级；欠六分者，降职二级；欠七分者，降职三级；欠八分者，降职四级。以上皆令戴罪征收，停其升转，完日开复。欠九分者，皆革职。经管督催之司道府、直隶州知州，欠不及一分者，停升督催；欠一分者，罚俸三月；欠二分者，罚俸六月；欠三分者，罚俸一年；欠四分者，降俸一级；欠五分者，降俸二级；欠六分者，降职一级；欠七分者，降职二级；欠八分者，降职三级；欠九分者，降职四级。以上皆令戴罪督催，停其升转，完日开复。欠十分者，革职。督抚欠不及一分者，停升督催；欠一分、二分者，罚俸三月；欠三分者，罚俸六月；欠四分者，罚俸一年；欠五分者，降俸一级；欠六分者，降俸二级；欠七分者，降职一级；欠八分以上者，降职二级。以上皆令戴罪督催，停其升转，完日开复。署印官欠一分、二分者，罚俸三月；欠三分、四分者，罚俸六月；欠五分、六分者，罚俸九月；欠七分、八分者，罚俸一年；欠九分、十分者，降一级调用；欠不及一分者，署印不及一月者，免议。其被参后，州县卫所等官，限一年内全完。如不全完，原欠不及一分者，罚俸一年；欠一分、二分者，降三级调用；欠三分、四分者，降四级调用；欠五分、六分者，降五级调用；欠七分、八分者，革职。经管督催之司道、知府、直隶州知州，限一年半全完。如不全完，原欠不及一分者，罚俸一年；欠一分、二分者，降三级调用；欠三分、四分者，降四级调用；欠五分、六分者，降五级调用；

欠七分、八分以上者，革职。督抚限二年全完，如不全完，原欠不及一分者，罚俸一年；欠一分、二分者，降二级调用；欠三分、四分者，降三级调用；欠五分、六分者，降四级调用；欠七分、八分者，降五级调用；欠九分、十分者，革职。其接征接催官，均以到任之日为始，接征州县卫所等官，亦限一年接催。布政使、司道、府、直隶州知州，亦限年半接催，督抚亦限二年。如不能完，题参，照现在未完分数以初参例议处。至带征积年拖欠之大小各官，限二年全完。如不能全完，皆依定例照职任处分。如有征解不前者，该抚照例题参。”

雍正十三年十一月，谕：“河防堤岸闸坝等项工程，有关运道民生者，定例皆动正项钱粮。乃各省竟有于田亩派捐者，岂皆出自小民之愿，大都上司因节省钱粮起见，授意属员为粉饰之计，相沿日久。官吏借端苛索，民间所费必至数倍，不特苦累民生，亦于国计无补。于乾隆元年为始，一概革除，仍严饬所属官吏，毋得私行征派，以为民困。”

乾隆元年，奏准：“豫省原拨办料银一万两，尚觉不敷，应再拨银二千两，一并采办。”

乾隆元年，奏准：“岁修、抢修厢垫工程，需用土方，令于估销册内，据实造报，不必入于埽料内销算。”

乾隆元年正月，奉上谕：“河南孟县地方，有小金堤一道，捍御黄河，向系民筑民修。朕思民力不齐，工料欠缺，则修筑多不坚固。即使果能坚固，而每岁摊派银钱，亦未免竭蹶。着河东总河将此项堤工，确实勘估，委员承修。其需用银两，统于岁、抢项下动支报销，毋得丝毫派累。钦此。”随经估修防风，长五十丈，历年备料厢修。至乾隆十九年，河溜下移，情形平稳，总河白钟山奏明，停止动帑，仍归百姓自行修防。

乾隆元年二月，谕："河南武陟县木栾店沁河堤工，关系居民庐舍，每年定为民夫修筑，以防水患。里民按亩摊钱，计二千四百余两，颇为地方之累。若设立长夫三十名，岁支工食银三百六十两，即可省民间二千余金之帮贴。着该部传谕河南总河白钟山，照此办理。其设立长夫，应领工食，即动豫省存公银两，不得丝毫累民，永着为例。"

乾隆元年，覆准："豫省河工，每年岁修、抢修银，分储库内。遇有险工，详明动支。"

乾隆元年，议准："嗣后，豫省北岸黄河岁[1]修、抢修等工，需用各项钱粮并怀河营官兵俸饷银，该布政使司径发河北道收支。估修报销文册，照南河淮扬、淮徐二道例，径送该督察核。堡夫工食、兵丁生息银，隶河北道所属者，就近解交。将收支出入数目，造册送核，年终盘查。"

乾隆元年，覆准："河南省孟县小金堤工程，岁拨银四千两办料，供岁修、抢修之用。至十九年，河溜下移，情形平稳。总河白钟山奏明，停止动帑，仍归百姓自行修防。"

乾隆元年，议准："豫省浚柳船六十二只，向拨河兵看守。今河兵各归本汛巡守，应募长夫六十二名，每名岁给银八两。运料之时，加募水手，浚船三名，柳船五名，每名日给银五分。"

乾隆二年，覆准："河南省孟县小金堤设桩埽夫四十名，每名岁给银十二两，遇闰加增一两。"

乾隆二年，定豫省岁修、抢修之柴，每斤价值概给九毫。按：以前抢修九毫，岁修六毫，至是经钦差条奏允行。

乾隆三年，议准："豫省河工需用物料。险要工程，随时交收。其每年所备岁修、抢修物料，均于八月以前，布政使司照

[1] 河岁　两字互乙，据正文改。

额拨银，移解道库。该道于八月内，给厅、印各官，分投采办。承办之官，务于十二月内，全数交工备用。迟误者参劾，严加议处。”

乾隆三年，奏准：“豫省南北两岸黄、沁两河岁修、抢修工程，每年豫拨银七万两，永为定额。”

乾隆八年，议准：“豫省山稍草每束重三十斤，给价银二分七厘；芦根每束重七斤，价银五厘四毫；草每束重七斤，雇夫采割给刀工银一毫六厘；坑塘洼地所栽苇草，每束重二十斤，雇人采割并运送到工脚价，共给刀工银六厘。”

乾隆十年，覆准：“河南每年协济江南河工银，停止拨解，留充本省河工之用。”

乾隆十二年，议准：“自乾隆七年起，新旧编扎木龙，用过木植工料银，照各厅每年报销岁修、抢修工程之例，核明实用数目，按年按工造册估销。”

乾隆二十年，议准：“嗣后，如遇偏灾蠲缓，将河工岁夫银两，一例扣缓登除分数。河银考成案内据实声明，具题查核。其拨补蠲缓岁夫银两，倘本邑应征钱粮不敷拨补，准于司库地丁银内拨给。”

乾隆二十三年，谕：“豫省河工埽料，于沿河州县采买。旧例每草十斤为一束，官价九厘。乾隆四年，因岁歉昂贵，每束增银五厘。今豫省当积歉之余，采办恐有不敷。着仍照乾隆四年之例，增银五厘，俾官民不致垫累。”

乾隆二十五年九月，部覆：“总河张师载奏称‘豫、东黄河大堤堡房，责令州县官修理。因循日久，难免坍漏，不堪居住者有之。虽屡次严饬，究因向无额定岁修银两，延挨观望，难收实效。请照东省运河堡房之例，每座给岁修银五钱’等语，应如所奏。豫、东黄河堡房，准其自乾隆二十六年为始，照例每座给岁修银五钱，以资修葺。所需银两，准其在于藩库存公耗羡银内，动支给发。仍令该抚将每年动给银两数目，于岁底造入存公册内，报明户部查核。仍令该管河道，不时查看。饬令州县官，修葺坚固，入册交代。倘有坍漏倾圮，不堪栖止者，除责令赔修完固外，仍照例查参议处。并于每年年底，将修过堡房座数、支过银两，报明户、工二部查核。如有节省，留为下年之用。”

乾隆二十八年，奏准：“岁修工程，除与常年报销银数不相上下者照常办理外，该年需费倍加，应令该督抚，将该年必需倍费情形，专折奏请。”

乾隆三十年六月，工部奏准：“都水清吏司案呈、内阁抄出河南巡抚阿思哈奏前事一折。乾隆三十年五月十八日，奉朱批：‘所奏是，该部议奏。钦此。’钦遵，于本月二十一日，抄出到部。该臣等议得河南巡抚阿思哈奏称‘窃照豫省逼近黄河，河工物料例应沿河三十二州县，按地派买，以资修防。此系保护民生之事，原属分所应办。乃臣到任以来，随地咨访，皆以民间办料为累。惟是地方官与河员，各存意见，恐出泛泛之论，未敢轻信。第念办料为河工要务，岁所常有，随细加体察，始知百姓于此实有苦累者。深求其隐，盖在运料、交料两端。所谓运料之累者，业户地亩，多寡不同，出料因之各异。在大户，料多犹有力能自运者。若零星小户，出料有限，离工路远，必须雇车装载。人工饭食，牲口喂养。沿途既须盘搅，到次又有守候。在在多费，旷业费时，遂有一种无籍之人，名曰料头，出而包办，讲定料价、运价并一切使费，层层折干，何啻数倍。而百姓较之自行运交，究为省便，以致甘心吃亏。向年俱经屡禁，无如别无良法，奸民得志，遂尔公行无忌。臣思料头既能就近买交，民间何难照办？只因业户不齐，谁肯秉公出头。即使肯办，有人保无侵蚀，仍如料头者。臣辗转筹画，拟官为倡导，先行试办。动给司库无碍公项，于秋成后物料价平之时，查明不能自运之户，选委佐杂干员，领银就近采买，代办运交工所。事毕，确加核算，除应给官价外，不敷若干，令各业户缴解司库归款。较之料头包办，必然大减。如果试行有效，即饬各州县，每年慎选地方公正之人，备领银两，遵照章程，督率办理。则运料之苦，可以渐免。臣现在督同司道、府县，熟筹妥办，俟有就绪，另行奏报。所谓交料之累者，河工收料，堆贮日久，难保不无折耗，秤收未免稍高，乃因此有加三四者，甚有加七八者。农民辛苦运来，已经狼狈，乃复重秤虚喝，为累益深。臣细询河员与该司道，再三讲求，始知多收，实自有故。缘每年秋汛，河道总督赴豫防范，约需三月。所带官弁兵役以及随工道员以下，不止一二百人。每日米薪菜蔬、灯烛铺垫以及夫马等项，皆系管河之厅员伺应。虽亦酌量发价，工所地方偏小，向无市卖，多系厅员由他处买运，常川伺候。其随从兵役，各有规费，相沿已久，不知起自何年，费用浩繁，难以悉数。河员赔垫既多，不免浮收物料，以图抵补，职此之故。伏思属员供应上司，久奉例禁。河臣身受重恩，及监司大员断无不知自爱。惟家人兵役以及标弁人等，罔识事体，视为成例，任意索求，不以为怪。正恐涓流不止，甚至有误工侵帑之事，所关甚巨。但积弊相沿，非自今始。合无仰恳特降谕旨，严加饬禁。不咎既往，杜其将来。俾河员得免供应之繁，无所借口，不致再有浮收。倘或故违，立予纠参，重治其罪。则交料之苦，亦可永除，吏治更得肃清。豫省官民共沐皇仁于无既’等因，具奏前来。

“查河工预办料物，以备修防。自应官为经理，不误工而亦不累民。豫、东二省河工物料，先于乾隆三年，据原任河东河道总督白钟山会同河南、山东巡抚奏称‘每年预备岁、抢修料物，俱于八月内发给，厅、印各官分投采办，十二月内全数办齐交工。又管河厅官，系收料物之员，难保其不暗加多收，应派委附近不管河工之同知、通判等官监收’等因。经臣部议覆，准行在案。嗣于乾隆二十九年，据原任河东河道总督叶存仁‘请将豫、东厅县办料交工，责成道员查验。其每年派委丞倅监收之例，应行停止’等因，奏准咨明，臣部亦在案。是豫、东二省采办物料，并监收查验各事宜，久经议定章程，原属官为经理。至民间运交物料，系地方各官自行按亩派买。今据该抚体察民间运料，实有苦累，以至一种无籍之人出而承揽，公行无忌，自不可不筹代办之法。俾奸民不能渔利，而贫民亦不致受累。据奏称‘请令官为倡导，先行试办，动给司库无碍公项。于秋成后物料价平之时，查明不能自运之户。选委佐杂干员，领银就近采买，代办运交工所。事毕确加核算，除应给官价外，不敷若干，令各业户缴解司库归款。如果试行有效，即饬各州县，每年慎选地方公正之人，借领银两，遵照章程，督率办理。俟有就绪，另行奏报’等语，应如所奏，先行试办。仍俟试行有效，体察民间果不致有受累之处，议定章程，再行据实奏闻。至奏称‘交料之累，系每年河道总督赴豫防汛，管河之厅员伺应。虽亦酌量发价，而随从兵役，各有规费，赔垫既多，不无浮收物料，以图抵补’等语。查河工监收物料，奏定以十六两准秤秤收。至属员供应，上司屡奉严禁。河臣因公防汛，自应轻骑减从，自给资斧，不令属员供应，岂可令其浮收物料，以为弥补之地也！亦应如该抚所奏，行令河道总督，凡有巡查公出，将家人、兵役、标弁人等，加意查察，严加约束。如有仍前需索，将官弁立即参处，家人、兵役人等从重治罪。并饬该管道员，于查验物料之时，照依奏定准秤秤收。倘各员仍暗地浮收，察出立即纠参治罪。恭俟命下，臣部行文该督抚，遵照可也。”奉旨：“依议。钦此。”

乾隆三十年，定准：豫省河工岁料，官为代办，每斤帮给运脚银一厘。帮价于沿河三十二厅州县，按粮摊征还款，嗣又改为通省摊征。

乾隆三十年，议准：“各省建修一切工程，动支各项存公银两，数在千两以上者，照正项钱粮之例，由该督抚具题请销。其用银数百两至数十两不等者，照旧例咨销。”

乾隆三十年十二月，河南巡抚阿思哈奏称：“窃照豫省河工料物，例应沿河州县领帑，按地派买。缘工次远近不等，业户大小不齐，载运既属艰难，而工员又不无浮收之弊，遂有料头出而包办，重叠折干，何啻什倍，民间深以为累。臣察知颠末，设法剔厘。随经恭折奏明，借动闲款，官为试办，代买代交。如运费不敷，事竣核实征还等因。仰蒙特恩允准，臣即与该司道商酌，借动司库闲款银两。于七、八月间新料未登之际，选委现任试用佐杂能员，按照历年应办物料数目，分赴附近出产地方，照依时价，公平采买。预给现银，约定临期收取，丝毫不许克扣。卖料之民，见价无短少，无不踊跃愿售，并发十六两官秤。至十月内，各工开厂。臣又分委佐杂人员，赴彼监同交兑。惟恐仍有偏枯，复委承倅大员来往督察。各河员俱凛遵功令，随到随收，不敢稍有浮重。而承办之员，得以随时运交，事半功倍。今于十一月内，业已全数交完。随查买价与额定之价，不相上下。惟盘运人工车脚等项费用并新料虚松，酌加折耗，共计每秸料一斤，除官价九毫外，粮户应贴运费钱一文。除五钱以上粮户不派外，其有银粮一两者，止贴运费钱六十九文。较之往年，不及十分之一。且又无需自办，坐享其逸，欣喜逾常，感戴皇仁，欢声遍地。不数日间，尽将贴费，如数完纳，已饬解司归款。料物现经告竣，比向年民办，又早月余，实已著有成效。抑臣更有请者，办料为百姓分内之事，只因运交滋累，是以官为代办。但恐行之日久，民间忘其原委，反视民事为官事，殊失代办本意。而河务缓急不常，民办旧规，岂可遽诿？应请嗣后每年酌借司库闲款，委员代民办理。悉照现行章程外，仍令该地方，公举正直老成绅士，随同委员办理。俾知其故，以示至公。庶名实相副，而豫中亿万生民，咸沾圣德，永永无既矣。”

乾隆三十一年，谕：“漫口需用工料，自当按照工程确核估计，以济急需。则邻省办运，既易为力，而事后亦不致筹画周章。岂可多备少用，令协济省分，徒费采买办运？若复将原料给还，令其缴价归款，则一出一入，耗损必多。所有豫省停运工料，除留该省修用外，并可酌拨山东河工，储为来年之用。如再有多余，仍着解运江省备工，概不必还给民户，以示体恤闾阎之意。嗣后，凡有采买物料，官用有余者，均照此办理，着为令。”

乾隆三十九年，谕：“漫工所用钱粮，河工成例系准销六分，应赔四分。此等应赔之项，在道府等，廉俸较厚，完缴尚易为力。至文员厅佐以下及武职各员，均属俸薄力微。若赔数过多，完缴未免拮据。着按例查明妥办，该部即遵谕行。钦此。”遵旨议定，嗣后遇有堤岸保固，限外陡被冲决，查明该管各员实系防守谨慎，并无疏虞懈弛者，将用过钱粮，除照例准销十分之六外，其余应赔四分银两，按其责任重轻，酌定应赔多寡，总分作十成计算。河臣总理河务，一切董率机宜，是其专责，应着赔二成；督抚兼管河防，责成綦重，应着赔一成；河道系专司河务大员，修防乃其职守，应着赔二成；厅员驻扎河干，工程钱粮皆所经手，应着赔一成；知府州县，均系地方正印官员，例有协守之责，应分赔二成；参游专司估计、督率、防护，守备、协办工程，应分赔一成半；文武汛员驻工防守，责亦难辞，应分赔半成。如无兼管督、抚及额设参、游等官省分，即将应赔银两，在总河以下文武各官名下，按照应赔成数，分别摊赔。

乾隆四十年，谕："嗣后，河工岁报钱粮，俱着次年全数查明，于第三年正月开印后具题。如有逾期，该部即查明参奏。"

乾隆四十三年，谕："豫省仪封、考城一带黄河，漫口夺溜，被灾较重，朕心深为轸恻。现在要工需用料物甚急，难令未被灾之各州县办运。但念昨秋今夏，俱系歉收。幸六月得雨后补种秋禾，而七月内阴雨连绵，收成又不免稍减。若照定例给价购办，尚恐不敷。着再加恩将所办料物，无论道路远近，于正价之外，每百斤加价银五分。小民自必踊跃趋事，可期迅速蒇工。该抚务须督率所属，实力妥办。期民间均沾实惠，毋使吏胥侵肥中饱，副朕轸念穷黎之意。"

乾隆四十四年，奏准："豫省岁修、抢修秸料麻斤，于例价之外，分别加增。秸每斤加银一厘四毫，麻每斤加银二分二厘。"

乾隆四十五年二月，堵筑仪封决口合龙，共用帑银五百余万两。奉谕："此次漫工，若照向例，糜费工银，应着落在事大小官员赔补。但此番办理情形，实非从前漫决可比。阿桂等悉心经理，亦不遗余力。所有用过工料银两，俱着准其奏销，毋庸议赔。惟决口究因平时防护不慎所致。从前河臣姚立德、抚臣徐绩，实难辞咎。着阿桂查明伊二人任内所办堤工、岁修等项，分别着落赔补，以示惩儆。”

乾隆四十八年五月，谕：“据李世杰奏‘豫省堵筑青龙岗漫工及筑堤浚渠，历次酌增夫料，价值银九百四十五万三千九百余两。请分作三十年摊征，以纾民力’一折。豫省自办理大工以来，历次部拨及动用司库银千余万两，无非为百姓保护田庐、辑宁家室。所有采办料物、雇募人夫，俱于例价之外，宽裕给值。俾小民踊跃趋事，以期迅速蒇工。其例价外，酌增银两，自应分年均摊，带征还款。在百姓等，依限输将，亦属分内之事。但此次为数甚多，而上次漫工案内，又尚有摊征未完银九十余万两。若按年带征，民力未免拮据。朕自御极以来，勤恤民依，覃敷恺泽，普免天下地丁钱粮者三，普免各省漕粮者二。不惜万万两帑金，俾闾阎共臻康阜。又何靳此千余万库项，而令小民于每年正赋之外，多此征输耶？况现在仰荷上天孚佑，大工告蒇，自应广泽推仁，与斯民咸庆盈宁。所有该抚等，所请分年摊征银九百四十五万三千九百二十余两，以及上次摊征未完银九十四万五千余两，俱着加恩普行豁免，以仰答昊苍嘉贶，并示朕惠爱黎元，为民藏富至意。”

乾隆四十九年，谕：“本年豫省睢州下汛二堡漫口，筑坝挑河工程，现在奏报合龙。但念夫料加价，为数自多。分年摊扣，民力究恐拮据。方今部帑充盈，朕为捍卫民生起见，从不靳惜帑金，俾闾阎共享盈宁之福。从前青龙岗加价银两，既降旨宽免。此次漫工所用加价银两，事同一律，亦着加恩，一体免征。该抚出示晓谕，咸使闻知，以副惠爱黎元，有加无已之至意。”

乾隆五十一年，奏准：“豫省黄河大堤内外滩地，招垦征租，解交河库，以俾工用。”

乾隆五十三年，覆准：“豫省新建兵堡，三年后每年每座岁修银五钱，汇入夫堡岁修案内，报部核销。”

乾隆五十七年，奉旨：“豫省河工帮价银两，从前于通省地粮内，一律摊征办理，即属非是。黄河遇有应办工程，在沿河各州县，均资保障，护卫田庐，为闾阎生计攸关。如偶值工程紧要，采买物料，例价不敷，不得不量为帮贴。于沿河州县内，按数摊征，尚属近理。至与河隔远，全与河工无涉，亦令一体均摊，揆之事理，未为允协。所有此项摊征，积久未完银两，着悉心筹酌，当仍摊归沿河州县为是。至河工采办物料，虽时值贵贱不齐，然各省情形大概相仿。即如江南、山东，均有河务，俱须采办物料，并未闻有例价不敷、加增摊派之事。况河工偶遇险要巨工，或需用物料紧急，价值较昂。于例价之外，稍有加增，致须帮价，尚为情理所有。若岁修，则系每年常办工程，乃亦借口物价昂贵，辄议增添，竟至作为定额，年复一年，伊于何底？以小民之脂膏，徒为不肖官吏影射侵渔地步，尤非朕轸恤民隐之意。此项岁修，每年率议帮价，起于何时？所有该省初议帮价及历任踵行各巡抚，俱着该部查明，同此次奏请之巡抚，一并严加议处。”

乾隆五十七年，奉旨：“河南河工每岁帮价银两，前经降旨，概行停止。此项河工岁需料物，固由各州县采购交工，而办理工程开销料物，皆系河员经手，尤应责成总河随时稽察。务令实用实销，毋任承办之员，仍前冒滥而采买之。各地方官亦当按照例价购办，不得丝毫派累民间。如河工地方官，再有前项弊端，则惟该总河、巡抚是问，决不稍为宽贷。”

卷十五　经费二

嘉庆四年六月，谕："户部议驳吴璥等奏请'摊征河工秸料运费银两'一折，部驳甚是，着依议行。河工需用料物，价值例有正项开销，岂容轻议加增！况自睢汛大工合龙稳固后，并无抢险之事，不过岁修常办工程。乃该督等以筹备帮价为词，请于地粮内按年摊征银十四五万两，使豫省群黎均受其累。为民上者，岂忍出此！虽所称酌添运费，每秸一斤止系五毫，而一经州县吏胥之手，则层层加派，所征必不止于此数。且议加之后，不能复减，非暂时借资民力，竟永远累及闾阎矣。乾隆五十七年，穆和蔺曾为此奏，彼时钦奉谕旨'以每年常办之工，动议增添，年复一年，伊于何底？朘小民之脂膏，为不肖官吏影射侵渔地步。特将穆和蔺及前任初议踵行各巡抚，一并严加议处'。豫省岂无档案可稽，而敢踵为此奏乎？朕向闻河工积弊，有滥用不能开销之款，往往借他项弥缝。该督等奏请加增运费，大约不出乎此。倭什布、吴璥、吴熊光，俱着交部严加议处。"

嘉庆七年，奏准："直隶、河南、山东、江南等省，河工堵筑事竣，例应分赔银两。数在三百两以下者，定限半年；三百两以上者，定限一年；数在千两至五千两者，定限四年；五千两以上者，定限五年，勒令完交。若数至万两以上者，以十分计算，于五年限满日，完至七分者，其余照准未完银数，按例起限完交。如限满不完及万两以上，限内完不及七分者，即由该承追衙门查参。现任人员，停其升调。效力人员，停其补授，勒限完纳。其应升调及补授各河员，并曾任河工地方、别经升调人员，吏、兵二部于题请到日，移咨工部，查明有无逾限未完欠项，核覆办理。如有逾限不完之项，该督抚率行题请升补者，将督抚一并查参。如系升调候补及丁忧告病人员，通查原籍、任所，实无家产隐寄者，准其于补官日完交。如系革职及已故人员，由该旗籍查明，该员子孙并无服官，实系家产尽绝，别无隐寄者，该旗籍及任所官出具印甘各结咨部。年终汇题豁免，不得率议分摊，致滋扰累。其或委办工段，草率偷减，或购办料物，有侵蚀亏短、损失烧毁等项情节，专折请旨。勒限追交外，该上司亦有佥委不慎之咎。如本人无力完缴，即着落该上司名下摊赔。如摊赔之项，上司别经事故，查无家产者，即着照例豁除，不得辗转分摊，致违定例。违者，照例议处。”

嘉庆八年，谕：“工部奏河道抢险工程，请饬河臣于奏报情形折内，确计丈尺银两，以昭核实，系为慎重钱粮起见。但险要工程，临时急须抢护，多系刻不容缓。是以向来各该河臣奏报情形，均即一面兴修。迨各处工竣，分案造册题估。今若令其于估计后，始行抢修，转致于河工有误，殊有关系。惟是各该河督奏报折内，凡遇抢险处所，往往用‘一带’‘等处’字样，并不确指起止地名。恐启厅汛各员影射浮开及事后增添情弊，亦不可不防。嗣后，凡有添筑埽坝等工，如勘明实系紧要处所，万难稍缓者，仍着各河臣，一面上紧抢护，一面于兴工后，即将新工地名段落，确实声明。并各工长、宽、高、厚丈尺若干，约需银数若干，逐一分开，详细具奏，以便交部查核。不得仍称‘一带’‘等处’，语涉含混。其寻常各工，仍俟估报后，再行兴修。庶于国帑工程，均归核实而杜浮冒。”

嘉庆八年十月，以衡家楼河溢，暂开衡工捐例。

嘉庆九年，谕：“豫省河防岁料，向于新料登场后，用例价采买。今据奏称‘沿河州县上年本属歉收，而此次堵筑衡工，需料较多，搜购殆尽’。此时设法办理，未免诸形昂贵，自系实在情形。着照所请，将现在购料之上南等九厅，各按距工远近，分别酌加价值，迅行采买，以备要需。所有此项加价银十九万余两，着即于司库垫拨，仍照例摊征归款。该河督等，当饬令各厅员，妥为经理，毋使稍有浮冒累民。”

嘉庆十年，奏准：“豫省黄河，每年豫筹银三十万两，于地丁项下提拨，补本年抢险之用。”

嘉庆十一年，奉旨：“河工岁办苘麻，向无帮价。今查明原定例价，实属不敷。所有苘麻一项，着准其照例价，加增一倍采买报销，以归核实。”

嘉庆十一年，谕：“河工应用夫木土石等项，向来因价值加增，承办厅员详请加价，该河督即照时价批准。复恐不能按例报销，遂任承办之员虚估工段，宽报丈尺，以符部价。是该河督明知所报不实，据册咨部。部中亦即照所开工段丈尺核销，竟系相率为伪。且厅员等以报部工程，俱系通融开报，势必借称例价不敷，任意浮冒，其弊将何所不至。上下相蒙，不成政体。着照戴均元所奏，准其将应用物料，按照时价实用实报，不得稍有虚假。仍着将各项物料价值，由地方官详报督抚，按月咨部存查。至物价随时长落，原无一定。近日物料昂贵，人所共知。倘嗣后物价已就平减，而报部之数，仍按价贵时报销，则系承办之员，蒙混侵蚀，必当严参惩办。设将来物价，较此时复有加增，亦准其据实咨部。该河督等，惟应督饬在工大小官员，各矢天良，确估核销，毋任丝毫浮冒。”

嘉庆十一年，谕：“河工用费浩繁，其弊混之处，层出不穷，不可不设法严杜。前经降旨，令将河工报销一事，按照时价具报，不准浮开工段，以示核实。复因例价系多年奉行时价，系早晚更易。若专凭时价核办，则部中竟无例可循，亦滋流弊。续经降旨，于工程报销时，将定例准销若干，不敷若干，应增时价若干，随案声晰具奏。但此事总在经管大员，随时实心查察，认真办理，方于办工无误，而用项不至虚销。京城办理工程，皆特派大员查验收工，铁保仅请令州县，于工满之日，亲赴查验，尚不足以昭郑重。嗣后，竟当派司道府大员，前往各工，按原估工段丈尺，逐加查勘。并将河工例价，应报若干，现在因何不敷，应加至几倍，方能办理之处，据实结报，方准奏销。若查有偷工减料情节，即严行揭参治罪，以示惩儆。倘司道府等，瞻徇不举，别经发觉，一并治罪不贷。”

嘉庆十四年，筑衡工大坝南面越埝，挑坝土方银二万五千余两。

嘉庆十四年，谕：“黄河南北两岸大堤，关系紧要。自嘉庆八、九两年培筑以来，阅今数载，节次盛涨漫滩，堤根逐渐淤垫。其堤身单薄处所，自应择要增培。所有两岸七厅堤坝，估需土方银五万四千余两。即于藩库动拨，责成该道厅，于大汛以前，一律赶办完竣。务期帑不虚糜，工归实用，以资保卫。”

嘉庆十五年，谕：“河工修防事宜，首重岁修，次则抢修。如果认真经理，自不应有另案之工。从前例价不敷，厅员等或借另案名目，通融办理。乃自嘉庆十一年，加价之后，岁、抢修二项价银，业已增至两倍，而另案工程仍不减少。据工部折内称‘查核所奏各案，其以旧埽朽腐、沉陷、蛰塌另案开报者，竟有四分之一。是明系岁修工程，不能坚实。甚或止将情形较轻处所，略事补葺，转将实系沉蛰朽腐者，留为另案开销地步，亟须划定限制’，应即照工部所请。嗣后，着该河督等，将每年三汛内，修过工段丈尺，分次开单具奏，再行汇案题估。如有现在修防，未经报明淤闭之工，旋因旧埽空虚沉陷蛰塌，另案奏报者，将所需银两，着落该道厅等官分别赔缴，不准开销。并着该河督等，将各厅汛新旧埽工开具地名、起止、段落、丈尺、某段业经淤闭、某段现在修防，造具总册送部。其每年增入修防及续经淤闭者，再于秋汛后，专案另报，以凭查核。”

嘉庆十六年，谕：“李亨特等奏‘沿河秸束歉收，购运岁料，恳恩暂增价值’一折。本年黄河异涨，河南沿河滩地被淹，秸束歉收。且江境兴举巨工，料价腾贵。该省豫办岁料，例、帮二价不敷购运，自系实在情形。着照所请，将河南岁料价值，于例价帮价外，每斤增银五毫。每垛五万斤，增银二十五两，并例、帮二价，共银九十五两。所有本年应办十七年岁料，着即照加价办理，俟来年秸束有收，即行停止。其河南增价银两，即着于十七年减办秸垛节省例、帮二价及十五、六两年捐廉项下节省银两，并开归河北道库备防秸料价银款内动用。”

嘉庆十七年，奏准：“衡家楼大工案内，原拨粤海关银一百万两，作为豫省岁料帮价成本，交两淮、长芦各商，每月一分生息，以为岁料之用。自二十三年，停止摊廉提用息银。”

嘉庆十七年，议准：“豫省采办岁料，每垛除例银四十五两外，再加帮价二十五两，共例、帮价银七十两。不得以五、六、七、八等月，新旧不接，工用较繁，于帮价之外，复行议增。”

嘉庆十七年，议准："豫省采办岁麻，每斤除例价银一分四厘四毫外，再加帮价银两一分四厘四毫，共例帮价银二分八厘八毫。其抢险添办麻斤，照岁麻价值采办，不得于帮价之外，再请加增。至隔河运送麻斤，如南北两岸，有应量为调剂之处，即于所加帮价银内，酌筹办理，亦不得于帮价之外，再请增加。"

嘉庆十七年，议准："河工报销，按束核斤，按斤核价，以符定例。"

嘉庆十七年，议准："查验拆出霉烂不适工用之料，不及一成及抽秤斤重有一处不足者，将承办之厅员，革去顶戴，戴罪赔补，全完开复；一成以上至二成及斤重有二处不足者，承办之员，降三级调用，仍押令赔补；二成以上至三成以外及斤重有三处不足者，承办之员，革职赔补。如无力赔补，责成该管道员，照数赔缴。该管道员，如先行查出揭报，免议。其失察者，一并分别议处。"

嘉庆十七年，议准："各省河工豫办岁料及备防料物。该督抚于采办完竣时，将各厅实买料物若干，先行造册送部。年终再行造具旧管、新收、开除、实存四柱清册，送部备查。并于修工案内，将动用何项料物若干，数目详细声明，以凭查核。"

嘉庆十八年，议准："下南河厅祥符上汛黑堽一工，两面均有积水坑塘，土方例价不敷。每方暂加价，至八分四厘及一钱三分四厘不等，嗣后不得援以为例。"

嘉庆十九年，谕："吴璥等奏'酌定料物土方价值'一折。豫省今岁雨水沾足，新秸新苘现已渐次刈获，俱属丰稔。该河督等核减料价，酌较上年所定秸料，每垛减去银五十两，苘麻每斤减去银五厘，所办甚属核实。其土方，每方于例、帮价三钱外，酌加帮价一钱，亦着照所请办理。"

嘉庆十九年，奏准："河南省黄河两岸防险工程，在司库存公银内，动支银一万两。以五千两分储南岸郑州并归德府库，余五千两另储武陟、封丘二县库。"

嘉庆十九年，命河东副总河岁支养廉银四千两。

嘉庆二十年，奏准："豫省河工岁料，不敷抢险之用，于五千垛之外，每年添购二千余垛。例、帮价银全行作正开销。"

嘉庆二十年，谕："吴璥等奏请'酌加岁料津贴银两，汇入大工案内，摊征归款'一折。豫省值兴办大工之后，存料较少，例价不敷。若责令照旧购买，恐厅员等借词赔垫，贻误工需。加恩着照所请，将附近睢工购料最难之仪睢、曹考、下北三厅，每斤加银五毫，距工稍远之兰仪、下南、商虞、祥河四厅，每斤加银四毫，距工较远之中河、上南、归河、卫粮、黄沁五厅，每斤加银三毫，并收买柳枝杂草，搭配秸料。所有乙亥年岁料四千五百垛，共加价银八万七千余两。着由司库垫发，即照例统入大工案内，摊征归款。"

嘉庆二十一年，谕："方受畴奏'筹拨河工抢险银两'一折。豫省河工，每年于藩库地丁内，拨银三十万两，另款存储，以为抢险之用。所有上冬支发豫买秸料银十四万两，着毋庸扣除，仍照向例储备。其临时添拨银两，若于具奏后给领，实恐缓不济急。嗣后，如遇岁定抢险银三十万两，将次用完，着该河督察看情形，应需添拨若干，会同该抚核明。一面具奏，一面行司提取备用。俟霜降后，如有余存，仍奏明归还原款。核实报销，毋稍浮冒。"

嘉庆二十一年，议准："河南省黄河抢修，每年不得过二十三万两。"

嘉庆二十一年，奏定："东、南两河，每年另案用过银数，令该河督将一年统用银数汇奏一次，并将上三年用银多寡比较，以备查核。”

嘉庆二十二年，奏准：“增培黄河南北堤坝，津贴银十二万三百余两，在司库内筹拨。”

嘉庆二十三年，谕：“吴璥等奏‘秸料运费繁重，例、帮二价不敷抽挑，河渠人夫口食维艰’。着照所请，准其每秸一斤，给银二厘，每土一方，给银三钱，工竣核实报销。”

嘉庆二十四年，谕：“吴璥等另折所奏‘采办秸麻、兴挑土方，例价不敷，请照历次办理大工酌增例价帮银’。着照所请，秫秸一项，每斤准给例价帮银四厘。苘麻一项，每斤于例、帮价银四分之外，准其再加二厘。挑挖引河及抽沟，土方价值，准其每方给帮价银四钱。其坝头各项土工，仍照向例，每方银给三钱。所需例、帮价银，俟工竣之日，仍照例分别销赔摊征。”

嘉庆二十四年十月，谕：“吴璥等奏‘从前历届大工，均有投效之例。或认办工段，或交纳捐资。此次武陟大工，请援照成例，准令各省投效人员，赴工捐输，交纳豫省藩库。除准分发四省三河外，其连界之山西、陕西、安徽、湖北、浙江等省，并准分发。自道员至佐杂，分别授职’等语。见在武陟大工，需费浩繁。着照所请，准令各省人员投效。其如何按捐输之多寡，分别授职及分发之处，仍着吴璥等，查照上届成例，妥议具奏。”

嘉庆二十四年十月，谕：“本年豫省武陟兴办大工，节据吴璥等奏请，拨解工需银九百六十万两。连次奏报止，于勘定坝基，尚未兴工进占。昨又据奏请暂开投效事例，亦准其所请。合计给发工银，几及千万。又有投效人员捐资，尽足敷大工之用。将来如有赢余，工竣仍当核实奏缴，不准再请分毫。慎之。

朕闻向来兴举大工，每于工次搭盖馆舍，并开廛列肆。玉器钟表、绸缎皮衣，无物不备。市侩人等，趋之若鹜。且有娼妓优伶，争投觅利。其所取给者，悉皆工员挥霍之资。而工员财贿，无非由侵渔帑项而得。此种恶习，历次皆有。惟十九年睢工，较为慎约。此次吴璥等务当严禁浮靡，将所发帑项，实归工用。不特吴璥、那彦宝、李鸿宾、琦善四人，应一尘不染，所有在工文武员弁，俱当严行约束，勿以国家重大工程为伊等渔利行乐之地。如有违背，小者枷示，大者正法。法在必行，朕言不再。此时工需银两，计已陆续到工。吴璥等，着即克期兴工进占，定于明年桃汛前合龙。如届期不能蒇事，亦必将吴璥等治罪不贷。将此谕，令办工大小官吏知之。”

嘉庆二十四年十月，谕：“李鸿宾着给予郎中衔，留于河南，专司大工钱粮。伊曾任大员，傥工需内，有冒滥支应之处，准其直揭部科。如果慎司出纳，办理核实，工竣时交吏部带领引见，候朕施恩。若不认真稽核，定行治罪不贷。”

嘉庆二十五年，谕：“吴璥等奏‘马营坝工，续请加价银两，恳请前后统计增给’等语。前据吴璥等奏：‘马营坝大工，承办秸料土方，因道远雪大，每料一斤请加银一厘，共银五厘。每土一方，请加银一钱，共银五钱。’当经降旨，准其自奉旨之日为始，并入摊征。兹复据奏称：‘此次购料运工，至五六百里以外。挑河集夫，至四五十万之多。承办各员赔累过甚，所增之价，实系前后牵算酌加津贴。’所奏尚属实在情形，着照所请。准其前后牵算，统计增给，并入摊征项下归款。”

嘉庆二十五年，谕：“张文浩等奏‘酌议仪封料土价值’一折，着照所请。每料一垛，给银一百八十两。每苘麻一斤，给银四分。其挑河抽沟土方，每方给例加价银五钱。坝工及各项土工，每方给例加价银三钱。例价照销，加帮各价，摊征还款。”

嘉庆二十五年，奏准：“仪封漫口工程内，有土性沙松，必须包筑。淤土工段，每土一方，酌加津贴银一钱八分四厘。”

嘉庆二十五年八月，以仪封漫口，准淮商捐银一百万两，豫备工需。

嘉庆二十五年，奏准：“仪工善后工程，按仪封酌减，秸料每斤给银二厘四毫，麻每斤给银三分二厘。其取土最远及水中浇筑者，土每方给银四钱，其次给银三钱，近者仍照例价作正开销，帮价摊征还款。”

嘉庆二十五年，谕：“姚祖同奏‘酌议修理省垣护城大堤’一折。河南省城，滨临黄河，旧有护城大堤，备黑堽等处险工。上年祥符上汛六堡漫溢，以致残缺多处，亟应缮完，以资保障。据该抚委员勘估，共土三十三万五千二百五十九方零，需银六万四千三百六十九两零。请于通省摊捐养廉，先借库款兴修，分年接扣归款。豫省官员，历年摊扣款项较多。再加摊此项堤工银两，恐办公不免拮据。着加恩赏给银三万两，以为工费，准其作正报销。其余银三万四千三百六十九两零，在豫省各官养廉内，公同摊扣，并准其先于司库动拨。嘉庆二十六、七两年，暂将该省卫案军需二成养廉停扣。此二年中，将此项堤工银三万四千余两，全行扣完，再扣卫案，以示体恤。”

道光元年，谕：“豫省连年黄河漫溢，被水各州县，小民失业者众。其未经被灾之区，亦因历次河工加价，摊征款项积累繁多。民力不免支绌，宜缓催科，俾资休息。着加恩将该省衡工、睢工加价及陶北河、沁河、贾鲁河并各处堤工，一切应行摊征银两，均展缓三年，再令接续完纳。其马工、仪工加价及沁河等项摊征银两，并着缓至三年后，再行奏明起限。”

道光二年，谕："河南仪工奏销开报，有以少报多之秸料。引河筹款，即有以多报少之夫工、杂科等款。据玉麟等查明，该省历经办有成案，委无含混支饰，着即令核实报销。惟夫工项下，误列银十万二千二百七十六两零，例应剔出，归入该省原奏二两经费项下支拨。如或不敷，按照原奏，于通工河抚司道及知县以上摊捐，不准正项开销。其提扣八子钱文，虽系以公济公，而浮支滥用，诚所不免。除提入藩库银五千两外，计核实银四万二千七百七十九两零。姚祖同既未奏明，自认赔缴，着即罚赔归款。计长支料价之邵棻等十一员，未缴银十万九千六百二十四两零，并吴锡宽买草未缴银五千九百六十两，照例于原归销数内，以六成准其开销，以四成划出。着落该抚司道分赔二成，料员各赔二成。原归销数之四成，即行扣出，不准列入开销。其扣出之误列银，着罚赔八子钱及分赔料价各项，共合银十九万一千二百九十两零，统令解贮藩库，河工岁修项下备拨。"

道光二年，谕："各省河道岁修、抢修工程，均有定额。其另案工程，动用在五百两上下者，分别奏明咨部，所以昭核实而重帑项也。乃本年豫省河工，另案动拨银至一百余万两之多。如果工程尽归核实，钱粮何致逐渐递增？河工情形，随时不同。其工用既有增加之年，即应有减少之年。若每岁有增无减，伊于胡底？国家经费有常，该河督并不加意撙节，殊负朕委任之意。嗣后，遇有应办工程，着该河督随时实力稽察，毋得率听属员怂恿，致滋浮冒。如有多开工段，宽估虚报等弊，即行严参惩办。"

道光二年，奉旨："户部议覆：'署河东河道总督严烺等奏请于例拨防险银两外，循例添拨银三十万两，以裕工需。'着照所议，准其在河南藩库征存地丁项下，动拨银三十万两，另款存贮备用。至此项豫备抢险银两，嘉庆二十三年以前，均添拨银二十万两。自二十四年续请添拨之后，即每年援以为例，概请添拨银三十万两。黄河水势，长落靡常。原应察看情形，预为筹备。然需用之数，亦当岁有赢绌，何以增添之后，辄即作为常额？其奏请添拨折内，仅称'例拨银两，将次用罄'，并未将动用数目，切实声明，恐启浮冒之渐。着该署河督等，将预拨帑项，撙节动用。严饬厅员核实支销，总期工归实用，帑不虚糜。嗣后，请拨工需折内，务将已用银数，切实声叙，以凭稽核。"

道光二年，奏准："河南省武陟县堵合沁河南岸韩村民堰漫溢各工，仿古樊村漫工成案。秸料每斤共例加价银二厘，苘麻每斤共例加价银二分八厘八毫。挑河、帮戗、还堤各土工，每土一方，共例加价银三钱。由司库借拨，照例摊征还款。"

道光三年，奏准："河南省武陟县堵筑小刘村及原马棚漫口，需用秸料，每斤给价银二厘。挑土每方，给例加价银三钱。例价作正开销，加价摊征还款。"

道光五年，谕："程祖洛奏'察看豫省摊征加价积欠'一折，前据奏'筹议接征河工加价'等款，曾经降旨，令将嘉庆十八年至二十五年积欠等项，暂缓一年。察看情形，据实具奏。兹据该抚查明前项积欠，本系该省查豁项内，因年款较近划出。从前延欠，多系被灾穷民。嗣因灾积压，欠户半非原业。且又有递年应摊款项，若新旧并征，民力不免拮据，自系实在情形。所有嘉庆十八年至二十五年，积欠加价摊征等款，共八十二万七千二百四十两零。除兰阳因灾已豁各加价银九千四百二十九两零，尚应征银八十一万八千二百十两零，着加恩概予豁免。

此系朕轸念穷黎，恩施格外。经此次蠲免之后，民力自可展舒。嗣后，该省应完现年丁耗并应摊加价及带征历年钱漕征款，该抚务当严饬各属，实力征催，年清年款。毋得借口积逋，妄生冀幸，该抚亦不得冒昧再行奏请。国家经费有常，旷典不可屡邀也。”

道光八年，奉旨：“工部议覆：‘严烺奏豫、东黄河两岸各厅堤、堰、坝、戗等工，所开丈尺土方银数单内，土方价银二钱一分六厘至三四钱不等，并未将例价津贴各若干，分晰声叙’。着该河督即饬该道，于估销册内，分别开明，具题核办。至例价外津贴一项，原系偶尔请加。乃自嘉庆十九年以后，除二十年及二十四、五等年，照例开报外，其余各年俱请加津贴，援以为常。年复一年，何所底止？嗣后，该河督务当核实估计，力求撙节，不得任听工员率请津贴，致滋糜费。前经工部奏定章程，令河督将一年统用银数，汇奏一次，并将上三年用银多寡，比较以备查核。乃该河督每年总未将增培堤工银数，列入汇奏单内，率以奏拨之项，非常年例办银款为辞。试思堤工，年年增培，自应统入比较。着河督嗣后汇奏单内，除岁抢修定额外，凡一年另案工程，俱并入单内开明，并将上三年用过银数，声明比较。毋得稍涉含混，致干重咎。”

道光八年，谕：“河工需费，为度支之大端。近年例拨岁修、抢修银两外，复有另案工程名目。惟常年所拨例项，原为修防抢险而设。若一切修治得宜，则不应险工、新工层见叠出。虽据该河督等，于‘请帑折’内声称‘如有节省，存为下年工用’，亦不见实有节省。向来河工积弊，厅汛员弁总利于办工。即如黄河坐湾迎溜之处，时而厢做埽段，固有不得不然之势。然其间有不应厢而妄施工段者，尚不知其凡几，总不过为开销钱粮地步。甚至溜随埽斜，对岸生险。险生而工费，迄无已时。迨至失事，则又指为无工处所，冀图影射规避。纵有应行赔修工段，亦止先以帑项兴办，赔项终无缴期。在该河督等受恩深重，具有天良，或不致稍为沾染，岂能保工员之必无浮冒？国家经费有常，断不容以如许帑藏，供此漏卮。前经降旨'不得借口另案名目，任意虚糜。嗣后，该河督等，务将年例拨解工需，加意撙节。如有应办之工，不能不假手厅汛员弁，然总须责成该管河道，各矢天良，认真督办，有犯必惩。该河督等亦应破除情面，时加查察。稍有偷减虚冒等弊，该道徇隐不揭，一并严参惩办，以期力挽锢习，工归实用'。经此次饬谕之后，无论岁修、抢修及随时兴举要工，仍不能工坚料实，致令帑项虚糜。或经朕访闻，或被人纠参，定将工员河道及该河督等，一并执法严惩，不稍宽贷。"

道光九年，奏准："嗣后汇奏一年另案银数单内，除岁修、抢修定额外，如实系兴举大工，应于折内奏明，不入比较。其余常年奏明另案工程，均令并入单内开明。将上三年用过银数，声明比较，毋得另立专案办理名目。"

道光九年，奏准："豫省北岸曹考厅，应抛碎石，水程较远，照例加增运脚，每方银十两二钱六分六厘。"

道光十二年，河东河道总督林则徐奏"查核东河碎石工程情形疏"曰："窃臣于上年十一月内，在江南途次，承准军机大臣字寄，道光十一年十一月初二日，奉上谕：'本日严烺奏"豫省上南、中河、曹考三厅险工，酌抛碎石"一折，已明降谕旨，准于豫省藩库，照数拨发，赶紧采运矣。此项碎石工程，起于南河。道光七年九月间，始据严烺奏"兰仪厅柴坝十八埽以上，已将碎石盖护，化险为平。十八埽以下及下北十一堡厢修，岁无虚日。此后年复一年，更恐危险堪虞。现饬各道仿照柴坝碎石成案，分别估办，以为固工节费之计”等语。是年兰仪、下北两厅，当经降旨准行。即用碎石抛护，则岁料防险等项，自应节省。乃历年以来，碎石工程，无岁无之。而其采办来年岁料及请拨防险银两，并未节省丝毫。究竟此项碎石工程，是否于黄有益？如果有益，何以岁料并不见节省，徒添出碎石一项费用。林则徐系朕特简，甫经到任，无所用其回护，此时亦不必亟亟。着明查暗访，悉心体察情形，据实核奏。将此谕令知之。钦此。’当经臣附片陈明，俟到东河访察情形，再行覆奏在案。

“自到任以来，将碎石档册，逐一检查。从前豫、东黄河，本无抛护成案。因道光元年前，两江督臣孙玉庭、南河河臣黎世序会奏‘以碎石工程，实资巩固，并无流弊。东河从前未抛碎石，是以漫决频仍，请饬一体照办。即创始之初，多费数十万金，而日后工固澜安，不惟节费，实可利民’等语。旋奉谕旨，饬令仿照兼办。二年春，闻前河臣严烺覆奏请于北岸黄沁厅马营挑坝，酌量试抛。继因河势不定，仅抛两段而止。迨五年间，调任河臣张井以南岸兰仪厅柴坝工程险要，议办碎石两次，奏准抛护一万四千八百余方。该处险工，因成平稳。迨后北岸之下北、祥河、曹考，南岸之中河、下南等厅，先后仿照请办，经严烺节次奏准在案。查此项动用钱粮，除马营坝抛试两段不计外，自道光五年至十一年，已抛碎石，共用银六十五万余两。上冬估办之上南等三厅，方价七万四千余两，尚不在此数之内。核之历年采办岁料及请拨防险银两，均未减少。诚如圣谕碎石工程，如果有益，何以岁料并不见节省？随于两次上堤，周历查访，并询之年老兵民。咸谓‘未办碎石以前，诚不知其有济与否。既办之后，每遇险工紧急，溃埽塌堤，力加抛护，即不致于溃塌，功效甚著’等语。

“惟何以未能省料之故，诘询员弁兵夫。或谓‘抛石，本在埽前，只能保埽段之不外游，而不能禁旧埽之不下蛰。故虽有石之埽，仍不免择要加厢。惟较诸未经抛石之埽，需料自然大减。但统计两岸堤工，长至二十余万丈，而堤前之有埽者，六千八百余丈。埽前之有石者，甫及二百七十余丈。豫、东河面宽阔，溜势时有变迁。此工闭而彼工生，购料防险诸费，即难概省’等语。臣核其所言，似亦近理。然思用料之节省与否，天事居其半，人事亦居其半。譬如极险之工，忽然淤闭；平缓之处，忽又生工。每非恒情所能测度，工生则料费，工闭则料省，此存乎天事也。亦有出于人为者，如顺堤厢埽，费料实多，惟溜到堤根，即不能不资以抢护。而工非自闭，亦不能不逐岁加厢。若工员果悉机宜，善揣溜势，则于工之将生未生，豫筑挑坝，使之溜向外趋，埽即可省。盖挡溜者埽，而引溜者亦埽。观于埽前水深，其故可想。一坝得力，可护数段之工，则不须顺堤厢埽，而所省无算矣。然若审势未确，挑护失宜，坝守不住，仍复退顺堤厢埽，则劳费更不啻什倍，此又人事之难言者也。总之，有治人，无治法。在工人员，果皆讲明利弊，自无枉费之工。果能皆激发天良，自无妄开之费。至料物贮于堤上，督道常川往来，注目留心，不徇情面，似亦无可藏掩，大抵覆实查验。即岁料与碎石并用，未尝无渐省之方。如其不实，则虽裁去碎石一项，而他物称是，亦可借端滋弊，要在认真督察而已。”

奉谕：“此项东河碎石工程，起于道光二年严烺试办，仅抛两段而止。自道光五年至十一年，已抛碎石共用银六十五万余两。上冬估办上南三厅，方价七万三千余两，尚不在此数内。核之历年采办岁料及请拨防险银两，均未减少。碎石既增，岁料自宜节省。岁料不省，碎石岂不虚糜？吴邦庆并非河员出身，无所用其回护。着于交卸后，迅赴新任，与林则徐见面，详细询问，悉心体察情形。如果估抛碎石，化险为平，以后岁料渐可节省，照运河各厅临湖堤工兼用碎石。岁销钱粮无多，岂不甚善！若年复一年，徒添出碎石费用，则是于岁料外，又增一项开销。国家经费有常，岂能供此无底之橐？至林则徐奏称，工员果悉机宜，善揣溜势，则于工之将生未生，预筑挑坝，使溜向外趋，埽即可省。一坝得力，可护数段之工，所省无算，所奏不为无见。着吴邦庆于到任后，实心实力，讲求利弊，破除情面，不可任听工员，致滋浮冒。总期无枉费之工，无妄开之费，方为不负委任。”

道光十二年，谕：“吴邦庆奏‘筹议估抛碎石并酌改旧章’一折。前因东河碎石工程，递年加增，降旨交吴邦庆详查核减。兹据该河督查明豫、东两省滨黄各厅，除岁购料无从增减外，所有本年添办防料，共需银十三万六千两。着照所请，改为四成办料，六成办石。其无须贮石之厅，六成银两归并他厅办石。俟各厅存石二三千方，即将每年专案请石，逐渐核减。该河督务严饬各厅，此后发办碎石，无论为专案、为六成，统限伏汛以前，全数堆贮，该河督亲往查验。应抛工段，由该河督暨该管各道勘定后，方准动用。傥有迟延、偷减并擅用石方者，据实参处，毋稍姑容。”

道光十五年，奉旨：“工部奏‘核议另案工程银数，不能核实，请饬令该河督，分析具奏。并严定章程，以杜浮冒’一折。河工，不外岁修、另案及兴举大工三项。除岁修工程，银有定额，兴举大工，事非常有，均照旧不入比较外，其另案工程，银无定额，工无定处。影射浮开及事后增添情弊，不可不防。是以向来办理例案，有兴工之段落，而后可以汇奏清单。有清单之数目，而后可以比较多寡。兹据该部查核，东河十四年分，未奏清单，先入比较之银二十七万三千余两，前后数目不符。奏报不遵例限，已办之工部中无案，已动之帑估销无期，比较单内不过虚名节省。其豫报浮数，未奏清单。及专案数目，已出比较之外者，更不难。事后增添，巧为凑合。且抢险防汛已完之工，易于核计，尤非悬估未办者可比。所有此次查出，指明各数，着该河督逐款分析，速行具奏，以凭查核。嗣后，每年汇奏清单，务遵奏定限期，无论奏咨各案，汇为一册。其比较上三年之数，原从清单而出，毋庸分为两事，致滋歧异。着该河督附折声明，比较另立一单具奏后，饬部查核覆奏，如有遗漏续报之案，或借词延玩，先入比较，后补清单，即照抢险工程估销，逾限着落赔还之例，不准开销。其专案名目，永远革除，以归画一而杜浮冒。”

道光十五年三月，谕山东巡抚钟祥、河南巡抚桂良：“有人奏东河南北厅属动用银两，吴邦庆上年‘安澜’折内称各员撙节省钱粮，埽工、碎石两项省银三十余万两。而十月‘报销’折内则云比十三年省银十二万余两，其碎石留存可值十五万两。前后所奏，数目不符。且碎石乃例应筹备之项，今年仍应开销，不得谓之节省。东河自道光元年至十年，每年动用正项钱粮，多至一百万两以内。其用至百万以外者，不过三四年。惟十一年抢办险工，用银一百四十万万。今吴邦庆任内，十二年、十三年、十四年，俱用至一百十万两以外。较之十年以前，有多无少，是所谓‘撙节钱粮’一语，不过为属员升官考语。按之实际，仍属子虚，未免意存隐饰。河工正项动支之外，尚有找补不敷银两。此三年中，多找银二三十万两，即系多支银两之证等语。该抚与吴邦庆驻扎不远，见闻必确。着详晰查明，其钱粮撙节数目，是否与原奏相符，据实迅速具奏。”按：此系给事中金应麟参折中“动拨较多”一款。于五月经大学士文孚，会同山东巡抚钟祥，查明报销案内所称“省银十二万余两”，系专指节省埽工而言。“安澜”折内所称“约省银三十余万两”，系将节省埽工并存剩碎石及下年缓办埽工合计而言。前后牵凑，钱粮尚无浮冒。其保举过滥一款，未录。

道光十六年四月，河东河道总督栗毓美奏称：“窃照豫、东黄河两岸，历系以堤束水，以埽护堤。近年又以石护埽，原无用砖之案。上年秋间，北岸原武两汛，串沟分溜，刷成支河。上下四十余里，沿堤节节吃重。因系无工处所，向未储备料石，维时放价，收买民砖。或用以抛坝挑溜，或用以护坦防风。堤身不致冲刷，化险为平。本年二月因阳武三堡支河分为两股。北股距堤较近，设法堵截，亦系先用砖石筑坝。后用料土加戗，得以挽归。南股工程极为稳固，然究系支河分溜，恐砖块形质较轻，于大河未能得力。兹又于黄沁厅拦黄埝接筑坝工，下南厅祥符上汛十九堡黑堽工迎溜吃重之处抛坝挑溜。臣周历两岸，查验工料，凡见有河水漫及堤根，饬令试抛挡护。即可不至生工，免致厢埽引溜。实已屡试屡验，颇有成效。查豫、东黄河大堤，除兰仪九堡与曹考十二堡，对岸相距仅三四里，其余各厅自七八里至二三十里不等，滩面极为宽阔。汛水既长落靡常，溜势亦提坐无定。近年埽段愈厢愈多，不免工繁费巨。此后随处试办，少添新埽，未始非节省经费之一端。惟须定以价值，庶可随案报销。查例载河砖，每块宽五寸，厚三寸三分，长一尺二寸，价银二分六厘四毫。又大料河砖，每块宽七寸五分，厚四寸一分，长一尺二寸，价银四分九厘二毫八丝。现在收买民砖，大小厚薄不等。每块牵宽五寸，厚二寸，长一尺，价银六厘，足抵河砖过半之用。牵算每千块，可堆一方。缘豫、东碎石成规，系照道路远近，按厅定价。惟有距山最近之黄沁一厅，每方银五两二钱七分一厘及五两七钱九分六厘。其余各厅，每方自六两九钱九分六厘至十三两二钱九分六厘不等。今砖价合计，每方需银六两，较之碎石所省已多。且碎石必须济源、巩县开山采办。春杪夏初，始能运工。砖块则随地随时，皆可收买，毋庸分别远近。应请一律，每块作银六厘。合无仰恳俯准，照数报销，以昭核实。臣当通饬各厅，量为购贮，以备工程缓急之需。俟经伏秋大汛，实可抵御盛涨。再于添料项下，将料、石、砖三项，酌定成数，奏明分别购办。无须另请钱粮，以归节省。”

道光十七年，谕：“栗毓美奏‘试办砖工，确有成效，请豫提银款，先事筹办’一折。河南省黄沁各工，收买民砖，抛坝挡护，化险为平，屡著成效。该河督请拨银两，先期筹办。着照所请，准其于戊戌年春、伏两汛，例拨备防银三十万两，内由河南藩库，豫提银十万两。分派各厅多添窑座，先时烧造。惟砖料体质，坚松迥异，必须工坚料实，方能经久。该河督务当先期饬知厅员，认真监造。临时，该河督亲往验收。倘有草率偷减等弊，即行严参惩办。其所提银款，着与岁秸麻石，统归来年报销。”

道光十七年，谕：“敬徵、栗毓美奏‘酌拟改办碎石章程’一折。东河试办砖工，现据敬徵查勘明确，议请分别存贮。暂停烧造，自应以预办碎石为急务。着照所请，所有本年五月间，奏准豫提戊戌年例，拨防险银十万两，准其尽数改办碎石。其置窑烧砖，即行停止。并着酌定各厅，用石多寡，分派即时开采。限于明年桃汛前，先完一半，伏汛前全数运工。由该河督核实验收，指示抛办。倘有借词延缓，限内运不足数者，即行参处。其例办六成碎石，仍照常于霜降后，扣明添料存数，再行发办。此后每年查勘情形，酌核增减，于七月内奏明豫提银数，发厅备办，以期源源接济，工用不匮。”

道光十七年，谕：“东、南两河，每岁另案工程奏销银数，曾降旨饬工部，按照开报销册，逐款钩稽。开具简明总数，于年终汇奏一次，该河督自应遵照办理。兹据该部查明，东河原阳两汛，动用本款银四万四千三百八十八两零，未曾列入比较办理，殊未画一。嗣后，无论动用何款，着一律归入比较。其剩余防料，如来年本工动用，即行报部查核，毋得含混参差，以凭核实。”

道光十九年，谕：“栗毓美奏‘预筹储备工需，以防串沟隐患’一折，又另片奏‘砖工得力，省费情形’等语。着照所请，准其于北岸黄沁厅属之马营、荥原两堤，南岸下南厅属之祥符下汛、陈留汛，每厅各购砖五千方，于情形险要之处，酌量多寡，分段堆贮备用。凡所筑土坝，饬令工员，用砖择要包砌。此项砖价，先由道库垫发，俟于秋间，奏请购石项下，拨还归款。此外祥河、曹考、上南、商虞各厅，应先事豫防者，仍着该河督随时督率道厅，妥商办理。并于查验工料时，认真稽查。如工员购砖不实，即行严参着赔，以重工需。至用砖抢办险工，较厢埽更为便捷。且较石价，多寡悬殊。钱粮节省，又所占河面无几，不至有与水争地之虞。该河督既确有把握，朕即责成办理。总期行之无弊，方为不负委任。其应贮砖块，仍令向民间收买。不必厅员设窑烧造之处，亦着照所议办理。”

道光十九年，奏准：“河南省各厅县，捐银一万两，发商按月一分生息，作为武陟县沁河两岸堤工经费。”

道光十九年五月，吏部、工部会奏称：“道光十九年二月二十日，奉上谕：‘本日据御史蔡家玕覆奏，河工赔项处分宽纵，着吏部、工部会同，悉心核议具奏。钦此。’钦遵，抄出到部，臣等查河工赔项名目，本非一端。有所用工料，与原奏不符，及与例浮多，名为核减者。有领银未办，或办料未足，名为溢领者。此外有堵筑漫工，准其销六赔四，谓之分赔。有办工之员已故，责令子孙赔缴，谓之代赔。或上司代属员赔缴，谓之摊赔。或贻误情事较重，奉旨着追，谓之特旨。严追之款，情节既有重轻，处分亦应有等差。今该御史奏内称‘工部旧例数百两赔项，逾限不完，已有革职、监追及查封家产之条。今吏部所载十万两以上者，其处分不过降调，相去大相悬殊’。又称‘河工赔项，总以银数之多寡，为处分之轻重。若以官职之大小，为处分之轻重，窒碍难行，百弊丛生’等语。

“臣等查河工赔项，若不按其情节，概以银数之多寡，定处分之轻重，核与缘情定例之义，亦有未协。即如《工部则例》内称‘河工堵筑漫口，准其销六赔四。银两按作十成，分派总河赔银二成，兼管之督抚赔银一成，河道赔银二成，厅员赔银一成，府州县赔银二成，参、游、守备赔银一成半，文武汛员赔银半成’等语。在总河、督抚，或统辖全省，或兼辖两省，无论何处漫口，统责令总河、督抚分赔。其河道厅员以下等官，必分别某处漫口，方责令某处专管兼管之员分赔。是总河、督抚之分赔，不分畛域。厅员之分赔，则各分畛域。情节既有不同处分，不能不有区别。至特旨严追之款，系办公贻误，情节较重。虽较之核减等款，尚无浮冒情事，惟因办理不善，以致帑项虚糜，究与分赔、代赔、摊赔者有间，亦未便与分赔等款，一律办理，以致轻重失当。惟此等赔项，工部旧例并无分限，吏部旧例亦无处分。即十三、十四两年所议统限、分限处分，亦与督抚寻常分赔等款无别。臣等公同酌议，凡特旨着追银两，应从重另议专条。其督抚寻常分赔等款，应仍遵十三年钦奉谕旨遵行。

“再，该御史所奏‘吏部新定处分过于宽纵，系专就银数多寡。督抚属员处分，应归一辙而言。而于各项赔款之情节及各项应完银两，只有统限，未有分限之处，未为详悉’。今奉旨交臣等悉心核议，自应酌核情节，分晰名目，始能历久奉行，以归允当。如溢领银两，迹涉侵蚀，前于十四年，经工部奏交吏部议定，照核减银两，逾限不完，亦议以革职监追。又于十六年，经工部奏明此等款项，系领库项入己，与分赔、代赔因公核减者，尤属有间。请旨饬下河督查明，以前此项未完银两，其现任河工者，立即追缴。业已去任者，即着落上司摊赔，亦不得列入分赔，以致悬宕各在案。惟从前并未立有分限，既不按限查催，仍属有名无实，应请一体酌定限期。其寻常分赔、代赔、摊赔之款，本员并无浮冒侵蚀情事。若于‘核减溢领并归’一例，亦不足昭持法之平。自应将吏、工两部则例，互相核对，逐条分晰，庶免轇轕。查《吏部则例》，河工核减与河工分赔银两，分作二条。核减银两，逾限不完，革职。监追分赔银两，逾限不完，应行降调。而《工部则例》，河工应赔银两，三百两以上、三百两以下系合核减、分赔两项，作为一条，逾限不完，统系革职监追，未免牵混。且河工分赔银两未完，《吏部则例》内称，照户属项下分赔、代赔例议处，皆有分限。每限不完，皆有应得处分。如统限完不足数，降一级调用。而《工部则例》河员应赔银两，只载统限，并无分限。《吏部则例》，河员只有五千两以上，逾限不完处分。至万两以上，并无作何议处明文。应照五千两以上之案，递加处分，始为周备。以上各款，臣等悉心核议，于吏部例内所未备者，应行添入。工部例内所牵混者，应行画出。务使款目分明，处分允当，以期奉行无弊。所有现拟各条，另缮清单。”

特旨严追银两未完，现拟[1]银数自一千两以下起，至十万两以上止，限期至勒限一年起，至十五年止，处分自罚俸二年起，至革职止。

查特旨严追银两，未完，情节较重，未便照寻常分赔等款之例议处。酌定限期，递加处分，谨拟特旨严追之款。如数在一千两以下之案，于文到日起限一年完交。初参不完，罚俸二年，再限一年完交。二参不完，罚俸三年，仍再限一年完交。三参不完，降二级留任，另行起限，仍令完纳完日开复。一千两以上之案，统作十分计算，勒限四年分四限，以一年为一限。每年能完至二分五厘者，免其处分。若完不及数，初参罚俸二年，二参罚俸三年，三参降一级留任。四年限满，能完至七分者，将降留之案开复，按其未完银两，另作分数，再行按年完纳。如不完及七分者，四参降一级调用。如完不及七分之半，降二级调用。五千两以上之案，统作十分计算，勒限五年分四限，一年三个月为一限。每限能完至二分五厘者，免其处分。若完不及数，初参罚俸二年，二参降一级留任，三参降二级留任。五年限满能完至七分者，将降留之案开复。按其未完银两，另作分数，再行按年完纳。如完不及七分者，四参降二级调用。若完不及七分之半，降三级调用。一万两以上之案，统作十分计算，勒限六年分四限，以一年半为一限。每限能完至二分五

[1] “现拟”之后字句，原作双排小字，据内文改。以下径改，不再出校。

厘者，免其处分。若完不及数，初参降一级留任，二参降二级留任，三参降三级留任。六年限满，能完至七分者，将降留之案开复。按其未完银两，另作分数，再行按年完纳。如完不及七分者，四参降三级调用。若完不及七分之半，降四级调用。五万两以上之案，统作十分计算，勒限十年分五限，以二年为一限。每限能完至二分者，免其处分。若完不及数，初参降级留任，二参降二级留任，三参降三级留任，四参降四级留任。十年限满，能完至七分者，将降留之案开复。按其未完银两，另作分数，再行按年完纳。如完不及七分者，五参降四级调用。若完不及七分之半，降五级调用。十万两以上之案，统作十分计算，勒限十五年分五限，以三年为一限。每限能完至二分者，免其处分。若完不及数，初参降二级留任，二参降三级留任，三参降四级留任，四参降五级留任。十五年限满，能完至七分者，将降留之案开复。按其未完银两，另作分数，再行按年完纳。如完不及七分者，五参降五级调用，俱另行起限，仍令完纳完日开复。若完不及七分之半，即行革职。俱公罪。仍统限一年严追，不得以家产尽绝，率行咨部请免。傥仍延不完，交即从严参办奏明请旨。如革职后，如数全完，系厅员，题请开复；系督抚大员，奏明请旨。其子孙代赔，如有未完，亦照此办理。

河工核减银两，未完银数在三百两以下者，统限一年零六个月。三百两以上者，统限二年，俱分三限处分，自停升停补起，至革职监追止。

查河工核减银两未完，《吏部则例》系专指河工核减；《工部则例》：凡河工核减、分赔等项，同系一律。查核减银两，以工料与原奏不符及与例浮多，情近浮冒，是以定例綦严。至分赔、代赔、摊赔等款，并无浮冒情事。若与核减银两，一律办理，不足以示区别，应将《工部则例》内“核减”“分赔”等项字样，改为“核减”“应缴银两”。再查《吏部则例》，再限不完，降一级留任；《工部则例》，再限不完，现任人员暂行解任，效力人员暂革职衔，应照工例改正。谨拟河工核减、应缴银两，以奉到咨文之日起扣。如数在三百两以下者，统限六个月完交。限满不完及完不足数，系现任人员停其升调，效力者停其补授，再限六个月完交。限内全完，准其开复。如再不完，现任人员暂行解任，效力人员暂革职衔，再限六个月完交。限内全完，准其开复。傥仍不完，革职监追。公罪。仍令完纳，全完开复。数在三百两以上者，统限一年完交。限满不完及完不及数，将该员罚俸一年。公罪。系现任人员停其升调，效力者停其补授，再限六个月完交。限内全完，准其开复。傥仍不完，现任人员暂解任，效力人员暂革职衔，再限六个月完交。限内全完，准其开复。傥仍不完，革职监追。公罪。仍令完纳，全完开复。其该管道员催追不力，如本员应停升停补者，道员罚俸六个月；本员应解任暂革职衔者，道员罚俸一年；本员应革职者，道员降一级留任。三年无过，开复。俱公罪。

河工溢领银两未完，现拟银数在三百两以下者，统限半年。三百两以上者，统限一年。俱分三限处分，自停升停补起，至革职监追止。

查河工溢领银两，系领银未办，或办料未足。前经吏部奏定，照核减银两逾限不完，亦议以革职监追。惟此项银两未完，较之核减尤重应照核减，以期从严定议，以昭慎重。谨拟河工溢领银两，系办料未足，领银易钱未交或领银未办各款。以奉到咨文之日起扣。如数在三百两以下者，勒限三个月完交。限满不完及完不足数，系现任人员停其升调，效力者停其补授，再限两个月完交。限内全完，准其开复。如再不完，现任人员暂行解任，效人员暂革职衔，再限两个月完交。限内全完，准其开复。傥仍不完，革职监追。公罪。仍令完纳，全完开复。数在三百两以上，勒限四个月完交。限满不完及完不及数，将该员罚俸一年。公罪。系现任人员停其升调，效力者停其补授，再限四个月完交。限内全完，准其开复。如再不完，现任人员暂行解任，效人员暂革职衔，再限四月完交。限内全完，准其开复。傥仍不完，革职监追。公罪。仍令完纳，全完开复。其该管道员，催追不力，如本员应停升停补者，道员罚俸六个月；本员应解任革职衔者，道员罚俸一年；本员应革职者，道员降一级留任。三年无过，开复。俱公罪。

河工溢领银两，未交身故，责令上司摊赔。现拟银数自三百两以下，至三百两以上，限期自勒限六个月起，至二年半止，处分自罚俸一年起，至降二级调用止。

查河工溢领银两、未完离任者，前经工部奏明，此等款项，系领库项入已，与分赔代赔核减者尤属有间，请旨饬下河督查明。业已去任者，即着落上司摊赔，应请一并酌定限期，递加处分。谨拟河工溢领银两，未交身故，责令该管上司摊赔。数在三百两以下者，限六个月完交。初限不完，罚俸一年，再限一年完交。二限不完，降一级留任，再限一年完交。三限不完，降一级调用。俱公罪。如数在三百两以上者，限六个月完交。初限不完，罚俸二年，再限一年完交。二限不完，降二级留任，再限一年完交。三限不完，降二级调用。俱公罪。若有级可抵，不致离任之员另行起限，仍令完纳，完日开复。

督抚、总河寻常分赔等款，银两未完银数自一千两以下起，至十万两以上止，期限自勒限一年起，至十五年止，处分自罚俸九个月起，至降二级调用止。

查道光十四年，吏部按照工部奏定督抚、总河应赔银两，统限分限，拟定处分，自罚俸九个月起，至降二级调用止，奏准通行在案。应请将督抚、总河寻常分赔等款，即遵照此例办理。至罚俸处分有轻重，并未画一之处，应一律酌改。谨拟督抚、总河河工分赔、系销六赔四之款。代赔，系子孙代祖父赔缴之款。摊赔，系上司代属员赔交之款。等项银两未完，以奉到咨文之日起。如数在千两以下之案，于文到日起，限一年完交。初参不完，罚俸九个月，再限一年完交。二参不完，罚俸一年，仍再限一年完交。三参不完，罚俸二年，另行起限，仍令完纳。一千两以上之案，统作十分计算，勒限四年分四限，以一年为一限。每年能完至二分五厘者，免其处分。若完不及数，初参罚俸九个月，二参罚俸一年，三参罚俸二年，四参降一级留任。另行起限，仍令完纳，完日开复。五千两以上之案，统作十分计算，勒限五年分五限，以一年为一限。每年能完至二分者，免其处分。若完不及数，初参罚俸九个月，二参罚俸一年，三参罚俸二年，四参降一级留任，五参降二级留任。另行起限，仍令完纳，完日开复。一万两以上之案，统作十分计算，勒限六年分四限，以一年半为一限。每限能完至二分五厘者，免其处分。若完不及数，初参罚俸二年，二参降一级留任，三参降二级留任，四参降三级留任。另行起限，仍令完纳，完日开复。五万两以上之案，统作十分计算，勒限十年分五限，以二年为一限。每限能完至二分者，免其处分。若完不及数，初参罚俸二年，二参降一级留任，三参降二级留任，四参降三级留任。十年限满，能完至七分者，将降留之案开复。按其未完银两，另作分数，再行按年完纳。如完不及七分者，五参降一级调用。十万两以上之案，统作十分计算，勒限十五年分五限，以三年为一限。每限能完至二分者，免其处分。若完不及数，初参降一级留任，二参降二级留任，三参降三级留任，四参降四级留任。十五年限满，能完至七分者，将降留之案开复。按其未完银两，另作分数，再行按年完纳。如完不及七分者，五参降二级调用，俱公罪。俱勒限严追。以上降调处分，如系有级可抵，不致离任之员另行起限，仍令完纳完日开复。至子孙代祖父赔交之项，如有未完，无论其现在子孙官阶之大小，总以祖父系在何任内获咎，即照何例议处。

河工属员寻常分赔等款，银两未完，现拟银数自一千两以下起，至十万两以上止，限期自勒限一年起，至十五年止，处分自罚俸九个月起，至降四级调用止。

查河工属员寻常分赔等款，银两未完，《吏部则例》河工赔项，照户属项下分赔、代赔例议处。数在五千两以上，限期五年处分，降一级调用而止。与工部例内五千两以上银数、限期吻合。惟《吏部则例》立有分限，《工部则例》并无分限。《吏部则例》河工赔项专指分赔，系照户属项下代赔等项而言，《工部则例》又统指核减、分赔、代赔、摊赔而言，殊欠明晰。拟将《工部则例》“核减”二字删去，亦照《吏部则例》注明“分限”，每限不完，即行查参。其一万两以上至十余万两之案，工部定有限期，吏部原例并未议及，亦应照五千两以上，逾限不完降调之例，以次递加。至罚俸处分有轻重，并未画一之处，应一律酌改。谨拟河工属员分赔、系销六赔四之款。代赔系子孙代祖父赔交之款。等项，银两未完，数在一千两以下之案，于奉到咨文之日起，限一年完交。初参不完，罚俸九个月，再限一年完交。

二参不完，罚俸一年，仍再限一年完交。三参不完，降一级留任，另行起限，仍令完纳，完日开复。一千两以上之案，统作十分计算，勒限四年分四限，以一年为一限。每年能完至二分五厘者，免其处分。若完不及数，初参罚俸九个月，二参罚俸一年，三参罚俸二年，四参降一级留任。另行起限，仍令完纳，完日开复。五千两以上之案，统作十分计算，勒限五年分五限，以一年为一限。每年能完至二分者，免其处分。若完不及数，初参罚俸九个月，二参罚俸一年，三参罚俸二年，四参降一级留任。五年限满，能完至七分者，将降留之案开复。按其未完银两，另作分数，再行按年完纳。如完不及七分者，五参降一级调用。一万两以上之案，统作十分计算，勒限六年分四限，以一年半为一限。每限能完至一分五厘者，免其处分。若完不及数，初参罚俸二年，二参降一级留任，三参降二级留任。六年限满，能完至七分者，将降留之案开复。按其未完银两，另作分数，再行按年完纳。如完不及七分者，四参降二级调用。五万两以上之案，统作十分计算，勒限十年分五限，以二年为一限。每限能完至二分者，免其处分。若完不及数，初参罚俸二年，二参降一级留任，三参降二级留任，四参降三级留任。十年限满，能完至七分者，将降留之案开复。按其未完银两，另作分数，再行按年完纳。如完不及七分者，五参降三级调用。十万两以上之案，统作十分计算，勒限十五年分五限，以三年为一限。每限能完至二分者，免其处分。若完不及数，初参降一级留任，二参降二级留任，三参降三级留任，四参降四级留任。十五年限满，能完至七分者，将降留之案开复。按其未完银两，另作分数，再行按年完纳。如完不及七分者，五参降四级调用，俱公罪。俱勒限严追。以上降调处分，如系有级可抵，不致离任之员另行起限，仍令完纳，完日开复。至子孙代祖父赔缴之项，如有未完，无论其现在子孙官阶之大小，总以祖父系在何任内获咎，即照何例议处。

道光二十一年，谕：“朱襄奏‘各厅岁料请援案津贴’一折，豫省各厅应办岁料，现因祥符兴办大工，购买较难，例、帮二价不敷，自应酌加津贴，着照所请。所有本年下南一厅，每斤酌加银五毫。距工最近之中河、兰仪、卫粮、下北五厅，每斤酌加银四毫。次近之上南、仪睢、黄沁三厅，每斤酌加银三毫。距工最远之睢宁、商虞、曹考、归河四厅，每斤酌加银二毫。计各厅应办壬寅年岁料五千垛，共加价银八万二千五百两。准其由司库垫发，统入祥符大工案内，摊征归款。该河督等仍严饬各该厅，赶紧购办。于桃汛前，堆足报验，毋误工需。”

卷十六　经费三

道光二十三年七月，中河厅九堡漫口，钦差、协办大学士、尚书敬徵等奏："盘筑裹头，估办拦黄坝，计长二百三十四丈，共估土方一万三千八百余方，需银三千五百八十九两零。"

道光二十三年七月，钦差、协办大学士、户部尚书敬徵等奏称："臣敬徵、臣何汝霖，前于到工后查勘漫口情形、宽深丈尺。即约略估计工需钱粮，须在六百万两之内，奏明在案。仰蒙饬部，预为筹画，连改拨南河之款，已足六百万两之数。查历来堵筑决口，必须相度河形，绕越筑坝，以避口门宽深之势。又于大溜作湾之处，上游筑挑水坝，下游开挖引河，届时启放，以便合龙。前经臣等，将筑坝挑河事宜，分派员弁，逐项勘估。嗣据估筑坝工委员禀覆，单开东、西大坝及西挑水坝等项宽长丈尺，计用秸料、土方、埽数及采办谷草、麻斤、橛木、根件，共估需银三百五十六万四千五百三十六两零，而买办竹缆、光缆、蒲包、碎石、杂料、匠工，俱不在内。是以臣等复行拣员，核实减估，并亲往工次，详细会勘，悉心讲求。兹据该员等，分晰款项，造具丈尺钱粮清册，呈递前来。臣等详核估单，并面询一切。

"据称'中河九堡，地势洼下，土性沙松。坝尾坝基，须用淤土坚筑，方无他虞。今拟就口门迤西，旧有顺河埝一道，作为西坝尾，因其土性业经蛰实，只须帮宽坝基。修补土工，较新筑省费，可期合用。而东坝基自应对峙西坝，其尾段土工，宜接大堤生根。今估长一千二百八十丈，系就老滩取土较易。其两坝基各长五十丈，顶宽三十丈，高一丈四尺，内塘相距。除将涸嫩滩不计外，应估水中筑埽工长三百六十丈，正坝埽宽十五丈，上边埽宽七丈，下边埽宽六丈，上下夹土坝各宽一丈。又估计挑水坝长二百九十余丈，坝基长三十丈，顶宽十丈，高一丈四尺。埽工宽八丈，长二百八十丈。前项应用秸料、土方、谷草、麻斤、橛木，按丈尺远近浅深，例价帮价，核计共估银三百二十万四千三百十五两零。较初次估数，已节省银三十六万二百二十两零’等语。

“臣等查勘水势，详核工需情形。其秸料每垛估银一百八十两，系照历次成案。本年豫省虽收获丰盈，而附近州县多被淹冲，购办料物，运费途长，难以酌减。惟减半单长之土工及运料上坝，每丈每垛，俱系牵算。用数较多，仍须核实。复行驳减一二成者数款，计银七万六千一百三十六两，零实估需银三百十二万八千一百七十九两零。又买办竹缆、光缆、蒲包、旧砖、碎石、杂料及匠工等项，核实估计需银二十三万四千七百余两。至挑挖引河，工段绵长。此次九堡漫口之后，七月十四十五日，上游黄水骤长。其时拦黄埝尚未筑起，漾入正河。至将祥陈汛以上河槽复淤垫四五尺不等，且堵合口门，全在引河得势，加以宽深，吸溜归槽，合龙较易。今据勘估引河长河，委员先后造具工段、丈尺、钱粮清册前来。臣等按勘过河头及委司员等查过引河情形，核实减估。除留引河头五十丈，俟开放时再行抢办，又逐段清水塘，俟试放时察看抢挑外，计自头段引河起，至阎河地方止，估挑引河七十九段，长二千二百四十三丈五尺，口宽自六十二丈四尺至十九丈八尺，底宽自五十丈至十五丈，深自三丈一尺至一丈二尺不等。又接前工阎河下首起，至下北厅祥陈汛三堡止，估挑引河五十一段，长六千七百三丈，口宽自二十二丈四尺至十九丈，底宽自十八丈至十五丈，深一丈一尺至牵深一丈不等，共计引河一百三十段，长八千九百四十六丈五尺，共估土二百六十九万三千三百十一方二分五厘，需银一百十八万四百四十二两零。其祥陈三堡迤下，至江南交界，计堤长三百五十余里。河身湾曲，间段亦有水塘淤垫情形，自七八尺至一二尺不等。较之上游受淤虽浅，而工段过长。若全估引河，所费甚巨，应令逐段接挑通畅，分别沟工沟线，以期节省，计估需银三十五万两。至抢挑河头西口，应宽七十二丈四尺，底宽六十丈，深三丈一尺。及疏浚水塘上下等工，估需银二十万两，留为届时抢办。以上挑河三项，共实估银一百七十三万四百四十二两零。再查向遇大工，大坝后身估筑二坝，以资擎托。今估大坝已宽至三十丈，可以减去二坝之料，俾工员不致彼此推诿。况查祥工未估二坝，并非创减，俟将来合龙后，照祥工成案即行接筑圈埝，以为重门保障。惟金门外积水深广，取土不易，尚须填垫洼形，计估圈埝土工，长一千一百六十丈，顶宽四丈，底宽九丈，高滩面一丈，需银八万八千七百二十一两零。以上筑坝挑河，购办正杂料物及匠夫等工，通共实估需银五百十八万二千四十二两零，比较祥工，用数实有节省。

"惟是兴工在迩，购办料物，必须妥实合用，勿任虚糜。应请饬下督工大臣，严查筑坝料物，革除挑河弊端。挑出之土，距堤较近者，即令加培大堤。较远者，必须遵照成例，运至引河口面三十丈之外，以杜含混。再此次估定之数，与现拨之款，计尚有余银八十一万七千九百五十七两零。查奏银款内，有应征地丁、约征关税之银。并江西、福建稍远省分，诚恐未能即时解工。更虑南河有留用之项，而筹款宽余，不难以先收之项，随时发用，即❶可指日兴堵，无停工待饷之虞。将来尽数批解后，所有前项余银，应即报部查核。其合龙善后事宜，补还大堤等工，亦可无须请帑。即在余存银内，奏明动支。再余银两，报部拨用。至办理大工各款内，价例不一，有此赢彼绌之处，亦惟于估定银两内，截长补短，变通办理。总当严饬工员，节省浮费，不得任意虚报，多请开销，以重帑项而昭核实。”

道光二十三年七月，敬徵等片奏称：“查现经户部奏准各省支发银两内，有应行扣平之项，均按库平，每两扣平六分解部。此次兴筑中河口门，与别项工程不同。查历届大工成案，如雇用捆埽拖缆船只、两坝驮运车骡，添设递文夫马，搭盖物料棚厂，发给弹压兵弁及书役、饭钱、灯烛、纸张等项，用款繁多，向俱不准作正开销，均由拨款项下扣平支用。现在各省续拨款项，若照二两〔扣〕❷平拨解，则一切用项，无款可筹。傥再议扣平，恐买办料物价必短绌，于工作殊有关碍。应请饬下户部，迅速行文各省，所有应行拨解河南藩库工需银两，仍照旧章，毋庸扣平，以济工需而节正项。”

道光二十三年七月，谕：“敬徵等奏‘会勘估筑中河漫口，估计坝工挑河银数’一折。此次堵筑漫口，经敬徵等核实查勘，所有筑坝挑河、购办正杂料物及匠夫等工，通共实估需银五百十八万二千四十二两零。着各该省督抚，将拨解东河银款，迅

❶ 用，即　原作“即用”。

❷ 扣　原文无，据内文补。

速委员解往，以济工用。惟兴工购料，必须妥实合用，庶不虚糜帑项。着廖鸿荃、钟祥严查逐坝料物，革除挑河弊端，认真督办，力求撙节，并严饬工员等，实用实销，不准丝毫冒滥。至现在估定之数，与现拨之款，计尚余银八十一万七千九百五十七两零，俟尽数解工后，仍报部查核，毋稍含混。又片奏‘户部奏准“各省支发银两内，有应行扣平之项”。此次兴筑中河口门，与别项工程不同，请仍照旧章，毋庸扣平’等语。着通饬各省，将应行拨解河南藩库工需银两，毋庸扣平，余着照所议办理。”

道光二十三年闰七月，谕：“御史陈坛奏‘大工向系招商采买，间因近地旱荒，酌派外州县协济。该州县借端滋扰，或按亩科派，或择户捐摊，或封禁民柴，或勒派车辆，弊端百出，易于激成事端。本年黄河两岸，大秋茂盛，除被冲决处所外，其余均已登场。即偶被雨水，而秸料不损。一二百里之内，足用有余’等语。邻近办料，既须发给价银，本地既经足用，自以招商采买为正。着廖鸿荃、钟祥于到工后，会同鄂顺安体察情形。如何禁绝土棍把持、委员需索之处，即着悉心妥议，务于国计民生，两有裨益，方为尽善。”

道光二十三年闰七月，谕：“敬徵等奏‘豫省情形，既准暂开捐输，难以兼开豫工二卯事例’一折。见在筹款兴工之际，自应分别缓急，各官坐等，就近于河南捐输，可期踊跃。着仍照户部原议，于东河暂开捐输，并准各省官绅士庶，前往具呈，输忱自效，以济工用。所有该尚书等，前请移开豫工二卯事例之处，着毋庸护。”

道光二十三年八月，敬徵等奏：“会同核议御史李恩庆奏‘河工经费，宜从变通，制造纸钞，招募商民，交钱给钞疏’”，曰："查该御史原奏内称'河南兴办大工，所拨款项，皆系银两，而工次一切用钱。现当被水之后，钱重难致，铺户因而居奇。迨大工一兴，应用尤巨。向来每值工兴之际，纹银一两，易钱不及一千文，较诸平时，市价几至减半。是拨银百万，只抵数十万之用，于帑项所损匪细。查元明以来，钱钞并行，其法至便，拟请暂行仿照其法。如现在筹拨银六百万，照市价折成制钱九百万串，制造纸钞，钤盖部印，编号上写实收东河工饷制钱若干。或百串为一张，或数百串为一张，发交工次，出示招募。商民交钱给钞，准其于现在捐例，或赴京，或在本省藩库上兑。每百五十串，作银百两，免其库收加平等项，以作运脚之费。窃料河南富户，或自行上捐，或称贷他人，必肯踊跃交易。此钞一经收回，便可销毁，亦不致日久弊生。至工需银两，虽照旧筹拨，既有现钱，临时变通应用，自无由畸轻畸重，为商贾居奇之地'等语。

"臣等伏查楮币之法，本于唐之飞券，盖执券以取钱，而非以券为钱也。至宋元明始有交子、会子、宝钞之制，取方尺之纸，印文其上，自一贯至百千贯，以代现钱之用。宋臣张咏镇蜀，蜀人以铁钱过重，私相为券，后遂置交子务，旋置旋罢。前明洪武时，钞法通行，其后以钞之不利，而并钱禁之。奸伪杂出，狱讼繁多，不过数年，其法浸坏，此前代行钞之大略也。今该御史因堵筑九堡漫口，工用浩繁，奏请制造纸钞，钤盖部印，发交工次，招募商民，交钱给钞，准其于现在捐例，以钞上兑。并称一经收回，便可销毁，以杜流弊。原系利用变通，一时权宜之计。惟查办理大工，银钱并用，采办物料，均可合银给发，以期便捷。匠夫工食，随时易钱散放，以免堆积。兹当工程伊始，布置正须及时。若待部颁印钞，招募商民交钱应用，实有缓不济急之势。且事涉创办，令难遍行。溯查历届大工，俱需银数百万两，钱价之贵贱，亦无一定。即如祥工初开工时，每银一两，易钱不足千文，而后来亦有换至一千三百文者。是所称较平时，市价几至减半，亦不尽然。况以银钱轻重计之，大相悬殊，运钱百串之资，即为携银千两之费。而转令交钱到工，持钞上库，每百五十串，作银百两。再加运脚夫工，折耗既多，商民未必乐从。若谓近来钱多于银，而直省停铸有年，岂有制钱独能增益？查豫省上年漫口，省会城垣、贡院等工，所费不赀，均系士民捐资办理。现在元气未复，而濒河州县本年又被淹冲，恐商民之力，亦有不给。且前已奏准捐输，该省如有就近捐钱者，仍可汇入捐项，一体请给议叙，拨归工用。至直省捐生，或来豫捐输，或赴京上兑，岂肯易钱投交工次，徒费周章。臣等悉心筹商，窃以穷变通久之义，原贵因时制宜。钞法行之于平日，或可权衡轻重，冀其流通。若用之以济急需，恐商民终成观望，徒费此举。该御史所奏，工次暂行交钱易钞报捐之处，应毋庸议。”奉上谕：“该御史所奏，着无庸议。至现当兴办大工，以银易钱。倘经市侩从中把持，任意抬减，恐经费益形折耗。着廖鸿荃、钟祥、鄂顺安，严密访查，务令市价均平，帑项均归实用，方为有济。”

道光二十三年九月，廖鸿荃、钟祥奏“查明排桌牌桶积弊，拟办理章程疏”，曰：“接奉廷寄给事中韩椿折一件，奉旨：‘交廖鸿荃，会同钟祥查办。钦此。’臣等查原奏内称‘东河历来办工两坝，设立排桌，发给脚价。每一桌派一员管理，每日约发制钱一百余千，排桌委员往往从中偷漏，每串官役人等，代为运归，私寓分肥。大工需日甚久，以每日每桌发项计之，不下百余万两；以每日每桌侵蚀之钱计之，亦不下数十万两。现在漫口，将次兴工，如何革除积弊之处，请即由该督悉心筹画，妥议章程，具奏办理’等语。臣等于到工后，遵即详查，排桌一项，为散给夫价而设。缘两坝进占工程吃紧之际，所需土料，须用人夫，往来跑运，而人夫脚价，均须开发现钱。跑土夫钱，向委佐杂；跑料夫钱，向委外委。排桌分别率领跟役兵丁给发，其给钱之法，皆用排桶，编列字号。每桌各二个，轮流赴局支领，满贮散钱，零星发付，发完方准再支。并另委员稽查，不许分文夹带。立法本为周密，然管理排桶之员弁，贤愚不一，难保不任听跟役兵丁偷漏钱文。有暗藏口袋，乘间抓钱装入者；有勾串亲朋，借抬土料为名，混杂其中，将所偷钱又代为带出者；有串通铺户，运钱易银者；有土料本少，而遇商同伙窃之人，则给钱转多，留为俵分地步者。在该员弁等，或明知其弊，而佯为不觉，借偿奔走之劳甚者，暗与分肥，恃为腹心之寄。因而轿夫、衙役一切在官人等，借口捉弊，要挟讹索，硬取钱文。凡此弊端，难以枚举。但防弊之法，必究其弊之所由生，臣等复细加访察。盖因佐杂平时所用跟役，不过一二三人，一经派司排桶，非雇用八九人不敷照料，势必临时添雇。该员每日例给薪水只银一两二钱，为数无几。既不足以养赡多人，而差事又极辛苦，其乐于受雇者，大抵皆利有偷钱之一术。至外委例带兵丁，向有定额。若辈素相为伍，既无名分之相临，惟利是图，安必清廉之共凛，其偷钱之弊更甚于佐杂之跟役。臣等公同商酌，欲养其廉耻，必先加给以薪银；欲禁其贪婪，必先严定其赏罚。查向来买土佐杂，多用从九品、未入流，今拟用县丞、主簿等官，除薪水银两照常发给外，每员每日加给银八钱。其跟役定以八人，每日每人给银二钱五分，计佐杂一员并所雇人，每日共给银四两。运料委员，向多用额外。记名外委，今拟参用把总。及经制外委旧例，每日给额外外委饭钱二百五十文，记名外委饭钱二百文，兵丁饭钱一百五十文。拟将每日每项加倍发给，以职分大小，分别饭钱多寡，俾免缺乏。所领银钱，均由总局逐日支发，并严谕该员弁等，约束跟役兵丁，不得再沿陋习。如果洁己奉公，办理妥协，工完之后，文员则存记奖励，武职则酌量赏拔。傥或仍蹈前辙，即将该员弁从严参办，其跟役兵丁一并枷责斥革。如此赏罚并行，庶任事者，有所劝惩，于工程经费，均有裨益。至分派员弁，已责成掌坝官，慎为选择。另委公正厅县，切实稽查。如仍察有弊端，该掌坝官与稽查官并予参处。臣等亦亲自常川到坝巡察，务期力除积习，以重工需。”奉上谕：“该文武员弁跟役兵丁等，加给薪银。原所以养其廉耻，第恐议加之后，积弊仍未能尽除，稽查仍视为具文，是经费之支发徒增，而官役之侵渔如故。于核实整顿之道，尚未能确有把握。着廖鸿荃、钟祥、鄂顺安悉心筹画，再行妥议具奏。”

道光二十三年九月，廖鸿荃、钟祥、鄂顺安奏：“敬徵等估册内开，东、西两坝需用秸料九千七百六十六垛，四分挑水坝需用秸料一千三百九十五垛，二分每垛按照祥工给银一百八十两，杂料除谷草、橛木、苏缆、砖石外，以苘麻为大宗，册估需麻一千二百万斤，每斤价银四分。”

道光二十三年九月，廖鸿荃等奏“妥议牌桶章程疏”，曰“臣等查牌桶发钱时，既迫促，人复烦多，且与负土抗料之夫肩摩背接，差事极为猥琐。计两坝及挑水坝牌桶佐杂，须用三十员，武弁亦须三十名。其所带跟役兵丁太少，又不敷用。前议将佐杂每员需带跟役八名，共日给薪银四两，每日计共应给银一百二十两。武弁每名带兵丁八名，共日给饭钱二千九百文，折银二两一钱四分八厘，每日共应给银六十四两四钱四分。自进占以至合龙，以八十日计之，两项共应给银一万四千七百余两。然除常例本应发给银数外，实共加给银九千二百九十余两，遵复公同熟商。此次管理牌桶，先期责成掌坝官，慎选廉干员弁，出具保结，开单呈核。其所带跟役兵丁，一并造具清册，上坝之时，逐名查点。并令同穿号衣，书写'牌桶'字样，于人夫稠杂之中，易于分别。如在坝往来频数，或与闲人交头接耳，或胸前高耸，或衣袖沉重，形迹稍有可疑，不难登时搜检。查有弊窦，立即严惩，以警其余。所发牌桶，亦大书某员弁姓名。领钱散钱，着掌坝稽查，各员分投查验。至买土筐，分大小，每易为奸。今拟概用大筐，价归一律，严禁小筐夹底凸心等弊。责成稽查官，抽查签试，有犯必惩。抗料夫则每人以十束为率，每束以六斤为率，毋许以小束搪塞，致价有参差，发钱之人得以上下其手。以每日所运之多寡，计用钱之虚实，似此层层防范，偷漏之习，或可革除"等语。奉上谕："着照议责成麟魁等，督饬掌坝等官，随时认真严查，仍不时亲往督视，以期扫除积弊，毋得视为具文，稍有疏懈。"

道光二十三年，议准："豫省各厅购办甲辰年岁料，因中牟兴举大工，购办较难，中河厅每斤加银五毫，上南、下南、卫粮三厅每斤加银四毫，黄沁、祥河、下北、兰仪四厅每斤加银三毫，曹考、仪睢、睢宁、商虞、归河五厅每斤加银二毫，归入中牟大工摊征归款。"

道光二十四年二月，麟魁、廖鸿荃、钟祥、鄂顺安会奏称："奉上谕：'麟魁等奏蛰失埽占，自请治罪，当经降旨，将麟魁等分别惩处，现既仍令督办。若能相机厢筑，仍获蒇功，尚可量加宽贷。即或情形险要，一时未克施功，亦当将已成埽占，择要加厢守护。现在如何修守新工，如何保守料物，是否赶办济用？原估银两之外，计余银一百余万，现存何处？此时添给银两，究竟合龙有无把握？着体察情形，酌量缓急，迅即据实具奏等因。钦此。’窃中牟大工埽占蛰失后，种种棘手，臣等已将万难补筑情形，缕晰陈明，请援照成案，暂行缓办，于二月十八日具奏在案。原估坝工系长三百六十丈，嗣因土性沙松，经臣等奏明绕越厢做，计截至二月初七日止，两坝已共做成四百二十余丈，较原估增长六十余丈。丈尺增则工料益增，且所增之工，俱系深水厢进，需费更繁。统查此次工需，奉拨各省关解到饷银五百一十九万九千余两，京饷银一百五十万两，又各员捐交麻檾价银三万四千两，又借提开封府属发当生息本银九万六千九百二十两，又收工员缴回买料节省银二万一千八百四十两，又收捐输银四千两，以上共收银[1]六百八十五万五千七百余两。又拨捐输钱四十六万千文。除拨还垫办盘筑东西裹头银十二万二千余两、拦黄坝银三千六百余两，系前任承办工程，应划开不计外，计臣等到工后实收到银六百七十三万余两钱四十六万千文。内除照原估银五百一十八万二千余两，又经奏明添估引河银十一万二千余两。又因料物不敷应用，于十二月十七日奏明添办秸料二千余垛，麻八百余万斤，檾缆亦量为增添。又于正月十七日，奏明于上次请添秸麻之外，另为酌量添购。计续又添办秸二千六百余垛，麻三百五十万斤，连添办碎石檾榄及厢埽夫工。又西坝接长土工一百丈，并添筑撑坝及挑水坝，加筑土戗、引河头，新筑拦黄坝等工，俱系续添之款。共又用银一百五十八万七千八百余两、钱四十三万余千文，内除剩存各项料物，按价核银二十二万五百余两，堪以作抵。又现存银

[1] 银　原作“两”，据民国19年重印本改。

六万余两，钱二万八千余千，统计臣等所办各工，除动用捐输钱文外，实共用去正项银六百四十四万余两。此外例扣市平、部饭银两，亦经动用无存。又两坝浇筑后戗工程，系应归善后案内估报。先于存款内垫支，赶办此大工，存用各项之实在情形也。”分见“工程门”。

道光二十四年二月，谕：“本日已明降谕旨，将牛鉴释放，发往河南，交鄂顺安差委矣。该革员前在河南巡抚任内，颇得民心。该省民情纯朴，上年兴筑省城，捐输踊跃，并未动支帑项，甚属好义急公。此次中牟大工，将次合龙，忽遭风暴，连蛰五占，需用浩繁，应如何设法筹办之处？牛鉴素为该省士民所悦服，经朕特加恩宥，自当倍加黾勉，实力妥筹，以纾国计而苏民困。着俟牛鉴到省后，即将此旨发给阅看，将此谕令鄂顺安知之。”

道光二十四年七月，钟祥、鄂顺安奏“预补筑中牟坝工，现在勘估情形并约须银数疏”，曰：“窃照中牟大工，本年春间埽占蛰失之后，当因种种棘手，奏准暂行缓办在案。惟口门一日不堵，则下游三省灾黎一日不安。现在时逾立秋，一切亟应预为筹计，俾大工早日兴举，一气告成。惟该处土系纯沙，易于淘刷，筹办必须详慎。先经札饬开归、河北二道，带同熟谙工程文武员弁，前往确切履勘，撙节估计去后。兹据禀称大工堵筑，须届霜清。刻下秋汛甫交，河势未定，原难预先揣拟，适中其机。惟兴工以料物为，先办料以及时为贵。且非估工无以知料数，又非筹款无以备工需。转瞬新料即可登场，应就现在情形，先行勘估，以便预请钱粮，方免迟误。

“查该工河势现于北首坐湾，折而南向直，由口门下注，较前稍有变更。查向来堵筑漫口，原宜择老滩淤土处所，筑做坝工，庶进占较有把握。无如此次大工决口以外，随地纯沙，是以金门收窄，水势刷深至十丈余尺，而舍此并无另立坝基之处。且大坝原做长四百二十余丈，除量为拆展外，计东西仍存旧坝共二百余丈。就此绕越补筑，亦不过二百数十丈。自较另行创筑，节省实多，似以守旧为是。第金门原处前已刷有深塘，不宜再于旧处堵合，应由西坝迎向上水，多进数占，跟抛碎石，盖护旧金门。而过东坝较前，退后五十丈筑做门占，则堵合既可措手，河势亦能逼向东趋，于引河更多裨益。惟该工土性沙松，即将金门向东圈移。迨两坝收窄，水势高下悬殊，奔腾逼注，必致逾刷逾深，坝工仍虞吃重。上冬曾由总局议请添筑二坝，只因钱粮增重，未经准行。此时亟应估办，以资擎托。拟于东、西裹头之北，设立二坝坝基，约圈筑长八百余丈。两滩仍用土筑，以期节省，中间水面一律进占。照依成法，正坝宽五丈，上边埽宽三丈，下水边埽无须厢做，俾归撙节。至引河头现有滩面，横亘不能得势，挑坝亦不着力。然大坝既就旧基，河头亦难远徙。

“今酌中定拟，将河头再向北首挪展数十丈，以现在北唇作为南唇，并于下唇添筑兜水坝擎托。共挑水坝埽工原长二百八十丈，现经大汛，间有刷塌，应于原长之外，接长一百丈，多用碎石，逐占抛护，俾挑溜益臻得力。惟引河原估头段挑深三丈一尺，因大坝金门前曾刷深至十丈以外，以致上游河身掣刷落底，较上年加深丈余。引河底现形高仰，除河头另行挪展外，迤下长河均须展宽加深，庶得建瓴之势。以上各工，约计估需银六百三十余万两。并声明将来河势倘有变迁，工程互有增减，则钱粮自因之损益等情前来。臣等复亲往逐细确勘，与所禀情形相同，第所估银数尚多。当此筹款维艰之候，自应力求撙节。

而形势既尚未定，又不便悬揣驳减，致有借词。惟念堵口以集料为先，集料以钱粮为要，指日新料登场，必须预先购办，以免临时居奇。且引河沟工沟线，亦须展宽加深，自下而上，逐节挑挖。试放清水，遇有梗阻，随时收拾，庶放河可得建瓴之益。亟应赶早派员挑办，而一经集夫兴挑，亦须款项应手。臣等亟知钱粮重大，务须慎之又慎。惟既不敢稍任浮估，又不敢短减贻误。再四审度，连日筹酌。惟有仰恳敕部，先于附近河南藩、关各库，筹拨银四百五十万两，解工备用。仍俟霜清水落，勘定形势，确核估计，实需银数。再当切实陈奏，断不任稍有浮估，以重帑项。”

道光二十四年七月，谕：“钟祥等奏‘遵旨密筹中牟大工，势难缓办’一折。据称体察现在情形，通盘筹画，势难缓办者有四，自应赶紧修筑。现在时交白露，河势不致大有变迁，所有挑河、筑坝、购料各事宜，着即克日兴举。前所请饷银四百五十万两，业经户部如数筹拨，定可源源解工。着即将此项撙节动支，核实稽查，断不准办料办工之员稍有浮冒。钟祥、鄂顺安办理大工，责无旁贷，惟当相度机宜，实心经理，于慎重之中，力求妥速。固不可草率从事，尤不可迁延玩泄，坐失事机，是为至要。”

道光二十四年九月，钟祥、鄂顺安奏称：“窃臣等接准部咨，道光二十四年三月十七日，奉上谕：‘上年中牟漫口，特派麟魁、廖鸿荃，会同钟祥、鄂顺安，督率道将厅营办理大工。宜如何激发天良，妥筹速办，乃毫无把握，将次合龙之际，被风蛰失五占，以致水势日增，挽回无术。将来续举大工，势必多糜帑项，办理不善，咎无可辞。应如何分别罚赔之处，着工部查议具奏等因。钦此。’当称部臣查河工防守不力，致被冲决者，例准销六赔四，东河向作九成分赔。今已革尚书麟魁、廖鸿荃等，办理中牟大工，未能赶紧堵筑，将次合龙之际，被风蛰失五占，多糜帑项，自应钦遵谕旨，罚令分赔。惟检查并无钦差大臣分赔成案，拟请比照销六赔四、九成分赔之例办理。所有应赔银两，划作十成，着令已革尚书麟魁、廖鸿荃分赔一成，臣钟祥分赔二成，臣鄂顺安分赔一成，承办埽坝之厅营等共分赔六成，以示惩儆。此次工段银数，尚未据造报到部，无凭核算。应令迅将各员应赔分数，照例查明，先行奏报等因，具奏。奉旨：'此次麟魁等督办中牟大工，未能堵合，其应行罚赔银两。着麟魁、廖鸿荃各赔一成，钟祥分赔二成，鄂顺安分赔一成，承办埽坝之厅营等共分赔五成。所有工段银数，着该河督等迅即查明奏报。钦此。'移咨到臣，臣等当即钦遵，饬行该管开归道遵照部议，查明蛰失埽占工段丈尺，确核各员应行分赔银数具详去后，兹据该道详称'中牟坝工原估正坝及上下边埽并夹土坝，共宽三十丈，两坝同时进占，层土层柴，如法厢做'。嗣因水势刷深，节次加厢，均蒙随时陈奏在案。

"迨二月初七日，东坝上边埽三十七占，埽眼被浪冲刷过水。横串夹土坝前及正坝门占，翻花不止。适值黄水陡长，风浪淘击，人力难施，致将三十八占门占并三十六、七占掣走。初九日，续蛰去三十四、五两占，共计蛰失五占，共长二十五丈六尺。按照刷深水势实在丈尺，及彼时较量各埽，实高水面四丈五尺核计，其所用料物俱照祥工定价，秸每斤例加价银三厘六毫，麻每斤例加价银四分，土每方例加价银三钱，余俱照例开报。统计共用工料例加价银三十八万四千六十七两零，内除加价银二十五万四千八百五十一两零，照东河向例摊征归款外，所有例加价银十二万九千二百十五两零，遵照部议'内分销六银七万七千五百二十九两零，另行作正造报；其赔四银五万一千六百八十六两零，按照十成分赔’，缮具分赔银数、职名，清折呈请，具奏前来。臣等覆查无异，谨将蛰失埽占丈尺并各员应行照例罚赔银数，核缮清单恭呈。”

清单：

中牟大工东坝三十四占至三十八占，共长二十五丈六尺。正坝埽工宽十五丈，上水边埽宽七丈，夹土坝宽一丈，下水边埽宽六丈，夹土坝宽一丈，共宽三十丈，入水六丈九尺、九丈三尺、十丈五尺不等。上面普律加厢，高四丈五尺，共用料物、夫工银三十八万四千六十七两五钱一分六厘，内加价银二十五万四千八百五十一两七钱一分一厘，照例摊征归款。例价银十二万九千二百一十五两八钱五厘，遵照部议内除销六银七万七千五百二十九两四钱八分三厘，作正开报外，计赔四银五万一千六百八十六两三钱二分二厘，作十成分赔，每成应赔银五千一百六十八两六钱三分二厘二毫。钦差前礼部尚书麟魁分赔一成，银五千一百六十八两六钱三分二厘二毫。钦差前工部尚书廖鸿荃分赔一成，银五千一百六十八两六钱三分二厘二毫。河东河道总督钟祥分赔二成，银一万三百三十七两二钱六分四厘四毫。河南巡抚鄂顺安分赔一成，银五千一百六十八两六钱三分二厘二毫。掌坝文员分赔三成半，银一万八千九十两二钱一分二厘七毫，内前兰仪同知张承恩分赔银四千五百二十二两五钱五分三厘一毫七丝五忽，前下南同知赖安分赔银四千五百二十二两五钱五分三厘一毫七丝五忽，前下北同知徐敬山分赔银四千五百二十二两五钱五分三厘一毫七丝五忽，前中河通王广恕分赔银四千五百二十二两五钱五分三厘一毫七丝五忽。掌坝武弁分赔一成半，银七千七百五十二两九钱四分八厘三毫，内前仪睢协备吴怀恩分赔银一千五百五十两五钱八分九厘六毫六丝，前兰仪都司邱广玉分赔银一千五百五十两五钱八分九厘六毫六丝，前江南桃北营守备周宜分赔银一千五百五十两五钱八分九厘六毫六丝，前下南协备张奇亮分赔银一千五百五十两五钱八分九厘六毫六丝，前曹河协备杨怀理分赔银一千五百五十两五钱八分九厘六毫六丝。

道光二十六年十月，谕："银贵病民，所关匪细，必应力求变通，其尤甚者。河工人员但知用银甚便，总以搭钱为难。即谓岁修工程及预购秸料土方等项，责令以钱搭放，恐致贻误要工。此外，俸廉盘费、书吏仓役并杂支❶等款，何难量予搭放？仍着各该河督按照前项名目，悉心核议，每年实可用钱若干，分晰奏覆，毋得固执成见，仍以窒碍难行，一奏了事。寻河东河道总督钟祥奏'东河并无盘费'一款，请仍照旧章办理，惟土工有用钱成案。嗣后请以钱三成搭放，计每年估修土工以三十五万两为率，可搭用钱十五万串，以制钱一千五百文作银一两，下部知之。"

道光二十八年十一月，谕："河工浮冒之弊，人所共知。本年已明降谕旨，着户部存记，除例应发给银两外，丝毫不准再废。自当懔遵，计每年所拨银两，傥力节浮费，尽数办工。如果该厅等，于例领正价之外，并未丝毫糜帑。三汛之后，准该河督优加保举。嗣后河督处分，仍照旧例分别漫口罚俸，决口降留办理，毋庸离任。其失事专汛厅弁，从重治罪，以专责成而杜挟制。并酌添东河总督养廉，共发给银一万两，优与正所以杜其滥取。各厅员冗缺甚多，着河南巡抚会同该河督酌议裁撤。"

❶ 支 原作"交"，据内文改。

道光三十年五月，谕："河务修防动款甚巨。近来银价增昂，工料多系以钱折算，为数本有盈余，尤应力求撙节。南河工用叠经严饬，不准丝毫滥支。东河事同一律，着该河督饬属一体撙节办理。"

咸丰四年正月，王履谦奏"河工钱粮，东河每年不下一百四五十万两，实在办工不及十分之六"等语。谕："长臻详细查明，应如何革除浮费，俾钱粮皆归实用，妥定章程具奏。"

咸丰五年六月，因兰阳三堡漫溢，谕："暂开捐例，设立捐局，无论银钱、米面及土方秸料皆准报捐。办公需用钱，即可劝谕民间捐输铜斤，设局鼓铸，以资支发。"

咸丰五年七月，谕："昨因兰阳汛三堡漫溢，谕令李钧等赶紧堵合，设法协济。并谕令桂良、英桂、崇恩查明被水灾黎，妥为抚恤。因思河工漫口，向来暂开捐例，以济要工。现在军务未竣，各省捐输迄未停止，而部库支绌，亦无从筹拨。朕夙夜焦劳，念及小民荡析离居，难安寝馈。该河督等具有天良，于堵筑漫口、抚恤灾民一切事宜，更应早为筹及，断不能以无款可筹，遂至束手无策。着李钧与英桂、崇恩悉心妥议，于河南、山东两省设立捐局，无论银钱米面及土方秸料，皆准报捐。米面可备赈需，土秸可供工用，仍核计所捐之数，奏请奖励。并着遴委妥员，分路劝谕绅商捐办口粮，接济灾民。此外所属各州县，如有可拨之仓谷，亦可酌量动用。总期被水灾民，不至流离失所，方为妥善。至办工需用钱文，即可劝谕民间捐输铜斤，设局鼓铸，以资支发。"

咸丰五年七月，河南巡抚英桂奏："现值秋水盛涨，漫口处所亟须盘做裹头，以免再行刷宽。前经蒋启等，赶紧厢护，缘料物不齐，且河水陡长，随厢随塌，东、西两坝相距已有一百七十余丈。而司库支绌，一时无款可筹，正深焦灼。旋准河督臣李钧来咨，撙节估计，约需银三万余两。已倡率各属捐银一万五千两，其余由蒋启扬及失事各员王绪昆等先后赔缴。即日购料，接续前工，克期赶办。”

咸丰五年十月，谕：“近年以来军务河工，民生重困。朕不惜蠲租发帑，加惠黎元，犹恐苛累之条，蠲除未尽。因念河南省有‘河工加价’一款，每年应征银四十余万两，系从前马营、仪封、漳沁等工，用过土方各项加价，在于地粮内‘按限摊征’之款，与钱漕正项，本属不同。三十余年积欠累累，该省赋额甲于天下，连年兵燹水灾，差役繁重，而正供之外，复有此项摊征。朕轸念闾阎，岂忍令其久为民累？所有此项，河南省每年应征河工加价等银，着自本年为始，加恩豁免，永不摊征，俾小民得以专完正课。如有本年已征在官者，着该抚查明，抵作今年正赋。”

咸丰七年，奏准：“冲决堤工，如系上年原塌处所，除堤工照例赔修四成外，其余挑坝引河等工，统令赔修四成。”

咸丰八年正月，军机大臣彭蕴章等，会同户部议奏：“东河钞票酌改钱钞成数，得旨依议。河工拨款，既加实银一成，自应撙节支放。究其本，惟在地方官实收民钞。一面开设官号，认真办理，则河工放款，或可稍增成数，不致折耗过甚。”

咸丰十年，议准：“河南省兰仪以下干河，招垦旧河滩地，分别等第，征收钱漕。另立滩租款目，每岁经征、完欠、职名造册送部，具题考核。”

同治二年五月，署河东河道总督谭廷襄奏称：“窃照豫、东黄河，自咸丰五年由兰阳北岸旁趋后，下游干河工程停办，而上游有河七厅堤段延长，埽坝林立，均属最为险要。借天堑以卫民生，修守所关，至为重大。嗣因司库支绌，未能照旧拨发经费，始则搭用官票，继则搭用宝钞。迨因钞价过贱，不敷购料，几致贻误工程，遂定为三成现银，三成半局钞，三成半生钞。除生钞所值无几外，其局钞系由钱粮搭收，拨给河工。按局钞一千五百文抵银一两，每局钞一千取银五钱核计，每两可得现银七钱五分。厅员办工每百两，以三成现银，三成半局钞计算，仅止实银五十六两二钱五分报销，则连生钞统计在内，徒有虚数，并非全济实用。臣于上秋在山东巡抚任内，兼署河篆，查明文卷，即拟变通旧案，改发实银。只因尚未勘工，不敢轻率定议。

“四月内臣交卸抚篆后，奉命将河东河道署任事宜，专心办理。当即钦遵，驰抵开封工次。适抚臣张之万带兵出省，不及晤面。当向函商覆，以未曾亲历河干，无从确指利弊，嘱与藩司王宪，妥为斟酌。臣知王宪曾任河厅，河道情形熟悉，公事极肯认真。因将通岁工需，与之约略筹计。兹臣勘明上游两岸水势及工程情形，并博访详咨，始知河工有必不可少、必不可缓之需，而办理之是否不致虚糜，仍视其人为断。即如抢险夫工、料物等项，当安危系于呼吸一刻，不可暂停，而夫工增值，料户居奇，例价不敷，随时增长。从前悉皆通融开报，以致用数较巨[1]。兹与该司道等熟商，拟将抢险夫工料物，预饬厅员早为筹备，不得临渴掘井，致令索价倍昂。至河营武弁便于厢埽，每当报险，辄以危词耸听。旧埽汇塌，必须刷净朽底。补厢新埽，从前物力充足，不稍吝惜。是以另案较多，殊不知朽埽连底汇尽，自应补厢。若尚有根抵可资，不必候其汇刷净尽，即应于上而加厢稳固。既可惜料，亦可护堤。此外凡有可以撙节

[1] 巨　原作“距”，据内文改。

之处，无不遍加访察，大抵以减工为省料，以省料为节费，事属相因。惟工料总须实发现银，方可随时应手。况征收钱粮，业已停止。收钞无可再拨，自当一律更改，不便杂以生钞，徒有造报虚数，无补工需。臣悉心筹酌，拟请变通旧案，改拨现银，核实办理。

“复查同治元年，开归、河北二道属另案砖石土埽工程，请销银七十五万余两，抢修工程请销银十四万余两，二共银八十九万余两。以三成现银，三成半局钞，核计共需实银五十万有零。虽未由司全数拨给，究有垫欠，终须归补。今按各厅现在水势及应办工程情形，通盘约计，大加撙节。每年寻常修守及偶尔抢险，有实银二十万两左右，预备支发，当可敷衍。本年拟将原请例拨办料银六万五千两，岁麻加价银二万七千余两，全用现银。再于春、伏二汛例拨防险银三十万两内，先拨实银十一万两。三项统算，计银二十万两有零。其开归、河北两道额征河银，除蠲缓及欠解外，每年各收银一万余两及六七千两不等。向归抢修案发内支应，仍就数提用。此外，历年备防、抢险、找补不敷等项，均即归并在内，毋庸多设名目，致滋牵混。似此减之又减，试办一年，果能勉力支持，即可作为额岁。较之往年，约计节省现银二十余万两。至异常险工，并非常有设，或需项甚巨，另行专折请旨，酌提未拨防险银两，以昭慎重。

“臣于河工素未阅历，不能深知底蕴，所有修守一切，惟有督令两道及各厅员认真讲求，务期一一核实。其平日奢糜、浮滥恶习，谆饬悉力屏除，能尽一分实心，自有可办一分实事。傥有不肖之员，意存贪冒，不知节慎，即行据实奏参，断不敢稍事姑容。再，本年应添防料砖石，已于另折奏请停缓，计少拨司库现银四万二千余两。又历年秋拨防险银十万两，亦拟临时一并停缓，计少拨司库现银五万六千余两，统归撙节。又前因新章未定，料麻价并例拨防险，均止由司先拨三成现银。旬余以来，黄、沁节次报长，瞬将交伏，秸料砖石等物，亟应赶紧购备。臣一面咨明抚臣，并行司提拨应用，以免迟误，合并声明。”

同治三年九月，谕：“谭廷襄奏‘抢办中河厅十三堡险工，撙节估计，需三银万余两。查每年例储春、秋二汛防险银三十万两，上年仅拨银十一万两，节省银十九万两，请提拨现银三万两，俾资赶办’等语。中河十三堡存滩被刷，骤出奇险。现虽抢办渐臻底定，而筑埝修堤，既据谭廷襄奏万分紧迫。自未便稍涉延缓，致误要需。着张之万督饬藩司，于上年春、伏二汛节省银两内，提拨现银三万两，俾供支放。”

同治四年，议准：“东河岁、抢修及一切工程款项，均仍按银、钱各半放给。”

同治四年，谕：“张之万奏‘筹备上南、祥河两厅险要工程，请酌拨节省防险银两’一折。河南上南厅郑州下汛等处，本年叠出险工，均经抢护平稳。惟转瞬春融水长，堤埽塌蛰堪虞，亟应预筹经费物料，以济要需。现经张之万于郑州下汛十堡、十一堡，估需银五万余两；祥符上汛十五堡，估需银四万余两。内力加核减，必须添拨银六万两，始敷办理要工。所陈自系实在情形，着吴昌寿按照该河督所请，迅速饬令藩司，于新章司拨二十万两外，再拨节省防险银六万两，并前任河督谭廷襄奏准定章年前应拨料麻四成价银，一并勒限于年前全数解交张之万。俾得及时赶办，毋许稍有延缓。其南岸下南厅及两岸长堤各工，并着张之万随时察看情形，认真经理。”

同治五年，奏准："东河上、祥两厅工程紧要，所有上南厅属添拨银五万两，祥河厅属添拨银三万两，在于历年节省防险项下拨给。"

同治七年，奏准："上南等七厅酌加岁料价银四万八千七百余两，以资津贴。"

同治七年，谕："本日据苏廷魁驰奏'黄河伏涨异常，请饬豫抚拨款防秋'并'中河厅抢办险工情形'各折片。豫省黄河两岸工程，因历年经费未充，办理久经竭蹶。本年伏汛盛涨异常，七厅两岸险工到处叠出，中河、祥河两厅尤甚。所称秸料之艰，饷需之绌，自系实在情形。现在伏汛未完，秋期正远，若不亟筹饷需，赶备秸料堵御，势将不可收拾。着李鹤年于豫省库存项内，无论何款，立即筹拨开归道银五万两，河北道银四万两，克期交付，俾资修守。该抚务当顾全大局，不可视为泛常，稍涉游移推诿，贻误干咎。除分拨九万两外，届时倘遇险工，再有不敷，仍着该抚设法另筹，随时拨解。并着苏廷魁督饬开归、河北两道，率同各厅员认真赶办各料，用资秋汛修防。并将中河厅属中牟下汛三堡堤身，赶紧设法抢护，俾臻稳固。"

同治七年八月，谕："苏廷魁、李鹤年奏'请拨款堵筑荥工分流'一折，所需工料银九十万两。现当应用紧急之时，着户部先行拨发库银四十万两，其余五十万两即由户部速拨有着之款，以资接济。苏廷魁等务当撙节动支，不得任厅工员浮冒开销，致涉虚縻。所称此项用款，俟截数后，于各省支发各项内，每百两扣除二两，以资归款之处，着户部酌议具奏。"分见"工程门"。

按：是年十月，胡家玉奏续请帑金又八十万两。十二月，曾国藩等会奏发帑已二百万两。此两奏均见"工程门"。

同治八年二月，河东河道总督苏廷魁奏称："窃查上南河厅荥泽十堡，自上年六月二十八日漫口后，奏明由司陆续拨银六万两，购备料物，盘做东、西两坝裹头、埽段，共用银五万三千九百五十七两三钱九分一厘。其帮宽坝基、估筑撑堤，共用土方银一万二千五百三十五两三钱。又荥工堵筑，先后奏请拨银一百七十五万两，内已收到部拨银一百万两，截留楚饷银二十一万两，两淮盐厘银十四万两，闽海关银八万两，共已收银一百四十三万两。计未收闽海关银十二万两，江汉关银五万两，江海关银十万两，豫省折漕银二十一万两，统共未收银四十八万两。除应拨还截留部饷银二十一万两，实应找银二十七万两。查荥工东、西两坝，自上年十月二十一日兴工起，至本年正月十八日堵合闭气止，随后复按占跟追，普加大土，现已一律整齐高厚。确核两坝埽占土柜、抛护碎石、挑挖引沟，共用银一百三十二万余两。内除余剩正杂料物，值银七万三千余两，应归善后案内动用核销外，实请销银一百二十四万七千余两。臣督饬荥工司道，详细核计。委已核实无浮，自当饬将细数分别造册详送，以添复核准确。奏送清单，陈请核销。核以两次请拨之数，计节省现银三十七万九千余两。连用剩料物统计，实节省银四十五万二千余两。所有荥工善后应办土埽及筹备料物，并本年南岸三厅滨黄各工修守，为数甚巨，均不另请钱粮。即于节省项下，督饬所委各员，撙节确估，统俟荥工请款全数拨到，分别赶办。傥有盈余，悉数奏请缴还部库，不任稍涉虚糜。"

同治八年二月，河东河道总督苏廷魁片奏称："再查善后工程，已饬道督令厅委各员详慎勘估，务臻妥协。臣约略核计，增培顺河埝、加帮南戗水旱土方，约需银八万余两。俟估到，再行复核具奏。至北面普厢护埽，所需正杂料物，即尽余剩秸麻动用。至南北两岸本年修守，关系紧要。北岸已于例拨之外，奏请添拨银十四万两。奉旨俞允，钦遵在案。南岸三厅工段，紧要数倍北岸。而大工之后，料物昂贵，尤非往年可比。核计料土两坝，非添拨银二十余万两，益以常年额拨，断难布置。且帮堤积料，非于大汛以前赶办完竣，难资抵御。所赖荥工节省之项，可以筹办。傥能再有盈余，另行奏缴，第查荥工节省，尚有续拨闽海关银五万两，未经解到。又原奉敕拨豫省折漕银二十一万两，已经抚臣奏明，无款可支。若此款无着，则工程关系至要，所短尚多，不能不另请添拨，以顾要工。惟有仰求垂念民依，饬部臣于河南邻近省分，筹拨银二十一万两，限三月内全数到工。俾趁大汛未交，赶将各厅修守，早为料理完竣，免至临险棘手。查上年荥工分溜，刷沙无力，河身淤垫倍甚。现在全黄挽正，各厅工程，处处吃重。臣以大工甫定，尚抱隐忧，不敢不切实陈请。至两岸常年额款，并前请岁料加价及北岸添拨之项，亦须早日拨发，方能及时筹办。”

同治八年四月，河东河道总督苏廷魁奏：“荥泽汛善后土工，共估工十四段，长七百六丈余尺，共土十九万三千九百余方，连水戗共需银八万三千三十九两零。”

同治八年七月，河督苏廷魁、河南巡抚李鹤年会奏称：“窃照堵筑另案大工，事竣后应先核明工段丈尺及工料土石银两，分晰开单具奏，再先造册题销，历经遵办在案。查同治七年，上南厅属荥泽汛十堡无工之处漫口，经臣等奏明，盘做裹头埽段，筑做东、西坝基，添筑撑坝，进占抽沟。约估秸麻夫工，请拨饷银，遴调官弁，择吉分别次第兴工。于同治八年正月十五日，堵闭合龙，稳固在案。兹据原派总局司道，转据上南河同知，将做过工段丈尺，用过料土、夫工、石方、银两，造册详送前来。臣等覆查荥泽十堡东西大堤，盘护裹头埽银。并就两堤改筑坝基，东坝南面筑做撑坝，西坝南面随坦帮宽，两坝分进埽占，兼做上水边埽，填筑夹土坝。正坝边埽普律加厢，西上边埽外接厢雁翅，东上边埽外添厢鱼鳞等埽。又于雁翅、鱼鳞埽前，抛护碎石。东坝旧河北滩，挑挖引沟等工，所用桩草缆夫工碎石，俱照例价开报。其秸麻土方，遵照奏准，秸每斤例加价银三厘六毫；麻每斤例加价银一钱；挑沟每土一方，例加价银六钱六分；坝工每土一方，例加价银一钱九分二厘并三钱五分及六钱不等。以上各工共用工料土石，例加价银一百三十一万三千五百二十一两五钱八分四厘，内例价银三十九万二百三十三两七分三厘。内分六成银二十三万四千一百三十九两八钱四分四厘，应照历次大工之例，作正开销。其余四成银十五万六千九十三两二钱二分九厘，并加价银九十二万三千二百八十八两五钱一分一厘，应在于盐厘加价项下弥补归款。以上各项银数，均经核实无浮。

“再查臣前次具奏荥工拨款及用银总数，仅止声叙两次，奏拨部库各省关银一百七十万两。及上年十二月二十一日，兴工进占起，至合龙止，所用工料、土石、挑沟等项，除去余剩料物银七万三千余两外，实请销银一百二十四万七千余两，节省银三十七万九千余两，连余剩料物，共节省银四十五万二千余两者。因彼时未将司拨银六万两，并裹头、坝基、撑坝用银六万六千四百九十二两八钱八分一厘，归并核计之。故兹将以前奏明，由司商拨之款，计银六万两，加入连两次奏拨，共银一百七十六万两。再将盘做两坝裹头，筑做两坝坝基、撑坝等项，逐一归并，确切勾稽，实共用银一百三十一万三千五百二十一两五钱八分四厘，计余剩银三十七万三千四百七十八两四钱一分六厘。连用存料物，作银七万三千两，在内实共余银四十四万六千四百七十八两四钱一分六厘。统计拨收，用存银数相符所余之款，仍照前奏，拨归荥工善后各工，并各厅常年修守案内动支。”

同治九年，议准：“沿河州县，经征河淤等租，均以八分为率。如解不及数者，即行查明分数，分别参处。又每年派拨民夫，上堤积土，防守险工，应责成沿河州县，循照旧章，如数派拨。倘有包折等弊，即将该州县严参。至伏秋大汛，遇有险工及堵筑漫口之时，购料雇夫，责成该州县，剀切晓谕，不得听居民抬价居奇，河工员弁亦不准抑勒苛派及诿过推卸。”

卷十七　经费四

光绪元年三月，河南巡抚兼管河道总督钱鼎铭奏称："窃照嘉庆二十一年，准工部咨开'凡河道另案工程，无论题咨各案，于三汛后，将一年统用银数，汇奏一次，并将上三年另案所用银数多寡，分晰比较，以备查核'等因。嗣于道光八年十二月，接准部咨，奉上谕'嗣后，汇奏单内，除岁、抢修定额外，凡一年另案工程，俱入单内比较'等因。旋于十五年九月内，复准部咨奏，奉上谕'嗣后，汇奏清单，务遵奏定期限，无论奏咨各案，汇为一册。比较上三年之数，原从清单而出，毋庸分为两事，致滋歧异'等因。十七年二月内，又准工部咨奏，奉上谕'嗣后无论动用何款，着一律归入比较'各等因。查同治十三年分，豫省黄河上游各厅，奏办另案、抢险埽砖土石各工，连十二年用存工料在内，共合银六十三万三千六百九十八两二钱分六三厘。比较同治十二年分，计多银四万三千四百四十三两二分五厘。比较同治十一年分，计多银十一万五千五百五十八两二钱四分八厘。比较同治十年分，计多银六万三千三百九十两三分二厘。查十三年分，黄河用数实因奇险叠出，用料过多。是以比上三年，均有加增。再除添拨，历年节省防险银及河夫银两，并十二年剔存料物等项，计实用司库银十九万四千八百两五钱四分六厘，亦未逾新章准拨二十万两之数。谨将用银总数，分别比较汇缮清单，恭折具陈。”

清单：

开归道属，同治十三年分，奏办另、抢土埽石各工，共十五案，共用银三十九万一千五百八十九两二钱八分六厘。比较同治十二年分，计多银一万三千七百九十一两一钱七分九厘。比较同治十一年分，计多银八万五千二百十二四两二钱五分四厘。比较同治十年分，计多银六万七千七十八两二钱一分四厘。

河北道属，同治十三年分，奏办另、抢土埽砖石各工，共十九案，共用银二十四万二千一百八两九钱七分七厘。比较同治十二年分，计多银二万九千六百五十一两八钱四分六厘。比较同治十一年分，计多银三万三百三十三两九钱九分四厘。比较同治十年分，计少银三千六百八十八两一钱八分二厘。

按：此本例奏，录一以见大凡。而改道以后情形，与前不同，即为光绪十六年改章之本。

光绪元年七月，护理河南巡抚刘齐衔奏称：“窃照同治十年，怀庆府属之河内、武陟二县徐保、方陵等无工处所，沁河漫口，将勘办情形及合龙日期，经前抚臣李鹤年先后奏报，并于勘估堵合折内声明。方陵至徐保，堤身卑薄之处甚多，拟择要培修，另行估报等情在案。嗣前抚臣钱鼎铭抵任，饬据该府督同河、武两县，将沁河南北两岸堤工，撙节估计，各该工段，共需银二万九千四百余两，而原估漫口工程，约需银三万余两。因逐加厘剔，共止用银一万五千八百余两，较原估节省银一万四千余两。以全数拨支堤工，尚不敷银一万五千三百余两，奏恳动款给发。钦奉谕旨，允准。遵即饬司筹款，发交该管府，转给河、武二县，按段修培。各报工竣，开具工用银数，呈请验销，批行确核。

“旋由臣在布政司任内，会同河北道吴潮，逐款勾稽。河内县徐保漫口工，用银一万十一两三钱三厘六毫八丝，武陟县方陵漫口工，用银五千八百七两一钱七分，共银一万五千八百十八两四钱七分三厘六毫八丝。又增培沁河两岸堤工，河内县用银一万五千二百九十三两七钱三分五厘，武陟县用银一万四千一百七十三两二钱一分一厘，共银二万九千四百六十六两九钱四分六厘。统共请销银四万五千二百八十二两四钱一分九厘六毫八丝，均系核实无浮。援照河工例案，汇案开单，议详呈请，核奏前来。经前抚臣钱鼎铭核明，未及具奏，因病出缺。臣覆加查核此案工程，经前抚臣先后奏明，发款办理。檄饬河北道，督同该管府县，实力兴办。徐保、方陵等处漫口，于同治十年九月二十四五等日，先后合龙。其根筑后戗补还大堤、厢护各埽坝，均各次第办竣。至增培河、武二县堤工，亦于十一年六月二十及二十八等日，一律告成。查验工坚料实，并无草率浮冒。惟所开土方料价，核与例价不符。因查历办成案，挑河筑坝工程，例价不敷，准开加价例，价作正开销，加价摊征款。至沁工增培旧案，亦系随时察看工程缓急。取土难易，于例价外酌加津贴，每方价银至三钱四钱不等。此案堵筑漫口，时值夫缺料昂，且两岸堤身内多积水，外绕滩沙，取土不易，不得不分别照章加价，酌予津贴，以重要工。惟加价摊征，已于咸丰五年，钦奉上谕，永远禁止。其同治七年，赵樊沁工加价，援照荥工，请以盐斤加价还款，而培堤津贴，则归捐补。此次徐保、方陵堤工，动用津贴银两，环沁居民，力难报捐归款，自当变通酌办。

“兹查堵筑徐保、方陵沁河漫口工程银一万五千八百十八两四钱七分三厘六毫八丝，内分例价银九千十三两一钱九分七厘六毫，加价银六千八百五两二钱七分六厘八丝。又增培河、武二县沁堤工程银二万九千四百六十六两九钱四分六厘，内分例价银二万四千四百四十四两六钱九分八厘，津贴银五千二十二两二钱四分八厘。相应奏恳俯准，将堵筑徐保、方陵等村沁河漫口及增培河、武沁堤工，共例价银三万三千四百五十七两八钱九分五厘六毫，照数作正开销。其堵口加价及培堤津贴，二共银一万一千八百二十七两五钱二分四厘八丝，均请在于盐斤加价项下弥补。仍俟赵樊沁工借款补完后，再行接续归补，以期库款有着，而免虚悬。此项工需，动用司库地丁银两办理，应扣六分平银，另款存储。至河内工需，因取土过远，用料较多，是以发办价值，较武陟为大，合并陈明。”

光绪元年八月，河道总督曾国荃奏称：“窃臣于立秋处暑时，叠将黄河两岸险要各工，防护平稳，并水势过大、厢修日久、所需钱粮较巨、原请之款难于敷用缘由，约略陈奏在案。查本年夏令以后，各省之水皆大。山东东阿县叠次禀报，大清河水陆续涨漫出槽，平地水深三四尺至五六尺。直隶东明县禀报，六月杪黄河水漫溢出槽，平地一片汪洋。此皆上游来源过旺，下游河身不能容纳，以致四出漫淹。下游如此，则上游先受出山之水者，情形之危险，更可想见。此黄河两岸七厅所以险要环生、抢救不遑而用款因之增益也。当水势拍岸盈堤，大溜南冲北射，势不能不撒手抢护，断不敢徒博节用虚名，贻误民生大计。所需工料钱粮，但求有可赊挪称贷，靡不百计搜罗应急。迨事后，详细稽考，实已为数不赀。再四思维，必须酌添款项，方能展布。卷查同治二年河工用款定章以后，无岁不生险工，亦无岁不请添款，或十余万、二十余万至三十余万不等。上年三次，共请添银三十八万九千两。霜后，上、中等厅又生奇险，复请添银四万。虽其时河工用款，业已截数奏明，请归次年核销，而究系当年所用之款。综计四次，共用银四十二万九千两。本年添款，经前河臣乔松年，于上年冬间援照历年初添旧案，两岸共请添银二十六万两。现在司库支绌，尚未全数拨清。而统计两岸七厅常年修守及抢险所用，不敷甚多。且汛期尚有五旬，各厅工程如何，仍难逆料。

“兹据南北两道，先就以后别无意外险工估计，禀请添拨银两接济前来。查所请之数较多，臣复确切考核，酌量删减。计南岸各厅，非添银八万三千四百两不敷应用。北岸非添银四万五千六百两，不敷应用。值此国用维艰，苟可量为撙节，何敢再请增益？无如工程繁多，钱粮只有此数。若不据实陈请，不独目前万分掣肘，将来亦无以责成工员，认真办工。况此次积添，连上冬所请，本年之款共计银三十八万九千两，与上年霜前用数相同。惟有仰求饬下河南抚臣，转饬藩司，再行设法筹拨银十二万九千两，务于霜清以前，分发南北两道。俾臣得以督饬各员，迅将现在积欠各项并秋汛应行防护事宜，次第料理，则通工幸甚，大局幸甚。”奉上谕：“着刘齐衔督饬藩司，于霜降以前赶紧如数筹拨，以资修守。”

光绪元年十一月，河东河道总督曾国荃奏称：“窃照黄河工程，关系至重。巡防修守，最为当务之急。但非钱粮应手，难期办理裕如。同治二年，前河臣谭廷襄奏请‘两岸岁修，除河银剔留外，每年司库拨银二十万两。如遇非常险工，再行奏提节省防险银两接济’。改章以后，用款支绌，无岁不出险工，无岁不请添拨。盖近年以来，黄水旺盛非常，挟沙而下，水退沙停，河身日渐淤垫。高于堤外平地之处，指不胜屈。再遇长水，中泓不能容纳，遂而北射南冲，坐湾横注。现在霜清已过，除饬厅妥慎防护凌汛外，所有来年修守事务，必须预为筹备。约核用项，为数较多。据南北两道援案禀请‘奏添拨款’前来，第值此制用维艰，不得不力求节省。查甲戌年，初次请添银二十七万四千两。乙亥年，初次请添银二十六万两。兹仍援照上年之案，请添拨银二十六万两，分发南岸各厅十四万两，北岸各厅十二万两。仰祈俯如所请，饬下河南抚臣，转饬藩司，年前先拨四成，春汛再拨六成，以便督饬道厅，撙节动支，赶办土工，购集正杂料物，俾得御险有资，不致临事掣肘。”

光绪元年，谕：“黄河工程关系紧要，所有来年修守事务，自应豫为筹备。着李庆翱、刘齐衔饬令藩司，照数筹拨，于年前先拨四成，春汛时再拨六成，俾资应用。”

光绪二年十二月，河东河道总督李鹤年奏，援案请拨来年防险银二十五万两。

光绪二年，奏准：“添拨银二万八千三百两，备修黄河两岸要工。”

光绪二年，覆准：“嗣后，修办咨案工程，务将某年工程动用何年何省银两，分案详细声叙，以凭稽核。”

光绪二年，奏准：“黄河修守土工为先，现在开归道属上南、中河、下南三厅，河北道属黄沁、卫粮、祥河、下北四厅，共用例、津二价银四万八千四百八十九两有零，均系亟应办理之工，另案开销。”

光绪八年六月，河南巡抚李鹤年奏称：“窃照怀庆府属之河内、武陟二县境内，沁河汇丹入黄，水势浩瀚。两岸堤工每因风雨侵刷，时需增培修整。武陟地居下游，为沁、黄交汇之处。自近岁赵樊、郭村等处漫溢，民间忧惧弥深，情形尤关紧要。

前据调署武陟县知县席元銮具禀请修，经臣饬司，移行该管道府，委员会同勘估得该县沁河南岸，自石荆起，至方陵止，计工十三段；北岸自陶村起，至木栾店止，计工六段，需银七千九百九十一两余。以上各工，实为历年风雨摧剥，汛水淤垫，以致堤身卑薄，残缺过甚。若不乘时增培，一遇大汛，不堪设想。均系择其至要，必不可缓之工。所需经费，亦系撙节估计，减益求减，并无浮冒。兹据布政使觉罗成孚、彰卫怀道陈宝箴，核明会详，呈请援照历届成案，奏明发款办理等情前来。臣伏查增培沁堤工程，向系借动库款工，竣后在于河北三府属，摊征还项。自咸丰五年，奉旨永远禁止摊征。同治十一年，光绪二、五等年，修培沁堤，均经各前抚臣奏请动款给发。钦奉谕旨，允准在案。此次武陟县增培沁堤，事同一律。既据勘明，委系必不可缓之工。且将应需价值，按照土方，核其取土路近较易者，给以例价。隔水绕远以及选淤极难倍难之处，量予津贴。力求撙节，删减无浮，合无仰恳天恩，俯念工程紧要，准照历届成案，在于司库地丁项下，先行动发兴办。俾环沁居民，得以捍卫有资。臣因往覆核查，大汛已届，不敢少涉拘泥。业经饬司筹款，并责成该道陈宝箴，督率印、委各员，迅速赶办完竣，核实验收，不任稍有草率偷减。所动银两，俟工竣饬造细数清册，据实报销。”

光绪九年，奏准：“沁河岁修银二万四千两，河内、武陟二县各一万二千两。”

光绪十年七月，河东河道总督成孚片奏称：“再，今春到任后，即赴两岸，周历勘工。因各厅所办正杂料物，时逾桃汛，尚未购齐。据该厅员等佥称‘奉准修工银两，值库款匮绌，拨领逾期，以致节节耽延，未能如限完竣。而其中亏折耗费，尤以料款为大宗。缘各厅需料，自三四百垛至七八百垛不等，向于九月领银发办，年底全完。则所领价银，尚敷办理。今则岁前款不应手，购积无多。迨至下年春间接办，乡间存料已多半售作柴薪。间有存料之家，明知河工抢险需用，无不抬价居奇，遂以两垛之银，尚不敷一垛之用。开采石方，远逾数百里，运费本极浩繁。若采办逾时，水涨溜急，挽运亦形艰阻。工员责无旁贷，莫不重价招徕，设法购办，以顾考成。因而积负累累，补苴乏术’等语。臣详加访察，尚系实在情形。然溯本追源，河员之累，固由于领款逾时，办公赔垫，亦由于相沿积习，浮用过多。再四筹思，不得不筹画变通，以豫储为节省之计。当一面商之藩司，务将应拨工款，竭力设筹，按时拨解。一面严谕南北两道，随拨随发，勿稍稽时。俾公事有所，责成工员无所借口。并饬力裁冗费，涓滴归公，不准稍有虚糜。该司道及厅员等，尚皆共体时艰，悉照所议办理。故本年添款，减而又减，较之近岁，所请之数，节省银四五万两。然河工用款，只能杜其浮糜，不能省其实用。倘此后汛险工要，需用较多，仍当随时据实奏陈，绩请添拨，断不敢以此时节省，限后日之工需，致有贻误。”

光绪十年九月，钦差孙毓汶、乌拉布奏称：“窃臣等于八月三十日，行抵归德，接奉寄谕：‘有人奏“东河岁修银两，由开归陈许道等支领。迨发交各厅，有前五成、后五成名目，实计到工不及三分之二。霜降后官幕各有分润，谓之霜酬。偶有险工，均另筹款。此项仍饱私囊。又有河夫银一款，近年工用，亦从不需此”等语。着孙毓汶、乌拉布，确切详查，同治初年以来领款实数，比较核减，奏明办理等因。钦此。’臣等抵汴后，当即咨行河臣，分札开归道陈彝、河北道许振祎，将同治元年以后，至本年止，领款实数，缕晰单开，并就现在工需，严加核减实可节省帑项若干。又前后五成霜酬名目，详查声覆。旬日来，屡晤河臣，通筹细酌。又面谕两道等，确筹核减实数，不得空言塞责去后。兹据河臣缕晰咨覆，并移送历年领款清单、历任奏稿。旋据该道等各按工款一切情形，禀覆前来，臣等详加核察。据河臣咨称‘查河防经费岁有常经，而工段险夷向无一定。自咸丰五年铜瓦厢漫溢，下游河涸工停，上游两岸七厅各工仍照常修守。时值军需孔亟，司拨艰难。又兼搭用钞票，诸形竭蹶。同治二年，经前督谭变通旧章，减工节费，停钞用银，岁拨司库实银二十万两，为常年岁修。遇有异常险工，另请添拨。乃改章以后，无岁不出险工，即无岁不请添拨。谭任即已添款，未能照额办理。历后各任，均以工险费巨，逐次添拨有案。而所请添款只能择要补苴为急，则治标之计。其残缺应修、未能兼顾者，遂不免渐就废弛。下游河身日见淤高，上游工程益见吃重，以致同治七年荥工失险，堵筑费至一百数十万。后此修防，不得不慎益求慎，期保无虞。工段日增，用款倍费。此改章以来，今昔情形互异，难与同治初年用数同日语也。今春履任后，悉深河工锢习，严饬该道厅等，力除积弊。一切旧规冗费，悉令逐款开报，尽行革除。伏、秋两汛，沁、黄异涨，上南、中河、下北等厅迭生险要，甚于往年。而续请添款，则较近两年已减银四五万两，曾经奏明有案。此项减用银款，实已省存藩库节用，即所以裕饷，理固显然。此后逐年实力整顿，如无非常巨险，自可尚能节省。近年之费用繁巨，实由于增埽之多，非减埽不能节用。现在督同道厅等，筹议筑坝减埽之法，以期工坚帑节，无误修防。查两岸岁修额款二十万两，南岸分拨六成，计十二万两；北岸分拨四成，计八万两。

现饬该两道，悉心核议，南岸工繁，酌减一成，计银一万二千两；北岸工简，酌减二成，计银一万六千两。自乙酉年为始，先行试办。又河银一项，系两岸修工夫食专款，岁收银三万数千两，分解两道，备支岁、抢及堡夫工食。兹饬亦自乙酉年为始，应发夫食，仍于河银项下动支。每岁约用银三四千两，其岁、抢银两，另于额添款内通筹。下余河银，不准擅动，尽数移解司库，另行存储。俟霜降后，核定存数，奏明解部，以昭核实。所减额款银二万八千两，储存司库，一并奏明请旨办理。如此核实撙节，共计筹出银六万两。又查前两年添款，俱请银二十六万数千两。本年续请，已减银四万五千两。拟再将来岁工款，省益求省。按照本年减请数目办理，合成前项，共足十余万两。虽于饷需无补，而竭尽图维，实已不遗余力’等语。

“又据该道等禀同前请，其前后五成及官幕霜酬等名目。据该道等禀称‘同治二年改章后，因拨款钱粮只有此数，而筹备一岁工需，势不能一总支领。是以将各厅应办料物各款，先行提发五成，饬令分投购办。下余五成存储道库，俟交汛后随时给发，此前后五成之说所由来也。现在各厅额办工料，俱令悉数购备。司拨额款，随到随发，久已无此名目。其添拨之款，按工核用，更无所谓五成矣。又查各厅向有延请明白工程幕友，帮同料理。每值抢险，履艰蹈危，异常辛苦。霜清后，该厅员略分廉俸，以酬其劳，为数甚微。又河工候补人员，派委防汛者，有酌发薪水银两，由厅解道饬发，或即以此项薪水认为官给霜酬。其实皆由各厅摊解，并非出自公款’等语。以上两款，据该督咨覆该道等所禀，尚属实情各等语。

“臣等伏查豫省黄河，当铜瓦厢甫经决口，建瓴下泻，上游险工无多。自咸丰六年至同治元年，每岁三银七钞，约销款九十万两上下。迨同治二年，前河臣谭廷襄奏定额款，实银二十万两，工需顿减大半。本年险工，即请添拨，其后按年增加。至七年，岁销已用四十九万。迨荥工失事，八年遂增至六十一万。自八年至今，五十余万者五年，八十余万者一年，六十余万者十年，合十六年之均匀牵算，每岁总在六十余万之数。查阅历任河臣奏稿，皆以定额不敷，险工迭出，情词急迫，一再请添。至光绪八、九两年，遂增至六十九万。推原其故原额，核减较过，堤坝要工不修。近年山东下游，逐渐淤高，海口出水，亦逐渐不畅。险增费巨，年甚一年，以臣等平素访闻证之，河臣现在咨覆，尚属实在情形。即河员之偷减侵蚀，不尽能工归实用，亦属传闻已久。然欲于此权衡岁额，酌定损过就中之数，使帑项无虞滥费，要工又不致疏防，则非身亲阅历，熟悉工程，裁并得宜，行之以渐，有未敢轻为臆决者。

“臣等再三筹酌，与其强划定额，后此不能照办，未免掩耳盗铃，转不若逐渐减裁，少一分之岁销，即多一分之库储，较有实际。现据该督筹议，酌减明年岁需，约十余万两。在积年有加无已之后，骤去此数，已不为少。此后若如所筹添坝减埽，工坚帑省，则按年撙节，仍当日起有功，相厅请旨，准照该督所请。自明年为始，将筹减南岸一成，北岸二成，岁修额款银二万八千两，先由司库另款存储，其河夫银三万余两，亦解存司库。一俟冬间截数，将减请之四万五千两，由司库节省防险项下提出，连前两项一并奏明请旨，听候部拨。此外再有节省，亦一并提存，奏明候拨。嗣后即作为定章，每届一年截数，奏报一次。如数年之后，核减之实款，逐岁增多，应由该督将认真督办。承办之道厅，奏请恩施，酌予奖叙。倘不肖河员，狃于故习，贪利侵欺，罔知悛改，亦即严参惩办。庶在工咸知惩劝，而积弊可渐挽回。至前后五成、官幕霜酬各事，既据该道等查明，现在并无此等名目，该督咨覆属实，应请无庸置议。”

光绪十年，谕：“自明年为始，将岁修、减成等项银两，均存司库。冬间截数奏明，请旨候拨，嗣后作为定章。如核减之数，逐岁增多，将督办承办之道厅，奏请奖叙。倘有不肖河员，狃于故习，贪利侵欺，立即严参惩办。该河督务当督饬各道厅，将所筹添坝减埽，认真经理，以期工坚帑省。”

光绪十一年，议准：“河工办料到工，委员盘查，具结申送。如有亏少，着承办秤收之员，勒限分赔。盘查之员，倘有瞻徇，照徇庇例参处。短少物料，责令分赔。傥盘查之后，该员私挪变卖，照侵蚀钱粮例，分别治罪。”

光绪十一年，议准：“河工分赔逾限未完银两，奏明催追之日，按照例限减半。立限追缴三百两以下，勒限三个月；三百两以上，勒限半年；一千两至五千两，勒限二年；五千两以上，勒限二年半；一万两以上，勒限三年；二万两以上，勒限三年半；三万两以上，勒限四年。以次递加，有银数在十余万两外，仍照每万两加限半年完缴，均由该管上司承追。再有迟逾，本员参处，承追官照不力例开参。”

光绪十三年，河东河道总督成孚以常年工用不敷，奏请添拨节省防险银十万两。按奏拨此款，在八月郑工漫口之前。

光绪十三年九月，谕：“成孚、倪文蔚奏‘会勘堵筑事宜’一折。据称‘郑州下汛十堡漫口，督饬工员竭力堵筑。已将东、西两坝裹头护埽三十余段，厢办完竣。现在盘筑坝基，购料兴工。惟需款甚急，请筹拨’等语。郑州决口后，水势直趋下游。该处河工关系数省民命，若不亟筹堵合，为害伊于胡底。成孚、倪文蔚当趁此霜清水落之时，赶紧广集物料，将坝基等工盘筑坚稳，节节进占，务期及早合龙，以免迁延迟误。所需款项，着先由部库提拨银二百万两，克日解往。未到以前，准其由司库提款应用。仍着户部陆继筹拨的款，源源接济，以期无误。要需朝廷不惜帑金，为民捍患。该督等务当严饬工员，实心实力，妥速办理。员弁中有始终勤奋、异常出力者，准其从优保奖，破格施恩。傥敢草率偷减，借端牟利，即着分别严行参奏，按照军法从事，勿稍宽贷。成孚疏防于前，厥咎甚重，傥不知愧奋，糜帑无功，定即重治其罪，决不姑容。倪文蔚身任地方，亦属责无旁贷，前因甫经到任，从宽免其议处。该抚当激发天良，同心协力，速蒇要工，慎勿诿卸干咎，凛之。”

光绪十三年九月，户部奏称：“窃查河南郑州黄河漫口，掣溜南趋。仰蒙特颁内帑急赈灾黎，迭次钦奉谕旨，截留京饷，以资赈抚。复于八月三十日，由军机处交出，军机大臣面奉谕旨：‘此次河南郑州黄河漫口，所有抢办河工及办理灾赈各事宜，需款甚巨，亟应豫筹的款，以济要需。着户部悉心酌核，妥议具奏。钦此。’当经臣部议将各省洋药加征厘税，自今年正月以后，除已由部拨各用不计外，所有收数，全行存储，以备防赈之用。并声明再由臣等将应减、应停之项及变通则例，再行分具条款，奏明办理。奏奉谕旨：‘依议。钦此。’钦遵在案。伏维黄流尚无归宿，泛滥之处必宽，淹浸之日必久，亿万生灵，嗷嗷待哺。现据河臣奏报‘口门刷至五百余丈之宽，则河口一日不堵，民生一日不安，即朝廷忧动一日不释’。现经钦奉谕旨‘令于部库提拨银二百万两，克日解往，此后仍陆续筹拨’。工程浩大，即使修防得手，克日奏功，而五六百万之巨款，何从筹拨。

“查历次河工用款，皆以捐输为大宗。现在海防捐输，拟改为河工事例，尚须详细斟酌，变通办理，另折陈奏。此外应筹款项，臣部再三集议。既不便将一切支款，概行核减，更不敢过事搜括，累及小民。际此时艰，万分焦急，不得不于无可设法之中，竭力筹画。惟有裁长夫、停购买，改米折，调防营，以及劝输盐、当、汇号各商，捐输集款，以佐经费之不足。议拟各项办法六条，另缮清单，恭呈御览。”奉旨：“览奏均悉，裁撤长夫暨盐商捐输，当商、汇号交银三条，着照所请行，余勿庸议。现筹各款，均非现银，恐停工待饷，贻误要需。仍着该部于附近河南各省应行解部的款，先行指明划拨，以期迅速应用。俟所筹积有成数，再行分别归款。”户部原单不录。

光绪十三年九月，户部奏开郑工捐例。

光绪十三年九月，户部奏：“先后提拨库存银两及截留京饷五百余万两，以济郑工。”

光绪十三年十二月，署河东河道总督李鹤年奏：“请拨增培添筑黄河两岸残缺卑薄堤埝、坝戗等工银十五万两，分发南岸各厅银九万两，北岸各厅银六万两。”

光绪十四年二月，督办工程礼部尚书李鸿藻、署河东河道总督李鹤年、河南巡抚倪文蔚奏称：“郑工溃口之宽，从来罕有。原估照祥工成案，请拨工款六百万。本从节减，适值岁歉料缺，牛马被疫，车运艰难，百物亦皆昂贵。即以祥工比较，秸料、麻料两大宗，均加贵至四成以上。一切杂项，大率类此，委非估办之时所能料及。臣等虽力破积习，凡事核实办理，而通盘筹计，实属不敷。臣等深知部库支绌，巨款难筹，但此次大工，为三省数十州县生灵安危所系。若不先事陈明，一至工程吃紧之时，而款项不继，益重贻误事机之咎。容再督同郑工总局司道，逐细钩稽确估。短少之数，另行奏请续筹添拨。惟两坝昼夜进占，日费数万。存款不过百万上下，其涸可待。仍虑仓卒，无以接济。拟先商由北洋大臣李鸿章息借商款一百万两，由臣等察看工次缓急情形，斟酌提用，以备不虞。是否有当，伏候圣裁。”

光绪十四年四月，户部奏筹拨郑工银一百万两。

光绪十四年七月，督办工程礼部尚书李鸿藻、署河东河道总督李鹤年、河南巡抚倪文蔚奏称：“伏秋汛至，两坝埽占，屡蛰屡镶，款料将罄。拟请停缓，俟秋汛后，接续赶办。续拨工款，现计未解到者约有七十万，除应补还司库垫款外，两起所存银钱，统计不及二十万，非豫为筹计，不足以资接济。此次工程始终以集料为第一难事，约计现在抢厢、将来堵合，所需尚多。一俟新料登场，即须广为购备。此项已属不赀，开工后需费尤极烦巨。现存之款，此两月中已难支持，断不能更供秋后工料之用。若俟临时奏请，又恐缓不济急，难免停待之虞。惟有仰恳饬下户部，迅速筹拨银二百万两，以济急需。臣等深知库款支绌，部臣筹资艰难，奈因时势所迫，万不获已，为此再三之请，不胜悚惶。”待命之至，奉上谕：“据李鸿藻等奏‘伏秋汛至，请停缓大工，俟秋汛稍平接办’一折，览奏殊深愤懑。自上年八月郑工漫口，迭谕该河督等，迅筹堵筑，先后发给工需银百九万两。朝廷轸念民生，筹措不遗余力，乃该河督等迁延观望，节经严旨催办，至岁杪始行开工。距自上月二十一日，西坝捆厢船失事，阻碍不能进占。据奏种种棘手情形，若仍令勉强暂办，终归无济。着准其暂行停缓，一面固守已成之工，一面添集料物，俟秋汛稍平，迅速接办。现已饬户部迅筹巨款，接济工需。着李鸿藻将如何挑溜挖淤及添集料物各事宜，认真速办，详晰覆奏。”分见“工程门”。

光绪十四年，掌河南道监察御史刘纶襄奏称："窃臣恭阅邸抄，伏读初十日上谕，如郑工办理失当情形，已在圣明洞鉴之中，惟以臣之所闻，犹有不尽于此者。臣维河南吏治之弊，甚于他省。巡抚倪文蔚莅任之时，正河工办料之日。朝廷严旨督催，自宜设法变通，以期迅速蒇事，乃倪文蔚不问属吏之贤否，概以办料委之州县州，县复假手胥吏。既不发价，复多方抑勒，小民深受其累。远方之人闻风而惧，多将秸料付之一炬，以致购办无从，有误大工。推原其故，倪文蔚实职其咎。此其表率无能，已可概见。道员欧阳霖，系河南获咎之员。其历任州县，素著贪劣，河南之人至今深恨。惟奔竞钻营，是其所长。此次报捐之款非他，即河南黎民之脂膏也。总办秸料，系河工要差，乃倪文蔚不委他人，而独委一绅民交恶之劣员。观其借材他省，一似舍欧阳霖别无可用之人者。不知其贪污性成，一旦假以事权，其侵吞浮冒，何所不至？谓非任用私人，其谁信之？似此庸阘徇私，与成孚等厥罪维均，仅予革留，臣以为未足蔽辜者此也。办河诸臣，既欲将黄河挽归山东故道，则开办引河，自属要工，宜如何详细酌度，认真经理，乃不顾地势之高下，不计土方之多少，竟以银一百二十万两包与总兵崔廷桂办理，已属骇人听闻。崔延桂意图自肥，草率从事，开河既狭且浅，河身高下迥殊，未能一律。铲平放流之后，一二日全行淤垫，大溜仍归旧处，致口门日渐刷深，未能合龙。大功败于垂成，朝廷之巨帑虚縻，贪吏之厚资坐拥，臣以为亟宜严惩者此也。

"河工之刻扣侵吞，向属积习。此次郑工用款，宵旰焦劳于上，臣工竭蹶于下，承办诸大臣，宜如何激发天良，认真节省。近闻自河南来者言，发款虽九百万之多，到工者不过数成。惟督办大臣李鸿藻清操自矢，其余大小员弁无不坐享厚利。人言藉藉，似非无据。臣思郑工一日不停，帑项必源源接济。若复恣其侵吞，罔思变计，诚恐朝廷之正供，有常奸吏之贪囊无底。即库款充盈，犹将不给，况在支绌之时乎？至督修两坝之大臣，其功过原自易见。如果工坚料实，自能抵御洪流。若坍塌蛰陷，前功尽弃，其罪亦何可姑容？惟河工积习，失事之后，往往移东挪西，以多报少，借端请款，肆行欺饰。此次郑工，既据奏明仅余六占，未进六占之外，皆已成之新工也。前此工程浩大，难以计核，今则已有把握矣。请饬下新任督臣吴大澂，先行估计。每占用银若干两，六占共用银若干两，预行奏明，以杜挪借，则发款庶有成数可稽，不致尽为虚糜。至新工如有疏虞，自应责令该大臣赔修，以为糜帑误工者戒。再，臣闻河工薪水银，大臣每月千两，委员每月二百两。投效者至数百员之多，以朝廷有用之款，养各省庸滥之人，百姓之饥溺谁拯？冗员之酣豢可鄙，请饬下吴大澂破除情面，严行裁减。凡无要差者，概行驱逐，以省度支而杜冒滥。”

光绪十四年，陕西道监察御史燕起烈奏称：“风闻郑工举事委员，至一千余员之多。又闻前河臣成孚有卖给委札之事，以入资多寡定差，委优劣滥竽者四百余人。又外间传言绍诚自河南汇银四十万来京，众口一词，似非无因。今既大工已溃，仰蒙严旨，分别予以革职军台，臣谓此莫大之恩也。查郑工决口，传闻在八百丈内外，以一百八十丈一里计算，宽尚不足五里，何以动款至九百万，尚无成功。应请按其当日所报大数，统计已用多少，现存多少。若款项业已告罄，则以万余金进占一丈，恐非情理所有，其中有无弊端，屈指可得。概见修筑堤埝，有土方可估，下坝排桩，有料物可凭，均不能十分悬远。伏愿敕查确数，如有侵欺，重法即随其后。此核实之道，期于惩一儆百者也。”

光绪十四年，署河东河道总督吴大澂奏称：“窃臣于光绪十四年八月初六日，接准军机大臣字寄，钦奉光绪十四年七月二十七日上谕一道，并抄发原折二件。命臣将两坝及引河，究竟因何贻误实在情形，并倪文蔚等被参各款，逐一确查，据实具奏。仰见圣慈廑念河工，力求整饬之至意。臣到工之始，一面察度河势履勘坝工，一面调阅案卷，明查暗访，并与在工办事人员反覆推求，悉心考察。知本年春夏之交，河水甚平，未能早蒇全功。一由工段过长，全溜圈注口门，进占费力。一由上年开工太晚，料物未能应手之故。当时札饬各州县，购办秸料，系援照道光二十一年祥工成案，亦非倪文蔚一人之见。惟地方州县由抚臣督催，较为得力。倪文蔚以办料自任，目击河工，待用情形，严限趱催，未免过于急切。而州县奉文促迫，多派胥役四处搜求，扰及穷黎，势所不免。臣自归德府进省，沿途访问，亦有议及州县办料之艰难，有欲速反迟之弊。究竟何县书差办理不善，何县乡民受累，亦不能确实指证。其办料迟延之州县，早经抚臣倪文蔚会同河臣李鹤年奏参在案。现经臣出示晓谕，专派委员自行设厂，收买民料，勿庸各州县购运。以后流弊自少，民情或稍踊跃。

“道员欧阳霖前在河南历任州县，声名平常，因案镌级。此次河臣李鹤年、抚臣倪文蔚会札，委办秸料，自上年十一月到工，往来周家口购运料物，查无实在劣迹，惟系指捐。江苏试用人员尚未到省，既有人言藉藉。应将总办秸料一差，即行撤去，由抚臣咨回。江苏试用河北镇总兵崔廷桂，督办引河，经前河臣李鹤年、抚臣倪文蔚于上年十二月会奏折内声明。原估二千五百丈，派令工赈营提督董明礼，督率工夫兴挑。因系乡居农民挑挖，未能如式。复经会檄河北镇总兵崔庭桂，督带弁兵，招募谙习挑河民夫到工，改估引河共长三千丈。分作九十六段，空留引河头三十丈，以备临时相机抢办等语。臣查总兵崔廷桂造报清册内，挑挖正引河及抢办河头，共用银六十三万三千余两；拨沙、挖淤、抽沟并抢挖川字河二道，共用银四万五千余两；练军永固营勇丁口粮并发工赈营长把锨及一切杂款，共用银二万四千余两，统计不及七十万两。原参抚臣倪文蔚以银一百二十万两，包与总兵崔廷桂办理，实无其事。

“臣又派员乘坐小舟，由引河头顺流而下，逐段测量。现在河口最深之处八九尺至一丈不等，以下或深四五尺，或三尺五寸。四十二、三段间河有浅滩，水深二尺至四尺不等。惟六十三、四段，水深至六七尺。引河上下均有船只往来行驶，尚不致全行淤垫。以后拦坝挑河，仍当责成崔廷桂一手经理。惟现值库款支绌之时，不能不撙节估计。总期引河深通宽阔而经费不致虚糜，庶与公事有裨。

“原参又谓‘大臣薪水银每月千两，委员二百两，投效者至数百员之多’，当即行查郑工总局。兹据该局司道会禀‘光绪十三年大工兴办后，曾经议照历办成案，由五四经费项上，开支公费。嗣因督办臣李鸿藻、前署河臣李鹤年、抚臣倪文蔚，饬谕节慎工需，一切不准开支，并未支送公费银两’。督办臣李鸿藻，系照部章每日支银七两，随带司员每员每日支银三两。其余调工委员薪水，查照荥工成案，禀明道员每月支银一百两，知府每月支银七十两，同通州县每月支银六十两，佐杂各员每月支银三十两，投效人员均减半发给，并无每月支银二百两章程。其他省人员来工投效，亦无数百员之多。原参有谓‘成乎有卖给委札之事，以入资多寡定差委，优劣滥竽者四百余人’。

查各衙门皆有札稿存案，臣调阅案卷，前河臣成孚任内，与抚臣倪文蔚会衔札委文武员弁一百一十人，单衔札委九十余员，大半河工候补及地方州县佐贰。间有本省在籍绅士，其外省人员投效者甚属寥寥，并无四百余人。此外委员在工差遣，有由各局、各厂自行檄委之员，有因赶办夜工随派之员，皆与成孚无涉。该前河臣，身任大员，受恩深重，断不致有卖给委札之事，自系传闻之讹。

“原参又谓‘外间传说，绍諴自河南汇银四十万来京’一节，臣在省城密饬署祥符县知县舒敏调取各票号汇银总簿，亲自查阅。仅日升昌随京银四千两存义公汇京一万两，皆由河南随至京城，卖与隆金铺，款目较巨，并无‘汇绍宅’字样。此外，亦无汇京巨款。据各该号商人声称，实无绍諴嘱汇银两之事。臣到工后，又派员前往西坝银钱库守，提该库收支银钱簿及日用流水各簿二十余册，逐册检查，核对所收银数与藩库发款相符，所发麻价料价及土夫钱文委员薪水，均系因公动用，并无绍諴挪用银两。惟江苏候补知县蒋文海，自二月十八日至七月初三日止，共领料价银二十万二千余两，本年所收民料价值参差，易滋弊窦。蒋文海所购秸料六百六十余垛，有无浮冒，事后无从稽核。臣查蒋文海为绍諴亲戚，委以购料要差，领支巨款，未免不知远嫌。绍諴呈西坝委员清折，并无蒋文海衔名。虽已撤差回省，访闻该员在工数月，声名甚劣，迹近招摇，应否请旨将江苏候补知县蒋文海革职，以示薄惩。原参谓绍諴汇银进京，查无实据，应请毋庸置议。

“至上年抢险不力之署开归陈许道李正荣，虽经吏部照例议处，惟前河臣成孚已获严谴，该前道仍复留工效力，诚如圣谕仅予摘顶降调不足蔽辜。应将前署开归陈许道李正荣、已革上南厅同知余潢，请旨交部，一并严议，以昭炯戒。上南营守备王炘业已病故，应毋庸议。从前在工差遣人员，自奉旨停工以后，业经前署河臣李鸿藻督令各局大加裁撤。如再有可汰之冗员，可省之浮费，臣当破除情面，竭力删除，以仰副圣主慎重工款之意。”

卷十八　经费五

光绪十四年八月，署河东河道总督吴大澂片奏称：“再，前督办臣李鸿藻等奏请添拨银二百万两，已蒙恩旨饬部筹拨。臣到任以来，查核前拨银九百万两，司库所存无几，两坝料垛亦将告罄。保守已成之工，每日仍须加厢加筑。计距霜清尚有一月，所需秸料钱粮，已形竭蹶。臣与郑工总局、司道大员通盘核计，合龙以前之料物，固须先事预储，合龙以后之工程，亦应兼筹并顾。再四思维，前请银二百万两，尚不敷用，总须添请银一百万两，方足以竟前功而弥后患。臣蒙圣恩特简，畀以事权，若再糜费误工，岂能当此重咎！现议添筑挑水坝，疏浚引河，皆必不可少之工。但须料物应手，工程坚固，早一月合龙，早省一月之工费。所虑者，各省解款未能接济，河南藩库亦无可挪垫，此臣所日夜焦思而不能不鳃鳃过虑也。现准部咨已拨银一百万两，拟请饬下户部，再行筹拨的款银一百万两，期于霜降前拨解到豫，以应急需。其余一百万两，可否饬令各直省督抚臣暂行筹借，无论何款，设法借拨，赶于年内委解到工。即以各省所收郑工捐项，抵拨归还。如捐款不足，请以本年各关所收洋药厘金余羡银两，拨还各省垫借之款。在各直省督抚臣公忠体国，无不以豫省河工为念。既有指款可抵，必能设法移缓就急，俾臣得以早奏成功，上纾朝廷宵旰之廑，下慰皖豫灾民之望，大局幸甚。”

光绪十五年五月，河东河道总督吴大澂、河南巡抚倪文蔚奏：“修筑广武山黄门嘴山根柴芯大石坝一道，共用土料、碎石、夫工等项银八万七千九百余两。”详见“工程门”。

光绪十五年十月，河东河道总督吴大澂片奏称：“再查黄河南北两岸，伏秋大汛往往奇险环生，而保护险工，防患未然，莫善于砖石坝垛。臣深知其御险得力，立意于河归故道，后专派妥员，动拨善后工款，采购砖石。在各厅迎溜坐湾、著名紧要处所，添筑坝工，挑托溜势。本年秋汛期内，上南河厅荥泽汛九、十堡，中河厅中牟下汛三、五堡，下南河厅祥符上汛黑堈工，祥河厅祥符上汛十五、六堡、下北河厅祥符下汛头、二堡，先后河势吃重，大溜左冲右突。各厅抢厢埽段，幸保无虞。赖有各道坝工为之擎托盖护，借免棘手，化险为夷。此保护之得力，确有明验。除将所做段落，另行查明，附片具奏外，伏查坝工当溜之所，新筑基址入水未深，总须接续加抛，三五年后方能到底坚实。各厅应领岁修项下，购石无多，其势不能撒手抛用。本年善后工款，业已告罄，核计所短，尚不甚巨，暂行挪动南北两道征存道库己丑年河夫银两，凑资办理。惟此项河银，前于光绪十年仰蒙钦派大臣来工查办，核减岁款，奏明提解藩库，听候部拨动用。原为撙节浮费起见，现在坝工林立，工款不敷。与其另请找拨，不如借动河银。以后逐年加抛，用石较多，亦恐难乎为继。合无吁恳鸿慈，俯念工关紧要，自己丑年为始，准将两道河银留归工用，专指添办砖石，储备加抛。新坝列入另案报销，不与各厅工款牵混。庶工归实用，费不虚糜，而坝工有此专款，不致日久冲塌，前功全弃。如五年以后，新修各坝，一律坚稳，或溜势外移，无须加抛砖石。届时再行体察情形，奏明停止。河夫银两，仍饬提解藩库。”

光绪十五年十二月，河东河道总督吴大澂、河南巡抚倪文蔚奏称：“窃照历届堵筑漫口，另案大工，应将各项工料价值查明奏报，缮送清单以凭，将用过钱粮核实造册请销，节经遵照办理在案。伏查此次堵筑上南河属郑州下汛十堡石家桥漫口大工，据郑工总局、司道将前项做过土埽砖石暨挑挖引河各工，动用银两细数，造册详请，奏送清单前来。臣等确切覆查，通工做过土埽砖石各工，共用银九百五十一万三千六百四十五两九钱四厘。挑挖引河各工，共用银一百四十五万三千三百三十两三钱二分一厘。以上前后统共工用银一千九十六万六千九百七十六两二钱二分五厘，逐款厘剔钩稽，均系实工实用，毫无浮靡。”

光绪十五年十二月，河东河道总督吴大澂、河南巡抚倪文蔚奏称：“查明堵筑郑州大工做过各项工程，约核用银总数。土埽砖石各工，总共约用银九百五十一万三千六百四十五两九钱四厘。引河各工，总共约用银一百四十五万三千三百三十两三钱二分一厘。二共应归正案约用银一千九十六万六千九百七十六两二钱二分五厘，均系实工实用，核实开支，并无丝毫浮靡。下余厅存银两，除提办预修土工、荥泽抢险、广武山坝工，节次动用外，悉数拨归善后。就款办工，能否不出范围，容再随时陈奏。惟查此次办理郑州大工，工程之浩大，时日之久长，料土之昂贵，实与历届情形迥不相同。所用料物，麻则比较同治七年荥泽大工，每斤用银一钱，今每斤用银六分，节省十分之四。而秸则非常之贵，荥泽兴工，每垛不过用银一百七十两，今每垛贵贱均牵，需合银二百七十两。比较荥泽大工，加费不及十分之四。盖因开厂伊始，每垛料价虽只用百余两，而附近之料稀少。一经收买，即已茎束全无。十三年十二月间，本工采购每垛价值已放至三百余两。山东远料来工，每垛合银五百两，曾经前署河臣李鹤年奏明有案。迨至次年四、五月间，搜罗至千里内外之料，每垛放价竟至六百两之多，实为从前大工所罕有。上年秋间臣大澂莅任后，适值新料稍有刈获，极力收缩，每垛仍需银二百余两，所以前后牵扯，每垛确核银二百七十两。此外谷草每束银五厘四毫，每套银二分七厘，缆每条银二分二厘五毫，核与例价相符。惟桩木每根脚价银八钱二分五厘至二两二分五厘，土工每方价银四钱至五钱六分，抢挑引河头每方合银七钱。虽比荥泽大工价值略有加增，实缘工作繁要，人夫饭食过昂，势不能不优给价值，俾资果腹而免涣散误工。”

光绪十五年十二月，河东河道总督吴大澂、河南巡抚倪文蔚片奏称：“再查郑工堵合案内，先后收到部库暨由部指拨各省关协，解来工银一千万两。内除湖北应解、广西转拨河工一款，系属湘平折合库平，计短银四百九十九两一钱九分。又奉天协解到工一款，系属沈平折合库平，计短银七百六十三两四钱三分。除短平外，净计收到拨款银九百九十九万八千七百三十七两三钱八分。又两次收到由津息借商款银二百万两，内除一百万两，系属行平折合库平，计短银三万一千一百九十五两五钱五厘。除短平外，计收到借款银一百九十六万八千八百四两四钱九分五厘。二共净计收银一千一百九十六万七千五百四十一两八钱七分五厘。再加安徽省协济料价银一千两、制钱五千串，一四合银三千五百七十一两四钱二分八厘。各员报捐工款银三万七千两，连前总共实收到工银一千二百万九千一百十三两三钱三厘。每百两应再申出市平银二两，归入正款作收，计共应申市平银二十四万一百八十二两二钱六分六厘。统共应归正款作收银一千二百二十四万九千二百九十五两五钱六分九厘，内除堵筑漫口大工，做过土埽砖石以及挑挖引河各工，计归正案用银一千九十六万六千九百七十六两二钱二分五厘。提办预修土工，用银十五万两。专案抢办荥泽汛险工，用银十三万五千五十一两九钱。修筑广武山黄门嘴坝工，用银八万四千九百八十五两三钱三分六厘。拨给接办电线工程，用银二万两。计尚应存银八十九万二千二百八十二两一钱八厘，现在悉数拨作办理。各厅善后工程，采买塞门德土[1]，添筑各厅砖石坝工，归还订购铁路电灯价值，运脚保险，以上通盘确切计算，尚不敷用，而为数不至甚巨。应请俟善后用款一并截清后，即在开归、河北二道征收河银项下，通融挹注，以资找发，清款理合声明。"

光绪十六年二月，户部咨为附奏事："河南司案呈，内阁抄出，河东河道总督吴奏'查明郑工堵合案内，收支银款数目'一片。光绪十五年十二月二十八日，奉朱批：'该部知道。钦此。'钦遵。抄出到部，相应恭录朱批，移咨河东河道总督遵照。至原奏内收款项下，部库及各省关并两次息借商款，安徽省协济银两、制钱，合银各员报捐工款，除短平外，共收库平银一千二百万九千一百十三两三钱三厘。每百两应申出市平银二两，归入正款作收，共市平银二十四万一百八十二两二钱六分六厘。统共应归正款作收银一千二百二十四万九千二百九十五两五钱六分九厘。本部查前项郑工收到各款，核与原拨报收数目，均尚相符。至应申市平银两，前据河督附奏郑工需用员弁吏役、薪工纸张等项杂用，援案请扣经费，将例扣减平一项免扣。经本部议覆，准其在于支发工款项下，照案每用银一两

[1] 塞门德土　即水泥。

统扣银五分四厘，俾作经费。此项提扣经费银两，合计为数甚巨。工竣之后，应将扣过经费、余存银数，提归正项，另行开单奏报。至例扣减平，准其免扣。惟查牟工案内支发工需，每银百两，均扣市平银二两，归入正项作支。并将收支工料银数、日期，随时报部。奏准，行知在案。今该督将应扣市平银两，照案申入正项作收。所有扣支五四经费银两，未据奏报，应令河东河道总督转饬赶繁详细查明，开单奏报。

“又支款项下，堵筑漫口大工，做过土埽砖石、挑挖引河各工，用银一千九十六万六千九百七十六两二钱二分五厘。查此款应俟工部核覆准销后，再行查核。又提办预修土工，用银十五万两。专案抢办荥泽汛险工，用银十三万五千五十一两九钱。修筑广武山坝工，用银八万四千九百八十五两三钱六厘。拨给接办电线工程，用银二万两。查拨给电线一款，系电商借用，五年摊还之款，已归另案办理。至提办预修土工，系十四年黄河工程确核数内动用之款。抢办荥泽汛险工，修筑广武山坝工，应俟该督题销，工部核准后，再行核办。惟广武山坝工银数，核与该督前奏确核动用银八万七千九百二十余两之数不符，并令该督查明声覆。又存款项下，计尚应存银八十九万二千二百八十二两一钱八厘，据称现在悉数拨作办理。各厅善后工程，采买塞门德土，添筑各厅砖石坝工程，归铁路电灯价值、运脚保险，以上通盘确切计算，尚不敷用。而为数不至甚巨，请俟善后用款截清后，即在开归、河北二道征收河银项下，通融挹注，找发清款等语。

“本部核算支存款内，比新收少开银三分，并令查明声覆。再查上年十一月间，本部会议河督，请留两道河银，添办砖石，接续加抛案内，准将己丑年两道河银留归工用。此后不得再留河银，行知该督在案。所有两道河银一款，仍令该督遵照奏案办理。至善后工用，采买塞门德土、铁路电灯二项，动用银两数目，前据奏咨报部，二共用银七万数千两。其余添筑各厅砖石等项数目，未据该督将收支工料银数、日期，随时报部。并令该河督转饬，遵照光绪十三年十月间本部奏案，赶紧报部查核，可也。”

光绪十六年二月，兼署河督倪文蔚奏：“广武山黄门嘴山根柴芯大石坝，常年修防，应须购备碎石，加抛填垫坝戗残缺，每年饬拨经费银五千两，专作广武山坝工岁修之用。”

光绪十六年三月，工部片奏称：“再，闰二月十三日，内阁抄出，兼署河督河南抚臣倪文蔚奏称‘接管卷内，据郑工善后局司道禀称，前河臣试用塞门德土，先在旅顺借拨三千桶，复购三千六百桶，计连水旱脚价银九万二千二百余两’。但灌用塞门德土，系属创办河工，并无成案可循，应请另册开报。又郑工善后应用料麻土方各价，尚多居奇，势不能以常年例价责之。工员承办，援案量予加增，计秸每斤发银三厘二毫，麻每斤发银三分六厘，土工分别水旱，每方发银五钱至六钱五分不等，先行奏明等因一片。光绪十六年闰二月初十日，奏朱批：‘该部议奏。钦此。’钦遵到部。

“臣等查外洋塞门德土，历办河工，从未购用，例所不载，无案可循。今郑工抛筑砖石坝垛，灌用塞门德土。所需脚价，本应同坝工一并报销，以便稽考。惟此项塞门德土，系仿灌浆之法应用。该署河督原片所称，不能按方匀销，洵属实在情形。臣等公同商酌，拟请如所奏，另册开报。应令该河督转饬详细造册，送部核销，毋稍含混。此次试用塞门德土，是否确有明效，尚难逆睹。如行用不能经久，不得率行购用，致河工增一巨费。至请将郑工善后各工需用秸麻土方各价，量予加增一节，虽系援案办理，第查同治八年荥工善后，秸料每斤发银二厘六毫，今请将郑工善后应用秸料，每斤发银三厘二毫。较之成案，每斤增银六毫，以垛计之，每垛合增银三十两，综计所费为数不少。似此逐渐增加，未免太无限制，臣部碍难议准。除麻土价值核与成案，尚无浮多，应如所奏办理。”

光绪十六年五月，工部奏称：“四月初二日，内阁抄出，兼署河东河道总督倪文蔚奏称‘豫省黄河南岸上南河厅属郑州下汛十堡河工，光绪十四年十二月二十日奏报合龙，所有做过各项工程段落丈尺，约核用银总数以及详细清单，业经先后奏报在案’。兹据郑州善后总局司道，将前项各工用款核实，造具细数清册，详请核明，奏销前来。查堵筑口门，做过土埽砖石各工，总共应销银九百五十一万三千六百四十五两九钱四厘。挑挖引河各工，总共应销银一百四十五万三千三百三十两三钱二分一厘。统共应请销银一千九十六万六千九百七十六两二钱二分五厘，逐款确切勾稽，详细覆核，均与原奏清单计数相符，委系实工实用，毫无浮冒等情一折。奉朱批：‘该部议奏。钦此。’四月二十九日，册图咨送到部。

“臣等督饬司员，详加综核。查册开谷草、褃缆、桩木、砖石、夫价七款，共请销银五十一万五千六百七十二两三钱一分，悉与例价相符。苘麻、土方两款，比例价稍有浮多。较荥工成案，苘麻计尚少银六十三万五百十二两四钱七分。土方夹土坝、抢挑引河、拦黄坝三项，计多银二万二千二百四十二两四钱六分八厘五毫。坝基、引河两项，计尚少银三十一万二千九百五十两零二钱五分三厘二毫。以上各款，虽较例案互有赢缩，尚不致大相径庭。惟秸料一项，较例价为数既悬。核与荥工成案，计尚多银二百六十四万五千零七两三钱六分一厘二毫。查此项物料，节经该河督奏称‘开厂伊始，每垛合银百余两。十三年十二月，放至三百余两，山东远料每垛合银五百两。次年四、五月间，每垛放至六百两。现在前后通扯，每垛合银二百七十两’等语。是当时筹料情形，均经奏明有案。应否一并准销之处，伏候圣裁，臣等未敢擅便。再查历届大工，例应销六赔四，此项工程，仍应照例办理。”

光绪十六年九月，户部奏称：“河东河道总督许振祎奏‘查革河南河工积弊，改章设局，保险节费’一折。光绪十六年八月二十二日，奉朱批：‘着照所请，该部知道。钦此。’钦遵。由内阁抄出，到部。据原奏内称‘河工重在保险，先保险而后减费，人所共知。豫省河工款项，名目纠纷，有所谓额款者，有所谓奏添节省防险者，有所谓另案砖工、埽工、土工、石工者，约计每年报销六十余万。司库或迟之，又久而拨给。有事不为先时之备，无事可便中饱之私。今拟改定章，每年请款，即以六十万两为率，寻常抢险，不必加添。将各种名目，概行不用，特定名曰岁修。额款六十万两，内四十八万归七厅，赴司分四次支领。另提十二万，设一河防局，由委员赴司领取，总求（捐）〔涓〕滴归工。如复有弊，该河臣愿独承其罪’。并称‘给事中张廷燎奏河南河工积弊宜革，请酌提一成，为各衙门办公之需。查河南督抚两道七厅，共十一衙门，自幕友、委员、差官至胥吏、外工、走卒，月领口粮者，不下数千人计，非七万五千金不敷，请以此垂为定额’等语。

“臣等伏查豫省河工，同治二年间前河臣谭廷襄奏定岁修款目不过二十万两。未几而岁修之外，复请加增添拨，每年多寡无定。自光绪十年钦差孙毓汶、乌拉布查办河工，奏明节省。

以后每年岁修及添拨银两，或四十余万，或五十余万，极多者方至六十万。今该河臣请以六十万定为岁修额数，较近年用过数目，并未裁减，且有加增。在该河臣统筹全局，重在保险，扫除积弊，独任其难，业经奉旨允准，臣等自应钦遵办理。原奏声称，寻常抢险，不必添拨，各种名目，概行不用。改定河工岁修六十万两，一切布置，当已裕如，自不得再有加添之款。其公费银七万五千两，即由六十万额款内支给。该河臣每年既有此的款，抢险各工自当益加稳固，此后随时有可减省之处，亦应据实奏明，以节经费。并请饬下河东河道总督，慎选廉介之厅员，力杜折扣之陋习。于岁额既不能裁减，则保险必责有攸归。毋恃改章，转生他弊，是为至要。”奉谕：“着依议行。”

光绪十六年九月，护理河南巡抚廖寿丰奏：“河内、武陟二县沁河岁修款，各银一万二千两，发交绅董具领。每年十月，先发五千两，采办砖石正杂等料，预为储备。次年正、二月间，发银四千两，以备春镶筑堤并添购料物、雇募夫工。余银三千两，四、五月间拨发，以备伏秋防汛等用。有余留，次年备用。不足，设法筹垫。定为岁额，免造册报销。”详见“工程门”。

光绪十六年十一月，工部奏称：“内阁抄出，河东河道总督许振祎奏称‘郑州合龙后，增培土工，厢做护埽，用银总数，经前署河臣倪文蔚，于本年三月奏报在案。兹将做过善后各工，据详请奏前来。臣等确切覆查，通共做过土埽各工，共用银五十一万五百六两四钱八分八厘。上南、中河、下南、祥河、下北五厅，新建砖石坝工，共用银四十四万七千四百十四两三钱三分七厘。逐款勾稽，均系实工实用，毫无浮糜。除饬造册，另折奏销外，查前准工部咨，令将料价悉心删减。行据郑工书后局司道详称，善后所用秸料，委系实用实销，无可再减。惟有仰恳恩施，饬部照准。理合缮单，会同护河南抚臣廖寿丰恭折具陈’等因。光绪十六年九月十七日，奉朱批：‘工部议奏单并发。钦此。’钦遵到部。臣等查郑州办理善后各工，曾经前兼署河臣倪文蔚将用银总数，奏报在案。今单开做过土工二十四段，补厢护埽三十段，托坝二道，共用银五十一万五百六两有奇。抛筑砖石坝垛十九道，共用银四十四万七千四百十四两有奇。查前项工程，动用土方麻两款，核与奏定价值相符。砖、石、夫工三款，亦与例价符合。惟秸料一项，先经前兼署河臣倪文蔚奏请，每斤发银三厘二毫。当经臣部以同治八年荥工成案，每斤发银二厘六毫，已较例价浮多。此次郑工善后秸价，比较荥工又复加增。综计为数甚巨，是以奏令删减。今查单开所用秸料，比较荥工成案，核计加银四万七千四百七十余两。虽据河臣许振祎奏称，委系实用实销，无可再减。惟与例价成案，均有未符，臣部未敢率准，相应请旨饬下该河督，仍当悉心删减，以重帑项。”

光绪十六年十二月，河南布政使司廖寿丰、开归陈许道荫保、南汝光道朱寿镛详称：“本年十二月十一日，蒙札开光绪十六年十二月初四日准河南抚部院裕咨，光绪十六年十一月二十四日准工部咨，都水司案呈，本部议覆，东河督奏‘郑工善后，做过土埽各工银数，开单具奏’一折。光绪十六年十一月初七日具奏，本日奉旨：‘依议。钦此。’相应抄录原奏，恭录谕旨，行文河南巡抚，钦遵查照可也。计粘连原奏一纸等因，到本部院。准此相应咨会，请烦转饬查照办理施行等因到本部堂。准此，除行藩司遵照办理外，行道官吏查照事理，即便遵照。会同藩司、朱道、冯守等，妥速查明，核议具覆，以凭核办，计粘单一纸等因。蒙此，遵查工部议驳折内，声明所用秸料，比较荥工，核计加银四万七千四百七十余两，与例价成案均有未符，仍令悉心删减。缘由伏查郑工甫竣新工，绵延六百五十九丈。北临大河，南靠深潭。柴土尚未凝坚，形势岌岌可虑。善后工程，急须撒手赶办。傥彼时稍一迟延，新工设有不测，关系匪轻，不得已遂定每垛放价至一百六十两。前蒙宪台一再驳斥，行令核减，业将办料棘手缘由，迭次禀明在案。兹奉部议，引荥工善后为断。窃查荥工漫口二百丈有零，大工用料四千九百余垛，善后用料仅五百余垛。郑工漫口五百四十丈，大工用料二万八千余垛，善后用料一千五百余垛。丈尺料数，大相径庭。当此次善后采料之时，承大工昂贵之后，附近之料，早经茎束无遗。又与各厅岁料同时并购，取多用宏，则料贩居为奇货。求之远道，则运费无不加多，此今昔不同之实在情形也。况历稽成案书后，料价无不随本届大工为低昂。荥泽大工料价销银一百六十两，善后销银一百三十两，所减不足二成。郑州大工料价销银二百七十两，善后请销一百六十两，计所减已在四成以外，实已竭力撙节，并未稍涉浮糜。本司道往覆函商，惟有仰恳俯念郑工善后工艰料贵，与荥工善后情形迥异，奏请仍照前册如数准销，实为公便。”

光绪十六年，护理河南巡抚廖寿丰奏：“于孟县新庄下首起，至小金堤西头大王庙东止，抛筑石坝四道，石垛六个，大王庙西建筑拦河埝一道，并培修接筑堤工银八万九千两。”

光绪十七年四月，河东河道总督许振祎奏称：“窃照豫省黄河南北两岸，伏秋大汛，遇有抢办工程，向于司库拨银应用。历经前河臣、抚臣于嘉庆十年及二十一年，议请每年先在地丁项下，提银三十万两以备抢险之需。俟将次用完，再行体察情形，预为筹计，尚应添拨若干，一面会核专奏，一面行司提取备用。道库如有垫欠不敷，于霜后奏拨还款，久经遵办在案。伏查黄河岁修经费，除拨用岁料、例价、岁麻加价，并司库例储抢险银三十万两外，尚有奏请防料砖石及添备秋汛防险等项。设在不敷垫用，准于奏送清单后，另请找拨清款。迨咸丰五年，兰阳三堡铜瓦厢失事，下游干河各厅工程停办。而上游虽止七厅工段修防，仍关紧要，只以库款支绌，搭放钞票办公，倍形竭蹶。同治二年，前河臣谭廷襄筹议减工节费，停钞用银，请将添拨防料砖石、秋汛防险等款，概行停止。各厅每年寻常修守奏定，由司准拨银二十万两有奇。其两道额征河银，仍准归抢修案内提用。若遇异常险工，方准专折奏提历年节省防险银两办理。洎光绪十年，经钦派大臣议减工款，奏请自乙酉年为始，将司拨额款二十万两，南岸酌减一成，北岸酌减二成，计准减工款，只拨十七万两有零。而两道征收河银，不准动用。按年解司报部，余仍循照旧章。奏蒙俞允，钦遵饬办各在案。

“兹查光绪十六年分，豫省上游七厅，另抢埽砖土石各工，已将动支银数核明，共用银六十二万二千一百四十六两八钱五分二厘。内动用光绪十五年存工石值银五百五十七两七钱五分九厘，又存工秸值银六千二十两，又存工砖值银一百三十三两六钱七分，又用十三年祥河厅存石值银八十两三钱八分三厘，又祥河、下北两厅存砖值银一百二十两六钱二分四厘，奏拨办料银六万五千两，岁麻加价银二万六千六十四两，又拨用司库春、伏二汛防险银八万三千六百四十八两二钱五分，又奏提节省防险银四十四万五千两，以上统共合银六十二万六千六百一十四两六钱八分六厘。现除南北两岸上游各厅，存石值银五百九十一两五钱三分七厘，存秸值银二千二百四十两，存砖值银一百八十八两七钱三分四厘，留工备用，再除弥补。已丑年工用不敷银一千八百五十六两三钱六分六厘，又除垫发专案采办南岸三厅碎石不敷银三百七十九两六钱，计本年工用不敷银七百八十八两四钱三厘。内除南岸三厅堤苇草刀工共用银五百六十二两五钱七分一厘，系在河银项下支发外，计不敷银二百二十五两八钱三分二厘。已由该道捐廉弥补，统计连十三年留工砖石并十五年留工料物在内，共用银六十二万二千一百四十六两八钱五分二厘。拨支银数相符，核计提用司库。并奏添节省防险银四十四万五千两，实用司拨银十七万四千七百十二两二钱五分。再除存工未用石秸砖共银三千二十两二钱七分一厘，计实用司拨银十七万一千六百九十一两九钱七分九厘。较之奏定章程，有减无增。"

光绪十七年五月，河南巡抚裕宽奏："孟县黄河添筑磨盘石坝、挑溜护坝银三万两。"

光绪十七年十二月，河东河道总督许振祎奏称："窃维黄河岁修之费，本国家一大漏卮，从来有日增，无日减。即今岁稍减，来岁必复加增，以为险工无定。朝廷以其关系民生，而不惜帑项。部臣以其尚合例案，而不事苛求。故积弊日深，驯至耗费益繁，办工益绌，此臣所以亟议改章也。原改章之意，臣实欲收其权，而任其责。向之可委过于道厅营汛者，今则臣独任之。若有疏虞，臣将何所逃罪？然而不敢避也。臣不甚知治体，请以家事例之。如人家有大兴作，主计画者自必以省费为先，以图成为要。又凡能省费者，必易图成，何也？将为一定之工，必筹一定之费。先事详思，临事竭力，其所省者耗费，非正费也。耗费一省，工用归实，故易图成。夫黄河天险，臣岂不知责备至重，臣岂不畏？而必限定额款，力求保固者，诚亦审度河势，稽核工程。以为如此，则办工不致竭蹶，可以从先事而为补苴。遇险有所取资，不敢作危词，以渎圣听。以臣默计，所定六十万之款，其实每岁所必不可省者，四十八万耳。至提归河防局之十二万，今年霜清时，实余出六万两，臣尽以买石加抛。至于来年，必更得力。此十二万两，涓滴到工，即臣前奏所谓新增之补益也。向年用款，亦有此数。未闻于岁修之外，复有片石寸土到工。则今此十二万两堆积料石，众目共睹。遇险不至张皇，办公有所取给。名非节省，而实则由节省而出也。大约如此补益，五六年后每年复可节省五六万两不等。但须悉如今此办事，积久自可有余。

“又河工每当大汛，不能无险，险亦不定生于何处，然未有先事而不见萌兆者。臣既以核实工作，责之厅员营汛。复于河干，另设一监工局。终年驻得力委员，于其中巡视两岸，逐处勘估。以数万金为先时之筹备，复留数万金为临险之抢救，似乎有险，亦无他虞。又河工往年报销，院道库储任之。凡册籍，由厅呈道，由道呈院，由院奏咨部臣，不甚议驳，以其悉合则例。库储之所以挟制上官者，在此。其所以作弊取利者，亦在此。究竟所报悉是虚假，但求合例，不复核实。计每年报销开支，用款二万数千两。臣去岁改章，亦经官吏，力以公用为言，提存二万两。所以暂为提存者，实欲省出此二万两，再归入防河工用耳。夫臣既不用库储，一切改易旧辙，事事核实，则与往年大不相侔。即按之工部旧例，诚恐亦稍不合。仰蒙天恩怜臣之拙，信臣之愚。臣敢据实报销，不为劣员劣幕挟制，而于公家用款，实多盈出二万两，是河防局明定十二万两。今则添为十四万两，以之抢补险工，岂非大益？此等有裨实用，想部臣素识大体，维持国计，亦必不以臣言为谬。

“抑臣更有请者，向来河督不任修防琐务，故报销由厅详道，由道加印。今则各处工作，皆由臣主持。缘是遇险先抢，往往先办工而后行文。此后报销，拟请专归臣衙门用印办理，不由道厅转折。既可省费，亦易核实。惟向例霜清以后，全工就闲。今则河防局正在委员四出购石买土，监工局正在监理各厅厢埽添坝，工作正忙，用数未定。若如往年循例报销，反蹈悬空欺饰之咎。必俟年终工役完固，石料用定，先查细账，次验工程，再为核实报销。年内时日无几，万赶不及，历经奏展有案。合无仰恳天恩，俯如所请展限至来年三、四月间，再为办理，以臻周妥。并请此后无论何项送部册结图幅，就用臣关防印信，以省纠缠而归核实。”奉朱批：“着照所请。该部知道。”

光绪十七年十二月，河东河道总督许振祎片奏称：“再，臣前将河防改章试办，大致就绪，现拟核实报销。援案展限，缮折具奏后。兹查黄河各厅，每年估办抢修埽工，例系动支两道额征河银发办。同治二年，经前河臣谭廷襄等议黄河减工节费章程，请变通旧案，改用现银，折内奏明在案。嗣后抢修用银，本有定额，并不具奏。按刷蛰加厢埽段，原旧丈尺造报，将工名段落，随时奏明。未经奏明者，不准报销。并将用银数目，一律归入比较。覆因黄河抢修工程，向系十月咨估，来年四月报销，并不具奏工段。既经随时奏明，所用银数，列入比较，则加厢高深，必须列入清单，照另案埽工，分别题估报销。其抢修工段册，仍照常例咨部各等因。先后陈奏，历经遵照各在案。嗣于光绪十年，钦差查减工款案内，将两道征收河银，不准动用，按年解司报部。奏蒙俞允，钦遵饬办，亦在案。所以近年各厅抢修工程，均在另案项下，通融发办。而本年抢修工程，既无款支发，自应停办。其照例咨部工段册，亦应停止。上年臣因遵旨查革河工积弊折内，奏将额款、奏添、节省、防险、另案各种名目，概行不用。拟定岁修额款六十万两，本年业已照办。工款名目既经议改，所有从前奏报另案、抢修工名段落、土方价银数各案，应请一概免造，以符案款。照岁修砖埽工加厢补厢、抛护碎石、增培土工等款目，奏送清单，以归画一，毋庸照另案抢修旧案办理。”

光绪十八年，河东河道总督许振祎奏称：“窃臣前于十六年八月，奏定黄河两岸岁修额款，以四十八万两概归七厅，赴司支领办工。而另提十二万两，设立河防局，委员监办，据实开单报销。仰蒙恩准，钦遵试办在案。行之一年，大致就绪。而河流仍在中泓，此皆仰托圣主洪福，百灵效顺。臣暨在工员弁，幸免愆尤，无任感戴。缘微臣改办初意，实以四十八万两为保常，以十二万两为防变论。各厅员承办常工，仅限四十八万，似乎竭蹶。然非提出此十二万两，实不足为防变之资。臣知河防关系郑重，而国家帑项亦甚艰难。故应极为爱惜撙节，使其涓滴到工，以为先事培补。今自改办以来，各道厅咸能兢兢守法。料垛多积而斤两加增，埽段多厢而工用归实，已将前弊悉除。至河防局，则遵照定章，不合一钱入门，领款即径送工次，或交委员即带银上山买石。所有另设监工局者，不过免其河干露宿，有屋栖止，得以朝夕相视河流，商筹抛石加埽而已。至动用夫工银钱，令其将价值实用细数，随时揭示张贴。盖人言可畏，不如是则难保无造言生事之人，亦难保无失算浪费之事。有此上下交核，弊何从生。兹皆尚能勤慎趋公，足以仰纾宸廑。臣维从古治河，实无良策。若使定一规条，可以一劳永逸，不复有危险之惊，及年年节省，不至拨巨款之用，则自圣朝垂统二百数十年以来，未曾及此。而谓臣之庸陋驽钝，敢以是欺饰于君父乎？

“当改章时，约有二说。其一，因裁革浮冒太多，众怨所丛，设词诬毁，以为专擅自用，必至溃裂。此为妄图报复，不足计较。其一，谓河工险变无定，何得遽定额款，敢任责成？恐为卤莽之大言，未有可验之实据。此为关切时局，尚非泛言。然微臣实感激恩隆，思图报于万一。若谓以专擅而甘履危险，不顾大咎，臣虽至愚，亦不出此。至谓实心实力，实工实用，亦遂掷付东流，于河务毫无所益者，臣亦未敢信也。臣总以恪遵圣训，先事预防为务。故不得不爱惜此十二万两，以为补偏救弊之用，请缕晰言之。夫河流迁徙无定，南岸告警，则北岸必松。推之北岸亦然，又推之大江支河亦然。凡南岸倾塌，则北岸必生沙洲，未有能使两岸无事者，此从古如斯也。去岁河归中流，臣饬工员加抛荥泽大坝，力与水争，始能挑溜远去，遂归中泓，然究竟不敢过挑。若过挑，则北岸又生大险矣。又南北两岸尚多有将来可畏而必生之险，此时不敢动工者，盖平时浅水厢埽筑坝，一经大溜，顷刻即行漂散。必待大溜冲散，庶可将石料相争盘压到底。故虽有石料，亦不能先期动工也。又，若大溜正冲而始报险，请款买石购料，则往返非月余不办，其水之淘深已不下十数丈矣。支拄甚难，耗费数倍，故不得不于平时而筹存石料也。凡河防局、监工局之设，皆以为此也。款不入局，则无可侵蚀之地。石论斤两，则无可为侵蚀之物。臣之所以敢任责成，上对圣明者，在此。定计每年有险，则用此保工，有余则概以买石。愚拙之见，亦能如此而已。

“今据河防局呈，据承办监工委员等造具报销册详请，奏咨前来。查上南河厅属郑中汛修筑杨桥顺河长埝土工二段，共长四百八十三丈，共用银四千九百九十七两三钱七分六厘。郑州下汛十七堡下首厢做护埽八段，共长八十一丈，共用料物夫工银二万六千九百六十四两七钱二分。荥泽大坝九堡并十一堡抛护石垛二道，共长十四丈一尺，共用石三千九百九十三方七分。共用石方银二万七千九百三十九两九钱二分五厘。以上上南河厅属岁修土埽石，共三案，统共用银五万九千九百二两二分一厘。覆加查核，俱系实工实用，亦与原报数目相符。又臣于霜降安澜折内，曾奏请上南、中河、下南、下北、祥河五厅，各有应行添护坝垛。估计需采购山石一万方，交候补通判黄履中承办。当时卫粮报工之禀未到，而石方运送远近之费，亦未核定。是以仅拨银五万数千两，比饬先行购石，以免冬干水涸，运送维艰。旋奉谕旨‘着分饬该道厅等，认真防护。并令派出之员，将上南厅应行采购石方、添筑坝垛工程，限年内一律办竣，毋稍疏懈’等因。转行，钦遵在案。兹据采购石方委员黄履中禀报，迅即赴山开采，陆续起运。计运到上南、中河、下南、卫粮、祥河、下北六厅，共堆成碎石九千九百三十余方，均点交监工委员并各该厅验收。所有不敷银两，即由臣在四十八万内，提出二万两，以清石价讫。经监工委员在两岸各工紧要处所，相度机宜，分别逐工监抛。据各该厅查明，造具印册，禀送前来。

“查上南厅属郑州上汛头堡桃园将军庙迤上，抛护石坝一道，共长九丈，共用石三千五百十三方二分，共银二万四千八百五十八两一钱七分七厘。中河厅中牟下汛五堡，抛护石坝一道，共长八丈二尺，共用石二千七百八十八方，共银二万二千一十四两四分八厘。下南厅祥符上汛二十二堡旧二坝迤上，抛护石坝一道，共长六丈四尺六寸，共用石一千四十三方二分九厘，共银八千八百六十三两七钱九分二厘。卫粮厅阳武汛十七堡同石坝尾土坝头，抛护石垛一段，共长五尺，共用石二百九十七方，共银二千二百十一两四钱六分二厘。祥河厅祥符上汛十五堡鱼鳞坝迤下空挡，抛筑石坝一道，共长七丈六尺，共用石一千二百十六方，共银一万一千四百二十五两五钱三分六厘。下北厅祥符下汛二堡迤下顺堤，抛护石坝一道，共长五丈一尺，共用石九百九十四方五分，共银九千九百四十一两二分二厘。以上六厅抛办碎石工段，共六案。计山价归济源、巩县两地，分采不同，其运送各厅远近船费不同。至冬杪水涸，另换剥船，亦颇加费。共用石方银七万九千三百一十四两四分七厘。覆加查核俱系实工实用，均与原报银数相符。”

卷十九　经费六

光绪十八年四月，河东河道总督许振祎奏称："窃臣于三月十二日，准工部咨，具奏'东河修防事宜，请防流弊'一折，并抄录原奏，恭录谕旨等因，咨行到臣。伏查原奏称'今年实余六万两，来年即可少拨六万两，不得以岁请额款为定数'，此诚慎重帑项之至意也。但部臣主于惜费，亦必不忘防险。微臣则主于防险，其实兼寓惜费。臣'改章'一折，请岁额六十万两，为数本不宽余，并声明寻常小险，不另请款。以臣之愚，所以敢任此艰巨者，总以整躬率属，实心实力，实用实销，使先事豫防，四时有不断之工作，以收曲突徙薪之效。去岁试办之初，仰赖圣主鸿福，河流顺轨，为迩年所仅见。故臣得以节省款项，尽数购石加抛。河工积疲已久，譬之元气虚弱之人，非渐次培修，难资捍御。镶埽为一时之计，石工为不朽之基。用一钱必有一钱之益，而其费先虽较埽工为特多，后实较埽工为特省。惟两岸应办之工，实属不少。若欲同时并举，不但臣不敢请此巨款，且有必待河溜逼射，方可抛石筑坝者。故非一时所能办成，亦非一时所能尽省也。惟冀事机顺手，逐年节省，逐年扩充。将来石坝愈多，镶埽自少，增卑培薄，永固金堤，此即臣培养元气之说也，亦即臣节省经费之策也。河流善变，自古已然。设遇三汛盛涨，叠出险工，则河防局十二万两，竭力支持，已属不易。若复核减额款，臣又安能赤手空拳，为未雨绸缪之计乎？设以工款拮据，致生意外之虞，臣之获咎，固不足惜，其如下游数百万之生灵何？此额款万不可核减之实在情形也。原奏又称'河工向有分赔之例，应将河防局办工委员衔名，随时咨部'，此亦综核名实之至计也。臣窃以衔名之报与否，与分赔之例殊不相妨。臣所辖黄、运两河文武厅汛，升迁调补，向无随时咨报工部之事。河防局及监工委员，事同一律，臣署委札昭然。设使咎干分赔，一经查取职名，断不能幸逃法纲，此又衔名之无庸随时咨部。乞部臣稍为宽假，以归简易者也。总之，部臣之意，重在守法，故于法密之又密，而惟恐其疏。微臣之意，重在任人，故于工慎之又慎，而必求其稳。与其牵义拘文，贻误于事后，不若竭诚据实，沥陈于事前。臣与部臣慎工惜费之意，大概相同。虽目前稍有变通，而其相与维持防河大局则一也。"朱批："着照所请，工部知道。钦此。"

光绪十八年十月，河东河道总督许振祎片奏称："再，现准工部咨，核复'豫省河防局十七年承办工料银数'，又'嗣后工需，请归入比较'各折片，恭录谕旨咨行，钦遵查照前来。查光绪十六年，改章原奏岁额六十万两，以四十八万归各厅员承办。另提十二万两归河防局筹添料石，先事豫防，由臣主之。原请开单报销在案，今工部责令分案题销，并给具图说，取具印委切结，一并送部查核。此为慎重公款起见，在部臣主于守法，援引旧例，施之于寻常岁办之工，自属可行。而于臣今日所提十二万之数，则似有未明其意者，请敬陈之。臣愚以为河工天险，恃法不如用人。如以恃法论，则从来所办报销例案，工部知之，河工亦知之。故自每年添款及郑工报销之千数百万，未闻其不合例也。如以用人论，则臣近年来改章从事，比年大险横生，亦均次第抢补，幸奏安澜。至添料添石，固有不尽合例者矣。臣于四十八万之报销，则悉照部章。至另提十二万两，则必开单者，此诚有实在情形，不敢一字欺饰也。

“原臣设立河防局，初意厥有二端：一则，恐厅员之遇险推诿，借口无钱无料。故提此巨款，为先事豫防之资。一则，恐厅员之不实不尽。故添委官绅，为临时匡救之用。而限此十二万两，只准纤悉到工，不准丝毫入局，并不准于此开支薪水，此河南官绅吏民罔不知之。即如今岁之得保巨险、就买石一款，已用过十一万数千余两，其余则补郑工金门沉裂之堤。总计不过两事，此不能分案题销者也。又多方买石，随处抢堵。险未平则必加抛，险已过则即停止，此不能绘图贴说者也。且以所用各员而论，凡不谙修守、精神稍懈之员，随时斥去。至所用本地各绅，其身家性命，皆在堤下，稍不尽心，祸且先及。故虽有河防监工名目，实则扶助厅员之所不及。河防者，防各处之险。监工者，监各处之工。人不一处，事无定所。板蓬迁转，日在风沙、泥水之中，既无呆办之工，即不复颁给印信。又此款十分之九，皆付买石，责臣可矣。于委员监工者无与此，不能取具印委切结者也。

“臣愚陋无知，只能据实办理。可否吁恳天恩，悯臣才短心诚，不以文义相难。俯准仍照改章原奏，河防局十二万两归入，据实开单，报销办理。敕部少从宽假之处，出自高厚鸿慈，河工幸甚！大局幸甚！十七年，河防局报销，已仿照奏销成案，随折另送销册，咨送部科在案。核与具题，随疏揭送，部科册结无异。再，每年河防局工需，请归入比较一层，自应即照部咨办理。合并声明。”奉朱批：“着照所请。该部知道。”

光绪二十年六月，河东河道总督许振祎片奏称："再，从前黄河一交大汛，即迭报险，每以请添款项为言。而各厅所存料物，实皆寥寥无几，不足以供修防。细推其弊，均由层层剥削所致。故臣奏定新章，以四十八万两归厅员自赴司库支领。责成各厅工员，承办岁修，诸事核实。虽大险，不准请添。以十二万两归入河防局承领，责成监工委员专办碎石，补偏救弊。虽局用，不准开支。行之数年，所存料石逐处堆积。终年做工，故终年无险，人人自称为宽绰有余也。惟臣此举，甚不便于劣幕蠹吏，而于两道库官库吏，尤属尽失脂膏。目下库款，不入道库，则道库所收者，仅止各县报解河夫银一款。而年终即当解司候部提拨，因之该书吏复暗行埋伏，以为日久政懈，可以乘间冒领。故臣于去岁附奏，将开归道库存记留待弥补之七万四千两，概行销除。并请敕部立案，凡从前河院两道各厅所存档册，凡有涉往来支发，概行销除。凡各衙门所存从前批禀，均作为废纸在案。现在开归道一律斩断葛藤，而河北道库，复闻暗有存记垫支，浮记银一百万一千余两者，此时虽不敢言他日必图盗窃。臣昔曾为河北道，未闻有此。且称为自光绪十七年起，至十九年止，历年臣已来豫，何得胆大伪造竟至于此。本应严办，姑念得自传闻访查，未有确据，且官非一任，从宽免行追究。今河北道岑春荣，到官未久，亦请严杜积弊。臣饬其调查私册，概行焚毁，仍遵前旨严行禁绝。嗣后，豫省管河各衙门，不得复立前后交代名目，亦不得捏饰从前垫发名目。如敢乘便图利，无论何年窃发，即当从严参处。"

光绪二十一年，奏："添荥泽县广武山柴芯大坝及抢护民堰埽工，添筑坝垛岁修银一千两。"

光绪二十三年，奏："兰仪县境老河身内，筑做拦黄土坝，抛护砖石银二万六千五十两四钱五分三厘。土方例价银二钱一分六厘，砖方例价银六两，石方例价银十两二钱九分六厘。并自戊戌年为始，每年岁修银五千两。”

光绪二十四年，于兰仪县黄河南岸拦黄土坝上游薛庵一带，抢抛石垛四个，银五千两。

光绪二十五年正月，直隶总督咨开，据长芦盐运使万培因详称，奉督院札，准河南抚院裕咨开，“据豫省河工岁料帮价”一款，专赖各盐商息银发办。内“两淮承领本银五十万两，长芦本领本银四十万两，山东承领本银十万两。按月一分生息，遇闰加增。其生息银两，历年解到无多，积欠甚巨。兹委员前往长芦守提，相应咨请查照，希即转饬运司，迅将各商欠解新陈生息银两，勒限严追。点交委员，星驰押解来豫，以济工用”等因，转行到司。奉此，又于同日，准河南布政司咨，会前因该委员，业已到津。卷查光绪十一年二月间，奉前督院札准，户部咨开，议覆河南奏“通核豫省司库出入，妥筹解部，裕饷银两”一折，抄录原奏，咨行遵办。抄单内开：“芦商每年实解豫省河工料价生息银八千两，前因扣还营协饷，每年只解银四千两。该抚声称‘现计扣还仅欠银一千三百余两，来年可以扣清，拟于前项提出银四千两解部存储’一节。查此项本系按年该商实解之款，今每年专提银四千两解部，洵为核实办法。应令直隶总督转饬该运司，自光绪十一年起，将前项解豫银八千两内，提出银四千两，径由长芦按年解部，无庸再由豫省收到转交，以省周折等因。

“历经各前司遵照部议，将应解征起光绪十年至光绪二十二年分，豫省料价息银八千两，内提出四千两，就近由长芦径解部库，抵作豫省裕饷之款。其余银四千两，发交河南委员具领管解赴豫交纳在案。查芦商应交此项料价息银，从前原系承领帑本各商完交。嗣于道光二十八年，钦差王大臣查办盐务，因原领帑本各商多已参革逃亡，款归无着，将每年应征料价息银，摊归通纲，按引完交。自道光二十八年至今，均系现商摊捐，名实久不相符。况历年以来，商情艰窘，此项息银，系代远年参商摊赔，更难照数清交。今奉札饬屡，经本司严行催追，仅征完光绪二十三年料价息银八千两。内提出银四千两，自应遵照上届成案，就近由芦径解户部，作为豫省筹解裕饷之款。其余银四千两，照数点交河南委员具领管解赴豫交纳。应请咨明豫省，仍以八千两作收，以清款目。其余各商未完息银，容俟征有成数，再行续解等情，相应咨明。”

光绪二十五年十一月，河南巡抚裕长奏：“孟县小金堤被冲卸一百一十丈，议随坦加戗，一律补齐。并在堤外，择要酌抛石坝三道，石垛十二个。在东河河防岁修节省项下，拨银三万两兴修。”奉准。

光绪二十五年，兰仪县薛庵一带，续修土石坝垛，并加添人字坝，加抛旧石工程，方价银一万五千两。

宣统元年九月，河南巡抚吴重憙奏称：“窃查豫省黄河工段绵长，昔年祥、牟、荥、郑决口，辄糜帑千数百万始克底绩。自郑工以后，前河督臣许振祎深悉旧弊，扫除更张，奏明岁修之款额定六十万两，以四十八万两归各厅专办岁修工程。即于该款内酌提各河署公费，以资办公。另设河防局，以十二万两作为办石防险之用，切实核发。嗣前抚臣锡良因新案赔款，数巨期迫，复奏提防河经费十万两，凑拨应用，以四十一万两为岁修费。各河署公费，仍前支给，以九万两归河防局办石。并将工款从严裁汰，岁岁比较，历有节存。臣上年到任后，又于八厅岁修及河防局办石项下，节省银二万五千余两，均经拨还藩库。是豫省河工固已事事核实，绝无浮冒。二十年来，岁庆安澜，从未失事，未始非许振祎规定经费，工归实际，暨历任河抚臣实力整顿之所致也。议者佥谓，未定公费以前，豫河时有失事，自定公费迄今，河工安静者二十年，是修守既有把握款项，又不虚糜。自应率由旧章，未便纷更滋弊。然当清理财政之际，必得剔清款目，针孔相符，始足以昭核实而垂久远。

“查历年报销，仍遵部章程式，与实用之款多不相符。即十一署公费，原定七万五千两，不敷应用，尽人皆知。且以此项公费及各项用款，悉融销于办料之内，向未据实造报。揆诸事君勿欺之义，实有未安。臣去年九月抵任后，正值部议清理财政之始，即欲深究用款与销案不同之故，以定办法。而戊申岁案业已办定，未便议更。且非详查各署各工情形，无以悉其底蕴。自春徂夏，遇事勤求，并饬南北两河道，时历河工，悉心稽核。臣复再四考询，始得梗概。窃谓清理河工款项，必以实报实销为第一办法。至所定额款，历经前河臣节次减发，已不敷用。惟念国计艰难，正臣子效忠之日。苟有可裁可减，即一丝一粟，亦所不遗。

“今拟先从臣署，将各项支款，竭力删减，并将全工岁支各款，切实酌裁。查臣署除支巡抚养廉银一万两外，别无津贴，向由河工年支津贴银一万二千两。自河督归并抚臣兼办后，将河督养廉银裁去，添支公费银一万八千两。又奏销幕友修金、火食、霜酬、节礼及文案内委薪水、火食暨戈什亲兵、折差巡捕、禀号书役一切人等，共年支银一万九千四百余两。此外，别无进款。兹拟于以上各款内，裁去银一万二千两零。又藩司署内，向由河工年支津贴银六千两，房库书吏年支纸笔饭食银一千二百三十两。今布政司朱寿镛，亦请将此款悉数裁去。至开归陈许郑道署支发各款，向较河北道为多，今该署道于沧澜请裁去银二千三百四十两。又八厅公所经费及他项杂支，每年裁去银六千七百四十八两。并将向年协助各学堂、善堂诸费银二千五百三十六两，一律裁撤，饬由藩司另筹拨济。以上每年，共裁减银三万八百五十五两零。至八厅公费及应用各款，业经迭次核减，实无浮滥，未便轻减，致误要公。

"经此次切实核减之后，如无意外，工程约计无闰年分，每年河工岁修各款共需银三十三万三千四百九十余两。以岁领银四十一万计之，约余银七万六千五百余两，应请作为预备金，以为特别抢险之用并各项不时之需。其所余银两，每年霜清后，即发银行生息，毋庸解归藩库，以省周折。再，历年河工用余、缴还藩库银四十八万八千七百八十九两零，除奏明动用银十二万九千九百五十两零外，历年奏拨新案、赔款、山东河工等项，动用银二十八万一千四百七两零。截至本年八月底，止实存银七万七千四百三十一两零，亦请作为特别预备金，仍存司库，以为有备无患之计。至河防局所领之九万两，为办石之用，寻常抢险皆恃乎此。历年用款之繁简，视乎险工之多寡，殊难预计。嗣后，当切实核发，如有所余，亦发银行生息，归入预备金内报部立案。查河工每年截款，向以霜清之月为止。现在瞬届霜清，今年应发各款，早经支发，未便更张。应仍照向章办理，拟自本年十月初一日起，悉照此次减定数目核发。至每年河工各款报销，拟核开简明清单，奏咨查核，免造册结图说。应恳俯念此次清理河工款项，系扫除数百年旧习，切实核减确定实用之数，无有丝毫浮混。此后每年报销，请敕下农工商部，勿拘成案，照单准销。俾纠葛一清，真际乃见，以仰副朝廷慎重河防、综核名实之至意。”

宣统元年九月，河南巡抚吴重憙片奏称：“再，臣此次清理河工各款，始悉成案相沿，历年报部，不但所销与所用不同，并所销之数与所用之数亦不吻合。现当整理财政之际，自应破除成例，无论何种款项，均当和盘托出，不得稍有隐匿。查河工霜清之后，所厢新埽，最易见蛰。每届冬令，动须加厢。其时，次年新料尚未办齐，验收照例不准动用，不得不将当年旧料酌留剔存，以备缓急而免误工。至次年春汛，查明如有余剩，即作抵新料，将各厅应领料价，照扣此项扣存之款。每因上年霜清，业已截数报销，未便再缴司库。即行发商生息，留备特别抢险之用。历年存数多寡不等，亦有旧料用尽，并无余存者。现在统核存款，计存商号银九万两。又购存铁路股票汴平银四千两，申合库平银三千九百十三两零，共存库平银九万三千九百十三两零。此所销之款，多于所用之款。而历年积存银两，未便缴还司库之实在情形也。如此办理，已成河工习惯，虽未奏咨有案。臣澈底清查，并无弊窦。且以各厅用剩旧料，作抵新料，照扣应领料价，尤为核实。办法未便更张，转滋流弊，应请嗣后仍将此项余款，发商生息，一并作为预备金，以为特别抢险之用。惟须按年报部，以期眉目益清，涓滴有着。”

宣统元年九月，河南巡抚吴重憙片奏称：“再，河工经费，关系帑项，固已力加撙节，以杜虚糜。惟任用人员，亦宜察度情形，略加体恤，以期共奋事功，俾收实效。查八厅工员，虽年支公费九万数千两，而所用之款，亦甚浩繁。如幕友薪修，必得从优致送，以及熟悉工程之弁丁夫役，又必养以厚糈。有工之际，添派工役，偶出险工，放价重赏，尤无限制。凡所开支，皆取给于公费之内。至料价一项，向系各厅包办，每垛三万五千斤，除另给杂料、夫工银二十五两外，准领秸价银五十五两，不得请益。近年火车运麦出境，农人种麦者多，种秫者少，故料价日贵，麻、苇两项价亦加增。厅员购买，时有赔累，非量加体恤，无以赡其事畜，即无以策其事功。然因此尽撤范围，准以市价开报，恐开冒滥之端。应明定办法，如遇料价平和之岁，仍照向章办理。傥值料缺价昂，应准各厅据实禀请加价。每垛仍不得过六十两之数，庶于体恤之中，仍示限制之意。此项加价银两，应于豫备金内提用。豫河寻常用料，每年不过一千垛左右。即照每垛加价五两，亦只需银五六千两，是增款有限。而各工员仰体皇仁，必当益图报称，似于工务不无裨益。

“河工营汛，终日奔走河干，最为劳苦。一遇出险，奋命抢堵，直以血肉之躯，与水相搏，性命在呼吸之间。是以部章河工抢险与军营前敌，同膺优保。而营汛各员弁，所有养廉俸薪，为数甚微，实无以资温饱。向于岁修土工项下，酌量匀给津贴。惟人数较多，仍属不敷赡养。且非核实之道，自应酌盈剂虚，明定津贴之数，以清界限而恤勤劳。现饬各厅详查薪津实在数目，妥为筹议。应如何酌加之处，俟有成议，再行奏咨立案，似此略加调剂。俾该弁兵等办公有资，无虞竭蹶，庶可收群策群力之效。至河工应用砖石，有豫防险工者，有临时抢险者，关系均极重要。近年以来，用石较多，山空洞深，椎凿工巨，加之铁道路工、桥工需石尤多，价乃翔贵。惟烧砖之费，较石为巨，故仍多用石而少用砖。然遇工段紧要、应用砖石之处，仍应分别酌办，未敢惜费误工。惟有严饬河防局，力求核实，并由臣不时遴派廉正之员，考求砖石实价。如局员稍有浮冒，即行据实严参，以杜效尤而重工款。”

宣统元年十月，河南巡抚吴重憙咨，度支部、农工商部文开："窃照本部院具奏'清理河工款项'各折片，内有'议加营汛文武员弁津贴'一条，当即札饬开归、河北二道会议去后。兹据详称'伏查营汛各员：都守等，每年养廉、俸薪、马干等项，除减折外，实领银不过二百两；协备等，每年所领不过百余两；千把总等，每年不过七八十两；分防等，两项则只二十余两，俸廉甚微，出力为最。文汛廉俸，亦只百两上下，故各厅分给三成土工，以为津贴。然聚之则较多，分之则见少，必须赡其身家，然后能用其死力。文汛奔走河干，同一清苦，虽责在弹压，与奋身作工者稍有区别，亦应同邀恩施。现考向分土工三成，系合一厅文武汛弁员名数，分作十成，计营官每人二成，汛官每人一成，额外每人半成。仿此变通酌加，似为平允。统计豫、怀两河营都司、守备、协备共八员，每员拟加津贴银八十两，共银六百四十两。文汛直隶州判以下，武汛千总至分防外委等，共三十六员，每员酌加津贴银四十八两，共银一千七百二十八两。额外外委二十四名，每名加给津贴银二十两，共银四百八十两。统计加给营汛津贴，每年共需银二千八百四十八两。至力作兵丁，每遇抢险，奋不顾身，其危险殆难言状。是以抢护吃紧之际，随时由各厅优加犒赏。即院道临工，亦时有赏赉。但所领饷银，战兵每名每月只领七成，实银一两七分有奇。守兵每名每月只领七成，实银七钱六分零，为数过微。平日不足以赡其身家，而办工则以性命与水相搏，情殊可悯。现拟一体酌加津贴，用示体恤。惟通工共计战守兵丁一千二百五十六名，人数众多，势难遍及。拟专就抢厢力作兵丁，酌量加给津贴，用资激励。其看守料石、巡查堤坝、搜捕獾鼠、递送文报及驻守无工各堡兵丁，仍照旧章办理，不另加给津贴，以示区别，而昭平允。计应加津贴战守兵丁，共五百九十二名，每名给银四两，每年共需银二千三百六十八两。于伏秋大汛办工之时，分作两次发给，并将兵丁姓名发给银数，随时榜示，咸使周知。其向由厅员发给，饭食犒赏，仍照旧优给，以资其生，不得以此影射。统计两岸八厅所属营汛兵丁，每年共需加津贴银五千二百一十六两。至向分三成土工，银六千六十两，仍照向章提给。嗣后八厅土工，按照七成银数，实估实办。拟俟奉部覆准之后，合所加银两，妥为区分，垂为办公定额。该员弁等得此津贴，益当勤于职守，奋力自效，实于修防大有裨益'等情，缮折会详前来。本部院复查该道等，议给营汛员弁兵丁津贴银两，为数尚属无多，于体恤用人之中，仍寓撙节钱粮之道。至办工兵丁，一体加给津贴，亦系体恤力作之人、鼓励修守起见，自应照准此项银两，拟请即于岁修余款内动支，每届霜清核明用数，据实开报，相应缮折咨送。"

宣统二年正月，农工商部奏称："窃照道光十五年七月，奉上谕：'嗣后，河工奏销银数，着工部按照所开报销册，逐款勾稽，将每年动用各款开具简明总数，于年终汇奏一次，以重度支而昭核实等因。钦此。'又，光绪十八年闰六月，经前工部具奏：'嗣后，河防工需，自应一律归入比较。'奉旨：'依议。钦此。'钦遵各在案。兹据河南巡抚兼管河工事务吴重憙奏'宣统元年，分豫省黄河两岸八厅岁修河防工需，比照上三年节减数目，缮单具陈'一折。宣统元年十一月十四日，奉朱批：'该部知道，单并发。钦此。'钦遵抄出到部。查单开宣统元年分，豫省黄河两岸八厅办过埽砖土石各工，共用银三十四万五千三百四十七两四钱二分七厘，比较光绪三十四年分，计少银四万六千四百六十九两二钱九分八厘；比较光绪三十三年分，计少银四万七千三百四十两九钱九分九厘；比较光绪三十二年分，计少银四万九千七百六十三两九钱七分三厘。又河防项下，办过石工，共用银九万二千二百三十三两七钱五分九厘，比较光绪三十四年分，计多银八千六百九两六钱九分；比较光绪三十三年分，计多银八千二百四十九两五分七厘；比较光绪三十二年分，计多银七千三十二两一钱五分。

“臣等伏查豫省黄河修防经费，经前河臣许振祎奏定，自光绪十七年为始，每岁以六十万两作为定额，以四十八万两归厅办工，另提十二万两为河防保险之用。迨光绪二十八年，又经升任抚臣锡良因新约赔款数巨，奏明提存银十万，作为赔款之用。每岁支银五十万两，作为定额，以四十一万两归岁修，以九万两专办石工，历经按年报销有案。今据该抚奏称，宣统元年，黄河两岸岁修埽、砖、土、石各工，共用银三十四万五千三百四十七两四钱二分七厘，内除采割堤苇草刀工银五百六十二两五钱七分一厘，向由河防另款项下支发外，实动用司库岁修额款银三十四万四千七百八十四两八钱五分六厘。又河防项下，抛办石工，动用司库银九万二千二百三十三两七钱五分三厘。臣等逐款勾稽，动支银数相符，拟准如所请办理。

“至原奏内称，岁修节省银六万五千二百一十五两一钱四分四厘，应发银行生息，作为河工预备金，以备缓急之需。及石工项下，不敷银二千二百三十三两七钱五分三厘，由历年余存备防项下动用，应由该抚报明度支部查核。其是年两岸八厅，河防办过各工奏销银数，由臣部另折核覆具陈。再，豫河工需用款，向系比较上三年数目，报部核覆。现经该抚将每年删减定数目核所有比较上案一节，嗣后应照依臣部，会同度支部议复，无庸循例奏报，以省繁渎，合并声明。”

宣统二年，度支部、农工商部奏称：“内阁抄出河南巡抚吴重憙奏‘清理河工款项，切实裁减，核定数目’一折，又奏‘用人购料，筹议营汛津贴及分别采办砖石’一片，又奏‘河工历年报销余存款项，发商生息’一片。宣统元年九月十四日，奉朱批‘该部议奏’片二件并发。钦遵到部。当经臣部电催该抚，行取详细清单去后。嗣准该抚将立案清单、津贴数目，先后咨送臣等。伏查豫河各工，自光绪十六年，前河督臣许振祎奏定岁额六十万两，每年节省自四五万余两至八九万不等，实只用五十余万两。二十七年，前抚臣锡良始于六十万额款内，奏提新案赔款银十万，减为岁额五十万两。近年每届仍节省二万数千两，实只用银四十七万余两。至于各项公费，河臣许振祎虽有‘督抚等十一衙门，拟请以七万五千金作为定额’之奏。而历届报销，只有秸料与土方、石方、碎石三项，从未将公费列入开支。是该抚所谓融销之弊，已属显而易见。今就原奏各折片，详细稽核，每年总数，系仍照五十万额款计算，除砖石支用九万外，其余四十一万两，据称核实开支。每年办公购料，共需银三十三万三千四百九十余两，约可盈余银七万六千五百余两。

“查该抚咨送预算清单，各厅物料夫工，共银八万四千六百六十六两六钱六分六厘，土工共银二万零二百两，公费共银九万九千四百两，抚署行政费银三万七千四百九十两，开归道署银二万五千一百七十七两，河北道署银二万二千四百七十二两八钱，杂支银四万四千零八十六两。声明内，有计闰之款，遇闰照加。统计岁需银三十三万余两，为数不为不巨，而用于土方秸料者，乃转寥寥无几，未免工料少而经费多。惟积弊相沿已非一日，臣部清理财政，原奏亦经声明，既往之弊，不加追究。查出之款，仍可留存等因。奏奉俞允，通行遵照在案。

"今该省河工，既据该抚于陋规等款，裁去银三万余两，又将历年秸存旧料，变抵银九万余两，和盘托出，尚系遵照臣部定章办理。所有豫算支用各款，并俟本年十一月实行之处，应请暂行照准。其秸料翔贵之年，每垛至多加银五两，据奏每年不过五千两。营汛员弁兵丁，分别给与津贴，据单开每年共银五千二百十六两，亦请暂行照准。至河工节省，向缴藩库。此后新章，每年节省银七万六千五百余两，并办石余款，请作为豫备金，发银行生息。又原存藩库节省银七万七千四百三十一两零，请作特别预备金，仍存司库。历年已销未用旧料，变抵银九万三千九百十三两零，并以后此项余款，请仍发商生息，均暂准如所奏办理。惟前项节省银两，仍应各归各案，按年将收支数目，分晰造册报部。即有特别工程，亦应先将占需银数，详细咨部，以凭核办。其司库历年节存四十八万八千余两一款，除十二万九千余两，系属奏明动用外，其余二十八万一千余两，臣部并无该省咨报提用。

"案：据清单内，亦未叙明年月。且河工额款已提新案赔款十万，何以节省款内，又复频年凑提？该款本为豫河缓急之需，何以又作东河之用？应饬藩司查明原案，并将历届提款报解各项卷宗，全行抄录，汇造一册，送部备核。河工各该厅局，应造报告清册，并令遵照定章，将光绪三十四年分调查报告，汇送清理财政局呈部办理。至每年报销，请免造册结图说之处。农工商部查向例河防用款，每年于霜清后，撮其总数并比较上三年数目，一体开单奏报，由臣部稽核覆奏。现据该抚将所用工款，核实删减，自可无庸比较。惟每年核覆数目，总以此次奏定银三十三万三千四百九十余两为断。其河防局所领九万两，专为办石之用，自应仍遵旧案办理。至'请免造册结图说'一节，查臣部核销工款，向以砖石、土方、工价为衡。今该抚奏称‘照单准销，免造册结图说，不但无凭考核，亦恐别滋流弊。嗣后每年岁、抢修工程，应造册结图说，拟令改用表式，将所用工料、丈尺、做法，详细开列，仍取具印甘各结，随案咨送。并严饬开归、河北二道，认真督办，力求撙节。仍须于工竣奏报后，将所填表式印结，一并随案送部，以凭核办’。恭候命下，即由臣部行知河南巡抚，遵照办理。”

论曰：河工经费，属于平时者，曰岁修，曰抢修，曰另案；属于临时者，曰大工。岁、抢修有定额，其有不敷，而专请者，则为另案。另案虽无定额，而仍为岁款，故必列三年比较之数。大工合龙，事非恒有，视役之难易为断，不入比较者也。又有津贴、帮价、专案、提拨、节省诸名目，其他琐细者尚多，不足缕举。惟河夫银两为专款，余则皆拨自藩库。大工则尝属于部拨，故其为目，往往不同，或随事而为之名。而综其大要，则岁修、抢修、另案、大工，四者而已。实则另案，即抢修之不敷者。而另案、抢修，皆为岁款，虽三仍一。则平时者，岁修也。临时者，大工也。

河堤之役，初沿明故，出之于徭者居多，发帑盖无几。故顺治初，封丘金龙口大王庙之决，总河杨方兴塞之，工六七年始竣，费银不过八十万，而六十余万捐之于民。岁修如派夫，如柳束，如运料，更强半资之民力，每年且有协济南柳、南银之事。至雍正之时，徭之裁免者已多矣。然每岁抢修之费，不过五万两左右。而普律加帮大堤，所用亦不过五十余万。自是而后，设官既多，河事日棘，费乃顿增。然乾隆时大工，虽有用银至二千万者，其役盖绝大，兼徙堤徙城，非后之仅仅合龙一事可比。而黄、沁两河岁、抢修之额，豫拨自司库，每年仅七万两，合之河夫银两诸款，当亦不逾十万两左右。嘉庆时岁、抢修之款，始也三四十万，自十一年以后，乃增至一百余万。虽不远南河岁款三百万之巨，然亦足骇诧矣。咸丰时，三银七钞，以军兴之际，本非定制。至同治时，以二十万为岁额，然奏请添拨，初则每年无虑二三十万。至八年以后，岁额、添拨两者并计，恒至六十余万，或乃有八十余万者。故光绪时，有六十万之额定。大工合龙最后者，为光绪时之郑州，其款乃至一千三百余万，视道光时之中牟大工，又过之。然郑工、牟工皆南岸，未可援北岸之工并论，其数固未减也。

邵阳魏氏尝言河费矣，曰："靳文襄承明季溃败决裂之河，八载修复，用帑不过数百万。康熙中，堵合中牟杨桥大工，不过三十六万。其时全河岁修，不过数十万金。盖由河槽深通，而又力征之役，沿河协贴物料，方价皆贱，工员实用实销，故工大而费省。乾隆四十七年，兰阳青龙冈大工，三载堵闭，除动帑千余万外，尚有夫料加价银千有一百万，应分年摊征。其时帑藏充溢，破格豁免，而自后遂沿为例，摊征仅属空名。每逢决口，则沿河商民且预囤柴苇，倍昂钱值，乘官急以取利，是为一大窦。然乾隆末，大工虽不派夫，而岁修、抢修、另案，两河尚不过二百万。及嘉庆十一年，大庾戴公督南河，奏请工料照实价开销。其所借口不过一二端，而摊及全局。于是岁修、抢修顿倍，岁修增而另案从之，名为从实开销，而司农之度支益匮，是为二大窦。"魏氏之言既然，然河患频数，民力有限，摊征不过虚存其名，于实无补。随时蠲缓，与为休息，德意至深。所以至咸丰时，乃永免加价银矣。时价开销，亦不得不然之事。民生日艰，物力日啬，乘急取利，又非令所可禁。当乾嘉之时，已难比康雍之例价，况在道咸以后乎？故如土料诸价，或一倍以至数倍不等，岂皆出于浮冒哉！时有不同耳。然则费之屡增，而未已也，乌足怪哉！故奉新总河之请，以六十万为定额也。举岁修、抢修、另案，一切骈指枝拇之足以淆惑视听者，概扫除之。而纳之于一，固亦穷则变，变则通之道也。

今取河南布政使司光绪十三年五月所列关于东河收支各款，一一著之，以见改章之所依据。计收款河营朋建：大建每月银四十三两三钱六分，小建每月银五十六两九钱二分四厘。河营旷俸旷廉无额，河夫银两三万八千七百二十七两四钱九分五厘，支款岁料例价银十七万三千七百八十四两，添拨节省防险银二十五万两，各河厅岁料帮费银一万六千三百五十两，河内、武陟二县岁修沁堤工料二万四千两。河督养廉银六千两。河南省照半，除军需三成及扣平，实支银一千九百七十四两。开归陈许道养廉，除军需二成扣平及摊捐，实支银二千四百四十三两四钱三分九厘。彰卫怀道养廉，除军需扣平及摊捐，实支银二千六百五十两四钱。上南、下南、祥河、下北、黄沁、卫粮、中河七厅同知、通判养廉，除军需一成扣平及摊捐，共支银四千余两。怀、豫二河营官十九员，战兵一百四十四名，守兵一千一百一十二名，俸薪、马干、饷米，除朋建减平及暂停三成，实支银一万四千八百六十一两三钱三分六厘。河营官弁养廉额支银一千八百二十三两五钱，按七成支发。各汛埽夫、沁河长夫工食银四百二十两，南岸乡徭堡夫工食银三百余两。其中惟岁料例价、各河厅岁料帮费，经钦差查办，核减河夫银两，由南、北两道拨归司库，非十年前之旧制。河督养廉仍以六千两为额，非道光后一万之数。

或加廉不由豫支乎，而河夫银两，自十五年始，则仍留工为添办砖石之用，不复拨归司库。至六十万岁额，则专属之黄河修防。凡沁堤工料与黄、沁两河官弁兵夫养廉、俸薪、马干、饷米、工食，皆不在内。盖河势无恒，苟无备御不虞之需，以应变于临时，则必至抢攘而无策。往者皆险工既出，总河专疏上陈，待报可，始能得款，失事大半。由此久远者不必言，同治时之荥工，则军兴后款乏之故也；光绪时之郑工，则查办后费减之故也。迨其漫决，则所费者视所减者，以千百倍计之，而未足以偿。至是而悔之，亦无及矣。故奉新总河之奏请改章也，明定发款之期，使办料不至后时，而办工不至乏用。复岁有所余，以待一旦。自是以来，遂无河患。后虽减款十万，改归新案赔款，固是移缓以济急，要亦夙储之已充。不然以锡公之渊识伟画，又岂肯孟浪出之。呜呼，临渴掘井之为，固非人定胜天之计矣！

卷二十　祀典一

雍正三年正月，河道总督齐苏勒奏，河南武陟县地方建造龙王庙告成，颁御书匾额。

乾隆十六年，颁给河南武陟县沁河神庙，御笔“灵源利济”匾额。

乾隆二十六年，命于杨桥工所建河神祠。

乾隆四十四年四月，命于祥符漫口施工处所，建河神庙，并发白玉璧一件，撰拟祭文一道。着阿桂等诣现作坝工河岸，虔诚致祭。

乾隆四十五年二月，谕：“据阿桂奏‘铜瓦厢风神庙，于开放引河之先，曾申虔祷，因连获顺风，掣溜全黄复归故道，显有默相之功，并恳颁发御书匾额，以昭灵绩’等语。着照所请，铜瓦厢风神庙御书匾额，另行颁发，用答神贶。”

乾隆四十五年二月，谕：“据阿桂等奏‘豫省河神最灵验者，为灵佑襄济大王，本姓黄，河南偃师县人。从前已受敕封，拟为修坟种树，并请于其子孙中赏给奉祀生一人’。着照所请，灵佑襄济大王，交该抚荣柱，于其子孙内择一人作为奉祀生，世传勿替。”

乾隆四十五年三月，以仪封河工合龙，命建碑于陶庄河神庙，御制记文曰：“河之复也，以堤合龙。堤之合龙也，以天佑神助。然天之佑，广大精微，不可以一二事举，亦不可以一二日期神之助。则有可以显示昭灵事举日期者，此义已见于丁酉陶庄河神庙之文。而今复有显示，昭灵声应，底绩之觋，是不可以不记。仪封决口之筑，移金门，开引河，历以年余，迄未成功，亦无别法于旧。冬仍为大开引河，图掣溜归壑之为。及今春二月，阿桂等始有‘十一日两坝自行合龙，随填压茭土，不逾数刻，金门立见断流。俟十分稳固，即驰报合龙’之奏。未数日，而合龙之奏果至。然所谓自行合龙之语，不解何谓。兹阿桂以善后大局已定，来行在复命。细问之，乃称二月十一日，仪封漫口未合龙以前，金门尚阔三丈，水深十一丈余。至午时，忽报顺黄南坝沉坠，惊往勘视，则南坝埽根全势向北移走，陡与北坝接连。时金门水面深只一二丈尔，时见机可乘，随将合龙秸料，赶紧填压，不三四刻，已见断流，而埽底亦无翻花过溜。若非南坝向北沉坠移走，则三丈口门下埽合龙，非两三日不能完竣。今机缘巧合，因败为功，以两载之勤劬，收功片刻，实由至诚感召天和，河神默相，非人力所能到，更非在事诸臣所敢望云云。自前岁河决后，予无日不叩天祷神，冀速合龙，以佑苍生。昨初十日，渡黄于香棚，及陶庄河神庙，更益竭诚默吁。而十一日，遂有两坝自行合龙，黄流顺归故道之事，此岂非天佑神助，前记所谓，适逢其时者欤？及蒙庇荫，合答庥祉，予惟虔巩孜孜，日甚一日，永祈安澜之锡。仪封合龙处，已命建庙答觋，当别有记。而此陶庄，实予竭诚蒙佑之所，因命树碑纪实，亲书泐石，一如前建庙之例。”

乾隆四十八年三月，谕：“曲家楼漫口，要工合龙，全赖何神默佑。即照阿桂等所请，将惠安观鸠工重修，以肃观瞻而昭妥侑。候朕亲书匾额诗句，发往悬挂，用酬灵贶。”

乾隆四十九年十一月，睢州漫工合龙，命建河神庙，御制《兰阳睢宁新堤南岸河神庙碑记》。曰：“中州河神庙之建，于北岸者二，曰武陟，曰兰阳；建于南岸者一，曰中牟。皆以御灾捍患，有功德于民而崇祀者也。兹兰阳、睢宁之间，新堤南岸，复建河神庙者何？乾隆四十九年秋八月，河决睢州下汛二堡，命大学士阿桂驰往，会同两江总督萨载，南、北总河李奉翰、兰第锡，河南巡抚何裕城，五臣会勘，详议筑塞并选带南河熟练河工员弁赴豫，俾资调遣。嗣据奏请改筑南堤，并开挑引河，自兰阳至商丘，长一百四十余里。朕按图审势，复命向北展宽引河，因即取土筑堤，为一举两得之计。阿桂等遵旨督办，冬十一月引河成，初五日启放，掣溜通畅。至十四夜，东坝陡向西蛰，直抵西坝，底埽遂乘势镶压。至十七日，金门旋即断流，天然合龙，全河大溜尽归引河。是役也，天庥神佑，与庚子年仪封之天然合龙正同。在事文武员弁以及远近士民观者，无不踊跃欢抃，额手称庆，以为非河神嘉佑，不及此也。夫神之灵，盈天地间，临之在上，质之在旁，昭布森列，无所往而不在。而人之依于神，将以邀福致敬，冀遂其瞻仰。祈吁之私者，则非特建崇祠，无以昭灵贶、达群诚。爰命阿桂等，度地于兰阳、睢宁新堤南岸适中之处，鸠工庀材，鼎新庙貌。就南岸者，所以别于北岸也；兰阳、睢宁之间者，所以别于武陟、中牟也。当睢州下汛之初决，方以漂毁田庐为亟，且以稽工旷日为虞。盖自始事以迄成功，予之昼夜斋心默祷，无可言喻。凡赈助抚恤，和雇加价，不靳千百万帑金，以拯济我灾黎。而在事诸臣之竭诚襄事，与我民之奔走役作，子来恐后，实亦不遗余力。是以咋冬合龙，志事诗云：‘天然忽报合龙信，神佑应怜众力殚。’盖不敢谓予之尽心于民，而实神之笃眷于予也。且豫省频岁不登，目昨冬睢工合龙后，今岁夏秋来，连获甘霨，晚禾补种，秋苗长发，转歉为丰。是神之笃眷于予，实神之保乂吾民也。继自今亦惟虔巩孜孜，永祈安澜之锡，以与吾民邀福于无疆耳。庙工成，遂书缘起，以勒于石。”

乾隆五十三年七月，命河东工次建黄河神庙，春秋致祭，载入祀典。

嘉庆九年七月，命降调户部右侍郎额勒布驻豫专办河神庙工。

嘉庆二十四年，谕：“朕于嘉庆十七年六月间，因大内及御图向来供奉水府诸神，特命两江总督百龄，于祀典内天后惠济龙神封号神像，敬谨缮录摹绘，并将清江浦殿宇规制绘图贴说进呈，于御园仿照建盖，以妥神灵。随时瞻礼，为民祈福。次年九月，黄河南岸睢州下汛忽有漫口之事，朕心方以建祠展祀，以迓神庥，岂诚意未孚，不能上邀鉴佑。当谕在工各员，赶紧堵筑。旋以滑县教匪滋事，密迩睢州，不能不暂停工作。直至十九年大汛后，始再议兴工。此一年内，黄河由漫口，经行数百里。澄清后，灌入洪湖，畅出清口，直达尾闾。将一路河身，全行刷涤深通。自此以后，睢工既合。阅今数载，轨顺澜安，民生永奠。此实转祸为福，神力斡[1]旋，有不可思议者。朕仰承福庇，岁时展礼，倍切诚恭。兹特敬述佑助之灵，宣示中外。着将此旨，发交河南，勒之贞珉。俾大小工员同知，钦感虔修祀事，永荷平成。”

道光二十一年八月，谕：“牛鉴片奏‘省城西北角以至西门，赶紧作挑水大坝，以资抵御’等语。河南省城屡次危险，

[1] 斡　原作“幹”，据民国19年重印本改。

获保安全。该抚虔祀河神，大溜划分两股，离城身五六尺，得以抢筑完固。此皆仰叨神佑，曷胜寅感。着发去大藏香五炷，交牛鉴祗领，敬谨祀谢。”

道光二十二年二月，祥工合龙，发大藏香十枝，总河朱襄赴工次各处河神庙祀谢。并动项建造庙宇，封号、匾额另颁。

光绪七年闰七月，河东河道总督李鹤年、河南巡抚涂宗瀛奏称：“窃查河南历祀河神，省城内外均有大王专庙，而各将军多系附祀，且名位未能全列。伏念大王、将军久著灵应，近数十年来河工遇有险要，无不显示化身，周历保卫，立即转危为安。己卯夏秋，黄河两岸异涨频仍，险工叠出，下南厅十七堡，尤属岌岌。幸各将军随同大王，化身拥护，众目共瞻。用致悍溜外移，抢办月余，卒臻底定。在工官弁民夫，同深抃舞，佥议建庙省垣，以彰灵贶。臣等爰率南北两道暨各厅员，公议于省城，捐廉倡建总庙，奉祀历著显应，功绩最崇之陈九龙将军、曹将军、杨四将军，三位均塑像，昭示其曾受封号事迹。有稽姓名可考者，共六十一位，俱为人心所系，众口交传，亦皆刊刻神牌列祀。计经始于升任广东按察使、前开归陈许道倪文蔚，现在工程告蒇，庙貌已隆。据盐运使衔、开归陈许道任恺，二品衔彰卫怀道陈宝箴，呈请具奏前来。臣等伏查七政之齐，星辰随日月而成曜，四从之设，风云合雩，祭以立坛。兹豫省倡建河神、各将军总庙，洵足以彰助顺而式馨香。合无仰恳天恩，俯准将豫省将军庙，列入祀典，春秋致祭，并赏赐匾额悬挂，以肃观瞻而顺舆情。”

光绪七年闰七月，上谕：“李鹤年等奏‘新建将军总庙，请列入祀典，并颁匾额’一折。河南省城内外，向于大王专庙，附祀各将军名位，历著灵应。每遇黄河险工叠出，均获转危为安。兹经李鹤年等，于省城捐建将军总庙，奉祀陈九龙将军、曹将军、杨四将军暨各河神，现在工程告蒇。着南书房翰林恭书匾额一方，交李鹤年等，敬谨悬挂，以答神庥。余着照所议办理，该部知道。钦此。”匾额字样，系“百流归德”。

卷二十一　祀典二

顺治三年，敕封显佑通济金龙四大王。

康熙四十年，加封金龙四大王为显佑通济昭灵效顺金龙四大王。

按：《会典事例》载："于三十九年。"《东华录》载："四十年正月。"礼部议复："河道总督张鹏翮请加赐河神封号。"得旨："是题请在三十九年，加封实在四十年。"

乾隆二十二年，加封金龙四大王为显佑通济昭灵效顺广利安民金龙四大王。

嘉庆二十五年，加封金龙四大王为显佑通济昭灵效顺广利安民惠孚金龙四大王，庙祀河南省城。

按：顺治三年，敕封庙祀江南宿迁县。乾隆二十二年，加封建庙于江南徐州府。至是，河南始庙祀。

咸丰二年，加封金龙四大王为显佑通济昭灵效顺广利安民惠孚普运金龙四大王。

咸丰四年，加封金龙四大王为显佑通济昭灵效顺广利安民惠孚普运护国金龙四大王。

咸丰七年，加封金龙四大王为显佑通济昭灵效顺广利安民惠孚普运护国孚泽绥疆金龙四大王。

同治二年，加封金龙四大王为显佑通济昭灵效顺广利安民惠孚普运护国孚泽绥疆敷仁金龙四大王。

同治四年，加封金龙四大王为显佑通济昭灵效顺广利安民惠孚普运护国孚泽绥疆敷仁保康金龙四大王。

同治五年，加封金龙四大王为显佑通济昭灵效顺广利安民惠孚普运护国孚泽绥疆敷仁保康赞翊宣诚金龙四大王。

同治七年，加封金龙四大王为显佑通济昭灵效顺广利安民惠孚普运护国孚泽绥疆敷仁保康赞翊宣诚灵感辅化襄猷金龙四大王，庙祀封丘县。

按：本年三次加封。

同治八年，加封金龙四大王为显佑通济昭灵效顺广利安民惠孚普运护国孚泽绥疆敷仁保康赞翊宣诚灵感辅化襄猷溥靖德庇金龙四大王。

按：本年两次加封。

光绪元年，加封金龙四大王为显佑通济昭灵效顺广利安民惠孚普运护国孚泽绥疆敷仁保康赞翊宣诚灵感辅化襄猷溥靖德庇锡祜金龙四大王。

按：先于同治八年，奏准金龙四大王加封已至四十字。嗣后即以四十字为限，续有灵应，由各该督抚另行酌办。本年奉旨照同治十一年加封天后成案办理，即奏准于四十字之外，再加封，以示优崇。

光绪五年，加封金龙四大王为显佑通济昭灵效顺广利安民惠孚普运护国孚泽绥疆敷仁保康赞翊宣诚灵感辅化襄猷溥靖德庇锡祜溥佑金龙四大王。

会典事例

谨按：神谢姓，名绪，宋末浙人，行四，读书金龙山。宋亡死节，为河神，明始封金龙四大王。

金龙四大王传徐渭

王姓谢，名绪，宋会稽诸生。晋太傅安之裔，祖达，父某。有兄三人，曰纪，曰纲，曰统。王最少，行第四，居钱塘之安溪，后隐金笼山白云亭。素有壮志，知宋鼎将移，每忼慨愤激。甲戌秋八月，大雨，天目山颓。王会众泣曰："天目，乃临安之镇。苕水长流，昔人称为龙飞凤舞。今颓，宋其危乎？"未几，宋鼎移，王昼夜泣。语其徒曰："吾将以死报国。"其徒泣曰："先生之志，果难挽矣。殁而不泯，得伸素志。将何以为验？"曰："异日黄河北流，是予遂志之日也。"遂赴水死，时水势高丈余，汹汹若怒人，咸异之。寻得其尸，葬金笼之麓，立祠于旁。

元末，我太祖与元将蛮子海牙战于吕梁。元师顺流而下，我师将溃，太祖忽见空中有神，披甲执鞭，惊涛涌浪。河忽北流，遇截敌舟，震动颠撼，旌旗闪烁，阴相协助，元师大败。太祖异之，是夜梦一儒生，披帏语曰："余有宋会稽谢绪也，宋亡赴水死，行间相助，用纾宿愤。"太祖嘉其忠义，诰封为"金龙四大王"。金龙者，因其所葬地也。四大王者，因其生时行列也。自洪武迄今，江、淮、河、汉四渎之间，屡著灵异。商舶、粮艘、舳舻，千里风高浪恶，往来无恙，佥曰王赐。敬奉弗懈，各于河滨建庙以祀，报赛无虚日。九月十七日，为其诞辰，祭赛尤盛，非王忠义之气，昭昭耿耿，光融显赫而能然乎？嗟夫！宋社既屋于今，已数百年矣。铜驼荆棘，故宫茂草，而王之神灵独磊磊落落，常在天地间。生而忠义，殁为神明，与文山、叠山诸公，并垂不朽可也。

宋末，谢翱为文丞相客。丞相殉国，翱每哭之恸，竟死。其忠，至今犹传诵之。王之忠义，不减翱。而姓氏湮没，行事尤不概见。其敬畏而奉祀之者，徒以其为江河之神，于风涛汹涌中死生呼吸，仰其庇佑而然耳。夫岂知其忠义而崇奉之欤？余故表而出之，俾奉祀者得有所考云。

金龙山圣迹碑陈继善

谢公绪，会稽诸生，居钱塘安溪，谢太后侄也。三宫北行，公投安溪死，门人葬于乡之金龙山。明太祖吕梁之捷，神显灵，遂敕封金龙四大王，立庙于黄河之上。余修“钱塘邑志”，补入《忠节传》。

河神传·按语

王于前明天启年间，从总漕苏茂[1]请，加封护国济运龙王通济元师。国朝顺治二年，十里河清，两堤克奠，河督杨公方兴题请，特封昭灵效顺金龙四大王。康熙三十九年，海口疏通，济运神速，河督张公鹏翮题，四十年正月加封显佑通济昭灵效顺黄河金龙四大王。康熙六十年，御题匾额，各工在在立庙。春秋二仲并九月十七日诞辰，官为致祭。

按：徐氏作传，谓神为谢文靖裔，而陈氏圣迹碑，谓为谢太后侄，语本两不相谋。惟雍正五年，总河齐苏勒修建金龙四大王庙宇，疏内称金龙四大王姓谢名绪，系浙江钱塘县下墟里

---

[1] 苏茂　当作“苏茂相”，明代官员。

人，为宋室戚畹，尽节成神。因其灵显，历加封号。其墓即在下城之金龙山内，子孙聚族其下，世守勿替。前有裔孙生员谢胡端，以先神祠墓，僻处山乡，历年久远，在在倾颓，呈请捐修云云。齐疏当本自谢胡端之言，胡端之言必本自家乘，则陈氏之说信矣。宋理宗谢皇后，为宋丞相谢深甫之孙女，而《宋史》深甫及后传，皆不言。系出文靖徐氏之说，不知何所依据。《谢后传》：父渠伯，诸父擽伯，皆深甫之子也。兄奕，深甫孙也。侄堂暨台，深甫曾孙也。史以篇第为义，故《深甫传》不列子孙名，以已见后传也。而《徐传》所谓祖达者，即渠伯、擽伯昆季行也。兄纪、纲、统者，即堂暨台昆季行也。似于后，非近支，故无位于宋，以诸生终要之。徐氏不言后宗，实为疏略。而齐疏所称钱塘下墟里人，则以所居所葬地为本贯，亦非也。至《河神传·按语》谓：顺治时，封昭灵效顺。康熙时，加封显佑通济，与《会典事例》《东华录》皆不合。加封之字，断不能居始封之上，可决其为误。

乾隆三年，敕封灵佑襄济黄大王，庙祀河南陈留县。

嘉庆二十五年，加封黄大王为灵佑襄济显惠黄大王。

道光二十九年，加封黄大王为灵佑襄济显惠赞顺黄大王。

同治二年，加封黄大王为灵佑襄济显惠赞顺护国黄大王。

同治四年，加封黄大王为灵佑襄济显惠赞顺护国普利黄大王。

同治六年，加封黄大王为灵佑襄济显惠赞顺护国普利昭应黄大王。

同治七年，加封黄大王为灵佑襄济显惠赞顺护国普利昭应孚泽绥靖溥化黄大王。按：本年三次加封。

同治八年，加封黄大王为灵佑襄济显惠赞顺护国普利昭应孚泽绥靖溥化宣仁黄大王。

同治十一年，加封黄大王为灵佑襄济显惠赞顺护国普利昭应孚泽绥靖溥化宣仁保民黄大王。

光绪元年，加封黄大王为灵佑襄济显惠赞顺护国普利昭应孚泽绥靖溥化宣仁保民诚感黄大王。

光绪五年，加封黄大王为灵佑襄济显惠赞顺护国普利昭应孚泽绥靖溥化宣仁保民诚感□□黄大王。

按：《会典事例》于本年加封，乃重复“诚感”二字，而《敕封河神传》，既无本年加封之字，并同治八年所加“宣仁”封号，亦遗漏。查本年金龙四大王，与黄大王，同加封号。《河神传》成书于光绪七年，于金龙四大王已列“溥佑”封号，即本年所加者。是以接到部咨，其不复列“诚感”者，或亦存疑之意。与然直若未加封者，亦复非是。兹从阙文空二字，以著加封之案，且免复列之疑。

会典事例

谨案：神，黄姓，名守才，偃师人。生著灵异，殁为河神。旧祀陈留县曲兴集，名曰大王坛。雍正十二年，建庙，赐名溥仁观。

池北偶谈·记黄大王事 王士祯

黄大王者，河南某县人，生为河神，有妻子。每瞑，目久之醒，辄云：适至某地，踢几船。好事者以其时地访之，果有覆舟者，皆不爽。李自成灌大梁，使人劫之往。初决河水，辄他泛溢，不入汴城。自成怒，欲杀之，水乃大入。始贼未攻汴，一日黄对客，惨沮不乐。问之，曰：贼将借吾水灌汴京，奈何？未几，自成使果至。黄至顺治中，尚在。

黄大王传黄大戚

王讳守才，字英杰，号对泉，姓黄氏，河南河南府偃师县人。其先世居晋洪洞，遭红巾乱，迁偃。越数世，生王。王生为明神，多著异绩。谨述数条，以志其略。

王生方岁余，幼兄相携，东阡嬉戏，失足坠井。兄啼泣归告，率家人往视。王在井，坐水面上，两手拍舞，嬉笑无恙。男妇见者，喜跃惊异，因共出之，远近相传以为神。

王三岁，父母俱逝，育于母舅刘。王六岁，随舅在船，偶触舅怒。舅叱之，王投洛流深处。舅急倩人捞救，不得，众多怨舅者。舅愧恨，拯求自辰至申，临流雪涕。忽见王从里许水中出，衣襦不濡。

王七岁，浴伊水，浦捕野鹤，乘之飞登缑山巅，徘徊良久，复驾野鹤归浴所，乡人聚观焉。

王十二岁，随舅船抵虞城张家楼，时有粮船二百艘，阻沙不能动。运粮官吴夜梦金甲神，告曰：明午有活河神姓黄者至此，其相貌若何，年齿若何。届期王至，相貌如梦中所闻，粮官拜恳诚至。王书黄纸焚，水滨须臾风起，沙退船行。王并为预示，前途行止、迟速，厥后悉如王言。此“活河神”之称所自始。

王二十四岁，游天台山时，天旱泉竭，农民告艰。王指地开取泉水一曲，至今利赖。

王三十四岁，伊、洛交溢，漂没村舍。邑令登门，求退水之策，王手一指，河水立退。官民感德，因建庙油房庄。

王三十六岁，柳园河口商人失金急流，寻之不得，几欲自尽。人令求王，指示其处，金果全获，无有遗失。

王三十九岁，流寇劫掠，将抵洛偃。居民咸恐，荷担而立，莫知所向。王令避河北楼子营，男妇数万趋之，后果无事。

王四十二岁，封丘金龙口溃水北流，粮道淤塞。工部侍郎周公堪赓治之，费金数十万无补，亲身赴偃敦请。王至，乘舟使人持柳条数枝，插决口。三日后，水归故道，粮道遂通。

王四十三岁，流寇决河灌汴京，水浸城不没者三尺。王急摄周王出城，送南京，卯时起程。巳时回偃，计三时往还六千里。

王在家闲居，同里王可久子，方四岁，卧道傍，忽气绝。久恸哭，适王至，视之曰：无恙。用手拂之，即苏。

每岁十二月十四日，王寿辰，男妇来祝甚夥。王袖梨枣诸果酬之，常以一袖之果，应千万人而不穷。

顺治二年，金龙口冲开，钦命工部侍郎修之，限二月工竣，费万金未告成。闻王名，遂檄鲁邑令敦请求策。王至，令点河夫内有一人名党住者，王留之曰：是人将为神。命送百金于其家，卷党住于埽中入水。少顷见一蓝手，如箕出水面。官民怖恐，请王视之，叱曰：封汝将军之职，随班侍直。手即隐，堤工告成。

顺治七年，怀庆府沁河溢，石堤将颓，官民大恐。守道佟总镇麻檄邑令刘敦请，王不就道，但赐黄符一张，命焚水滨，波涛顿息。

顺治八年，杞县大旱，吏民赴偃敦请。王至，沐手焚祝，顷刻甘霖大沛，县人特为建庙。

顺治十年，薛家口南山密林中，有龙为蛛所败，蛛丝如绳，缚龙林木上。适王至，龙向王乞哀。王用火焚丝，龙得腾去。王家居间，事者甚众，恶烦，避居颍川。常至夜往来于家，人见之非乘虎，即乘鹿。及叩，王笑而不言。

王居偃，周王居汴，东西相距三百余里。时遣官召王，人每见王骑一物，有爪无角，似龙似蟒，瞬息即到，不愆其期。

王处荒年，常济饥赈贫。但用蒸食一包，散千万人无不足。

王幼失怙恃，未读书。迨四十后，于书无所不通。儒生求讲经书者，王皆为开发大义，微显阐幽，多注家所未到。于是，四方请业，屦满户外。

王生万历三十一年十二月十四日，卒于康熙二年十二月十四日，世寿六十二岁。卒后，屡显灵佑。乾隆三年三月二十五日，河臣奏请祀功，奉敕封"灵佑襄济"。

乾隆四十五年，谕："据阿桂等奏'顺治年间，总河朱之锡功著南、豫二省，殁为河神，屡著灵应，可否特赐位号'。着交礼部酌拟位号，候朕亲定。钦此。"遵旨谨拟位号字样进呈，奉旨：封前任总河朱之锡为助顺永宁侯。

嘉庆二十五年，加封助顺永宁侯为助顺永宁佑安侯。

同治元年，加封助顺永宁侯为助顺永宁佑安显应侯。

同治四年，加封助顺永宁侯为助顺永宁佑安显应绥靖侯。

同治五年，加封助顺永宁侯为助顺永宁佑安显应绥靖昭感侯。

同治七年，加封助顺永宁侯为助顺永宁佑安显应绥靖昭感护国孚惠侯。按：本年两次加封。

同治十一年，加封助顺永宁侯为助顺永宁佑安显应绥靖昭感护国孚惠灵庇侯。

光绪元年，加封助顺永宁侯为助顺永宁佑安显应绥靖昭感护国孚惠灵庇翊化侯。

光绪五年，加封助顺永宁侯为助顺永宁佑安显应绥靖昭感护国孚惠灵庇翊化昭显侯。

光绪十年，加封助顺永宁侯为助顺永宁佑安显应绥靖昭感护国孚惠灵庇翊化昭显佑民侯。

池北偶谈·记朱公遣婢帖王士祯

总河尚书义乌梅麓朱公之锡，温然长者，以清慎受知，后赍志以殁。又无嗣子，近见公遣婢帖，真盛德事。录之以示后生，知前辈用心如此。帖云："前送回张氏女子，原无大过，只是娃子气，好言教导，不甚知省。诚恐声色相加，流入婢子一类，所以量给衣饰，还其父母。初时，原是待年，五六日后，便有遣归之意，故自后并无半语谐谑，犹然处子也。而此女临去时，哭泣甚悲。既恐人笑，又恐人不相信。不肖甚怜之，足下可将此女原无大过，完璧归赵一段缘由，向其父母中媒，昌言明白，以便此女将来易于择婿也。"康熙中，徐、兖、淮、扬间，人盛传朱公死为河神。十一年，总河王中丞徇民情，疏请建祠济宁。下部议，寝其事。按：公此事与宋张乖崖及明左都御史沂州王公璟事略同。

国史馆本传节录

康熙十二年八月，河道总督王光裕疏言："之锡生而尽瘁，殁为河神。江、淮两河商民，追思惠政，每涉危履险，祈祷即验。邳州、宿迁、中牟、阳武、曹、单等县，皆为建庙。漕艘运丁亦塑像尸祝。其生前保运安澜，固分所宜。尽而其始，终为国为民之精诚，能于没后有验。谨据舆情，吁请锡封。”疏下礼部，部臣以河臣封神，未有成例，寝其事。乾隆四十五年二月，巡视河工，允在事诸臣请。谕：“礼部以之锡没为河神，屡著灵应，赐封助顺永宁侯，春秋致祭。”

治河名臣小传陆耀　节录

徐、兖、淮、扬间，人盛传之锡死为河神。康熙十一年，总河王光裕俯徇民请，疏请建祠济宁，部议未允。而豫河两岸，往往私自肖像立庙，称为朱大王，事载王士祯《池北偶谈》。

按：朱义乌尚书，殁为河神。自王总河《疏陈外纪》载：最初者，厥惟王文简《池北偶谈》。迨乾隆四十五年，始得封。然当时敕封，实为助顺永宁侯，以后历次加封，皆仍侯号，无大王之称。虽李氏所辑《国朝先正事略》，成书在同治时，亦未言及。惟陆氏《治河名臣小传》云：豫河两岸，往往私自肖像立庙，称为朱大王，则今庙祀之称所由来也。例以栗恭勤公之封号，则尚书之称大王，固允于人心也。

助顺永宁侯庙碑记管世铭

乾隆四十三年，黄河盛涨，仪封、祥符先后漫口，屡命重臣，会同河道总督、河南巡抚，悉力修筑，此塞彼溃，久未告功。至四十五年春，南巡江浙，临河驻跸，默祷于神。而豫省最后未塞之仪封南岸十堡，即于是日有大风，掣溜数十丈之坎陷，立见填淤。随而下埽，不数日集事，官民吏卒，万口欢呼。于是，奉旨在新工择地，特建河渎之庙，以答神庥。复经大学士诚谋、英勇公阿桂、河道总督陈辉祖、河南巡抚荣柱，奏请修理偃师县灵佑襄济黄大王坟茔，给子孙奉祀冠带，颁铜瓦厢风神庙御书匾额。又原任总河朱之锡，功著南、豫二省，没为河神，屡著灵应，土人礼祀已久，请特赐位号，以从民望，即今庙神也。奏上，并得旨报可。于是，敕封神为助顺永宁侯，于新工专庙奉祀。各大吏以开封省会，复择地于宋门内，别建一祠，以昭妥侑。捐帑三千二百八十九两有奇，属绅士某某董其役。经始于乾隆四十五年之冬，越一年而蒇事。因具建庙之由与公所以为神者，以告于后。

谨按：神为浙江义乌人，由进士，累官河道总督、兵部尚书、都察院右副都御史，晋阶太子太保。顺治十四年，莅任。十七年，母丧去官，以河事急，起复视事。又数年，以劳瘁终于任。功之著于豫者：顺治十四年河决祥符槐疙疸，又决陈留孟家埠，十五年决阳武慕家楼，十七年决陈留郭家埠，又决虞城罗家口，皆赖公悉心相度，随方修塞，不久完安。其治河方略，见于“两河利害”等疏，如工程，则工力不到，法式非宜，料物虚浮，徒事粉饰；器具，则储备不预，徒手莫施，制作草率，不堪适用；夫役，则扣克工食，奸豪包占，卖富佥贫，贿鬻私逃；物料，则交修措勒，扣减价值，折干肥私，盗用官物。于官蠹役之情弊，如火之烛影，鉴之取形。至谓非淡泊无以耐风雨之劳，非精细无以察防护之理，非慈断兼行无以协群夫之力，非勇往直前无以应仓猝之机。

又云刑名钱谷，皆可以文移办治，独河工非足到眼到不能，至哉言乎！后之言治河者，其能以加于此乎？方仪封大工之将竣也，或见老人往来河滩，若有所相度者。然既而值[1]竿为标识，问之，曰河水将从此过，非官定引河所经也。叩其姓，曰：朱。言已失所在，而其竿故存。其人走告河北，观察朱公岐亲往视之。已而开放引河，果由此刷路别去，工得以成，咸以为神之默佑也。其他灵应，传闻于父老多矣。此尤近事之显著，而朱公为不妄者语，故备书之。

朱大王传河神传　节录

康熙庚戌，毗陵太史吴公，讳珂鸣，字耕方者。过池州青溪镇，见有新建河神庙，榱题楹桷，美轮美奂。入礼之，见神像六尊。其五位像貌威严，衣冠古制，乃封号之显著者，皆所素悉。惟第六神像位号犹生，衣履冠服，皆从今制，心窃讶之，未得敬识也。乃进庙祝而询之，祝曰：神所命也。去岁有巫降于此，自言我总河朱某也。奉上帝敕命，督理江河，宜庙食兹土。里人询巫何所征信，神言今江滨舟中，有余同年二人，可邀来。访之，果然。乃亟请二人至庙，与神面叙，生平交谊，历历不爽，皆人所不知之语。二君信为不诬，哭拜而去。此后每有祈祷，无不响应。

考定朱大王生日记乔松年

为天地神祇作生日，斯妄也。若以人而神者，其生日炳然可考。即以人道事之，于其日荐牲醴、奏管弦以娱神，而祈福

[1] 值　民国19年重印本作“植”。

亦固其宜。大河之尊神三：一曰谢；一曰黄；一曰朱。朱，爵侯也，而与谢、黄并崇，称为王。谢、黄诞降之辰，人多传之，独朱大王之生日未著。咸丰五年，王显声灵于工次，当事列状，请加封号，于朝报允。观察周君煦徵，以未得知王生日，岁阙此祭，深用为憾。乃托之筳尊，定为八月初三日，为文，刊之石。余以同治十年，持节行河，读周文而疑之。维王去今未久，其家当有谱牒可征，假为卜筮而武断之，无乃诬神欤？王，义乌人也。遂书与浙中官府，从义乌令求索之。今得报书，录其家乘来，乃知王为十二月初七日诞生，快然自幸喜，免于欺罔之愆。夫天下事，固至赜也，不可遽数而遍识也。有不知者，必就其有可知之道，徐以求之。求之而终不得，斯可无恨。若不深求，而恣臆为之，靡不误者，误然后悔亦无及矣。凡百施作，能无慎乎？今既灼知王之诞辰，至期必蠲饎歌舞，以告欢忻，而通蠁肸，庶几明神之昭格爰。锲石书事，置于壁间，周君记文之右，以晓吏民，且垂为常典焉。

同治十二年，奏准："原任河东河道总督栗毓美，于郓城金龙四大王庙内，添置神位，附祀。"

同治十三年，敕封诚孚栗大王。

光绪元年，加封栗大王为诚孚普济栗大王。

光绪二年，加封栗大王为诚孚普济灵惠栗大王。

光绪三年，加封栗大王为诚孚普济灵惠显佑栗大王。

光绪五年，加封栗大王为诚孚普济灵惠显佑威显栗大王。

按：神八月二十日诞辰。

卷二十二　祀典三

嘉庆二十四年，敕封浙江钱塘县涌金门内镇海威远金华将军，“灵应”封号。

同治六年，加封曹将军为灵应孚惠曹将军。

同治七年，加封曹将军为灵应孚惠护国曹将军。

同治八年，加封曹将军为灵应孚惠护国显佑曹将军。

同治十一年，加封曹将军为灵应孚惠护国显佑昭应曹将军。

光绪元年，加封曹将军为灵应孚惠护国显佑昭应广绥曹将军。

按：《会典事例》：于嘉庆二十四年，始封云。谨案：神，曹姓名杲，五代时吴越人。于同治六年，加封云。谨案曹将军，即嘉庆二十四年，敕封灵应镇海威远将军。而《河神传》云：嘉庆二十四年，敕封镇海威远金华将军。嗣又敕加“灵应”。同治六年，河督苏奏敕加“孚惠”。同治七年，直督李奏敕加“护国”。同治八年，河督苏奏敕加“显佑”。同治十二年，东抚丁奏敕加“昭应”。较之《会典事例》，似嘉庆二十四年，始封是“灵应”。至“镇海威远金华”，当系旧有之封号。故自同治六年以后，皆由“灵应”加封，不复叙“镇海威远金华”之号。至“广绥”封号，乃光绪元年所加。《河神传》之遗阙，盖疏也。

道光二十九年，敕封显应九龙将军。

同治六年，加封陈九龙将军为显应显佑陈九龙将军。

同治七年，加封陈九龙将军为显应显佑赞顺陈九龙将军。

同治八年，加封陈九龙将军为显应显佑赞顺护国陈九龙将军。

同治十一年，加封陈九龙将军为显应显佑赞顺护国灵应陈九龙将军。

光绪元年，加封陈九龙将军为显应显佑赞顺护国灵应绥福陈九龙将军。

光绪五年，加封陈九龙将军为显应显佑赞顺护国灵应绥福昭显普佑陈九龙将军。

光绪十年，加封陈九龙将军为显应显佑赞顺护国灵应绥福昭显普佑广利昭应陈九龙将军。

按：《会典事例》云：将军陈姓。曾于嘉庆十七年，敕建九龙庙，并永定河立专祠。道光二十九年，始敕封，庙祀山东张秋镇。而《河神传》云：嘉庆十七年，于陕西大荔县九龙庙，敕加“昭灵普顺”。嗣又敕加“安流衍泽”。同治六年，河督苏奏，敕加“显佑”。同治七年，直督李奏敕加“赞顺”。同治八年，河督苏奏敕加“护国”。同治十二年，东抚丁奏敕加“灵应”。光绪四年，漕督文奏敕加“昭应”。光绪五年，漕督薛奏敕加“普佑”。又总述封号曰：敕封统理河道翼运通济显厅昭灵普顺安流衍泽显佑赞顺护国灵应昭显普佑陈九龙将军，较之《会典事例》多“翼运通济昭灵普顺安流衍泽”十二字，少“绥福广利昭应”六字。始封之年，亦复两异。

同治六年，敕封灵佑杨四将军。

同治八年，加封杨四将军为灵佑赞顺杨四将军。

光绪元年，加封杨四将军为灵佑赞顺利济杨四将军。

光绪七年，加封杨四将军为灵佑赞顺利济襄护杨四将军。

按：《会典事例》云：谨案，神，行四，名无考。明永乐元年六月六日诞生，系河南温县人。生而灵异，未冠成神。明封将军，以治水功德在民，建庙张秋镇。碑传又载：国初，敕封总理江湖河道翼运平浪镇东侯，惟时代无考。近年河工遇险，迭昭灵异。而《河神传》云：敕封管理江河翼运平浪灵佑赞顺斩龙杨四将军。将军，河南温县人，生而有灵。明永乐间，时年十二，邑水暴涨，作楫济渡。忽失足落水，父大哭。俄见乘板嬉笑，欲呼之，复入水伸手作龙蛇状，顺流东下。是夜乡人同梦，言受封为将军。康熙年间，敕封将军。同治六年，河督苏奏敕加“灵佑”。同治八年，河督苏奏敕加“赞顺”。大概与《会典事例》相合，惟“翼运平浪”，乃侯封，非将军封，又落“镇东”二字。“襄护”加于光绪七年，即《河神传》成书之年，未列犹可言也。若“利济”，乃光绪元年所加，何以遗去，实不可解。至“斩龙”封号，又不知何所据也。

同治八年，敕封署理河南祥河同知王仁福为将军。

光绪元年，加封王将军为溥佑王将军。

光绪十一年，加封王将军为溥佑保民王将军。

会典事例

谨案：神于同治六年，抢护险工，坠水殁而为神。当经赐，建庙河干，嗣三次显灵，险工即平，遂蒙奏准。

河神传

将军讳仁福，江苏太湖厅人。由监生历捐同知，分发东河。同治六年，署理祥河同知。是年八月，黄河陡涨，工程危险，抢埽落水身故，大溜登时外移。七年伏秋汛，化身登埽，工程平稳，绅民咸钦神异。八年二月，河督苏奏请敕加封号。奉旨："礼部议。奏钦。"此十年正月，奉部议准。十三年十一月，因屡著灵异，保护险工，河督乔奏请敕加封号。奉朱批："礼部议奏。钦此。"光绪元年四月，接准部咨封号字样。奉朱笔："圈出'溥佑'。钦此。"

光绪十二年，敕封党将军为将军。

按：《会典事例》云：谨案，将军，河南封丘人，与黄大王同时。而《河神传》云：敕封管理河道填埽闭塞党将军，讳住，余与黄大王传同，不复录。惟云填埽闭塞，恐非封号。《会典事例》之不载封号，盖始封尝有无封号者，惟云姓党，似不如《河神传》之依神牌而书者。

光绪二十二年，敕封河南上南同知王渼为将军。

河神传

公讳渼，字岑，皆浙江归安人。少孤，读书不屑为词章之学，从兄治习河务，尽得要领。嘉庆二十五年，投效东河，补祥符南岸主簿。积功，累迁祥符县丞、德州州同、中河通判。

先后署郑州州判、睢州州同、睢宁通判，咸尽力修守，民多颂之。道光二十一年夏六月，河决开封下南厅，前任以疏防被谴，檄公调是缺。会河势日迫，汴城昼夜守御，卒得无患。秋九月，蒲城相国奉命治河，使掌祥工东坝。凡进占镶埽诸要工，皆责成之。于是陈机宜，除积弊，冒风雪，任劳怨，犯危难者，三阅月。次年春正月壬子，金门仅存数丈，克期合龙。掌坝者，益并力。甲寅夜半，门占甫下，水势尤烈。公率兵役，挑灯登其上。指挥未竟，倏大风暴起，溜急埽蛰，一时并没。事闻，特诏轸恤，入祀昭忠祠，予云骑尉世职。厥后河工，凡遇险要，往往见双灯前导，幻身御患，灵迹昭著。绅民咸钦，河督许奏请封号。于光绪二十二年二月初八日，奉旨："敕封将军。钦此。"

敕封管理河道水府灵通广济显应英佑侯萧公。

河神传

公姓萧，名伯轩。庞肩，蛟发，美髯，面如童年。少为人刚正自持，言笑不苟，善善恶恶，里闬咸为之准平。殁于咸淳间，遂为神附童子。先事言祸福，中若发机，乡民相率，立庙于新淦县之太洋洲，福泽一方。元时，以子祥叔死，有灵，合祀于庙。洪武，尝遣谕祭。永乐十七年，其孙天任卒，屡著灵异，亦并祀之。诏封水府灵通广济显应英佑侯。

敕封管理河道显灵平浪侯晏公。

河神传

公姓晏名戊仔，临江府之清江镇人也。浓眉虬髯，面黑如漆。平生疾恶如探汤，人有不善，必曰晏公得无知乎？其为人敬惮如此。元初，以人才应选入官，为文锦堂局长。因病归，登舟即淹然而逝。从人殓具，一如礼。未抵家，里人先见其鸣驺导于扩野，衣冠如故，咸重称之。月余以死至，且骇且愕。语见之日，即死之日也。启棺视之，一无所有，盖尸解云。父老知其为神，立庙祀之。有灵显于江湖，前明诏封显灵平浪侯。

敕封管理河道涌水顺风柳将军。

敕封管理河道涌浪分水刘将军。

敕封管理河道通济平浪张将军。

敕封管理河道添沙混水武将军。

敕封管理河道稳埽护坝邓将军。

敕封管理河道平水息浪黄将军。

敕封管理河道催运保船丁将军。

敕封管理河道变水鸿浪高将军。

敕封管理河道顺水招财潘将军。

敕封管理河道催水运沙彭将军。

敕封管理河道流沙漫滩季将军。

敕封管理河道镇埽稳桩袁将军。

敕封管理河道缓水息浪孔将军。

敕封管理河道截水漫沙卢将军。

敕封管理河道九江通会杨将军。

敕封管理河道鉴查善恶楚将军。

敕封管理河道移土填潭郝将军。

敕封管理河道穿地青龙马将军。

敕封管理河道洪河利水周将军。

敕封管理河道白马梁将军。

敕封管理河道活水起浣张将军。

敕封管理河道掠风淘河康将军。

敕封管理河道滚水播浪刘将军。

敕封管理河道播水开导张将军。

敕封管理河道宗大将军。

敕封管理河道宗二将军。

敕封管理河湖灵应宗三将军。

敕封管理河道宗四将军。

敕封管理河道卷水徐将军。

敕封管理河道混水吴将军。

敕封管理河道孙将军。

敕封管理河道侯将军。

敕封管理河道焦将军。

敕封管理河湖薛将军。

敕封管理河道耿将军。

敕封管理河道鲁将军。

敕封管理河道韩将军。

敕封管理河道罗将军。

敕封管理河道荣将军。

敕封管理河道白将军。

敕封管理河道潘将军。

敕封管理河道范将军。

敕封管理河道沈将军。

敕封管理河道贺将军。

敕封管理河道聂三将军。

敕封管理河道聂四将军。

敕封管理河道楚何常许四将军。

敕封管理河道何将军。

敕封管理河道秦将军。

敕封管理河道汤将军。

敕封管理河道张将军。

敕封管理河道钱将军。

敕封管理河道赵将军。

敕封管理河道冯将军。

敕封管理河道岑将军。

敕封管理河道李将军。

论曰：江、淮、河、济，是谓四渎，与在天之日、月、星、辰，在地之名山大海，同其礼秩。天下之名水多矣，而四渎则以能直入于海为经流，故著之于典。自古至今，未有易焉。四济之中，河之足为生民利害也尤重，于江、淮、济故祀事，亦最多。然自明以前所祀者，河而已。至明太祖时，乃于河之外，而别有神，则金龙四大王为最。初犹江神之祀李冰父子也。自是河神之位日增，皆以灵应昭著，信于民人之口，而国家从而礼之。《礼记·祭法》曰：有功德于民则祀之，以死勤事则祀之，能御大灾则祀之，能捍大患则祀之。古圣王制礼之深意，盖如此。而后之论者，乃曰：神道设教，未必尽足征信也。然河神之足信，固昭昭在人耳目矣。又如朱义乌尚书、栗恭勤公，则中州之士大夫与乡闾之父老子弟，言其功阀赫赫。若前日事，没齿而不能忘，瞻其庙貌，莫不震动肃恭，而谓公如或临之也。不然如靳文襄公辅、陈恪勤公鹏年、恪勤公齐苏勒、嵇文敏公曾筠，亦治河之最有声绩者，何不得与于斯也？知其故，盖在于民矣。凡在祀典之大王、将军，固皆中于祭法之所云。光绪时，东河署曾刊有《敕封大王将军传》。其时，总河兼辖河南、山东两省，黄、运皆属所统。故有宋大王、白大王，因运河也。有黎襄勋公，著灵张秋镇也。今志专以豫省为断，则未可并列宋、白、黎三神，亦楚昭祭不越望之意也。又其语焉弗详者，如《金龙山圣迹记》之记金龙四大王事，《池北偶谈》之记黄大王事。管侍御助顺侯庙碑，皆为增入神之封号，一依《会典事例》断。自光绪十二年，至朱义乌尚书、栗恭勤[1]之传，则入之职官。封神后，乃入祀典，以示区别云。

[1] 栗恭勤　原作“恭栗勤”，应作“栗恭勤”，即栗毓美。

卷二十三　职官一表

	顺治元年	二年	三年	四年	五年
大事记	先是，明崇祯十五年，流贼李自成决河灌汴城，命工部侍郎周堪赓修治。十六年二月，堪赓言决口有二：一为朱家寨，一为马家口。两口相距三十里。至四月，塞朱家寨决口，修堤四百余丈。马家口工未就，忽冲东岸诸埽。至六月，堪赓言马家决口百二十丈，两岸皆筑四之一。中间七十余丈，请俟霜降后兴工。未及奏绩，而明亡。至是年夏，河自复故道。按：《河南通志》所载如是，而宁承勋乙酉巡按河南，疏陈情形，则汴口尚未塞也。秋，温县堤塌三十里	河决考城县流通集		四月，流通集决口工成	河决兰阳
统部	七月，以杨方兴为兵部右侍郎兼右佥都御史总督河道。以罗绣锦为右副都御史巡抚河南	十一月，以吴景道为右副都御史巡抚河南。罗绣锦迁湖广四川总督			
监司		管河道张国泰。管河道方大猷			
厅员		北河同知张献捷	归河通判路光奎		归河通判安国珍

续表

	六年	七年	九年	十年	十一年
大事记		河决封丘县朱源寨	河决封丘县大王庙口，毁县城。又决祥符县朱源寨，北徙，复设归德府管河通判	武陟县沁河决	
统部				八月，以雷兴为右副都御史巡抚河南。按：《东华录》：吴景道致仕，以雷兴为河南巡抚。十一月，降河南巡抚王亮教二级，调外用，以徇庇学臣黄日祚及违例收用旧承差，则似雷兴未到任而卒。王亮教到任后，始降调。《河南通志》于吴景道后，即继以亢得时，无雷兴、王亮教之名。《东华录》亦无命王亮教月日。十一月，以亢得时为右副都御史巡抚河南。《东华录》：是月乙巳，降调王亮教。戊申，命亢得时	
监司					
厅员	归河通判郑捷	北河同知杨惠心	归河通判郭任仁		南河同知白方熙。北河同知刘愈奇

续表

	十二年	十三年	十四年	十五年	十六年
大事记	大王庙决口塞。武陟沁口塞		河决祥符县槐疙疸，复南徙，决陈留县孟家埠口	河决阳武县慕家楼	
统部			六月，以朱之锡为兵部尚书兼都察院右副都御史总督河道。杨方兴致任。 九月，以贾汉复为兵部左侍郎兼右副都御史巡抚河南。亢得时迁漕运总督		十二月，以杨茂勋署河道总督。朱之锡丁母忧，给假治丧。杨茂勋由吏部左侍郎署
监司		管河道徐必远			管河道盛治
厅员	南河同知赵汝斌。北河同知张尔翮	归河通判高璧		北河同知魏裔鲁	北河同（治）〔知〕王镤

续表

	十七年	十八年	康熙元年	二年	三年
大事记	槐疙疸决口塞。河决虞城县罗家口，旋塞	设河南总督。初设直隶山东河南总督，十五年裁，本年设是职。康熙四年，仍并三省。八年，裁。雍正五年，复设。六年，兼辖山东。十三年，裁，以后止设巡抚	河决开封黄练口		河决杞县
统部	六月，以白色纯署河道总督。杨茂勋调湖广巡抚，白色纯由文华殿学士署。 七月，以苗澄署河道总督。白色纯迁仓场侍郎，苗澄由左佥都御史暂署。 十二月，朱之锡复任。据《朱之锡本传》，杨茂勋调抚湖广后，即系苗澄接。白色纯虽命署，未抵任也。 八月，以彭有义为右副都御史巡抚河南。贾汉复解任	九月，以刘清泰为河南总督	二月，以张自德为河南巡抚。彭有义休致		
监司		管河道荆世爵	管河道刘澍		
厅员	南河同知崔维雅			南河同知孙宗元。 北河同知丁思孔	

续表

	四年	五年	六年	八年	九年
大事记	四月，河决虞城、永城、夏邑三县。 十月，令督抚责成各州县修护堤防，有无冲决，年终造册报部	裁管河道			定裁柳例。复设管河道
统部	五月，刘清泰以疾解任	三月，以卢崇峻为河道总督。朱之锡卒。 十一月，以杨茂勋为河道总督。卢崇峻调山陕总督		三月，以郎廷相为河南巡抚。 十月，以罗多为河道总督。杨茂勋原品休致	
监司					管河道邵灯。管河道崔维雅
厅员			南河同知赵权。北河同知金梦麟		南河同知牟文龙

续表

	十年	十一年	十二年	十三年	十四年
大事记			停佥派河夫		
统部	二月，以王光裕为河道总督。罗多调山陕总督	闰七月，以佟凤彩为河南巡抚。郎廷相丁忧解任			
监司				管河道彭清典	管河道黄标
厅员	北河同知石继祖			北河同知姜登高	

续表

	十五年	十六年	十七年	十八年	十九年
大事记					
统部		二月，以靳辅为河道总督。王光裕解任。 七月，以董国兴为河南巡抚。佟凤彩卒			
监司	管河道王日藻			管河道范时秀	
厅员			北河同知李得贵		南河同知高锡爵。南河同知史飏廷。北河同知蒋其昌

续表

	二十年	二十一年	二十二年	二十三年	二十四年
大事记			河南堤岸工程，令巡抚专理		定郑州、兰阳、荥泽、虞城、阳武各州县州判、县丞、主簿管河，分防两岸堤工
统部		二月，以王日藻为河南巡抚。董国兴调福建巡抚			
监司	管河道祖文明				
厅员	南河同知徐懋昭。北河同知孙毓璘			北河同知王兴元	南河同知黄锦

续表

	二十五年	二十六年	二十七年	二十八年	二十九年
大事记					河道官员，令河督拣补
统部	七月，以章钦文为河南巡抚。王日藻迁刑部侍郎		二月，以丁思孔为河南巡抚。章钦文革职。 三月，以王新命为河道总督。靳辅解任。 六月，以阎兴邦为河南巡抚。丁思孔调湖广巡抚		
监司		管河道俞森			管河道周铨元
厅员		北河同知吴亭士	南河同知王永羲	北河同知吴延寿	河通判郑维徵

续表

	三十一年	三十二年	三十三年	三十四年	三十五年
大事记	部议河官大计，总河自行考核。如兼有钱粮之责，总河、督抚各行考核				移荥泽县于荥阳郡旧址，避河患。严虞惇撰《李国亮墓志》云：荥泽城逼黄河，水波冲决，岁糜金钱筑堤捍御。公请迁县治于古荥阳郡，为新城。城成不数日，旧城坏，则当在七月后
统部	二月，以靳辅为河道总督。王新命解任。 三月，以徐廷玺协理河务。《河南通志》不载，殆以与豫河无涉。然是时，东河、南河未分，本以靳辅衰病，命顺天府府丞徐廷玺协理，则亦兼辖上下游，不比雍正后之制。三十九年，经总河张鹏翮疏撤。 十二月，以于成龙为河道总督。靳辅以病休，以顾汧为河南巡抚。阎兴邦调贵州巡抚			四月，以李辉祖为河南巡抚。顾汧降调。 八月，以董安国为河道总督。于成龙丁忧	七月，以李国亮为河南巡抚。李辉祖迁湖广总督。 十一月，以于成龙为河道总督。董安国革任。于成龙旋以病乞假，以徐廷玺暂署
监司					
厅员	南河同知徐大臣	南河同知王玑	北河同知刘之玺		

续表

	三十九年	四十二年	四十三年	四十四年	四十七年
大事记	撤回河工效力人员		遣侍卫拉锡等，探视河源，九月还奏		
统部	三月，以张鹏翮为河道总督。 九月，以徐潮为河南巡抚。李国亮原品休致		十月，以赵宏燮为河南巡抚。徐潮迁户部尚书	十一月，以汪灏为河南巡抚。赵宏燮调直隶巡抚	十一月，以赵世显为河道总督。张鹏翮迁刑部尚书
监司		管河道王进楫			
厅员	归河通判刘世奇	南河同知武登科			

续表

	四十八年	五十三年	五十五年	五十七年	五十八年
大事记	河溢兰阳、仪封二县				以清化镇河捕通判专管河务，为沁河通判
统部	九月，以鹿祐为河南巡抚。汪灏以疾乞休	十二月，以李锡为河南巡抚。鹿祐以疾乞休	十二月，以张圣佐为河南巡抚。李锡迁工部侍郎	五月，以杨宗义为河南巡抚。张圣佐革职	
监司					
厅员				北河同知潘尚仁	

续表

	六十年	六十一年	雍正元年	二年	三年
大事记	八月，河决武陟县詹家店、马营口、魏家庄等处，命左副都御史牛钮、侍讲齐苏勒、员外郎马泰前往监修。 九月至十一月，先后合龙	正月，武陟县钉船帮新筑岸尾堤及马营口堤工塌陷	正月，马营口堤工合龙。 四月，添设千总二员。 六月，中牟十里店、娄家庄河溢，命兵部侍郎嵇曾筠，会同河南巡抚修堵。七月，娄家庄漫口合龙。十一月，十里店漫口合龙。 武陟县姚其营，沁、黄交涨，决梁家营、二铺营土堤及詹家店、马家营月堤，连荥泽之遥堤、格堤。命大学士张鹏翮，会同侍郎嵇曾筠、总河、巡抚修筑，七月塞之。 九月，河漫中牟杨桥，十二月合龙	定临河十四州县选择调补，三年考核升用例。巡抚石文焯于元年具奏请，自二年起扣算。正月，添设开封府南北两岸同知各一员。旧为南河、北河同知二员，至本年添设二员，为上南、下南、上北、下北。《东华录》在三年二月，据《河南通志》列本年。 添设怀庆府黄河同知、沁河主簿，各一员。设河营。 四月，设副总河。驻扎武陟，管理河南黄河	七月，河决仪封县大寨、兰阳县板厂
统部	十一月，以陈鹏年署河道总督。命赵世显来京，旋降调。陈鹏年，次年十二月实授		正月，以齐苏勒为河道总督。陈鹏年病故。以牟钦元兼署河南巡抚。杨宗义丁忧，牟钦元由布政使兼署。 二月，以左佥都御史嵇曾筠署河南巡抚。 三月，以石文焯为河南巡抚。嵇曾筠改典河南乡试	四月，以嵇曾筠为河南副总河。 八月，以田文镜署河南巡抚。石文焯调署浙江巡抚，田文镜于十二月实授	
监司	署管河道张杓			管河道陈世倕	管河道佟镇
厅员	南河同知刘永锡			上南河同知拖克拖海。刘永锡改下南河。下北河同知徐志岩。潘尚仁改上北河。怀庆黄河同知孔传焕	下北河同知张近光。沁河通判李世杰

续表

	四年	五年	六年	七年	八年
大事记		正月，以山东与河南接壤之曹县、定陶、曹州、单县、城武等处附近黄河堤岸等工，交河南副总河就近管辖。 二月，添设开封府南岸及下北河汛员。专设河营。二年所设之河营弁兵，皆由南河拨来。本年发回南河弁兵，乃始为豫河专营。 闰三月，复设分守彰卫怀管河道。按：以前河北守巡道不兼河，自康熙二十五年裁后，至是复设，始奏明兼管河北一带堤工。管河道，管南岸开、归二府郑、荥二州县工程		三月，设正总河管河南、山东两省河道，提督军务，驻济宁。 闰七月，设怀、豫两河营	
统部		七月，以田文镜为河南总督。兼管巡抚事		二月，齐苏勒病故。齐苏勒故后，总河缺，以尹继善署。孔毓珣调授时，虽未与东河分缺，而结衔已称江南河道总督。至三月，遂分任，则尹、孔宜入南河，故不录。以徐湛恩协理河南、山东河工事务。 三月，以嵇曾筠为河南山东河道总督	四月，以田文镜兼管河南山东河道总督。嵇曾筠调署江南河道总督。 五月，以范时绎协办河东河工。 八月，以沈廷正为河东河道总督。 九月，以朱藻协办总河，加佥都御史衔。范时绎革职
监司	管河道祝兆鹏	彰卫怀道朱藻			护理管河道拖克拖海。管河道刘永锡。兼署彰卫怀道刘永锡。彰卫怀道孔传焕
厅员	归河通判甘士调。归河通判胡琰。归河通判叶光会		上北河同知鲍学沛，归河通判刘日章		下南河同知陈仪。上北河同知朱于宣

续表

	九年	十年	十一年	十二年	十三年
大事记			七月，河决陈留县七堡、九堡，八月合龙		拨分守开归道原辖之开归陈许，归管河兵备道辖
统部	四月，以张元怀署河南巡抚。田文镜因病，予假进京。张元怀由浙江布政使署。田文镜即于本年回任。 九月，以朱藻为河东河道总督。沈廷正调直隶河道总督。 十二月，以高斌为河南副总河	四月，以孙国玺办理河东副总河事。 十月，以孙国玺协办河东总督事务。 十一月，以王士俊为河东总督，孙国玺署河南巡抚。田文镜因病解任。以阿兰泰办理河东副总河事	四月，以王士俊兼管河南巡抚。孙国玺调署江苏巡抚	十二月，以白钟山为河东河道总督。朱藻调直隶河道总督。以刘䜣为河东副总河。阿兰泰回京	十一月，以富德为河南巡抚。王士俊解任
监司			管河道白映棠	彰卫怀道马骙云	开归陈许道缪孔昭。开封陈许道安凤彩
厅员	上南河同知何源浩。上北河同知唐绎祖。怀庆黄河同知毛伯凤	上南河同知魏士健。上北河同知刘日章。沁河通判朱侠。归河通判朱侠。沁河通判夏锡贵	下南河同知朱侠。署下北河同知刘珍	下北河同知冯瑗	上南河同知武锡彤。下南河同知胡在穗。下南河同知张广居

续表

	乾隆元年	二年	三年	四年	五年
大事记				改归河通判为商虞，添设仪考通判	设曹仪通判
统部		三月，以尹会一署河南巡抚。富德奉召来京，尹会一于十月实授		十一月，以雅尔图为河南巡抚。尹会一解任	
监司	开归陈许道黄叔璥	彰卫怀道张受长	开归陈许道胡绍芬	彰卫怀道张学林	开归陈许道崔琳
厅员	上南河同知张允烋。下北河同知胡在穗。下北河同知孙淅			上南河同知罗光临。商虞通判董源涵。仪考通判孙淅	商虞通判乔大赉。仪考通判高趯

续表

	六年	七年	八年	九年	十一年
大事记	裁沁河通判	裁阳武县丞。以怀庆府粮通判分管沁河			
统部		十二月，以完颜伟为河东河道总督。白钟山调江南河道总督	五月，以硕色为河南巡抚。雅尔图奉召来京		
监司	彰卫怀道胡振组			开归陈许道金山	开归陈许道沈青崖
厅员	上北河同知叶仰高	商虞通判朱汉	仪考通判朱汉	上南河同知乔大赉。上北河同知高趱。下北河同知陈钟瑶。仪考通判张学浩	

续表

	十二年	十三年	十四年	十五年	十六年
大事记					八月，河决阳武县，又决祥符朱水。 十一月，阳武决口合龙
统部		三月，以顾琮为河东河道总督。完颜伟迁左副都御史。 十月，以鄂容安署河南巡抚。硕色迁两广总督，鄂容安十四年九月实授			八月，以舒辂为河南巡抚。鄂容安调山东巡抚。 十月，以陈宏谋为河南巡抚。舒辂调陕西巡抚
监司			开归陈许道胡振组。开归陈许道佟世表	开归陈许道张奎祥	
厅员	上南河同知叶仰高。仪考通判杨绥。仪考通判张学浩	上北河同知张曾肇		上南河同知朱汉。下北河同知李松年。商虞通判张广基。仪考通判陈业远	上北河同知张学浩

续表

	十七年	十八年	十九年	二十年	二十二年
大事记		九月，河决阳武，旋堵塞			
统部	三月，以蒋炳为河南巡抚。陈宏谋调福建巡抚		三月，以白钟山为河东河道总督。顾琮奉召来京	五月，以图尔炳阿为河南巡抚。蒋炳丁忧	正月，以张师载为河东河道总督。白钟山调江南河道总督。 六月，以胡宝瑔为河南巡抚。召图尔炳阿来京，旋革职
监司			开归陈许道邓锡礼。彰卫怀道苏崇阿	彰卫怀道永泰	
厅员		下南河同知魏志栋	上北河同知陈钟瑶。商虞通判陈业远。仪考通判金人文	上北河同知汪容	上南河知同陈业远。商虞通判杨铭侃。仪考通判吴承谟

续表

	二十三年	二十四年	十五年	二十六年	二十七年
大事记		并沁河通判，归黄沁同知专管		七月，河决中牟县杨桥，命大学士刘统勋协办，大学士公兆惠、江南河督高晋，同总河、巡抚堵筑，十一月合龙	
统部			十二月，以吴达善为河南巡抚。胡宝瑔调江西巡抚	四月，以常钧为河南巡抚。吴达善迁云贵总督。 八月，以胡宝瑔为河南巡抚。常钧调江西巡抚	
监司		开归陈许道观音保。彰卫怀道吴虎炳		开归陈许道陈辉祖。开归陈许道何煟	
厅员	商虞通判吴承谟。仪考通判陈思义	上北河同知彭理。怀庆府沁河通判萨廉	商虞通判张际盛	下北河同知纪黄中。仪考通判宋丰绥	下南河同知宋丰绥。上北河同知郭有宁。仪考通判柳霈

续表

	二十八	二十九年	三十年	三十二年	三十三年
大事记					
统部	正月，以叶存仁为河南巡抚。胡宝瑔卒。 十月，以叶存仁为河东河道总督。张师载卒。以阿思哈为河南巡抚	六月，以李宏为河东河道总督。叶存仁卒	三月，以李清时为河东河道总督。李宏调江南河道总督。 四月，以河南按察使何煟兼管南北两岸工程。何煟后迁布政使，仍兼管河工，皆出特派	七月，以嵇璜为河东河道总督。李清时调山东巡抚	九月，以吴嗣爵署河东河道总督。嵇璜迁工部尚书
监司			卫怀道何煟。开归陈许道诺穆亲。彰卫怀道宋敞。彰卫怀道宁泰	开归陈许道孙廷槐	
厅员	上北河同知谢光健	下北河同知柳霈。仪考通判张松孙。仪考通判吴承曾。黄沁同知荆如棠	商虞通判谢沈生	上南河同知魏逢尧。下南河同知马鹏飞。商虞通判吕昌际	

续表

	三十四年	三十五年	三十六年	三十九年	四十三年
大事记					闰六月，祥符县河溢。 七月，仪封十六堡河决，命刑部尚书袁守侗，会同总河、巡抚查办漫工，命两江总督高晋赴河南堵筑漫口
统部	三月，以喀宁阿为河南巡抚。阿思哈迁云贵总督，先以吴嗣爵暂署河南巡抚。 十月，以富尼汉为河南巡抚。喀宁阿调贵州巡抚	三月，以永德为河南巡抚。富尼汉奉召来京	五月，以何煟为河南巡抚。永德调湖南巡抚。 八月，以姚立德署河东河道总督。吴嗣爵调江南河道总督。以何煟兼管河东河务。何煟先只兼豫河，至是兼管山东河道。三十九年，以管河著劳，授何煟总督衔，仍管河南巡抚事。姚立德实授，旋加姚立德总督衔，何煟兵部尚书衔	十月，以徐绩为河南巡抚。何煟卒	正月，以郑大进为河南巡抚。召徐绩来京
监司			彰卫怀道明琦		彰卫怀道何裕城
厅员					

续表

	四十四年	四十五年	四十六年	四十七年	四十八年
大事记	正月，命大学士、公阿桂赴河南查勘河工善后事宜	二月，仪封决口合龙	七月，祥符县焦桥、仪封县曲家楼河决，命大学士、公阿桂查阅河工，焦桥于本月断流堵塞	大学士、公阿桂请于兰阳三堡，改堤开河，从之。遣侍卫阿弥达，探视河源，七月还奏	三月，新河成，曲家楼漫口合龙。 四月，定河道总督兼兵部侍郎右副都御史衔。改仪考通判为兰仪，改曹仪通判为曹考，设睢宁通判，增改各汛
统部	正月，以陈辉祖为河南巡抚。郑大进调湖北巡抚。 四月，以袁守侗为河东河道总督。姚立德先已革职留任，至是革任。十二月，以陈辉祖为河东河道总督，荣柱为河南巡抚。袁守侗调直隶总督	二月，以李奉翰为河东河道总督。陈辉祖调江南河道总督。 四月，以杨廷魁为河南巡抚，荣柱迁盛京刑部侍郎。 八月，以国泰暂行兼理河东河道总督。萨载丁忧。陈辉祖署两江总督，李奉翰署南河总督。萨载百日孝满回任，李奉翰仍回东河。 十月，以雅德为河南巡抚。杨廷魁丁忧	正月，以韩鑅为河东河道总督。李奉翰调江南河道总督。 二月，以富勒浑为河南巡抚。雅德调山西巡抚	七月，以何裕城署河东河道总督。韩鑅丁忧。 九月，以李世杰为河南巡抚。富勒浑迁闽浙总督	四月，以何裕城为河南巡抚，兰第锡署河东河道总督。李世杰迁四川总督，兰第锡五十二年五月实授
监司		彰卫怀道朱岐			
厅员					

续表

	四十九年	五十年	五十一年	五十二年	五十三年
大事记	八月，睢州河溢，命大学士公阿桂督治，十一月合龙。 添设豫河营都司一员，改仪封县为厅，裁县丞，设厅主簿管河		添设兰仪睢同知	六月，睢州下汛十三堡河溢，命大学士、公阿桂督办，十月合龙。 改兰仪睢宁通判为同知，黄沁同知为通判，设仪睢通判	改怀河营都司为协办守备
统部		二月，以毕沅为河南巡抚。何裕城调陕西巡抚			七月，以伍拉纳为河南巡抚。毕沅迁湖广总督。伍拉纳未到任以前，以惠龄署。惠龄旋授湖北巡抚，以梁肯堂署河南巡抚
监司					
厅员		兰仪通判徐端		兰仪同知徐端。据姚鼐所撰《墓志铭》又调睢宁及开封下南同知。其年皆不可考，附志于此	

续表

	五十四年	五十五年	五十七年	五十九年	六十年
大事记					
统部	正月，以梁肯堂为河南巡抚。伍拉纳迁闽浙总督。 二月，以李奉翰为河东河道总督。兰第锡调江南河道总督	二月，以穆和蔺为河南巡抚。梁肯堂迁直隶总督		十一月，以阿精阿为河南巡抚。穆和蔺革职	五月，以景安为河南巡抚。阿精阿迁刑部侍郎
监司			彰卫怀道陈文纬		
厅员					

续表

	嘉庆二年	三年	四年	五年	六年
大事记		九月，睢州上汛河溢	正月，睢工漫口合龙。是年，河决仪封，不见《东华录》，见于姚鼐所撰《彭如干墓志铭》，亦不详其何月。 改上北同知为祥符北岸同知，改卫辉府河务通判为上北卫粮河务通判。 七月，裁考城汛千总		
统部	九月，以康基田为河东河道总督。李奉翰调两江总督。 十二月，以司马騊为河东河道总督。康基田调江南河道总督	三月，以倭什布为河南巡抚。景安迁湖广总督	三月，以吴璥署河东河道总督。司马騊卒，吴璥于十一月实授。以吴熊光为河南巡抚。倭什布迁湖广总督	二月，以王秉韬为河东河道总督。吴璥调江南河道总督	四月，以颜检为河南巡抚。吴熊光迁湖广总督
监司	开归陈许道马慧裕		开归陈许道彭如干		
厅员					

续表

	七年	八年	九年	十年	十一年
大事记		九月，封丘县衡家楼河决，命吏部尚书刘权之、工部左侍郎那彦宝驰勘。 十二月，命理藩院左侍郎贡楚克札布、刑部右侍郎戴均元查勘衡工漫口	三月，衡家楼河工合龙。 六月，命礼部尚书那彦成驰赴河南，查看河工。因衡工合龙后，黄流由云梯关入海不畅，分溜直入洪泽湖及淮（阳）〔扬〕一带，运河倒灌，较往年为甚。命户部右侍郎额勒布，督办衡家楼善后工程。奉命日期，不得其详。惟见是年七月，因查办户部宝泉局亏短铜斤案，谕旨内即以衡工河防事务，交马慧裕、徐端督办	改黄沁通判为同知，睢宁同知为通判	改设中河通判
统部	四月，以马慧裕为河南巡抚。颜检迁署直隶总督。 八月，以嵇承志署河东河道总督。王秉韬卒		四月，以徐端署河东河道总督。召嵇承志来京。 十二月，以李亨特为河东河道总督。徐端调江南河道总督		四月，以吴璥为河东河道总督。李亨特革职逮问
监司			开归陈许道胡克家		
厅员					

续表

	十二年	十三年	十四年	十五年	十六年
大事记		改兰阳中汛县丞，为中牟上汛县丞			添设归河通判，改移各汛弁
统部	十二月，以清安泰为河南巡抚。马慧裕改内阁学士	六月，以马慧裕为河东河道总督。吴璥迁刑部尚书	四月，以恩长为河南巡抚。清安泰卒。 七月，以陈凤翔为河东河道总督。马慧裕调漕运总督	十二月，以李亨特为河东河道总督。陈凤翔调江南河道总督	五月，以长龄为河南巡抚。恩长降调
监司	彰卫怀道张裕庆				
厅员					

续表

	十七年	十八年	十九年	二十年	二十一年
大事记		九月，睢州下汛二堡漫口，命湖南巡抚广厚，会同戴均元督办	设副总河	裁副总河。 二月，睢州二堡合龙	
统部		七月，以方受畴为河南巡抚。长龄迁乌鲁木齐都统。方受畴旋乞假回籍，以高杞署。八月，高杞迁热河都统，以布政使台斐音署。九月，仍以高杞署河南巡抚。 九月，以戴均元为河东河道总督。李亨特革职	正月，以吴璥为河东河道总督。戴均元迁吏部侍郎。 五月，以李鸿宾为河东副总河	正月，以李鸿宾为河东河道总督。吴璥迁兵部尚书。 五月，以李逢亨为河东河道总督。李鸿宾丁忧	六月，以阮元为河南巡抚。方受畴迁直隶总督。 十一月，以叶观潮为河东河道总督。李逢亨回直隶永定河道任。以文宁为河南巡抚。阮元迁湖广总督
监司	开归陈许道诸以谦				
厅员					

续表

	二十二年	二十三年	二十四年	二十五年	道光元年
大事记	定大挑知县拣分河工例	六月，武陟县沁河溢，八月合龙	八月，兰阳、仪封南岸河溢，命前刑部尚书吴璥驰往，会同琦善堵筑。又命李鸿宾，督办漫口工程。 黄沁厅属武陟汛河溢，命叶观潮拾筑赎罪。 十月，命协办大学士吏部尚书戴均元、都统那彦宝查看河工，那彦宝留驻马营坝督理	三月，马营坝漫工合龙。仪封三堡复漫口。 十二月，仪封漫口合龙	
统部	十二月，以和舜武为河南巡抚。文宁解任	四月，以陈若霖为河南巡抚。和舜武调山东巡抚	三月，以琦善为河南巡抚。陈若霖调山东巡抚。 八月，以李鸿宾为河东河道总督。叶观潮革职。 十月，以叶观潮为河东河道总督。李鸿宾因奏陈不胜河督重任，革去总督，给予郎中衔，留河南专司大工钱粮。叶观潮疏枷补授，不给顶戴	三月，以吴璥署河东河道总督，那彦宝署河南巡抚。叶观潮革职留工，效力赎罪。琦善革职，给主事衔，随办大工。 四月，以张文浩署河东河道总督，姚祖同为河南巡抚	七月，以严烺署河东河道总督。张文浩丁忧，严烺于二年九月实授
监司				彰卫怀道严烺	开归陈许道周以辉
厅员					

续表

	二年	三年	六年	七年	九年
大事记	八月，沁河溢。 十一月，堵筑武陟县小刘村及原马棚漫口	添设睢宁厅兰阳汛额外外委各一员。改仪封厅管河经历，为仪封司管河经历			
统部	七月，以程祖洛为河南巡抚。姚祖同缘事解任以王鼎暂署	十一月，张井署河东河道总督。严烺调江南河道总督，张井于五年九月实授	三月，以严烺署河东河道总督。张井调江南河道总督，严烺于七年九月实授	九月，以杨国桢为河南巡抚。程祖洛丁忧	
监司	彰卫怀道王凤生	彰卫怀道郭锡纯。 开归陈许道张井			开归陈许道麟庆
厅员					

续表

	十一年	十二年	十三年	十四年	十五年
大事记		裁减河标兵额定，京员拣派河工例	裁荥泽县北岸主簿		
统部	十月，以林则徐为河东河道总督。严烺以病免	二月，以吴邦庆为河东河道总督。林则徐调江苏巡抚		七月，以桂良为河南巡抚。杨国桢以母病乞休	四月，以栗毓美为河东河道总督。吴邦庆降用
监司	开归陈许道张坦				开归陈许道庆林
厅员	上南河同知罗绶。兰仪同知于卿保。商虞通判沈赐恩	下北河同知龚庆祥		曹考通判沈廉	

续表

	十九年	二十年	二十一年	二十二年	二十三年
大事记			六月，下南厅祥符汛河溢，命大学士王鼎、通政使慧成督办大工	二月，祥符大工合龙	七月，中河厅九堡漫口。命协办大学士、户部尚书敬徵、户部右侍郎何汝霖，赴东河查勘。 闰七月，命工部尚书廖鸿荃督办大工。 九月，命礼部尚书麟魁督办大工
统部	三月，以朱树为河南巡抚。桂良迁湖广总督。 四月，以周天爵为河南巡抚。朱树调漕运总督。 六月，以牛鉴为河南巡抚。周天爵迁闽浙总督	二月，以文冲为河东河道总督。栗毓美卒	八月，以朱襄为河东河道总督。文冲革职。朱襄未到任前，以王鼎署。 九月，以鄂顺安署河南巡抚。牛鉴迁署两江总督	九月，以慧成署河东河道总督。朱襄因何出缺，未详，慧成于十一月实授	闰七月，以钟祥为河东河道总督。慧成革职
监司			开归陈许道步际桐。开归陈许道况澄	开归陈许道杨以增	开归陈许道福敏。彰卫怀道庄瑶。开归陈许道王寿昌
厅员			下南河同知王渼。按：王渼先任中河通判、睢宁通判，皆不得其任事年月，附志于此		中河通判王葵初。归河通判邹尧廷

续表

	二十四年	二十五年	二十六年	二十八年	二十九年
大事记		正月，中牟大工合龙			裁归河通判及守备
统部				八月，以潘铎为河南巡抚。鄂顺安革职	闰四月，以颜以燠署河东河道总督。钟祥卒，颜以燠于九月实授
监司	彰卫怀道龚庆祥			彰卫怀道长臻	彰卫怀道蒋启扬
厅员	兰仪同知张承恩。下南河同知赖安。下北河同知徐启山。署中河通判王广恕		下南河同知陈世勋		

续表

	咸丰元年	二年	三年	五年	七年
大事记			六月，粤匪窜怀庆，放泄城外沁水	六月，下北厅兰阳汛铜瓦厢三堡漫口，河流遂北徙，由大清河入海	
统部	八月，以李僡为河南巡抚。潘铎降调。李僡未到任前，以蒋霨远署	正月，以柏贵为河南巡抚。李僡调山东巡抚。 四月，以陆应谷署河南巡抚。李僡赴山东，柏贵未到任。至十一月，陆应谷改署户部右侍郎，以琦善署河南巡抚。琦善未及到任，即于十二月，以钦差大臣专办军务，陆应谷实授河南巡抚。 六月，以慧成为河东河道总督。颜以燠开缺。慧成未到任前，以陆应谷暂行兼署。 十二月，以福济为河东河道总督。慧成调署四川总督	三月以长臻署河东河道总督。福济调漕运总督，长臻于五月实授。 九月，以英桂为河南巡抚。陆应谷革职	五月，以李钧为河东河道总督。长臻卒。李钧未到任前，以蒋启扬署	
监司			开归陈许道林扬祖。署开归陈许道张昀	下北河同知王熙文。黄沁同知王绪昆。兰仪同知张学宗。商虞通判王濯	彰卫怀道周士镗
厅员					中河通判徐思穆

续表

	八年	九年	十年	十一年	同治元年
大事记				四月，河东河道总督，由北岸移驻开封	
统部	八月，以恒福为河南巡抚。英桂调山西巡抚。先是，英桂于四年三月，因病赏假，以郑敦谨暂署。本年四月，复因病请假，以瑛棨暂署	二月，以瑛棨为河南巡抚。恒福迁直隶总督。 三月，以黄赞汤为河东河道总督。李钧以病免	正月，以庆廉为河南巡抚。瑛棨降调。 十月，以严树森为河南巡抚。庆廉解任	十二月，以郑元善为河南巡抚。严树森调湖北巡抚	七月，以谭廷襄兼署河东河道总督。黄赞汤调广东巡抚。谭廷襄由山东巡抚兼署后，开巡抚缺，专署河督。 十一月，以张之万署河南巡抚。郑元善降用，张之万二年正月实授
监司				彰卫怀道王荣第	开归陈许道王宪。按：王宪先任过祥河同知，其年已不可考，附志于此。彰卫怀道周煦徵
厅员		下南河同知徐思穆	上南河同知周沣。庆廉原参折如是，严树森查覆折，系周注。下北河同知徐思穆		

续表

	二年	三年	四年	五年	六年
大事记	裁兰仪、仪睢、睢宁、商虞、曹考五厅及所属十一汛州判、县丞、主簿、巡检等员缺			七月，胡家屯河溢	
统部		七月，以郑敦谨为河东河道总督。谭廷襄迁刑部侍郎	四月，以张之万署河东河道总督，吴昌寿为河南巡抚。郑敦谨调湖北巡抚，张之万于九月实授	正月，以李鹤年为河南巡抚。吴昌寿降调。 八月，以苏廷魁署河东河道总督。张之万调漕运总督，苏廷魁于九年十月实授	
监司				开归陈许道德荫。彰卫怀道李宗焘	
厅员					署祥河同知王仁福

续表

	七年	八年	九年	十年	光绪元年
大事记	七月，荥泽汛十堡河溢。武陟县赵樊村沁河溢	正月，荥工合龙。添设荥泽汛分防外委、中牟上汛分防外委，各一员。改荥郑汛把总为郑上汛把总，郑中汛千总为郑下汛千总		七月，河内县小王庄沁河溢	
统部				八月，以乔松年为河东河道总督。命苏廷魁来京。 十一月，以钱鼎铭为河南巡抚。李鹤年迁闽浙总督	二月，以曾国荃为河东河道总督。乔松年卒。 五月，以李庆翱为河南巡抚。钱鼎铭卒。李庆翱未到任前，以布政使刘齐衔署理
监司	开归陈许道绍诚	署开归陈许道姜篪		开归陈许道任道镕	署开归陈许道刘成忠。彰卫怀道吴潮
厅员	上南河同知邹梁		上南河同知陈丙昌。下南河同知陈桂芬		

续表

	二年	三年	五年	六年	七年
大事记					
统部	八月，以李鹤年为河东河道总督。曾国荃调山西巡抚	十一月，以涂宗瀛为河南巡抚。李庆翱降调。涂宗瀛未到任前，以李鹤年兼署			八月，以李鹤年为河南巡抚，勒方锜为河东河道总督。涂宗瀛调湖南巡抚。以梅启照为河东河道总督。勒方锜因病开缺
监司	彰卫怀道刘成忠		开归陈许道贵珊。彰卫怀道吴大澂	开归陈许道倪文蔚	开归陈许道任恺。彰卫怀道陈宝箴
厅员				下南河同知张承纶	

续表

	九年	十一年	十三年	十四年	十五年
大事记			八月，武陟县小杨村沁河漫口。郑州下汛十堡河决。 九月，命礼部尚书李鸿藻、刑部左侍郎薛允升驰查郑工。 十二月，命李鸿藻督办郑工	十二月，郑工合龙	河内县王贺庄沁河漫溢决口
统部	二月，以庆裕为河东河道总督。梅启照革职。以鹿传霖为河南巡抚。李鹤年革职。 十二月，以觉罗成孚为河东河道总督。庆裕迁盛京将军	二月，以边宝泉为河南巡抚。鹿传霖调陕西巡抚	五月，以倪文蔚为河南巡抚。边宝泉迁闽浙总督。 九月，以李鹤年署河东河道总督。觉罗成孚革职	七月，以吴大澂署理河东河道总督。李鹤年革署任遣戍。先以李鸿藻暂署，吴大澂于合龙后实授	
监司	彰卫怀道许振祎。开归陈许道陈彝		开归陈许道鞠捷昌。署开归陈许道李正荣。彰卫怀道曹秉哲	开归陈许道荫保	
厅员			上南河同知余潢	下南河同知朱懋澜。下北河同知高善志。祥河同知张士杰。黄沁同知陈履成。中河通判崔惠均	上南河同知吕福泰。卫粮通判陈增寿

续表

	十六年	十七年	十八年	二十年	二十一年
大事记	定岁修额款六十万两。设河防局、监工局				
统部	二月，以许振祎为河东河道总督。吴大澂丁忧。 六月，以裕宽为河南巡抚。倪文蔚病故			十一月，以刘树堂为河南巡抚。裕宽留京	
监司		彰卫怀道明保	开归陈许道桂霖。彰卫怀道岑春荣		开归陈许道陆襄钺
厅员	祥河同知崔惠均。下北河同知李棠。中河通判蒋庆荣	下南河同知何保荣	黄沁同知于寿之		

续表

	二十二年	二十三年	二十四年	二十六年	二十七年
大事记	添设郑中厅通判一员，协备一员		七月，裁河道总督。 九月，复设河道总督		
统部	正月，以任道镕署河东河道总督。许振祎调广东巡抚，任道镕于九月实授		九月，以任道镕仍为河东河道总督。 十月，以裕长为河南巡抚。刘树堂调浙江巡抚	闰八月，以于荫霖为河南巡抚。裕长调湖北巡抚	正月，以松寿为河南巡抚。于荫霖调湖北巡抚。 四月，以锡良为河东河道总督。任道镕调浙江巡抚
监司		开归陈许道穆奇先			
厅员		郑州通判陈均	上南河同知龚秉彝。下北河同知李尚节。祥河同知夏敬曾		

续表

	二十八年	二十九年	三十年	三十一年	三十二年
大事记	正月，裁河东河道总督，河南河工事务，归巡抚兼管。奏减河防经费十万两，以五十万两为岁额		升郑州为直隶州，改开归陈许道为开归陈许郑道	京汉铁路，建铁桥于荥泽两岸	
统部	正月，以锡良为河南巡抚。松寿迁署兵部左侍郎。 四月，以张人骏为河南巡抚。锡良迁热河都统	三月，以陈夔龙为河南巡抚。张人骏调山西巡抚			正月，以张人骏为河南巡抚。陈夔龙调江苏巡抚
监司	彰卫怀道冯光元	开归陈许道曹福元			
厅员		中河通判文铨			

续表

	三十三年	三十四年	宣统元年	二年	三年
大事记					
统部	七月，以林绍年为河南巡抚。张人骏迁两广总督	八月，以吴重憙为河南巡抚。林绍年迁仓场侍郎		三月，以宝棻为河南巡抚。吴重憙开缺	十月，以齐耀琳为河南巡抚。宝棻以病去
监司		彰卫怀道石庚		开归陈许郑道江瀚	开归陈许郑道袁镇南
厅员	下南河同知姚诗富		祥河同知许师谦		上南河同知许广身。郑中通判薛尔安

卷二十四　职官二传

杨方兴列传国史馆本传　节录

杨方兴，广宁人，后隶汉军厢白旗。天命七年，以诸生来归，入直内院。试列举人，授佐领衔，擢内秘书院学士。顺治元年，奉命总督河道。黄河南北两岸，自流贼蹂躏，无人防守。伏秋汛发，北岸小宋口、曹家寨堤皆溃，漫曹、单、金乡、鱼台四邑，由南阳❶漫入运河，淤没田庐。二年二月，方兴请乘水势稍涸，鸠工亟筑，允行。先是明崇祯时，流贼李自成决汴水，以灌汴梁。其后，决口屡塞屡决。至是，命工部选员察勘驰奏。令方兴修理。七月，河决流通集，一趋曹、单及南阳入运河；一趋塔儿湾、魏家湾入运河。为浊流所侵，日就淤塞。下流徐、邳、淮、扬，亦多冲决。方兴以防护无功自劾，谕令殚力河防，不必引咎。九月，疏荐密云道方大猷为管河道。四年，通疏决口将合，全河下注，势甚湍激，由汶上县，决入独❷山湖。方兴因言河员必就近升转，庶能熟谙河务，奉谕施行。寻以流通工竣，加一级。六年，晋兵部尚书衔。七年三月，加太子太保。

---

❶ 南阳　《满汉名臣传》《清史稿》本传作“兰阳”，下同，不再出校。

❷ 独　原作“浊”，应作“独”。

八月，河决荆隆口，南岸漫单家寨西堤，北岸漫朱源寨小长堤。南岸旋塞，全河尽入北岸决口，转向东北流。方兴用管河道方大猷议，先从上游筑长缕堤，遏其来势。然后筑小长堤决口，期以春月鸠工，半年蒇事。九年三月，方兴以目疾请休。得旨："漕河重任，实难其人，卿筹画素著，宜悉心料理。"旋以汴河工成，赐方兴及在事各员鞍马、白金有差。

时荆隆决口，未合者尚三十余丈，大猷擢江南按察使，方兴请敕部以新衔留管河务，下所司议行。会给事中许作梅、御史杨世学、陈斐[1]，交章请勘九河故道，使黄河北流入海。方兴因疏言："黄河古今同患，而治河古今异宜。宋以前治河，但令赴海有路，可南亦可北，故贾让以不与河争为上策。自元明以迄我大清定鼎燕京，东南漕运，由清口以至董家口二百余里，必借黄河为转输。是治河，即所以治漕，可以南，必不可以北。欲挽北流而趋南，自不得不逆其性而曲为堤防。故贾让下策，正今之上策也。前人几许经画，成此数千里长堤，束水通漕。若废此不治，顺水北行，无论漕运不通转，恐决出之水，东西奔荡，不可收拾。今议者乃欲寻禹旧迹，重加疏导，势须别筑数千里长堤。较之增卑培薄，难易晓然。且河流挟沙俱行，束之一则水急沙流，播而为九则水缓沙积。数年以后，河仍他徙，何以济运？议者又谓'河经修筑，即当永远无虞'。不知黄河自积石入中国后，源远支繁，每遇伏秋汛发，漫衍横决，有非堤岸所能御者。自殷周至今，已事可考。臣愚以为河不能无决，决而不筑，司河者之罪也。河不能无淤，淤而不浚，亦司河者之罪也。若欲保其不决、不淤，谁敢任之？明河臣潘季驯曰：'治河必无一劳永逸之功，止有补弊救偏之策，不可有喜新炫奇

[1] 斐 《清史稿》本传作"棐"。

之智，惟当收安常处顺之休。’斯诚不易确论。伏愿敕下廷议，定画一之规，屏二三之说。俾河臣知所遵守，不胜幸甚。”疏上，嘉纳之。

十年，河决大王庙口，距朱源寨口不远。给事中周体观，劾方兴治河罔效、耗帑害民罪。方兴遵旨回奏，言：“臣自奉命总河九载，疏筑如法。所有兴工缓急，役夫多寡，并经请旨施行，未敢稍有迟缓，及擅加科派事。”因恳请罢斥。奉旨：“向来河工，皆就决处堵塞，仅顾一时，以致久无成效。今山东又报河决，现在会议，杨方兴且殚心料理，毋致误漕。章内事宜，下部一并会议。”方兴再疏乞休，慰留之。十一年，给事中林起龙，劾方兴堵筑朱源决口，侵冒钱粮，累民捐费至六十余万两，徇庇河道方大猷诸员奸贪不法。命方兴解任，赴京质对，起龙坐诬镌秩，命方兴复任。十三年，方大猷以婪赃误工，为直隶总督李荫祖所劾，方兴亦疏劾大猷。以其不先举发，传谕切责。于是，给事中董笃行，疏劾方兴徇庇，下部议坐，降级留任。十四年，引年乞休。上以其久任河道总督，勤练著劳，命以原官加太子太保致仕。康熙四年卒，赐祭葬如典礼。

杨方兴小传陆耀

杨方兴，字浡然，汉军厢黄旗人。初为广宁诸生，天聪时，直内院。崇德元年，取中举人。顺治元年，由秘书院学士，授河东总督。七年，荆隆朱源寨口决，直趋沙湾、张秋一带，堤岸皆溃，由大清河东奔入海。兖、济以北，皆罹其害，万民失业，运道复梗。方兴结茅庐于堤上，盛暑隆冬，寝食其中。九年，复决大王庙口，冲溃沙湾。方兴治塞，如前。并自西岸河边起，至八里庙河边止，开引河五百丈。至十三年，竣事。其明年，上疏乞休。诏以勤练著劳，加太子太保致仕。悬车之后，长安居第，仅蔽风雨，疏食布衣，四壁萧然。康熙四年卒，祭葬如例。叶方恒《全河备考》曰："张秋为黄河下流，其决于明世者，正统十三年，徐有贞治之；弘治五年，刘大夏治之。皆费极浩繁，功极艰难。至是，三岁再见。"卒用敉宁，盖多于前功矣。

朱之锡列传国史馆本传　节录

朱之锡，浙江义乌人。顺治三年进士，改庶吉士，授编修。十一年七月，擢弘❶文院侍读学士。十一月，迁少詹事。十二年十月，迁詹事。十三年闰五月，迁弘文院学士。十四年六月，擢吏部右侍郎。七月，谕嘉之锡"气度端醇，才品勤敏"，令以兵部尚书衔总督河道，驻济宁州。十六年正月，疏言："黄河建瓴万里，及入河南，土松流汇，泛滥之害，无代无之。前明二百余年，数兴大役。治水名臣如徐有贞、刘大夏、潘季驯等，塞决口，疏河身，役夫俱八九万至十余万，糜帑不赀。黄河自荥泽至山阳❷，南北两岸，前明经营遗迹，废弛日甚。谨酌盈虚、权缓急，条上：一、河南岁修夫役宜存旧额。近以安澜，屡经奏减，不知河本湍急，未至横流，谓之曰安。然其湍激之性，固无分已决、未决也。伏秋水涨，呼吸间，淹岸数里。迎流之处，纵有重障，如穿蒿葭。其防之也，高一丈、长十丈之埽，非数百人，莫能推挽；一里之堤，非三万余工不成。今岁所筑，阅岁而高者卑，厚者薄。加以浊流无定，倏北倏南，重

❶ 弘　原作"宏"，避讳。下同，不再出校。
❷ 山阳　原作"阳山"，二字互乙。

堤不支，退守月堤。月堤之内，不得不又议土工。此夫役旧额，万不可议裁减。一、柳料宜预为筹备。令濒河州县各置柳园数区，或取之荒地，或就近河民田，偿价归官。每园置堡夫数名，布种浇灌，责成道厅稽察。数年之后，遍地成林。不惟有济河工，而河帑亦可稍节。一、严剔误工、病民弊端。凡供役之厂夫、堡夫、流夫、堤夫、闸夫、浅夫、铺夫，有奸豪包占，卖富佥贫，贿嚣私逃，克减工食之弊；采买之柳梢、砖石、草柴、芦、灰铁、糯米、桐油，有扣减价值，交收指索，折干肥私之弊；器具之方船、活闸、刮版、戽斗、铁铲、铁镢、布兜、竹筐、铁舀、杏叶杓、铁簸箕、五齿铁扒、铁杆、木夯、石硪、云梯，有储备不豫、制作潦草之弊。宜责司道府厅查报，徇隐者以溺职论。一、厘核旷尽银两。凡额设水夫，天时阴雨而不赴工者为逃旷，所扣工食银谓之旷尽。恐不肖官吏，侵入私囊。前河臣杨方兴奏明，每季起解河库，每岁册报工部。今宜令管河厅官，立循环簿。每幅首行，书州县额夫若干，工食若干，中界为三十格。每日一格，书夫几名，某所做工，有无逃旷。后行书应扣旷尽总数，每日送司道查核。一、慎重河工职守。遇同知以下缺员，许荐尽心河务之人升补。吏部推升，亦先用曾经荐举之人。凡河员升调降用，俱令候代，始行离任。一、河官既有专责，不应别膺差委。一、请复旧例，岁终察核所属贤否，分别举劾，以示劝惩。一、酌议派补夫食。”

三月，又言：“黄河毗连数省，巡抚身任封疆，境内河道，不当视为非其职守，致调集夫料，各省参差。请敕各巡抚，共勷河务。平时先事绸缪，临急从宜抢救。”疏下部，皆如所请行。八月，疏荐北河同知魏裔鲁、封丘知县余缙、仪封知县崔维雅等。得旨，叙录。先是，之锡丁母忧，以河工紧要，令在任守制。至是疏，请回籍治丧。准暂假数月，扶榇回籍。事竣，仍即赴任。十七年十二月，之锡复任。明年，加太子少保。康熙元年九月，河决原武、祥符、兰阳。之锡自往河南，塞西阁寨、单家寨、时和驿、蔡家楼、管家寨诸决口。是年，河南巡按刘源浚条奏，南阳、汝宁二府开垦荒地，请免河工差徭。十年，部议令之锡奏核。之锡言："差徭宜均其劳逸。新垦者偏逸，则旧业之人偏劳。酌定自今领垦地亩，五年后起派杂差。"部议，从之。五年二月，卒于官。四月，直隶山东河南总督朱昌祚疏言："之锡治河十载，殚力宣劳。当旱溢相仍，则拮据夙夜。若堤渠挑浚，则南北驰驱。受事之初，河库贮银止十余万两，频年撙节，现今贮库四十六万两有奇。核其官守，可谓公忠体国。"其弟之璋称："之锡积劳婴疾，因河事孔棘，不敢请告。今岁北往临清，南至邳、宿，夙病日增，回署身故，年止四十有四。未有子嗣，吁请恩恤。"赐祭葬如例。

朱之锡小传 陆耀 节录

朱之锡，字孟九，号梅麓，浙江义乌县人。顺治三年进士，改庶吉士。四年，授弘文院编修。荐迁学士。十四年，由吏部侍郎出任河道总督。承前任杨方兴之后，不屑屑于萧规曹随，凡修守堤岸，绸缪至计，无不悉心擘画。如夫役、工程、钱粮、职守及诸弊端，兴革损益，皆商榷至当。一一条奏，报可。初以内艰求去，不允。至十七年，假归营葬。十八年，再任。经营河上，先后十年，未尝有大工巨役。数省之民，获免昏垫。功著扬、豫二省，至今尸祝不衰。康熙四年，以积劳忧郁，发病而卒。赠太子太保，祭葬如例。

朱梅麓尚书事略李元度　节录

兵部尚书河道总督朱公之锡，字孟九，号梅麓，浙江义乌人。顺治三年进士，选庶吉士，授编修。十年，迁弘文院侍读学士，寻迁詹事。十三年，晋弘文院学士。明年，擢吏部右侍郎，令以兵部尚书衔，总督河道。康熙元年九月，河决原武、祥符、兰阳等县，公力筹堵塞，自为短歌，俾遒铎。徇行夫役，皆踊跃趋事，以是屡有成功。公治河殚竭心力，每当各工并急，则南北交驰，寝食俱废。盛暑介马暴烈日中，隆冬犯霜雪，首尾十年。先是壬寅秋，岁大祲，山左、中州、淮南道殣相望，公设法倡赈，全活甚众。著有《寒香馆河防疏略》行世。

按：朱尚书，《国史本传》：十一年，擢弘文院侍读学士。《李氏事略》谓在十年，似误，当以国史为正。又河南"巡按"，刘源浚《国史》与"李略"皆书曰"巡抚"，兹据《河南通志》改。

佟凤彩列传国史馆本传　节录

佟凤彩，汉军正蓝旗人。康熙十一年七月，为河南巡抚，兼理河道。十二年，疏言："豫省平定有年，百姓苦累未苏。每岁修筑黄河，用夫七八千名，或至万余名。自二月至十月，俱按地亩起派，似乎公矣。然狡猾之徒，以自己田土飞洒于人；势豪之家，以他人地亩包揽于己；甚至绅衿衙役，借题优免。致懦弱乡愚，愈累愈贫。每月三四两不等，方能雇夫一名。及解到河工，又为积年河工夫头百计欺压，苦不能受，势必至于逃。逃而提补，又得二三两重雇。是每夫一月，已费至六七两矣。即以一岁万夫，初雇月需三四两而计，每年费至三四十万。今莫若官雇夫，照顺治十八年以前例，每夫每月雇价二两。每岁上工九个月，每夫止用雇价一十八两。综万夫计之，止用一十八万两。其每岁估夫若干，需银若干，除岁征河银外，计通省地亩，分别等则，派银足之，刊明由单内。我朝制度，凡钱粮俱照明万历间则例。此项似为加派，而派夫较之派银，所费不啻数倍。曷若稍一更变，每亩不过加之毫厘，俾得安心畎亩，此岁修之议若是。傥遇意外大工，雇价浩繁，或动何项钱粮，又在临时再行酌题者也。”疏下部议，如所请。得旨：“派夫累民，允宜停止。若派银雇夫，仍属累民，着照顺治十八年以前例，支河库银雇给。如有不敷，需动别项钱粮，再行题请。”

凤彩又疏言：“豫省沿河地方，虽云产柳，然除堤柳、园柳外，俱民间纳粮栽种，以供采办。自康熙七年以来，协济江南河工之柳，已二百七十余万束矣。而本省岁修，常需百余万。去岁开封府属阳武县之潭口寺工险事迫，无柳可用，将民间之桃、李、杏、梨等树，尽行砍伐堵塞，方保无虞。是修防本省河工，尚且不敷，难以协运外省。且豫省黄河水势汹涌，原无商旅巨舰往来，不过各河口寥寥之渡船耳。一遇协济，渡船不敷，将小河民船，从陆地挖沟引水，拉至大河。每只只装柳二三百束，然尚有船可运也。今朱仙镇市舶，见封雇无已，俱各畏缩不前，大河又无片帆往来。百姓运柳至河间者，只望洋而叹，官吏束手无策。若不急图变通，将来必至误运。现在协济七里沟之柳九十余万束，而堤柳、园柳官给脚价银一分五厘，民柳连运脚每束给银四分五厘。向来运本省之柳，修本省之工，每束尚给银五分。今远运江南千里之外，止给四分五厘，小民无术飞运，安得不赔累？乞敕河臣于江南雇船到豫，使民止备办柳束，挽运河干。嗣后，就江南邻近无河患处，酌办协济。留河南有余不尽之柳梢，以备本省河患，庶百姓稍得苏息，大工不致迟误矣。”疏下九卿道科道，议行。

十三年十二月，以疾乞休。得旨：解任调理。南汝总兵周邦宁，以士民吁留入告。左都御史姚文然疏言：“凤彩相貌议论，朴实无奇，而老成练达，谨慎和平。服官二十余年，皆能称职。其抚豫数载，恤民疾苦，民爱而信之。传闻告病以来，百姓皇皇，如失所倚恃。宜令力疾视事，资驾轻就熟之益。”命凤彩仍留任。十六年七月，卒于官。赐祭葬如典礼，谥“勤僖”。

按：“河夫”一疏，已据《河南通志》录入“工程门”，而本传所载较《通志》加详。至“协济南河柳束”一疏，则《通志》所未载也。

靳辅列传国史馆本传　节录

靳辅，汉军厢黄旗人。顺治九年，由官学生，考授国史院编修。改内阁中书，迁兵部员外郎、郎中，通政使司右通政。擢国史院学士，改内阁学士。康熙十年六月，授安徽巡抚。十六年八月，授河道总督。二十四年九月，疏言：“勘阅河南堤岸，考城、仪封、阳武三县，应帮筑堤工七千八百七十九丈；封丘县荆隆口，应筑大月堤三百三十丈；荥泽县，应修筑埽工二百一十丈，以防上流异涨。并请增设兰阳、仪封、荥泽河员，免开封、归德二府居民采办青柳。”事下部议，俱从之。二十七年二月，因被劾，下九卿察议。三月，允九卿议，革辅职，以福建总督王新命代之。二十八年三月，复原品。三十一年二月，王新命以勒取库银，为运河同知陈良谟讦罢。谕："靳辅熟练河务，及其未甚老而用之，亦得纾数年之虑。"其令仍为河道总督，辅以衰病辞。命顺天府丞徐廷玺同往协理。

六月，疏言："前奉诏，截留江北漕粮二十万石，由黄河运至山西蒲州，拨陕西赈济。臣因开封以西黄河浅深无定，于五月初赴开封督饬催趱，添雇民船，随浅随剥。抚臣阎兴邦牒称'水路止可运至孟津，由孟津陆运至蒲州'，臣今赴孟津料理。"十月，疏言："黄河自河南荥泽县，至江南清河县，两岸各一千余里，其险工不可疏虞。如南岸之在开封，或疏虞，则黄水入淮；归德至宿迁，或疏虞，则黄水入睢；北岸之在荥泽，或疏虞，则黄河水上溢张秋，下溢济宁。黄河堤工，莫重于既成之后，随时修补堤根。积水易致汕刷，惟于上流量挖一沟，引沙直注使停。再于下流量挖一沟，引水分泄渐去。其低洼处，自然淤平。"十一月，卒于官。赐祭葬如例，谥曰"文襄"。四十六年，加赠太子太保，予骑都尉世职。

靳文襄公事略李元度　节录

靳公，讳辅，字紫垣，辽阳人，隶汉军厢黄旗。康熙十六年，授河道总督。二十四年，疏请添筑考城、仪封、阳武三县河堤七千八百丈有奇，封丘县荆隆口月堤三百三十丈，荥泽县埽工二百一十丈，以防上流异涨。又请增设兰阳、仪封、荥泽河员，免开、归二府民采办青柳，均从之。三十一年，仍为河道总督。会陕西西、凤漕郡灾，截南漕二十万，溯河而上，贮蒲州，以赈秦民。命公董其役，公力疾就道。经画西运，自清河至荥泽，达三门砥柱，安流无恙。事竣抵淮，疏陈两河善后策及河工守成事宜，几及万言。十一月，薨于位。

按：文襄著绩，在南河最多，故王士祯撰《墓志铭》，王元启作《传》，陆耀著《治河名臣小传》，皆载南河事，无一语及东河者。惟《国史本传》著之，李氏《事略》即采之。《国史》：故文襄实官国史院学士，改内阁学士，二王及陆皆误为武英殿学士、礼部侍郎，李氏《事略》则不误。又“请筑河南堤埽”一疏，已据《东华录》，载入“工程门”。而考城、仪封、阳武三县帮筑堤工丈尺，与《本传》及《事略》，微有不同，《河南通志》又未载此次工程，惟《会典事例》与《东华录》同，似《本传》及《事略》误也。

崔维雅传大名志　节录

崔维雅，字大醇，号默斋，本新安人。顺治三年举人，任浚县教谕，因家于魏。秩满，授河南仪封县。仪封濒河，岁苦河决。维雅躬亲畚锸，不避劳暑。北岸三家庄，为从来要害地。十四年，水势北注，岸崩五里有余。维雅于上游十里故流处，疏使东行，北岸遂安。复与塞封丘大王庙决口，督抚连疏荐之，擢江南淮安府同知，旋改开封府南河同知。十七年，河决祥符之槐疙疸，露宿河上。三月，卒塞之。明年，复疏三家庄新河，截旧河筑坝，全河尽东。自是，三家庄河不为患。迁浙江宁波府知府，时王光裕奉命安辑浙海，心识其才。未几，光裕以副都御史总督河道，遂荐维雅可用，擢河南河道按察司副使。沿河千有余里，夹河两岸险工以数十计，维雅常于冬春先事防之，及伏秋水汛，奔驰风雨，相度修筑，皆得无事。阳武潭口寺堤，直河冲，水势迅急，下埽辄蛰。维雅预于上游疏引河，待之。

是夏，埽果不蛰，北堤遂固。虞城县治，距河堤仅数里，堤没入河，北岸引河冲刷不利。维雅预迎河溜挑之，至秋水归新河，旧河遂为平陆。累迁江南按察使、湖南布政使，补广西布政使，入为大理寺卿、候补通政使。卒。著有《河防刍议》。维雅三任河职，于治水功尤著。

张鹏翮列传国史馆本传　节录

张鹏翮，四川遂宁人。康熙九年进士，选庶吉士。改刑部主事，迁员外郎、礼部郎中。授苏州、兖州知府，河东盐运司，迁通政司右参议，转兵部督捕右理事官，擢大理寺少卿。二十八年，擢浙江巡抚。三十三年，擢兵部右侍郎。三十六年，迁右都御史。三十七年，迁刑部尚书，授江南江西总督。三十九年，调河道总督，条奏河工："一、堤工宜坚筑加帮之堤，应将原堤夯杵，再加新土。创筑之堤，先将平地夯深，务期坚固。一、岁、抢各工，不无虚冒牵混之弊。嗣后，呈报险工，估计申详，如系假捏，即以谎报题参。一、挑河工程，务将挑出之土，堆于原估堤工，夯硪成堤，以资捍御。不许将散土堆集，滋假河之弊。一、平常工料，俱用龙尾埽，遇风浪，立见塌卸，虚糜帑金，应行停止。一、河水顶冲对岸，必有沙嘴挺出，此由河曲之故。从曲处挑引河，以杀水势。诚有如圣训指示者，而河员不即遵行，则以挑引河，后必引大溜，始能成河。若水缓沙淤，例应赔修，因之人心畏缩。臣思河工不如式者，理应赔修。若实心任事，偶致淤垫者，应请豁免。一、实心任事之员，工成日，优叙即用，否则严加治罪。一、挑河筑堤，用夫动至数千，寒暑风雨，极其劳苦。工成日，应给印票，免其杂徭。以上各条，请天语申饬，勒石河干，永远遵行。”得旨：“河工弊端，详悉切要，极其周备。”下九卿议，寻议如所奏。

四十七年，迁刑部尚书。四十八年，调户部尚书。五十二年，调吏部尚书。六十年九月，直隶总督赵弘[1]燮奏：河南武陟县黄、沁冲决堤岸，水溢至长垣等处。山东巡抚李树德奏：河水泛溢，自直隶开州，流入山东张秋等处，由盐河入海，致运河堤决，漕船阻滞。命鹏翮同总漕施世纶查勘。十二月，鹏翮等疏言：“臣等由山东张秋，循流而上，查黄河决口在武陟县之钉船帮支河口，冲入詹家店之魏家庄及马营口。今副都御史牛钮、河南巡抚杨宗义，于支河口筑拦水坝，魏家庄已经堵塞，马营口水已消落，指日成工。其引沁入运之处，臣相度地势，西北高而东南下。若引水直下，恐牵动全沁灌入堤内，而黄河直蹑其后，反觉无益。山东运道在张秋，则有沙河等水分水。龙王庙则有南旺等湖，济宁则有马场等湖。又有诸山泉，本可济运，只因湖堤残缺，民间窃种湖旁之地，未得潴水，而诸泉壅塞。又未疏通，以致漕船时患浅涩。臣等已交李树德，筑堤蓄水，疏浚泉源，运道自可通利。”得旨：“回奏甚属明晰，即令照依所奏，不得稍有更改。”雍正元年，授武英殿大学士。六月，河南黄、沁漫溢，决马营口，奉命查筑。三年二月，卒。加少保，于恤典定例外加祭一次，赐全葬。谥“文端”。八年，诏祀贤良祠。

附：牛钮列传国史馆本传　节录

康熙六十年九月，河南武陟县马营口河决，以牛钮谙练河

---

[1] 弘　原作“宏”，避讳。

工，面授方略，偕侍讲齐苏勒往堵筑。十月，以巡抚杨宗义与河督赵世显不亟备料，奏敕宗义专其事。牛钮在钉船帮兴工，十一月工竣，奉旨详勘河工。以仪封县白家楼、虞城县黄堌坝，应挑引河奏，交署河督陈鹏年督办。六十一年二月，直隶长垣县常村集堤南，水势暴涨，通山东濮州等处，遣牛钮顺道往勘。会黄河积凌水发，马营口复决。牛钮驰还武陟，同宗义于秦家厂堵筑。六月，奏言："秦家厂拦河坝，三月兴工，择于本月初五日合龙。初三日，大雨水涨，所留水口稍狭，两边坝台蛰陷二十七丈。幸埽个[1]未动，已嘱杨宗义备料趱修。"谕宗义速行堵修。先是，牛钮议于黄河北岸，自沁河堤至詹家店十八里无堤处，接筑遥堤，以资捍御。宗义以沁、黄并涨时，水无所泄，恐致冲决，不若仍留空隙，备宣泄。雍正元年正月，河督陈鹏年奏："现在河势飞趋，较前情形不同，无堤拦束，亦属可虞，请如牛钮议。"从之。

附：张清恪公行状费元衡　节录

康熙六十年九月，河南马营口决，命河南人知河务者具奏。户部右侍郎兼管仓场总督张伯行奏曰："臣籍隶仪封，去黄河三里，故黄水之性，最为留心。盖黄水不两行，若有两条河水，行一条，必淤一条。故一遇冲决，水行新河，旧河必淤。若旧河仍行者，则新河不过因水势泛涨，泄其有余。水一消落，仍行旧河，此自然之势也。今武陟县冲决，河口不过因黄、沁并长，泛滥溢漫，泄有余之水耳。黄河之水，仍旧东行。入冬以后，水势消落，势必尽归旧河。稍加堵筑，即复旧矣。独是山

[1] 个　原作"固"，应作"个"。

东运河，只借一线泉水，遇天道亢旱，泉源干涸，寸步难行。臣前任济宁道时，曾议引沁河之水，以济山东之运。后以升任故，未及行。今岁粮船浅阻山东，将至迟误。而黄、沁交会，忽冲一缺口，直入张秋运河，粮船尽皆抵通。是今岁之运，赖此冲决以济之也。若由此修治，引之济运，便可成万世之利。越数日，又面奏于黄、沁交会之际，建闸筑坝，重重关锁，使不泛滥。一、引沁由贾鲁河以入济，济运。一、引沁由新决之河入张秋，以济运。张秋东崖五空桥，安放闸板。水小则下板，引沁济运，水大则放沁入海。至于济宁运河之西，再建闸一座。水小则引沁济运，水大则下板，引沁入湖。不但粮船遄行，而临河之田，皆成膏腴矣。”

按：马营口河决，文端两次衔命往视，而《国史本传》只详康熙六十年视河之役。所谓魏家庄已经堵塞，马营口指日成工。即《牛钮传》中所谓钉船帮工竣也。而雍正元年一役，则不详。惟《贤良传》曰：“马营决口，复衔命至豫相视。鹏翮议并塞詹家店四口，黄、沁合处有沙滩，应加浚刷，绘图以进，悉嘉纳。”又彭端淑撰《张文端鹏翮传》曰：三视河，当为相，犹遣公曰：“以位则卿不当差，以齿则卿亦不当差，然遍视诸臣，无出卿右者。”盖公长于治河，凡所经画，无不完固。至今数十年来，遵守其法云云，皆谓是役也。而嵇文敏请加帮大堤，奏奉有朱批，遣张鹏翮来豫，正为此举。则文端雍正元年之至豫，并不专为堵筑马营口一事，此皆国史馆所未及也。文端于马营口，为特简重臣。且始终其事，故以《牛钮传》附之。其奏覆引沁入运一节，即张清恪之所奏者。故并以《清恪行状》所载者，附焉。

陈鹏年列传国史馆本传　节录

陈鹏年，湖广湘潭人。康熙三十二年进士，初任浙江西安知县。四十年，河道总督张鹏翮荐其才猷敏练，堪理河务，调赴江南河工。授山阳县知县，迁海州知州。四十三年，擢江宁知府。四十四年六月，两江总督阿山疏劾。得旨：革职来京，在修书处效力。四十七年九月，特授苏州知府。四十八年十一月，江苏布政使宜思恭为总督噶礼劾罢，诏以鹏年署布政使。四十九年，噶礼续劾宜思恭亏帑，又劾粮道贾朴侵蚀建关开河银项，并坐鹏年核报不实。部议：革任，发往黑龙江。仍得旨：来京修书。五十六年，出署霸昌道，既受代，仍回京修书。六十年四月，命随尚书张鹏翮勘阅山东、河南运河。九月，河道总督赵世显奏令往视河南武陟县钉船帮决口。

十月，鹏年疏言："黄河老堤冲开八九里，现今大溜直趋决口，应于对岸上流广武山淤滩，另开引河，使溜南趋。再于决口稍东，逢湾取直，亦开一引河引溜东行，仍归正河，方可渐次堵筑。"得旨："朕每留心河务，黄河冲决之处，一经奏闻，即详晰指示。今览陈鹏年所奏，皆与朕前颁谕旨相合。下部知之。"十一月，赵世显为属员讦罢，诏鹏年署河道总督。六十一年二月，疏言："河南荥泽县黄河两岸堤工，止出水面三四尺、五六尺不等，一遇水长，即漫堤而过。上流水既漫散，则下流河身日渐淤高，堤岸卑矮，且有残缺，难资捍卫。宜于挑浚以前，增高培厚。"疏下部议，令河南巡抚杨宗义速行修筑。是月，武陟县马营堤，为冰凌水冲漫。鹏年自清江浦往视，疏言："马营地势低洼，从钉船帮南坝尾冲开，至此二十余里，已成大溜。抚臣杨宗义堵筑，上口止剩六丈余，下口止剩四丈余，无如水深溜急，难施人力。今惟有分其上流，借沁水逼黄，就广武山下淤滩之上王家沟开引河，使水由东南，汇入荥泽旧县前正河。用杏叶铁钯浚深钉船帮下首新生淤滩，连❶挑水坝。于新河口东，逼沁水会黄南趋，不使东下，则大溜往南，马营决口庶可培筑完固。”疏下部议行。会奉使阅河之副都御史牛钮、祭酒齐苏勒等奏筑沁河堤头，至詹家店十八里遥堤。杨宗义以武陟百姓佥言“此十八里若筑堤，则田亩易淹，且致冲决邻邑”，奏寝其役。诏鹏年确勘，鹏年奏：“黄河南北两岸，从荥泽县始筑堤，其上十八里并无堤。盖以南岸有❷广武山为屏蔽，而北岸则沁水从此出口。当沁、黄交涨时，听其流入水寨及原武县之黑羊山沙地，水势宽平，不致冲溢。前人实非无见，若一并筑堤，则暴涨必冲射堤根，工险难以防护，岁修亦糜费不赀。宜留此无堤之十八里，以备宣泄。”从之。又疏言：“与抚臣杨宗义商议，暂停马营决口堵筑。以三月朔兴工，开王家沟引河，并建挑水坝于沁河口，绘图呈览。”寻奉诏，回办南河事务。

八月，鹏年复至武陟阅工。先是，马营决口，因桃汛流急水深，停工。牛钮奏于上流秦家厂堵筑，甫竣，旋决。至鹏年同杨宗义疏言：“秦家厂南坝尾，刷开一百二十余丈，入马营东下。应于南坝台转东，建扇面坝，挑溜西行。用长桩大埽，建拦河大坝，于秦家厂上流。”又疏言：“前因河势北趋，宜分泄❸上流，先开王家沟二十余里引河。嗣因沁、黄并涨，河流迁徙，引河口门沙淤，移上接开至刘家沟，水已畅流，冲刷宽深。复

❶ 连　疑作“建”。
❷ 有　原作“自”，据内文改。
❸ 泄　原作“浅”，据内文改。

因上流河心积滩二十余里，隔河溜为南北两道。南入引河，北仍趋决口。今宜从刘家沟上流无滩隔之官庄峪，开接引河一千四百余丈，庶全河之水俱泄，而秦家厂及马营决口易以堵筑矣。”疏下九卿等，同牛钮、齐苏勒，议：“官庄峪在广武山脚下，淤滩窄而且长。上流无进水之势，开引河不若坚修挑水坝，令鹏年同杨宗义酌行。”十月，疏言：“秦家厂之北坝尾堤，向系漫滩，根脚虚松。自霜降后，连日西北风，鼓浪冲刷，漫开百余丈，大流归马营。前此南坝尾，水深至三丈有余，自北坝尾冲开后，渐次平缓。十月三日，堵筑合龙讫。其北坝尾及马营决口，可以次刻期堵筑。”十一月，疏言：“前经定议，自詹家店起，至荥泽县老堤止，包筑大月堤，诚为重门保障。若俟决口堵塞后兴工，恐土冻不坚。乘今天气尚在融和，即行鸠筑。惟中间约有百丈，因两年汕刷宽深，应俟春融，积水渐消，另取干土夯硪坚实，乃可竣事。”是月，实授鹏年河道总督。寻疏言：“前经定议，自沁河堤头，至詹家店无堤之十八里，留备宣泄。今河势北趋，较前迥异。若留此空，亦属可虞。应如牛钮、齐苏勒原奏，自沁河堤头，至詹家店，连筑大堤，直接荥泽县老堤，通计三千四百四十丈。俟春融，并筑竣工。”下所司知之。又疏言：“秦家厂北坝尾，十二月初八日合龙，旋复为冰凌水冲漫二十余丈。至二十一日，堵闭完竣。其马营堤埽八九丈，亦可刻期堵塞。”奉谕曰：“秦家厂北坝漫溢之处，虽经堵闭，但系冬日所筑，明春冰融之时，务期预为加谨保固。”

雍正元年正月，鹏年卒，遗疏至。得旨：“陈鹏年，洁己奉公，实心为国。因河工决口，自请前往堵筑。寝食俱废，风雨不辞，积劳成疾，殁于工所。闻其家有八旬老母，室如悬磬，此真‘鞠躬尽瘁死而后已’之臣。着赐司库银二千两，其母给以封典，照一品，荫其子。”仍下部议恤，赐祭葬如典礼。谥曰“恪勤”。十年，祀河南贤良祠。

陈恪勤公行状余廷灿　节录

公姓陈氏，讳鹏年，字北溟，又字沧洲。先世籍隶江西庐陵，九世祖始迁湘潭。康熙辛丑四月上谕：“陈鹏年熟谙河务，可同张鹏翮前赴河工。”六月，诏留河工办事。七月，河决武陟马营口，由长垣直注张秋入海。上命总河赵世显与山东、河南巡抚共塞之。公会议河上，久而不决。于是，公奏：“黄河老堤岸，决开八九里，大溜直趋口者十之六，趋老河十之四。臣愚以为宜于对岸广武山下，厮引河一道，导溜南趋。再于决口稍东，逢湾取直。又厮引河一道，引溜东行三四里，仍折入正河，以杀其悍怒，乃可渐次堵塞。又，南河工程，例不动帑。抚臣捐修，其埽台仅宽三四丈，埽围仅宽二三丈，力单薄，不足抵溜合龙。不合龙，即今年冬，回空粮艘必阻滞。明年，桃花汛发，重运亦必难行。伏乞迅发帑金，别遣大臣，董出入。臣与河臣，悉心估计，用长桩大埽，以资捍御。运道民生，庶俱永赖。先是，已遣大臣，授方略。”比奏至，谕九卿曰：“陈鹏年所奏，与朕若合符。”节为嘉叹者久之。

十一月，召赵世显来京，即以公署总河事。马营口塞，十二月，公返清江行总河事。劾去河南管河道之不供职者，荐山盱通判张杓补其缺。明年春正月，马营口塞复开。二月，公至武陟，请于沁、黄交汇对岸名王家沟者，为老黄河故道处，再开引河一道，分水由东南行，会入荥泽正河。马营口堤工，庶资巩固。既而命公速回清江防伏汛，而河南河工，专委抚臣。

然马营口久不塞，复请往塞之，乃斋沐。十一日，至于荥泽，为文祷河神。河水骤落八尺，请从官庄峪，开引河一道。可其奏。于是，昼夜住宿河濡，蒙犯霜露，心筹口画，而南工飞递。又日数十，至事无巨细，无不亲自裁决。一日百虑，遂肌骨羸孱，百病交作矣。当公之初至河南也，南坝尾已溃，力疾与巡抚谋合之。南坝尾未合，而北坝尾复溃。至十月，南坝尾合，公独力疾合北坝尾，几合复溃。公忧惶劳疗，辗转不支，叹曰："力竭矣，病剧矣，可奈何！"已而大集在工效力文武官弁及桩河夫役，誓之曰："是役也，事成则诸君之力，不成则使者之罪。吾生吾死，卜于今日。"发声慷慨，泣如雨下，众亦泣莫能仰视。应声曰："有不尽死力者，有如此河。"既病且笃，居数日，复力疾强起，合北坝尾。十二月，已合，俄而复溃。欷歔曰："吾数尽此矣。"为文祷河神，痛自责曰："来此已五阅月矣，北坝尾合而复开者四矣，成工无日，有一死而已。"祭毕，病益笃。众哀且愤，咸誓捐躯效死，用力用命。十一月二十一日，北坝尾竟合。后六日，实授河道总督，兼兵部侍郎、都察院右副都御史。雍正元年正月初五日卒。予谥曰"恪勤"。河南河工例委巡抚，江南河工例委总河，公则不分畛域。再自请行赴河南工所，至病于工所，死于工所而不悔。子树芝、树萱，自武陟扶榇初发，南北坝尾官弁及居民夫役数万人，相率绕棺一哭，声震郊原。

按：《东华录》：康熙六十一年十二月壬戌，实授陈鹏年河道总督。是月壬子朔，壬戌乃十二月十一日。《行状》所述：北坝尾十二月已合，俄而复溃。十一月二十一日，北坝尾竟合。后六日，实授河道总督云云。考张清恪、曹一士、郑任钥所撰《墓志铭》《神道碑》，北坝尾之合，实是十二月，《行状》之十一月，刊者误也。惟坝合之日，清恪虽未明，曹、郑则皆云二十一日。且三家皆云，坝合在先，实授在后，则与《东华录》日期不合。惟《国史列传》实授在先，坝合在后，则一一符合。盖碑志所据者行状，行状则以接部文之日为断，而未暇计奉旨之日也。又《国史本传》及邵廷灿所撰《行状》、曹一士所撰《神道碑》，皆言自西安县知县，移山阳县知县，擢海州知州。惟张清恪所撰《墓志铭》、郑任钥代撰《墓志铭》，则自西安县，尝题补天津同知，乃移宰山阳也。《行状》谓：至荥泽，祷河神。陆燿《治臣名臣小传》则曰：白露后，又至马营口，为文以祷大河及沁水之神，黄水一夕骤退八尺。其语独详，与张清恪所谓“仲秋，远武涉，为文以告河伯”适合。又《行状》所谓“劾去河南管河道之不职者”，盖王进楫也。

附：武陟陈公庙碑方苞代

陈公庙者，河内之民，不忘故总河陈恪勤公而作也。康熙六十有一年，河决马营口，公请于朝。凡三至河，内循故道，疏下流。饥不遑餐，倦不遑寝，病不遑药，以身先役夫而董劝之。自秋徂冬，阅月凡五，南、北坝合而复溃者四。三誓于神，愿以身殉。众志咸奋，克成厥功。而公遂弥留矣，所谓以死勤事者也。今天子御宇，上清下宁，百神受职。洪波澄澈，亘数千里引河自开，不烦疏凿。堤堰闸坝之工为焉，而斯成筑焉，而斯固民忘负薪捧土之劬官，有进级纪功之赏。休哉！天之所以应圣德，惠苍黎。惜乎！公既没，而不及见也。于是，河内之人聚而言曰：“前者广武山王家沟之引河不开，则马营口不得而塞。马营口不塞，则是鱼鳖我也。公不爱其死，以卫我民，俾得延朝夕，以复睹圣天子平地成天之烈于今之日。若之何忘之！”乃告于邑令徐君石麟，相与伐木，鸠工为庙。于郭外二浦营嘉应观右，寝堂门庑毕具，士人荆鹏展、金永龄、张孝先等，实司厥役。父老子弟，不令而趋，有弗服劳，若挞诸市。始雍正十二年九月，越十月丙午落成。徐君来请余文，刻于系牲之石。

先是，上俞抚臣请，祀公河南贤良祠，而怀之人犹拳拳焉。专其敬于公者，以公尝陟降，上下于兹土，其神如或临之也。佚能思初，安能惟始，其怀人之谓乎？乃撮公浚河大略书之，且系以铭告，后之人无怠。公讳鹏年，字北溟，号沧洲，湖广湘潭人。持身治民，所在皆著声绩，为时名臣。铭曰：昔河之溢，滔滔东流。沁水交涨，漫及张秋。公来自淮，萃于广武。道河南行，俾复其所。我刍孔亟，公涕如雨。再决再塞，有万其杵。马营既陂，兖冀既宁。公殁而视，迟彼河清。帝曰劳臣，鞠躬尽瘁。秩祀贤良，俞哉廷议。惟此怀民，立社以祠。匪私匪媚，明德是思。我田我庐，报以庙食。公功不刊，视此乐石。

齐苏勒列传国史馆本传　节录

齐苏勒，满洲正白旗人。姓纳喇氏，以内务府主事出任永定河分司，迁侍讲、祭酒。奉命同副都御史牛钮监修河南武陟等县决口堤工。奏：“自沁河头，至荥泽县大堤十八里平衍，接筑遥堤，使全河之水尽归一道，专力刷深，不致旁溢。”授山东按察使，命先往河南筹办黄河堤工。时河南巡抚杨宗义奏请，于马营口南旧有河形处修挑引河。齐苏勒同河道总督陈鹏年疏言：“河不两行，此泄则彼淤，有必然之势。马营口甫经筑堤，若开引河，有旁泄侵堤之虑。”寝其事。雍正元年正月，命署河道总督，寻实授。四月，疏言：“阳武、祥符、商丘界黄河北岸，有支流三，逼堤绕行五十余里；南岸青佛寺边，有支流一，逼堤绕行四十余里。不急为截断，恐刷损大堤。已筑坝堵绝，并接筑子堤九千二百八十八丈，隔堤七百八十丈。”三年二月，副总河嵇曾筠奏请挑挖祥符县回回寨引河。诏：与齐苏勒商酌。嵇曾筠复奏言“亟宜乘汛水未发兴工”，不及待会勘，既而齐苏勒至武陟。奉诏：“同总督田文镜察视引河，有无裨益。”齐苏勒奏言：“挑挖引河，必须上口正对顶冲，而下口有建瓴之势，方可吸引大溜，归入新河。借其水力，涤刷宽深。嵇曾筠所挖引河，工已将竣。臣往看上口之地势，与现在水向，不甚相对。改挖上首三十余丈，以对顶冲，以迎大溜。又往对岸指示建筑挑水坝，挑溜顺行，以对引河之口。俟水涨时，相机开放，庶河得以直畅东注，而南岸堤根可保无虞矣。”奏至，谕曰：“朕虑嵇曾筠或料理未妥，今览奏方慰，可谓得法矣。”七年二月，卒。晋三等轻车都尉，赐祭葬如典礼。谥“勤恪”[1]。

---

[1] 恪　原作“格”，据民国19年重印本改。

卷二十五　职官三传

嵇曾筠列传国史馆本传　节录

嵇曾筠，江南长洲人。康熙四十五年进士，改庶吉士，授编修。迁中允、侍讲。雍正元年二月，擢都察院左佥都御史，署河南巡抚。六月，迁兵部左侍郎。是月，河决河南中牟县，诏曾筠往督筑。七月，奏刘家庄漫口合龙。十一月，奏十里店漫口合龙，俱下所司知之。向例，江南河厅各员，每岁冬领帑，购料备用。曾筠疏请豫省黄河两岸工料，亦照此例，于每岁冬预拨司库银，发沿河州县买贮备用。不敷，近河百里内外，亦发银购买，量给运价。庶险工应手，不致迟误。下部议行，二年正月，疏言："沁、黄交会之姚期营、秦家厂一带，皆顶冲。请于仓头口对面横滩开引河一道，俾水势顺流，由西北径达东南，勿令激射。再，钉船帮大坝，宜厢建雁翅帮护。更于大坝上下，酌建挑水坝二三座。顶冲势可减，坝工稳固。"诏允所请。又言："两岸堤工，久未加帮，在在危险。北堤起荥泽县，讫山东曹县界。南堤亦起荥泽县，讫江南砀山县界。臣同总河齐苏勒勘明最险应修处，共长十二万三千七百九十六丈，请动帑兴工。"部议从之。四月，特授河南副总河，驻武陟县，专管河南河务。曾筠奏河工调遣不敷，请设标下河兵，王大臣议驳。得旨："若无标下河兵，难供驱策，着再议。"寻议：就近拨河南抚标及河营兵弁，随工调用。

七月，疏言："郑州大堤石家桥迤东一带，大溜南趋，应于迎溜处，下埽签桩。复于埽湾处，建矶嘴坝一。中牟县拉牌寨黄流逼射，应下护岸埽，加工厢垫，建矶嘴、挑水坝二。其穆家楼堤工，坐当顶冲，亦应下埽加厢。又阳武县黄河北岸祥符县珠水、牛赵二处堤工，近因南岸中牟迤下，新长淤滩，大溜北趋，成顶冲势。应下楼崖顺埽，加工厢垫，以资巩固。"部议，均如所请。十月，疏言："小丹河自辛勾口，至河内县清化镇，水口二十余里，辉县五闸、安阳县之万金渠及恒河闸。昔人建闸开渠，引水灌田，照官三民一之法，通漕便民。但日久弊生，守口之夫，违禁卖水，致运河浅涩，请严饬管河各员稽查。三日放水济漕，一日塞口灌田。如卖水阻运，严治其罪。"下部议行。

三年三月，疏言："祥符县南岸回回寨对面淤滩，直出河心，致河势南趋。回回寨以下迤南等处，系单堤，且逼省城，关系甚重。应由北岸旧回回寨，至官路李家店一带旧河身，浚引河一道，引溜直行，俾成东西之势，堤工可得保固。"谕："与齐苏勒酌量，相度而行。"五月，同齐苏勒奏勘地形，西高东下，引河可开。并于南岸建挑水坝一，逼流入引河。报可。

四年四月，疏言"郑州薛家寨等处，堤卑溜冲，请增修埽坝等工"，均如所请行。

五年正月，命兼管山东黄河堤工，二月，条奏河工六事："一、埽料以柳束为重。豫省向有柳园，渐为河水所浸，而此坍彼淤，官无界址，民多隐占。请敕抚臣，将现存柳园，勘明立界，淤地查补还额。并饬河员，广为栽种。一、印官专司民事，系抚臣题授。河员专司河工，系河臣题授。设官分职，虽有定制，民事河工，原无歧视。请令河臣、抚臣会同保题升调。一、豫省堤工，向例拨江南河兵千名，轮班防守。嗣因往返需时，拨堡夫五百代充。但工长汛险，不敷驱策。请仍照千名之数，于堡夫拔补足额。其江南拨到千把总六员，令各归专汛。另设千总二、把总四，分隶开封南岸河厅管辖，毋庸调拨江南千把总。再于原驻武陟千总二员内，移其一驻归德汛所，分拨河兵百名，交该弁管领。一、豫省大堤，每二里设堡房一，令堡夫居之，修垫水沟，巡查鼠穴。今临河月，堤请照大堤例，增建堡房防守。一、祥符县堤长八十余里，止有管河县丞，应增主簿一。开封下北河地方，增巡检二，分驻祥符等县适中之地。协同厅汛，抢护并稽察逃盗。一、岁、抢工程，全赖汛船运料。今豫省上自武陟，下至虞城，拨运无船，不能接济。请照江南汛船例，每汛造船五只驾运。”俱下部议行。五月，迁吏部右侍郎，仍留副总河任。是月，奏：“兰阳县管、梁、蔡、耿四水口一带堤工，河势冲啮。请将梁、蔡、耿三水口下埽加厢，并于四水口堤南，各筑月堤，作重障。又，祥符南岸李盘寨、程家寨等处，应增筑月堤。陈留县七、八、九堡大堤，汛水直射堤根。堤北旧有隔堤，应一例增培。”部议从之。十二月，转吏部左侍郎。

六年二月，疏言：“仪封北岸，水势冲急，雷家寺上首滩崖，刷成支河。请将旧堤加帮高厚，接筑土坝一道，跨断支河，勿使掣溜侵堤。再，青龙冈一带，水势萦纡，将上湾淘作深兜，与下湾相对。请乘势开引河一道，导水东行，则大河之水自畅。”诏允所请。寻擢兵部尚书。四月，转吏部尚书，仍管副总河事。九月，奏："兰阳县耿家寨北岸堤工，因积水深潭，黄流淘涌。请下埽签桩，加帮筑坝，并将月堤增高加厚。"从之。

七年三月，授河南山东河道总督。八年五月，命署江南河道总督。疏言："豫省黄河北岸荆隆口，大溜顶冲。应开引河一道，自黑堽口至柳园口，工长三千三百五十丈，请动帑兴修。"允之。

十一年四月，授文华殿大学士，兼吏部尚书，仍总督江南河道。

十三年，特命总理浙江海塘工程。乾隆二年十二月，卒。遗疏入，谕曰："大学士嵇曾筠，才品优长，老成练达，久任河道总督，茂著勤劳。继膺浙督之命，经理海塘工程，渐次就绪。朕心嘉慰，念其外任多年，宣召入阁办事。旋闻身患痰疾，精力衰颓。特遣伊子嵇璜回南省视并赐参药，准其回籍调养，以俟痊可入都。嗣闻病剧，遣太医驰往疗治。不意溘逝，深为伤悼。加赠少保，加祭一次。应得恤典，该部查例具奏。"寻赐祭葬如例，谥"文敏"。

嵇曾筠小传 陆耀　节录

嵇曾筠，字松友，无锡人，康熙四十五年进士。雍正元年，河决中牟县十里店，曾筠以兵部侍郎驰往堵筑。适黄、沁并涨，漫溢姚期营、秦家厂、马营口诸堤。因思下流受患，其上源必有致患之由。露处小舲，沿流审视水势，自三门七津，建瓴而下，历孟县、温县。北岸长有沙滩，逼水南趋。至仓头口，绕广武山根，逶迤屈曲而下，势成兜湾。官庄峪有山嘴外伸，形如挑水。又由西南，直注东北。沁、黄交汇之区，秦家厂一带顶冲受险，频年为患。议就仓头口，开挑引河，准对官庄峪。下游水口越过山嘴，大溜全走中洪，秦家厂遂安于磐石。二年，授副总河。请修两岸堤工，建官司，设兵夫，置浚船。七年，授河东总督。以封丘县荆隆口密迩运河，素称险要，于对岸开挖引河，导水东行。

嵇文敏公事略子文恭公璜　李元度　节录

公讳曾筠，字松友，号礼斋，江苏长洲人，本籍无锡。公在官，视国事如家事，冒风雨，走河干，不遑食息。盖公治水，累用引河杀险之法。惟上知公深，所请无不立俞，故动能底绩。所著有《防河奏议》。第三子璜，亦由河督入[1]拜继公武。

璜，字尚佐，一字黼庭，晚自号拙修生。九岁，读《禹贡》，恍然曰："禹之治水，皆自下而上，盖下流宣通，则水自顺流而下。"长老咸惊异之，曰："此子，他日必为名臣，能宣汾洮而障大泽者也。"雍正七年，入翰林，授编修，寻迁谕德。乾隆六年，奏："河东总督宜专其职守，遇公事，不必与两省巡抚会奏，庶免掣肘推诿之弊。"从之。七年，迁学士。擢副都御史，工、户两部侍郎。二十二年，授江南副总河。三十三年，迁工部尚书，调礼部。三十一年，服阕，授礼部尚书，旋授河东总督兼兵部尚书。莅任后，裁坝夫，栽堤柳，除蛰崖、贴坡诸弊。偶巡河至商丘五堡，命帮里戗十丈，众不喻其意。俄而，节过白露，河官皆庆安澜，酹神张饮，公尚欲诣工亲勘。众以公积劳咯血，劝弗往，公不可。行至半途，飞骑报大堤塌八丈，幸有新镶里戗，借资保卫，众始叹服公之深识远虑也。然

[1] 入　原作"大"，据民国19年重印本改。

亦时有神助出意外者，公每巡河，辄先属吏冒风雨，或手持畚锸以行。一日宿庙中，闻虞城工险驰往。其时天甫晓，雨雹交下，趋视所下埽，岌岌欲崩。从者皆失色，或遮劝勿行，公立堤上厉声叱曰："埽去则我与俱去。"雨雹应声息，堤卒无恙。又因防险，宿河堤行馆，夜闻訇礚声撼，卧榻皆动，起视无他。黎明，报对岸河塌数十丈。公所宿堤下，忽涨起沙滩，如所塌数，人以为神。四十四年，以吏部尚书兼掌院学士。明年，拜文渊阁大学士。五十九年七月，薨于位。赠太子太师，赐谥"文恭"。

按：李次青所辑《稽文敏公事略》，全取之《国史本传》，故不具录，特录其非本传所有。其言用引河杀险，则又能知文敏之深也。

白钟山列传国史馆本传　节录

白钟山，汉军正蓝旗人。康熙四十四年，由官学生，补户部笔帖式。雍正元年，迁江南山清里河同知。五年，擢淮扬道。九年，迁江苏布政使。十三年七月，授南河副总河。十二月，擢河东河道总督。乾隆元年十二月，奏陈河防事宜："一、河滩土本虚松，涨发漫滩，刷成支河。黄水势分则溜缓沙停，正河日致沙高。应责成该管官，于水落时，堵塞支河坚实。违者参处，如式者议叙。一、伏秋水发，抢护险工，购募夫料，刻不容缓。请拨河南司库存公银五千，贮南岸郑州；交归德府库五千，贮武陟、封丘县库。动用仍按数归款，永远储备。"均下部议行。三年十一月，疏言："河岸查出滩地苇地，栽芦苇备用，造册报部。"十二月，疏言："管河州同等官，防守堤埽。恳照江南例，每员岁给银六十两为养廉，按季支领。”奏入，报闻。八年，调江南河道总督。十一年，革职，发往河工效力。十五年，授直隶永定河道。十八年十一月，加按察使衔，协办南河事务。十九年，授河东河道总督。二十年，署山东巡抚。二十二年，调江南河道总督。二十六年卒。赐祭葬如例，谥“庄恪”。

白钟山小传陆耀　节录

白钟山，字毓秀，号玉峰，正蓝旗汉军。雍正十三年，总督河东河道。更定夫役、工价，历任两河，四十余年。于河道情形，工程利弊，熟悉周知。奏疏数十余上，著有豫东宣防等录。卒，谥“庄恪”。

张师载小传陆耀　节录

张师载，字又渠，号愚斋，仪封人，伯行子也。康熙丁酉科举人。乾隆十五年，同大学士高斌，协理江南河务。十八年，徐州张家马路黄河漫溢，褫职。后复起为河东总河，以豫省黄河工多暗险，广开引河，挑土帮堤。自此，两岸遥缕，免受冲刷。卒，谥“悫敬”。

李宏列传国史馆本传　节录

李宏，汉军正蓝旗人，由监生捐州同。河工效力，授山阳县外河县丞。乾隆元年，授扬州府扬河通判。四年，迁淮安府山安同知。服阕，补徐州府宿虹同知。十六年，擢河库道。十八年，解任。二十二年，发直隶，以河务同知用。两江总督尹继善奏留南河，寻补河库道，调淮徐道。二十九年六月，擢河东河道总督。十一月奏："黄河北岸之耿家寨埽工，为豫东第一险要。自乾隆九年，下埽修防，岁费帑料盈万。伏秋屡经抢护，去冬于对岸❶河滩挑引渠，冀分溜势。今秋，全河大溜，畅分入渠，冲刷宽深，险工淤闭。以二十载厢修之工，一旦化险为平。"得旨嘉奖，交部议叙。三十年三月，调江南河道总督。谕曰："李宏甫由监司擢用总河。现在所属道厅，多系旧时同寅，恐难免有瞻徇掣肘之处，着高晋统理南河事务。李清时向任东省，熟于运河事务，而黄河堤岸机宜，尚恐未能深悉。此时河东总河，仍着李宏协理。李清时速即同往豫省，讲习河防诸务。俟伏秋汛过，李宏再赴南河新任。"

七月，疏言："黄河至河南陕州，峭壁横向，水从石出，名曰三门，宽不过七八十丈。至孟县两岸，渐无山冈，始阔十余里。北岸武陟县，南岸荥泽县，始有堤工，防卫丹、沁两河。由武陟县木栾店，汇入伊、洛、瀍、涧四河。由巩县洛口，汇入。遇雨多水发，挟沙而行，势遂浩瀚。是以上南河厅属之胡家屯、杨桥等处，首撄其锋，工最紧要。迤下顺轨东流，惟土性浮松，逢湾扫刷。傥黄与沁、洛并涨，两岸节节须防。乾隆二十六年，秋汛时，沁、洛长一二丈，而宁夏迭报河水长丈余，一时并下，故处处受险。若先后长落，则大河尽可容纳，工易防修。即如本年夏间，伊、洛并未长，惟宁夏水长五尺二寸，陕州城外万锦滩亦长三尺五寸，而下游各厅仅报数寸至尺余不等，道远流微。又有三门关锁，水势递减，工程巩固，此其明验。上游长落大小，关工程平险，不可不留心防卫。臣思三门

❶ 对岸　原作"对"，应作"对岸"。

为黄河出口要区；巩县城北河道，为伊、洛、瀍、涧入河总汇。现咨河南抚臣，饬陕州、巩县各立水志。每年自桃汛起，霜降止，水势长落尺寸，逐日登记，据实具报。至沁水，饬黄沁同知于木栾店龙王庙前另立水志，查报。遇陡涨，照宁夏例，飞报江南总河，关会上下河员，相机修防，实于工程有益。又济渎出河南济源县西北三里济渎庙，后汇漭河，由孟县迤东达黄河，岸高河低，无冲溢患。又大丹河出山西高平县，至河内县之丹谷口，筑拦河碎石坝，遏令由小丹河归卫济运。坝下设堰九，分十九渠。石泄下之水，听民灌田，名九道堰，漕民并赖。别经河臣张师载奏'于碎石坝下丹水尾闾附近沁水处，岁筑土坝拦遏'。臣今细访十九渠，错出分流，并未全由大丹河归沁。下游土坝无益，应停筑坝。惟夏秋培碎石坝，以防水势冲刷。其坝底泄水堰，密塞以土。并将斗门下小丹河，不时查验。遇浅窄，疏令与斗门一律。俾丹水畅达卫河，以收实效。"三十六年八月，卒，赐祭一次。子奉翰，官河东河道总督。

按："查办豫省泉源河道疏"已见"工程门"，系录自《皇朝经世文编》与《本传》所列，各有详略。且《经世文编》署衔曰南河总督，不知此疏仍是协理东河时事，则《本传》叙次较晰也。故并载之。凡奏疏已别见，而仍于本传内录之者，仿此。

李宏小传陆耀　节录

李宏，字济夫，一字用兹，号湛亭，正蓝旗汉军。初以州同知荐，历江南河库道。二十九年，授河东河道总督。以江南耿家寨险要，察勘对岸引渠，切滩顺势，稭节工平。赴陕州三门，查探黄河来历，咨度久安之计。

兵部侍郎都察院右副都御史安徽巡抚何公裕城墓志铭

邵晋涵　节录

公讳裕城，字福天，惺庵其号也。世居浙江山阴，考讳煟，历官兵部尚书、都察院右都御史、总督管河南巡抚事，赠太子太保，入祀贤良祠，谥“恭惠”。公随侍官署，讲求经世之务。恭惠公尝开示端绪，辄能申绎其指。恭惠公喜曰：“是必能继吾志。”以例捐道员，待铨，旋遭恭惠公之丧。恭惠公，蒙赐祭葬。葬毕，诣阙谢恩。稽首道左，上垂念旧臣，慰勉之。丁酉，服阕，即授山东督粮道。未浃岁，调河南河北道。己亥，移江南河库道。辛丑，调淮徐道。会河南青龙岗工，漫河注微山湖，冲运道，沛沉于水。上以治河节使，亟宜择人，特谕曰：“淮徐道何裕城，前随伊父何煟，熟悉河防，着署河东河道总督。”时壬寅八月。先是公在子舍，尝著《江南全河指要》，论治河宜并用节宣，不当执河不两行之说，偏于节束。及由河北道移任江南，临行，上当事书。指陈南北岸受险情形，而北岸之患大，不豫谋增培，猝难防护。未几，言验。公濡染家学，审测地形，得诸目验精心，条画确然，可见设施。人第见公由监司，不数载晋持使节为荣遇，岂知公推求利病，调剂时宜，以仰副简畀者，有由来矣。是时，兰阳、仪封方改缮河堤，命重臣董其事。公往来相度，相与筹久远。筑格堤以护大堤，加挑水坝以通南溜，疏伊家河以泄湖水。引渠合坝，遂成新河之功。癸卯四月，授河南巡抚，协理河务，暨河督兰公第锡和衷集事。量沟槽，筑土格，傍堧岸，加防风，并著成绩。乙巳，调陕西巡抚，复调抚江西。庚戌，调安徽巡抚。乾隆五十五年，卒。

故河南山东河道总督司马公驹墓志铭孙星衍　节录

公姓司马，讳驹，字云皋，号溶川，江宁府江宁县人。公留心经世之学，讲贯河防、水利、农政诸书。故大学士高文恪公晋节镇江左，延入幕府。以公明习河务，奏请以从九品留工效用。乾隆二十九年，奉旨分发南河，以劳历山阳县主簿、兴化县县丞、通州州判、海州州同、高堰通判、山安同知。高文恪连年奉命塞河徐、豫，无役不从，皆能规度指画，敷陈曲当。凡所入告，悉蒙俞旨。五十年，奏擢江南河库道。五十五年，擢授江西按察使。嘉庆元年，擢山西布政使。未几调任山东，特命兼理河务，旋擢河南山东河道总督。曹工逾年，堵合不成，奏请停工。奉旨：革职留任。三年冬，堵筑豫省睢工漫口，公五阅月，行风雪中，寝食俱废。豫抚廉慎，和衷共济，工员踊跃，一举成功。奏报堵合，奉旨赏复顶戴，并免代赔银六万两。遂卒于曹、单工次，上闻轸惜，降旨议恤。

中宪大夫开归陈许兵备道加按察使衔彭公墓志铭姚鼐　节录

公讳如干，字天培，惠州陆丰彭氏也。乾隆丙戌科，成进士，以甲次得汝宁府汝阳知县。擢南阳同知，授汝宁府，调开封府。授开归陈许道，职兼理河务。国家数十年内，屡有河患矣，而公在任三值焉。嘉庆四年，决仪封，数月而塞。八年秋，决祥符，逾月而塞；冬决衡家河，其患最巨，逾半年乃塞，天下所谓衡工也。公皆在工所，相视形势之便，筹思导塞之宜，指麾畚揭之事，不避风雨昏夜，故功每易成。卒以督办衡工引河，劳瘁致疾，犹勤不辍，以至于没，是为嘉庆八年十一月二十四日。事闻，诏谓："公深悉河务，实心任劳，力疾不移，致没工次，故加恩赏给按察使衔。"异数也。

太子少保兵部尚书总督江南河道提督军务兼右副都御史徐公墓志铭姚鼐　节录

公讳端，字肇之，湖州府德清徐氏。考涉县知县，讳振甲，以公贵赠太子少保、资政大夫、资政。公始任江南，知萧、砀、清河县，皆临河。公年二十，从官佐治于堤防，疏导之法，身习心解。及从之涉县，助挑引河。工竣，先诸吏。阿文成公奉使在河上，见以为才。公于例，应选通判，即奏留于河东河工，遂补兰仪通判。逾三年，兰仪改为同知，即以公升任，调睢宁及开封下南河同知。其间屡遭大河涨警，塞御得宜，河南称其绩。乾隆五十八年，护开归道印，旋署兖沂曹济道。其年，睢州河决，曹州河涸，公豫筑河北两坝，以待水至。及睢州决口合，河至曹涨甚，赖坝以安。嘉庆九年，令以三品顶戴，署河东河道总督。公至，衡工决口初塞。善后之政，皆公筹也。

栗恭勤公家传梅曾亮

公姓栗氏，讳毓美，山西浑源州人。嘉庆六年，以拔贡生，官河南知县。遇灾年，放税赈谷，以实惠民，不以上官意为损益。迁光州知州、汝宁府知府，徙开封。历河南粮储道、开归陈许道，迁湖北按察使、河南布政使。道光十五年，授东河河道总督。公前知武陟县，黄沁堤、马营坝工，皆亲其事。及是益勤，询河兵官久于河者，以地势水脉，前任官行事之当否。盖北岸自武陟至封丘二百余里，南岸自祥符下汛至陈留六十余里，皆地势卑下，多串沟。串沟者，在堤河间，其始但断港积水而已。久之，沟首受河。又久之，沟尾入河，而串沟遂成支河。于是以远堤十余里之河，变为近堤之河。而堤河相远之处，旧皆无工，不储料者也。于是，以无工之处，变为至险之工。故人不及觉，觉不及防，往往溃堤为大患。

公乘小舟，周历南北。时北岸原武汛，串沟受水，已宽三百余丈。行四十余里，至阳武汛沟尾，复入大河。又合沁河及武陟、荥泽诸滩水，毕注堤下。两汛素无工，故无秸石。堤南北皆水，不可取土筑坝。公即收买民砖，于受冲处抛砖成坝。四十余昼夜，成砖坝六十余所，坝始成。而风雨大至，支河百尾皆决。开数十丈而堤不伤，公由是知砖之可用。又试之原阳越堤及拦黄埝及南岸之黑堈，皆效。遂奏请减买秸石银，兼备砖价。千砖为一方，价六两。是后每有工役，碎石及秸埽用大减。数年内，省官银百三十余万而工益坚。有不便其事者，其说颇上闻。公前后陈奏曰："护堤之防，率用秸埽。然埽能压激水势，俯啮堤根，备而不用，又易朽腐。碎石坦坡，惟巩县、济源产石较近，而采运已艰。河工失事，多在无工处所。千里长堤，势不可尽为储备。而河势变迁不常，冲非所防，遂为决口。砖则沿河民窑，终岁烧造，随地取用，不误事机。且砖及碎石，皆以方计，而石多嵌空，砖则平直。每方石五六千斤，而砖重三分之一。一方石价，购砖两方。而抛砖一方，当石两方之用。其质滞于石，故入水不移。坚于秸，故久水不腐。又土不能筑坝水中，砖则能水中抛坝。即荡成坦坡，亦能缓受急冲，化险为易。或谓：‘砖可保将来未生之工，不能用于已生之后。’然使将生者可保，即别无已生之工。昔衡工之决，因滩陷埽不能施。马营坝之决，因补堤不能得碎石。使知用埽不如抛砖，收砖易于运石，则数千万之官银可省。”奏入，上知公忠实可任，且综画周密，卒皆允之。屡诏褒赏。讫公任五年，河不为患。二十年，薨于位。上为之震悼，赐谥祭及太子太保衔。时长子烜，已官刑部郎中，乃赐次子燿进士。

公在工，有风雨危险，必身亲之。平居时，河曲折高下向背，皆在其隐度。每白水将抵某所，急备之。或以为迂且劳费，公曰：“能知费之为省，乃真能省费者也。”水至，乃大服。故十五年原阳之支河，十八年盛涨八尺之水，皆决口而有余，卒以无事，或以为天幸然。前公任三年，祥符决。公卒逾一年，南岸又决。二十三年又决，则岂非人事哉！宜吏民群，思公以为神，且立庙也。

梅曾亮曰：“公之令安阳、武陟，守开封时，折疑狱如神。”他人有一事，足为循吏。然于公，犹非其大者。传曰：“心诚求之，虽不中，不远。”公治河，能通物性以尽利，诚壹故也。况求民情也哉！

栗恭勤公事略李元度　节录

公姓栗氏，名毓美，字友梅，山四浑源州人。本朝河臣自朱公之锡后，若靳文襄、张文端、张清恪、齐勤恪、嵇文敏、张悫敬、黎襄勤诸公，皆有名绩。然修筑，率仍旧法，易秸石以砖，自公始，非卓识精思，身试而得其所以然之故，不能创此法也。

按：武进盛康所辑《经世文续编》载梅氏所著《栗恭勤公传》云字“朴园”，而《柏枧山房集》中《栗恭勤公家传》无字，至李氏所辑《事略》亦皆取之于《柏枧山房集》，而云字“友梅”，互有不同。

请将已故升任道员政绩宣付史馆折

河南巡抚裕宽奏称：“据武陟县绅士、东河候补同知孙镜塘、举人熙王元[1]等呈称‘查已故山东按察使、前任河南彰卫怀道曹秉哲，光绪十三年补授河南彰卫怀道，方其奉檄履任也。甫入境，正值沁河堤涨，小杨庄大堤漫决，水势汹涌。西南各乡，顿成泽国。护城堤不没者，仅尺许。县城形如釜底，人心惶惧，纷纷迁徙。故臬司冒险渡河，入城受篆，即躬率文武，露处危堤，力筹防护。而护城堤多有渗漏，灌注若瀑布，土料皆不得力。时复大雨不止，情势危殆，人皆相顾失色。故臬司亟购絮衣数百件，往来泥淖中，亲督填塞。复竭诚祈祷，河神显灵默佑，水势渐平，转危为安。斯时万目观瞻，咸以为精神所感，人心大定。故臬司复多雇船只，捐购馍饼，派员分赴被水各乡，竭力拯济。灾民露宿高阜，或避于树颠屋顶，救出男妇不下数千人，一面请帑堵筑决口。身先士卒，奔驰于严寒风雪中，因劳致疾，不少休息。人咸感奋，踊跃赴工，得以迅速合龙。正在筹办善后，奉委调署开归陈许道。百姓闻之，不期而集者数千人，攀辕卧辙，使不得行。且有奔诉于上官，坚请留任。得允所请，欢声雷动。十五年，河内县之王贺庄决口，

[1] 熙王元　疑作“王熙元”。

故臬司办急赈，救难民，堵塞决口，经理善后，殚心竭力，一如前事。旋擢山东按察使，数月因病出缺。推其致病之原，实由于两次漫口，忧劳交集，寝馈不遑。夙有气虚头眩之症，因是而发，益加增剧，终竟以此不起。造具履历事实清册，呈恳奏请宣付史馆立传’等情，当经批司核议。据布政使廖寿丰详请具奏，正在核办间，准山东巡抚臣福润，转据籍隶河南之山东济东泰武临道张上达等，亦以该故臬司曹秉哲‘前因沁工积劳致疾，遗爱在民’，呈请转奏立传。该抚臣以曹秉哲，在山东服官，为日无几，事在豫省，咨会核办前来。查已故山东按察使、前任河南彰卫怀道曹秉哲，其任彰卫怀道时，值河流漫决，奋不顾身，蹈险抢护，安危争于呼吸，保全功在生民，至今异口同声，群情感戴，洵属捍灾御患，治迹昭彰。伏读同治二年十一月二十四日，奉上谕：‘祁寯藻奏“弭盗安民，必资循吏，请分别表扬录用”一折。嗣后，各省大吏，务宜加意访查，其有政绩官声遗爱在人者，着奏明，宣付史馆，编入循吏列传等因。钦此。’钦遵在案。今该故员曹秉哲，政绩卓著，遗爱在人，合无仰恳天恩，俯准将已故山东按察使、前任彰卫怀道曹秉哲政绩，宣付史馆，为之立传，以彰治行，而顺舆情。”奉朱批：“着照所请。该衙门知道。”

前湖南巡抚吴君墓志铭俞樾撰　节录

君讳大澂，字清卿，号恒轩。吴氏，明成化间有讳敏学者，自歙县来，官苏州府教授，遂家焉。其后，乃世为吴县人。君同治三年，举于乡。七年，成进士，改庶吉士。散馆，授编修。光绪初，补授河南河北道。十四年，自广东巡抚，命署理河东河道总督。时郑州河决，久未塞。至则躬驻工次，钩稽秸料，巡阅坝埽。悬构重赏，日夜督催。兵役感奋[1]，人人用命。甫四阅月，大功告成。支用省约，余原估银六十余万。实授河督，赐头品顶戴。

吴尚书家传钱基博撰　节录

光绪十四年秋七月，诏署理河东河道总督，以河决郑州也。河工，自古为利薮。先是十三年秋八月，郑州杨桥河决，才一灌洞耳。当事者，利其漫溢，以决愈大，上请帑愈多，便侵牟置不治，遂成大工，耗资巨万万，仅乃得竣事。至是再决，坏堤五百丈，上闻请帑。乃褫署河督李鹤年职，以大澂代之。大澂以八月履任，所请帑耗且半，工未有端绪，再请必不俞。大澂忧无所出，愤以军兴律绳所属官。限日工，否且尽斩若曹，已以身殉。皆大惧，夙夜督筑。冬十二月十六日，夜躬祷河上，投以佩璧，乃合龙。支用省约，犹余原估银六十余万焉。方事之殷也，大澂辄毁冠服，短后衣，杂土工中，赴料场取秸料，负之取工资。察其有无折扣，吏不知为大澂之尝试之也。果短折与资，大澂随众争。吏怒，喝捽大澂，下欲杖。而从者踵后，排众前，叱曰："尔辈何敢然，河帅也！"吏大骇，而大澂起亦喝捽，吏下杖枷河干。他吏皆惕息，无效尤者。大澂尝勘河武陟，身雇手把车，踯躅东门。门卒识为河督也，鸣炮。故事，大吏至，必有先导。河北道曹吉珊偃息在署，闻炮声，猝不晓谁何至。方诧怪，而大澂已勘来投刺谒矣。吉珊仓皇便服出见，略询一二语，即令备舆。谒车马局绅王少白，握手道故。吉珊

[1] 奋　原作"夺"，应作"奋"。

为具餐，持刺延迎，却之。而少白亦为设食，大澂以布衣谊，留食以示敬，论者美焉。

按：钱《传》详于俞《志》，其言郑工初决情形尤确，盖非案牍所能有也。惟言再决，则少误。郑工当时本未合龙，乃走五占耳。

许振祎列传国史本传　节录

许振祎，江西奉新人。由拔贡生，中式举人，成进士，改翰林院庶吉士。散馆，授编修。光绪八年，京察一等，记名以道府用。八月，授河南彰卫怀道。沁河发源山西沁州，流入河南境，经河内、武陟县地，以达黄河。每遇盛涨，水势湍悍，几与黄埒。岁修费，向敛自两邑民户，恒六七万缗。不足，请库币益之。振祎自倡捐五百金设局，复借款，发交绅士试办一年。即以一年实用之数，定为岁修常款，吏不便谋尼所为。适小虹桥等处叠出大险。人咸惴恐，谓此举若败，不惟赔偿巨款，且不能自全。振祎仍请奏罢两县苛敛，年由司库发银二万四千两，官督绅办，着为例。河南巡抚鹿传霖据以奏闻，允之。黄沁厅民埝，故民修者，频年黄、沁交啮，湍深土薄，久将不支。振祎以大祲之后，民不堪再扰，乃输己财，建两坝，护旧埝，民困大苏。九年十月，以河工安澜，赏二品顶戴。十一年六月，擢江宁布政使。十六年二月，擢河东河道总督。

是时，竭天下财力，经营郑州，而河事窳敝，一如昔日。会言者指陈河工积弊，令振祎查议。振祎奏请改章，以为言官条陈。河工重在保险，先保险而后筹减费，人所共知也。先减费而后任保险，人所不敢言也。此事固非改章不能行实，非河臣身任其事亦不能行，请先胪弊端而后明办法。

其一曰把持之弊。各署皆有幕友，河工独曰库储。其于例案，茫然不解，独抄撮部中报销之册，以为秘本。在河督署中者，则以险工恐吓，使之不敢轻议更张，而于奏报无工处所，亦必故作张皇铺排，以为见好受谢地步；在河道署中者，则以力请添款、暗阻发款为务；其在各厅署中者，则以节省工料、劝留银钱为务。此弊不除，各官皆为蒙蔽，而河臣受累尤深。拟请改章以后，河臣一概不延用库储。

其二曰轇轕之弊。各厅岁办秸料、砖石，本系领款所购。而于交卸时，复将余存列入交代，且于道库陆续扣领。故有已故厅员其子孙仍支领一二十年者。因之有料，亦不办工，留积异日家私。其实秸料早化灰尘，砖石亦归乌有，纸上凿空，坐收厚利。此弊不除，政体何存？拟请改章，于霜清后，查取各厅所存秸料、砖石，概行充公，不准再立交代名目，以断葛藤。

其三曰失算之弊。大凡秸料，早买则价廉，后买则价贵。砖石先办则有济，后办则无及。同一支放，早可供急变之需，迟则有贻误之患。查河工款项，名目纠纷，有所谓额款者，有所谓奏添节省防险者，有所谓另案砖工、埽工、土工、石工者。其实皆取之司库，分别各名，以便报销。而弊端，即由此出。约计每年报销六十余万两，而司库必陆续拨给，或迟之又久而后拨给，有事不能为先时之备，无事究可便中饱之私。此弊不除，无从核实，拟请改章。每年请款即以六十万两为率，寻常抢险，似可不必加添，而将各种名目，概加删除。特名之岁修，额款六十万两而已。

其四曰忙乱之弊。河臣以公事责之两道，两道以公事责之七厅，七厅以公事责之外工。问其底蕴，半未深悉。遇有险工，加倍张皇。即求添款，计较已定，先请河道，次请河督。至则人工纷耘，无从稽核。用料无料，用石无石，临时采办，辄称借垫。河臣但主添款了事，不思岁领之款，所办何事，何至有工。即尔竭蹶，谓为无弊，其谁信之。此弊不除，则奏报几无实语，拟请改章。

河臣宜以身率群属，先事预防，庶不淆混。四弊既明，然非另设河防一局，究竟不能更易旧辙。拟岁支司库银六十万两，其四十八万两概归七厅，赴司支领。另提十二万两，设一河防局专管，先时筹备，临时策应，随时稽察。每占有工程，其款由司库径领到工，银钱不许入局。疏上，从之。

先是，振祎任河北道时，钦差大臣孙毓汶、乌拉布查办河工。振祎即进以改章之说，几为通工所不容。及是，乃得行其志。十七年，加筑荥泽大坝九堡、十一堡，建筑杨桥顺河长埝。十八年，加筑广武山石坝，建筑胡家屯、来童寨各石坝，河以大治。十九年，因连年督办河防，诸臻妥协，予优叙。二十年，振祎以京察实心任事，劳怨不辞，下部优叙。二十一年十二月，调广东巡抚。二十四年七月，裁广东巡抚缺，召内用，旋乞假修墓。二十五年二月，卒。二十六年四月，署两江总督、江苏巡抚鹿传霖，胪陈振祎服官各省政绩，请附祀故大学士曾国藩专祠。二十九年七月，河南巡抚张人骏，亦请以振祎附祀豫省故大学士曾国藩专祠。并将政绩，宣付史馆立传。诏均如所请行。

按：奉新请改章，原奏系“言官条陈，河工重在惜费。臣之条陈，河工重在保险。先保险而后筹减费，人之所共知也。先减费而敢任保险，人之所不敢言也”。又把持弊段末系“故臣此次抵任，即不延用库储，众论哗然，臣不为动”，似本传微有不符。

论曰：豫河设官之制，具备于雍正以后。故凡纪载之可依据者，若雍正时所修之《河南通志》、乾隆时所修之《续河南通志》与《皇朝通典》以及光绪时所修之《会典事例》，足以综其始终，盖皆有可言焉。《河南通志》所载者，则雍正二年设河南副总河，七年设河东正总河，管理河南、山东两省河道，驻札[1]济宁州。副总河驻札兰阳县，河南管河兵备道驻札省城，分守河北河务兵备道驻札武陟县，开封府上南河同知驻札中牟县杨桥，开封府下南河同知驻札开封府城，开封府上北河同知驻札阳武县，开封府下北河同知驻札祥符县陈桥镇，怀庆府黄河同知驻札武陟县二铺营，郑州州判驻札州城，归德府管河通判驻札考城县，怀庆府沁河通判驻札河内县清化镇。荥泽县县丞、阳武县县丞、中牟县县丞、祥符县县丞、陈留县县丞、兰阳县县丞、仪封县县丞、虞城县县丞、武陟县县丞、河内县县丞、修武县县丞、原武县主簿、阳武县主簿、封丘县主簿、祥符县南岸主簿、商丘县主簿、考城县主簿、虞城县主簿、孟县主簿、荥泽县主簿，各驻札其县城。祥符县主簿驻札祥符县陈桥镇，兰阳县主簿驻札兰阳县王里集，仪封县主簿驻札仪封县小宋集，武陟县沁河主簿驻札武陟县木栾店，祥陈巡检驻札陈留县黄李集，兰仪巡检驻札兰阳县张村集，怀河营守备驻札二铺营，豫河营守备驻札祥符鲁家寨。祥陈二汛千总、兰仪二汛千总、归河千总、秦家厂千总、祥陈二汛把总、兰仪二汛把总、原阳封三汛把总、荥郑阳中四汛把总，各一员，河兵一千名。秦家厂等工河兵一百名，武陟县黄河堡夫一百名，乡徭堡夫九百七十四名，新添堡夫三百四十名。

---

[1] 驻札　同“驻扎”。下同，不再出校。

《续河南通志》所载者[1]，则裁沁河通判，改为怀庆府黄沁同知；改归德府管河通判，为仪考通判；添设归德府商虞通判；添设曹仪通判；裁阳武县县丞；添设永城县县丞、夏邑县县丞；移怀河营守备，驻陈桥镇；豫河营守备，驻埽头镇；裁秦家厂千总；添设陈兰北汛千总；改祥陈二汛千总，为祥陈兰三汛千总，各一员。河兵一千零九十二名，堡夫一千三百九十名，埽夫四十名。《皇朝通典》所载者，则河道总督山东河南一人。开归陈许道辖上南河、下南河同知二人，仪考商虞通判二人，十二汛州判一人，县丞七人，主簿四人；彰卫怀道辖怀庆黄河、开封上北河、下北河同知三人，怀庆河务、曹仪河务通判二人，二十汛县丞八人，主簿十人，巡检二人；豫河、怀河二营守备辖七汛千总四人，把总三人。《光绪会典事例》所载者：河东河道总督，所治为东河。开归陈许道、河北道管黄河。开归陈许道辖河厅三、豫河营三。上南河厅同知一人，所属三汛，州判一人，县丞二人；下南河厅同知一人，所属三汛县丞二人，主簿一人；中河厅通判一人，所属一汛县丞一人；上南河营守备一人，所属四汛千总一人，把总一人，外委二人；下南河营协备一人，所属一汛把总一人。河北道辖河厅四、怀河营四。祥河厅同知一人，所属一汛主簿一人；下北河厅同知一人，所属三汛主簿二人，巡检一人；黄沁厅同知一人，所属五汛县丞二人，主簿三人；卫粮厅通判一人，所属三汛县丞一人，主簿二人；祥河营都司一人，所属一汛把总一人；下北河营守备一人，所属二汛千总一人，外委一人；黄沁营协备一人，所属三汛把总一人，外委二人；阳封营协备一人，所属四汛千总一人，外

[1] 载者　原作“者载”，应作“载者”，互乙。

委三人。河兵一千二百五十六名，堡夫一千三百九十六名，柳船长夫二十六名，埽工长夫三十名，桩埽夫四十名。豫河官制，先后设置如是。

顾《通典》所载：彰卫怀道所辖，尚有彰德河务、卫辉盐河两通判，林县管河典史，可决其非，黄、沁两河已从删。即所谓二十汛者，亦必有彰、卫两通判所辖者，固无由分晰之矣。盖顺治初，以河道总督一员，辖直隶、江南、河南、山东等处河道，由山东济宁州移驻江南淮安府。所重者，在下游入海之路，其势不足兼顾。故河南河务号为专官者，惟管河道与南河、北河两同知，归河通判数人，一切受成于巡抚。平时工程之事，大率倚办于州县。而开归、睢陈各道府，亦复兼河，督率州县以从事。故厅汛之制未备。康熙始增设丞簿，分画堤岸。至雍正时，别于南河而名曰东河，或曰北河。道厅营汛之制，继总河而赓续成立，遂分地而治矣。自是而后，因时制宜者，增裁移改，亦复夥颐。

盖东河既设总河，仍有副总河。乾隆后，始罢副总河，不复设。嘉庆时，暂设即裁。光绪时，乃裁河督而并于巡抚，复康熙以前之故事。复设河北道后，拨开归陈许隶管河道，而专辖南岸。是为南北两道之始，此其大者。厅营更迭尤多，要以工程之险夷、有无为归试。取两《通志》与《通典》所载，证之《会典事例》，其不同者盖十之五六。《会典事例》实为裁干河五厅之后，最近之制。此后惟荥工、郑工，两度略有增易而已。设官既周备矣，而所以制之之道，亦有其要河之治也。则在事凡有劳勤者，咸得甄叙。最著者如靳文襄公辅、勤恪公齐苏勒，乃荷延世之赏，与武功同。其败也，则自总河以及所司之道厅汛营。重者或荷校，或遣戍，虽未减，亦且降黜，或有畏谴而自死者。盖由于恤民之意深，故官司百执事之人，莫不奔走后先，凛于所职。河虽不能无败，而必求其所以御败之道。故二百余年，以绩著史乘而誉留人口者，前后相望。爰取总河、巡抚、道员、同知、通判，表其姓名于右。官职增裁移改，大率以工程为重，故有见于“工程门”者。

总河巡抚，封疆重任，有制敕可稽。道员而下，则乾隆三十二年以前，皆详以有《河南通志》《续通志》也。以后则略，文籍丛残之故也。其时之约略可计者，则著于表。乃有并其时都不可得而仅有其姓名者，如开归陈许道徐继鏞，彰卫怀道王苏怀，庆黄河同知陈仪，黄沁同知吴廷清、武锡彤、金人文、白树屏，上南同知卢圻，祥河同知萧彦申，卫粮通判王蔡初，睢宁通判龚瑞谷、汪青藜，于表且无所置之，事之无可奈何者也。然班孟坚表百官，于九卿已不能详。而王介甫之记吕冲之作度支副使，厅壁题名。则有得其在事之岁时者，有得其官者，有仅得其名者。夫汉之九卿，宋之三司马副使，皆显官也。又自宋初以至嘉祐五年，不逾百年，而其难全也已如此。然河防之任，以总河为重。道厅以下，皆承符从事者也。河之治否，繄总河是赖。二百年来，补偏救敝，因事图功，不必出于一迹，而自归于治。由其擘画，犁然有当于人心也。故于表之外，仿吴江陆氏之《治河名臣小传》，取之于国史本传与私家所撰之碑传、志铭、行状，兼用嘉兴钱氏《碑传集》、湘阴李氏《耆献类征》纂辑之例。若两者皆阙，则以请付史馆之疏稿列入，亦钱氏兼采《德政碑》之意也。固皆著绩于当时，声称彪炳于奕襍者，非徒扬前贤之功业，亦欲表其涂轨，使后之人得所圭臬云尔。

卷二十六　附著一

《则例》定于部，不刊之典也。章奏由于疆吏，因事以图功也。当官而行者，舍是诚末由矣。然其会有范，欲揣度今古，究极事情。或非此之谓，则私家之著述，又乌可废哉！故掇其言之切要而足见诸措施者，附著于编。或更事已久，将本其所得，以诏来者；或身虽不得其位，而心知其意，借是为舆人之诵焉。然河患之亟，初惟江南士大夫殚精研思，以深求其利病者，于南河居多，言东河者固寥寥。今之所载，将毋病其俭乎？然于三百年来治河之术，与夫中州之大役，亦可得其大凡矣。

河南通志河防事宜门　节录

潘季驯《河防一览》曰：水以海为壑，向因海壅河高，以致决堤四溢。谈河患者，皆咎海口，而以浚海为上策。窃谓海无可浚之理，惟常导河，以归之海。则以水治水，即浚海之策也。然河又非可以人力导也。欲顺其性，先惧其溢。惟缮治堤防，俾无旁决，则水由地中，沙随水去，即导河之策也。

又曰：水分则势缓，势缓则沙停，沙停则河饱。尺寸之水，皆由沙面，止见其高。水合则势猛，势猛则沙刷，沙刷则河深。

寻丈之水，皆由河底，止见其卑。筑堤束水，以水攻沙，水不奔溢于两旁，则必能直刷于河底。一定之理，必然之势，此合之所以愈于分也。

又曰：欲疏下流，先固上源。欲遏旁支，先防正道。盖筑塞似为阻水，不知力不专，则沙不刷。阻之，乃所以疏之也。合流似为益水，不知力不宏，则沙不涤。益之，乃所以杀之也。

又曰：治河者，无一劳永逸之功，惟有补偏救弊之策。不可有喜新炫奇之智，惟当收安常处顺之休。勿持求全之心，苛责以万难之事。勿以束湿之见，强制乎叵测之流。勿厌已试之规，遂惑于道听之说。循两河之故道，守先哲之成矩，便是行所无事。舍此他图，即孟子所谓恶其凿矣。

又曰：河流日久，土日松。土愈松，水愈浊。平时之水，以斗计之，沙居其六。一入伏秋，则居其八矣。以二升之水，载八升之沙，非极湍急，即至停滞。故水分则流缓，流缓则沙停，势所必然[1]。至草湾一开，而西桥故道遂淤。崔镇一决，而桃、清以下遂涩。崔家口决，而秦沟遂为平陆。近事，固可鉴也。

又曰：堤以遥，言何也？盖缕堤切近河滨，束水太急，怒涛湍溜，必至伤堤。遥堤离河颇远，或一里余，或二三里。伏秋暴涨之时，难保水不至堤。然出岸之水必浅，既远且浅，其势必缓，缓则堤自易保也。

又曰：或问云土之有川，犹人之有口也。治水而防其川，犹止儿啼，而塞其口。故禹之治水以导，而今治水以障，毋乃止儿啼而塞其口乎？应之曰：昔白圭逆水之性，以邻为壑，是谓之障。若顺水之性，堤以防溢，则谓之防。防之者，乃所以

[1] 必然　原作“必”，应作“必然”。

导之也。河水盛涨之时，无堤则必旁溢，旁溢则必泛滥而不循轨，岂能以海为壑耶？故河以海为口，障旁决而使之归于海，正所以宣其口也。

一、筑堤。凡黄河之堤必远筑，大约离崖须三二里，庶容蓄宽广，可免决啮。切勿逼水，以致易决。堤之高卑，因地势而低昂之。先用水平打量，毋一概以若干丈尺为准。务取真正老土，每高一寸，即夯杵三二遍。若有淤泥，与老土同。第须取起晒晾，候稍干方加夯杵。其取土宜远，切忌傍堤挖取，以致成河积水，刷损堤根。验堤之法，用铁椎筒探之，或间一掘试。堤式贵坡，切忌陡峻。如根六丈，顶止二丈，俾马可上下，故谓之走马堤。工费凡创筑者，每土广一丈，高一尺为一方，计四工。土近者每工银三分，最近二分；土远者四分。如堤根六丈，顶二丈，须通融作四丈折算，此计土论方之法也。如帮堤则先计旧堤若干，今增高阔若干，亦以前法折算。

一、塞决。凡堤初决时，急将两头下埽包裹，官夫昼夜看守。稍待水势平缓，即从两头接筑。如水势汹涌，头裹不住，即于本堤退后数丈，挖槽下埽，如裹头之法，刷至彼必住矣。此谓截头裹也。如又不住，即于上首筑逼水大坝一道，分水势，射对岸，使回溜冲刷正河，则塞工可施矣。塞将完时，水口渐窄，水势益涌。又有合口之难，须用头细尾粗之埽，名曰鼠头埽。俾上水口阔，下水口收，庶不致滚失，而塞工易就也。埽以土胜为主，埽台须用卧羊坡，以便推挽。揪头绳须要紧扯，以防下淌。又须时时打松，令其深下。仍觅惯会泅水之人，入水探验。埽底着地，方下签桩。签桩须要酌中，埽埽钉着，方为坚固。倘有数寸空悬，未有不败事者。如寒天或水急，不能泅水，即看揪头宽松，便是着地之验。系绳留橛，令人专守。略有走动，便须另下一橛。橛头上填记“第几埽揪头、滚肚”明白，以便查点收放。埽面出水未高，仍加一小埽。不可多用土牛，推埽时易动故也。此等事须要勇往直前，俗谓之抢埽。稍稍逗遛，必有后悔。如用大埽，长五丈、高六七尺者，用草六百束，每束重十斤。梢柳一百二十束，每束重三十斤。如无柳梢，以苇代之。草绳六十套，每套四十二条，每条长二丈四尺。桩木五根，揪头、滚肚绳四条，共用苘二百五十斤。土夫远近不等，难以预计。中埽并土牛工料，以次递减。

一、筑顺水坝。俗名鸡嘴，又名马头，专为吃紧迎溜处所。如本限水刷汹涌，虽有边埽，难以久恃。必须将本堤首筑顺水坝一道，长数十丈，或五六丈。一丈之坝，可逼水远去数丈，堤根自成淤滩，而下首之堤俱固矣。安埽之法，上水边厢埽宜出，将裹头藏入在内；下水埽宜退，藏入裹头埽内，庶水不得揭动埽也。如筑长六丈，阔四丈，高一丈，用埽将两面厢边，用埽二行，裹头二行，中间填土。每行用埽三层，共计用中埽十八个。每个长五丈高三尺，用草四百束，柳梢八十束，草绳四十条，排桩签桩共用桩木四根。人夫二十五工，共用卷埽堤夫四百五十工，运土堤夫二百工，俱不议工食。共用草七千二百束，柳梢或苇一千四百四十束，草绳七百二十套，桩木七十二根。行绳十二条，每条重四十斤，共用苘四百八十斤。如无柳梢，以苇代之。

一、下护根干埽。凡堤系埽湾，须预下干埽，以卫堤根。此埽须土多料少，签桩必用长壮，入地稍深，庶不坍蛰。如下长三丈、高三尺埽一个，用草一百六十束，柳梢四十束，草绳十二套，桩木三根，量用苘作行绳。用堤夫二十工，不议工食。

一、造滚水石坝。即减水坝。为伏秋水发盈槽，恐势大漫堤，设此分杀水势，稍消即归正槽。故建坝，必择要害。卑洼去处，坚实地基，先下地钉桩木，锯平，下龙骨木，仍用石楂铁缝，方铺底石垒砌。雁翅宜长宜坡，跌水宜长，迎水宜短，俱用立石，拦门桩数层。其地钉桩须札鹰架，用悬硪钉下。石缝须用糯汁和灰缝，使水不入。如石坝一座，坝身连雁翅共长三十丈，坝身根阔一丈五尺，收顶一丈二尺，高一尺五寸，迎水阔五尺，跌水石阔二丈四尺，四雁翅各斜长二丈五尺，高九尺。用粗细石，计长一千三百九十余丈。

一、建石闸。建闸节水，必择坚地开基。先挖固土塘，有水即车干，方下地钉桩。将桩头锯平，缝上用龙骨木地平板铺底，用灰麻艌过，方砌底石。仍于迎水用立石一行，拦门桩二行，跌水用立石二行，拦门桩八行。如地平板铺完，工过半矣。自金门起两面垒砌完，方铺雁翅。金门长二丈七尺，两边转角至雁翅各长五丈，共用石三千一百丈。闸底海漫、拦水、跌水共用石九百丈，二项共用石四千丈。

一、建涵洞。建涵洞，以泄积水。基址亦择坚实，方可下钉桩砌石。水多则建二孔，少止一孔。如涵洞一座，口阔一丈五尺，身长二丈，中立石墙一堵，亦长二丈，宽五尺，分为二孔。每孔宽五尺，两边四雁翅，各丈五尺，共用石二百丈。

一、建车船坝。先筑基坚实，埋大木于下，以草土覆之。时灌水其上，令软滑不伤船。坝东西用将军柱各四根，上施天盘木各二，下施石窝各二，中置转轴木各二根，为窍二，贯以绞关木，系篾才于船，缚于轴，执绞关木，环轴而推之。

一、挑河。凡挑河面宜阔，底宜深，如锅底样。庶中流常深，且岸不坍塌。如不用堤，须将土运于百余丈外，以免淋入河内。凡创开河者，每方广一丈，每夫日开深一尺为一工，挑浚泥水相半者，减十分之五。全系水中捞取者，减十之七八。取土登岸就而筑堤者，亦以半折算焉。

一、闸河偶浅急疏之法。凡闸河浅处，如水溜在中，须两岸筑丁头坝以束之。水溜在傍，将浅处顺筑束水长坝以逼之。水由坝中，其势自急，中溜自深。如浅处不多，或排板插下泥内，逼水涌刷，或排小船，用杏叶杓挖浚。必不得已，则用桩草制活闸节水，亦一策也。

一、栽柳护堤。卧柳、长柳，须相兼栽植。卧柳须用核桃大者，入地二尺余，出地二三寸许，柳去堤址约二三尺，密栽，俾枝叶抟御风浪。长柳须距堤五六尺许，既可捍水。且每岁有大枝，可供埽料。俱宜于冬春之交，津液含蓄之时栽之，仍须时常浇灌。长柳宜用棘刺围护，以防盗拔畜啮。

一、栽茭苇草子护堤。凡堤临水者，须于堤下密栽芦苇或茭草，俱掘连根丛株。先用引橛锥窟，深数尺，然后栽入。计阔丈余，将来衍茁愈蕃，即有风不能鼓浪，此护临水堤之要法也。堤根至面再采草子，乘春初稍锄覆密种，俟其畅茂，虽雨淋不能刷土矣。

一、伏秋修守。四防：一曰昼防。堤岸每遇水发，急溜埽湾，未免刷损。若不急为修补，则堤渐坍塌，必致溃决，宜每日卷土牛小埽听用。随刷随补，毋致崩缺。少暇则督令取土堆积堤上，若子堤然，以备不时之需。二曰夜防。守堤人夫，昼劳夜倦，恐黉夜无防，未免失事。须置立五更牌面，分发南北两岸协守官并管工委官，照更挨发，各铺传递。天字铺发一更牌，至二更时前牌未到日字铺，即差人挨查，系何铺稽迟，即时拿究。余铺仿此，堤岸不断行人，庶可无误巡守。三曰风防。水发之时，多有大风猛浪，堤岸难免撞损。须督夫捆扎龙尾小埽，摆列堤面，如遇风浪大作，将前埽用绳桩悬系附堤水面。纵有风浪，随起随落，足以护卫。四曰雨防。守堤之人，每遇骤雨淋漓，若无雨具，必难存立，未免各投人家或铺舍暂避。堤岸倘有刷埽，何人看视？须每名各置斗笠蓑衣，遇雨穿戴，堤面摆立，时时巡视，方无疏虞。二守：一曰官守。黄河盛涨，管河官一人不能周巡两岸，须添委一协守职官，分岸巡督。每堤三里，原设铺一座，每铺夫三十名，计每夫分守堤工一十八丈。宜责每夫二名共一段，于堤面上共搭一窝铺，仍置灯笼一个，过夜在彼栖止，以便传递更牌巡视。仍画地分委省义等官，日则督夫修补，夜则稽查更牌。管河官并协守官，时常催督巡视，庶防守无懈。二曰民守。每铺三里，虽已派夫三十名，恐各夫调用无常，仍须预备。宜于附近临堤乡村，每铺各派添乡夫十名，与铺夫同力协守，水落放回。量时去留，不妨农业。不惟堤岸有赖，而附堤之民，亦得各保其田庐矣。

一、竖立旗竿、灯笼，以示防守。各铺相离颇远，倘一铺有警，别铺不闻，有误救护。须令堤老每堤竖立旗竿一根，黄旗一面，上书某字铺三字，灯笼一个，昼则悬旗，夜则挂灯，以便瞻望。仍置铜锣一面，以便转报。一铺有警，鸣锣为号。邻铺夫老，挨次转报。各铺夫老，并力齐赴有警处所，即时救护。

一、防盗决。盗决数端，坡水难消，决而泄之，一也。地土硗薄，决而淤之，二也。仇家相倾，决而灌之，三也。至于伏秋水涨，处处危急，邻堤官老，阴伺便处，盗而泄之，诸堤皆易保守，四也。巡警稍怠，或乘风雨之时，或乘酣睡之际，即被下手矣。防御者，不可不知。

一、议涵洞。涵洞泄水，本自无妨。但须明设石闸，以[1]严启闭。若暗开堤址，草木蒙茸，便难觉察。万历八年，奸民私嘱主簿，将南岸遥堤，暗开涵洞。十七年，伏水暴涨，单家口遂决，可为明鉴，不可不知。

一、岁办物料。河防全在岁修，岁修全赖物料。恐州县河官，冒银入己。临时苟且塞责，贻误不小。今议于十一月间，司道官估计停当，各长印官领银采买，法固善矣。又须特委廉能职官一二员，专管收支。工完之日，将一切收用数目开报，总河查考，庶几事有责成，而钱粮无冒滥矣。又冬初修守稍暇，即督夫于漫坡中采取野草。每束十斤，每夫每日可采四十束。

---

[1] 以　原作“一”，据内文改。

积至百万，可省千金，裨益非小。

万恭《治水筌蹄》曰：黄河自宿迁而上，河窄而流舒，治法宜束之亟堤可也。河南水平而岸高，冲刷之患在下，宜卷埽以制其下。不知者，河南以堤治，是灭趾崇顶者也。

又曰：河堤之法有二，有截水堤，有缕水堤。截水者，遏其性而乱流阻之者也，治水者忌之。缕水者，因其势而顺流束之者也，治水者便之。夫水之为性，专则急，分则缓，而河之为势也，急则通，缓则淤。若能顺其势之所趋，而堤以束之，河安得败？惟河欲南，而截之使北，河欲合，而截之使分，逆天地之气化，而反天地之血脉，河始多事也已。

又曰：河南属河上源，地势南高北下，南岸多强，北岸多弱。夫水趋其所下，而攻其所弱。近有倡南堤之议者，是逼河使北也。北不能胜，必攻河南之铜瓦厢，则径决张秋；攻武家坝，则径决鱼台，此覆辙也。若南攻，不过溺民田一季耳。是逼之南决之祸小，而北决之患深。

又曰：有堤无夫，与无堤同。有夫无铺，与无夫等。

又曰：黄河之骤，急如风雨，智者失其谋，勇者失其力，唯有桑土之彻而已。故势亟重也，夫必以千计，料必以万计，乃有备无患，与防边同。而防河又腹心，与防边四肢之患异。其堤防稍缓者，一年备一年可也。若险要之区，桩草、苘麻、柳稍，宜两年之备。以头年下埽，为次年之防，以一年积料，为两年之用。事豫则立，阴雨无虞。慎之哉！

又曰：治河要言有二，曰毋惜费，毋掣肘。

又曰：行水之法，治有余，先下流；治不足，先上源。

又曰：黄河四堤，曰遥，曰逼，曰曲，曰直。今治水者，多重遥、直，而轻逼、曲。不知遥者，利于守堤面不利于深河；

逼者，利于深河而不利于守堤；曲者，多费而束河则便；直者，省费而束河则不便。故太遥，则水漫流而河身必垫；太直，则水溢洲而河身必淤。四者之用，有权存焉。变而通之，存乎其人。

又曰：治黄河之浅者，旧制列方舟数百如墙，而以五齿爬、杏叶杓疏底，乘流冲去。不知上疏则下积，此深则彼淤，奈何以人力胜河力哉！以人治河，不如以河治河。如欲深北，则南其堤，而北自深。如欲深南，则北其堤，而南自深。如欲深中，则南北其堤两束之，逼河流冲中，而中自深。此借其性而役其力也。其始也，假堤以使河之深；其终也，河深而任堤之毁。若欲浅河以为洲，但当反用之耳。其法为之固堤，令涨可得而逾也。涨，冲之不去，而又逾其顶。涨落，则堤复障急流，使之别出，而堤外水皆缓。固堤之外，悉淤为洲矣。

又曰：黄水消长，必有先几。如水先泡则方盛，泡先水则将衰。及占初候而知一年之消长，观始势而知全河之高下。旧日识水高手者，惟黄河之滨有之。

又曰：防河请以战喻，暴猛虽有其时，而衰弱亦有其候。故防河者，伏秋战守数合，以防其锐。至秋气降，不战而屈之矣。吃紧只在五、六、七月，而三月之中，又止战守数合。来则厉兵跃马，去则解甲息兵。是在我者[1]，执常胜之枢；在彼者，无不胜之势。夫黄河非持久之水，与江水异。每年发不过五六次，每次发不过三四日。故五、六月，是一鼓作气之时也；七月，则再鼓而盛；八月后，则三鼓而竭且衰矣。万一河势虚骄，锐不可当，我且避其锐气，固守要害，而姑以不要害之堤，委而尝之，以分弱其势，而全吾要害。待至水势渐落，却将所

[1] 者　原作“者者”，衍“者”字。民国19年重印本作“者若”。

委之堤，随缺而随补之，刻期高厚。勿令后水再由，渐成河身，致垫旧河。则河之攻我有限，我之守河无穷。故善委则敌易疲，善持则敌易竭。

又曰：四防中，风防尤宜慎之。房村决，风涛鼓击不已。黄吕梁以巨舟数十，障于决口，风涛遽静，亦奇事。然河堤千里，舟不及也。古有黄河风防之法。如遇水涨涛击，下风堤岸，则以秫秸、粟蒿及树枝、草蒿之类，束成捆把，遍浮下风堤岸，而系以绳，随风高下。巨浪只能排击细把，堤且晏然，于内排击弗及。丁夫却于堤外帮功，此风防之要诀也。捆把仍可为卷埽之需，盖有备而无所费云。

又曰：河决有二。如上有所决，下无所泄者，曰隘决，不必水抢筑，俟涨落水出直塞之耳；若上决而下泄者，曰通决，此急宜抢筑，不可稍缓者也。否则流冲势泄，恐成河身，则正河流缓而淤矣。

又曰：多穿漕渠，以杀水之势。此汉人之言也，但可言之秦晋峡中之河耳。若河南沙松土疏，大穿则全河由渠，而旧河必淤；小穿则水性不趋，水过则平陆耳。夫水专则急，分则缓。河急则通，缓则淤。今治河者，第幸其合势，急如奔马，吾从而顺其势，堤防约束之范，我驰驰以入于海，淤安可得停？淤不得停则河深，河深则永不溢，亦不舍其下而趋其高，河乃不决。

靳辅《治河书》云：贾鲁用沉舟之法，人皆称之，以为塞决简便之用。夫河底浅深坦陷不一，惟草柳性柔，一经压挤，则周遭充满，故塞决必用埽。今以至平之舟底，沉之浅深不一之湍流，则埽根透溜之患，不俟终日。继而思之，鲁之沉舟，盖以代坝而逼水，非以之塞决而合龙也。盖彼时，故河业已流通，但决河势大，水流多于故河十之八，又当秋涨湍急，埽不能下。又其上逼水，三堤短弱而不支，恐埽行一迟，水尽涌决，决则故河复淤。因急为坝以逼之，沉舟取其快，所谓抢救也。故前则曰鲁乃精思障水入故河之方，后则曰船堤之后草埽，三道并举。并举之三道，乃加筑前短弱之三堤也。迨至船埽，四堤并就，河势南流，然后决口塞耳。故宜善读古人之书。

又曰：塞决之方，必先杀其势，平其怒，而后人力得施焉，则莫如引河之善也。引河之用有三：一曰分流，以缓冲也。河一决，则全流尽趋决口，奔腾激荡，桩埽无所施，应于对岸上流，别开一河以引之，则决口缓矣。一曰预浚，以迎溜也。河身既淤为平陆，即异日黄河归故，必涨溢而他溃，故必预开一渠以迎之，务使水至归渠，遂其湍汛之势，则刷沙有力，而后无旁出之患。一曰挽险，以保堤也。河性猛烈，方其顺流而下也，则借其猛，以刷沙，当其横突而至也；则恣其烈，以崩岸。故当其倏忽激射之时，宜酌左右之间，急开一渠，以挽所冲之溜头，引入中流，以夺其势，而后危堤可保。故曰其用有三也。至于度土地高卑之数，以定挑挖之浅深；察土性淤松之殊，以酌渠路之去取，又在任事者之尽心焉。附《行水金鉴》挑引河法：挑引河之法，固宜相土地之淤松。若遇必无松土，不得不于淤处挑挖。水到之时，不比浮沙易刷，定多阻滞，必须分外挑深，方可。

又曰：河当泛滥奔溢之时，决口必非一处，或大或小，或上或下。议塞者莫不先大而后小，先上而后下，而不知非也。盖大口难塞，非逾旬累月，不能竣。迨大口工竣，而小口又复汕刷而成大。虽用裹头套护之法，第能使之不阔，不能使之不深，然未亦有中泓既深而两端不塌陷者，则是处处皆成大口矣。夫大口既宽阔，至于成河止矣。必不至更刷而大，急将诸小口尽行堵塞，而后以全力施之大者。至于先下而后上，从事于其所易，其理亦然。截其尾，勿撄其锋。下口尽塞，而后以全力施其上。或挑引河，或筑拦水坝，或中流筑越坝，审势制宜，而大者、上者亦不难矣。

又曰：河之防，堤也。然堤太逼则易决，远则有容，而水不能溢。故险要之处，缕堤之外，又筑遥堤，以备异涨。堤稍瑕即溃，与无堤同。必选择淤土，每土一尺，即夯硪三遍。筑毕用铁锤杵孔，沃以水，水不渗漏为度。然亦有纯淤土而水漏者，则其土必大坚，锤不易入。其捍水尤有力，且土必龟坼为验。堤之高卑，因地势而低昂之。用水平打量，毋一概以丈尺为准，以水面为准。筑堤之法，陡则易圮。如堤根六丈，顶止二丈，俾马可上下。堤而及根，必多种茸草以盖之。盖草能柔水性，能庇雨淋，而山坡又可杀风浪之怒也。其取土宜于十五丈之外，切忌傍堤挖取，以致积水成河，刷损堤根。然取土有远近难易之辨，故其工值之多寡，视其远近难易而增减之。又土方之数，有虚实上下之分，故其工值之多寡，复视其虚实上下而差等之。堤既成，必密栽柳株、芦茭、苇草，使共茁衍丛布，根株纠结。则虽遇飙风大作，终不能鼓浪兴波，此护堤之要策也。

又曰：防河之要，惟有守险工而已。河之易决，莫如中州，其地土松而沙多，每一坍塌，辄至数百丈。然其地宽旷，不与水争地。其筑堤甚远，即至近者亦三五里。此堤不守，复筑一堤以守之。河流去堤身既远，则浮波宽缓，亦不能深入，势必复引而他去，而淤滩仍为平陆。故虽险而易守也。江南自徐、邳以下，大抵皆城郭村镇，不得不画地戒严，亦其势然矣。守险之方有三：一曰埽，二曰逼水坝，三曰引河。三者之用，各有其宜。当风抵溜，其埽必柳七而草三，何也？柳多则重而入底，然无草则又疏而漏，故必骨以柳而肉以草也。御冰凌之埽，必丁头而毋横，何也？冰坚锋利，横下埽则小擦而糜，大磕必折也。然埽湾之处，则丁头埽。又兜溜而易冲，必用顺埽，鱼鳞栉比而下之，然后可以挡溜而固堤。至十分危急，搜根刷底，上提而下坐，埽不能御，则急于上流筑逼水坝，回其溜而注之对岸。或一二三道，若止一道，恐河流悍烈，坝一摧而堤即不可救也。若开引河，则其费甚巨，又必酌地形而为之。若正河之身，迤而曲如弓之背；引河之身，径而直如弓之弦。则河流自必舍弓背而趋弓弦，险可立平。若曲折远近，不甚相悬，河虽开无益也。诸如此者，殆如御侮。然埽之用，是固其城垣也；坝之用，捍之于郊外者也；引河之用，援师至近，营而延敌者也。夫吾既已内修其守备，而外又或捍之，或延之，敌虽强，未有不迁怒而改图者。保险之法，尽矣。

又曰：浚河筑堤之迟速，一视运土之迟速。人力有限，以驴代之。然刍秣之费，喂养之劳，倒毙之患，合而较之，又不如车运之便。车之制，当用独轮小车。盖挑土之处，大抵原隰高低，沟坑断续，双轮则不行，且小则往来捷而不滞也。计一车所载，可得土二百斤，每日二夫，一车可抵三夫之运。一车之工本，不及五钱。每夫工食一日四分，不过出十二夫之工食，用之经年，可得三百六十夫之用矣。

又曰：护堤塞决之用，莫善于埽。卷埽之用，惟草与柳。盖柳遇水即生，草入水腐而成土，柳随地可种，草近则取之湖塘，远则取之海滨。湖塘之芦苇，不如海滨之坚实长大。一束可抵二三束之用，但地远，采办稍艰，酌其工程之缓急而用之可也。

又曰：沿河种柳，其根株足以护堤身，其枝条足以供卷埽，其清阴足以荫行人。然惟刘天和《六柳说》，曲尽其妙，当仿其法行之。统计每年岁修需柳，不下一百万束，宜令各官各营，凡春初暇时，每丁计地种柳若干。不过三年，沿河成林。一有不测，卷埽抢防，不烦斫运于他处。即以本汛之柳，供本汛之工，力省而功易集，所益非小也。附明刘天和《植柳六法》：一曰卧柳。凡春初筑堤，每土一层，即于堤之内外边厢，各横铺如指大柳枝一层。每尺许一小枝，勿太稀。入土二尺，外露二寸，勿过长。自堤根至顶，不可间少。二曰低柳。凡新旧堤，若不系栽柳时月修筑者，俱候春初，用小引橛，于堤内外，自根至顶，锥成空穴，栽柳纵横各一小尺，亦如前法。三曰编柳。凡近河去处，不分新旧堤岸，俱用柳桩。如鸡子大、四小尺长者，用引橛先从堤根密栽一层。六七寸一株，入土三小尺，土面留一尺许。却将小柳卧栽一层，亦内留二尺，外留二三寸。却用柳条将柳桩编高五寸，如编篱法，内用土筑实平满。又卧栽小柳一层，又用柳条编高五寸，于内用土筑实平满。如此二次，即与先栽柳桩平矣。却于上退四五寸，仍用引橛密栽柳桩一层，亦栽卧柳、编柳各二次，亦用土筑实平满。如堤高一丈，则依此栽十层，即平矣。以上三法，皆专为固护堤岸，内则根株固结，外则枝叶绸缪，名为活龙尾埽。虽风浪冲激，可保无虞。而枝梢之利，亦不可胜用矣。四曰深柳。前三法只可护堤，以防涨溢之水。如倒岸冲堤之水，亦难矣。凡近河及河势将冲之处，堤岸虽远，俱宜急栽深柳。将所造长四尺、长八尺、长一丈二尺数等铁里引橛，自短而长，以次钉穴使深，然后将劲直带梢柳枝，如根梢俱大者为上。否则不拘大小，惟取长直。但下如鸡子，上尽枝梢长如式者，皆可用。连皮栽入，即用稀泥灌满，毋令动摇。纵横各三五尺以上，多栽十数层，少或四五层。数年之后，下则根株固结，入土愈深，上则枝梢长茂。将来河水冲啮，亦可障御。或因之外编巨柳长桩，内实稍草埽土，不犹愈于临水下埽。以绳系岸，以桩钉土，随下随冲，劳费无极者乎？五曰漫柳。凡坡水漫流之处，难以筑堤，惟沿河两岸密栽柽柳数十层，俗名随河柳，不畏淹没。每遇水涨既退，则泥沙委积，即可高尺余，或数寸许。随淤随长，每年数次。数年之后，不假人力，自成巨堤矣。如沿河居民，各分地界，筑一二尺余缕水小堤，上栽柽柳，尤易积淤成高。一二年间，堤内即可种麦。工省而效大，黄河用之。六曰高柳。照常于堤内外栽高大柳桩，成行栽植，不可稀少。

又曰：土以方一丈高一尺为一方，然有上方、下方之别焉，有专挑、兼筑之分焉。至挑河，又有起土浅深之不同焉。筑堤，亦有运土主客之不同焉。其土方工值，更有人力强弱之不同焉。以江南而论，自邳州睢宁县起，至砀山县止，每筑堤土一方，给银一钱四分；自宿迁县起，至山阳县止，并扬属各州县，每一方增银一分，此定例也。主土者，就近挑挖之土，以所筑之堤为准者也。取土宜离堤五十丈外起之，挑至堤基之上，用大石夯硪。或以七寸为一层，夯至五寸。或以一尺为一层，夯至七寸。然后加上，如前法，务须层层夯硪，彻底坚固。每堤高一尺，两面坦坡，必须宽六尺。如高一丈之堤，应筑宽六丈之堤底，再加堤身二丈，则顶宽二丈，底当宽八丈、高一丈。用勾股法科之，每丈计筑成上方土五十方，每方一钱五分，应给银七两五钱也。客土者，迤远挑运之土为准者也。如此处筑堤，彼处取土，用船装运。高、宝定例，以五十大箩为一方，每箩重二百余斤，每方约重万斤。连搬运上船工银六分，运至工所又工银八分，由船而运至堤上，又工银五分，堤基之上再用硪夫硪夯，又工银二分。统计虚土一方，共银二钱一分，止筑成上方土七分也。专挑者，止挑去河身之土，而不系筑堤者也。所挑之土，必离河四五丈外，方许抛弃。若就近竟卸，则一经淋雨，仍淌入河内矣。其工价，以所挑浅深为准。凡挑三四尺者，每方给银六分；五六尺者，加一分；七八九尺、一丈一二尺深者，递加一分至一钱一分止。盖六尺深以上之河，无翻塘戽水之劳，不过每方六七分而止。其七尺者，未免有水。一丈外，泉水愈多，故银递加。若黄河内流沙陷足，其工更难，每方又递加一分。七八尺，即给银九分；至一丈三四尺者，即给银一钱二分也。兼筑者，即用挑河之土，以筑堤也。其土即卸于应筑堤之上，照依前式夯硪成堤。每一方，照挑河工银外，另加摊土夯硪银二分。此挑河兼筑堤，作下方工价科算，以河工挑成为准也。更有虽挑河而重在筑堤者，每上方土一方，给银一钱六七分不等，此以堤工筑成为准也。总视工程之难易，而酌之。上方、下方者，以筑成堤工之实土为上方，土塘所取之松土为下方也。然一堤之中，亦自有上方、下方之别。如筑堤一丈，则以平地起至五尺为下方，自六尺至一丈为上方；如筑堤一丈二尺，则以六尺以下至一尺为下方，七尺以上至一丈二尺为上方。盖筑堤愈高，则愈难。故必酌其难易而差等之，庶铺底者不至以易工而取多价，收顶者不至以难工而寡受值。其劳逸殊，其高下之酬均也。然土方价，虽有定额，亦举大概而言。若筑堤至一丈四五尺，不得泥一定之例。况取土更有远近不同，甚至扎簰铺路，远取稀泥于污淖之中，其工价不啻加倍。有至三钱余一方者，更难执一而论。相地形之高卑远近，而增减之可也。于水中筑堤，取土甚远，或至数十里外。工费不赀者，当用水中取土之法。其法：先定根基，随用船装远土，于水中筑成围埂。其埂出水二尺，中间三十丈，长五十丈。围埂既成，用草料防护。随将埂内之水车干，然后于离堤基十五丈外启土，挑至堤基之上，密加夯硪，筑成大堤。其堤如应顶宽二丈，底宽十丈，高一丈六尺。每堤一丈，用土九十六方。连船装筑埂之土，并车水防埂一切夫工器具物料，以及阴雨食米等项，每方约用银二钱六分。较之寻常就近取土之费，约省过半。

又曰：河决之始，如用埽裹头，以防汕刷。筑逼水坝，开引河，签桩必须深钉入底，以防悬空误事，《河防一览》备载矣。至沉系埽个，全在揪头绳索，其力尤重。桩必多而始壮，埽必重而后沉，宜柳七而草三。填土之后，倘埽工之外，忽起翻花大浪，急须于堤内下埽填土，昼夜压截。其浪花起于数丈之内，犹易。若百丈之外，则危矣。其堤工若但坍毁而平下，犹可填土加埽，一若悬空则危矣。若内外倾欹，亦不可救。此河防所未载，不可不知也。

宁侍御承勋传王熙　节录

侍御讳承勋，字昭德，号康侯。考选山东道监察御史，巡按河南。具疏“请修复省城，塞黄河决口”，略言：“汴城地形低于黄河，独恃层堤，以为天堑。自逆闯决堤以灌城，河水建瓴而下。臣由大河泛舟，直抵城下，城垣半在沙淤水浸之中。进至安远门，则瓮城敌台灭没无影。循此而入，则高者为沙、为陆路；卑者为水、为川流。入城，一望沙淤，漫衍似高阜，可行。土人指谓当日最低，今则街市庐舍，尽埋其下。水流浩瀚，似低洼就下。土人指谓当日最高，今以他处淤高，则此地反卑。再行三五里，始见屋脊露出沙上，尽为渔人网鱼之乡。南门迤北，为周王府，内尽成水乡。宫殿仅见榱桷，树木惟存枝杪，此汴城大略也。”又言：“汴口不塞，则水分势杀，漕艘难行。是大梁之城，不论修与不修，而堵塞南下之口，则断不容缓者也。”疏入，报可。自此河口始塞，汴城获安，官舍民居次第兴复矣。

河防述言·源流篇张霭生

靳大司马问曰：同一水也，何黄流湍急，独挟沙而行，易淤易决，与他水异，果共源有殊与？陈子曰：河非有异于他水也。中国诸水，惟河源为独远。源远则流长，流长则入河之水遂多。入河之水既多，则共势安得不汹涌而湍急？况西北土性松浮，湍急之水，即随波而行，于是河水遂黄也。秦人之歌曰："泾水一石，其泥数斗。"他如燕地卢沟之水，酷似黄河，故俗称浑河。晋之沁、汾诸水，亦浊。可知西北之水，不惟黄河挟沙也。再考河自西域而来，其流虽浊，不若汴渠以东之甚。昔贾让之中策，欲引河灌田，殊不知今日汴梁以东之河，若引以灌田，则禾苗必尽被沙压耳。潘印川公之治河，去今为近，其所著《河防一览》，多中肯綮。虽其所言险要，近多变迁，事宜亦有遗漏，然元贾鲁之后，深明河务者，潘公为最。今稽其疏有曰："黄水所经，河南之土最松。昔禹导河入海，经河南者止郏县、孟津、巩县三处耳。当时之水，未必如今之浊。今自河南郡之阌乡至归德郡之虞城，凡五郡，河全经其地，故平时之水，沙居其六，一入伏秋，沙居其八。"此岂无确据而言之欤？可知河之浊也，至河南而始甚也明矣。潢尝溯河之上流，惟宁夏灵武诸处，至今犹引黄流以资灌溉。宁夏有汉、唐二渠，俱设闸以节蓄泄，水旱有备，民皆赖之。然定制每岁清明起工，按座挑浚，至夏毕事，方理农功。有司董之，永以为则。由此观之，上流之水，尚不甚浊。然犹每岁必为疏浚，不然沟渠亦淤，无所为利矣。元临川朱思本所述河源，自星宿海发源，行十数日，水犹清浅，可涉而渡。又行数日，水渐浑浊。则河源本清，与他水无异，不益可信哉！河之浊且非其本然也，而谓河性喜决也，不更诬乎？尤可嗤者。昔人筹河，有建议欲于塞外凿渠，导之北流，入于北海，勿使经中土，谓既可阻隔华夷，又使中土永无河患。论者莫不奇其策，只惜途遥工巨难成耳，未有知其大谬者。夫河之自西域而来，若无他水入之，止此一水曲折行数千里，其势必衰，曷能为中国患？其所以为患于中国者，大半皆中国之水助之也。设导西域本来之水，行于塞北，而域内之水，自湟、洮而东，若秦之澧、渭、泾、汭诸水，晋之汾、沁，梁之伊、洛、瀍、涧，齐之济、汶、洙、泗，其间山泉溪谷，千支万派之流，未易更仆数。凡此西北之水，安得不会为一大川，以入于海哉？矧河防所惧者，伏秋也。伏秋之涨，尤非尽自塞外来也，类皆秦、陇、冀、豫深山幽谷层冰积雪，一经暑雨，融消骤集，无不奔注于河。所以每当伏秋之候，有一日而水暴涨数丈者，一时不能泄泻，遂有溃决之事。从来致患，大都出此。虽使河源引而行之塞北，乌能永免中国山水暴涨之害哉！大司马喟然叹曰：噫！论河源流者，率多传讹，子言可破一切影响之说矣。

河防志略张鹏翮

一、挑挖引河之法。审势贵于迎溜，而施功宜于深阔。且俟水大涨，乘机开放，则有一泻千里之势。不可太窄，窄则受水无多，遽难挽溜以入新河；不可太浅，浅则水不全趋，势缓仍垫；不可过短，短则水流不舒，为正河所抑，洄洑漩淤。须宽六十丈，或四十丈，须长二千丈，或千余丈，方趋溜有势而成河；不可太直，直则平缓而无波澜湍激之势，久亦渐淤也。必随黄河大势开挑，俾其河头迎溜，河尾泄水，中间湾处，急溜冲刷，渐次河岸倒卸。再于河头筑接水埽坝，河尾筑顺水埽坝，对河筑挑水埽坝，庶引河可成也。

一、帮筑堤工之法。凡属河道，必筑堤束水归槽，以防旁溢。无论创筑加帮，总以老土为佳。但黄河两岸，率多沙土，恐难尽觅老土，须于堤完后务寻老土，盖顶盖边，栽种草根，以御雨淋冲汕。

一、卷埽、下埽之法。凡应用埽个，须卷长十丈、八丈者方稳，高一丈者，埽台要宽七丈，方卷得紧。如遇堤顶窄狭者，架木平堤，名曰软埽台。然后卷下，先将柳枝捆成埽心，拴束充心绳、揪头绳，取芦柴之黄亮者，拧打小，总系于埽心之上。每丈下铺滚肚麻绳一条，或不必用麻者，即用芦缆。又将大芦缆二条，行绳一条，密铺于小之上，铺草为筋，以柳为骨。如柳不足，用柴代之，均匀铺平。需夫五六十名。如长十丈者，共需夫五六百名；八丈者，四五百名。用勇健熟谙埽总二名，一执旗招呼，一鸣锣以鼓众力。牵拉捆卷后，用舁杆戗堆。埽临岸时，将小均束于埽。埽岸上每丈钉下留橛二根，将滚肚绳挽于留橛之上，每揪头绳一根，亦钉留橛一根。看水势之缓急，定揪头绳之多寡，渐次将埽推入水中。将橛头、滚肚，用活扣结于留橛之上，然后缓缓压土。俟埽将次沉下，乃下排桩，每丈用一尺八寸木一根。若水势湍激，顶冲埽湾，并合龙之埽，须用大木，不在一尺八寸之例。每丈用料物细数，照现行《工部则例》配用。

一、黄河内下埽之法。凡黄河内埽工，有修防，有救险，有抢险，有新生险。修防工程，于霜降后水势退消，验查旧埽倾攲者、蛰陷者、卑矮者、朽烂者。须将旧埽清消平妥，相机补下，层层签钉大桩。照依大汛水涨之痕，仍高出数尺。一律下成顺埽，薄敷以土。俟其蛰定，方可下丁头埽。若埽未蛰实，即下丁头埽，前顺埽一有蛰陷，将别埽俱动矣。其救险工程，将有危陷，埽尚未去，急须临河添压大埽。长桩靠堤，急清旧埽。恐为汇崖，填之以软草。将两旁安稳之埽，亦须补下大桩。并力救护，勿使走动，则工程平稳矣。其抢险，乃因旧埽朽烂，或因顶冲急溜，埽下冲激空虚，旧埽全去。水汇崖岸，旧堤坍卸，岌岌堪虞。当此皇皇之际，惟有审其事之先后，埽之缓急。若误下一埽，误钉一桩，反致逆溜湍激，冲刷旧堤，欲去不能，每致偾事。须责令久惯埽手，或熟谙人员，殚心料理。责任既专，令其度量稳妥。然后急为接下埽个，昼夜抢下，庶旧堤无虞，两旁之埽平稳矣。其新生险工，每于旧险工之上下。黄河大溜，一时冲至，埽傍旧堤，坦坡坍卸，急须下埽，直至开溜之处而止。大率黄河埽料以柳柴为重，次则枯草。桩必长大，绳须坚实。至于压土，非比清水埽个，黄水一入埽中，即泥沙停滞。若压土太厚，反恐欹卸。俗云“下埽无法，全凭土压”者，乃别言清水之埽也。

一、黄河塞决之法。凡黄河初决，且不必急计裹头，亦不必急计堵塞。初开之时，水势汹涌，未可与争。惟看其出口急溜，若有夺河情形，须建挑水坝，以遏其势；上流挑挖引河，以挽其流。速运积料物，料物既积矣，犹在得时，时可堵矣。裹头旧堤，务必多下边埽，坚固停妥，然后逐渐进埽。埽不可缓，缓恐决口渐深；又不可急，急恐下埽有失。埽必欲其大而长，长大则稳。卷埽首重于绳缆，其揪头、滚心、滚肚，必须长壮，务使绳胜埽，莫使埽胜绳。埽既下矣，薄用土压。埽将沉于水，方钉签桩，再加套埽。其桩亦必须长大。计埽将到底，方可再进沉水。将次合龙之际，须多备在工料物，恐防合龙后，每因蛰陷复决也。宜于合龙之时，昼夜兼工堵塞。遇有毛道过水，或系桩顶不平，或系埽手作弊，故留罅隙，必须急为压土，使其平实。于罅隙用稻草或红草塞之，务使断流。若涓涓不息，渐至蛰陷。不急抢救，则溃矣。欲杜桩埽手之弊，惟有恤其勤劳，厚以赏赉，不必按日计值。惟以成功为主，则工易举而成亦速。至决口初开时，不系顶冲之处，出口势缓，去口平散，亦不必急计堵塞。久之，率多挂口淤垫也。

一、建筑挑水坝之法。迎溜之处，宜建筑挑水坝，又名顺水，又名鸡嘴，又名马头，其功最大。凡遇有险工之处，照式筑之，裨益非小。酌试建筑之法，坝欲其宽，不可甚长。须做雁翅边埽，以顺上流，勿使埽头迎溜，有掀揭之虞。若离缕堤远者，须接筑格堤捍御，以防异涨时，黄水溢坝后冲刷之虞。

合龙闭气说嵇曾筠

堵闭决口，至合龙时，正河未通，旁流又塞。全河水势，进退两难。此时苟措置失宜，必致寻路夺门，乘虚溃陷，尽弃前工。故堵合决口，筑至只宽十余丈之时，务将从前已下各埽，凡揪头、滚肚以及桩、橛等项，一一检点，更验明积料积土若干。然后每边各再进一二埽，镶垫极稳，方可卷下合龙埽个。其埽或用单用双，均可。既下埽闭合之后，一鼓作气，竭力镶填，层层加压着地，随即签桩，至埽尾溜断为率。至从前做过各埽，须自靠堤起，至龙门口止，通身压土三四尺。加镶又不可一律铺填。如埽面宽十丈者，止于埽头埽尾各镶宽一二丈。其埽面中间多用土压，埽上压土愈重，埽个愈稳，将来蛰陷亦少。若夫堵合决口之后，河流亦必去埽工数丈之外，似乎足资巩固。但近埽之处，不有河形，即低洼地，水势一长，仍必分流。不早防备，则外口嫩沙，见水便消。坝下埽工，傥或朽腐，一有更变，便无从下手。亟须于龙门外口，约略长短，再下顺埽数十丈，或二路二层，或一层以护之。如龙门里口，跌塘尚浅，则于里口建贴心坝，以为内戗。更着紧昼夜抢筑里越大堤一道，方为万全无失。盖水有气势，势之所趋，气必随之。今里戗外护，而又圈以越堤，俾其气无所透，而其势亦随以退阻，淤沙挂滩可跂而待。司坝工者，其可不急为之善后邪？

石工说 嵇曾筠

石工之要，先审水势。如黄河水性靡常，沙土虚松，除山陵冈麓土性坚凝，量为建筑石工，以资捍御，其余概难垒砌。又如清水顶冲之处建闸，若遇山水大发，全力冲动，必至溃裂难支。惟熟察夫来源之清浊，为顶冲，为拖溜，择地建造，方能坚久。是水势之贵于斟酌者，一也。

一、在先据根基。如根基不能坚实，虽密钉长桩，层垒巨石，平蛰下坐，必致塌陷。务须选择土性坚凝之处，然后施工，则久而不敝。即至历年既远，间有损伤，基址永固，易于修理。是根之贵于坚实者，一也。至于垒砌之法，首重底桩。毋论马牙、梅花，务必株株实在，方能着力。一有虚松，则力难胜重，上实下虚，通身受病。即全体俱坚，间有一二桩根不能到底，偶遇石缝接榫之处，立致欹斜偏侧。是以按照漕规估计，有二截、三截之分，而测量地势签钉，务以着实到地为要。是底桩之贵于实在者，一也。

一、重石。不拘丁砌顺砌，务须六面琢平，方能稳固。傥一面不平，即一处不稳。每有任听匠作草率了事，錾凿不平，用碎石衬垫。迨至垒砌既高，共力愈重，所垫碎石难支，工完未几，旋有蛰裂。是石块之贵于平整者，一也。

一、重对缝。石缝不密，则罅隙可虞，易于渗漏。即使灌以浓浆，而灰缝粗疏，不能镕成一片。串水之患，势不能免。

凡榫接缝之处，务必琢磨细致，参差压缝，勾抿合式，方资巩固。是接缝之贵于密致者，一也。

一、重灰汁。灰有真赝之辨，汁有浓薄之分。少不留心察看，则动多虚假。苟至计及锱铢，希图节省，即有匠工牙侩乘机舞弊；灰则搀和沙泥，汁则半多清水，岂易融洽胶粘，充盈饱满？徒饰外观，其弊不可胜言。是灰汁之贵乎察核者，一也。

一、重丁石。不拘大小石工，如得层层丁砌，自当格外坚固，否则层丁层顺间砌，皆能垂久。如非吃紧大工，则估计顺砌居多。每层顺砌一丈，例用丁头石三块，每块长三尺六寸。庶与衬裹砖石，里外牵扯，方资巩固。如谓垒砌在中，无可考究，所用丁头石长不如式，则墙里二石两不相蒙，倒卸之虞，半多由此。是丁石之贵于照估者，一也。

一、重衬砖。墙石之后，接砌裹石；裹石之后，复衬河砖。盖土石性殊，难于联属，以砖贴土，诚有妙理。如或聪明自用，更改成规，动谓砖性不坚，不如省去，不知土石性难融洽，分而不属，大有疏虞。是衬砖之贵乎如式者，一也。

一、重尾土。石工背后，用土填筑。土石相接，最难联属。夯杵不密，每致成患。务须砌石一层，即填土一层，用杂木夯杵，百炼千锤，方能坚凝贴合。如垒砌既高，方始填土，以及任意堆积，先后失宜，雨淋水灌，非虚松塌卸，即胀裂倾欹，均为石工大患。是尾土之贵乎坚密者，一也。

一、重月坝。凡修砌石工，必先筑月坝拦水。法用两面排桩，衬以笆席，中填土心，挡溜闭气，不使少有渗漏，以便施工，此不易之则也。然于洪波巨浪中，一坝孤悬，势难屹立。如徒固执旧章，不知变通，万一工程将半，坝有疏虞，前功尽弃，所损实多。又在因地制宜，如水浅则用月坝，水深则留存旧工一二层，以为外障。退进一二丈，挖槽钉桩垒砌。是月坝之贵于相机者，一也。

他如清槽戽水，扣锭安锔，集料庀材，鸠工利器，事无巨细，贵周备而不遗。时有后先，毋临期而滋误。若夫金门、雁翅之须详，矶心、裹头之有别，迎水、跌水在长短之合宜，减坝、滚坝实同功而异用。闸洞无分乎大小，堤堰总贵乎高坚。形制虽殊，施工则一。要须熟习于平时，方不周章于临事也。谨于高堰工成，为志大略如此。

卷二十七　附著二

砖工记 蒋湘南

道光十五年，原阳三堡支河告险，砰磅訇磕，宽至一百二十丈。仓猝间，竹楗石菑皆不具。文武官皇遽无措，总督河道栗公驰至，令迎溜抛砖。砖垒垒高出水上，大溜立即外移。在工者咸惊以为神。公复下令购砖于民，筑坝三十余，而涨势愈缩，口门收至五六丈。拔大柳横塞之，砖如雨下，不逾时，而填阏。斯役也，省帑项无算。沿堤居民，欢呼相庆，微用砖之力，不及此。公既以砖奏效，乃审河势，酌物力，以为土工、石工、埽工之外，宜增置砖工，以备缓急。而又虑砖之未必随地宜也，因奏请试行，俟屡效而后程其法。于是，试之于黄沁厅之拦黄埝，其挑溜之捷，一如原阳也。试之于上南厅之杨桥坝，其挑溜之捷，一如原阳也。试之于卫粮、祥河二厅，如之。试之于漕河五厅，又如之。凡不可厢埽，不能厢埽之处，投之以砖，无不应时反壤，若河伯之畏瓴甓者。

公于是喟然曰：应变无定法，惟在持之以有定之心耳。当原阳之告险也，水势湍悍北注，抵御稍迟，全河已掣其险，将不可问。而埽之为物也，能挑溜，亦能引溜。则全河俱掣，其险将更不可问。即使幸保无虞，而沿堤厢埽，物力为难，且兵役尤难并力。此所以变通其法，不得已而易之以砖也。夫砖凝于土，涩于石，而功倍于埽，何也？河滨之土，皆淤沙，濡水辄涣，故用土不如用砖。砖虽不坚于石，然石滑多罅，不留淤，且性沉易陷。砖则受淤，而弥缝其，淤愈积，挑溜愈捷。故护埽以石，水仍在埽根，筑坝以砖，水退至坝外者此也。且夫人知埽之能卫堤，而不知埽之能引溜。溜本平也，埽引之而侧注。溜本浅也，埽引之而刷深。溜本在中泓也，埽引之而迫近堤岸。补旧厢新，劳费无已。前人明知之而不能去者，岂非以埽之外，别无良法乎？砖之宜用，始见于嵇文敏之《河防奏议》。如曰：土石性难于联属，以砖贴土，诚有妙理。是盖以砖衬石，而融洽于土，非直用砖工以挑溜也。今则应手奏效，确有把握矣。巡视南北两岸砖工屹立者，旧埽即无上提下坐之病。于以固工节帑，使堤防免冲决之虞，田庐少淹没之患，催科无加价之累，其殆河工之一转机哉！

先是，公任河南布政使，时道光十二年八月，祥符县下汛十三堡蛰堤五十余丈。河督吴公驻马营，未即至。公奉巡抚檄往视，于十二堡湾堤，抢筑柳坝，更用大柳倒塞之。不数日，水患悉除。河督疏奏，有“不动声色，化险为平”之语。公之受知而特擢为河督者，以此。十六年四月，湘南过济宁，谒公节署，备闻砖工始末。因详书之，以著公之细心经物，且以为治河应变者之法。

黑冈观砖工记蒋湘南

堤，所以束河也。水近于堤与水远于堤，二者孰为便？曰：

远于堤便。埽，所以卫堤也。岁岁修补与一劳而无烦修补，二者孰为省？曰：无烦修补省。此不待智者而决也。乃自砖工兴，而浮言起，湘南始闻之，亦不能无疑。及观工于黑冈，而疑始豁然矣。黑冈据大梁上游二十里，大梁之保障也。前之治河者，皆以此为要工。而埽之旋厢旋蛰者，亦此地为甚。公用缕堤法，筑大小砖坝数十。堤前之水尽涸，对岸之滩不切而自[1]陷。大梁官民，恃以安堵。而一时之不愿用砖者，则谓砖可以挑浅溜，不可以抵大溜；可以济缓用，不可以济急用；可于将生未生之险预防先事，不可于已生已成之险立转危机。乃公独毅然不惑，相其势而用之。或与土并用、或与石并用。其土石之不及者，则直以砖筑坝，任其蛰卸，愈宽坝基愈固，而水之避之也愈远。故蛰卸至十余次，而始稳定者。于是，有砖之工，堤前无水。公尝慨东河之费日增也，自道光元年至十五年，较嘉庆中已增至一倍，其故皆由于埽之引溜。溜为埽引，新险丛生，救险则益加埽，浮费日以多，经帑日以绌矣。欲省费，必自减埽，始减埽必自砖工始。公惟以不欺为心耳。昔黎襄勤公用碎石于南河，当时且有交章而攻者。浮言之来，又何足恤？道光十七年三月十八日，湘南谒公于黑冈行署。因以得于目证者，更书之，并附《砖工章程》于后，俾世之留心河务者，有所考焉。《经世文续编》注云：《砖工章程》传钞失录。

中牟堵口管见邹鸣鹤

谨按：中牟大工，土性纯沙，金门深至十一丈。虽自走占以来，口门拆展，逐渐停淤，现止深四丈余尺，而新沙底见溜，

---

[1] 自　原作“白”，应作“自”。

即淘水深不能预定。兼之引河头层滩重叠，吸溜无力，两坝恐致吃重，则办工难矣。大工费帑，已至七百余万，此后重兴工作，接坝挑河，约非五百万金不敷工用。现在内外库项支绌，无从拨发，则筹款难矣。此二难者，势所必然，人所易见，亦人所共知也。然办天下事，不外理、势两端，必先折衷乎理，而后权衡于势。理之可办、可不办者。势有所难，则或可中止。理之当办、必办，万不可不办者，只应设法以济势之穷，而不能因势而悖理。

查黄河自中牟漫口以来，历河南之开封、归德、陈州，安徽之颍州、凤阳，江南之淮安、扬州诸郡境，而至洪泽湖。被水之三十余州县，皆国家腹心要地，迥非海疆偏僻可比。水过之区，至今村墟寥落，城市浮沉。若不及早挽回故道，直是洪水泛滥复见今日，有是理乎？此不可不办者，一也。三省被灾之民，不下数百万。经年昏垫，随地流离，其鹄面鸠形。编茅掘穴而居者，沿堤沿河千余里皆是。大抵暂忍饥寒，专望合龙复业。一闻缓堵之说，生全无望，人各自危，必致弱肉强食，举众滋事，其害殆无底止。此不可不办者，二也。淮扬[1]一带，为漕河咽喉之地。今以洪泽湖受全黄下注，一遇涨漫，堤防告警，漕道必致中梗，将来不堪设想。此不可不办者，三也。河南省城，中枢要地，经祥工浸漫之后，竭全省官民心力，始得修复。今黄河逼近护堤，汛涨仍虞漫及全城，数十万生灵安危难卜。年来官绅环守，比户担惊，岂能常年以为故事？此不可不办者，四也。此四者，理之确，不可易，人所易知，亦人所共见者也。

或者曰：理固如是，其如筹款无出何？不知不办之费，更

[1] 扬　原作“阳”，应作“扬”，据内文改。

为甚于办之费者。即以河南而论，自春间大工停缓后，奉准加赈三月，计费约八十余万。加以各州县蠲缓，约四五十万，合计银一百二三十万两。其安徽、江南两省，灾赈蠲缓之数，各以百万为率，统计三省，总须三百余万。而于大工，无纤毫益。黄水之泛滥，自若也。不堵，则明年之灾赈蠲缓依然也。不堵，则年复一年灾赈蠲缓有加无已也。是欲省办工有定之费，而转贻不办无穷之累也。且即为不堵计，断不能一任浊流横溢中土。久后必常，别筑长堤以束之。千里平沙，凭空兴办，计筑堤之费，必有十倍于堵口之费者，此又在年年赈缓之外者。然则堵费较省，究将何出乎？愚见豫省及各直省，续办捐输，专为工需筹款。此事责之一省则有限，普之十七省则不绌。以十七省并力合营，必有成效可观。惟捐输期宽，办工期迫。今议八月以前，各省捐项，全数解工。此外，先行借拨若干万两，捐有成数，陆续归还。此中权衡缓急，原非外吏所能深悉。然十七省常年捐输，总可得银数百万两，工需不致无着，则理之可决者。

或又曰：即使费用有出，其如工程棘手，何不知治河犹治病也。治病而不知病根，则医药无灵。病根既知，则药得力而医自灵。今日口门之病根，在纯沙，在河头滩阻。人人切知病根之所在，而力救之，力挽之。只须白露后，细勘情形，或将大坝斟酌向背，避深就浅；或将引河挪展，口唇刷滩迎溜；或接长挑坝，以使之东注；或添建二坝，以使之擎托，循前辙。而精益求精，集众长而断以独断，必谓人力殚尽，天心仍不悔祸，应无是理。要之前此垂成忽败，固由形势之吃重，金口之过深。然不遇风狂涨骤，未必失事也。执偶尔之失，而谓后此之必不成，有是理乎？乃又有为之说者曰：此坝即能堵合，下游淤垫已甚，下壅则上溃，不旋踵恐又失事，则真因噎废食之甚者矣。无论仪、睢以下，受淤本少，下游自畅；无论开挑引河，导水冲刷，下游更畅。即令河身抬高，合龙后又酿危机，岂不知善后工，以两堤加高为首务，河高则堤因之增高乎？岂不知分厅分汛而守者，专司防险，彼时岂无抵御之方乎？靳文襄公论河曰“（抵）〔只〕有补偏救弊之方，从无一劳永逸之策”，正是此旨。若执因噎废食之见，谓合龙后倍难，不如不合之较稳，是直置洪水泛滥于不问也；是直置三省百万之民，荡析流离于不顾也；是直欲废漕道而弃汴省也，理之所断断不可者也。

筹河篇上魏源

但言防河，不言治河，故河成今日之患；但筹河用，不筹国用，故财成今日之匮。以今日之财额，应今日之河患，虽管、桑不能为计；由今日之河，无变今日之道，虽神禹不能为功。故今日筹河，而但问决口塞不塞与塞口之开不开，此其人均不足与言治河者也。无论塞于南，难保不溃于北；塞于下，难保不溃于上；塞于今岁，难保不溃于来岁。即使一塞之后，十岁、数十岁不溃决，而岁费五六百万，竭天下之财赋以事河，古今有此漏卮填壑之政乎？吾今将言改河，请先言今日病河病财之由，而后效其说。

人知国朝以来，无一岁不治河，抑知乾隆四十七年以后之河费，既数倍于国初；而嘉庆十一年之河费，又大倍于乾隆；至今日而底高淤厚，日险一日，其费又浮于嘉庆，远在宗禄、名粮、民欠之上。其事有出于上者，有由于下者。

何谓由上？靳文襄承明季溃败决裂之河，八载修复，用帑不过数百万。康熙中，堵合中牟杨桥大工，不过三十六万。其时，全河岁修不过数十万金。盖由河槽深通，而又力役之征，沿河协贴物料方价皆贱，工员实用实销，故工大而费省。乾隆元年，虽豁各省海塘河堤派民之工十余万，而例价不敷者，尚摊征归款。至四十七年，兰阳青龙冈大工，三载堵闭，除动帑千余万外，尚有夫料加价银千有一百万，应分年摊征。其时帑藏充溢，破格豁免，而自后遂沿为例，摊征仅属空名。每逢决口，则沿河商民，且预囤柴苇，倍昂钱值，乘官急以取利，是为河费一大窦。然乾隆末，大工虽不派夫，而岁修、抢修、另案，两河尚不过二百万。及嘉庆十一年，大庾戴公督南河，奏请工料照时价开销，其所借口不过一二端，而摊及全局。于是，岁修、抢修顿倍。岁修增，而另案从之。名为从实开销，而司农之度支益匮，是为河费二大窦。计自嘉庆十一年至今，凡三十八载，姑以岁增三百万计之，已浮旧额万万。况意外大工之费，自乾隆四十五年至今，更不可数计耶！此之谓费浮自上。

其浮自下者，自靳文襄以后，河臣不治海口，而惟务泄涨。涨愈泄，溜愈缓，海口渐淤，河底亦渐高，则又惟事增堤。自下而上，自一二岁，以至十岁、数十岁，河高而堤与俱高。起海口，至荥泽、武陟两堤，亘二千余里，各增至五六丈。束水于堵，隆堤于天。试以每岁加堤丈尺，案册计之，必有二三十丈。其实，今堤不及十分之二。不曰汛水淤垫，则曰风日削剥，以盖其偷减。其实汛水仅能淤堤中之河身，不能淤堤外之官地。试以堤外平地高低丈尺诘之，则词穷矣。即此加堤之费，已不下三万万。河身既淤，大溜偶湾，即成新险，于是又增另案之费；河堤既高，清水不出，高堰石堤，亦逐年加高。于是又增湖堰之费，亦不下三五万万。是以每汛必涨，每涨必险，无岁不称异涨。每岁两河另案、岁修，南河计四五百万，东河二三百万。溃决堵合之费，人能知之，能患之。其不溃决而虚糜之费，则习以为常，且不知之，且不能患之也。堤日增，工日险，一河督不能兼顾，于是分设东、南两河，置两河督，增设各道、各厅。康熙初，东河止四厅，南河止六厅者。今则东河十五厅，南河二十二厅。凡南岸北岸，皆析一为两，厅设而营从之。文武数百员，河兵万数千，皆数倍其旧。其不肖者甚，至以有险工、有另案为己幸。若黎襄勤之石工、栗恭勤之砖工、即已有“糜费罪小，节省罪大”之谤。此之谓费增自下。是以国家全盛财赋，四千万之出入，无异乾隆中叶之前。巡幸土木普免之费，且倍省于乾隆之旧。而昔则浩浩出之而不穷，今则斤斤撙之而不足。是洋烟者，民财之大漏卮，而河工者，国帑之大漏卮也。

然则今日舍防河而治河，可乎？惩糜费而言节用，可乎？曰：无及矣。南河十载前，淤垫尚不过安东上下百余里，今则自徐州、归德以上，无不淤。前此淤高于嘉庆以前之河丈有三四尺，故御黄坝不启，今则淤高二丈以外。前此议者尚拟改安东上下，绕湾避淤，或拟接筑海口长堤，对坝逼溜，以期掣通上游之效；今则中满倒灌，愈坚愈厚愈长，两堤中间，高于堤外四五丈，即使尽力海口，亦不能掣通千里长河于期月之间。下游固守，则溃于上；上游固守，则溃于下。故曰：由今之河，无变今之道，虽神禹复生不能治，断非改道不为功。人力预改之者，上也。否则待天意自改之，虽非下士所敢议，而亦乌忍不议？

筹河篇中魏源

河决南岸与决北岸，孰胜？则必佥曰：南决祸轻，北决祸重。北决而在上游，其祸尤重。决北岸上游者，若乾隆青龙冈之决，历时三载，用帑二千万，又改仪封、考城而后塞。嘉庆封丘荆隆工之决，历时六载，后因暴风而后塞。武陟之决，用帑千数百万，亦幸坝口壅淤而后塞。南岸则虽在上游，亦不过数百万可塞。是地势北岸下而南岸高，河流北趋顺而南趋逆。故挽复故道，北难而南易。上游北决，则较下游其挽回尤不易。

问曰：然则河之北决，非就下之性乎？每上游豫省北决，必贯张秋运河，趋大清河入海，非天然河槽乎？挽回南道既逆而难，何不因其就下之性，使顺而且易？奈何反难其易而易其难，祸其福而福其祸？则必曰：恐妨运道。呜乎！今之南运河，果能不灌塘而启坝通运乎？既可灌塘于南运河，独不可灌塘于北运河乎？明知顺逆难易，利害相百，乃必不肯舍逆而就顺，舍难而就易，岂地势水性使然乎？审地势水性，如之何？曰：莫如南条行南，北条行北而已。近日黄河屡决，皆在南岸，诚为无益。即北决，而仅在下游徐、沛、归德之间，亦无益。惟北决于开封以上，则大益。何则？河、济，北渎也，而泰山之伏脉介其中。故自封丘以东，地势中隆高起，而运河分水龙王庙，遏汶成湖，分流南北以济运。是河本在中干之北，自有天然归海之壑。强使冒干脊而南，其利北不利南者，势也。北条有二道：一为冀河故渎，《史记》所谓禹载之高地者，今不可用。上游，即漳水。下游至天津静海县，入海。皆禹河故道，其地亦高，故不可用。一为山东武定府之大清河，即济水；小清河，即漯水，皆绕泰山东北。起东阿，经济南，至武定府利津县入海。即禹厮河为二渠，一行冀州，一行漯川者也。

自周定王时，黄河失冀故道，即夺济入海，东行漯川。故后汉明帝永平中，王景治河，塞汴归济，筑堤修渠。自荥阳至千乘海口千余里，汉千乘，即武定府利津。行之千年。阅魏晋南北朝，迨唐五代，犹无河患，是禹后一大治。盖不用禹冀州漳、卫之故道，而用禹兖州漯川之故道。以地势，则上游在怀庆界，有广武山障其南，大伾山障其北。既出，即奔直向东北，下游有泰山支麓界之，起兖州东阿以东，至青州入海，其道皆亘古不变不坏，其善一。以水性，则借至清沈驶之济，涤至浊淤之河，药对证而力相敌，非淮、泗恒流不足刷黄者比，其善二。北宋河益北徙，几复故道。宋人恐河入契丹境，则南朝失险，故兴六塔、二股河，欲挽之使东，又不知讲求漯川故道。其弊在于以河界敌，志不在治河也。及南宋绍熙、金明昌之际，河遂自阳武而东，至寿张，注梁山泺，分二派。北派由北清河入海，南派由南清河入海。南清河，即泗水入淮之道。今会通河，起汶上县，至淮安府清河县，是也。北清河，即济漯川。今大清河，自运河滚水坝，历东阿、平阴、济阳、齐东、武定、青城、滨州、蒲台，至利津海口。其时，金人以邻为壑，故纵河南下，与北清河并行。其弊又在于以河病敌，亦无志治河也。及元世祖至正中，开会通河，尽断北流，专以一淮受全河，而河患始亟。元末至正中，又北决。贾鲁初献二策：一议修筑北堤，以制横溃，其用功省；一议浚塞并举，挽河南行，复故道，其功费甚大。脱脱竟用后议，挽之使南。其时，余阙即言河在宋、卫之郊，地势南高于北，河之南徙难而北徙易。议者虑河之北，则碍会通之漕，不知河即北，而会通之漕不废。何则？漕以汶，不以黄也。贾鲁不能坚持初议，其识尚出余阙之下。明以来，如潘印川、靳文襄，但用力于清口，而不知徙清口于兖、豫，其所见又出贾鲁之下。诸臣修复之河，皆不数年、十余年，随决随塞，从无王景河千年无患之事。岂诸臣之才皆不如景？何以所因之地势水性，皆不如景？其弊在于以河通漕，故不暇以河治河也。

今日视康熙之时，又不可以道里计。海口旧深七八丈者，今不二三丈；河堤内外滩地相平者，今淤高三四五丈，而堤外平地亦屡漫屡淤，如徐州、开封城外地，今皆与雉堞等，则河底较国初，必淤至数丈以外。洪泽湖水，在康熙时止有中泓一河，宽十余丈，深一丈外，即能畅出刷黄。今则汪洋数百里，蓄深至二丈余，尚不出口，何怪湖岁淹，河岁决。然自来决北岸者，其挽复之难，皆事倍功半，是河势利北不利南，明如星日。河之北决，必冲张秋，贯运河，归大清河入海，是大清河足容纳全河，又明如星日。使当时河臣明古今，审地势，移开渠塞决之费，为因势利导之谋，真千载一时之机会。乃河再三欲东入济，人必再三强使南入淮，强之而河不受制，则曰：治河无善策，治河兼治运，尤无善策。呜乎！运河之贯黄河，南北一也；黄河之贯运河，亦南北一也。汶水自南旺湖北行百三十余里，至张秋入大清河，建瓴而下，是南岸通漕甚易，所宜筹。惟北岸但自寿张至临清二百余里，尽塞减水坝，倒塘济运，而筑石闸于寿张黄、运之交。是北岸通运，亦视南河御黄坝倍易，何虞乎运道？且今日之河，亦不患其不改而北也。使南河尚有一线之可治，十余岁之不决，尚可迁延日月。今则无岁不溃，无药可治，人力纵不改，河亦必自改之。然改之不可于南岸，亦不可于下游徐、沛之北岸，何也？上游河身高于平地，仍可决而南也。惟一旦决上游北岸，夺溜入济，如兰阳、封丘之已事，则大善；若更上游而决于武陟，则尤善之善。河已挽之不南，费又筹之无出，自非因败为功，计将安出？

因败为功，如之何？曰：乘冬水归壑之月，筑堤束河，导之东北。计张秋以西，上自阳武，中有沙河、赵王河，经长垣、东明二县，上承延津，下归运河，即汉旧河故道。但创遥堤以节制之，即天然河湾。张秋以东，下至利津，则就大清河两岸展宽，或开创遥堤，即如王景用钱百亿，尚不及兰阳、武陟之半。河既由地中行，无高仰，自无冲决。即使盛涨偶溢，而堤内堤外相平，堵即闭，不过如永定河塞决之费一二十万而止。新河北不驾太行之脉，南不驾泰山之脉，介两脉之间，所刷皆尘沙浮土，日益深通。且南岸有旧河，淤身千余里，高五六丈，宽数百丈。以北岸为南岸，新河断不能再侵轶而南。虽自考城以下，旧河迤逦益南，距新河渐远，难尽借北堤为南堤。而河如南决，则断不能冒截而过北岸。自卫辉以上，西薄大伾山；自卫辉以东，有平衍，无洼下。加用砖工护堤，以御大溜，河舍深就高，侵轶而北。禹河由冀州入海，史言载之高地，是冀北不洼下之证。即使数百年后，河流偶北，如北宋之复禹迹，亦无庸挽之使南矣。姑毋侈王景河千年之远效，而数百载间，大工费必省矣。

其平时岁修，则姑复国初之旧，以一河道驻张秋，督南岸、北岸、上游、下游数厅官，及河标武职数十员而止，可裁冗员大半矣。每厅辖境不能过百里，缘盛涨时鞭长莫及也。若水由地中行，则无险工可抢，故无用多官。岁修及倒塘济运，至多以数十万计，如国初旧额，岁可省五百万。十数年可渐复乾隆库藏之旧，大利一。河北自卫辉南境，凡沙河所经，如原武、阳武、延津、封丘、考城，直走山东，皆历年河决正溜所冲之地，非沙压，即斥卤，皆土旷人稀，无辐辏阛阓。而南自开封，下至淮海，旧河涸出淤地千余里，以迁河北失业之民。舍硗瘠，得膏腴，不烦给价买地，大利二。洪泽湖畅出入海，高堰可不蓄水，涸出淮西上游民田数万顷，大利三。五坝不启，下河不灾，淮扬化为乐国，大利四。河不常患，帑不虚糜，而后国家得以全力饬边防，兴水利，尽除一切苟简权宜之政，大利五。其新河岁修数十万金，但取诸旧河、旧湖涸出淤地升科之项而有余，国家更不费一钱以治河，大利六。

此六利者，天造地设，自然之利，非非常之事也，亦不必需非常之人也。但须廷议决计于上，数晓事吏承宣于下。晓谕河北州县，当水冲数十里内之民，以兰阳、武陟之已事，令其徙危就安，徙害就利，舍硗瘠，就膏腴。天下无不知利害之人，断无甘心危地以待沦胥之事。岂非因势利导至易之策？然而事必不成者，何也？河员惧其裁缺裁费，必哗然阻；畏事规避之臣，惧以不效肩责，必持旧例，哗然阻。一人倡议，众人侧目，未兴天下之大利，而身先犯大下之大忌。盘庚迁殷，浮言聒聒。故塞洚洞之口易，塞道谋之口难。自非一旦河自北决于开封以上，国家无力以挽回淤高之故道，浮议亦无术以阻挠建瓴之新道。岂能因败为功，邀此不幸中之大幸哉！吁，国家大利大害，当改者岂惟一河！当改而不改者，亦岂惟一河！此山东济南府、武定府之大清河，非直隶天津直沽口之大清河也。南北相距五六百里，一系济水，一系卫水，判然不同。虽二道皆禹河故道，而燕、蓟之水皆南流，此北道地高之明证。且密迩京师，断不可用。惟东道天然大壑深通，且为历年北决之正溜，天造地设，更无善于此者。胡氏渭尚责王景不知复禹河冀州故道，未能尽善。岂殷室五迁为患之河，反于汉、唐千年无患之河乎？但慕师古，无裨实用，斯则书生之通蔽已。

筹河篇下魏源

或曰：史称王景治河，发卒数十万，修渠筑堤，自荥阳东至于千乘海口千余里。千乘，今利津县。商度地势，凿山阜，破砥绩，原注：砥绩，山名。案：绩当作碛，盖山麓石矶，插入水中者，必破去方免碍水道。直截沟涧。逢湾取直。防遏冲要，即今埽坝、挑溜、御险。疏决壅积，旧无河槽处，别开引河。十里立一水门。说详下文。简省役费，然犹以百亿计。十万曰亿。凡用钱千万贯。明年夏，渠成。兴工于先年霜降后，逾春毕工。诏滨河郡国置河堤员吏，如西京旧制，原注引《十三州志》曰：成帝时，河堤大坏，泛滥青、徐、兖、豫四州，乃以校尉王延代领河堤谒者，秩千石。或名其官为护都水使者，中兴以三府椽属为之。其法皆与后世治河相仿。惟十里立一水门，得无分泄水力？溜缓沙停，蹈贾让多开渠门之失，违潘、靳束水攻沙之议。

曰：潘季驯治河，亦有闸、坝、涵洞以杀盛涨而淤洼地。景之水门，即潘氏之闸、洞也。更相洄注，使无溃漏。则水门外必仍有遥堤，以范围之，即汉人所谓金堤，又谓之石堤者。潘氏遥堤，相去千丈，内有缕堤，相去三百丈。河槽常行缕堤之中，日夜攻沙。若水门不在缕堤外、遥堤内，则一泄不返，安能更相洄注而无溃漏耶？计王景新河，初年渠身尚浅。伏、秋二汛，往往溢出内堤，漾至大堤。故立水门，使游波有所休息，不过三四日，即退归河槽，故言更相洄注。若数年后，新河涤深至五六丈，则大汛不复溢过内堤，而水门可等虚设，故能千年无患。

然则十里一水门者，盖其开放新河时，使皆洄注于内堤左右，而非泄水于外堤乎？用钱千万贯，不及近世兰阳、武陟大工之半，而遂建千载之绩，何惮而不为？曰：王景筑堤千余里，用钱千万贯。其时物力，视今贵贱悬绝，果能以今日银价合古时钱价耶？曰：王景之费，一由于初创新道，故有凿阜破砥，直截沟涧之劳；二由于十里立一水门，更相洄注也。今则因其故道，无凿阜破砥之功，是费可省于旧者一。水门石工，视缕堤土工费倍。盖其时荥阳以东，无高厚旧河身之节制，恐河南侵，故堤防用力若是。今则有高厚旧河身以为南岸。即不必立水门，不必用缕堤，而但筑遥堤。其北岸亦止须间抛砖工，以护堤御涨，费可省于旧者二。是今日之事，师景而逸于景。考河堤土工，每方例给银一钱九分，或二钱一分。今欲改道，必筑新堤高丈五尺，顶厚三丈，底宽十丈五尺，计堤长每丈需土百方，为银二十两。每堤一里，需银二千六百两。除旧河上游，即以北堤作南堤，毋庸新筑。及下游大清河两岸遥堤，高广减半，其实较省外，统计新河千余里，不过费帑金五六百万。止需目前今河例修一岁之费，即可一劳永逸。以今之银五百万，抵汉世之钱千万贯有余矣。至东汉滨河员吏，秩不过千石，且隶于郡国，等于掾属，视今日两总督、八道员、数十厅营，相去悬绝，则其岁修工程之无多，又可知。不独险工减于后世什九，其浮费亦必不及后世什一。险工减，故官可大裁；浮费核，则工归实用。故古河员之多寡，恒视河务为盛衰。员愈多，费愈冗者，河必愈坏；员愈少，费愈节者，其河必愈深。如曰不然，近请视国初，远请视前史。

或曰：孙文定、裘文达，皆曾主北流之议。然孙公之议，则欲于漕舟抵临清后，即由大清河入海，转运天津。所经海道仅四百余里，皆内海而非大洋，并以乾隆三年运登、莱米三十万石，由利津至天津，一日即至为证。裘公则谓汉明帝时，德、棣之间，河播为八，王景因以成功。今八河堙塞难浚，不若改由六塘河之省力。然耶，否耶？

曰：自元明以来，知北流之利者，如余阙、胡世宁，及近日胡渭、孙星衍，不一其人，皆无如漕舟之无策。若言盘堤、言海运，终不能不两易其舟，即无以杜阻挠之口。由其时尚未有灌塘济运之法，故言改河北流，必至道光间行之，始万全无失。亦事穷则变，千载一时。至《后汉[1]·王景传》，但言修渠筑堤千余里至海口，并无播河为八之说。《明帝纪》言汴渠决坏六十余岁，王景治之，河、汴分流。是其时河决为二：一由汴，一由济。王景塞汴归济，并不北经德州，亦无德、棣间先决为八之事，不知裘文达何自得此无稽之语。盖误认德州之老黄河九河故渎者，以为王景之河。且欲广其尾闾宽五六十里，恣河泛溢，与潘、靳之长堤束水议正相反。地理方向之未辨，更何暇与议方略？德州之老黄河，乃所谓王莽河也。

问曰：兖州大清河为王景故道，既可千年无患，何以禹河不专行漯川，而必兼行故渎，致殷都五迁之患，岂禹之智不及景耶？曰：史言禹以河所从来者高，行平地，数为败，乃自冀州引河北行，载之高地。则是洚水方割之时，兖州一望汪洋，水中无可施功。故从大陆开凿北行，载之高地。既称高地，明非天然之壑。及兖州水退，降丘宅土之后，河槽涸出，始知济渎地势胜于冀州。故别厮二渠，兼行漯川，实则以漯川为正流，而姑留冀州故道为分派。其后冀州高地九河日淤，正溜日趋卑地，故殷室有五迁之患。及周定王后，九河故道全塞，遂专趋济渎。后汉王景始因禹迹以成功，非景之智过于禹，所值之时，所因之势，过于禹也。是大禹初引河北载诸高地者，洪水时未

---

[1] 后汉 即“后汉书”。

竟之功，继又厮渠引河东趋漯川者，洪水后讲求尽善，而王景始成禹之志。师景即所以师禹，非一时之功，实百世之功也。

言河范玉琨

国朝黄河自康熙二十余年，靳文襄公修治以后，已尽复潘印川之旧。其后不守成规，而海口之水本深七八丈者，浸渐淤垫，河底增高，由下而上，不得不从事堤工。凡靳文襄两岸未曾筑堤之处，亦一律补筑。南岸自荥泽之广武山，北岸自武陟之青枫岭，下至海口，绵长二千里。两岸土堤，联络始如宋人所谓贮水于渚矣。于是分为东、南两河，设两河督，增设道厅佐贰，文武员弁不下数百员。官虽多而不言治河也，不谈海口也。于是河口日高，堤工日增，偶一坐湾，厢埽抵御。于是冗员而外，又添埽工之费。岁修堤增，遇有溃决堵合，或费数十万，或数百万。

迨乾隆年间，裁革民夫、民料。凡塞决工需，悉发正帑。于是遇有漫口，非三五百万及千余万，不能蒇功。至嘉庆八年，豫省衡家楼大工，共用千有二百余万。其余东、南两河，无十年不决口者，每次三五六百万。即就所亲见闻者，如河南之三次减坝，郭家房、陈家房、马港口、李家楼、于家沟；豫、东之曹工、睢州上汛五堡、睢州下汛二堡、仪封三堡、祥符工、中牟工，不下四五千万。竭天下之财赋，尽供河工之用，而库藏始无存积。自靳文襄治河之后，迄今百二十余年矣。河底淤高五六丈，两岸堤工亦增至五六丈。试以每岁加堤丈尺计之，按册而稽，必有二三十丈。即此加堤之费，已有五万万矣。埽工，则数倍之。河身垫高之后，清水不出，高堰石工堤，亦递年加增，又不下三五万。何况嘉庆十一年，岁修工料，奏定加价一倍乎？历古以来，无本朝河费之大也。此后水行山阜之上，偶有异涨，立即溃决。恐岁有大工糜帑，更无底止，其患不堪设想。

然则今日即复文襄之旧制，接筑海口长堤，仍用混江龙、铁篦子往来疏瀹，河可复故乎？曰：不能也。文襄之时，内外滩地相平，河一刷深，清水即出。清水一出，积沙全去，易于为治。今则堤外河滩，高内地三四五丈矣。自御黄坝，以至海口，五百里积满之沙已坚已厚，即使仍复旧制，非十余年之功，不能有效。而此十余年中，上游必有失事之处。一经失事，全功尽弃。且每漫口一次，中满之沙，淤积更厚，收效更难于一次，已成不可救药之锢疾。此皆数十年来，但言防河，不言治河之所致也。然则将如之何？曰：旧河已无可治，非改道不为功。非常之原，黎民所惧。非黄河自改不为功，此存乎天意而非下士所敢议也。

卷二十八　附著三

河防刍议 刘成忠

治河于平成之岁，惟防险而已矣。自来防险之法有四：一曰埽，二曰坝，三曰引河，四曰重堤。四者之中，重堤最费，而效最大。引河之效，亚于重堤，然有不能成之时，又有甫成旋废之患，故古人慎言之。坝之费，比重堤、引河为省，而其用则广。以之挑溜，则与引河同；以之护岸，则与重堤同。一事而二，美具焉者也。埽能御变于仓卒，而费又省，故防险以埽为首。然不能经久，又有引溜生工之大害。就一时言，则费似省，合数岁言，则费极奢矣。今重堤、引河，既不可以猝办，黎襄勤公之碎石坝、栗恭勤公之砖坝，又皆毁坏殆尽。河营之所传习，惟镶埽一事，固已不足以应变。而又悉举前人之埽制，而阴坏之，务为苟简，使之易蛰、易走、易腐，以为请帑加修之地。积习相沿，不知始于何时？虽有贤员，莫能自异。犹幸咸丰三年以后，河由山东入海，下游宽广。因而豫省河面，低于道光年间者四五六尺不等。虽当伏秋之盛涨，出槽之时颇少。是以二十年来，岁修之费，不及从前十之二三，而全河得以无事。

近年山东之河，自北而南，淤垫已遍，渐不如前此之河之通畅。而豫省伏秋之涨水，亦遂难于消泄。霜清已过，险报频闻，而岁抢、岁修遂一再请增而不能已矣。今之久于河者，曰：治河无他，惟多备秸料云尔。夫诚能多备秸料，亦岂非先事预防之上策？然河工之变，百出不穷，有耳目心思所不及者。无料不可以治河，而治河之难，固非曰吾有料焉，遂可毕乃事也。若一切机宜审之未当，而但恃秸料以为镶埽之备。埽蛰则加埽，走则补。无埽之地而溜至，则又添埽以御之。积而久焉，处处皆埽，舍旧谋新，阅数年必易一次。虽有不涸之饷源，安能知漏卮之何所底止耶？成忠管窥之见，窃以为河工之守险，譬如兵家之守城。善守城者，不待敌已傅城，而始凭堞以击之也。或驱之境外，而使共转而之他；或御之近郊，而使其止而不前。迨至万不得已，然后婴城而守焉。诚以守近，固不如守远也。埽者，婴城之守也。引河，则驱敌于境外者也。坝则，御之于郊，以内墉以外者也。重堤之建，是弃外城而守内城也。若既有重堤，又先之以放淤，则是不惟守内城，直弃平地，而守高山也。夫吾既驱之于境外，又御之于郊内，而又由外城而及内城，步步为营，层层设险。敌虽强，未有不疲而思退者矣。意外之患，何自生哉！此埽、坝、引河及重堤，四者所以缺一不可也。然引河用帑，动以巨万计。非其地上有吸川之形，下有建瓴之势，则虽引而不能成。非关放之后，有数日不消之盛涨，则虽成而亦旋废。糜饷多而收效少，自非合龙之大工，未易轻举。

成忠遍查成案，见乾隆、嘉庆时，有包滩下埽之法。凡大溜塌滩，滩虽塌而堤尚远者，即于堤外下埽包滩。虽不如引河之能改河溜，共为御之于境外，则一也。开河难而守滩易，如今日下南十六堡，中河头堡、二堡，皆有滩可守之地。滩苟不去，堤复何患哉？其或堤外无滩，则当多筑挑坝，或石，或砖，或柴，或土。凡临黄之堤，皆当及早为之。如今日上南八堡至十一堡，中河二堡至四堡，下南二十堡是也。滩不可守，坝不及筑，则其计必出于埽。埽者，治河之常法。凡南河皆用之，而独不宜于豫省。靳文襄公所称，河南土性虚松，下埽难以存立者是也。今南岸三厅临河之地，无往非埽，而其埽又远逊于古。苟非变而通之，一遇顶冲，大溜其患将有立睹者。雍正以前，河南各工用埽绝少，惟荥泽北门外护城堤上，有埽工一二处。其余每逢溜近，皆预筑里堤、月堤，以待之。今虽残缺，犹有存者，如上南之裴昌庙、中河之头堡至四堡、下南之十七堡至二十六堡是也。古人之防险，于建坝、镶埽、加堤之外，先之以引河。今引河不用，而易以守滩，其余三事悉如其旧，亦犹是由远而近之义也。谨条其说，如左。

一曰外滩宜守也。黄河之性，喜曲恶直。曲而向北，则南岸生滩而北险；曲而向南，则北岸生滩而南险。是以防河之法，但防险工。其有滩以为外蔽者，毋庸防也。然河流善徙，数年中必一变。伏秋之时，则一日中且数变，其变而生险也。必自塌滩，始滩尽而薄堤，薄堤而险必出矣。河工之例，有守堤而无守滩。每当大溜之逼注，一日或塌滩数丈，甚且至于数十丈。司河事者相与瞠目，束手而无如之何，惟坐待其迫堤，然后镶埽而已。至于未雨之绸缪，固有所不暇及也。夫滩者，堤之藩篱也。滩存则堤固，滩去则堤危。幸而滩去堤远，虽一再坍塌，不至有啮堤之虑，则诚可以不论耳。若顶冲埽湾之溜，已塌至距堤百丈之地，则不出旬日，堤将随尽，安可不为之所耶！咸丰以前，河由徐州南下，地狭而水易壅。河水出槽者，十年中常七八见。每逢水涨之时，滩面低于水面，水从滩上攻堤。虽有护滩之埽坝，但能使滩之不续塌，不能使堤之不受攻。故守堤常急，而守滩似缓。然溜力之重轻，因乎水势之深浅，愈深则力愈重，渐浅则力渐轻。假如中泓之水，深有二丈，滩比堤低一丈，河水逾滩而上，仅一丈之水力耳。若外无此滩，则堤前水深三丈，而攻堤之溜，挟三丈之力矣。以三丈之溜力，视一丈之溜力，其守之难易为何如也。滩远者，不必守滩，低者不足守。滩本不塌，则无论高低远近，亦皆可以不守。若塌形已现，地渐近而滩尚高，则虽当咸丰以前，水易上滩之年，古人亦未尝不设守。《治河方略》云：抢救顶冲之法，于外滩地面，离堤三四十丈，飞掘丈许深槽，卷下钉埽。是守滩之一证也。乾隆十一年，高文定公奏云：近有包滩下埽者，水未近堤，于河滩近水作地台下埽。是守滩之又一证也。嘉庆十九年，黎襄勤公疏云：王平庄河势坐湾，旬日塌滩一百七十丈，应即就堤外老滩，赶镶包滩大埽，挑溜开行。是守滩之又一证也。成案之班班可考者，如此。况今日之河，与古尤异，上滩之时少，塌滩之时多。往往滩高于水五六七尺，大溜一至，坝卸不已。盖水之上滩，视水面之高低；溜之塌滩，则视溜头之向背。不能上滩者，未尝不能塌滩也。于滩留数武之地，即可为堤减数丈之水。即其上滩，亦不足患，况乎其不能也。此今日之河，所以必以守滩为要务也。守之之法，用埽不如用坝，或石，或砖，皆足弭患。若溜势不大，则挂搂防风，亦自可用救变于始生，遏寇于境外。较之坐视其塌，必至堤而始议守者，非惟省费，抑且不濒于危矣。

一曰盖坝宜建也。挑溜固堤之方，莫善于坝。坝者，水中之断堤耳。而其为用，则有倍蓰于堤者。堤能御水，不能挑水，且所御者，为平漫之水。镶之以埽，护之以砖石，然后能御。有溜之水，然止于御之而已，终不能移其溜而使之远去也。坝之为制，斜插大溜之中。溜为坝阻，转而向外。既能使坝前之堤无溜，又能使坝下之堤无溜。十丈之坝，能盖二十丈之堤。因而重之，以次而长。二坝长于头坝，三坝长于二坝。坝至三道之多，大溜为其所挑，变直下为斜射，已成熟径，终不能半途而自返。非独六七十丈之内无溜，即二三百丈之内，亦无溜矣。十丈之堤，仅能蔽十丈之地。二十丈之堤，仅能蔽二十丈之地。而坝之为用，独能以三十丈之断堤，而护三百丈临河之地。事一而功十，治河之法，未有巧于此者。且堤者，外水而内田者也。万顷之涛，仅此一重之障。一经摧陷，则堤内更无可据之险。帮筑里、月，费既大而时亦迂。仓卒之间，往往不及。坝则撑于堤外，即或坍尽，尚可退守大堤。多一重外坝，即多一重遮隔。而又可多数日之延缓，以为补埽戗堤之地，斯又其善之善者也。若夫欲水之归槽，则筑长坝以逼之；欲河之中深，则作对坝以激之。一切作用，皆出于坝，坝之功效大矣哉！

今之道厅，非不知用坝胜于用埽，历任河帅，廑念宣防，深维一劳永逸之计，尤孜孜注意于此。然而承办之营员，动辄估至万金，或八九千金。度支不足，添款为艰，是以屡欲建坝而不果也。成忠以理度之，一坝之长由七八丈以至十丈，宽约二丈，高约出水四五尺。其初镶也，三面皆水，惟背倚大堤一面为实地。今用捆镶之法，以建柴土之坝，自堤前起，亦三面临水，一面以堤为实地。捆至第二占，则以背倚之第一占为实地，由是而三占、四占、五占皆然。至第五占，则长已十丈，而坝成矣。核其丈尺，特五段之埽耳。埽出水五尺，坝出水亦不过五尺。埽宽十丈，上下皆同。坝则面宽六丈，底宽十六丈，比之于埽，特宽八丈耳。新埽一段，其贤约五百金。以五段之埽，为一坝，则其价特二千五百金也。加以绳缆之值、雇船之费，外镶边埽，中浇土坝，至于四五千金足矣，安有万金之理耶！然工员承办，必谓五千金不敷所用，今姑不与之辨。请以砖坝代之，柴土坝易圮易腐，故面宽估至八丈。若砖坝则四丈已足，其底约宽十丈，高约二丈，计长十丈之砖坝，应用砖一千四百方。下南砖价每方七千五百文，计每坝用钱一万零五百，为银六千两，此实砌之砖之方数也。砖抛水中，欹斜堆叠，多有嵌空之处，断不能用至一千四百方。则有五千金之帑，在下南可成一坝矣。上南向不用砖，亦无旧砖之可市。开窑制造，每砖约须十文、十一文，比下南每方约加银一两五钱，共约加银二千两，通计一坝用银七千两。以每年购料、购石之费，节省二万，便可成砖坝三座。三年之后，坝多而埽自省，断不至再有加价之虑矣。此亦变通之一法也，抑犹有进焉者。

凡砖石及柴土之坝，惟水中始有之。若滩上筑坝，则用土足矣。然滩有老滩、新滩之分，老滩之面，比伏秋水面，高一三尺至五六尺不等。若于其上筑坝，则坝在滩上，水在滩下，坝与水两不相值。惟坝头临水，可以镶埽抛石，而上首、下首不能也。大溜一至，滩腹淘空，动辄塌滩四五丈。滩塌而坝随之，虽极穹窿亦归无益。惟新滩之阅二三年者，冬春水不上滩，可筑土坝。伏秋有溜，镶埽抛石，无溜则听之。比之老滩，较为有用。或谓既长新滩，是溜势已去，安用此土坝者？为不知黄河工段，无定之中原亦有定。如下南险工，由十七堡以至二十一堡，为历年抢险之地。其中或提，或坐，小有变迁。如同治十年、十一年，则在二十堡至二十一堡，而十八堡以上无事。迨十二、三年，则在十七、八堡。霜清后，直至十六堡，而二十堡至二十一堡无事。通计，此一厅河势不出此。黑冈上下六堡之中，已去者未必不来，方来者未必不去。至于十五堡以上，二十二堡以下，如魁星楼、回回店，未始非著名之古险，而此数十年中，淤闭已久，虽置之不问可也。今二十堡下之新滩，高于水面三尺。入伏以后，水必上滩，有工无工，难以预定。乘此尚可筑坝之时，成坝三座，以为水去复来之备，斯未雨绸缪之上策也。此外，各厅有相同者，亦以此法行之。每岁可成数坝，一朝溜至，其守易矣。比之砖石、柴土，岂不效同而费省哉！

一曰埽制宜更也。河工之用埽，自汉已然。潘印川、靳文襄公之治河，凡险要之地，皆恃埽以守御，未尝以埽为引溜生工也，亦未尝弃埽而抛砖石也。自用柳改而用秸，而古法于是一变。自横埽尽为直埽，而古法于是又一变。自是以来，愈变愈下，直至今日，而埽遂为利少害多之物矣。成忠遍查成案，窃以为古埽之变为今埽者，其弊有六，请得详而言之。《治河方略》云：埽必柳七而草三。何也？柳多则重而入底，然无草则又疏而漏，故必骨以柳而肉以草也。又曰：柳遇水则生，草入水而腐，为土性既宜之，且又省费而易办。乾隆十九年，江督尹文端公奏言：河工料物，柴柳为上，秸次之。柴柳入水，耐沤而经久。柳质尤重，压埽沉着有力。入水经一二十年不腐，秸至一二年后朽坏无存。柴不如柳，然犹胜于秸。此皆言镶埽之物，莫良于柳，而草则所以补柳之疏漏也。有明一代，埽皆用柳。每高五尺之埽，用草六百斤，柳三百六十斤。柳少则以苇代之，无用秸者。康熙二十年，民柳渐少，始劝各官种柳，二十六年以后，河工用柳，大半取之官柳。时或不足，亦以芦苇代之，无用秸者。各工之用秸，见于章奏者，自雍正二年河南布政使田文镜始。其时，每秸一斤，开销银一厘。是年云南布政使李卫奏言：前三十余载，河不为患者，实河臣靳辅之力。彼时沿河种柳，今河官取两岸产柳之地成田，纳租分肥，而秸料则仍派于民。奏入，乃复申官地产柳之令。历乾隆、嘉庆，终不能复。然如乾隆十八年，张家马路漫工，犹草、柳并用也。由道光至今，竟不知埽有用柳之说矣。柳质既重，历年又多不用柳而用秸，于是遂无三年不换之埽，此埽之易柳为秸者，其弊一也。

埽者，河工所常用，《治河书》但谓之埽而已，不言为横、为直也。以卷埽及捆镶之埽推之，则其体宜必横。不横，则埽台不能卷；不横，则船不能捆，此理之易见者。今河工之埽，皆以秫秸之头向外，自顶至踵，有直无横。询之年老之兵弁，皆言自古如此。成忠详加考验，始知河工口号，凡镶埽筑坝，皆有丁、顺之分，直者为丁，横者为顺。乾隆四十七年，阿文成公堵青龙冈漫口，两边进占，地势不顺。奏言：应于上水南首，自南钉桩向北进占。进至七八占，仍向西进占。如此丁、顺做去，似为较稳。是则丁、顺云者，一直一横之谓。通工之所习闻者，不独镶埽然，即筑坝亦然也。《治河书》无直埽、横埽之说，而有丁埽、顺埽之名。《治河方略》云：御冰凌之埽，必丁头而无横。何也？冰坚锋利，横下埽则小擦而靡，大磕必折也。然埽湾之处，则丁头埽又兜溜而易冲，必用顺埽，鱼鳞栉比而下之，然后可以挡溜而固堤。又云：抢救顶冲之法，于外滩地内，离堤三四十丈，飞掘丈许深槽，卷做高丈许丁埽，先期埋入。或百丈，或七八十丈，下至稍可舒展处为止。若离隔甚近，则即于大溜内，先用顺埽保护，一面仍于顺埽外，卷下丁埽，均看大溜长短以定。埽个多少，以方略所言合之。阿公之奏，则丁、顺即为横、直。而今日之直埽，即古之丁埽无疑矣。顶冲大溜，岁不一见。今所谓险工，大都皆埽湾及较边之顺溜耳。埽湾之溜，其力亦能塌崖，然其深则不过二丈。惟用丁埽以兜之，然后始至三四丈。若顺埽，则仍止二丈，断无太深之理。何以言之？凡顺下之埽，非卷即捆。卷做之埽，其上必加散料，兼压大土。埽为料土所压，圆者变而为扁，上宽一二丈者，其底必至三四丈。迤逦而下，状如坦坡，此埽之有收分者也。捆镶之埽，其初镶之第一坯，虽亦平铺，然其上有船以拦之，而其下则任其所之。一经加料、加土，兼之众夫之齐跳，愈跳愈开，愈下愈远。其收分，较卷做之埽尤大。故埽湾之溜，至此斜漫而上，亦斜掩而下，其向前之势方酣。故横缚之缆，能固其在下之力不重，故近埽之土无伤，有搪溜之工[1]，而无兜溜之害。埽湾如此，绞边可知此顶冲。而外河工所用，所以率皆顺埽也。

或有诘之者曰：溜莫大于顶冲，丁头埽既能兜溜，则顶冲之溜，其为兜也宜益大。曷为不可用于埽湾者，反可用于顶冲也？且顺埽既无兜溜之患，曷为可用于埽湾者，又不可用于顶冲也？不知顶冲者，险工之尤险者也。向来失事多由于此，必加倍于寻常抢险之法，乃可御之。推原顶冲之所由来，或因对岸嫩滩，兜住溜势，不得遂其就下之性，变而横走，直冲本岸。或因鸡心滩外，旧有大河，原亦顺流东去，忽滩面于水涨之时，冲开一道，有如峡口。峡愈长，则力愈大，从滩之对面卷地而来。波澜虽若排空攻击，实已透底。横安之顺埽，以千百茎之

[1] 工 疑作“功”。

柴柳，排比而成。所恃者，裹肚之各缆，入腹之长桩，为之钤束。一经顶冲，大溜之奔注，但揭去迎面一二排之柴柳，则缆松而依附不固，亦桩孤而签钉皆虚，逐浪随流，势将尽散。即或未散，而水力太猛，必将埽底之土淘空，巨浪一撞，翻身入水。盖溜势长，而埽身短，虽有收分，固不足以相抗也。丁头埽则森然排列，左埽与右埽，两两相依，顶冲之所不能折，惟搜根淘底之是惧。故前人于顶冲之丁埽，必卷至丈许之高。盖高既丈许，则其长必至十丈，次则亦必七八丈。以七八丈之长埽，挺入河心，大溜能淘深河底三四丈，然后能钻入埽底三四丈。前虽悬空，后自贴实。又有顺埽以乘其后，重关叠键。此其所以虽兜溜而终能御冲者，为其直而且长也。今之丁埽，本从省缆省工起见，散乱抛掷，或距堤一丈，或距堤二三丈。既无入河七八丈之长，徒效其秸根向外，变横为直，屹然如峭壁之立。凡顺堤绞边以及埽湾之溜，一为屹立之埽，所逼洄漩而入。彻底掀翻，水深至三四丈，则入于埽底者，亦三四丈。以二三丈长之埽，侨寄于三四丈空窝之上，其后又无顺埽，安得不随溜而走耶？栗恭勤公云：埽能压激水势，俯啮堤根。意正谓此，且不独俯啮堤根也。埽根之水深，则埽上之数丈与埽之下数丈，亦因之而俱深。则又添埽，埽添则又加深，辗转相寻，为费无已。此自乾隆中叶以后，姚、高、黎诸河帅所以皆有埽能引溜生工之奏，以为非不得已，不可以用埽也，而不知非埽之本如此也。惟丁埽则然，此埽之变横为直者，其弊二也。此二弊，本原之地已坏，仍讹踵谬，其弊益多。

《治河方略》云：除下埽个，仗揪头、滚肚诸绳以拉之，月余即腐朽矣。全赖长桩钉埽于下，而管束镶垫于上也。乾隆三年，白庄恪公奏言：卷下大埽，非密钉长桩，深入老土，无以关东而资稳固。江南河工，杉橛杨桩并用。豫、东两省，全用杨桩。每年约千余株，在洛阳、偃师、巩县、孟津、济源、温、孟等县购买。是由康熙以至乾隆之初，未有不用桩者。其后以借桩冒销者多。于是合龙大工不准用桩，而岁修则犹用之。今自丁埽之法行，埽前之水，动深三四丈，虽有长桩，不能到底，而签桩之法遂废。夫埽之所以经击撞而不走者，桩固之也。今以埽个浮置于堤外，河内之地在中间者，犹有左右两埽夹辅工头工尾，则溜至而即走耳。此埽之不钉长桩者，其弊三也。

明潘印川《河防一览》云：埽以土胜为主。谚云：镶埽无法，全凭土压。此河工不易之通论。软镶之例，由数寸花土，以次递加，至面土三尺而止。今秫秸所镶之丁埽，质本易朽，水又易深。溜到之后，往往蛰至两三次。假如埽面土高三尺，屡蛰之后，土皆入水，浪淘波洗，顷刻尽矣。必又加三尺之料以补之，是枉费也。河员之不压大土，原亦未尝无说。然而埽无土压则轻，轻则不能入土而易危，轻则不能御溜而易动，动辄走埽，理固宜然。此埽之不压大土者，其弊四也。

河工之埽，旧皆用卷。有明一代，无捆船兜缆之举，惟靳文襄《治河方略》于堵塞支河，尝用此法。其见于章奏者，自乾隆十八年，大学士舒公赫德督办铜山县漫工始。然至将合龙时，犹用卷埽也。嘉庆道光间，始全用软镶，以为胜于卷埽。盖以其料皆着底，无虚悬遍重之弊也。其法诚善，而其费则视卷埽为尤重。工员惟省费之是亟，于是岁、抢修之埽，又变为推枕，镶用丁而不用顺。无裹肚之绳，无提脑、揪梢之缆，惟恃两旁之埽，以夹之。埽之草率偷减，未有甚于此者矣。捆镶行而卷埽废，推枕行而卷埽益废。今八九十之老兵，不知卷埽为何状。设遇顶冲大溜，船不能捆，其将何以应之？此卷埽之失传，其弊五也。

骑马之设，所以拦迎面加镶之料，使之不散，实于顺埽为宜。惟捆镶之埽，每占相承，迎面无安骑马之地。故于上下水用之，非谓必当在两头也。束薪者，不束其腰，而以十字架，加于首尾，能毋散乎？今自丁埽之行，骑马皆用于迎面，每年所费与顺埽略同，而得力则迴逊于顺埽。此骑马之无用，其弊六也。

凡此诸弊，非一朝一夕之故。乾隆五十五年，有江南老民汤乾学伏阙上言：近年河工多故，皆由不遵古法所致，并条陈卷埽、种柳诸事。则其时之埽，已非康熙以前之埽，可知矣。今欲渐除诸弊，必自变丁为顺始。然柳枝不用，则埽虽顺而历时不能久，亦终无以善其后。种柳之事，非三五年不能成，顺埽则随时可易。然变推枕为捆镶，其费不止加倍。在厅员，既无此力，且已成之埽，亦未可一朝遂废也。成忠悉心筹议，如旧埽之前，溜势着重，莫善于多抛砖石，以卫其足。以深二丈、厚三尺计之，每一丈之埽，当用砖石六方。抛至四五十丈，溜势必可稍减，然用砖石已三百方矣。今砖石之堆，大抵多虚少实。其在岸有三百方之积者，入水之后，不知用至若干，而后有三百方之用也，此一难也。其本无埽段之地，一朝溜至，莫善于改镶顺埽。然顺埽之绳橛、人工，皆数倍于丁埽，其费固已不赀。又卷埽之法，无一人能任之者，捆镶则非船不可。新生之险，急于星火，虽缆橛亦苦不应手，又安得船耶？是又一难也。必不得已而思其次，其惟留磴乎？其法于新生之埽，本拟面宽一丈者，头坯加宽至四丈，其后每加镶尺余，即收进一尺，约计埽高二丈，可收进一丈五尺，埽面之宽，但存一丈，层层收缩，有如磴然。乾隆时，常行之，节省镶埽之费，以为培高堤岸之用。行之未久，或有谓其无益者，其事遂罢。以今思之，省费诚亦无多。然逐层留磴，则虽在丁埽，亦有收分，不至有兜溜淘深之惧。是无易丁为顺之名，而有易丁为顺之实。埽前之水，断不能深至三丈也。成忠尝询之营员，或以为可，或以为不可，姑试行之。较之变推枕为捆镶者，其费究可大减也。若诚无益，则惟捆镶及砖石而已。百年之弊，非一日所能除，亦非一言所可尽为之。以渐庶几，尚有复古之日欤？

一曰重堤宜筑也。自明潘宫保之治河，即有缕堤、遥堤之制。《河防一览》所载河图，自荥泽、武陟以至云梯关，未有不两堤者。又兼筑月堤、格堤于中，略如今之圈埝。靳文襄公因之，虽徐州之下地势太狭，间有不筑遥堤以省费者。然遥、缕并见者，固十之七八也。当明季及顺治年间，黄河之患，惟河南为甚，说见顺治十八年十月，总河宫保朱公梅麓奏中。迨靳文襄公总督河南，其时为康熙十六年，距朱公具疏时，仅十六七年耳。而其见于文襄公之书者，一则曰徐州以上，堤固河深，绝无河患。再则曰治河之事，莫难于保险。开、归以下，堤多者至四五重，无甚险。前后情形，其不同也如此。成忠查《河南通志》，自顺治八年总河杨公茂勋始筑堤之役，无岁无之。朱宫保在任十年，设因地远近以次调夫之法，民服其公。所筑尤多，自是岁以为常。起顺治八年，终康熙二十九年，计四十年中，筑堤凡一百八十三处。此靳文襄公所以羡中州黄河两岸遥堤、格堤、月堤之多。而自堤成之后，所以直至康熙之六十年，仅决詹家店之一处也。重堤之大效如此，今河南南北两岸旧堤犹有存者。然残缺已甚，稍完整者，不及十处。欲一一修而补之，诚非容易。然每年砖石麻秸之外，例有土工银三四万两。营汛各员，赖此自效。此本有之款，不待加增者。

现在有工之处，堤面宽皆八丈、十丈并有过十丈者。此近年整顿河工之成效，迥非四五年前之比，既已高厚坚整矣。岁支土工之银，尚有赢者，正可加筑重堤。先自有工之处始，次及虽无工而不可恃者，然后再于最要之处，修其重堤后之重堤。如下南十七堡圈埝之外，又有十七堡至二十六堡之大圈埝。是已期以十年旧堤尽复，然后再议其他。如是者，有大利二焉。

一曰水戗。凡堤危急之时，抢筑堤里，谓之帮里戗。水戗云者，不戗以土，而戗以水也。非大溜不能塌堤，既塌堤矣，多筑二三丈之里戗。是否有济，殊不可知。惟于重堤之处，预筑格堤，以成圈埝。一旦事急，竟从堤之下游开口放水，使内塘先为水据，则外堤有所凭以为固。所谓戗也，《河防一览》图内说之甚详，以为治河之法莫妙于此。今人不加深考，往往疑畏，不知南河险工，赖此保全者多矣。且非独南河也，《河渠纪闻》云：江南遇大水，缕堤着重时，每开倒钩放水入内。豫省沙松，多不轻放，然如铜瓦厢，古称极险，加筑月堤，每岁增培。至乾隆乙卯，大溜曲注，危险异常。开倒钩引入，内塘登时灌满，水仍外出顶溜开行，此其验也。黄河之溜，短则力猛，长则气衰。凡顶冲埽湾之最险者，其对面兜溜之滩及出峡之口，大都皆一望可见，为其近也。若放入内埝，则经行之地，又多百十余丈。水已伸腰，其险自平。况倒钩引水，必在不甚迎溜之处。俄顷之间，水已灌满。以水搪水，外堤未必再塌。即或坝开，亦无跌塘之势，混茫一片，仍从所放之缺口入河耳。何险之不可保哉？

一曰放淤。其法与水戗相同。惟水戗当溜注之时，开下口者居多，不敢于迎溜之处，又开上口。若放淤，则多于无溜处行之，从上口灌入，从下口放出。每岁可淤高三四尺，积三五岁，内塘之地高与河平，可以永无河患。康熙三十一年，靳文襄公再任总河，上“河工守城疏”云：臣辅前任内，曾将邳州董家堂、桃源县龙窝二处险工，择埽台上下建设涵洞，引黄灌注。复于月堤亦建涵洞，使清水流出。月堤之外，堤里洼地，不久淤成平陆。不但堤根牢固，而每年取土亦易。又云：臣辅复任以来，见邳州旧城迤西，周围约有百里，地势卑洼，四面皆高，以致所淹之水，永无去路。臣以为此亦可借黄以淤之者也。臣辅在任时，徐州长樊坝险工，堤里洼地甚多，涵洞不足淤灌，遂于埽台下首，掘开丈许之口，引黄内灌。伏秋一过，自然挂口。仍将掘口之处堵塞，数月间已淤高二三尺矣。今邳州亦宜仿此行之，其清水亦可引之运河而去。或虑掘堤可虞，不妨建设小闸，更为万全云。自公上此疏后，历数十年，放淤之法大行。乾隆二十一年，行之于石林；二十九年，行之于夏家马路；三十年，行之于孙家集；三十一年，行之于蔡家楼；三十三年，行之于徐家庄；嘉庆二十一年，行之于李家庄。更有贾家庄、七里沟、朱家坝、曹工大坝等处，见于大学士吴公松圃疏者，其岁月今不可考矣。伏查黄河之患，在两堤中者，莫大于积水伤堤，而无寸土之可取。在两堤外，距河数十里百里者，莫大于田为沙压，无地可耕。今若行此放淤之法，如上南之郑州十堡、十一堡，中河之中牟上汛四、五堡，下南之二十堡至二十六堡，或开倒钩之渠，掘堤放入；或砌涵洞，或建小闸，从大溜所背之地施工，断不致有夺溜之患。一二年后，两堤之间，水去淤留，即不能高与堤平，亦可免无土可取之患。

若夫利之尤大者，如今日郑州、中牟、祥符。凡在贾鲁河之北者，历年为河工漫口所经，飞沙极目，杳无居人。昔日膏腴，皆成弃地。小民疾首蹙额，而无如之何。若相度形势，于有圈埝之地内外，皆设洞闸，俾堤前平漫之水，从闸洞放至平地，其水归入贾鲁河，所挟之淤，必留于经过之处。谚云"紧沙漫淤"。凡漫水未有挟沙而行者，沙压之地，皆昔年之急溜也。如是行之，数年之后，斥卤变为膏腴，岁增民食，官租以巨万计，真无穷之大利哉！

以上四事，守滩必购砖石。盖坝则砖、石、柴、土，皆可为之。因时因地，惟费之省者是宜耳。埽之弊最多、最久，一期易之，夫岂易言。近时名臣，如黎襄勤公、栗恭勤公，其于埽之利弊，知之深矣。其所以变而用砖石者，诚以多年积弊，非旦夕可除也。变埽为坝，又变卷埽之坝为内土外砖石之坝，此前贤救急之良法，欲求速效，惟此为宜。其次则以砖石卫埽根，又其次则试行留磴之法，为之以渐，或者其有瘳乎？重堤之保险，放淤不独免河之害，兼欲收河之利。治河无上策，此则庶几上策欤？然而知之者，以为大利，不知者或且以为大害。姑存此说，以待事机之会耳。保险之法之可言者，大略不外此四事。至于治河之本，尚有其远且大者，则非浅见之所能知也。

筹河论上宗源瀚

光绪十三年八月十三夜，河南郑州下汛石桥决口。于是朝野上下无不皇皇，以不能塞决为忧，窃以为此不足忧也。前明河防，被大害兴大役者，五十余。我朝二百余年，东、南两河，除平漫不计外，夺溜大工，亦三十九次，未有不能塞者。咸丰五年，铜瓦厢决口。时值用兵，无暇兴大役。且欲试行北流，工遂未举，非不能塞也。豫河之工，在北岸难，在南岸易。南岸口门水深溜急者难，口门水不甚深者易。康熙六十年之马营口、乾隆四十六年之青龙冈，工阅三年而后成。青龙冈以徙堤徙城，用帑至二千万。嘉庆八年之衡家楼、二十四年之马营坝，虽皆秋决春塞，然一则用帑千万，一则用料至二万数千垛。至今谈者变色，皆北岸也。若南岸，则不至乎是。南岸如乾隆四十三年，祥符、仪封五挫于垂成。道光二十三年，中牟九堡将合时，亦连失五占。然一则口门水深十一丈，一则口门水深九丈也。且初工虽未就，而守其已筑之坝，至次冬旋合。此外南岸之工，如中牟杨桥，考城五堡、张家油房，睢州二堡、五堡、十三堡，仪封三堡，祥符三十一堡，或不三月，或不两月。其棘手者，亦仅至次年正、二月讫工。

今郑工居南岸，文成阿桂奏议云，“荥泽、郑州距广武山甚近，土性高坚”。闻决口以后，水平溜缓，非甚难措手之工也。岂有不能合龙之理？故曰不足忧也。虽然有可忧者，口门太巨，兴工太迟，集料太艰。本朝三十九次大工，与文襄靳辅连塞南河二十一口，口门或数十丈，或一二百丈，未闻有五六百丈之事。最大者，乾隆中中牟杨桥、嘉庆中武陟马营坝、道光中中牟九堡，亦仅三百余丈耳。若南河云梯关外陈家埔、马港口，堤卑防懈，迥异内地。马港口称七百丈，然近海溜缓，且过水亦只三百余丈而止。今郑工，乃至五百五十余丈，创巨痛深，其由来殆非一日。自来霜降水弱，大工聿兴，极迟冬十月十一月。今十二月中旬，始定计，正月初间，始筑东坝。距清明桃汛，不足两月，工则繁，时则迫矣。料为塞决之大需，犹用兵必先筹饷，未有无刍粮，而能用士卒以制胜者。乾隆三十一年，铜沛厅韩家堂漫口，特旨：“着豫抚将存工料物，由黄河运用。”即徐属大工，办料亦必择上游铜、沛、萧、砀、丰可以顺流运送者。乾隆三十九年，清河老坝口之决，甫报三十余丈。即奉旨：“恐江南所产之料不敷，着豫、东两省豫备。”盖于其先事，以计虑周密，惟恐其或滞也。嘉庆四年，南河邵家坝漫口，吴总河璥疏言：“堵工，首在物料应手，始能一气呵成。”近工，多系灾区下游，又不通水路。远处搜买，运费倍增，一垛需数垛之价。来路愈远，到工愈缓，一遇阴雨泥泞，更多迟滞。料贩刁诈成习，远者固以挽运昂价，近者亦或囤积居奇。委员于本工设厂招收之外，又于豫、东连界，分设数厂。俾料户有各路牵制，不得逞其垄断。又因民之不信官也，奏明另加帮价，照民间时值交易，大张晓示，公平现价，委员发银领办。仍设法令地方道县，劝令驯善之户，先办若干，以为之倡。远近民人，目睹其利，始辇运以来，渐次云集。盖于其既事，又多方计画，惟恐欲其入而闭之门也。凡所以为绝大之工，急待之料，不如是不足以集吾事也。

近年山东派州县办料，已成弊政。非不发款也，而先料而后银，辗转详禀。姑无论其艰耗之累官何如，试问州县岂能垫、岂肯垫？遂亦以先料后银之术，施之于民。夫上司施之于州县，虽后犹有着也。州县施之于民，日后则竟无着矣。非必官尽入橐也，转发有绅董保长。官曰：“吾以丁役转运，待次候时，领费兑价，又各耗若干。”加之以延欠侵挪，而亿万人区区之微价，尚能到茅檐蔀屋中乎？且也持养命之料，易无着之价。而犹必自备舟车牛骡，喘汗饥疲，送之县城，挽之工次。其中苛索勒诈，废时辍业，弊害不可胜言。派一县办，而一县骚然；

派通省办，而通省骚然也。今河南乃效法山东，于工之初起，奏内已明言，迭抢奇险，陈料已空，旱潦不时，新料短少。而曰："摊派六十州县，严定功过，勒限购运。"夏邑等县推波助浪，又于派料之外，用兵差例派车。道路汹汹，遂至围署伤官，而民亦抢毙。传闻竟有焚料以自卫者。

九月已备兴工，而十一月奏言正料尚不足十分之一。今年正月，东坝储料，尚只一千七百垛。料愈短而工愈延，工愈延而合龙之期愈杳。所谓欲速反迟，似省而费矣。九月十一日，谕旨："即着部库，先拨银二百万两，仍续筹的款，源源接济。未到以前，准由司库提款应用。"饬令赶集物料，乘霜清水落之日，节节进占。庙堂之谟，同符祖武。圣明在上，知必先有银而后可以办料也。乃不一律发款采买，而派州县办料，虑民间之少料乎？州县岂能为无米之炊，虑公平收买之昂价乎？嘉庆十一年，钦奉朱谕："河工至要，民命攸关，总不必存惜费之见。十二年，南河以工料增昂，胪款奏定，照例价加增。仍声明设遇漫口大工，事非恒有，准临时据实陈奏。"是以十一年郭家房及王营减坝，十三年马港口，十六年李家楼诸工，均奏准确按时价，加增采办。工程紧急，只求料物应手，不能再计价值。况豫省向有奏明例外帮价，摊征、摊捐、归款之案，皆见于总河吴璥之奏疏。虽摊征、摊捐，亦不能无弊，然较之令州县张空券，以迫取于民，犹为彼善于此。且州县虽受勒迫，终亦必昂其值，似节而仍滥也。州县亦非人人不可办料，惟先料后银，与领银办料，一转移间，而利钝迥别。价不吝而料大来，料大来而价必落，善持筹者无滥费，似宽而仍严也。杜浮冒在任忠信，岂在吝出纳乎？观李、薛两星使，合疏之词，曰："州县既无巨款，民力亦虞不堪。"艰迫情形，尽此二语矣。夫使民疑极易，使民信极难。既运价扰民，未必不已中途易辙。然民或疑其初，而不信其终，则有吴总河办邵家坝工之出示示信，劝驯户为倡之成法。在今春不能合龙，必仿中牟诸工，将已筑之坝，设法防守，俟秋后兴办。

殷鉴在前，购料有法，故不惜反复切论。若夫探源之计，则既事而购料，不若先事而储料。康雍以前，镶埽犹用柳。靳文襄《治河书》："柳遇水则生，草遇水而腐。当风迎溜，柳七而草三。"勤恪齐苏勒奏："束埽，以柳为骨，则工坚而帑省。柳不敷，始代之以苇柴。"文端尹继善亦奏："柴柳入水，耐沤而经久，秸次之。"故当时河工文武有栽柳之额数，额外之议叙。河兵岁有栽柳百株之课，不如数者，河弁有罚。士民亦有栽柳种苇，议叙顶戴之成例。必使近工处，柳苇成林，蔓延遍野，不尽用秫秸也。嘉道间，南河奏明，徐属用秸，海属、扬属用海柴、苇柴。文敏百龄整顿南河苇荡营，虽中有齮龁然额柴三百十六万束。至嘉庆十七年，报采至六百余万束，见之工部奏疏。而《中衢一勺》中，尚言办理之未能如法，未尽其量。海柴，即苇柴之类，凡沿海沿湖滩地皆有。豫省稍难，东省则甚多。南河无工有料，更宜力谋以济邻封。在有心有力者，毅然殷然力筹大本，足无事时之修防，备有事时之携取。省千百万之国帑，苏亿万姓之苛派，夫岂难哉？

至于大工重三坝，曰大坝、二坝、挑水坝，皆为要着，而尤在坝基之得地得势。二坝相地形，或省或否。然有工竣而补二坝者，则坝亦非竟无用。挑水坝与引河，相呼吸，无挑水坝，则引河将不能得力。此三十九次大工，历有成案可考。凡习河事者，类皆知之而能言之，故不具论。中篇，论挽复故道。下篇，论导淮，皆与东河无涉，故不录。

整理人：陈二峰，历史学博士，毕业于河南大学中国古代史专业，现为南阳师范学院历史学院副教授。著有《冲突与融合：清代河南官民合作的文化理路》《汉画像中的升仙图式探析》等论文二十余篇。

洪洞县水利志补

孙奂仑　编纂
蒋超　整理

整理说明

《洪洞县水利志补》是民国初年一部重要的水利专志，在山西、在黄河流域，以至在全国都有很重要的影响。这部水利专志的组织者是当时的洪洞县知事孙奂仑。

孙奂仑（1887—1956），字药墀（又作“耀墀”“药痴”），号庸斋。清光绪十二年十二月二十九日（1887 年 1 月 22 日）出生于直隶玉田县孙家村。先后任乐亭、洪洞、阳曲县知事，冀宁道尹，河北省民政厅厅长，太原绥靖公署参议官，山西省民政厅厅长，南京国民政府铨叙部参事等职，颇有政绩。孙奂仑 1949 年赴台湾。1958 年病逝于台湾，终年七十一岁。

民国初年，洪洞县境内共有二百余村，能灌溉的水渠有四十一条。长期以来，由于浇灌用水分配不均，民众经常群起相争，村与村争，渠与渠争。历史上洪洞县与赵城县有过行政区划的分分合合，因此用水之争有时会波及到邻县，由数十人、上百人的械斗而引发诉讼之事，经常发生。据《山西通志》记载：“洪、赵争水岁久，至二县不相婚嫁。”如何公平分配水资源，处理好上下游、左右岸的矛盾成为理政的一大难题，历任知县对此都颇感头痛。

1915 年 3 月，孙奂仑到山西任职，署洪洞县知事。孙奂仑到任后，对这一关乎民生的大事非常重视。他没有因此事棘手而敷衍放弃，更没有将“闹事”的百姓视为“刁民”轻率弹压，而是认真了解民众的诉求，详细询问其历史沿革，考证利弊，征求图册，搜索碑碣，亲自率下属勘察全县四十一条灌溉渠道，绘制了全县河渠图和三十七条河渠平面图，每条渠道都附有沿革叙说，将每渠所经村落、灌溉土地数目、水程期限、渠规渠例、惩罚条款等一一写清。经过一番调查研究，一部《洪洞县水利志补》终于绘制、编辑完成并付印分发。这是一部自唐代以来洪洞县的河渠灌溉图册，同时也成为本县民众公正地使用渠水、避免水利纠纷、人人必须遵守的一部地方法规。

《洪洞县水利志补》除解决了当时的用水纷争外，也为后人研究洪洞县的水利发展史，提供了一份较为完备的资料。值得一提的是，《洪洞县水利志补》原来是孙奂仑主持续修的《洪洞县志》的一部分。由于调查研究所用的时间较长，当书稿最后完成时，《洪洞县志》已经进入印刷装订阶段。此外，由于水利内容篇幅过多，受方志体例的限制，最后《洪洞县志》只在卷八《建置志》的“沟渠”部分有少量水利内容，而水利的主体内容就以《洪洞县水利志补》之名而单独成书了。其名曰《志补》，只是一种说辞而已。这从本书序言中的“顾或志隘不及载”即可见端倪。

《洪洞县水利志补》由高赓恩、陈赓虞、韩垧、孙奂仑四人作序。高赓恩是清末名士，陈赓虞曾为赵城县知事，举人韩垧则是洪洞县人，曾编纂过《洪洞县志》初稿。由此也可见《洪洞县水利志补》一书的影响。

本书有民国6年（1917年）铅印本，本次整理即以此为底本。若有不当之处，敬请批评指正。

整理者

目　录

序一

尝考诸省通志及郡邑各志，概有“水利”或“河渠”一门。盖原龙门、扶风之史，而衍以为天下之利者也。顾或志隘不及载，于是有《水经注》水利书之类。而陈子翙学士《直隶河渠志》，此水利专书所自起。玉田孙耀墀令洪洞，才越岁，以其从政断狱之暇续修志乘。数阅月书成，图与表、志凡十有五，于吏民之事既详且核矣。日者又以所辑水利四十一渠之说，总以图与表、志寄视草堂，蕲弁数言。余维正书所余，别为篇帙，如《国语》《国策》之类，世恒有之。即如《湖广志》外选《三楚文献录》，《江苏志》外选《三吴文献录》类，以其事其物有关乎风土民生，故都为一书，以与志之所载相裨益，则其勤于斯土斯民也甚矣。

耀墀于修志之暇，而复孜孜于此，其从政断狱亦何往不洽而平哉？耀墀方英年，所进正未有艾，本吾治事之学而厉之水利而外，条目犹繁，将次第见诸施行。岂徒以断断著作名编，忻其不胫而走也哉！

岁在柔兆执徐则阳月

宁河旧史氏高赓恩园氏序

序二

自秦废井田，开阡陌，沟洫之制一变。厥后谈水利者，多导川为渠，因地之利，以济天之穷。顾吾国幅员寥廓，高下殊势，水则少于西北而多于东南。寒燠异度，雨亦多于东南而少于西北。东南原隰鳞次，灌溉以时，水之为用，其民无争。西北则沙阜平原，弥望皆是，而川流湍急，涨落靡定，小者难为利，大者易为害。其他岩泉涧水，涓滴无多。又以毗连大漠，距海辽远，自夏徂秋，每旬月不雨。高阜之地，年谷丰歉，一听于天者，无论已。其依山据河稍稍能引水灌田者，或以上下游之区分，先后期之第次，动辄相率斗于野、鸣于官，以决一日之胜负。而此疆彼界，划地相持者，犹不与焉。乌乎，是岂吾民好斗健讼哉？抑亦以农为本，以食为天，争其所不得。争者，固有在也。晋位中土西北，北部地多硗瘠，南部间有膏腴，就中水田之多，以洪、赵称最。甲寅春，赓虞与药痴先后到官，其年雨旸时若，禾稼丰登，二邑之民蔑以水争讼者。越岁，移篆定襄，韩侯岭以南旱魃为虐，争水之事遂日以繁。属者承乏霍山药痴，以渠案勘鞫之所得，汇为图说，名曰《洪洞县水利志补》，属为弁言。赓虞罔敢以不文辞，惟自愧宰赵城时，徼天之幸，有忝守土而已。世有关心民瘼，以水利为务者，其亦读是编而知感也夫。

中华民国六年丁巳人日安新陈赓虞叙

序三

终日坐堂皇，发奸摘伏，判决如流。凡民之负屈而呈诉者，得一言之剖断，率相悦以解，忻然而去，无纤毫芥蒂在念。若此者可不谓良有司乎？虽然，此能平一时之争，犹未足为永世之利也。若夫举民所最易触犯而最难解决者，为之苦心搜辑，躬亲履勘，迹已往而详书之册，事未至而预为之程，俾生斯土者凛然于成规之宜守，而不敢非分以相争；官斯土者，涣然于前事之可循，而不致凭臆以为断，民俗可醇而争端可靖，虽谓之永世之利可也。洪境面汾背霍，溉田之渠视他邑为多，而争水之患亦最剧。每当春夏之交，农田待泽，咸竞争于一溉之利。一有不均，或背其相沿之惯例以为利者，则千百成群相率互斗，罗刀矛，执器械，俨然如临大敌，必死伤相当而后已。平生同里闬，通婚媾，杯酒言欢，谊逾同气者，至此眐眼若不相识。有怯懦者，则相与非笑之、斥辱之，至不得齿于人。及其构结而成讼也，则奸胥、滑吏、地痞、讼棍，皆因以为利。纷纭纠结，变幻百出，经年累月而讼不得解，以此而破其家者，趾踵相属也。

民国乙卯春，玉田孙公来宰吾邑。下车之后，政成民和，百废具举。询民疾苦，爰及于斯。惕然忧之曰：洪邑之渠凡四十有一。其远者，肇自唐宋，近者亦创自元明。陵谷变迁，而无专书以纪之。及相构而涉讼也，两造各执其向来之习惯，复饰其词而加诬焉。断狱者既茫无依据，遂以己意而左右之。民不能平，讼且滋甚，是使民之相争无已时也。丙辰夏日，适值亢旱，以水利而兴讼者，时有所闻。公平心以察之，实地以勘之，复考之以渠册，证之以碑碣，求之于邑乘，参之于舆论，悉心钩索，不遗余力，书诸小册，常以自随。故虽至繁剧之案，他人累月不能解者，辄得公一言而决，人咸服公折狱之神，而不知公之劳心于此者，为至纤而至悉也。公既将平日所钩考而得者汇集成帙，而命垌弁言于简端，因备举所闻如右。且垌更有请者：邑之渠旧有而今湮者间亦有之，惟望公久于其任，与二三父老相机而兴复之，益展公泽润生民之素抱。此非特邑之人所望于公，而亦公之所乐为。垌亦部民分子，窃愿均沾乐利于无穷也。

邑人韩垌谨序

序四

晋之民，素以巽弱名国中，而洪、赵二邑独称难治。余于乙卯春捧檄权洪邑，盖惴惴然惧弗胜焉。下车伊始，清理积案数百起。凡百庶政，亦整厘而进行之。视其民质朴而简塞，犹是唐魏之遗。其于诉讼也，一经剖断，率相悦以解，欣然而去。衿绅之士，又皆束身自好，群以恬退为务。求所谓难治者，竟渺不可得焉。任事稍久，值时亢旱，于是村民争水之事日有所闻。盖洪境辖二百余村，溉田之渠逾四十。或导源泉涧，或接引河流。小者关乎数村，大且联于异县。使灌溉稍不均，或有背其习惯以自利者，则千百之众群起以相争。同渠者，村与村争；异渠者，渠与渠争。率皆掷金钱、轻生命而不惜，一变其涣散怯懦之习，为合力御外之图。联袂攘臂，数十百人相率而叫嚣于公庭者，踵相接焉。因是恍然于向所闻难治者，其殆指此耶！夫设官所以为民，民于利害切身之事争之不得，群谋诉之于官。则为之究其利弊，判其曲直，固官之所有事也，何独于渠案而异之？然而其中有数难焉。县境诸渠远者肇于唐宋，近亦创自元明。挟千数百年之习惯，系千百十户之命脉，于此而不考其源流、知其沿革，仅凭逆臆以为判断，求其输服，盖亦难矣。乃稽之志乘，则简略而不详；参以案牍，则兵燹已尽失。平亭失据，考证无资。其难一也。

渠之设既如此其久，山陵川谷，定有变迁，沿流溯源，不容泥执。乃官署既无详图可据，乡民端以记忆为凭，苟未曾躬履其地，俾原委曲折罗于胸中，则听讼之时，总使发言盈庭，直无实际可睹。若令两造呈图，微论拙陋堪嗤，即令勉强绘呈，仍是各是其是，指掌无凭，毫厘千里。其难二也。

渠之数既逾四十，则纵横午贯，互有联络。一渠既有一渠之纪载，一渠尤有与他渠之关系。不知其争端所在，一经处置，往往利于此者或不利于彼，遍信既所难免，轇轕当然易生。其难三也。

有此三难，是以一案之兴，往往民以官为可欺，觊觎其非分之利益。官遂以民为难与，放弃其固有之事权，敷衍因循。纷纭纠轕，越时愈久，真象愈蒙。讼师、劣棍又起而乘之，案乃愈不可解，民忿益积不能平，横流溃决，势所不免。此民所以蒙难治之名，而渠事之所以久不治也。以余之不敏承乏斯土，其因应之道，何敢自诩异于前人？然窃以为，若因畏难而苟安，既邻于自弃；以不治为难治，则近于诬民。值兹连年亢旱之时，正与吾人以切实研究之会。是以于一渠案之来，务先详询其沿革，考究其利弊，征求册例，搜索碑碣，必无遗漏而后已。于其形势也，则亲勘而手绘之。积之既久，境内诸渠，其未经讼案者，不过十之二三，而吾箧中之积稿且盈尺矣。从公稍暇，删其繁缛，订其图说，遗漏者亦搜求而补入之。从事数月，居然成帙。

夫以洪邑渠利如此之古，而所关又如彼其巨，人情方趋险诈，讼事日见纠纷。此区区小册，初何敢谓包举靡遗，若示诸掌！然大端已具，当斯事者果手此一编，再详审而博考之，究有途辙可寻，不至如前此之茫无依据，望洋兴叹，妄以难治之名加诸民，此则敢断言者。若夫绘事之未精，参考之缺略，则订而正之，敬俟后之君子。此编姑引其绪焉可也。是为叙。

民国五年丙辰冬月玉田孙奂仑药痴甫识

凡例

一、洪洞全县渠道计四十有一，种类繁多，实为各县冠。向乏专书记载。改革以后，官署卷宗尽失，遇有轇轕，更苦毫无依据。兹编竭年余搜集、勘绘之力，粗具规模。然沿革既久，完密实难，名曰《水利志补》，以示拾残补阙之意云尔。

一、是书之辑原拟附入县志内。嗣因志书已经付梓，未能羼入，故另为一卷，取可专行，且便印购。采入志乘，敬俟将来。

一、渠务为地方自治最重要事。公共联合既极巩固，册例规约又极严明。凡举保之法、用水之程，以及工作赏罚各端，无不备载。虽文有精粗疏密之不同，然同渠之人无不奉为金科玉律焉。是编于各渠渠册均择要录入。其无册者，则求诸碑碣，更为删其芜杂，汰其雷同。非敢云提要钩玄，亦第举其大要而已。

一、是编所列简明一览表，钩稽参考，颇非易易，故列诸篇首，俾阅者得以知其大凡。

一、是编编制，每渠自为起讫，冠以说明，继以渠图册例，裨易明了而便检阅。

一、旧志所载诸渠，虽嫌简略，然先贤纂订，颇费苦心，故谨列诸卷首，以示椎轮。其新志所录与旧志无甚出入，故未载。

一、是编所列总图一，分图三十有九[1]，计分上下二卷。虽用力甚劬，然律以图绘专门之学，实难免贻笑方家。将来果人才不乏，公费渐充，则实行测绘以补此阙略，所甚望也。

一、是编之辑，原期备自省览，故所录纯以现有各渠，及废而未久，有迹可寻者为断。至于创新兴之水利，修久废之沟洫，固亦有志焉而未逮者，将来果副斯愿，当别成续编。姑识于此，用自策勉。

[1] 此处说有分图三十九幅，实际只有三十七幅。

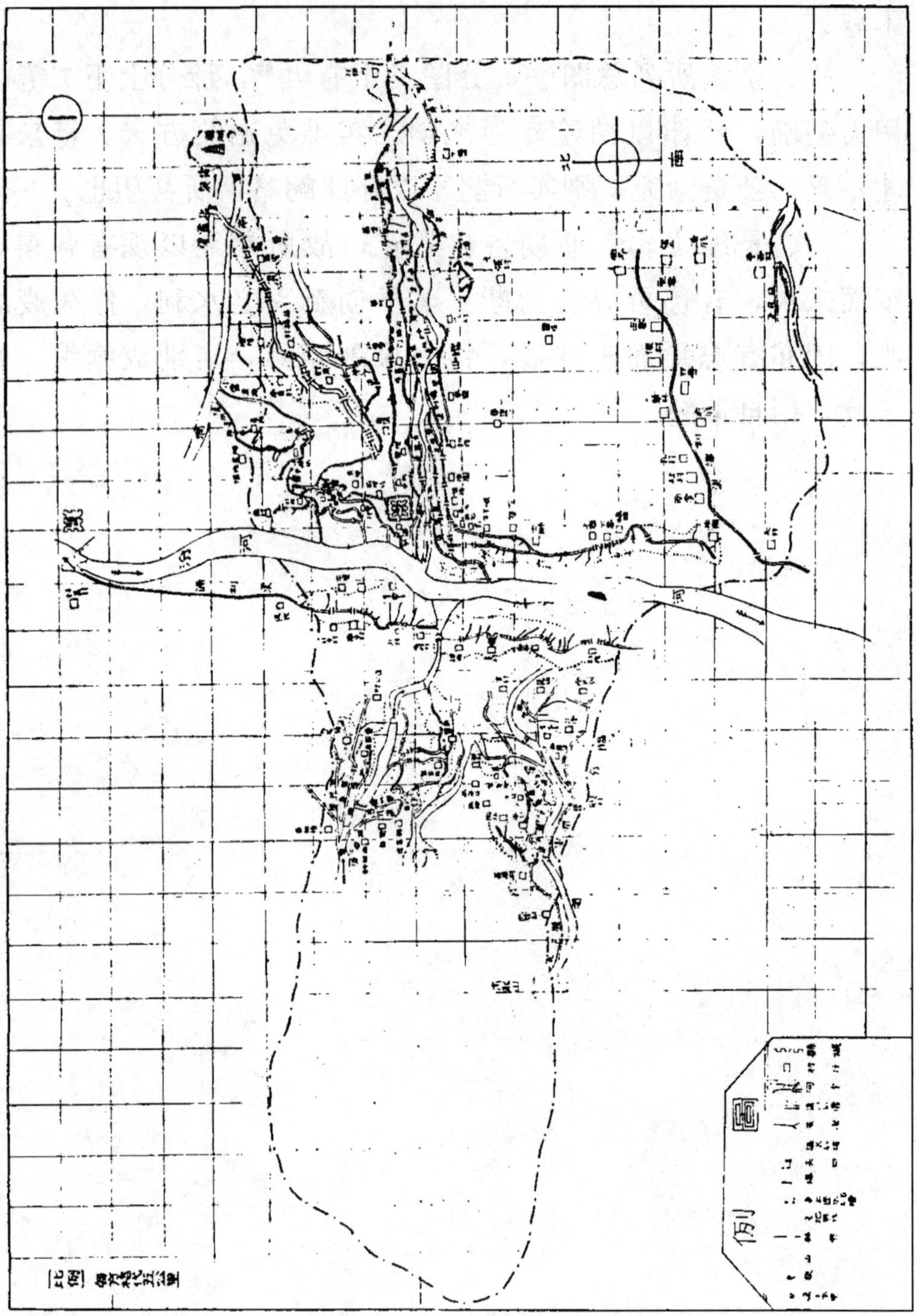

洪洞县渠利一览表

事项 \ 名称	通利渠	南霍渠
别名	阎张渠	三分渠
类别	河水	泉水
开渠原始	金兴定二年	唐贞观间
渠水来源	自赵城石止村河滩，上至汾西师家庄河滩，沿河取水	广胜寺海波池内之水
所经村落	临、洪、赵三县村庄，计分上三、上五、中五、下五共十八村	赵四、洪九，计十一村
灌地数目	三万六千八十三亩	七千一百六十三亩
兴夫数目	上三，一百七十二；上五，一百六十七；中五，二百七十八；下五，一百八十五，共八百零六	一百四十夫三分八厘，又磨，四十夫
水程期限	自下而上挨次浇灌	二月二日起，十月一日止，每三十五日八个时辰浇一周，自下而上轮流灌溉
有无渠册夫簿	渠册一，夫簿各村一本	渠册一，夫簿各村一本
修册年月	光绪三十四年重修	雍正三年修册
沿革	该渠志载系阎张创开，故原名阎张。后因与马牧村之广丰渠、辛村之受阳渠、北段村之善利渠，合而为一，始更名为通利渠，共灌地二万六千余亩，迄今无甚变更	该渠自宋庆历间，与赵城北霍渠三七分水，浇地七千一百余亩，洪境得四千二百余亩，自昔已然，而旧志则载谓：洪洞溉一百三十九顷，不知何据

续表

事项 \ 名称	涧源渠	小霍渠
别名	八村渠	
类别	涧河水	泉水
开渠原始	宋天圣四年修浚	宋庆历六年
渠水来源	由岳阳山内，流入涧河	发源广胜寺，接北霍渠溢漏之水
所经村落	苏堡、蜀村、故县、董事、李堡、周壁、辛堡、梗壁、朝阳	南、北官庄，贾村，苗村等村
灌地数目	一万一千四十亩	一千四百五十亩
兴夫数目	三百六十夫	一百四十一夫
水程期限	自下而上挨次浇灌，十九日一周	堰北沟与官庄社分水，自上而下，上节五日，下节六日。贾村沟与官庄社分水，自上而下，上节六日，下节五日
有无渠册夫簿	渠册一本，夫簿九本	渠册、夫簿各一册
修册年月	康熙三十九年重修	明正德十二年、清乾隆二十四年重修，同治十一年再修
沿革	该渠灌九村地亩，利最普遍，渠亦最古。明季冲毁，韩忠定公重修，始复旧观。及清康熙初年及三十九年，两次修浚，渠乃大治。今仍之。其苏堡一村，自元时独立一众议渠，故与是渠脱离关系，今止八村矣	是渠原名通霍渠，七沟地，共三千三十亩。嗣因屡被汾水冲毁，原有地存不及半，始改为四社三沟，即今册所载是也

续表

事项 \ 名称	副霍渠	丽泽渠	清泉渠
别名		利泽渠	
类别	泉水	涧河水	泉水会合涧水
开渠原始	明洪武三十五年	元中统年	宋庆历间
渠水来源	接小霍渠及三分渠溢漏之水	涧河	发源董寺村南，经李堡村五龙潭，又会合涧河之水
所经村落	湾里、后坡底、前墟底、北关、西关	西池、王村、张村、左壁、士师村、东乔、西乔、杨曲、西杨曲、东羊解村	梗壁村、城东村、小南门外
灌地数目	一千一百九十六亩	三千零十亩	分三节，共地一千二百余亩
兴夫数目	一百零八夫	一百五十八夫	六十夫
水程期限	自上而下，十二日半为一轮。东渠三社地五百亩，分水五日夜，西渠二社地七百亩，分水七日夜，北关西关各加赏水三时	自下而上□排浇灌	行沟使水，自下而上，每一昼夜浇地四沟，计地六十亩
有无渠册夫簿	渠册、夫簿各一		渠册、夫簿合为一册
修册年月	康熙三十一年重修，同治十一年再修	万历三十八年修葺，乾隆、道光间均增修，光绪十七年又经增订	乾隆十九年修册
沿革	该渠自明洪武三十五年独立成渠，后迄天顺初年又废，至弘治十一年修复，至天启丁卯又圮，复加修理，增筑石坡，至清顺治间又冲坏，康熙、雍正间两次修葺，始完成，至今	该渠原自汾河使水，系三县通渠，与通利同。明正统间，渠道冲毁。三县公议分节使水，各不相属。洪境各村，改导涧水灌溉，今仍之	是渠先系每十五亩为一夫，计七十七夫。康熙间合渠改二十亩为一夫计六十夫，地亩历来无甚变更

续表

事项 \ 名称	清水渠	长润渠	广利渠
别名			
类别	泉水	涧河水	涧河水
开渠原始	未详	宋绍圣前	未详
渠水来源	南北霍渠渗漏及大虫洞泉水	自苏堡村南涧源渠口以下，取涧河水	自洞防村、姚庄、秦壁、宝崖下赶河取水
所经村落	赵城营田等八村，洪洞李卫一村，即今东西永凝	董寺、故县、蜀村、尹壁、下鲁、苏堡	左壁、张村、王村、西池、涧桥五村
灌地数目	七千三百一十五亩一分	二千三百八十余亩	一千四百一十余亩
兴夫数目	八十夫	一百六十七夫	四十七夫
水程期限	自上而下挨次轮流浇沟	董寺四十时，故县八十时，蜀村四十一时，尹壁二十八时，苏堡十一时，下鲁十时	从下而上，东左二日二分余，张村一日九分余，王村二日二分余，西池南三日一分余，西池北三日一分余，涧桥二日二分余，月小酌减
有无渠册夫簿	渠册二、夫簿各村一册	渠册一、夫簿四本	渠册、夫簿合为一本渠册、夫簿合为一本
修册年月	清乾隆五年修册	嘉庆间重修，最后、尹壁、蜀村、故县等四村，于道光十八年重立夫簿	雍正六年重修，民国四年又修
沿革	该渠洪洞虽只一村，然地占二千六百余夫、兴三十，居全渠三之一强。李卫村向分两社，从前东社地多西社地少，近则西多东少，然于渠务却无关也	该渠原系六村，嗣因下鲁、苏堡两村各自分立，遂仅余四村，今仍之	该渠初立，地亩甚多。元兴定二年，下四村别开庆先渠，至元四年，又因开利泽渠，上四村亦多有退者，至清雍正年仅存五村六沟，今仍其旧

续表

事项 \ 名称	众议渠	晋源渠	清涧渠
别名			
类别	涧河水	涧河水	涧河水及泉水
开渠原始	宋天圣三年	元武正年❶	宋天会❷二年
渠水来源	在苏堡村东河北开渠导水	由姚庄村利泽渠下导涧河之水	清泉渠尾余水及涧河水
所经村落	苏堡	南营、北营、西营	西关、南关
灌地数目	一千四百余亩	一千二百余亩	两节地六百余亩
兴夫数目	一百四十夫	一百二十二夫	六十二夫
水程期限	十夫水一日，东西两社各七日。一年自下而上，一年自上而下，周而复始	一年从下，一年从上，挨段浇灌	自下而上，两节使水，每节轮水四日
有无渠册夫簿	渠册、夫簿合为一册	渠册、夫簿合而为一	渠册、夫簿合为一册
修册年月	乾隆五十二年重修	咸丰五年重修	道光二十五年重置册
沿革	该渠自宋迄清初，数百年间颇有兴废，惟典籍无存，难于稽考。自乾隆季年修册后，尚无十分变更	该渠原自城北苗村引汾水浇地，后因河改渠失，始由涧河上水	该渠自明嘉靖间，山水涨发，渠道渠册均被涤毁，清顺治十年重修，乾隆五十年渠册有失，兴讼不绝。道光二十五年，邑令陈公始为重定规章，另造册簿，至今仍之

❶ 元武正年　无此年号。

❷ 宋无“天会”年号，或为“天圣”，或为“金天会”。

续表

名称 / 别名 / 类别 / 事项	陈珍渠	园渠	连子渠
别名			
类别	涧河水	涧河水并泉水	泉水
开渠原始	未详	天会❶十三年	未详
渠水来源	沿涧河堰接岳阳诸川之水	原有泉水，近多导涧河水	原系五泉合注，今只余一泉，在尹壁村西北
所经村落	铁沟、郭盆	秦壁、姚庄	北张、安乐、敬村凡三村
灌地数目	四百三十亩有奇	一百八十六亩零五厘六毫	三百六十亩零五分三厘
兴夫数目	八十三夫	十六夫	四十二夫
水程期限	一年从上而下，一年从下而上，九甲口，每一甲口使水一昼夜	秦八、姚八，轮流使水	前系三夫使水一昼夜，以日出为限，现称变通
有无渠册夫簿	渠册、夫簿合为一册	渠册一本	渠册、夫簿各一本
修册年月	乾隆十三年重修	咸丰四年修册	道光十三年重修
沿革	该渠从前浇地仅百余亩，至雍正十年，始公议将滩地人夫列册，随后陆续增至四百余亩	该渠原浇地八百余亩，后先因圮废，与小渠合而为一，因秦壁地少，定水程为秦五、姚八。后道光年间又改为秦八、姚八，至今因之	是渠初本为涧源渠所辖，至蒙古中统四年，即宋理宗宝祐二年始立册，当初三村共四十五夫，后又增至六十二夫，地十顷有奇。嗣屡被涧水将北滩、中滩二渠地亩冲去，至乾隆年仅存四十三夫，地三顷余，现则仅四十二夫矣

❶ 宋无“天会”年号，或为“天圣”，或为“金天会”。

续表

事项 \ 名称	要截渠	通泽渠	崇宁渠
别名			
类别	涧河水	涧水	泉水
开渠原始	宋祥符	未详	宋
渠水来源	系由涧河导水	尹壁村北涧河内	箕山下商家泉
所经村落	涧桥	尹壁村	周壁村
灌地数目	六百一十七亩六分	二百二十六亩	三百余亩
兴夫数目	五十八夫	三十一夫	三十夫
水程期限	渠西单日使水，渠东双日使水，天明交割	初年自上而下，次年自下而上	自下而上，三截使
有无渠册夫簿	渠册、夫簿各一册	渠册、夫簿合为一本	水渠册、夫簿合为一本，又新簿一本
修册年月	册系乾隆四十三年重修，夫簿系宣统三年重修	乾隆五十七年	乾隆十六年
沿革	该渠自元时仅五百七十亩，乾隆年增至七百余亩，近则六百余亩矣，置夫原系十五亩一夫，后改为十亩一夫，雍正后改为五亩一夫，近又复十亩一夫之旧	该渠灌溉地初本甚多，节被河水冲毁，至乾隆六年仅存三百四十三亩，至五十七年则又减为二百二十六亩，今尚无大变更	商家泉水虽为该渠正水，然上游尚有石桥、封里等村稻地千余亩，是以水常不继，多赖涧水以资挹注

续表

事项 \ 名称	沃阳渠	南沃阳渠	通津渠
别名	四村渠		
类别	涧河、泉水	泉水	涧河水
开渠原始	未详	崇庆元年	未详
渠水来源	故县村南涧河内一带泉水	原在涧河南岸，近移，河在北沃阳渠口下	尹壁村河北先师殿下
所经村落	李堡、董寺、故县、范村	范村	尹壁村
灌地数目	五百一十九亩二分五	五百余亩	二百余亩
兴夫数目	五十四夫		五十夫
水程期限			自上而下，按四节使水，以到底为规
有无渠册夫簿	册一本	渠册一	渠册、夫簿合而为一
修册年月	道光年置	光绪十四年春	新册光绪二十一年重修
沿革	该渠原与南沃阳渠并峙，南沃阳在河南，该渠在河北，如人字形，是以有人字渠之称。后因南沃阳渠地被冲，渠口亦移河北，逐无复当时形迹矣	该渠地亩，原在涧河南岸，因河向南徙，渠地逐尽数冲毁。光绪初年，范村人始在涧河北伊村滩地内开渠导水溉地，已非复南沃阳之旧矣	该渠从前有地三百余亩，因历年被水冲损，逐渐减少，至光绪十二年水大，地被毁尤多，故仅存二百余亩

续表

事项 \ 名称	先济渠	润民渠	淤民渠
别名			
类别	涧水	雷鸣山水	雷鸣山水
开渠原始	宋天圣二年	唐贞观间	明弘治间
渠水来源	自郭盆村先师古殿底，至北山根赶河置堰取水	西至蒲县横岭，南至金山沟，北至望尔山中间	系由娄山、青龙两山峡流出之水
所经村落	下鲁村	万安镇杨、韩二庄	上舍村
灌地数目	九百余亩，现存三百余亩	二千七百零九亩余	一千一百三十九亩五分
兴夫数目	六十夫	五十一甲	四渠长，十八甲头
水程期限	自上而下	自上而下，分三口浇地，周而复始	自上而下挨次浇灌
有无渠册夫簿	渠册一本	渠册、夫簿合为一册	渠册、水簿各一本
修册年月	明万历三十六年	同治七年重修	同治九年重修渠册，光绪七年重修夫簿
沿革	该渠地亩，因距河太近，节被冲毁，原有地亩现仅存三分之一	该渠开始最早，自有普安、西安二渠，而讼始繁，乾隆十九年，本渠被水冲毁，原有四口冲坏其三，所余一口高不能浇，计地二百余亩，嗣二十三年重修，公议并入南北二口，目下仅余三口使水	该渠自宋元以来，屡议开浚，以款中止，明弘治间始修成，至今尚无甚变革

续表

名称 / 别名 / 类别 / 事项	西安渠	汾里州渠	天润渠
别名		济民渠	
类别	雷鸣山水	雷鸣山水	雷鸣山水
开渠原始	未详	最初未详，元至大二年重修	明弘治四年
渠水来源	西山涧水	出佛峡	系由西山出佛峡出水
所经村落	西姚头村	狐家舍、高家庄、铁炉庄、温家庄、贺家庄	铁炉庄
灌地数目	一百三十余亩	一千七百四十四亩三分	四百七十余亩
兴夫数目	十三甲		四十七夫半
水程期限	无册难考	自上而下挨次浇灌	自上而下挨次浇灌
有无渠册夫簿	夫簿一，册无	渠册一本	渠册、夫簿为一本
修册年月	民国四年新置夫簿	明弘治十三年	乾隆二十九年重修
沿革	记载阙略，难考沿革	该渠屡经水圮，民国四年温家与贺铁二庄兴讼，经断由夹甲口加入温家庄广济渠，地百余亩，有断案	该渠近因水经过温家庄之石桥，桥孔过小，桥西渠道逐渐淤塞，非亟修理，恐不免废毁

续表

事项 \ 名称	涧渠	广平渠	普润渠
别名			
类别	雷鸣山水	雷鸣水	
开渠原始	元至元年间		明永乐元年
渠水来源	西山出佛峡	世尊峪	西山世尊峪
所经村落	万安镇、曹家庄、高公村	长命村、郑家寨、沟北村	西崔堡、南台村、李家庄、南马驹、苏家庄
灌地数目		约二千亩	二千八百二十亩
兴夫数目			九十四夫
水程期限	自上而下挨次浇灌		自上而下
有无渠册夫簿	无	渠册一本	渠册、夫簿合为一册
修册年月	无册，仅存嘉庆六年碑文	乾隆四十二年	康熙二十九年修
沿革	记载阙略，难考沿革		

续表

名称 / 别名 / 类别 / 事项	万润渠	第二润民渠	广济渠
别名			
类别	雷鸣水	雷鸣水	雷鸣水
开渠原始	唐德宗二十六年重修，明永乐年间续修	唐皇统二年	
渠水来源	西山世尊峪	西山世尊峪	出佛峡
所经村落	东崔堡、北马驹、南龙马	郭家庄，即现之沟南村	温家庄
灌地数目	一千一百四十五亩零		约七百余亩
兴夫数目	三十八夫二十七夹口		
水程期限	自上而下	输流使水	
有无渠册夫簿	渠册、夫簿合而为一	渠册一	
修册年月	道光十一年修	万历二十九年	
沿革			

续表

名称 / 别名 / 类别 / 事项	普润渠	下广平渠	万尊渠
别名			
类别	雷鸣水	雷鸣水	雷鸣水
开渠原始	未详	世尊峪	世尊峪
渠水来源	出佛峡	赤荆村、东龙马、西龙马、张村	下沟村、柴家庄、西崔堡、李家庄
所经村落	塾堡村		
灌地数目			
兴夫数目			
水程期限			
有无渠册夫簿	仅存碑一		
修册年月	嘉庆七年立石		
沿革			

续表

名称 / 别名 / 类别 / 事项	益民渠	涧民渠	均益渠
别名		老龙沟	
类别	涧水	雷鸣水	涧水
开渠原始	浮山山中	出佛峡	
渠水来源	东谷村、南谷村	贺家庄	安泽山中
所经村落			尹壁村
灌地数目			
兴夫数目			
水程期限	均失	碑文一	夫簿一
有无渠册夫簿			
修册年月	此渠于光绪二十五年废圮	此渠已废	此渠已废
沿革			

洪洞县旧志

南霍渠。即霍水支派，禁口往南流者是也。唐贞元间导水开渠，溉洪洞曹生村十二村地壹百三十九顷奇。社人春秋报赛，如霍水例。

曹生、马头、堡里、上庄、下庄、坊堆、石桥头、南秦、南羊、周壁、封村、冯堡。

通霍渠。即南、北二霍下流，又名小霍，俗名北堰，县北五里北洞村南。宋庆历六年，导南、北二霍溢漏沟涧支派，上自赵城营田庄，下至洪洞李卫村崖下，于沙河内置堰导水，至北洞村东南龙王庙后，砌石小堰，为退水口。用则闭之，用讫退于惠远桥下，西流入汾。小堰西南延寿观东立石，水口三座，阔一丈一尺二寸，分七沟。槽北、槽南二沟，分水三尺二寸五分零。堰北沟分水二尺六寸一分零，苗村、贾村、高公、白羊四沟分水五尺三寸五分零。溉七沟地三千三十三亩奇。明洪武五年，苗村里周顺等复疏通之，堰阔七尺，深一丈五尺，溉槽南沟地仍旧，其槽北等六沟原地节被汾水浸塌，独西苗、白羊二沟尽塌河中，村落移入内地。又高公沟，嘉靖年河断水绝，乡民告县，分贾村沟为一小沟，入副霍渠借流，地亦无几。万历九年，邑侯乔公讳因羽丈地，开豁浮粮，始得免征，六沟之民其有瘳乎？

副霍渠。即通霍下流，俗名南堰，县北三里南洞里东北。明洪武三十五年，罗汉寺僧李妙智始置堰，导通霍支派，上开母渠一，下开支渠二，溉城南乡地十伍顷伍拾亩奇。后堰毁渠湮，水壅地旱，民为苦之。正德年，举义官张满重修，伐石运灰，易土堰以石，加以柏桩、铁锭，坚固倍昔。渠浚深广，水复流通，田成沃壤，人食其力。迄今城乡德且颂之，思立祠祀。二霍各建明德王庙三楹，亭台整肃，春秋报赛，如通霍例。

湾里、后坡底、前坡底、北关、城西罗汉寺前。

副清渠。即清泉下流，详前清泉项下。

清涧渠。引涧水，详前清泉项下。

利泽渠。原平阳、太原两路营军万户侯郑鼎在赵城店村西置堰开渠，导汾水，溉洪洞、临汾两县地三百顷奇。至焦堡村入汾，后地震河圮。民具奏，差杨书官踏勘，复于赵城屈项村导汾，溉地如故。明正统间渠复圮，故道无存。后两县民议，各随便三节导水，上节导涧河，中节导小河，下节导高河。照亩起夫，随时置堰。后时多旱，涧水不敷。邑侯王公讳彧，念通霍、副霍二渠余派空流入汾可惜，令民易地开渠，自县北贾村导二渠余派，经城南合涧水，亦名利泽渠。溉地与旧利泽渠不蒙矣。后续开利泽渠，前亦废矣。嘉靖二十七年，临汾民来争水，邑侯赵公讳宸，考得其详因书之，为后之争水利者之考据。今并书之。

营里、西池、王村、安乐村、张村上下乔、皋陶、阳曲。

通利渠。县西北三十里。金兴定二年，县民阎张创置。自赵城石止村滩内置堰开渠，导汾水下流，溉赵城石字、马牧二村地，洪洞辛村等七村地，临汾羊黄等九村地，计二十一村地，二百二十六顷八十三亩。旧名阎张，后改通利云。

辛村、北段、南段、公孙、程曲、李村、杜戍。邑庠生郭森，奉秦太守讳棠捐资重修堤堰。

润源渠。创始年远，莫详考之。渠条在县东三十里郭盆镇南。宋天圣四年于五龙庙下涧中置堰，赤沙河底开口导水，溉苏村等九村地十一顷四十亩奇。明永乐年间，山水泛涨，将古旧渠口冲断，随修随废，迄无成功，因循百余年。嘉靖三年，渠长李文杰告分巡检事。董公讳琦、邑侯孙公讳巨鲸踏勘，令渠长开凿石口导水，溉地如故。嗣后田多丰收，虽其地气之转，亦其水利之通欤？语云粪多力勤为上，农力出者，其尽民事乎！

苏村、蜀村、故县、董寺、李保[1]、周村、辛堡、梗壁、朝阳城东。有邑次贡宋天宏捐资，更定渠册。

沃阳渠。又名广阳天子渠，相传刘元海所开。县东三十里饥虎崖下下鲁村东，于涧水中置堰导水，流至下鲁村中，西南流至尹壁村南，入水口上流溉李村东乡

---

[1] 李保　当作“李堡”。

地千顷奇，今废，河遗址尚存。后乡民于张村涧中开渠导水，溉张村、范村、秦壁、姚庄、崖下一带地，亦名沃阳，盖袭旧名。

李村、师村、北羊、郭上、薄村、景村、范村、董庄、冯张、燕壁、董堡、杜村。

兴利渠。县北半里，引汾水，自赵城马牧村至薛家庄，溉地二顷五十亩。

丽泽渠。县北一里，引沙河水溉南乡地三十顷，今废。

清水渠二。一，苗村里，引霍水溉本村地一顷奇。一，永宁，引霍水溉本村地二十六顷八亩。

陈珍渠。县东三十里郭盆里，引涧水，溉本村地六十亩。

先济渠。县东三十里下鲁里，引涧水，溉一村地二顷五十亩。

众议渠。县东二十五里苏村里，引涧水，溉一村地一十三顷。

长润渠。县东三十里郭盆里，引涧水，溉三村地十顷八十亩。

蜀村、故县、董寺。

晋源渠。县南三里许火星营，引涧水，溉一村地三顷奇。

广利渠。县南二里许，引涧水，自秦壁、宝崖至左壁退水，溉地四顷二十亩。

沃阳渠。县东十五里故县里，引涧水，溉地二顷四十亩。

故县、范村、董寺、李堡。

小渠。县南二里姚庄里，引涧水，溉本村地二顷五十亩。

园渠。姚庄里，引涧水，溉本村地十顷八亩。

要截渠。县南二里秦池里，引涧水，自姚庄至火星营退水，溉一村地十顷有奇。

晋源渠。县德化坊，引涧水，溉本坊地三十五顷。

连子渠。县东二十里北张村，引泉水，溉本村地十顷奇。

丽泽渠。县南二里西池，引涧水，溉地三十顷十亩奇。

西池、王村、张村、东左、皋陶、上桥、下桥、阳曲、羊獬。

小霍渠。即通霍渠。此水浇溉七沟地亩。明洪武年间，汾水侵没，地亩分数较原额不及半，历年侵没复多。崇祯年间，渠规紊乱，苦无定例。渠长张云翼照六沟见在地亩多寡酌定日期。邑侯杨公讳天精给灰印以防争斗，民受其利。国朝顺治年间，复被汾河赶塌槽南、高公、副霍三沟伙渠。贡士郑可立倡义，会同生员张云翼、韩翼祖具陈，邑侯洪公讳其清断令湾里、窝铺、前官、路西另开渠道，开阔宏深，甚便于民。有条例渠册，给谏阴应节记。

续公渠。即小霍渠内高公沟。兴夫地亩屡被汾水侵塌，没入一千余亩，水面包粮河西滩地，皆其数也。公直张云翼等倡义，即沿河西开渠道，照依旧规接取汾水，顶补浇灌，立名续公。上自赵城玉村开口引水，下至本县北段里退水，溉地四百有奇。

张家庄、宋家庄、贾村。

公利渠。今废无考。

公孙渠。今废无考。

通利渠

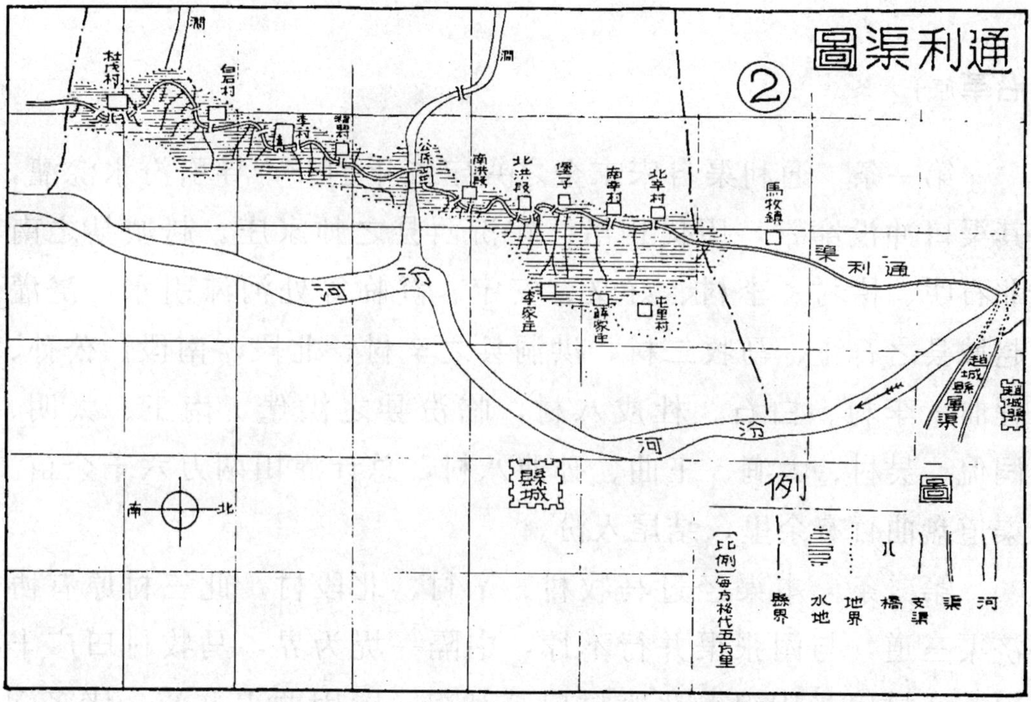

该渠绵亘三县，自丽泽渠冲毁而后，此为第一渠矣。《志》载创始于阎张，而《册》载则米官人督工，而张检察置册，与志不尽同。《旧志》纂于清初，去元未远，其载记必有所据，姑两存之可也。沿该渠村落，向称富庶。虽以光绪三年大祲，而渠利沾溉各村，竟未至十分困厄，水之为利大矣哉！然以土地膏腴之故，衣食易足，于是游手好闲之民亦较他处为多。所谓

沃土之民，其民不材也。该渠接挹汾流，水源本无缺乏，乃因上游对岸，新开式好、两济二渠，拦河扎坝，以致水不足用，屡起争端兴讼，结果河中修人字坝，以均水势。官府主持，虽极平允，然上游恃其形势利便，往往弁髦断案，迄今不及十年，而人字坝之形迹已将坍损无存。长此不已，恐下游数十村命脉所关，争讼又在所不免矣。

节抄《通利渠渠册》

沿革原十六条。

第一条　通利渠自宋末金之兴定二年创开，导引汾水浇灌，其渠口冲没靡常，历代相沿。在汾西县之师家庄、赵城县之南北石明、稽村、李村、好义、安定、登临等处河滩引水，浇灌赵城县之石止、马牧二村，洪洞县之辛村、北段、南段、公孙、程曲、李村、白石、杜戍八村，临汾县之洪堡、南王、太明、闫侃、吴村、太涧、王曲、孙曲八村，总计灌田两万六千余亩。渠道盘曲百有余里，结尾入汾。

第二条　本渠经过马牧村、辛村、北段村。此三村原有协济渠三道，与闫张渠并行不悖，中隔一堤为界，马牧村曰广丰渠，辛村曰受阳渠，北段村曰善利渠。嗣因两渠并流，诸多轇轕，三县渠民公议汇为一渠，至是始通名通利渠。

第三条　李家庄旧有兴利渠一道，浇灌该村水地。后因渠道堙没，所浇地土附入北段村兴夫，在通利渠使水浇灌。

第四条　通利渠原有使水村分不在十八村内者，屯里村附入杜戍、洪堡、南王等村兴夫，南郚村、北郚村附入太明、闫侃、吴村等村兴夫。

第五条　当年原定轮流浇灌时辰，未及试办，即以汾水不时涨落，渠流断续无常，兼经过各处桥梁时，有损坏各村渠堤，迭出险工。复经上宪履勘核定，尤恐使水不均，仍依执牌章程，自下实排躐上浇灌，不准任意拖延虚占时刻，致滋偏枯争讼等弊。

第六条　引水渠口原设有堰长二名，随同治水渠长驻札渠口，其一名专司巡查渠道，其一名专司看守坝工。每日轮流易地，分为上番、下番，报明渠长有无工程，并各处险要应如何设法预防，按日各专责成，现已裁汰。所有职事，统归督水、治水渠长经理。

第七条　公孙村石桥原设有桥长一名，专司昼夜巡视桥工，以防不虞。今已裁汰。所有职事，责成督巡水办理。

第八条　明隆庆间，知县陈公万言，因渠道湮没，经营擘画，本渠始得修复。事载《平阳府志》。

第九条　康熙三十四年，地震渠湮，民田亢旱数年。至四十年知府秦公棠捐廉一百六十四两零，在赵城县治购地，另行开掏，渠水始得畅流，三县渠民仍旧一律均沾水利。

第十条　康熙四十年，知府陈公捐廉购地一十六亩四分零，另开新渠。赵城县知县王公，因通利渠经占渠道地址一道，向有一定尺寸，此外本不多占。合渠已认完现占地址之钱粮，倘新购另开之地内钱粮，再令通利渠过割出之地，原地主何得干预，兼之汾流时时迁徙，渠道每每改易，通利渠占西弃东，水落涨出新地，既原地主耕种，与通利渠无干。该渠新购地内之钱粮，自应归原地主完纳，无庸过割，方称平允。以后永不准该地主借口通利渠未经过割钱粮，致滋纷争涉讼等弊。从此两造永遵成案，共守前议。迄今渠民感念二公，（不）〔为〕置塑像，附祀于李村渠神庙，以志不忘。

第十一条　辛村原设堤长二名，专管该村两湾地土，今已裁汰，所有职事归该村沟首经理。

第十二条　旧册载当年创开本渠，上宪奏准，后委张检察赴三县沿河一带相视地脉，审度形势，督饬本渠各村民人合力开掏，设法引汾入渠，借资浇灌，厥功甚伟。惜名字未经叙载，仅存张检察三字，一切事实今已散轶无考。

第十三条　旧册明洪武二十九年，系洪洞县乡贡进士董师言撰序，委差开河官米天禄校勘，平阳府前检察省差开河官张柔校正，平阳府判定渠河官刘名甫校定，当年创开渠道原册散轶无考。

第十四条　旧册载张检察原定水册，各村均存一分，今已散轶无考。惟渠民买卖过割水地，准于数年内编修水册一次，以免舛谬滋弊。

第十五条　雍正二年，知府董公断合渠使水案，内载：通利渠初名广丰，先年仅通赵城县之石止、马牧，洪洞之辛村。渠道止五尺，尾水不通汾河。迨宋末金之兴定二年，大加疏浚扩充，洪、临二属十五村之民，接其利而通之，改名通利渠。历明之嘉靖六年，汾流泛滥，水利无常，讼而始得。至康熙三十四年，地震渠毁，合渠民田皆成旱阜。及四十年，知府奉天铁岭秦公捐廉购地，另开新渠，复加扩充，其地粮并上游过水村分粮银从前，由各渠长督催。各村沟首，在本县完纳，移解赵城。至是粮银始统归赵邑完纳。

渠口原八条。

第一条　导汾入渠地方，向在汾河内，用灰石砌成大坝工三道，周围约有里余，以作中流砥柱，可回狂澜，不至猛入冲入渠口，名曰大工。复在大工上砌三大孔，俾由孔引汾入渠之水有一定分数，应渠水大小得有把握，可免涨决泛滥。此等工程极关紧要，现虽就圮，遗迹犹存，亟宜及时修筑。

第二条　截汾结坝引水之渠口，于金兴定二年，蒙上宪奏定委员履勘，原指定在赵城县之石止村滩递溯而上，至汾西县治之师家庄滩，为本渠导源开口应有地方，若遇汾河迁徙或河涨冲没，准于登临、安定、好义、嵇村、李村、石明等处地方，有便宜购地开口之权。一经本渠插标洒火开挖之处，该管地方官照章给价，所开之地内不论现种何等禾苗，立即兴工，不得刁难措勒，有违阻者送官究治。

第三条　本渠筑坝扎囷，系用荆条编成无底筐式，经纬各编织荆条十八根，沉水装石，联结一气，横截汾流引水入渠，以为导源成法，名曰扎囷。接引汾河古庄泉、马刨泉等处之水，为本渠独有利源。

第四条　本渠沿汾河西岸上行流，坝下之式好小渠，向亦在汾河西岸，只准拾本渠坝下余水灌田。倘汾河徙至西岸，汾东淤出新滩，不准私开小渠，假借名目，影射浇灌。

第五条　渠道经占地址，原有钱粮，历系本渠完纳。如渠道被汾水冲没或悬崖塌险，另买新地准照章给价。一切钱粮赋税，归原主完纳，出之地亦归原主耕种。从前本渠无论买过地亩若干，本非划定界限，永归本渠管业。除本渠承完渠道钱粮外，渠东出之地，本渠既不干预，则钱粮赋税自应随出之地仍归卖主，免滋轇轕难清之弊。

第六条　渠道过水经占地址，钱粮赋税未经奏明豁免之处，统归合渠完纳。过水村分经占地址，名曰过水钱粮。秦公捐廉新开之渠经占地址，名曰秦棠里钱粮，统归合渠按夫均摊完纳。

渠道原十一条。

第一条　原定渠道底阔一丈五尺，两堤堆土各阔一丈五尺。自赵城县石止村起，至临汾县西孙村止，袤长一百余里，渠底两堤一律共阔四丈五尺。惟石止以上过水等村至引汾水之处，渠底加阔五尺，及两堤堆土三丈，合计共阔五丈。历代以此为准。

第三条　本渠上下四节，各于本节首村建一大陡门，名曰泄水陡口。如渠堤遇有不测，险工准将各处大小陡门一律开放，以分水势。今将各村大小陡门开列于后：

石止村　大陡口十座，小陡口四座，磨一轮。

马牧村　大陡口五座，小陡口五座，磨一轮。

辛村　大陡口五座，小陡口五座。

北段村　大陡口九座，小陡口四座。

南段村　大陡口四座，小陡口一座。

公孙村　大陡口四座，小陡口四座。

程曲村　大陡口四座，小陡口三座。

李村　大陡口三座，小陡口八座。

白石村　大陡口一座，小陡口七座。

杜（戊）〔成〕村　大陡口七座，小陡口八座。

洪堡村　大陡口六座，小陡口十二座。

南王村　大陡口六座，小陡口六座。

太明村　大陡口三座，小陡口二座。

阎侃村　大陡口三座，小陡口十二座。

吴村　大陡口二座，小陡口无。

太涧村　大陡口二座，小陡口七座。

王曲村　大陡口五座，小陡口三座。

孙曲村　大陡口一座，小陡口无。

以上各村陡口轮磨，系光绪三十三年经本府委员查定，以后永不准私砌再添，违即送究。

第五条　各处通汾涧河，自古由西山发源，东西横流入汾。历宋末时创开渠道，渠南北竖流。每年涧河涨发，即跨通利渠本腾入汾。渠东渠西涧路宽窄相同，亘古以来，例无钱粮不兴夫役。倘附涧狡滑之徒，任意侵占私垦，将他处地内粮夫移于涧道，典卖为水地者，查出将侵占之地入官，粮夫退归地主。

第十条　本渠当年原定夫数一千八百零一名，历经整顿改章，三十亩为一名，合渠共兴夫七百六十六名，外有登临村兴夫一名，准建陡口一座。

第十一条　各处石砌陡门，以长式为定规，上砌至渠堤之顶，下砌至渠堤与地平处，不准砌入地内。合渠大陡口极宽不准越过八寸，小陡口极宽不准越过三寸。于封闭时，大者上覆以板，小者上覆以砖。如每年岁修陡口，该等村沟首倘有宽窄上下不遵本渠定章者，应将舞弊之沟首送官责革。罚令该村拆毁，照渠例尺寸另砌。

渠堤原九条。

第一条　本渠上游过水村分并合渠各村，如有挟嫌盗决渠堤，并无故盗毁渠堤，以致险工迭出，难以堵筑，冲漫地土，伤损田苗庄院者，一经查出送官，请照盗决河防例惩办。

第二条　本渠上下一十八村，如河涨水溢，或蛰陷冰融，冲决渠堤，归该本村赶即修完看守，并将疏于防范之沟首、甲首，送官责惩。

浇灌原十九条。

第一条　当堂点验时，颁发之木质灰印一颗，长一尺三寸，阔六寸八分，厚一寸九分，上满汉合璧文，文曰：通利渠准于各村封闭陡门时洒灰印封。此印归值年督水渠长掌管。

第二条　本渠原定使水章程置有木牌一面，长二尺，阔一尺五寸，厚二寸。嗣因偷水霸浇，纷纷涉讼。经前知府王公换置木牌发给督渠长掌管，谕令遵照牌章使水。洎同治年间，渠规紊乱，不时上控，复经知府裕公仍伸前议，又换置木牌，于每年签换渠长时当堂旧缴新领，至今遵行在案。谨录牌文于左：

特授山西平阳府正堂、兼管水利事务、加五级、纪录十次裕，为水利事。

照得“通利渠浇灌临、洪、赵三县一十八村，自临汾县西孙村，按照分定水程时刻，从下实排，趱上浇灌兴工地土，至赵城县石止村，周而复始。章程本善，前因紊乱渠规控，经上宪批断责惩，饬令更换使水木牌，照依旧规使水，永杜争端”在案。

查前任王曾置有木牌，责付中五村督渠长掌管，着令各村沟首转递，自下而上挨次浇灌。讼端既息，旧章堪由缘。近年该渠等不法之徒，仍复不遵渠例，偷水霸浇，滥控不已，殊堪痛恨。

本府恭膺简命，来莅兹土，执法如山，存心若水。意欲为尔等兴利除害，息讼安民，合行仍置木牌一面，交督渠长管理，务要遵渠册兴工使水，毋许盗水渔利，霸截强浇。如违，定行重处不贷。须至牌者。

第三条　登临、安定、好义、李村、嵇村、石明等村，为本渠上游过水村分，不在本渠摊资兴夫，亦不浇灌地土。倘有盗水浇灌地户，定即送官究治。惟登临村有陡口一座，在本渠兴夫一名。每年于马牧渠神庙附祭，归兴工治水督水各渠长管辖约束。

第四条　原定兴夫地土，须按陡口下逐段编列鱼鳞册簿，段落四至，以便依次浇灌。

第九条　本渠上下一十八村，水程吃紧时于陡口下洒灰盖印，应分派各村甲首看守陡口，派沟首昼夜巡视，不准顷刻疏忽松懈。倘不遵渠长分派约束，查出送究。

第十三条　冬日浇灌亦必依次轮牌，不得借口冬水无关紧要，夹带浇灌私垦地土，致滋流弊。

第十四条　各村执牌浇灌时日，本渠迤上村分各陡口，应一律洒灰盖印封闭，不准私拆灰印，恃强霸水，并私行盗水。违则分别送究。

第十九条　孙曲村类皆高阜水地，不能在陡口下使水者居多。原定旧章用灰石在本渠尾闾处砌成闸口，以木板层递闭塞，横截渠流，激水上行，浇灌该村兴夫地土。当渠水行到之日，迅即限定时刻，无分风雨昼夜赶即浇完，由渠长督催沟首转牌。上行水程，实排趱上以次浇灌，迤上各等村取具，各该沟首浇灌完状，至石止村止，周而复始。除孙曲村外，各村均不得援例砌灰石作闸，搭板浇灌高阜地土。违则送究。

兴工原十八条。

第一条　本渠挖淤掏渠，有分定段落。自西孙村至阎侃村为下一节，名曰下五村。自太明村至白石村为中一节，名曰中五村。自李村至北段村为上一节，名曰上五村。该渠长、沟首，各传集本节人夫，分段开挖。自辛村以上至引汾水之渠口，名曰官渠，合渠一十八村。渠长、沟首各带人夫合力分段开挖。

惟夏月渠口以下一带地方，遇有淤塞归上三村起夫开挖，名曰挖口。统由督渠长帖传集议。

第二条　石止村涧水一道，马牧村涧水二道，遇有大小工程，无论岁修、异常，统归上三村克期完修，于十五村无干。公孙村石桥、北段村涧河，各工程归上五村岁修，白石村涧河工程归中五村岁修，太涧涧河（于）〔与〕王曲村涧河各工程归下五村岁修。惟十五村内凡有异常工程，仍归十五村均摊于上三村无涉。

第九条　导源引水之处，常年扎囷治水经费，准上三村就近以工作抵。其余一切工程摊款与十五村一律出资。

第十三条　各渠桥梁、陡口、渠堤各工程，均归该村随时修理。如有异常大工，非一村之力所能独任者，临时邀集本渠绅耆另议，应归合渠者，仍归合渠修理。

第十四条　本渠各项摊资以及常年经费，上三村责成兴工渠长督催，上五村责成治水渠长督催，中五村责成督水渠长督催，下五村责成接水渠长督催，俱按照所管夫役承催均摊。如有紧要工程，由该渠长暂垫，不得悭吝退缩。倘因此贻误者，准合渠送官责革。

第十六条　本渠常年各正项经费，责令各村沟首向花户按夫均摊。开具逐项花费清单，张贴各处，俾众周知。倘有借端苛派，浮冒影射情弊，准地户禀官究办。

第十七条　兴夫章程各村不一，有每地一亩兴夫一亩者，亦有每地一亩兴夫仅三四分或七八分或几分几厘者，处处不等。是所兴之夫，此与地数相称，彼与地数迥殊，必俟将来清厘时辨明土性沃瘠、需水缓急、得利厚薄，如此统筹合计，分别等级折夫核算，始能统归一律。

选举原十五条。

第一条　选举渠长务择文字算法粗能通晓，尤须家道殷实、人品端正、干练耐劳、素孚乡望者方准合渠举充。不须一村擅自作主致有滥保之弊。

第二条　三县额设督渠长一人，总理合渠启闭陡口大小一切事件。由渠源以至渠尾统归督渠长管理，兼督催中五村各项摊款。雇觅巡水夫二名，归临汾县之王曲村、太涧村、吴村三村轮充。轮至某村充膺，合渠优免该村夫十二名，作为津贴渠长并雇觅巡水夫之用。

第三条　临汾县额设接水渠长一人，帮同督渠长管理临汾县各村一切事件，兼督下五村各项摊款。雇觅巡水夫二名，归临汾县之孙曲村一村充膺，合渠优免该村夫十二名，作为津贴渠长并雇觅巡水夫之用。

第四条　洪洞县额设治水渠长一人，管理渠源、坐口、治水一切事宜，兼督催上五村各项摊款，雇觅巡水夫一名，归洪洞县之杜戌村、白石村、李村三村轮充。轮至某村充膺，合渠优免该村夫八名，作为津贴渠长并雇觅巡水夫之用。

第五条　赵城县额设兴工渠长一人，管理辛村以上各村兴工、摊资一切大小事件，兼巡查上三村陡口。雇觅巡水夫一名，归赵城县之马牧村一村充膺。每年马牧村津贴钱二十贯，作为渠长工食并雇觅巡水夫之用。

第十一条　各村沟首、执事专司办理该村一切事务，并随同渠长在渠口襄办各事。上三、五各等村距渠口甚近，往返较便，故每村额设沟首一名，兼理其事，中五、下五各等村距渠口渐远，一人不能兼顾，故每村额设沟首二名，共任其事。

第十三条　洪洞县之李村，每年充膺督巡水一名，管理合渠巡水事件，并保护公孙村石桥工程。每年优免该村夫四名，作顾觅工食之的款。

优免原九条。

第一条　每年三月二十一日，系前平阳府知府秦公岳降之辰，合渠等村各具特豚，齐集李村并马牧村渠神庙致祭。

第五条　本渠上下游相距甚远，办理致祭等事往返不便。因在马牧村建渠神庙一座，归上三村致祭，登临村附祭；李村建渠神庙一座，归十五村致祭。

第八条　本渠各处有优免村分，只准优免兴夫，不准借口优免在本渠有任便自在使水等名目，以免滋弊。

第九条　各渠长津贴之资，原出于合渠公摊，由合渠优免值年有渠长之村分夫十二名，每名夫作钱四千五百文，就近尽数交给渠长，作为津贴渠长并雇觅巡水夫之的款。定章原不准误期短交，倘该村头目人等故意克扣措勒，不能及时交给渠长或借此要挟刁难合渠者，一经查出，准合渠将优免之夫扣留，仍退各村。由合渠将津贴之钱如数拨给渠长，以免滋弊。该有渠长之村不得异说，违即送官惩办。

惩罚原三十六条。

第一条　各渠长点验后，不预为布置将满年应用物料并扎囷各料制备齐全，以致次年临事贻误者，准合渠禀官责革。

第三条　签换渠长之日，将争充渠长等费混入点验公费内科派合渠，勒令沟首分认者，准合渠将该渠长禀官责革。

第十三条　所罚各村钱物，须置簿明白登记，归渠长选举本渠品行端正、家道殷实之绅耆，四节各一二人收管存储，以备合渠岁修工程等项之需。不准交给富不安分之绅董，致有串谋捏销，干没中饱之弊，违则送官严究。

第二十一条　各村地户故意将应浇地土开作稻田蓄水，甚至将浊水灌入畦内，复将澄清之水放出，希图取巧淤漫，以致贻害水程者，轻则议罚，重则送究。

第二十二条　本渠各地户如有违犯各项渠例，只准按所犯情罪，罚令修理各工程，无力者罚作苦工，不准罚钱，以免滋弊。所罚之工须按照所犯情罪轻重，分别议罚，不得漫无限制，有意刁难，违则送究。

第三十二条　本渠各村原有水碓，嗣因渠水无常，历久作废。此后永不准复设，致碍浇灌，违则送究。

第三十四条　公孙村石桥为本渠第一险要工程，一有疏虞，桥南十四村立成旱阜。倘该村沟首并昼夜巡查之巡水夫，以及督水接水各渠长，不能留心防护，以致损坏之日尤不传闻合渠人众、预谋补救之议者，准将看守不力之督巡水及各办公人等一并送官责惩。

杂录原十一条。

第一条　原册载渠例一样四分，值年渠长四人各承领收执一分，于充膺一年期满时交案，以便发给新渠长承领收执。倘有擦损潮湿遗失等情弊，惟该渠长是问。今仍其旧。

第五条　原册载据临汾县民孙清等，因使水不均，蒙府衙委权府判严明威前来相视地势，从长规画，将本渠分为上中下四节使水，一十五日轮流一周，又据下节村分人户孙清诣府衙控告，若准依定分节使水，渠道百里水势不常，比至流到下节，沙渗微细，委是不均，祈再定夺等情。嗣经严公勘得汾河泛涨不时，渠道大小不等，难以预定时辰，断令依旧逐村从下趱上实排浇灌兴夫地亩，但恐人情狡滑，故意岩延虚占时刻，有碍其余使水村分，是以议定，虽系实排浇灌，亦不得过所定时刻。如违，科罚等情。按：此条，当年拟定各村浇灌时刻，虽经载在渠册，嗣因汾河水势不常，是以至今并未遵行。以后合渠人等不得拘泥原册，借口争讼。

平阳府正堂、加三级、纪录六次董奉抚部院批定临汾、洪洞、赵城三县十八村自下而往上使水，永不违例碑记

查看得通利渠初名广丰渠。先年仅通赵邑石止、马牧及洪邑辛村。其渠道止五尺，不通汾河。迨宋末，金之兴定二年，疏口引流灌溉地亩，而下一十五村洪、临二属之民，接其水利而通之，改名通利渠。历明之嘉靖六年，汾流泛滥，水利无常，讼而始得。尽缘渠无定址，屡凿屡耕，锢弊相沿，牢不可破。至康熙三十四年，地震毁渠，益难修筑。及四十年间，前府秦守委员踏勘，始谋及扩充渠口。乃于赵城安定、登临二村交近渠址处买地一十六亩四分零，秦守捐给地价一百六十四两零，其地粮并上村公水渠身之粮，议由各节渠长催交。本县移解赵邑。于是临、洪、赵一十八村渠成，各照地亩均兴夫役，新辟渠口，疏浚渠道。赵邑石止、马牧二村受水灌地共计一千六百八十亩；洪邑辛村、北段、南段、公孙、程村、李村、白石、杜戍八村受水灌地共计六千五百八十亩；临邑羊黄、南王、太明、闫侃、吴村、太涧、王曲、西孙八村受水灌地共计九千六百五十亩。分定使水日期时刻，自下而上周而复始。渠例渠条

详载分明，不可紊也。至四十八年临民杨运法等，以赵邑渠长李天惠等不循渠例具控，前府刘守批委霍州查勘，未及细查，误称修浚渠道，除赵城石止、马牧，洪洞辛南、辛北等三村，因向日沟首舍地开渠，系自在使水，永不兴夫等语详覆。以临民王栋等复讼于府，仍批霍州覆查。据称前审马牧、石止、辛村三村因其呈有碑记，内载上三村自在使水，例不兴工之语，所以卑职前将石止、马牧、辛村三村定为自在使水，不与下一十五村同一兴工。今西孙村王栋等复行具控，批查卑职覆详加研讯。据马牧、石止、辛村渠长李天惠等同供，伊等上三村，昔时碑记虽载有自在使水之语，而历年以来实与十五村一样兴工使水。此碑记果属可凭，伊等肯不早为辩论，而愿与下村同为出夫修浚耶？事有相因，非可误议。卑职谕以仍循旧例起夫，渠长李天惠等亦情愿遵行。应令马牧、石止、辛村仍同下一十五村一例兴工。所有前详条例，应请更正。仍行临、洪、赵三县，饬发各村渠长刊石遵守等情详，覆前府刘守如详，檄行三县更正立石，饬遵在案。讵料日久弊生，至六十年间，赵邑石止村王廷宗等于天旱需水之时，复以任便使水为词，紊乱渠例，致临民王守业等叠控。前府冯守因公务因循，未及查结，兹蒙宪台据守业等控词，批发卑职查报。卑职原任备员通判有年，通判有关于民命，水利亦曾留意讲求，知之颇悉，而且历年案卷渠例渠条，莫不班班可考。查赵邑登临、安定、好义三村系本渠上流村分，不在本渠十八村转轮之限，故得任便使水。不识马牧、石止、辛村上三村随便使水，从何而有？亦不知凭何碑记。如果有之，何不令临、洪二县昔时一体立碑？何不与秦守买地开渠之日免其夫役？何不与历年修渠之际绝不兴夫？何不与刘守批详更正之时急为辩控？迟至十余年后忽违成例，犹以任便使水为词，妄争一十五村之水利，此诚不可解也。况石止、马牧、辛村与下一十五村各有分定使水昼夜时刻，载在渠例，又何有任便使水之说乎？此其尤大彰明较著者也。应请檄行临、洪、赵三县，严饬一十八村渠长沟头，凡修筑通利渠口及疏通渠道，各遵依旧例，照依地亩兴夫。如遇使水日期，自下而上挨次轮流灌溉，不许紊乱时刻。违则从重究罚。刻石遵守，永杜争端。仍将王廷宗等，行令赵城县枷责示惩，以戒其后。至王守业等控词，卑职查案已明，无庸质对。惟词称王廷宗等聚众殴打查水官庞照磨之处，传讯该员，称系当日争水人多，语言嘈杂，并无殴官之事，合并声明。缘奉批事理，卑职未敢擅便，伏候宪台批示遵行。为此，令将前由开具书册，粘同原蒙批词，理合具申，伏候巡抚山西都察院都御史、加一级诺批如详，行檄平阳府正堂、加三级、纪录六次董。

照录通利渠旧册原开渠道地址考

一、通利渠自赵城县石止村等里，北至汾西县师家庄取水，下至稖村、好义堤口，并不沿河置堰，随村恰好渠道行流。其底官阔二丈，上面两厢渠耳各广一丈五尺。如沿石止村北滩内，并村东崖下便处行流。已上计母渠三道，到石止村北相合流为一道。行流至马牧村圣女涧北鹳鹊崖下，直南缠崖行流，至辛村北郭家沟口，已南盘曲。渠堤堰沿鸦儿崖经蔡家沟口及洋洋沟口行流。以南舜帝庙东平地行流，及庙东南北道口正西行流，约五百余步，过涧至段村，沿南崖正东亦有三百余步，经过赵地往南，至赵通柏墓东，往西南东岳庙下，沿崖下行流至将军庙东，往南经南段村西，沿高崖至弥勒院前。往西至公孙堡北百墓西崖行流，往西南行至麻沟桥，修堤过水桥一座。大觉院往西南，沿崖盘高阜处，行流至程曲村、辛家沟口，直南察子口，沿崖过道人窑，前至乱荿沟口。沿崖过往南至大云禅院后，盘曲行流，水分为二道：往东经土地庙北往流至崖头尽。却往南流于圣王庙东以南往西往流至庆云观前，缠北流行，流至大云禅院南，直往西至李村大道，渠一道自蜜蜂崖、火柱沟直南，亦直大道北相合为一处。又次南盘曲至狼儿沟口，往西南白石村亦是沿崖行流。至涧北边往西，行五百余步过涧，沿崖往东南缠高崖行流，至举子上往西，行杜戍村西，却往南盘曲至羊黄村西，沿崖行流至西羊黄村西，依官道次南直至大明西，却望南一直行流至阎侃村沟过水桥，修一座合槽过水。望西南行流太涧村北过涧等西，正南穿杜家院，靠西崖一直往南穿卫家场内墙下，往南行流过秦村小沟子。望东南沿崖盘曲行流至一百里有余王曲村心，往南行流，到王平院南墙外边，墓东南角却，望正西行流约有二百余步，往正南行流，西孙村、北涧村，东行流，渠道盘曲后归汾河。

一、赵城县照录旧册各村里数并地亩顷数于左❶。

石止村至上水口二十八里，计地一十三顷四十亩三分五厘。

马牧村至上水口三十二里，计地九顷二十五亩，又续浇地六顷。

以上二村计地二十八顷六十三亩三分五厘。每一时辰浇灌一十顷五十五亩，时计一十八时辰四分九厘，日计一昼夜零六时辰四分九厘。

辛村至上水口四十三里，计地九顷一亩四分，又续浇地三

❶ 左　原书竖排，此处的“左”可理解为“下”。以下同。

顷。每一时辰浇地一顷五十亩。

一、洪洞县

北段村至上水口五十五里，计地九顷八十三亩八分。每一时辰浇地一顷四十五亩。

南段村至上水口五十五里，计地七顷三十亩四分五厘。每一时辰浇地一顷四十五亩。

公孙村至上水口五十八里，计地一十一顷一十四亩九分，每一时辰浇地一顷四十亩。

以上四村计地三十二顷二十亩五分五厘。每一时辰浇地一顷四十三亩八分，时计二十二时分三分九厘四毫，日计一昼夜零一十时辰三分九厘五毫。

一、下渠，程村至上水口六十里，计地一十六顷七分七厘。每一时辰滚浇地一顷三十五亩。

李村并庄至上水口六十五里，计地一十五顷八十九亩二分。每一时辰浇地一顷三十五亩。

白石村至上水口七十里，计地一十顷四十一亩。每一时辰浇地一顷三十亩。

杜戍村至上水口八十里，计地一十九顷三十五亩四分。每一时辰浇地一顷二十亩。

以上四村计地六十八顷六十八亩三分五厘。每一时辰浇地一顷二十九亩一分，时计五十三时辰一分五厘二毫，日计四昼夜零五时辰一分五厘二毫。

一、临汾县

羊黄村并北王村至上水口八十五里，计地一十六顷三十七亩二分。每一时辰浇地一顷二亩。

西羊黄村至上水口九十里，计地一顷八十二亩。每一时辰浇地九十五亩。

南王村至上水口九十余里，计地一十四顷一十亩一分。每一时辰浇地九十五亩。

太时村至上水口一百里，计地一十四顷六亩三分。每一时辰浇地九顷三亩七分五厘。

以上四村计地四十六顷三十五亩六分。每一时辰滚浇地九十六亩九分五厘，时计四十七时辰八分一厘，日计三昼夜零一十一时辰八分五厘。

阎侃村至上水口百十余里，计地六顷九十亩。每一时辰浇地八十亩。

吴村至上水口一百零一里，计地一十顷三十四亩五分。每一时辰浇地八十亩。

太涧村至上水口一百零五里，计地一十二顷一十亩。每一时辰浇地七十七亩。

王曲村至上水口一百零七里，计地一十三顷九十一亩。每一时辰浇地七十五亩。

西孙村至上水口一百一十余里，计地一十六顷六十九亩。每一时辰浇地七十亩。

以上五村计地五十九顷九十四亩五分。每一时辰滚浇地七十五亩八分一厘，时计七十九时辰六厘九毫，日计六昼夜零七时分六厘九毫。

一、总计浇地二百二十六顷八十二亩三分七厘，时总计一十七昼夜零一十一时辰六厘九毫。

以上赵城县、洪洞县、临汾县上渠续兴夫地土计九顷，已该在内外据总计时日二顷，并不短数。

陡门照录旧册原定数目于左。

一、本渠三县二十一村，从下实排攒上轮流浇灌兴夫地土，周而复始。开列各村陡门数目下项：

一、临汾县

西孙村陡门一座，王曲村陡门一座。

太涧村陡门三座，吴村陡门二座。

阎侃村陡门三座，太明村陡门一座。

南王村陡门一座，西羊黄村陡门一座。

羊黄村陡门二座，北羊黄村陡门一座。

一、洪洞县

杜戍村陡门四座，白石村陡门三座。

李村陡门三座，庆云观自在夹口一座。

程曲村陡门三座，公孙堡陡门三座。

南段村陡门二座，北段村陡门二座。

辛村陡门三座。

一、赵城县

马牧村陡门三座，石止村陡门二座。

附录：人字坝碑文记

通利一渠开自金代兴定二年，袤长七十余里，浇灌临、洪、赵一十八村，共计升科水地两万六千余亩。其上水口岸上自汾西师家庄，下至赵城石止村，沿河治水，任便开口，志册载明，彰彰可考。历数十年来，河口居赵城好义村之东，久未移动。今因瓦窑头等村，于光绪十二、三年，从涨出汾河滩内新开式好、两济二渠，共浇地四千余亩。并历次安设水磨、拦河扎坝。截流坝水，以致通利渠水每不足用，历经各渠长控案禀究，前任杨太尊札委临、洪、赵三县沿河会勘，择其可开口之处另行举办。嗣因工大费巨，窒碍颇多，特提案讯断，暂缓开口，从权设法，将旧坝一律拆毁，另筑人字形坝，彼此分水浇灌。经式好、两济各渠长遵照允服具结在案，杨太尊已禀明抚宪、藩宪、道宪矣。乃杨太尊旋行调任浙江，而式好渠渠长席必恭等翻案上控。蒙巡抚部院恩批，饬本署府暨霍州临、洪、赵三县，确查妥议，详候核办。当蒙抚宪恩批示：

查核所断尚属平允，应如详办理。三十三年四月，本署府会同霍州督修人字坝。工竣详请立案，复蒙抚宪恩批查核，所筑人字坝工情形尚属周妥，应准如详立案。复蒙藩宪道宪饬示饬遵，准于临、洪、赵三县各勒石垂后。兹将章程六条开列于左：

一、扎坝用人字形。人字尖处即水之方针也。坝左流水引入式好、两济二渠内，浇灌水地四千余亩；坝右流水引入通利渠内，浇灌水地两万六千余亩。

一、式好、两济二渠口远近只隔数十步，合将两口归一，庶于人字分水情形方无滞碍。

一、札坝地势务须平坦，倘有水涨冲决，准通利渠立即兴夫修造，勿得任其高下，违者禀究。

一、人字坝左流水入式好、两济，右流水入通利渠，但式好二渠按时札坝，惟通利渠口距人字坝远在二里之外，坝右水路务须宽广以畅汾流，勿得仄狭滞塞，有碍水势。违者禀究。

一、各渠水磨系个人私益。水利关乎万民生命，拟每年自三〔月〕初一起，以至九月底停止转磨，只准冬三月及春两个月作为闲水转磨。每年先期示知，著为定章，违者重惩不贷。

一、石碑一样三通，载明原案章程条规，临、洪、赵三县各立一通，以防后人损坏。

南霍渠

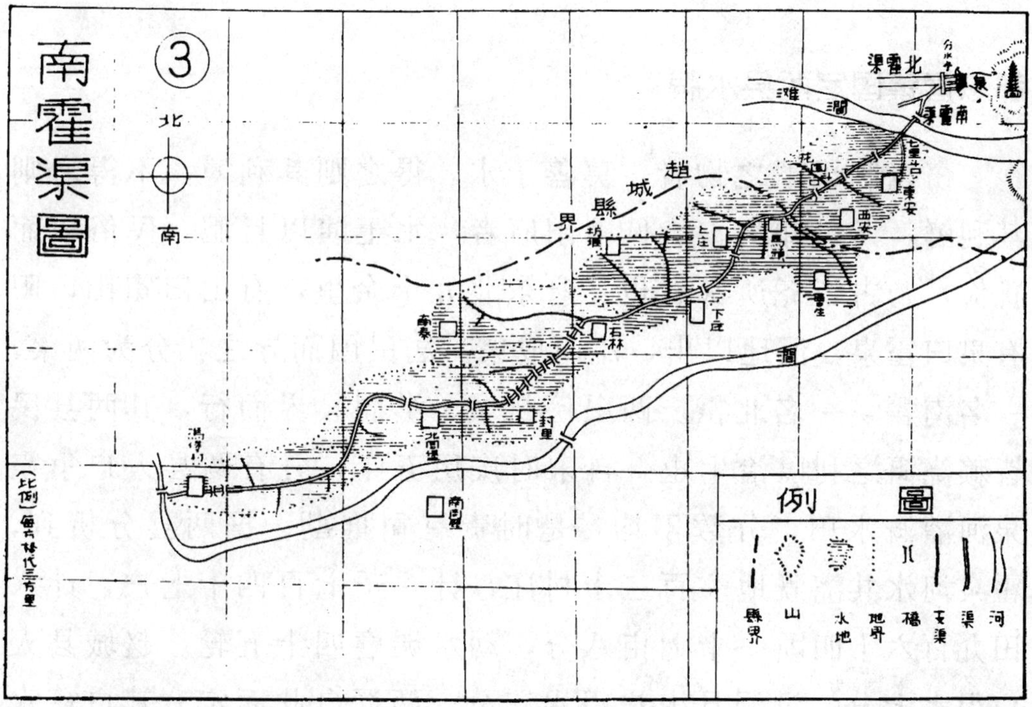

该渠分霍泉之水，溉洪、赵两县一十三村，地近万亩。称南霍者，对于北霍而言也。南、北霍向系三七分水，洪三赵七，久有定案。然三分之水，赵城上游五村已分去少半，则所谓洪三者已名不副实。又以一渠流经两县，各不相属。上游截水势所不免，水之及于洪境者微乎微矣。向来毗连赵境之曹生、马头、南秦诸村收水较近，灌溉尚易。至下游冯堡等村之地，则

往往不易得水，几成旱田者已数百亩矣。闻北霍之地，则年有增加，即南霍距泉左近支渠之水，亦有偷灌滩地者。下游明知之，而无如何。盖以上把下（渠上谚语），各渠通例，而该渠以管辖不一之故，此弊尤甚。一有抵牾，更生恶感，辗转兴讼，受害已多。故不若隐忍牵就之，为愈主客异形，上下异势，盖有不得，不然者矣。

照钞《南霍渠册》

都总管镇国定两县水牌

窃以利天下之物者，莫善于水。得之则其利博，不得之则其利鲜，斯可知矣。伏见平阳府者，水土演以且肥，民俗殷而犹俭，乃古帝尧所都者也。府东北九十余里，有山曰霍山，阳有泉曰霍泉，涌地以出，流而成渠。居民因而导之，分为两渠，一名南霍，一名北霍。两渠傍赵城、洪洞县界而行，其两县民皆赖浇溉之利以治生也。自宋时庆历五年，分有两县人户争霍泉河灌溉水田，分数不均，是时责有司推勘。据两县分析到，霍泉河水共浇溉地一百三十村庄，计一千七百四十七户，计水田九百六十四顷一十七亩八分，动水碾磨四十五轮。赵城县人户得水七分，洪洞县人户得水三分，两词自此而定。其户籍水数若干，具在碑石，永为来验。迨今积有年矣，不闻词讼。至本朝天会十三年，赵城县中据使水人户虞潮等状告：有洪洞县人户盗水，使府衙数差官规画不定。至天会十五年十月内，再牌委府判高金部规画，定于每渠上置木隔子、更隔子上岸，水势均流，取到两县官吏，委是均平，别无偏曲不均文状。至天眷元年四月八日，准奉枢密院上畔元帅府札子，咨送封题到平阳府，赵城县张山等状告高府判创行填塞了南岸海水泉眼，更于原置定霍河三七分水限口次东五步外海泉出水口，顿然创修石堰一道，匽起，水势高涨于上面，流过诸处泛出泉眼，合流入南霍渠河，增溢水多。山等北霍河水见减二分，乞去除起去石堰，下本府仍分析所告虚的，府衙具前后争告使水不均，及差官定夺词因申过枢密院，当年八月二十六日准。奉枢密院上畔，据所申因，伏缘不见，得指定一十一村因甚未肯准伏。再委厅幕与两县知县并一十一村人户依准积年体例从长规画。仍责两县人户，各无词诉，文状申上，为本府阙员申覆枢密院去后，于十月十三日准奉上畔，已下钱帛，都勾判官朱伸，计会两县知县及勾取一十一村人户规画，依准积年体例，立定三七分限口，分使水利。仍取责两县各无词诉，文状连申，天眷二年二月二十七日，准奉行台尚书省畔，据新授中京留判官朱伸告，为定水公事头役，乞更差官一员同共规画。已下绛阳军节度副使杨贞同共规画定。当年四月九日，洪洞县人户张方等经元帅监军行府状告府判高金部定水不均，朱勾判亦定不均，乞差新到□□□□□[1]杨桢奉直同共定夺。今下河东南路兵马司都总管镇国上将军完颜谋离也，将带两县官吏，并合干人户亲诣定水头，仔细检验，及参照积古体例定夺，务要两便。准奉上畔差委前去定夺赵城、洪洞两县人户水利不均公事。寻亲诣到两县所争水分处验觑，得先前高府判创立水柜，并分水去处，委是不依古旧置定到痕迹，是有不均。遂行去□[2]了当。将两县原置定分水碑文内，照得该写赵城县陡门内水，南北阔一丈六尺一寸、深一尺七寸。洪洞县陡门内东西阔六尺九寸、深一尺

[1] 此处有脱字。

[2] 此处空白，疑为‘拆’字。

六寸，遂再将陡门内见行流水等量，得赵城县深一尺四寸，比旧时霍水浅三寸；洪洞县水深五寸，比旧时霍水浅一尺一寸。其洪洞县见今水数不及三分，寻将两县见流水相并等量，得共深一尺九寸。依古旧碑文内各得水分数比附内，赵城县合得一尺，洪洞县合得九寸。若便依此分定，缘洪洞县陡门外地势低下水流紧急，减一寸只合得水深八寸，赵城县水只与深一尺，又缘陡门外地势高仰，水流澄漫，以此更添深一寸，共合得一尺一寸。遂将两渠水堰塞，令别渠散流，两陡门内阔狭依古旧。将两渠陡门中用水量定，于洪洞县限口西壁向北直添立石头阔二尺，拦水入南霍渠内，以此立定。赵城县合得水七分，洪洞县水三分。考验古碑水数无异，各已取到两县官吏并使水人户准伏。别无偏曲，执结文状具（鲜）〔解〕。申覆元帅府并行台尚书省照验讫，却奉上畔。噫！智之与仁，根乎性者也。决物所惑曰智，时前赒人不足曰仁也。以两渠之讼，断命前官经度画词不能定。自公亲诣分水，默而计之，悉见诸利害，折去词讼，智也。即使两县溉田人户得水平，一举皆蒙利，仁也。愚所为仁智之道，于是乎尽矣。立行忝在幕官特承公旨。今摭其事，再为之记刻于其石帖。赵城、洪洞两县置碑二亭，一亭于两县分水渠上竖之，一亭于本府公厅内竖立，免使更有交争者。

天眷二年六月日镇国上将军、平阳府尹兼

河东南路兵马都总管完颜谋离也立石

再行抄写牌上水例条一本，后再要整理南霍渠禁口石桩一条，看已前后争告公事内词固理会施行。

南霍渠泉之水验诸古文，出自赵城境内，合浇溉本郡民田。唐贞元年间，有洪洞县令张岁逢大旱，天色炎炎，水草枯竭，草木焦卷，禾稼槁然。遂经前使主崔郎中，为百姓从祝词至。

窃将赵城县使余之水，乞我以救人，广苏我田苗。为令相公昆季慈上爱下，能无情乎？其时郎中乞水一寸，昨以洪洞县炎炎旱涸。

至唐贞元十六年，又有洪洞县百姓卫朝等，知其惠茂，使起贪狼之心，无厌之求，后次兴讼。时前使在中，承更及乞水滴漏，陡门二尺九寸、深四寸，终未饱足，再行陈告。将赵城县道觉等四村、洪洞县曹生等九村，计一十三村庄一同与北霍渠下地土一例十分水为率。验得本渠二百一十五顷地，计四百三十夫头，总计验数本渠合得水三分。然比先赵城县道觉等四村浇讫，将多余水浇洪洞县曹生等九村人户，为定南霍渠陡门东西阔六尺九寸，深一尺五寸，计积尺三十四尺五寸，每夫合得水八分二毫三丝一忽。南霍渠不（迭）〔达〕原分水数，于北霍渠陡门南岸下添到石头二尺，将水拦入南霍渠。陡门内阔六尺九寸。内先添过水得深一尺八寸，计积尺五十五尺二寸，放四百三十夫数上，新添过水每夫合分得水一寸二分八厘三毫七丝二忽。一十三村分水浇流，俱为上村，本村下地段近山，地形高下凸凹不等，过水幽悬洽窄，难以一概行水。使有智者度量地亩夫数，以二百一十五顷地四百三十夫内，以地夫多寡数目分到六座陡门大沟，使水各得昼夜长流，六座陡门以浇溉义和使水，其大沟地形平正阔隔，长可使水。大沟亦赵城县、洪洞县碍为屡屡相争词讼，各立渠长一员，拘集各村沟头，智治水户。一十三村使水昼夜长流，分番浇溉地土，一月零六日一遭，各得其济。

伏以润生万物者，莫善于水土之利，衣食之源也，民之养生斯大矣。

窃见平阳府霍山有霍泉圣水，以十分为率，三七均分。赵城得水七分，名北霍泉渠。洪洞县得水三分，名为南霍泉渠，泽流无绝。其两县人民皆赖浇溉之利，共灌一百三十村庄，计一千七百四十七户。该水田地九百六十四顷一十七亩八分，动水碾磨四十五轮。续自大朝登基置立渠条，本渠一十三村大小沟总地土使水日期。兹有三村渠长，共村得将癸巳年古旧渠条，累经兵革，失迷无凭，可照所有去岁渠长，从新置立，抄写古旧渠条例一簿，以渠照验科罚。古旧条例渠长下，三村充当，冯保、周村、封村周岁轮流，以凭保结。

伏为霍山脚下，有广胜寺前泉水数处，砌成泉池，赵城、洪洞两县人民以地亩立成限口，以十分为率，三七均分。赵城县得水七分，名北霍泉渠；洪洞县得水三分，名南霍泉渠。计浇一十三村，上接四村系属赵城县，下接九村系属洪洞县。照依古旧渠例，沟埕使水，除曹生、道觉陡门下使水外，有一十一村，内有双头村陡门、东安村陡门、坊堆村陡门、坊村陡门、南羊社并南秦村陡门，其六村更有大沟使水。每月零四日轮转使水，浇溉一遍。若有一十三村使水人户，不畏公法之徒，已违渠例，强截盗豁使水浇并落入无利沟涧等事理，今将兴夫数目并科罚名项，开写须议渠条者。

一、本渠定立地五十亩兴夫一名。本渠磨一轮兴夫二名。一本渠总计一百八十三夫零三分八厘，地该一百四十三夫三分八厘，磨该四十夫。

一、各村地亩合该人夫数目：冯堡村地六顷，兴一十二夫。周村地五顷，兴一十夫。封村地五顷，兴夫一十夫。封村北地一顷，兴二夫。南羊社并南秦村地一十四顷，兴二十八夫。府坊村地六顷九十一亩五分，兴一十三夫八分。坊堆村地四顷九十一亩五分，兴九夫八分二厘。西安村地四，顷兴八夫。东安村地二顷六十亩，兴五夫三分。双头村地七顷，兴一十四夫。道觉并曹生村地一十五顷二十亩，兴三十夫四分。

一、各村磨兴夫数目：道觉村磨六轮，兴一十二夫；二轮，兴二夫。东安村磨三轮，兴六夫。西安村磨四轮，兴八夫；二轮，兴二夫。府坊村磨二轮，兴四夫；一轮，兴一夫。封北村磨二轮，兴四夫。南羊社并南秦村磨一轮，兴二夫。封村磨二轮，兴四夫；一轮，兴一夫。

一、逐年春首使水时分，令各村沟头，将本村所管地面大小角口尽行闭塞。母渠流行自二月初一日，从下冯堡村为头使水，如满日交割下次村分。

一、逐年春首清明节后，随村各行开淘渠河时分，令道角村磨户六夫，下水歇渠三日，从后渠长会众夫开淘渠河。

一、应有使水人户随年春道淘河，或天雨冲破渠堰，令道觉村沟头即便申覆。渠长会集众夫，开渠修理坚完。如过时分，不行申覆，罚白米一石。如夫一名不到者，罚白米三斗。

一、轮到各村沟埕使水，令上接人户毋得强截盗豁，浇溉地一亩，罚白米一石。其落入无利沟河者，罚白米一十硕。

一、浇溉无夫旱地，每亩罚白米二硕，并外夫地亩，亦罚二硕。

一、各村未得支水文帖，擅自浇地一亩，准罚白米一硕。

一、各家浇讫地土更行盗豁重浇，其隔蓦浇地一亩，罚白米一硕。

一、人户未到浇地，或打破渠堰溢水浇讫地亩，或田苗未合浇灌，并无豁水锹痕踪迹，别无是故意浇田者，踏验是实，每科罚白米三斗。

一、猛雨打破渠堎，轮到使水村分，合住沟渠长会集众夫兴工。上水完备将渠长并各村沟头，将全河大沟水埕通流，住沟村分，补时辰日期，令上接使水人户不得强截。停沟河水如违者，科罚白米五硕。

一、但有使水人户争告使水。须要入状及沟头渠长共同详验，如果是实照依渠例科罚，如沟头私和事理，体问明白，令沟头罚白米一硕。

一、各村无地人户不得争状，地人浇灌，透漏地土，如争状之人罚白米一硕。

一、各村沟头所管上中水户轮转充当，毋得顾觅狡猾，以下水户应当，罚白米五斗。

一、应当各村沟头使水时分，母渠从下支渠从上使水，实排角口。将多余水不行泻入母渠，落入无利沟涧，罚白米五斗。

一、使水人户合轮，排到合家使水浇灌地土时分，须要预先等候不分昼夜浇灌。故推托风雨不得倚余事端，故意不来浇灌。若有隔下越过三家，毋得再行开豁角口浇灌，如违，科罚白米一硕。

一、各村浇了地毕，须要本村当沟头人作急，不分昼（行）〔夜〕时分，即便写帖以为交割下次缺水村分使水，如沟头迟滞透漏使水，科罚白米一硕。

一、人户使水浇地完备，须要即便堰入母渠流行。如沟头人等不以水利为重，故意不行巡捉，失其觉察者，罚白米一硕。

一、各村浇过地，并渠角须要打讫灰印，如各村将灰印记损坏，及渠沟头人等定验是实，与村沟失其觉察，令人户各罚白米一硕。

一、各村当沟头浇地了毕，将多余水即便泻入母渠流行，如将水落入无利沟涧，令处当浇地人验是实，罚白米五硕。

一、春秋二季祈神钱，仰渠长行帖付各村沟头，所管夫数，每夫科罚白米五升。

一、无兴夫磨点地、盗豁渠水、动行己磨，令磨人户罚白米一十硕，一半充官，一半众破用。

一、各村不该使水沟埕，强截盗豁，准罚白米五硕。

一、随村庄使水人户沟埕，浇讫满日，将多余水泻入母渠流行，须要从上至下致将水入无利沟涧，如违，仰当沟人罚白米五硕。

一、各村陡口浇讫地土，将多余水不行泻入母渠，却行落入无利沟涧，罚白米十硕。

一、各村使水人户浇灌地土已讫，不行将水泻入母渠，浇坏官路一步，罚白米三斗，十步作百步为止。

一、经过村分，去处石角口割破，罚白米二十硕。

一、封村淘家磨本渠豁破，罚白米一十硕。

一、经过村分黄家口豁破，罚白米五十硕。

一、经过元角口盗豁破者，科罚白米五硕。

一、经过西安石角口盗豁破者，科罚白米一十硕。

一、经过去处解肚堰角口盗豁破者，科罚白米二十硕。

一、双头角口盗豁破者，科罚白米一十硕。

一、经过去处村分，两崖渠堎并大小角口透漏打破，落入无利沟涧边渠，地主罚白米三十硕。

一、猛雨冲破渠堰，或淘渠时候，渠长沟头会集众夫差拨修理有等不公法者，紧作不叫□散众夫，科罚白米一十硕。一半入官，一半众破用。

一、本渠春道淘渠村分，从下接连开淘至各村所管地面，合添夫数，沟头不到，科罚白米一十硕。

一、本渠兴工之处有等无赖之徒高声作闹哮叫人，夫不听渠长、沟头商议渠河等事，科罚白米一硕。

一、上接赵城县陡门三座：

道觉陡门一座，高一尺一寸，阔一尺一寸八分三毫八丝。

双头村陡门一座，高五寸，阔六寸五分。

东安村陡门一座，取水园周四寸六分，经一寸四分。

一、中接洪洞县陡门三座：

坊埝村陡门一座，高三寸八分，阔五寸五分。

府坊村陡门一座，高三寸八分，阔五寸五分。

南羊社并南秦村陡门一座，高四寸六分，阔五寸六分。

天眷二年六月□日都镇国定

兴定二年四月初九日，平阳府给南霍渠实排使水渠条，屡年清明节后各依禁口下合行开淘渠河，并不是禁之处。

北霍渠限口底岸砌石，东西一十余步，南北阔一丈六尺一寸。

南霍渠限口底岸砌石，南北一十余步，东西阔六尺九寸。

一、县下有诸般文引，四季科倍，支持官府紧急日时，拘集各村沟头火讫前来。如有一名不到者，照依渠例科罚白米二硕，将庙上用度。

一、赵城县、洪洞县碍为相争词讼，各立渠长一员，拘集各村沟头智治水户，一十三村使水，昼夜长流，分番浇溉地土，一月零四一遭，各得其济。

一、赵城、洪洞两县难以归问，各立渠长一员，随村庄于上户，每年选补平和信实之人，充本沟头勾当。

一、各村选保当年沟头，不得凶恶之人充沟头勾当，如违罚钱二十贯文。罚讫别行选保。

南霍渠水辊日期

窃照本渠条例，自二月初一日卯时，从下接冯保村，行至十月一日住沟，各依次叙，轮流使水，无致霸匿沟辊。所有日期开列于后：

兴夫使水日期：

冯保村一十二夫，使水六日。周村兴一十夫，使水五日。封村兴一十夫，使水五日。封村北兴二夫，使水一日。南羊、南秦兴一十八夫，使水九日。府封村兴四夫，使水二日。西安村兴八夫，使水四日。东安村兴五夫三分，使水二日六时。双头村兴二夫，使水一日。

右仰前项大沟使水一十三村，昼夜通流，每三十五日八个时辰流溉一遍。如满日交割下次村分，若不递送沟辊强截盗豁，失语沟埕，照依渠例科罚者。

辛亥年南吕月□日记

小沟陡门三座：

道觉村、曹生村、坊堆村。

南霍渠兴五百八十三夫半。

冯堡村三十六夫，淘家磨上全添做工。周村三十夫，淘家磨上全添做工。封村五十三夫，淘家磨上添四十二夫。黄家渠上添三夫，府坊村陡门上添八夫，南羊、南秦共九十夫，淘家磨上添三十夫，陡门上添三十夫。黄家渠上添三十夫。封村北二十一夫，寺东全添。坊堆二十九夫半，陡门上全添。府坊村三十九夫，寺东添七夫。半枝花陡门前添二十夫，陡门上添一十二夫。

西安村九十三夫。府坊陡门上添一十夫。大沟上添二十四夫。磨五十一夫。东安村兴添五夫。道觉陡门上添三夫。东安村五十六夫。解土堰上添六夫，庵东添一十五夫。葫桃陡门上添一十夫。道觉陡门上添二十五夫。双头村四十二夫。解土堰上添六夫，陡门上添三十六夫。曹生村三十三夫，道觉陡门上全添。道觉村六十一夫，陡门上添五十五夫。下水六夫。

窃见递年选保当职之人，不思水利为重，临时祭享专供，贪婪酒食。将以渠条不以为事，故交抹擦糟烂。倘或农时轮到沟埕，有等苟且之徒阻滞陡口，透漏水埕，急无凭考。今后当职之人，务要用心加意，将渠条包裹如法，不致抹擦损坏，整齐收伫。如拿远近，出入不许插入靴统袖内。有所不堪交付人之时，验得张叶俱全边沿齐整。如有失少边叶抹损者，照依渠例，科罚白米五硕，充官使用。

润源渠

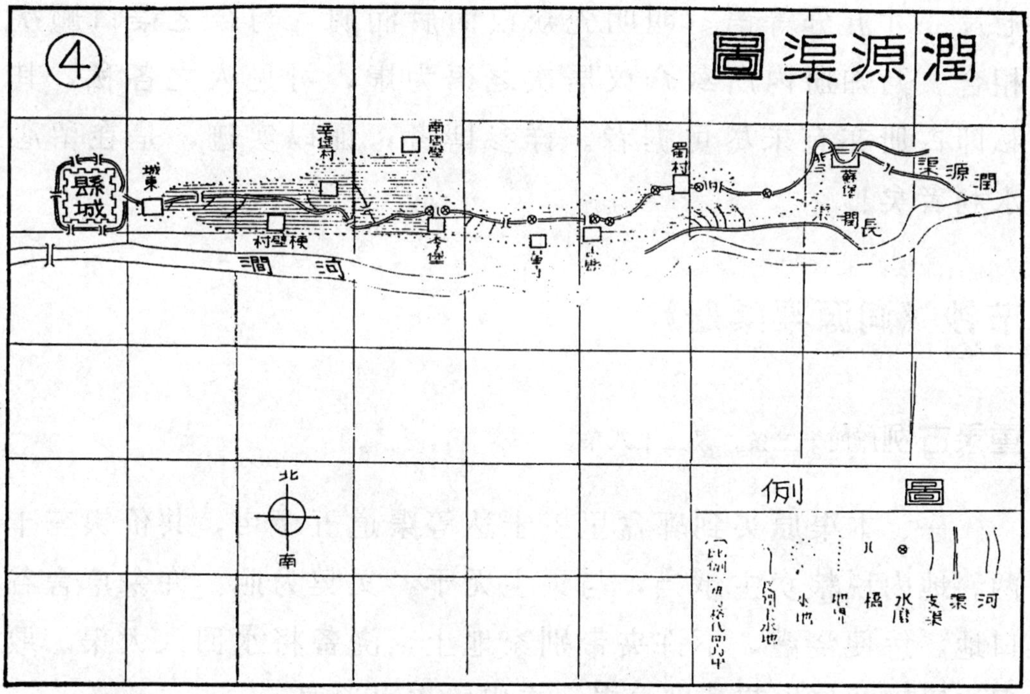

该渠蜿蜒三十里，绵亘九村，溉地万余亩。涧河各渠此为巨擘，利泽而外，无与比肩者。流域既广，修治非易。是以明清以来，显宦名臣如韩忠定、许柱史、晋朝臣辈皆曾致力于此渠务，至今赖以不坠。既以见先贤之遗泽孔长，尤足征是渠非蹄涔细流比也。考康熙三十九年，宋生天弘重录古例，其第二条详载：该渠原与众议渠三七使水，嗣因争讼，于金大定九年

奉省札，各立渠口；该渠于五龙庙下置堰，次宗议、次天润等语，果如册载。则润源当在众议之上，与现今情形不合。核阅众议渠条规，其第一条载明：本渠渠口东至郭盆赤沙，亦无润源在上之文，何以该渠古例竟如此记载？渠口上下关系于灌溉者甚巨，此等关键不容含混。乃遍阅该渠渠册，竟无所依据可资考证。疑郁累日，及阅天润古册，载有至元十八年重建润源等渠碑记。内载大定九年断案云：于赤沙缠下同堰收水，至下鸾尾分水，众议渠口阔二尺四寸五分，润源渠口阔七尺二寸五分等语。明明先众议而后润源，与今之渠口顺次相合。乃知册内所载众议居次之语为虚，可见人之各私，其私即古册亦有未尽可据者。详参博考，证以实迹，是在留心水利者矣！

节钞《润源渠渠册》

重录古例原四十二条，录二十八条。

一、本渠原买到郭盆里王士达等渠道五十亩，共价银三十两。地内税粮卖主承当，与买主无干，文契为照。许令草舍谷口地，恁便浇灌，不许夹带别家地土，浇备将水回入大渠。敢误浇民田并将水落入别渠者，查出以盗水治罪。

一、本渠原与众议渠三七轮日使水。因皇统六年，时值亢旱，二渠争水，聚讼多载。至大定九年，奉省札各立渠口。凡遇取水，本渠于五龙庙下置堰，次众议渠，又次长润渠。二渠取盗豁本渠堰者，查出，许下八村呈县，罚白米二十石。

一、本渠沟头各村共十九日，俱照夫头轮流，每年更替一次。必择个户内勤力者，方许允应，不得滥雇无为之人，致误渠事。违者罚夫头白米伍石。

一、本渠九村轮沟使水，凭沟辊渠印支帖。每定卯时交递，自下而上额定，每十夫使水一日，如遇亢旱，渠内水小，一周不能遍浇者，首轮浇至某人地止，次轮即从某人地补取。有豪强之家恃地在上节，不容补沟者，许下节之人连名告县，浇过地一亩者，罚白米一石。

一、本渠有忠定公韩讳文者、柱史公许讳翔凤者，重浚渠道有功于渠，各有在册地土恁便使水，不在轮沟之限。

一、本渠有掌例李文杰，嘉靖年间重浚渠道有功于渠，应有在册地土恁便使水，不在轮沟之限。

一、本渠有乡宦刘讳应时者、王讳三接者、晋讳朝臣者，各有在册地土，递呈本县拘集掌例等会议，当官主断将三家地土照依韩、许恁便使水，不在轮沟之限，童光裕亦如之。

一、本渠八村各有祀典夫役，惟苏堡一村看守渠口石堰。如遇天雨，涧水泛涨，本村沟头即时到渠口下水。敢有怠缓将堰违坏者，沟头除责治外，罚白米五石，仍令修堰。

一、本渠众家赏水，各有轮定日期时刻，凡子子孙孙仅许浇本家之地，浇完即许本村之人挨次浇灌。敢将余水卖于外村，并夹浇别人地土者，许本村之人连名告县，革去赏水名色，将水断入本村。

一、本渠有苏堡使水三时，浇完即送至朝阳。敢将水浇过众议地者，查出每一亩罚白米五石，沟头从重治罪。

一、本渠定于五年由渠口自上而下大淘渠一次，渠底七尺二寸，渠口一丈，深如之，每夫每日拨夫二名，限十日内淘完。夫敢有一名不到者，呈县，每名罚白米五斗，枷示游渠。

一、本渠定于每年春初，由城壕自下而上淘渠一次，每夫每日拨夫一名，限十日内淘完。夫敢有一名不到者，呈县，照前治罪。

一、本渠古例，每遇使水，正掌得赏水三时，沟头各一时，恁便使水，除浇本家地土外，即许本村人挨次浇灌，敢将余水卖于外村，并夹浇别人地土者，公举到县，革去赏水名色，将水断入本村。

一、本渠上下各村夹口，例系七尺二寸，其底与渠一平，不得抬高窄小，违者罚白米五石，仍令拆毁改平。

一、本渠各村磨碾聚水溢坏渠身磨，主不时修理。磨上以百五十步以内，透漏渠水者，磨主罚白米一十石。

一、本渠使水，某村使水，蜀村以上，如冲坏渠身，工小，蜀村沟头拨夫修理；工大，即时传报下村拨夫修理。若不修理任水走流，蜀村沟头罚白米五石。若传报不拨夫去修者，下沟头罚白米五石。

一、本渠轮沟使水，母渠自下而上，枝渠自上而下。凡水到地头不论夤夜，挨次而浇。敢有恃地在上，夜不守地，越地三家，许一渠浇完，方许补浇。若要强截使水者，罚白米三石。

一、本渠与长润渠相邻，本渠高处并行流，险峻处常被长润渠盗豁渠身，今后敢有豁水浇过地一亩者，罚白米一十石。

一、本渠磨碾原有者，磨主及时淘浚渠身，不得用板栈堰有碍浇地，如有创修者，许递供状，各村公议，无碍于渠，准其修建。若有豪强之家不递供状、强建磨所，有碍于渠者，许八村人即时拆毁，仍罚磨主白米五十石。

一、本渠先年原系水地，因水小不能浇灌，曾告过退夫。逢造册之日，有愿复入册者，公验红契，纳渠钱准其入册兴夫。敢有不入册内，指称水走浇过地一亩者，罚白米五石，以盗水治罪。

一、本渠各村地，有建过房院者，并用过坟地不足原夫额者，许将下节临渠平地，递供状公议，纳渠钱，准其补额使余水。敢有不入册内，指称水走浇过地一亩者，罚白米一十石，以盗水治罪。

一、本渠凡有纳到渠钱并灰石钱，许各村公直即刻登张，备买渠上稍草灰石等用。无如纳到者，凡遇公事，使用各村公摊，不得使一敛十，违者照数公罚十倍。

一、本渠凡有应行事宜，即行转帖各村沟头，定于某日齐集梗壁庙公议，不得私集城内酒肆，纳礼浪饮。违者罚白米五石。

一、本渠凡遇轮到沟头助户例有帮帖，原备调至城内纳礼等用。今后议事俱集于梗壁庙，并无纳礼各色夫头助户，应该照地分月应役，敢有仍前私敛人钱者，罚白米五石。

一、本渠立冬以后天气渐寒，渠身易坏。各村浇完麦苗，即令苏堡沟头下水，各村敢有上水私转磨碾者，罚白米五石。

一、本渠蜀村村西有饮马小渠，系大渠侵漏水，村中敢有指称古例，私开夹口浇过地一亩者，常行沟头查出，沟头罚白米五石，地主倍罚，仍以盗水治罪。

一、本渠上有下鲁村先济小渠一道，本村地浇完，即将水回大涧，入本渠石口。敢将水隔涧卖与别渠者，照盗水治罪。

一、本渠上下八村，凡应行事宜自朝阳发帖起，限本日到蜀村缴，敢有失落帖文者，罚白米二石，仍以违悞渠事治罪。

以上条例，前无所考。自宋、元、明至清，历经五百余年，重录四次，不敢增减一字。凡有耗民财者，俱斟酌议去。今誊小册一样八本，发各村沟头轮流收存，使乡愚晓然易知，不敢违犯。今后敢有私改渠条，并不遵守者，到官以律治罪。

康熙三十九年邑庠廪生宋天弘士毅重录

跋

润源渠不知开创何代。其重浚始自宋天圣四年也，明季正德年间，忠定公韩、柱史公许又大浚。嘉靖四年，李文杰又大浚。至我大清康熙六年，余先表祖阴公讳积祚者，又大浚。迄今又三十余年，淤漫壅塞几成废。岁己卯，九村乡亲举余欲大疏浚。余自愧才短，不能胜任，固辞再三。众乡亲上之邑侯李夫子，蒙谕总理渠事。余不敢辞，遂同渠司公直沟头，择吉起工。昼夜督十五日，厥工告竣。豪强之侵占渠地，树木樛缠渠道、夹口之阻滞渠水，一以古规治。而水顺流而下，四十日竟灌两周。渠强浚开，册未更造，其间有有地无名者，有有名无地者，以致祭典失悮，夫役抗违，而渠规多紊乱矣。因令各村公直，照额编修，更换姓名。各村寄夫补夫者，悉按例遵行，兢兢业业，惟恐上负李夫子爱民如子之心，失众乡亲特举重托之意，但法不容情，敛怨取罪，往往有之，余亦无如何也。至庚辰岁，众乡亲又举余复掌渠例，当旱极，而渠水愈盛，想非神力不及此。余当初管渠事，即梦山坡兴作。昔苏堡渠口有小庙一间，仅容五六人，凡遇祀典，祭品无所供设。每逢兴工，人众无所栖止，一经地震并其小庙无存。余首事输资，倡率渠司、公直、沟头，各输布施，创建河神庙三间，总无敛取地亩钱粮。后人止可仍旧重葺，慎勿填建。院墙离村穹远，恐夜潜匪类，大不便于行人。倘有无知辈作践庙宇，许九村连名禀县治罪。又于梗壁四郎庙殿前，增建两廊，独输财物，亦未摊敛。九村则岁时祭享，悉得神如在之诚，合渠默荷神佑，长食美利于无穷焉。然美利欲传之后，良法必遵诸前。余重录渠例，不敢增减一字，后附新旧册籍数目。岂敢曰创以为例哉！亦惟是欲图永久，俾后之掌斯例者，重册籍以重水利云尔。若论其功，是皆沟头巡水，日夜催夫之劳也，渠司公直协力分理之力也。实蒙我李夫子不辞劳苦，不惮繁冗，冒雨亲诣渠口，赏罚并用，奖励督劝之泽也。至于清造夫册，诸公直秉，公开豁各村无弊，他若创建庙廊，亦渠司、公直、沟头尚义急公相与以有成也，余何功之有？且冒膺二载，诸凡多有丛脞不惟不能为功之首，而实为罪之魁矣。伏乞当时异日诸君子，赦其过以宥其罪，则幸甚。

邑廪生两掌渠例宋天弘士毅甫谨跋

重建润源等渠碑记此文在天润渠册中，移录于此。

窃闻天生五行，一曰乎水。大则为江、为河、为海、为川，以通舟楫之用，兴漕运之便。小则成沟、成渠、成畎、成浍，以溉阡陌之田，救旱干之苦。是以仲尼称老子善其利物，不在兹乎？粤润源之初也，其详不可得闻。今录旧碑文，绍圣四年再录印渠条，与众议渠同堰收水。至皇统年，两渠人张圯、史下等争水，经官立石。及大定九年，又两渠人靳亟、张海等告争水，分奉省符依前次断定，于赤砂躔下同堰收水，至下鸾尾分水。众议渠口阔二尺四寸五分，润源渠口阔七尺二寸五分，其渠经历八村，浇地一百四十四顷三十三亩，动转磨二十五轮。

又据贞元三年二月十五日碑：

沃阳渠长任泽告润源渠长尉宣、长润渠长刘山，创置水磨拦截河水，不得浇溉民田。状说润源渠自赤砂躔接郭盆村冀家磨下轮尾退水，依旧堰一百步内只须用梢石，更行添堰，亦不得添开渠口。及不许用泥土垒堰。梢石缝内自有透流过水，任令长润渠使用。长润渠却自润源渠石堰下一百步内，依润源渠例，依旧岸渠口拦截河水尺（须）〔许〕，用石头梢草截涧河置堰。梢石缝内自有透流过水，令沃阳渠使用。亦不得别行添堰及添开渠口。外沃阳渠却自长润渠堰下七十步外置堰收水，各依旧例。如此三渠水户子孙相继，今数百年，不为不久。五谷百草转磨所获之利，不为不多。迨我国家至元九年，普润乡郭堡村郭进等，经诣大司农司告开沃阳旧渠，越至元十年二月二十三日蒙平阳路总官府指挥行下本县相视，有无违碍。本县先牒委贾县尉勾追郭进等村所告去处，一同相视。惟近村下水，止有旧来渠踪迹，即不见原收水渠口。郭进等却指岳阳县仵马村山岭沟口，原系沃阳渠口。当此令引去仵马村山岭下，检跕得亦无渠道踪迹。又令郭进等同润源渠水户邢用就唤到仵马村人户杨春，偏店村大户王忠，说称本处自来并无沃阳渠道，止是各村浇地小渠子。郭进等并无答应，此时收讫。杨春等指证其罪文状后，郭进告贾县尉偏向。蒙总府再行下本村相视，本县县尹韩承事复行相视，得原收水渠口，委年远、涧河吹漫，别无踪迹。若以仵马村山岭下为沃阳渠口，委是别无明白事迹。兼挽截润源等渠口，免致争讼。料地势高下，将沃阳渠口指定下鲁村阴家磨堰下七十步外，置堰收水，可将沃阳渠亦得行流，似为两便。当此收讫，郭进等准伏文状备申总府照详去后，蒙平阳路都总官亲行相视，蒙省会郭进等称原告被告人等一同赴府来者，于闰六月十三日就府衙众官公座省会郭进等。据所告开渠事理，多有违碍，又兼无水。往，使百姓生受，本欲收罪，为你也是好意，宜加恕免。今后无得再行陈告。如此断讫。后因河东山西道巡行劝农官石大使副使经过，郭进等二次再行陈告。本官亲诣相视，蒙省会郭进等，你再若要开时，只韩县尹指定置堰去处开者，无得动摇其余百姓。今者渠长梗村孟坚等，鸠集水户议欲立石，众诺其言。佥曰：旧碑已废，虽有誊录遗文，若重刊于翠琰，不惟永固，抑尔后知此渠之源其来也。尚免使委生穿凿，以致兴讼必矣。求识于予，予嘉其意，故宣以书之，且记岁月云。

大元国至元十八年八月十二日立石

小霍渠

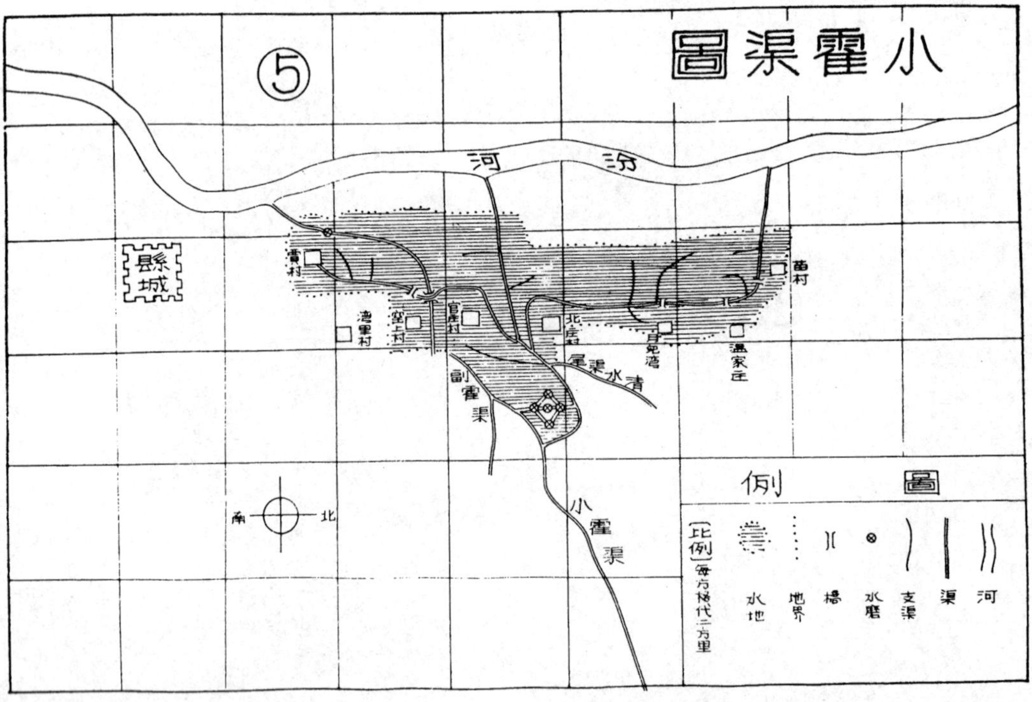

小霍为通霍后易之名。《县志》所谓通霍又名小霍者，盖未细考沿革之迹也。通霍原分七沟，灌地三千亩有奇。洪武间为水冲毁，除槽南沟修复独立一渠，更名副霍外，其槽北白羊各沟均圮于水。所余堰北苗村、贾村三沟，益以官庄四社地，共千四百余亩。重行组合，较通霍从前范围缩小甚多。此小霍之名所由昉也。该渠向来轇轕，多系与副霍龃龉，双方各有所持。

盖副霍则谓该渠本通霍之支流，后此虽分，溯源则一水利尽归小霍，非理之平。小霍则谓通霍，原系合南、北二霍余水而成。目下通霍已废，小霍与副霍本自各独立，小霍所用，系北霍余水，与副霍无干。副霍所用则南霍由川河余水，亦与小霍无与，均持之有故而言之成理。然平心论之，副霍虽有南霍余水可资浥注，然南霍水仅三分，微论旱干，即在平时浇本渠地亩，时苦不敷，所谓余水实同泡影。小霍指此为副霍正水，他难分润，副霍实难甘心。至两渠既已分立，小霍在上，副霍在下。若恃通霍旧名即欲强行分水，副霍主张，小霍亦难默认。是以累次断案，均系副霍只能得小霍渗漏之水，小霍于闸口上不准堵搭土堰，仅用活石板闸其川河之水，仍为副霍正水。沿河一带亦不准截坝。迭次判断，均属至公。后来遵行，亦可以免争议矣。至民国三年，小霍本渠之苗、贾两村因摊费与官庄讼争，致酿多数人命。虽似剧烈，然此事实因署中事前擅准改易古规，事后又复仓皇镇有[1]压，以致之。究其原因，并无重要之问题也。

又，该渠水地，西方尚有滩地若干亩，贾村、窑上、官庄皆有之。此项滩地大约皆系通霍当年被冲地亩，盖河未东来时，此方均系沃壤也。此项滩地，自光绪二十七年以后，即均用小霍余水浇灌，因官庄地在上游，故此项滩地之浇灌，不由掌例主持，向由该村二三强有力者享其利。民国三年兴讼之后，此项轇轕亦遂连带而起。经断令本渠各有余水，准其引灌滩地，惟不准将龙口打堰，致妨副霍水利。至每亩摊款，则为之规定数目，令以一半助母渠，其余除津贴官庄外，留归本村办公。似此一举三益，化私为公，果官庄久享此利之数人，不从中把持争端，约可永息矣。

---

❶ 有　疑衍。

节抄《小霍渠册》原分十门，录其五。

泉源

邑东北三十里广胜寺，寺距霍山南麓。泉水从山根涌出，导为两渠，入洪洞者名南霍，入赵城者名北霍。本渠接霍泉溢漏沟涧支派，上自赵城营田庄，下至洪洞李卫村崖下，于沙河内置堰导水，沿崖蟠曲，疏通行流汇为大渠，即所谓母渠也。至官庄村明应王庙东百余步外，置立石堰，为退水口堰，口阔三丈，石坡长五丈。又西百余步置一泄水闸，以水之消长为板之启闭，俗名龙口。口西丈余立一水凭石。迤西共五百五十八杆又立一水凭石，旧有石水口三座，今废。而分水即以此石为标，分为支渠四条，溉四社三沟地。其用水程规，后另有则。

按：小霍渠即古通霍渠。原分为七沟，缘节被汾水侵没，原地亩存不及半，不知何年改为四社三沟。官庄村东、西、南、北分四社，堰北沟、苗村沟、贾村沟为三沟，本渠故以四社三沟分定水程。

沟渠

水源曰泉，大渠曰沟，小沟曰渠。本渠母渠底阔八尺，渠口丈二尺，两耳各阔六尺。除母渠外，原分七沟分水，各有定数。其槽南、槽北、高公、白羊四沟被汾水侵塌，残毁无迹。只余堰北沟、苗村沟、贾村沟三沟，官庄村东、西、南、北四社。现以四社三沟实排轮环，由石堰至龙口西南约一箭之远，明应王庙后分有支渠一条，名曰蟠龙长水渠。又龙口西立有上水凭石，至下水凭石共五百五十八杆。母渠分为四支渠，南一条名高公渠，靠南一条名贾村沟，北一条名堰北沟，挨北一条名苗村沟。堰北沟系与官庄四社轮流之渠，贾村沟亦与官庄四社轮流。惟苗村、高公二渠，水系长流，其轮流俱有程则。凡渠深广若干俱载庙碑。本渠原议如有斸破渠耳一尺及侵一尺者，罚钱一贯文。各支渠斸破侵占，亦依母渠例科罚。庙碑有记。

疏瀹

母渠共五百五十八杆，由上水凭石至下水凭石为则。每年惊蛰节后，渠长择日破土，后即鸣锣起夫淘渠。因渠有高下宽狭，难易不同，各社照依旧规，分定各淘各渠。自上而下，东社夫十九名，陶渠五十五杆。北社夫十五名，淘渠五十六杆。堰北沟夫三十名，淘渠八十二杆。苗村沟夫六名，淘渠五十二杆。贾村沟夫二十一名，淘渠九十二杆。南社夫三十五名，淘渠一百四十五杆。西社夫十五名，淘渠六十四杆。窑上村夫五名，淘渠十二杆。淘渠工竣，以三月清明节前渠长择日，传各夫子兴工堵堰治水，引水入渠挨次灌浇，不得有误。如误，科罚。

地亩

据《县志》，通霍渠又名小霍渠，俗名北堰。县北五里北洞村南。开自宋庆历六年，溉七沟地三千三十五亩奇。明洪武年间，汾水侵没地亩，分数较原额已不及半。及至国朝，历年侵毁复多。比乾隆二十四年修册时，其槽南、槽北、白羊三沟已冲没无迹。高公仅一小渠独留。堰北沟、苗村沟、贾村沟与官庄村东、西、南、北四社，作为七社轮流，每十一亩为一夫，共夫一百四十一名，共地一千四百五十亩有奇。现堰北沟三十夫，苗村沟六夫，贾村沟二十一夫，官庄村东社十九夫，西社十五夫，南社三十五夫，北社十五夫，七社共地一百四十一夫。今将现在水地照地编成夫数，依规各淘各渠，引水使用。至其夫头地亩若干，另有夫簿。

灌溉

本渠接霍泉上流余水，置堰障水。故每清明节前，渠长择日兴工，堵堰以防渗漏。《县志》所谓用则闭之者即此。据《县志》云：原溉七沟地亩三千亩有奇，各沟分有水数。缘节被汾水侵塌，地额存不及半，每遇亢旱，霍泉上流又处处封固，水势亦减，现只一千四百亩有奇。因照现在地亩，以四社三沟酌定日期分水，每年渠长、沟长于四月初一日，各分水程照规轮环。堰北沟渠与官庄社分水，社里系上节，沟里系下节。且堰北沟地势居高，旧有灰印。古例自上而下，上节分用水程五日毕，下节即将各渠口堵塞，上用灰印，分用水程六日，周而复始。贾村沟渠与官庄社分水，社里系上节，沟里系下节，仍自上而下，上节分水程六日，下节分水程五日。因桥南地势低下，水往下流，未设灰印，亦周而复始。公议各依期浇灌，不得搀越致生事端，如违，渠长禀县，以犯规究治。用讫退水于惠远桥下，西流入汾。《县志》注明。

按：原规，堰北沟与社里共用水程九日，贾村沟与社里水程亦九日，现因水势顿减，浇灌不过，故每节公议各加水程一日。又议水现短绌，有余始许磨户使用，不许私行开闸。如违，从重科罚。

副霍渠

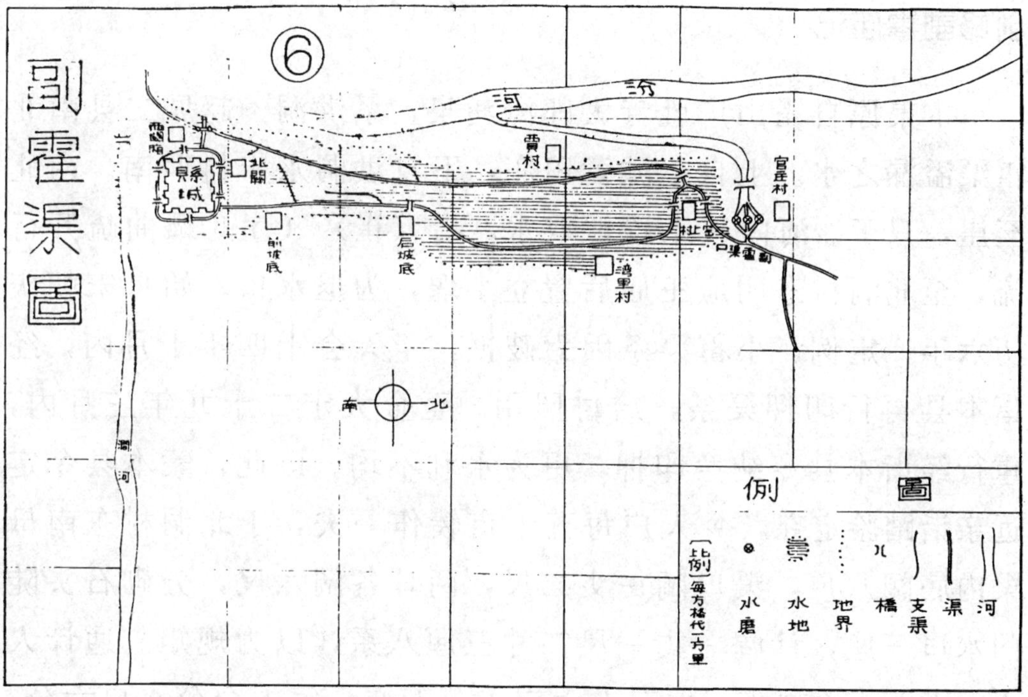

该渠即通霍渠之槽南一沟，古无其名。考通霍槽南一沟之地，原二千余亩，嗣被猛水冲毁不能灌溉。明洪武间，僧人李妙智倡议兴修，官绅合办，两载始底于成。自是始与小霍即出通霍堰北各沟，说详小霍。分立，此副霍之名所由起也。以位在下游之故，一遇水猛渠堰多被冲毁。自立渠至今，重修已经多次，此则地势使然也。至其水源，则小霍原分水口用浮石垛累以便渗

漏，久有断案。此水口迤南尚有川河一道，系由冯堡村流入，则南霍之余沥也。合此两脉始克成渠，故一遇旱干，多起争议，盖小霍阻水不下，则该渠有干涸之虞。而川河附近，亦往往有人阻水浇地。此均该渠所必争者。明其原委，平其利害，虽有争端，亦易息矣。

节抄《副霍渠渠册》

创修副霍庙记

本渠原自霍山广胜寺大郎海涌泉，系洪洞、赵城二县南北霍渠溢漏之水。上自赵城营田庄，下自洪洞永宁村西南。南北至崖，只于沙河内兴工置堰取水，沿（崔）〔崖〕蟠曲疏开行流，至北洞村东明应王庙后置立小堰，为退水口。始自宋朝庆历六年，定例，小霍渠条因为破损，于天会十四年十月内，经诣本县再行印押渠条，给付照用。至金大定二十九年三月内，重行经诣本县令纳兰印押，更为水利不均。以此，蒙本县令定远亲诣踏验定夺，令人户每五十亩辏作一夫，于北洞村东南母渠内底阔八尺，渠口阔一丈二尺，两耳各阔六尺，分砌石头陡门水口三座，计阔一丈一尺二寸三厘八系，以为规矩。通计人夫一百八十六夫零，地三十六亩一分五厘，每夫合分水口六分。槽南、槽北二沟计五十四夫零，地十二亩八厘，合水口三尺二寸五分四厘四毫九系六忽。堰北沟计四十三夫零，地二十五亩三分，合水口二尺六寸一分三毫六系。苗村、贾村、高公、白羊等四沟，计八十八夫零，地四十八亩七分七厘，合分水口五尺三寸三分八厘五毫二系四忽。各分已定所，有槽南沟四十一夫，沙河东西截断。此时河岸穿狭，又兼倚靠桥楼截河，撜搭木槽三接，过水浇灌。后因桥楼损坏，河崖坍塌，南北宽远，搭槽一十三接。正遇浇田之时，累被猛雨山水泛涨，将槽冲流不存。累修累坏，递年禾稼枯槁，岁计有误。众议得商山庙后地形，只于沙河内堪可置立新堰，于洪武三十四年七月，内槽南沟沟头李妙智同夫头景照等三十六夫，具告本县准理，申府出给文榜，从便置立开挑。间蒙山西按察佥事赵到县，妙智等具告前事，本官亲诣踏验，省令本县官，系是兴利，任从民便。有佛殿院僧张文涟，施本院古旧磨渠平地一亩五分以为北岸，及有税粮本院闭纳。所有本院地亩该办夫稍除免。为因渠道穿狭，用价小麦一十二石，置到恒德坊刘思辰平地五分，东南至自，西至官道，北至渠。开创通接槽南沟道西古渠，引水兴(丁)〔工〕。时遇冬天地冻，难以修理。至洪武三十五年正月内，复保渠长李妙智，渠司刘潭，沟头尚得富、李文中，巡水李士成，水户刘敬祖等兴工修理，所有新堰渠高，河底水难流通。又行靠上二次，用价白米二石，买到北洞里薛孝然平地一亩。东南至自崖上，西至刘希古，北至渠。又用价白绵布五匹，买刘希古平地五分，东至本渠崖上地，南至自，西至道，北至渠。又用价米麦一十二石买到王廷郁水地一亩六分，东南至河，西至自，北自桑棱，以备北马头其工浩大，人力不前，水不流通。又兼六月不雨，禾稼枯槁，郭宁、宋容、范宗道、尚名志、薛道和起倩义夫千百余人兴工，间蒙本县典史王用，因为民瘼到彼，添力劝谕。以此渠水通流浇灌，田苗茂盛。及有小霍渠古旧渠例，为因年远迷失不存，再行复造。中间多有更改不均，本年七月内，沟头李文中等共议，除杏园王思礼等五名夫地高渠低，状告愿不入夫外，有弥口下三十六夫，地土不均。会集水户宋容、郭宁、何旺等再行定夺，二十五亩辏作一夫，共七十一夫。以此遂名副霍渠。已将渠条告，蒙本县印押，永照用。

东渠二十三夫，西渠四十八夫，欲要照夫分水。为因东渠高昂，西渠低下，难以定例。若后天旱水少，西渠行沟五日，东渠行沟三日，倒渠使水，周而复始。如有无赖小人暗将梢草闭塞水口，指实捉获，于本人名下追罚白米五石。递年渠长于西渠下接坊厢水户内，轮流选得沟头巡水。东、西二渠选充渠司，东渠保取。自二月初一日行沟，自下而上轮流。如有水户人等倚恃豪杰，行沟未到强截盗豁，隔蓦浇地一亩，罚白米一石。渠长、渠司、沟头人等私自徇情，将不兴夫地土令人浇灌一亩者，于渠长等名下亦罚白米五石。如有不兴夫人户，盗豁浇田一亩者，罚白米三石。各项科罚一半付告人充赏，一半破众。如有不服，申官责断，仍依渠例科罚。如水沟轮到浇于未浇，即将沟滚随送上次。倘有沉匿一日，罚白米五斗，照前破众。本为无祀神处，所有维那郭宁同永乐元年渠长李文中，沟头李通、韩暹，巡水李士成等，观见商山庙西地势宽垲，堪可建庙妥神，用价粟十石，买到见贤坊刘孙孙平地三亩，东至商山庙西堎，南至自，西至李恒义，北至刘思辰堎下地。所有刘孙孙户绝，已将税粮交于李文中户下认纳。一切神前地亩，该办人夫，桩稍除免。又用价粟七石，买到李恒义平地二亩二分，东至庙地，南至自，内有东西出入车道，西北至王夭夭。又用价粟一石七斗，买到南洞里王夭夭平地五分，东南至庙地，西至自，北至堎下刘和地。各项地上该征税粮，为因价高，卖地人刘思辰等各愿闭纳，并不干本渠水户之事，见有契书为照。永乐二年，渠长段文金，沟头系宋蓉、李居敬，渠司马荣，巡〔水〕李士成等，用价白绵布三百五十匹，买办木料，命匠建造。又同永乐四年渠长韩玙，沟头许恩、景杰耀，渠司刘彦荣，巡水李士成等用工平治庙基。本年八月内，维那郭宁同渠长人等会集水户，今欲报本起盖明应王庙宇，各愿修建。又同永乐三年，渠长郭进，沟头何澄、宋晕，渠司刘慧，巡水李士成等，用价结庙宇，捏塑神像。

本年七月内，有小霍渠堰北沟头苗村里杨从义状告水利事。有槽南沟水户，已置立副霍渠新堰。乞将槽南沟原分水口量闭便益。本县典史王用前去定夺，将亘古原分水口，同浮石垛垒寄宿于白羊等六沟分使。若后新堰水微，却将原分水口浮石拆毁，仍于小霍渠依旧兴工使水，现蒙本县给到下帖为照。郭宁同永乐五年渠长郭炬，沟头李逊、杨统，渠司李成，巡水李士成等，妆銮圣像。本年二月内，用价米二十石买到王廷玉水地七分，东至河，南至本堰马头，西至浇地渠，北至小渠，其地于上栽种树株，堆放浮土，以备坚固。永乐六年，渠长何旺，沟头刁昂、左盘，渠司刘慧，巡水丁义同郭宁命工彩画二壁，并铸钟。永乐七年，渠长宋容，沟头刘文才、张思义，渠司程能，巡水李士成等补砌台基墙垣。郭宁同永乐八年渠长尚得富，沟头周南、宋约，渠司郅庸，巡水李士成结前护殿。永乐十年，渠长李妙智，沟头董克新、王希曾，渠司窦林，巡水丁义命匠石，未曾得完。至永乐十四年，郭宁同渠长韩暹，沟头李方、景粲，渠司刘铭，巡水孟得柔，命到郭堡里石匠梁克己刻碑文为记。

重修副霍渠记

县北五里许，有渠名副霍者，因小霍而后置也。其水上接霍麓之流，始末详悉纂志石，班班可考，不容复赘。实创始于洪武之末，废弛于天顺之初，迄今几四十年矣。往岁以雨旸时若，田畴润濡，间时旱燥，小霍之水足充灌溉。迨至弘治时，山水泛涨河涯溃决，小霍之水实难聚引，兼以岁时亢旱，而卑湿之地仅同原阜，见者惜之，众皆思兴复副霍之计。于丁巳岁，乃举张满文实❶为长。彼承是任，毅然以为己事，然众人方且为，卒无成功之言以惑之。而文实深知：筑室道傍，三年不成，况可与乐成，而难于经始，又有人情之常。遂恬不加恤，益励初心益殚厥力。见旧堰坍塌痕迹泯然，施功无地。乃相水势之宜，为壅筑之计。按地科钱，共裒若干缗，偿民地以重价。去其高，盈其卑，筑堰以壅水，砌堰傍以大石，贯堰下以方板。注水有地，泄水有渠，广深其田间沟洫，又植木于上，以维系之。不数月田畴得其灌溉。文实以功已苟成，力求解任，众许之。复举韩均世中为长，张恩时望、郭海有容❷、刘彪、李兴为副。于是世中等承文实已成之绪，愈加整饬，增以板石，盖以桩橛，坚厚其傍，广深其下。俾已举者而悉举，未备者而大备。功已告成，砻石假余记之，以垂不朽。余惟水之于人，其利大矣。但人用之不得其道耳。今文实、世中等于数十年已坠之事而兴复之，致流水洋洋，生社与与，不事桔槔，而田畴自足。亩亩农人，欢忻鼓舞，可谓因水之利，而利民者，与后之来长事者，当知文实等兴复之艰难，世中等继成之不易，无怠乃事，无废乃功。而文实、世中之功益衍矣。是为记。

弘治十一年岁在戊午季秋月吉日邑庠生李沴撰文

---

❶ 张满文实　整理者认为张满字文实。

❷ 由于此处几个人名没有大小字区别，断句存疑。整理者认为：张满，字文实；韩均，字世中；张恩，字时望；郭海，字有容。

副霍渠条例原三十四条录八条。

一、编夫。本渠共地一千二百亩，每十亩为一夫，三十亩为一牌，共编夫一百二十名，分作四十牌。如西门外共地二百四十亩，分作八牌。每年佥保渠长自第一牌起，挨次轮流，八年一周。各社佥保渠司、沟头，俱照西门外遵行。新文止存一百九十六亩，编夫一百零八名。

一、轮沟使水。议定十二日半一轮，分为东西两渠。东渠系湾里、前后坡底、城北三社，共地五百亩，分水五昼夜。西渠系西门外、北关秦峡口、西庄村，共地七百亩，分水七昼夜。北关加赏水三时，西门外加赏水三时。轮沟之日，仍照旧规，自下而上。两渠各依分定日期，敢有搀越霸截者，指名呈县，罚白米五石，入官备赈。

一、渠式。老渠底五尺，口八尺，左右堆土地各三尺，东西渠底三尺左右，堆土地各三尺。如有侵占渠耳者，查出罚白米一石。

一、帮贴渠长旧规。在本夫三十亩之内，每地一亩帮银二钱。今因物力艰难，每地一亩，帮银一钱。其银出自佃户应帮之地，议免本年夫役祭奠。

一、西庄村共兴夫地二十八亩，外有新开滩地，并不兴夫，坐食水利。其地又居下节之上，凡下节轮沟，屡霸水利浇灌滩地，诚大害也。日后凡私浇灌滩地者，公举到县，罚白米十石，入官备赈。

一、地户、磨户分水之日。修堰合同原系四六兴工，照依四六水分，地户六分，磨户四分。地户用水之日，自二月初一日起，至十月初十日止，浇地之日不许转磨。如有强梁磨户，私拆灰（邱）〔印〕擅自转磨者，该管渠长指名呈县责惩，外罚白米十石，入官备赈。倘遇天雨连绵，地内不用水，许磨户禀明渠长转磨。

一、副霍渠尾与清涧渠相挨，清涧渠有头无尾，历年借本渠退水，倘清涧渠之地户盗水灌地者，罚白米三石，入官备赈。本渠地户使水，凡清涧渠之人不得过而问焉。

一、交代石堰以二月为期。旧年渠长将石堰闸口、退水口修补完固，新年渠长方许收堰。如徇情容隐，致堰有损坏，新旧渠长督工修完。

民国二年与刘玉瑞兴讼断案

副霍渠五社掌例王义及公直等，为湾里村刘玉瑞、瓮建勋等，从冯堡交界处川河内私行打坝截水开渠，经五社公议禀控一案，蒙洪洞县知事李老先生堂谕，讯得副霍渠正水系通霍渠下流，自冯堡村流入者，系沟涧支派。但自通霍渠后堰阻塞，副霍渠所恃者多数凭涧水输入。若湾里村刘玉瑞、瓮建勋等从湾里、冯堡交界处打坝截水，副霍渠几成旱田。天下事两利相权取其重，两害相权取其轻。副霍渠共五社，浇地十五顷有余，刘玉瑞所开之新渠所浇不过二百亩。以图一二百亩之利，致坏一千五百余亩之地，利害相权孰轻孰重？且副霍渠历有年所，渠册可考，而刘玉瑞所私开之渠，毫无凭据。即道光、光绪各大旱时，尚无私自开渠例。以习惯之法，刘玉瑞亦不能只图利己，不顾损人。况水地钱粮每亩一钱六分，滩地钱粮每亩三分，即执钱粮以论，亦不能因小利而忘大害。本应立饬刘玉瑞等速将新坝挑开，以息争端。但现在坝已打就，浇过数十亩，一二日内一二百亩即可浇完。因断令和平解决。着刘玉瑞等一边浇地，一边拆坝。只准此次[1]浇过，以后不得援以为例。同人与副霍渠掌例王义等立一字据，以便王义等对付五社花户，好息众怒。至赵藩臣等所控理由，坝一去而问题自解，可无庸另立字据。本知事为该渠息事起见，着各具结完案。

[1] 此次　原作“次此”，互乙。

利泽渠即丽泽渠。

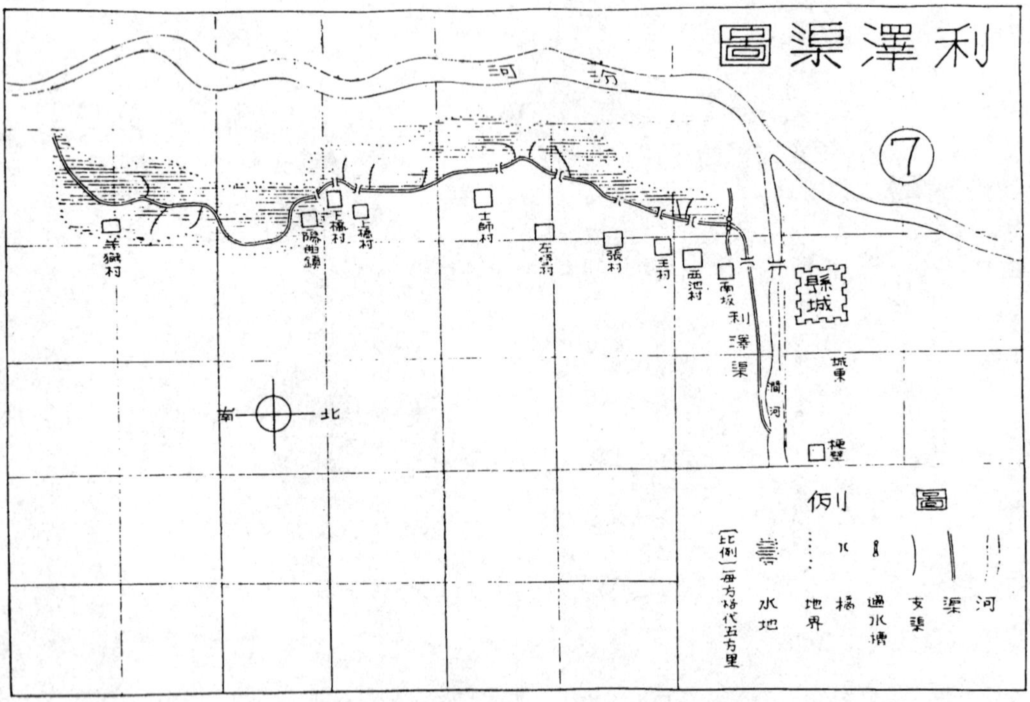

今之利泽渠，非古之利泽渠也。古渠自赵城卫店、王开等村以下引取汾水，经苗村而南至涧桥上水，直至临汾刘村止，计长一百二十四里有奇。流经洪、临两县二十七村，兴夫七百有零，灌三节地万七千余亩。其区域之大，今之通利差足比肩，他渠弗如也。后因地震河圮，又于赵城屈项村导水，渠复故。至明正统时又圮，于水渠址无存。至嘉靖三十九年始经断案，

准引涧水浇地。万历间又经本县申请，小霍、副霍二渠余水不得入汾，均准该渠使用。盖本渠正水已无，其下节各村地亩，已另导曲亭涧河之水灌溉，名南利泽渠（下节只有洪境天井、羊獬二村地二百余亩）。所有上节、中节地亩尽属洪境，不得不另寻水源以资灌溉也。自后副霍、小霍二渠余水亦难沾润，始专引涧水溉自西池以至羊獬十二村地亩，至今仍之。此该渠沿革之情形也。该渠地亩既多，渠口又在涧河以下，以致得水非易，每年只冬春之交上水一次，平时颇难浇灌。观伊渠条规定即如此，可见水利之弛由来久矣。该渠因渠口官地时被民户私种，并转相典卖，因之屡有轇轕，迭此断案，均载明渠册，此不赘及。

节抄《丽泽渠新册》此册立于雍正八年，另有明代旧册一本，以与现在形势不符，避冗未录。

条规原六十二条，录九条。

一、丽泽渠汧共二十道，小夹口四个。

涧桥村西北于涧河两岸郑大奇下，季春开汧二道。涧河北岸，东西道约一百余步，开汧一道；涧河南岸，本渠往西行门转去南约八十余步开汧一道；下张村开汧一道，小夹口一个；东左村开汧三道，小夹口一个；皋陶村开汧三道，东乔村开汧二道，小夹口一个；西乔村开汧二道，杨曲村开汧二道，小夹口一个；羊獬村开汧三道。

一、本渠上起置木牌一面，长二尺，厚二寸，阔一尺。木印一颗，长八寸厚五寸。如使水毕，令汧口里用灰印印之。其印随水行，其牌次水先行，日令名准备开淘渠道，其使水浇灌地土，用灰将牌并水印、水历遴于使水村分。

一、本渠使水之人，止定是何村分，是何沟头，明行交付。水由子及写渠水分数，流到时刻，并行水牌，水印、水历预先交付。应浇村分，沟头人等，酌量水势大小分泝使用，实排浇灌兴工地土。有故意隔涧越蓦或漏落浇地一亩，罚白米五斗。如沟头知而不究者，同上科罚，充渠公用。

一、本渠使水照原定渠规，自下而上，实排浇灌。若应使水村分浇毕，即便交刻次浇村分。如有强梁不依渠规，混行浇灌及重复浇地者，每浇地一亩罚白米五斗，充渠公用。

一、合行浇灌村分，或值雨足，不用水使，便可放于官渠内行流，浇灌邻次村分。不得将水租卖，亦不放无例沟涧。据水到末下分，不在禁治科罚之限。除末村外，如违，罚白米二石，充渠公用。

一、渠至冬不用，使水时分亦不许浇灌不兴工地土。如违，同盗水科罚。并不得将水无例沟涧。

一、本渠上下兴工人夫，共计一百五十八名。

西池村十六夫，下王村八夫，下张村五夫，东左北二十一夫，东左南十二夫，皋陶北十三夫，皋陶南十三夫，东乔村十夫，西乔村十三夫，杨曲西十四夫，杨曲东十四夫，羊獬村十九夫。

一、官渠上但有修盖桥道，须要依渠宽阔，勿碍水势，如桥窄狭即便拆去。如违，申官治罪。

一、本渠正月中旬治水，至四月终先浇春地，次及麦田，自下趱上照依分定日数时刻实排，不许搀越。如遇水绝，应浇村分沟头赴渠长处，即具短水，从何时报，从某日某时水止，复从某日有水，即从某日某时补足原数。但有末水不许冒报短水。凡浇地水牌未到，不许擅开夹口用强使水。若水牌已到浇地已毕，怠慢不转牌者，罚白米一石。五月以后如遇山水泛涨，冲漫渠堰兴工者，使水夫多者先浇。各村所起义夫，十里以外卯时上工，二十里里外辰时上工。如近处过辰、远处过巳时，上工者纵夫数虽多，定不准工。违者每夫一名，罚白米五斗，充渠公用。抗拒者，申官治罪，须至册者。

清泉渠

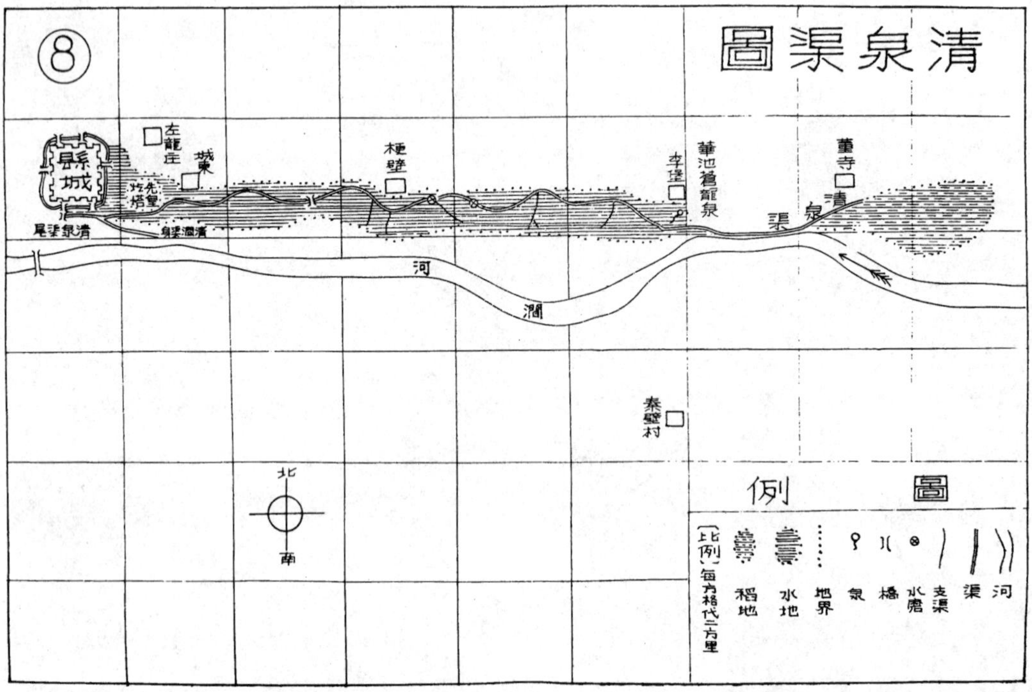

该渠始于有宋，创始极费经营。以绢二尺易一尺地，合之涧水始成一渠。自开渠至今，计分三节，浇灌梗壁、朝阳二村及县小南门外一带之地，共千二百余亩。相沿至今，无甚变易。水源畅旺，地甚膏腴。在洪邑各渠中，此为上选矣。至该渠向来轇轕，系与南岸园渠及沃阳二渠颇有争竞。明嘉靖时，经官府讯明立石，亦遂寂然。近因涧河变迁，该渠向沿北堎下治水者，

渐改为拦河筑堰，以致下游晋源、广利各渠不免啧有烦言。然地势所限，强之依旧，殊有困难。甚盼各渠人民互相让步，不至因此起争端也。

节抄《清泉渠渠例》原四十七条，录十五条。

一、本渠原委。生万物者，无过于土，润万物者，厥赖乎水。水土之利，衣食之源也。粤有洞阳东廊平原，一去十余里，董寺村南亘古涧河一道，北崖下取水，约浇地一千二百余亩。民居三节导引泉水，并涧水合为一渠，其名曰清泉渠也。初之起也，不记年号。后宋庆历七年间，用价买到伊村尚家泉眼，并泉地三十亩。迤西迨至五龙池南等处，一概大小泉眼不齐。至李堡村西另置大堰，并涧水合为一渠通流，至南时和门尽绝。其原旧渠口，日后恐涧水泛涨坍塌。照依旧规，亘古置堰，接引本泉水利，浇灌三节地亩，与别渠并不相干。如有豪徒恃强盗豁渠堰者，拿获送官，准罚白米五十石，充官使用。

一、买泉地渠道文契。买董寺里村南尚家祖业地，内出水，一带大小泉眼并泉三十亩；东至大圣殿，西至李堡村五龙池西小路，南至范章磨，北至崖。其泉地四至分明，今立契出买。于本县朝阳坊等里，在城梗壁村城东庄三节千家水户为业，上下通流，引水浇田。对众言定价丝绢红边绵布，每泉地一尺，对绢布二尺，其绢布七万二千尺。外买渠道，对绢布九千八百尺。当日丈量明数，同中人交付齐足，外无欠少。其泉地内但有透出小泉，许买主开淘使用，不许阻当。泉地三十亩，许买主佃种，仍不许填塞泉眼。每年开淘查验，得出罚白米七石，充官公用。自买之后，并无争兢，各不许悔。如先悔者，罚白米三十石，入官公用。恐后无凭，故立此文契，永远为照用者。宋庆历七年三月立契。

一、清泉渠尚家古泉东西南北泉地三十亩，不许强豪之人占种。占种一亩者，罚白米十石。一半入官公用，一半渠人众破。不服者，申官倍罚施行。

一、渠自古至今，依例取水。自董寺南涧内东尚家泉迤西，至李堡村东北崖下一带，应有大小不等水泉；古空庙南、范章磨北，应有大小不等水泉，亦系本渠支流取水之处。其合众泉共李堡村五龙池东西一带，应有新出泉水，合流在董寺村泉水一处，并取涧河水相合，共入母渠行流，浇灌本渠兴夫地土，城东西南门外其余水，退入城濠行流。

一、本渠自来行沟使水，自下而上。西南门外使水，照十牌夹口浇灌，依时领沟棍。至时满，依自来例，一遭满日，偿水二时，充渠长使用。除本役依时使水以尽，不许转卖别人，违者治罪。其沟棍周而复始，依次转轮使水，渠长不在行沟之限。

一、每渠自深阔五尺，两边渠耳各厚三尺，渠傍有地之家，将两边渠耳刬削侵占，致损旧规尺寸，亦不许插栽树木，违者罚白米二石。若将致水之处，因而破漏者，罚白米五石。即便令人帮垒渠耳，照原旧尺寸深阔，违者罚白米五石，一半入官公用，一半渠人众破。不服者，申官倍罚施行。

一、本渠如有本县各衙使水浇灌园圃，各水户停沟待浇毕再行。如指浇官园，因而强截，夹带浇不兴夫地者，每亩罚白米二石，入官公用。不服者，申官治罪施行。

一、本渠自来入渠地土，并是麻菜、麦黍、谷田，不许栽种莲、蒲、稻。除认禄粮外，违者罚米一石。五斗入官公用，一半渠人众破。不服者，申官治罪，重罚施行。

一、逐年保举渠长、渠司，则于下、中二节互相与夫头内，选保平素行止正直无私、深知水利、人皆敬服者，充当举保。不许仍前举保无耻之人，违者罪坐主保之人。

一、本渠自来深阔五尺，其两厢渠耳厚三尺，如渠耳长成诸杂树本，并系众渠下水户为主，但有侵渠者恐碍行水。如春秋开淘渠道时分，不许众议，速便除去有碍树木。阻当者，申官治罪。

一、本渠泉水并涧水合流一处，至李堡西高崖下行流经过。如值涧水涨高崖下，本渠渠道冲漫，遇将高崖取土改渠，毋得阻当。违者罚米五斗，入官公用。

一、涧源渠与清泉渠系上、下二渠，伊渠水户浇伊地土，伊渠闭塞不牢，因而将水落入清泉，灌漫者，罚米七石。因淘渠，水流入，漫了本渠者，罚米十五石，一半入官公用，一半众人破用。不服者，申官治罪，倍罚施行。

一、本渠地土一十五亩辏为一夫，但出备物料，合着夫役各照地亩均派。如地多寡转流例换应当，不许额外庶得均便。

一、本渠但值天旱，行沟使水，每一昼夜浇灌地四沟，计地六十亩。毕如或水沟到时，合夫头将沟棍告示挨有地之家须管，斟酌所佃地多寡，依时浇遍，仍与下次夫。其沟棍上将带渠长文札，明该起发日时，因而不得把住。如依时不与下次夫头，罚米三石。如渠堰将泥不折尽绝，罚米一石，一半入官公用，一半渠人众破。不服者，申官重治，倍罚施行。

一、隆庆五年，渠长胡玠、渠司杨篆、巡水郭朝阳等，攒造渠册，众议举保本渠通事申有信、赵克诚、乔廷敖、张鹤、岳朝臣、梁让、柴奉保、柴得赐、郭朝汉公同夫头，各举供报地亩，共计七十七夫头。

《水册》序

盖水泽之利于人，其利大矣！即膏腴之田，非加润泽之功，将为赤地，何以称膏腴哉！邑东清泉渠开浚于宋之庆历，发源于董寺村南塄下，经李堡村五龙潭合涧水而成。渠道经由之处，以二尺绢易一尺地，观所得之艰难，知前人用心之密矣。其渠分下、中、上三节，灌溉梗壁村西南至城地千余亩。其母渠至迎薰门而止，其枝渠一自宾阳门迤北入城，至于泮宫。一自安流门迤东入城，至于县衙。其开浚之法，报祀之典，起夫之数，轮水之规，俱载册后。其掌例之人曰渠长、曰渠司、曰巡水，必择才干者充之。岁终则代另佥新役，此诚法也。其渠册载地亩之数，纪开浚之由，明报祀之典，乃掌例者之政也。非册将何以稽往？昔十年一造，兹五十年矣。册籍损坏，地主更易。一遇点籍，则茫然无所考。万历庚申，渠长刘学书偕同事梁承仓、郭一富，延请公直刘师孔、王守业、岳三重、景邦桂、王家植、申良贵、孟养志、韩承宠、岳三畏、孟尚勤、李自芳、孟应元董其事。自春至秋，查核始明，而水册成矣。属余序诸首简。刘子曰：民以食为天，食取于地，资于水。水土之利于民大矣，矧天下之物莫平于水。惟其人心不平，以致水利不平，则讼者纷至。此由掌例者不得其人，苟得其人，能公其心，平其政，焉有不平之叹乎？后之人沾膏润而享成功，尚思前人之用心哉！

天启元年正月吉旦邑人刘承宠撰

清水渠

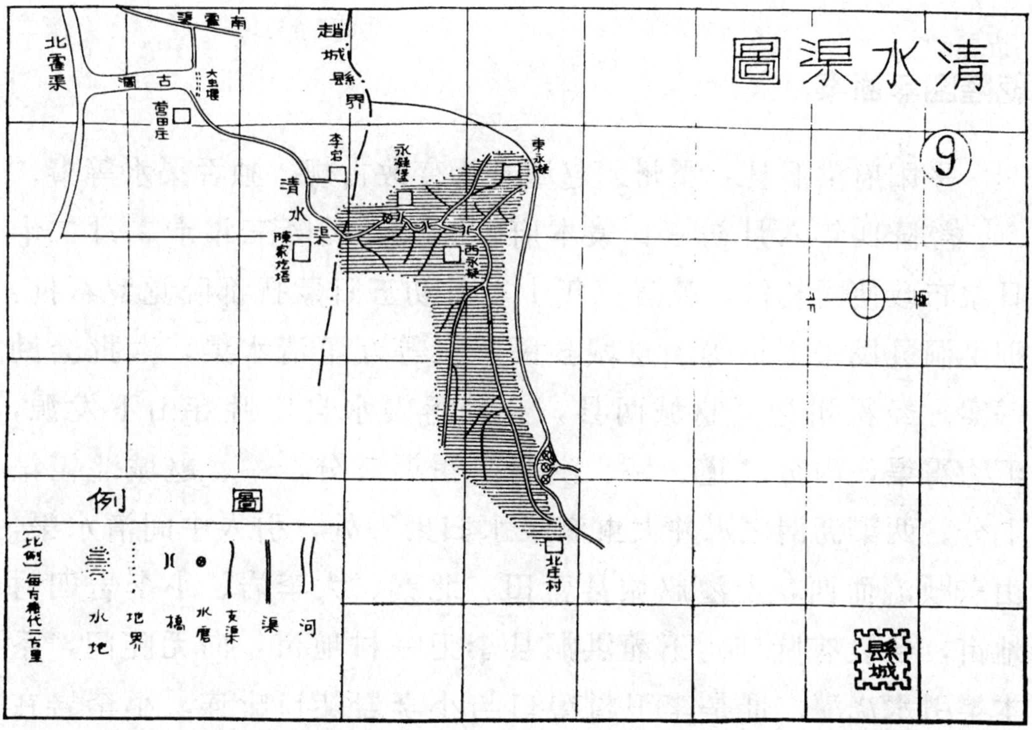

该渠系接南、北霍溢漏之水，与大虫涧泉水合而为渠。渠源在赵邑营田村下，灌板榻，北秦，大、小李岩各村地，而后入洪界，浇李卫村，即今东、西永凝及北庄、辛堡各地三千亩左右。从前因分水不均，与邻近之李岩村时有争议。自乾隆四年断定，渠底铺石，陡口、渠口各有限定尺寸，而上游各村陡

口数目、尺寸亦均规定，印册附载，用息争端。至乾隆十四年，又经断案：在石槽之上建立木桥，下立铁柱十根，李卫分六，李岩分四等语。今查其地，石槽依旧，而木桥则无。乾隆十四年，去今非远，如果有此建筑物，必不能毫无遗迹，恐系曾有此议，未经实行耳。至永凝两社地亩起夫之争，亦曾有小轇轕，一经断案，永远遵行，此则无关宏巨者矣。

节钞《清水渠册》

乾隆四年断案

平阳府洪洞县、霍州、赵城县为变改古规，独吞渠水等事。

乾隆四年六月初三日蒙本府章帖文，乾隆三年十二月二十日蒙布政使司札付，乾隆三年十一月初五日蒙抚都院觉罗石批：据洪洞县民张大怀等、赵城县民赵义等互争清水渠，奉批会勘一案。经霍州会同赵城两县，亲勘得渠水自广胜寺山下发源，汇为霍渠，内分二道。一、洪洞南霍渠三分，一、赵城北霍渠七分。两渠沥漏之水并大虫涧泉水归聚一处，引入中间清水渠，由东顺流而西，上灌赵城县营田、北秦、大李岩、小李岩四村地亩，各设有陡门。下灌洪洞县李卫一村地亩，向无陡门，系本渠引水浇灌。惟是李卫村渠口与小李岩陡口毗连。小李岩在上，李卫村在下。小李岩村人因渠渐深，陡口稍高引水减少，在陡口盘石下私挖一洞放水。而李卫村亦将渠底梳包，冀水迅流。小李岩更将洞口抉大，泄水大甚，李卫村渠水更减，而张大怀等具控院宪，蒙批：藩宪转批府宪，饬委洪、赵两县查勘。经两县会议，用石铺砌渠底，以绝私挖之弊。

两村争高低，嗣蒙府宪委霍州会同查勘，随会勘得：小李岩陡门与李卫村渠口相连之处，用石条铺平渠底，东西长一丈八尺三寸，东头接水处宽一丈三尺，中间及尾宽一丈二尺，并将小李岩陡口下石盘与前厢平，比渠底各石低下一寸，以便水易入陡口。但水自东顺流而西，其势直下李卫村渠口，小李岩陡口系横向南流，未免引水稍缓。更酌与陡口左微折曲角处斜安逼水石一条，长四尺五寸，高一尺六寸，宽七寸。使水到此，冲激潆洄，得以畅灌陡口。而李卫村顺流之势仍宽余无碍，水行无阻。砌完放水试看，实属公平，彼此俱皆允服。投具遵依到案。

但查小李岩旧渠册内开陡门以西截清水渠，自来有约水地楸木一条，比小李岩陡门上骸原高二寸九分，李卫村旧渠册并未载此。现今渠上止搭过路石条一根，讯据小李岩人称，拦水楸木损坏，后易石条。此无凭无据之谈无足凭信。查渠口宽四尺，现今条石长六尺，两头放在渠堎之上。其石条原为走路而设，非系拦水楸木而后易也，明甚。再查两村旧渠册，俱一分。李卫村旧册内合算总撤相符，小李岩旧册内核算多一百四十二亩。讯据小李岩村内人称，伊村渠册遗失，系崇祯年间补造。两相互异，难以为凭。是以详明上宪，将私挖洞口之赵民周义、告多不实之洪民张大怀杖惩发落外，请另造画一渠册，两村各执一本，以免日后争竞。蒙上宪批允在案。今将渠条开后。

计开：

一、本渠共灌赵、洪五村水地七千三百一十五亩一分，共兴夫八十名。内营田村灌地一千一百八十一亩，兴夫一十三名。设立陡门四座，俱方眼，高四寸，阔五寸五分五厘六毫四丝六忽。常开一坐，如要开第二座，先将第一座塞闭，然后许开。

其余第三座、第四座一样开闭。如应闭不闭并偷取陡门腮外泄渠水者，将本渠长、沟头呈官重究。

一、北秦村灌地一千七百一十九亩五分，兴夫一〔十〕八[1]名。设立陡门一座，常开，方高六寸，阔五寸三分七毫三丝七忽。因地形高阜，水势就下，陡口之旁设立逼水石一条，长六尺三寸，阔一尺三寸，比陡口上詹高二寸九分，溢流而下，不得私挖紊乱。如违，重究。

一、大李岩灌地四百七十八亩，兴夫六名。设立陡门二座，常开一座，方眼，高三寸，阔二寸九分八厘七毫五丝。又有暗水眼五处，浇灌菜园。浇毕即便塞闭。如违，重究。

一、小李岩浇地一千二百三十八亩，兴夫一十三名。设立陡门二座，内有小陡门一座，在上。大陡门一座，与李卫村渠口相接。旧册内开方眼，高四寸，阔五寸八分三毫五丝九忽。会勘用尺量，高五寸五分，宽七寸三分。但陡口系□[2]口，断难更改。昔年尺大，此时尺小。今将陡口、渠口接□[3]之处，用石条铺平，陡口下与前厢石齐平，比渠底各石低下一寸，以便水易入陡口。但水由东向西，其势直下李卫村渠口。而小李岩陡口横向南流，未免迂回稍缓。酌议于陡口比征曲折角处，斜安逼水石一条，长四尺五寸，高一尺六寸，宽七寸，使水流到此得以畅灌陡口。而李卫村渠口顺流之势亦无阻碍。如敢私挖洞口渠底，将该渠长依律治罪。如有损坏，禀官修理。

一、李卫村浇地二千六百九十八亩五分，兴夫三十名。相挨陡口石砌之处，渠口宽四尺，以下不在此限。如敢私挖渠底，

---

[1] 据八十名总数，当为一十八名。

[2] 原文缺一字，似为“渠”。

[3] 原文缺一字。

将该渠长依律治罪。

一、本渠大虫涧等处，每年修掏，照八十名夫兴工。如有短少人工者，即将该村渠长、沟头重究。

一、每遇上水打堰，并掏母渠，自大虫涧为始，淘至小李岩陡门与李卫村分水渠口为止。各面堆土地七尺。

一、各村如有不兴夫旱地，许用退弃余水浇灌。如希图剥利，于需水之时，卖水浇灌无夫旱地者，查出，将本渠长、沟头呈官究治。

一、本渠水磨，除在母渠建盖水必过之处，许随便动转。其沟涧之磨，俟秋后余水使用。如遇需水之时，图利卖水转磨者，将本渠长、沟头呈官究治。

一、凡遇商议渠事及修理兴工，许小李岩渠长具帖知会李卫村渠长，如沟头失误转帖，以致废误渠事者，将该沟头呈官究治。

一、每年公举正直老成之人充膺渠长、沟头，先行报官查验充膺，不得私自报刁健多事之徒，以滋弊端，违者重究。

以上系乾隆五年印册。

一、乾隆十年五月内，奉宪批详，于洪邑李卫村渠口、赵邑小李岩村陡口之上，建立木桥一座，下安铁栅十根，分定渠水分数。于渠内直砌石墙，使渠水分流，以六分归田多之李卫村渠口，四分入田少之李岩村陡门。将渠口、陡门尽掩盖于木桥之下。桥旁设立铁栅，桥上制木板地屏，以时放闭淘治。如此则分均平，不能私自堵截。水渠册钤印等因在案。

查前任洪、赵二令，未添入。今于乾隆十四年十一月二十五日，蒙平阳清军总捕兼管水利车辆盐法分府王批：查添入渠册，会印立案。

同治三年缪任为两社兴夫事断案

为断明立案注册，永远遵行事。

原夫县属李卫村者，古地名也。其村东堡门上书“永凝”二字。因而村名有东、西永凝之称，社事有东、西永凝之分焉。两社种水地二千一百七十余亩。又北庄村水地五百四十余亩，悉赖清水渠灌溉。每年李卫村两社各佥举渠长一人，一正一副。东正则西副，西正则东副，递年接递轮佥，兴夫三十名，治水浇地。社事虽分，渠务仍合办也。本渠水源出自赵城广胜寺南北霍渠沥漏之水，兼大虫涧泉水归聚一处，顺流而西至马堰下。先浇李卫村地七百八十余亩，内西社七百亩有奇，东社止三十余亩。次而至于庵董，高堰分水，东西两社一递一日轮浇。如正渠长在东，则先由东浇起；在西则先由西浇起。两社浇毕，即交北庄村地亩，周而复始挨次轮流。立法本极周详，历久遵行勿替。雍正年间，两社地夫印册载明，合同办事。嘉庆二十年断案约条，亦载李卫村额定三十夫，浇地二千余亩，并无东、西永凝之说。彼时东社地多，额定十六夫，西社地少，额定十四夫。嗣以历年久远，夫乱地遗。于道光二十七年集众公议，按地稽察，重整旧模，献戏祀神，统归协办。虽未呈案判印，有地册合同可查。厥后地多变迁，西多东少，夫数未动。西社所多之地拨摊于东社钱文，岁岁相因，亦成故辙。夫既有名无实，地亦散漫无稽，渐至两社人等各存利己之心，花费以寡为多，地亩以多为寡。私欲败度，诸务废弛。于同治二年冬间，致因帮钱构讼，东社赵一鹤等呈控到案。本县叠次堂讯，察核供词。现在西社地多，力量有余，利于分办。东社地少，力量不足，仍欲不动夫数，令西社按地帮钱。各执一词，骤难定断。

第分办拨摊，两皆非是。

凡事众擎易举，独力难支。《易》曰：“二人同心，其利断金。”语云：“礼之用，和为贵。”查李卫村东、西两社，既沾一渠水利，贵于众志成城，渠务冗繁，且系越境治水。合则心齐力裕，分则势寡用繁。是以自古迄今，总未分办。而社事久有东、西永凝之判，渠事必以李卫为名者，乃前人深谋远虑，宜合不宜分之明证也。是西社王思诚等拟请各办各事之处，决不可行。若依进年成式，不动夫数，拨摊钱文。夫立东头，地在西社，则事权不一，无异舍己芸人。况渠长等秉公办事者，固不乏人，利欲熏心者亦复不少。其内种种窒碍，不可胜言。此番构讼之由，可为殷鉴也。是东社赵一鹤等所请夫仍旧贯，或立空夫三名，按地帮贴之处，亦决不可行。本县酌古准今，熟筹至再，非清查实在地数定立夫头，设一经久无弊之方，不足以昭遵守。当即饬查去后，旋据各造册禀覆前来，并令互相稽查地数，悉无舛错。除举渠长二人，公直四名，按期轮水程，旧章极为妥善，毋庸另议外，断令每地七十亩零兴夫一名。东社现种地九百零一亩七分一厘，应兴夫十三名。西社现种地一千二百七十三亩七分一厘，应兴夫十七名。两社共种地二千一百七十五亩四分二厘，共兴夫三十名。所有渠上祀神，八大祭、十二小祭动工、演戏、渠长、帮项、巡役、工食等各项公费，统以三十夫数按地匀摊。旧规每年演戏六台，今酌减其二，东西共演四台。凡遇演戏两社各举首事六人，在庙办事。所费钱文，戏毕公同清算，按地摊抖。北庄村仍依旧二八摊钱。每年六月初六日，解家堰献羊一只，向系两社轮流承办，今着改为公同办理。所费钱文除北庄应摊外，亦按三十夫地数公摊，不准仍前帮贴。此外两渠长帮项六十二千六百文，定于三月二十日先抖钱四十千零八百文，以便渠上公费，下应帮钱一[1]十一千八百文，于八月戏终清完。惟无夫地买使余水钱数，均照道光二十七年旧册行之，无须更改。但地常易主，时有变迁，非定编审之期，年久仍然紊乱。若为期过近，又未免纷烦。此后定为每届十年清查一次。凡逢甲岁，尔两社渠长、公直等即会同赶紧稽查实地，匀夫换册，禀请用印。从此，夫则按地而立，地则履亩维均，乡党睦和，息讼端而永享水利矣。着即投具甘结完案，并会造夫册送印。即以断案为序，载诸册首，永远遵行。

后载各条因无关重要，未录。

---

[1] 根据上下文，此处“一”当为“二”，才能使数字闭合。

长润渠

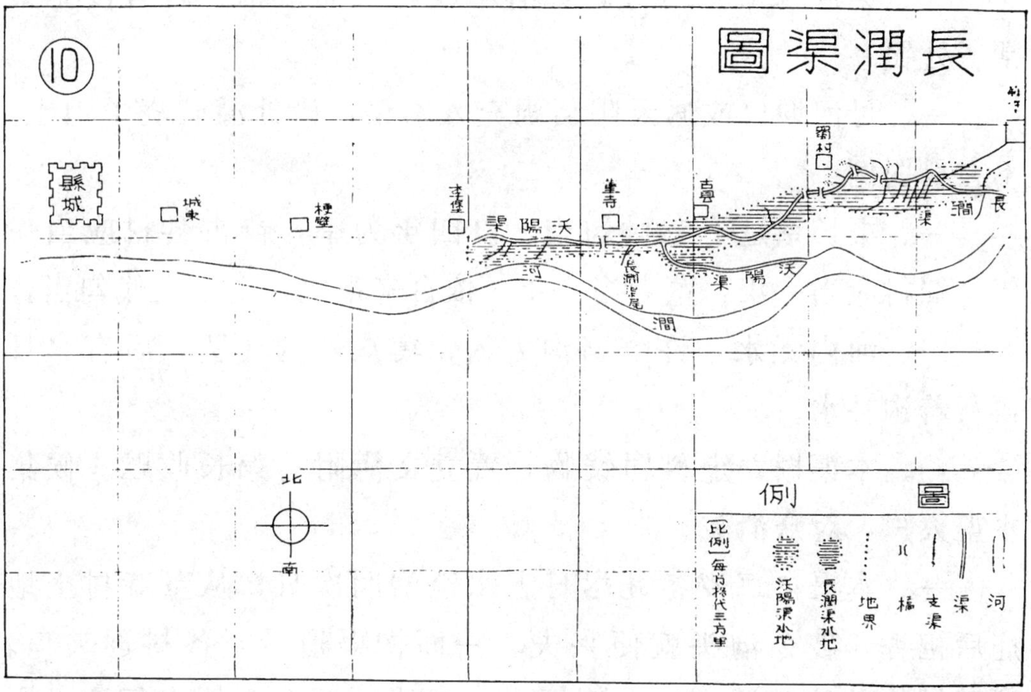

该渠原溉六村之地，近则仅灌尹壁、蜀村、故县、董寺四村土田，土人即呼之为四村渠，盖相沿已久。其余二村，曰下鲁、曰苏堡。下鲁在河南岸，当年或有河北之地，谅因耕种不便，土地转移，致与此渠脱离关系。若苏堡则有众议渠在该渠之上，灌溉便利。自众议与源润分立后，所有原隶润源、长润地亩，均改归众议一渠。使水因利乘便，亦势使之然也。该渠

位置较下，往往有赖于众议余沥以资分润。至该渠之尾，则与北沃阳渠混合为一，往往因浇地而起纷争。然泉水涧水清浊攸分，渠虽归一，水程难混。剖而析之，亦易事也。

节抄《长润渠册》

渠规原条甚多，仅录十一条。

一、渠底深五尺五寸，如有窄狭，一面帮拈，若有侵犯渠帮者处罚。

一、母河堰口或遇天阴猛雨充入本渠，诸处溢破浇了地土，不在科罚例。

一、渠长系是下三村勾当，以四年为率，自古县村应当一年，蜀村应当一年，董寺当一年，依自来番次，上下交代勾当。

一、河内无水，许令当沟人入，集众停沟住罢，后有水日再行着沟补水。

一、本渠据立定科罚钱物，置立文簿附写渠长收贮。候集本渠人户，对众消破。

一、本渠自每岁冬九尽日上水至清明次日，从董寺村土地庙后祀香，破令沟头就便兴夫。一面掏渠道，至各村逐夹口。该原供夫数接次添力，淘至堰口。功毕，堰上全渠水行流，令下鲁村并上下村分沟头，随即定水，依例输移。务安各依原供夫数，均平使水，使至八月一日已后住沟。各村水户不依资次浇讫地土，不在科罚之限。如走失渠水，吹（撰）〔潩〕渠道，司事照依前例科罚处行。渠水使至十月，为天寒水冻恐伤渠道。渠长行贴，令下鲁村沟头依例就便兴夫下水闭塞渠口，令将渠水透流结冻渠道。如违，照依盗豁渠例科罚。若有转磨户水人等故违此例，堰头暗行盗开渠口，使水后为结冻渠身，浇溢道路或吹转诸人地土并舍院等事，许诸人告报的实，渠长行贴集众就彼，定验明白，于犯人名下追罚白米伍硕。如本人不伏，申官倍罚，治罪施行，一半纳官，一半众破。内付告人（克卖）〔充赏〕。

一、本渠之议定，每夫例攒定原供水地三十亩为率。若有外余不尽地土，再行入夫兴工。

一、本渠应有使水人户，若遇春秋时月，各依日期资次沟程浇溉地土。将水许令本渠行流，至董寺土地庙地。庙西通入沃阳渠内，接水行流，浇伊村高忠原供本渠卖〔地〕，令使用，毋得将水豁于别渠内行流。如有人暗行盗豁，渠水流入别渠或浇地或动转轻磨，有此逐旋塌、吹（撰）〔潩〕渠身，以久终为不便。如有违犯之人，许诸人告报本渠，定验明白，于犯人名下罚白米五硕，如本人不伏，申官倍罚治罪。

一、本渠上下村分使水日期时辰已有定例，今众议得除寅、戌二时外，一日以一十时为率，各自照依夫数使水轮转。

一、本渠上下村分，总计原供地夫数一百六十七夫，今将各村原供夫数并使水日期时辰开于后：

董寺村三十夫，合使水四十时。古县村六十夫，合使水八十时，外有磨一轮。蜀村三十一夫，合使水四十一时，外磨一轮。东、西师二十二夫，合使水二十八时，外磨窝。苏堡村九夫半，合使水一十一时，外磨一轮。下鲁村八夫半，合一十时，磨三轮，外小磨窝一所。

一、本渠承买到苏村、褚二村西南桃园崖底渠地耳地，东北至渠，南至长润渠，南外至王冰冰，西至渠，北至崖，西北至王冰冰，其地不计分亩，四至分明，拨与长渠，永远为主。

任令长例沟头人等，逐年渠身损坏，一面取土修叠开渠。外有庚戌年褚二与本渠文约，在渠交合为照，本渠却不得崖底。

大定五年官断定三渠条例古碑

据沃阳渠长任泽状告，本渠润源渠长尉宣、长润渠长刘山等，创建水磨拦截了天涧河水，不得浇溉民田。经洪洞县并平阳路勾人磨问、运司寻追照逐过处原断交案，勾到原告被告关告人任泽等，施行。

据任泽被论人润源渠长柴彦并师越男、师先连名状告，令来任泽、柴彦、刘山同与商议，依各本处种户前来打论利害情意，据三渠俱要有利无害。后润源渠自赤沙缠已下，依旧堰岸渠道将师越磨下轮尾渠水，合大河使用。自赤沙堰下一百步内，只许石头硬梢。便行添堰，亦不得添开渠口，及不许用泥土叠堰。其梢石缝穴透流过水，任令长润渠使用。若或两边岸损坏，就便作理修补。其长润渠却自润源渠堰下一百步内，依润源渠体例，依旧岸堰渠口拦截河水，只许用石头梢草截其涧河，梢石缝穴自有透流过水，任令任泽所告沃阳渠使用，毋得更行添堰及添开渠口使水。外沃阳渠，却自长润渠下开渠使，不得于七十步上置堰收水。每年三月一日已前、八月一日已后，前不要使水。任便八月一日已前，夏秋苗稼成熟要水浇灌地土时分，已行议定事理，做堰上下通流使水，并不得将水乱行添打渠堰，亦不得移那渠堰别开渠口，亦不得前上渠偷豁堰堎盗水，亦不得用泥垒堰，如有违此之人，将犯人名下，并渠长出备上项、立定赏钱内一百贯，给告人充赏；四百贯后纳入官。据泽等自甘依三渠如此商议施行。未除此外，更无所争。及乞立定碑碣，凿三渠使水根由。赏罚外有开除事件，不在科罚之限，各自用功修补。今来泽等三人所告，合得众情，打论事理，委是泽等自吐本情。前等拦告已后，却有番谋及三渠内有人户争论，不等允便，当诳官受情本罪，别无词诉。取据前因使水偏曲，及科罚钱物等事情，愿更不尽争事理，柴彦等准上不争，亦无□[1]诉。只据今来永远为定。为此解申奉尚书户部符文检处，行仰洪洞县照验，逐人例条合，仍委县官监勒。逐人幸跕稳便处安置碑碣，分朗凿，（物）〔务〕要永远照用。

元祐[2]四年复立润源长润二渠之碑洪洞县主簿刘思孝撰

霍岳之阳有河曰涧，其泉出岩壑、通沟洫，历古阳之东洞羊乡，百折而西入于汾。其乡东有村曰郭盆、曰苏保，盆之下保之上，河有崖曰赤砂缠，缠之上约二里余，左岸有渠曰仙济，斯渠狭小，止下鲁一村之用。缠之下梢石作堰，凿岸成渠，曰润源。源一，而西四分之，作渠曰众议。苏保之民用其一，润源之三，阡陌八村转硙二十余轮。所获其惠非众议、仙济之比。顺流而下百余步有渠曰长润，又百步曰任泽，又下五百余步河之南有渠曰沃阳，古今之迹，各安其界。人民之（颂）〔讼〕何由而兴？盖因沃阳居其下，每有侵越之念。历宋金及圣元屡起争端，终屈于理，铭记存焉，不待口舌而自明也。众渠通流无不被其泽。惟沃阳一渠，久值岩谷变迁，人难其役，未曾开导。延祐三年秋九月，徐沟县尹郭耿上言阙下复兴沃阳之利。天子允奏，朝廷奉命特遣都水监壕寨官张惟贤、晋宁路判官丁公用郭尹巡其迹，而计其工。予忝居县佐，亦陪是行。及至下鲁村，历观仙济居其上，润源、长润、任泽存乎中，沃阳置其下。向

[1] 原书漫漶，依据上下文，此处应为“词诉”。

[2] 元祐　疑为“元延祐”。元祐为北宋哲宗年号，此碑为元代碑。

者耳闻，今之目睹，古迹自明，何生异议？行之次有河北之民率众而来，告曰去岁监县为公开浇沃阳渠，循蹈前迹，在润源、长润之下，下鲁村阴家磨下七十步置堰通流。虽有文案在官，终为有司之验。今奉君命而督其工，彼或恃此妄行起讼，非小汝沃阳之利，居下流而复兴润源之功，居上流而不废，无相侵夺，永为定业。予辈将复刻石而志焉。传诸岁久，僚属仕农众论曰可是以润源渠长李世续求记于予。

予常行洞羊一乡，厥壤肥而庶物繁，竹舍藤檐，稻畦菜圃，镃基而东作，箫鼓而西城。绿树红芳，画图篱落。实河东胜游之境。虽遇赤地之忧，而无焦苦之叹。岂非施人功，而获水利所致之！然即养生务本，皆芳洞羊之民。温饱何忧不足？止名不争皆苦。润源之众，词讼何忧不简？闻斯盛举，敢吝鄙言！

广利渠

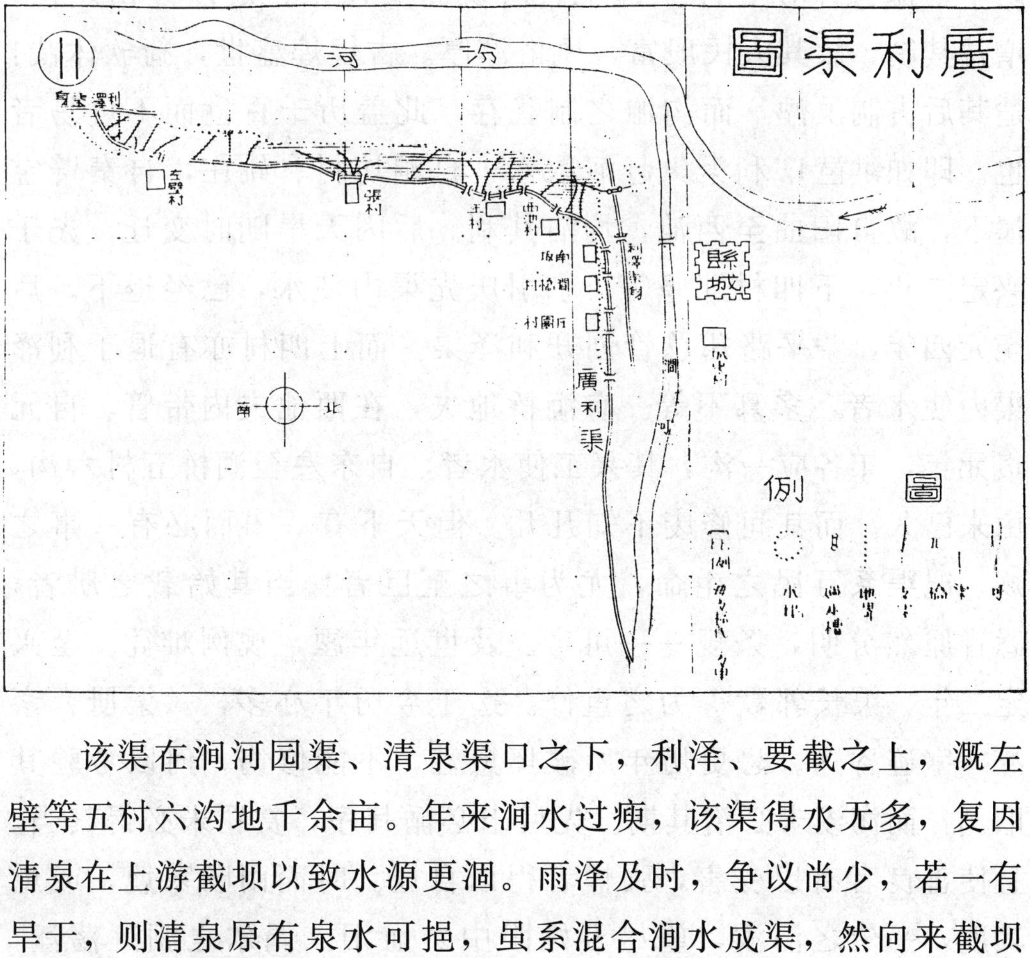

该渠在涧河园渠、清泉渠口之下，利泽、要截之上，溉左壁等五村六沟地千余亩。年来涧水过瘐，该渠得水无多，复因清泉在上游截坝以致水源更涸。雨泽及时，争议尚少，若一有旱干，则清泉原有泉水可挹，虽系混合涧水成渠，然向来截坝本在北崖，虽用涧水，并非满收。今则因地势迁移之故，横河筑堰，满引涧水，下游直无涓滴，可以沾润广利。首被影响觖

望而争，势所必然。且清泉尚有用余买水情事，虽经断案，永不准再有此等举动。然利之所在，恐终为争点之所由起也。

节抄《广利渠册》

《册》序

粤自神禹随刊，而后浚畎浍距川，而沟洫之制始开。源以防干，溢预旱涝，泽至渥也。沿及商周以来，定以井田之法，增益其制，故其人民殷富，风俗淳厚。古煌煌盛世，猗欤休哉！迨其后古制虽湮，而沟洫之制犹存。此盖历千百世而不可易者也。即如洪邑广利渠，赶河取水，自洞坊村、姚庄，自秦璧宝崖下，故自阳曲至西池，均沾其利。后因天旱随时变迁，先于兴定二年，下四村郑坚等，别引庆先渠内使水，已经退下。后至元四年，蒙平路郑总管创开利泽渠，而上四村亦有退于利泽渠内使水者，多寡不等。有涧桥地夫，在西池夫内带管。自元贞元年，年各应一沟，其兴工使水者，自东左至涧桥五村六沟，由来已久。而其间修废不知凡几。但天下有一事而必有一事之规，况渠系万民之生命，尤为事之至巨者！当其始载之册者，悉皆厘然分明，条规一一可考。及世远年湮，规例难凭。至兴定二年，渠长郭默等为之重修。迄于今历年亦多，《渠册》紊辞，字迹昏迷。恐更历年所破坏愈甚，不能修饬，何以考验其旧例？而淘浚未必洽其期。先后未必循其序，赏罚未必得其当。且使善良者有以受害，强悍者得以自逞。时而雨旸寒燠，或愆其度，一勺之涓涘，望尽万姓眼中之血泪。偶尔之溯湃荡淫，周原三百之禾廛，其遗害何可胜数？今有渠长郭可兴者，目睹此事，心甚惕然不安。因而约合一渠（头）〔渠〕头共议重修，以襄其事。于是齐集具禀县主，蒙批，照旧规重修。今重修渠册一本，照旧册誊录，不敢遗忘，使一字微有差讹。不过令旧者新焉，晦者明焉，遗者序焉。庶几载之册者，一如其初规例，一一秩然，可睹永垂不朽。使淘浚不失其期，先后不紊其序，赏罚各得其当，而良善者不至受其（至）〔害〕，（悍）〔强〕悍者不得逞其力。即或霖雨未降，有渠以通其利，万姓不至如饥渴之求。又或淫雨太甚，有渠以导其流，周原不致有沉溺之患。将见室家因以宁，妇子因以安。而余一余三之风可见，阜财解温之休可歌。讵非一渠之福哉！是为序。

广利渠条规共三十条，录十条。

一、本左村，自来本渠兴工四十夫。至至元二十六年，郭安等退讫不浇地人夫三十三夫，在利泽渠内使水兴工。今本渠实在兴工七夫。

一、下张村，自来本渠兴工十四夫半。至至元三十年、元贞元年郭真等退讫不浇地人夫八夫半，在利泽渠内使水兴夫。今本渠实在兴工六夫。

一、西王村，自来本渠兴工十二夫半。至元贞二年，燕冲等退讫不浇地人夫五夫半，在利泽渠内使水兴工。今本渠实在兴工七夫。

一、西池村，自来本渠兴工二十七夫，内带管涧桥村人夫七夫。至元贞二年各应一沟。今本渠实在兴工二十夫。东左村沟期，景璜等，实在兴工七夫。下张村沟期，曳成先等，实在兴工六夫。西王村沟期，张曰政等，实在兴工七夫。西池村沟期，郑宏猷、郑宏翱等，实在兴工二十夫，南北两沟。涧桥村沟期，刘昭珊等，实在兴工七夫。

一、五村六沟，现今本渠兴工人夫四十七夫，每夫浇地三十亩。

一、本渠自洞坊村、姚庄至秦璧实崖下赶河取水，并无违碍。有人敢阻者呈究。

一、本渠底阔二丈，其两耳上长成树木，各依地分为主。

一、本渠遇有兴夫人等，各村沟头将他本村夫数开明，分作十夫为一甲，照依数差夫，如有沟头违犯者科罚。

一、本渠自来从下接村分浇地土。如渠长不依者，任意乱行，沟头科罚。如沟头知情，同上例科罚。

一、本渠使水人户，将本渠水落入利泽渠内浇溉地土者，依隔水盗水呈究。

众议渠

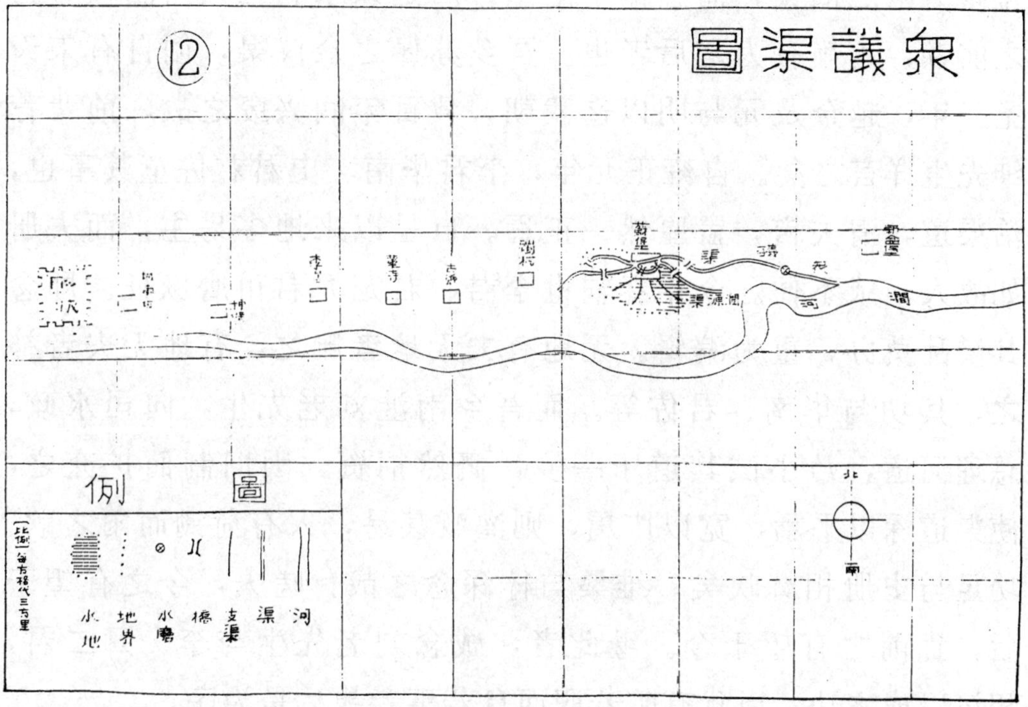

渠在苏堡镇，距邑东二十五里。前本乡村，乾嘉中始改为镇。镇中刘氏功名鼎盛，富厚冠一邑。今虽稍见衰落，然其族裔之以官以商，繁衍于他省者，尚不乏人。镇有高小学校一、初小二、女校一，教育发达为他镇之最。推原其故，皆由于水利普遍，村民富庶。所谓衣食足而后知荣辱也。镇向分东西两社办事，渠亦因之。两社各有地七百余亩，多年以来无甚轇轕。

惟与对岸下鲁村，因用水常有冲突。然曾经断案，竖有碑碣，准其旧例，以为防闲。纷争亦易解也。

节抄《众议渠册》

旧序

尝读史册，见许景山复萧何之故堰，而泽流于兴化；赵尚宽修信臣之旧渠，而惠偏于南阳，以是知水利之兴，固赖有为之前者，尤赖有为之后者也。吾乡苏堡之众议渠，创自有宋天圣三年，越金及元与明以迄我朝，数百年间兴废之故，前辈荐绅先生详言之矣。自雍正元年，李君华南、史君君佐董其事也，治渠道，清夫亩，盖厘然一正焉。自是以来地多易主，而夫册如故人，咸不便。今年春辅世李君、君宠尹君甫膺厥任。即念其淆乱莫办，重为编辑。无地有夫无地者删之，有地无夫者补之，其功与华南、君佐等。而吾乡南沚刘老先生，向司水政，总理河道，乃小试其道于一乡，慨然捐资，因旧制而扩充之，使渠道深以平焉，宽以广焉，则灌溉甚易，人有荷锄而雨之歌。功足与史册相辉映矣。维桑与梓深念之哉！嗟夫，今之有望于后，犹前之有望于今。继此者，诚念刘老先生与李、尹二君，相济以成之功，岂犹有旷若职而怠若事者哉！是为序。

乾隆六年岁次辛酉端月中浣之吉本井庠生许绶撰

新序

是册之修，旧序言之详矣。今年夏有事渎案，张邑侯谓时易势殊，多所变更，且系旧印，不足以昭信守。饬掌例刘任广、韩金榜将原册另誊一本，投案禀用新印，而以绶董其事。因念前人创守此渠，乡人享其利者数百年矣，而贤父母又因时制宜，俾欲擘划尽善，渠之幸，村人之幸也。绥五十年中两与册事，所望后之人，笃同井之谊，联梓里之情，矢公矢慎，毋侵毋夺，副贤父母爱民如子之深心，绪乡前辈措置捐施之义举，而乐乐利利与渠泽长流于无穷也。本年掌例刘重远任广、韩翰苑金榜相与同记。

乾隆五十二年岁次丁未秋九月七十七岁老人半耕许绥再叙

渠例原二十二条，录十五条。

一、本渠东至郭盆赤沙，西至庆阳观，南至长润渠，北至上桥北。渠底宽二尺七寸五分，外堆土地三尺，沿渠地户不得侵占。如有侵占者，罚谷五石。

一、本渠共地一千四百余亩，十亩夫一名，十夫水一日，东、西二社各水七日。一年自上而下，一年自下而上，反覆轮流，不得紊乱。

一、本渠东社以石嘴为第一，厚子平为第二，马家口为第三，桶槽为第四，桶槽南为第五，石（夹）〔峡〕东为第六，桥南为第七。自上而下，则始于石嘴，以次而及于桥南；自下而上，以桥南为始，反次第而及于石嘴。

一、本渠西社以石峡子为第一，大林为第二，焦园为第三，渠南为第四，堰头为第五，道北为第六，旱圪台为第七。自上而下，则始于石峡子，以次而及于旱圪台；自下而上，以旱圪台为始，返次第而及于石峡子。周而复始，不得紊乱。

一、本日浇地未完或渠中无水，或时刻已尽，次轮补浇，不得复拘次第。

一、渠中水大，本日用水不尽，浇完即轮次日，不得放流沟涧。

一、转沟棍以黎明为期，见日即为越时，次日不得轻受。

一、使水以沟棍为凭，无凭者不许豁水，有者不许他家阻当，如阻当不许豁水，罚谷二石。

一、转起沟棍，其不应开渠口，即用灰印封固。如私开灰印，不论浇地多寡，即以盗水论罚。

一、水到渠，务要渠堰坚固，先用渗漏二时。

一、遇山水冲坏渠堰，水轮某日，即具停沟，禀帖起夫治水，仍自是日轮沟。无山水而稍有损坏，本日治水，不得妄具停沟禀帖。

一、渠内有一线之水，即转沟棍，次日不得以水小为辞，争持不受。

一、花蓝菜园等地，俱照本日挨次浇灌，不得取便混乱。惟莞、萹二豆，遇亢旱太甚，即让先浇，不拘次第。

一、春季做工以辰时为期，夏季做工以卯时为期，务各聚集齐备，应时上工。各日总夫头亦要亲到监视，不得怠惰不至。

一、举保渠掌不拘贫富，但册内有名、勤而有德者充任此职。年终另议。

晋源渠

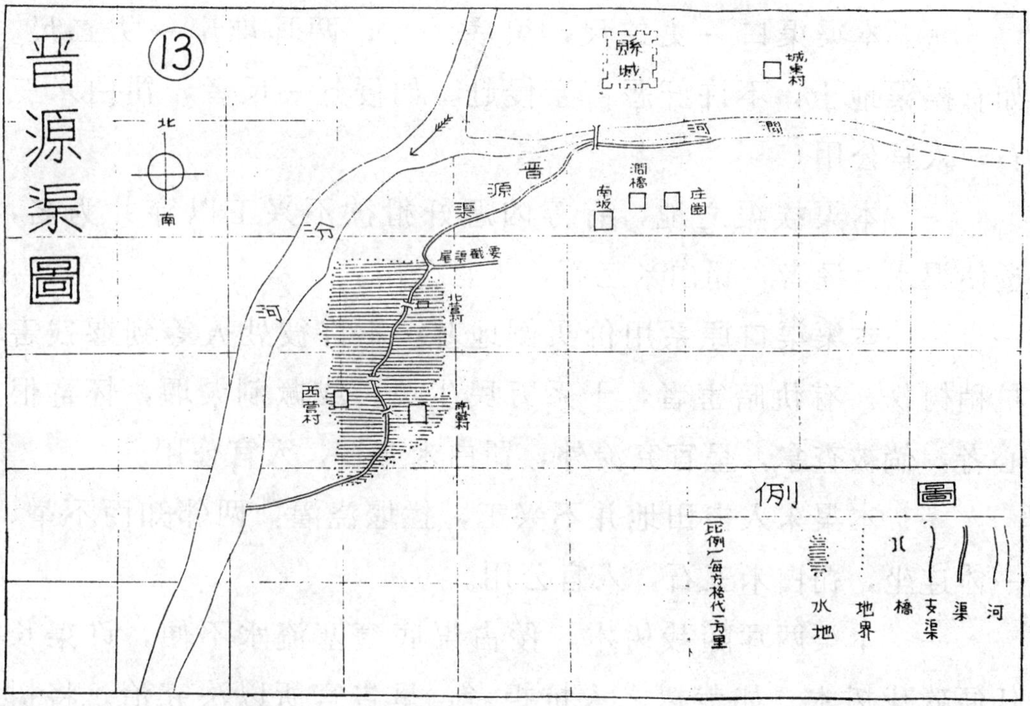

该渠专浇南营、北营、西营三村地千二百亩余。册载渠水来源有二支，一自县城西北，上至苗村，下至永安西庄，引汾水入渠；一自城南利泽渠口之下，引涧河水，并要截渠尾水合并浇灌。此盖开渠之始如此，今则汾河移东，苗村迤南所存者尽系小霍、副霍地亩，并无他渠渠道。该渠之所恃者，只涧水耳。新册修于咸丰五年，去今不远，形势未殊，乃竟未加改正。

盖彼时专注意于地数夫数之改正，未暇考究渠之原委也。

晋源渠条例原四十三条，录十九条。

一、本渠座落，一北取汾水，上至苗村，下至永安西庄西，北治堰接水。一东取涧水，城左东南门外洪崖下治水，北龙坡治堰浇灌，其渠尾下至下桥村，西归于汾河。如有势豪凶恶刁徒阻滞违例，具官惩治究外，科罚白米十石，入官公用。

一、本渠渠口一丈二尺，渠底一丈，两耳堆土一丈二尺。如有挨渠地土，不许奸恶富豪侵赶。如侵赶一尺者，罚白米三石，入官公用。

一、本渠挨渠之地，有等凶恶奸猾欲不兴工以穿井为名，透使渠水浇灌者，罚白米三石，入官公用。

一、本渠渠口原系用价买倒地基。不许彼处人等到堰残害桩稍树株。有仇暗害者，干系万民生灵，或撅剜渠堰，怀毒恨心者，倘被查拿，呈官究治外，罚白米五石，入官公用。

一、本渠未入夫田地并不兴工，拦堰浇灌，两邻知而不举，一体连坐，罚白米三石，入官公用。

一、本渠两耳随栽树木，侵占渠底壅塞流水不便，许渠长任便砍伐树木。如栽树之人抗拒者，呈告官所以法究治。将树入堰，一桩撅使用，仍罚白米三石，入官公用。

一、本渠使水，依照古例，一年从上，一年从下，挨次照段浇灌民田。如刁强凶徒截渠邀水，暗行盗豁、偷水剜堰者，罚白米五石，入官公用。不该使水，强行虎威，浇地一亩，加倍科罚，如违呈官。

一、本渠节次有水，或三二五日不等，或从上而下，或从下而上轮流浇灌，不许混行使水。如上边重浇二水者，照依渠例，即系盗豁邀渠截水。如违，罚白米三石，入官公用。

一、本渠后开旧入夫、新入夫地亩，先行禀县通知渠长，然后使水。如隐藏田地，不愿入夫，生心奸计，擅使水浇地者，每亩科罚白米五石。四邻知而不举者，一体同罪科罚。违者呈官。

一、本渠公报地亩，开写条段，四至明白，编成夫头，不许挪移，定为条。例如隐藏改换地亩、变乱夫头，永不得使水。如违，罚白米一石，入官。

一、本渠上有要截渠浇灌地亩，有头无尾，使尽余水落于本渠，即系本渠之水，浇灌者不得重浇。如凶暴乱例，强浇一亩者，罚白米三石；一亩以上，照地科罚。

一、本渠上有高水地段，三十亩作为一夫，折半兴工，掉浇使水，不犯水例，不许拦堰。如违，罚白米五石，入官。

一、本渠有与高水地相挨之地，虽云低水，只许开口浇灌，不许堵堰使水，恐坏老堰。如违，罚白米五石，入官。

一、本渠或有水之日，旧入夫地亩先行浇灌。使尽余水，方许滩碱军屯地亩以后浇灌，不得混行先灌。如违强豁使水者，罚白米五石，入官。

一、本渠自至正年开建，旧规三十亩为一夫。后因年深日久，渠身塌坏，万民无望。自康熙年间，奉官更换造册，十五亩为一夫。今编造夫头仍遵照康熙年间旧例，十五亩为一夫。至每年三、六、七、八等月，分班祀神之期，因累年渠长轮流充膺，夫头挟制，并按规备办纸果等物，简慢神圣而又阔摊阔派。渠长等不敢强问，以致苦累地主。今议定章程，于四月合渠献戏之日，设位同祭香烟之祀，不至如从前简慢神圣，而夫头亦不能阔摊阔派矣。

一、本渠渠长等口食，向在本夫名下摊钱供给，他户受阔摊阔派之累。议定章程，合渠供给口食。四月献戏之日拨钱□[1]千，卸事之日拨钱□[2]千。不许额外生枝。如违，除革退外，罚白米五石，入官。

一、本渠有下流之地，兴夫有头者，兴夫一亩者，即多浇三五分，不犯水例。

一、本渠渠册历年久远，地主多有更移，合渠公议，于咸丰五年重修编造。仍照旧例，约至二十年一周，务必将渠册更造明白。庶使渠制清理，不致紊乱。

一、本渠原旧有通河之尾。因雍正年间，汾河倒东，将本渠兴工之水地俱已塌毁，飘流多年。嗣后复倒西，因而将泄水尾渠湮没无存矣。今合渠公议，于乾隆三十二年，用价银一十九两八钱，买到左壁村景玉魁、景玉敏等滩地五亩，共上下四畛，直达汾河。另有文契随册存转。其地之粮银杂事共银四钱。乾隆三十六年过入德化坊三、六甲。每年于报官人之际拨之。此记。

[1][2] 底本缺字。

清涧渠

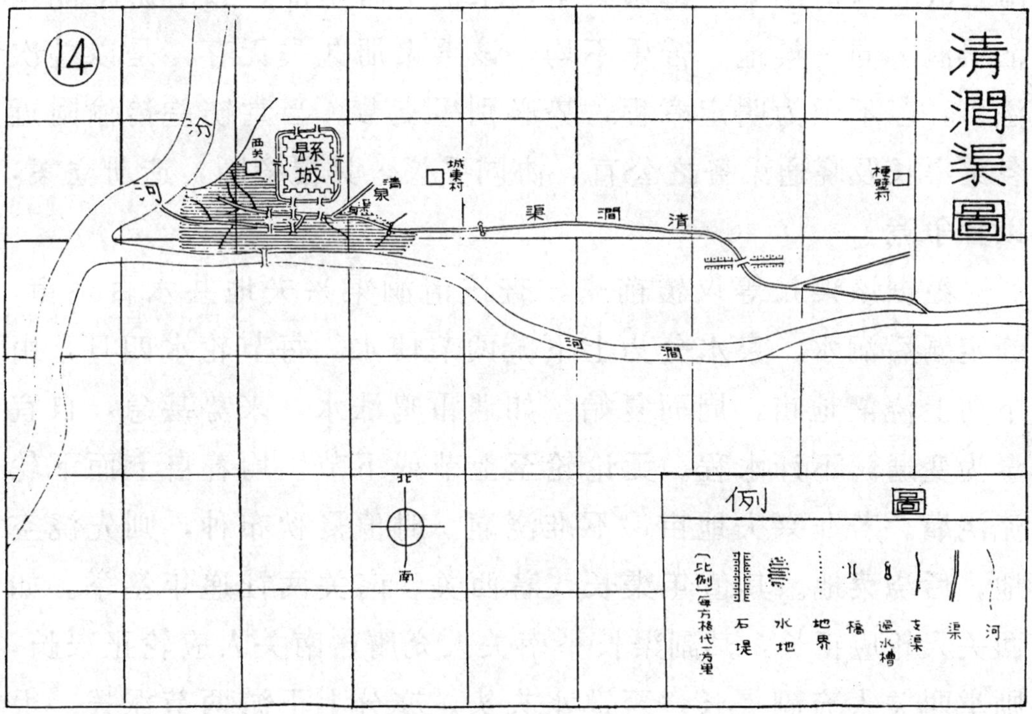

涧河之水，本甚微细。该渠在沿河十数渠下，故得水尤少。幸清泉渠尾尚有余流，故可稍资分润耳。该渠古册久失，道光二十五年，县尊陈公始为判定两节分浇之法，订立条规，永远遵守。以迄于今，无甚争议。福利斯民，厥功甚伟。渠之人至比之魏史〔起〕、召信臣，歌思不置，有以哉！

节抄《清涧渠册》

陈县尊断案

审看得该清涧渠夫头郭培焱等，与该渠渠长刘治太，互控违规等情一案。前经本县传集讯明，该渠系引涧水浇灌兴夫地亩。其渠与清泉渠相连，清泉渠余水亦归该渠，引灌毕退入河滩，故名为清涧渠。每遇天旱，水被上游引灌，致下游不能稍沾渠润。同一渠地，苦乐不均，该渠渠册久失无存，是以叠次滋事，若不预为明定章程，势必别生支节。当堂饬差传谕附近各渠渠长及晓通渠务之公直，协同妥议，具覆核断，造册立案，以杜争竞。

兹据该渠长等议覆前来，查该清涧渠兴夫地共六百余亩，断定嗣后涧水、泉水分为上下游两节使水。每节轮水四日，由下而上浇灌地亩，周而复始。如遇雷鸣涨水，来势甚急，自宜量为变通，不计水程。无论轮至上节或下节，均着自上而下轮流浇灌。若非兴夫地亩，不准浇灌。时值夏秋布种，则先浇空地，后浇菜地。其值年渠长，着西关、南关两社递年签举。如西关人轮应正长，其副渠长举南关人充膺；南关人应轮正渠长，则举西关人充副渠长。至巡水夫头，亦分上下游两节派拨。上节地内巡夫，着下节地户充膺；下节地内巡夫，着上节地户充膺。即以本年六月初一日为始，按照断定水程，由下而上四日一轮，挨次浇灌，毋得紊乱。并责成该正副渠长、巡水夫头妥为经理，认真稽查。彼此互相遵守，方能相安耕凿。如此衡情酌断，既与各渠使水章程大同小异，而挨次轮浇，亦无苦乐不均之弊矣。倘有违抗不遵之户，准禀照渠册罚究。其余条款，着该渠各公直查照附近渠册，悉心妥议，送案核定，颁发存照。其直年渠长刘治泰不谙渠务，难期胜任，着即革退。饬上年旧渠长承膺渠务，以资熟手。当堂取结，附卷此判。

附录：案述

谨按：清涧渠开自金天会二年，彼时渠长法宣本立有渠例一册。累传至前明中叶，纸敝墨渝，字多漫漶难识。至嘉靖十年闰六月初四日夜，霪雨大作，山水涨泛，涧岸房屋率被摧毁，原立渠册没于水。渠道壅塞，无凭开掏。渠长刘高等禀祈县主姓名无考。详请抚部常批准，从新编造递传。至顺治十六年，掌例员、通渠司刘三刚，因年久夫名及地亩座落难稽，重新编定夫名之簿，渠规稍稍就理。康熙间，渠长张鋡重新整理，始将夫亩核定真确。雍正十年，渠长高之揆因旧规诸多紊乱，又奉官认真厘定，上下节始均沾水利。乾隆五十年间，因失册构讼，或云是年涧水暴涨淹没田庐，册付波臣。或云司事者不谨毁于郁攸，皆疑不能明也。自失册至今六十余年，古规无凭稽考，居上游者任意使水，以致有是年五月之讼。幸际邑侯贯甫陈老父母，详察结讼之由，知条规不立，霸截滋生，不为严断章程，而后日之讼必将蔓延无已。乃集两造，断定分节，按日使水之规。又指示严立条规之肯綮，谕令鹏鸣会同上节本年公直李安邦等，公造渠册，禀请核定。鹏鸣年逾七旬，每读班孟坚《循吏传》，以为龚黄卓鲁之世，难其人也。今不惟亲见之，而又身受夫抚字之勤，乐利之惠，且施及我洪民于世世也。故敢恭录公判语冠于册首，又备述渠册之所自始与案之始末于判尾。俾后之人，知天壤自有父母，而召、杜二公不得专美于前。岂不懿哉！乡贡进士郭鹏鸣恭述。

清涧渠首尾考

谨按：清涧渠者，合涧中流水与清泉渠余水而名之也，涧水发源岳阳渗水崖。渗水崖之水来自沁源诸山，至崖下泻入地中者，伏流几百里。由赵城之霍山广胜寺下喷薄而出，是为霍泉。其南流之水出峪折而西，入洪洞境，是为涧水。涧水之名，《禹贡》及《水经注》俱不见。或谓《诗》所称“扬之水”即此，盖据春秋扬侯国而言。传训为悠扬，非也。涧水在洪，引以为渠者甚众，若沃阳、润源诸渠，俱在清涧渠以上，查涧河中南岸，尚有广利、要截等渠，皆居清涧渠上游。附记率置堰引水，故涧水往往被各渠引去。比入清涧非一线涓流，即干无一勺。所以清涧渠，仰清泉余水尤甚于涧水。涧水自县东宝崖下樊家磨次东置堰上水，历八九里，俱在涧滩乱石中。今滩中渠身或断而为数段，或经入河流，遇旧有渠身水始归入。自上水口起，西流经李堡、梗壁逶迤而下。至小南门外慈云庵上，接清泉渠尾，清泉余水从此受入。二水合流经小南门及大南门外，自大南门外少东关帝庙后渠分为二。一折而南，浇上下节一带地亩，由圣王庙前刘家场东南，水退入涧河，此一退水口也。一折而北，浇上下节一带地亩，至西柳林，水退入汾河，此总退水口也。上节地浇至斜道及井南北，东止井西支渠属下节，即下节开浇之始。社坛小渠西北，亦下节开浇处。此支渠由三官庙后，水仍退入汾河。渠底原阔五尺，两耳各阔五尺，共阔一丈五尺，支渠底耳各三尺，共阔九尺。渠开于金天会二年，自古迄今，经暴水冲陷者非止一次，频经修复，始保有今日。今幸陈老父母立案，分上下二节按日使水，以城东角南头夹口，至城西南井南北并夹口南为上节；井西支渠西至西柳林，为南渠下节；圣王庙后社坛北至三官庙后，为北渠下节。径直画限，轮流使水，嗣后两节地户，惟宜仰体县父母画节息讼之恩。各安耕耨，各相亲睦，守成规于百世。即所以体县父母爱民之心，享乐利于无穷也。故备著渠之首尾于册，以便后之司事者稽核焉。遵断。

渠例原二十八条，录十一条。

一、清涧渠兴夫地共六百余亩。古册遗失，因无水程限制，故上游易于霸截。今遵断，分定上下两节，自下而上各限四日水程。限满，即放水归应轮之节。违者以违断霸水论，禀官严究。

一、断定上下节各限四日水程。自下而上轮流浇灌，限满即于黎明时交接。无论阴晴，不得逾时。违者以违断论，罚稻米一石充公。

一、断定涧水、清泉渠余水，统分为二节。各按四日轮流浇灌。业奉断立，有专规，各宜遵照，不得少有紊乱。如有指寻常涧水为涨水，肆行浇灌者，以违断盗水论，送官究治。

一、断定雷鸣涨水，来势甚急。遇有涨水，无论水程轮至上节或下节，均着自上而下轮流浇灌。若非兴夫地亩，霸截浇灌者，以违断论。每浇一亩，罚稻米五斗充公。

一、断定夏秋布种之时，先浇空地，后浇菜地，先民食也。违者以违断盗水论，每地一亩罚稻米一石充公。

一、涧水、泉水按照上下游两节水程，由下而上轮流浇灌，若遇涨水，无论上下节水程，自上而下挨次轮浇。其不兴夫地亩，以及逾次违规盗水者，巡水即告知渠长、渠司，禀官究罚。如该巡水及渠长、渠司有意瞻徇，听从贿嘱，隐匿不报或卖水分肥渔利，经人讦送到官者，除将巡水及渠长、渠司究革追赃外，仍将盗水之人，罚稻米一石充公。

一、断南关、西关两社，递年轮流充膺渠长、渠司。如南关充膺掌例之渠长，则举西门外一人充膺渠司。西门外轮膺掌例之渠长，则举南关一人充膺渠司，互相轮膺，递年交代渠册，以便遵约。渠众违者，禀官究治。

一、每年渠长、渠司各佥保各社。如本年南门外充膺正渠长，次年应充膺之渠司，即由该社渠长举保。西门外充膺渠司，次应充膺之正渠长，即由该社渠司举保。各宜恪遵。如有逾社擅自佥保者，除申明渠例，请官不准，仍酌量议罚。

一、本渠兴夫做堰掏渠，共六十一夫头，共地六百亩有零。每一夫为地十亩为则，每夫头优免夫役祭奠一亩。倘猛水下流，工大，不分上下两节兴满夫做堰。若工小则分两节各自轮做。如轮下节使水日期，下节拨夫做堰；如轮上节使水日期，上节拨夫做堰。如拨夫不到，罚赔十夫工力。

一、上下两节轮流成规，每节各分夫头三十名半，分为三节，先由下节末十夫半，从上而下浇灌毕，挨次而上，轮流浇灌完。轮至上节，亦犹下节自末十夫半，从上而下挨次而上，轮流浇灌完。仍自下节轮流，周而复始，不许紊乱。如违，罚稻米二石充公。

一、轮水日期，正月初一日，下节黎明起，初五日黎明止；上节初五日黎明起，初九日黎明止。周而复始，不许乱沟。至年底为止。

陈畛[1]渠

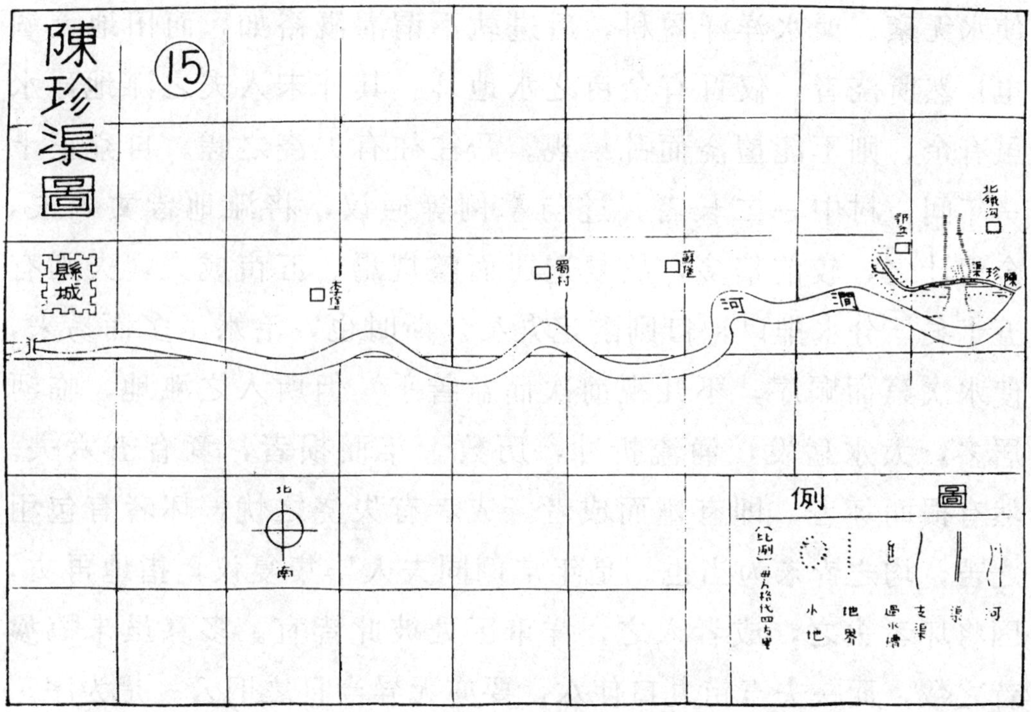

该渠水地，初不过百余亩，盖渠之至小者也。远在东鄙，适据涧水上游，故水常有余。而滩地亦得陆续加入，今盖三倍于昔矣。向与本境各村无甚争议，惟以水源出于岳阳，是以与邻境毗连各村，往往因淘渠等事不免小有口角。近闻已互立约

[1] 原书此处为“陈畛渠”，但图与下文均为“陈珍渠”。

据，不准妄争。果能互相让步，料亦无多轇轕也。

节抄《陈珍渠册》

陈珍渠由来久矣。昔之人经营开创，盖以人事而得地利也。故沿流聚堰，源接岳阳诸川之水。相地开渠，流过铁狗一带之域，统观其远约有十数里。析言其广，实有五六尺。其筹度尽善，殆亦几经劳瘁，而始得如此也。由是而编夫有数，由是而使水无紊。渠水洋洋盈科，后进孰不谓灌溉裕如，而田地无涸也！然所浇者，仅百有余亩之水地耳。其外未入夫之滩地，水虽有余，则不能擅浇而乱渠规。乃往往有失浇之嗟。自雍正十一年间，村中一二长者，遂与掌例等通议，将滩地皆丈入夫，合而计之，较前倍多，故复造册而整规焉。五亩成夫，夫则有五十矣。分水排口，口则酌定九矣。斯时也，治水工多而易来，使水次第而顺序，不几视前次而益善乎？但所入之滩地，临河居多。大水猛发，涌流折冲，历数十年而损者，竟有五六夫。然有损而坏者，即有壅而成者，成者有失浇之忧，坏者有包租之苦，均之皆未为当也。是年掌例同夫人毕集复议，指地再丈，因将坏者去之，成者入之，详审区处彼此皆宜。多寡虽未协曩昔之数，而一夫五亩九口使水，要亦无异当日之旧云。是为序。

乾隆十三年十一月十五日

渠规原十五条，录十一条。

一、复丈除加减外，滩水地共二百有余亩。仍以五亩编成一夫，虽稍有长短不齐，大要以五亩为率。合而计之，共编成六十有余夫。

一、地多者举为夫头，名簿承签。凡渠大小事务，或有公费、或收渠租，俱要夫头着管。如有执性不遵者，罚。

一、掌例每年酌立二人任事办理，必地多有水地者充应，而先后俱系公拈挨定，至期不得推阻。

一、值年掌例身任其事，须要时勤刻励。如遇治水功大，则尽夫人而用之，功小则照签量而布之。且宜前期鸣锣高倡，宜用器物预先声明，免致临期误事。

一、浇地分列九口。先后次第，须于上水之日，令夫秉公拈定。一年自上往下，一年自下逆上，每一甲口使水一昼夜。何时接夫，时到即便许回。越过者不得复浇，有余水须进前不顾后。

一、每年掌例各优免一夫。凡渠租夫役以及二次献羊使费，悉皆优免。如外有别费，仍照众夫一样摊派。

一、夏秋二季收齐渠租，掌例预早定期，达知众夫以便攒齐，各宜照规公入公出。倘或有余，必告众公存。

一、新丈入夫滩地，每亩议贴银二钱，以补修渠之费。倘后再有入者，须以此为例。

一、丈入夫滩地或有水冲者，须与交代之日告及，以便寄夫去租。

一、交办须将一半出入使费，并本渠旧存银两、夫锣、升斗，一切零碎物件历历开明，交与新掌例执领。且要将出入使费银两行行开明，贴单于楼下，以白众知。

一、每年约定十一月初十日为下水之期。

园渠小渠附

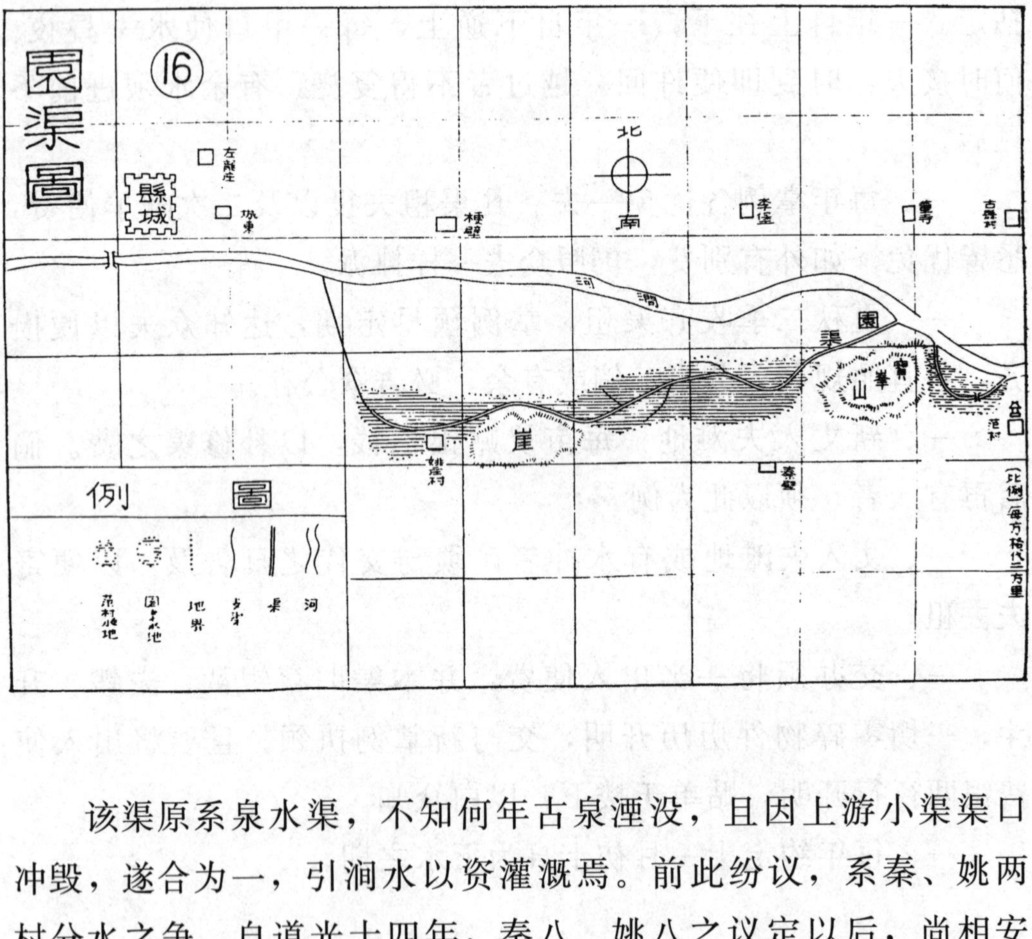

该渠原系泉水渠，不知何年古泉湮没，且因上游小渠渠口冲毁，遂合为一，引涧水以资灌溉焉。前此纷议，系秦、姚两村分水之争。自道光十四年，秦八、姚八之议定以后，尚相安无事。惟小渠旧口系在范村界中。民国四年兴讼，判令小渠仍在旧口浇地，范村以后不得截水。两造遵断，息鼠雀焉。

节钞《园渠渠例》

录载《园渠碑记》

洪范五行，天一生水，水曰润下，利不在于一时，功必垂诸久远。其用大焉！自昔言水利者，孰不曰某陂可开，某塘可修？畜泄导止，弗克尽疏通之法，欲望其灌溉有时，旱干有备，获大利而成久远之功者鲜矣。故善用之，则溉瘠为饶；不善用之，则泛溢为害。殊不知神禹畎浍，行所无事，而功施无穷。周沟涂经制甚善，而法传后世。此圣人之心，不求近功，不窥小利。潦焉畜，暵焉泄，备天道者周，尽人力者至。俾万世持守而不渝，良有以也。

平阳北六十里属县洪洞，古皋陶故墟，羊舌侯采地。土瘠民贫，俗俭褊急，唐尧遗风存焉。治城东十里有聚落，名曰秦壁，是为洞羊乡曲。洪武壬子，余寓于兹。重阳日，里人孔明德、秦睿者谒馆下，语余曰：董寺震方，舜庙离位，有古泉一泓，沃土殆三十亩，昔尚姓主焉。本村先民施布帛百匹、白金五十两得其地。厥后人力并至，乃凿其池，相地势之隆污，顺水性之去就，疏通导引百泉涌出。是故历天涧南，沿范村民田之东，于园渠上，自秦壁下，迤姚庄分为两渠。渠上有堤，堤下有堰，堰临渠口，横高七尺，渠通涧滨，下阔五尺，源洁流清，各适其用。溉田四十一丁，丁二十亩。岁以季春一日行沟，定十一日为一次。先九日上行于秦壁园渠，后二日下行于姚庄小渠，周而复始，立掌例司其事。至冬日以勤居逸，无涯之水注于汾，而旷田瘠土不任其丁者，莫敢私用。是盖治田早，用力齐而功亏。违例者决有科罚。原其所自不可考矣。惟园渠簿集中，得先民樊玙、商顺等举天会十三载暨皇统六，有司印给文状，爰载两渠用水日期，并兴工条例各一本。迄今垂二百四十余年，甚为古旧，且明德等咸司渠吏，惧夫愈久而愈失其真也。是年六月望日，同耆士石宗海、秦德甫咨于众，依前状誊录一新。县大夫新署印行条例如故。由是泉上重修神祠两楹，奠先师琼玉法王佛，以为保障之神焉。远迩生民抱疾诣祷，服其水辄效，此其一也。

晋地屡旱，吾乡有赖于神法雨泉，泽被一方。吾人岁时报功，农植嘉谷，所谓渊泉混混不舍昼夜，灌溉有时，旱干有备矣。然则先民振作之功，期于无穷者，愿刻于石，用示不忘。既而嘱余文，固辞非义也。姑摭其实以为之记。

予闻窥小利者，其害大；邀近功者，其效近。秦壁先民开泉流，兴水利，惟能尽疏通之法，使高者不至有苦旱之忧，下者不至有湛溺之患。惟天灾荐臻，而吾地利，未有凶歉之不虞焉。故曰：备天道者周，尽人力者至，得非不欲小利而期久远者能之乎？若乃夏禹之尽力，周官之立法，汉唐循吏，以行水为务而利民者，是可以并驾而齐驱矣。孟子曰："人有不为也，而后可以有为。"其斯之谓欤？然禹，圣人也；周官，众职也。此先民之尽人力以备天道，虽其有君臣士民之分，而其成功获利之道，其奚异哉？颜渊曰："舜，何人也？予，何人也？有为者亦若是。"今孔、秦二子咸以长吏司其事，恪守条例，亦因地利之高卑，为疏通之定法。疏瀹决引，无所壅塞；潴汇畜止，无所泛滥。变瘠土为富饶，化泻卤为沃壤，俾运输有备，赋粟不乏，此古人所谓多黍多稌，亦有高廪，则可以乐丰年之庆矣！然向也无先民之好事，宁能获灌溉之利？今也无二子之诚心，岂能成继述之功乎？钦惟圣明御极，民安物阜，通舟楫以便漕运，立司农以即田功，况水利之在天下，古无异焉！兴是利者，大奋有为之志，缵成前人之功，宜其亘古而不磨也。於戏！吾固知孔、泰二子，非所谓矫情干誉，盖当仁不让于师也。它日都水巡行，田畯至喜，考其实以劝勉之贤乎哉！洪武五年龙集壬子腊月吉日，命工刻石于先师法王行宫，以俟后来继志述事者劝。

进士王中撰文

重修园渠册记

稽古沟洫之制，所以备旱潦，时畜泄。故虽偶潦而不至为患，偶旱而不至为灾。甚哉！圣人之经制，垂之万世而皆利也。自井田既废，而田间之所为潦焉畜、旱焉泄者，蔑如矣。地或稍隆不免成为泄卤；而涓滴微泽尽归川涧，夫以有用之水，任其巨浪滔滔，一往不返，而临岸原田，不得少沾余润，诚可惜焉！

晋地风高土燥，苦旱恒多，良由地势使然，亦以人事之不得辞其咎也。昔魏之使齐，秦之郑国，引河流以溉民田，以及李冰、文翁之治蜀，杜诗、召信臣之守南阳，历代循良可数数纪也。皆能易槁壤为沃土，故或亩收一钟，或收十石，是水利之有利于民也大矣。民利而国以富，所关岂浅鲜哉！秦壁村有园渠者，邑乘所载，以为乡民因刘元海沃阳渠废址，于张村涧中开渠导水，溉崖下一带地。在张村、范村仍袭旧名。至秦壁，则名园渠，姚庄又名小渠也。旧有渠册，今经失落。职其事者，恐历久失据，欲造新册，俾余叙述旧迹，以昭将来。余以旧册既失，他无可考。惟先师琼玉法王佛，乃渠众奉为保障之神焉。其祠前有洪武五年进士王中所撰《园渠碑记》，载本渠旧溉田四十一丁，丁二十亩。岁以季春一日行沟，定十一日为一次。先九日上行于秦壁园渠，后二日下行于姚庄小渠，周而复始，是园渠于小渠用水日程，在有明初年已两渠合一也。后园渠之地被河水冲塌，十分之中仅存二三，于乾隆三十年，蒙县主姚父母断，改为秦五姚八，按十三日为一轮，嗣因坏地渐水漫成者。于道光十四年，又蒙本府宣大老爷断，改为秦八姚八，按十六日为一轮。地少则水减，地多则水增。两次断案皆因时制宜，公而且明。迄今二十年来相安无事。第恐渠册既失，渠规渐紊，雀角鼠牙在所不免。邑侯沈老父台，黍苗阴雨，泽沛洪崖，因掌例崔如山、高亮、崔鸷临、郝兆祥、梅生秀、张兴元等禀明旧册失落。谕令另造新册送印，且赐制序文，光重簿册。其殷殷为民兴利之意，较之古昔循吏、创始开渠者有过之无弗及也。

夫泽被民生，固侯之德，而司事诸人得附名册末，垂诸久远，亦共沐恩荣矣。此后惠泽长流，旱干无虞，即谓三代沟洫遗意，犹存焉者可。至渠之原尾曲折，堤堰坝岸，明进士王中所撰碑阴图甚悉，可不复及。惟是沧海桑田，变更无常，使本渠已坏之地复成膏腴，则徂隰徂畛，服耕不减十千之耦，如墉如栉，取禾尽获三百之廛，是又村人之厚幸也夫。

庠生李永宜撰

渠规条例原二十四条，录九条。

一、本村自范村西北、董寺西南河滩上水，入本渠西行。现与小渠合一，筑堰上水，两村兴夫，不得有误。

一、渠身阔五尺，深三尺。临渠地户不得侵削。

一、旧规以孟春一日行沟，现系秦八姚八，先秦后姚，周而复始，不得紊乱。

一、掌例公直治理渠事，以十月十五日为满，保举次年掌例公直，照旧规，在公庙将渠册、灰印及渠上一切公务，交付新掌例公直执掌。

一、淘渠古规，秦壁下河夫自泉坡下起手，俱自西而东，次第接连不得缺工。

一、浇地逢下河日期，下河夫守堰，逢上河日期，上河夫守堰，不起满夫。

一、浇地日期下五上三，先下后上。下河自头夹口，自上往下。上河自泉坡由下往上，古来成规，不许紊乱。

一、上下河俱有透水井，兴夫摊钱，同于水地。因浇灌艰难，不论本村、姚庄日期，皆许用水，但不许截堰。

一、上下河俱有掉水地，上随上，三日内掉浇；下随下，五日内掉浇，各随本节日期，不得紊规乱浇。

连子渠

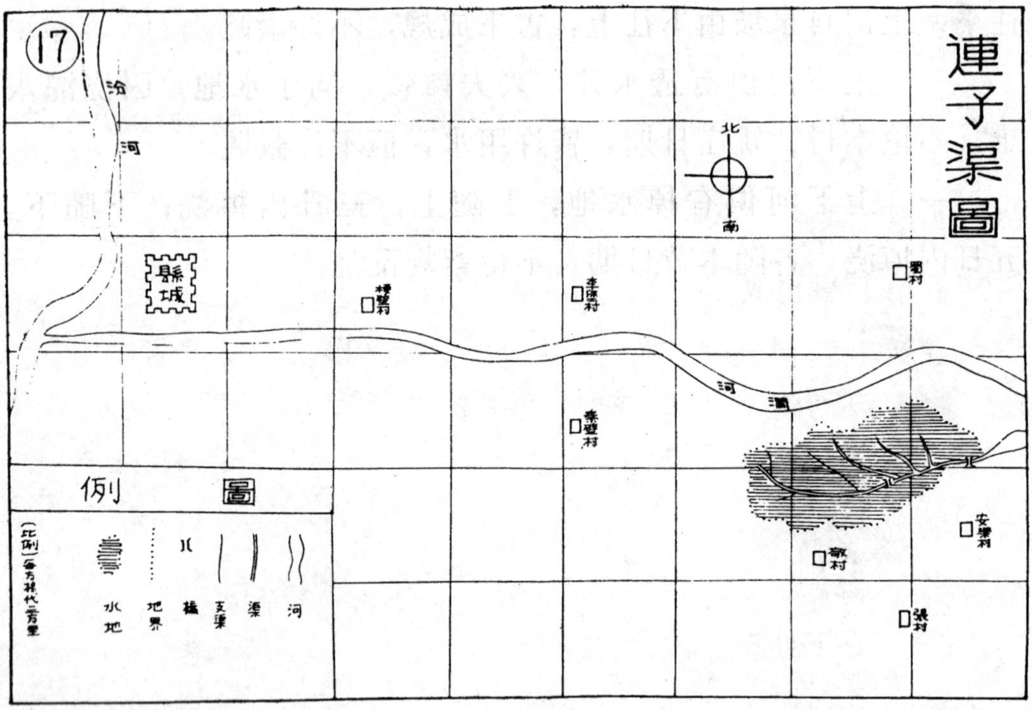

该渠系引泉水，灌溉北张、安乐、敬村三村地亩。当年五泉并注，灌地尚多。今则已塞其四，灌地只三百余亩矣。岂地利之变迁耶？盖亦人事之未尽耳。该渠前与古县、范村之沃阳渠争讼甚多，嘉庆以后讼息而渠亦废弛。近年所患，惟近渠高崖之上，山水一来则泉为冲毁，修筑浚瀹费功颇巨。今春兴讼，将泉旁高崖之地，判归该渠买收，俾便随时施以防御工作。此硕果之存，

或不至与其余四泉同归淤闭耶？是有赖于三村之人士矣。

节抄《连子渠册》册列序目、姓氏、凡例、图考、泉源、沟渠、地亩、灌溉、疏瀹、举保、报飨、案件、册籍、功德凡十四门，兹择录其四。

泉源

洪洞县治东南十五里而遥，广阳古城在焉。左右聚落三：曰北张村、安乐村、敬村。东有风火谷，又东有丘高数引，上有广阳避暑之楼。今虽耕为田野，古迹犹存。北有峻崖，俗名天子崖。崖下涌泉五，皆西流。南第一泉，尽倚东西师村北，深二丈五尺有奇，围七十步，径二十三步有奇。西北一百一十五步为第二泉，又西北九十步为第三泉，又西北有大池二，即第四、第五泉也，一名师李家泉、一名马家滩，因旁有数姓地，故名。泉东界蜀村古道，西界北张村程家滩，北界古县村吕家滩，南界天子崖。凡界内有泉涌出，皆许本渠引用，每年掘淘，令诸泉合流溉北张等三村地亩。西有古堰旧迹，自东北而西南长三百步有奇。若泉水缺少，接引涧水灌溉。五泉与河南北相连治水，故曰连子渠。

按：五泉初颇不小，厥后或被山水淀漫，或被豪强填叠。在昔先民同心协力，淀漫则疏瀹流通，填叠改正。至于今惟南第一泉可资灌溉，其第二、第三泉仅存形迹。至马家滩之二大池，若小沼然，不复与第一泉合流。幸沟渠未泯，是在司渠事者尽心力而为之耳。

沟渠

水源曰泉，大渠曰沟，小沟曰渠。本渠泉有五，沟亦如之。

南崖下第一沟，西距古堰四百一十步；第二沟西距古堰三百三十五步；中一沟西距古渠三百一十步；师李家泉二沟南距天子崖二百一十步有奇，凡沟广四尺，深四尺。初立三渠，南溉水地四十五夫者，曰南渠；北溉滩地十二夫者，曰北渠；中溉滩地五夫者，曰中渠。嗣后北滩、中滩被涧水冲没，二渠亦废。南渠又分为支渠二：自一夫至二十七夫曰南支渠，自二十八夫至末夫曰北支渠。凡渠广二尺深二尺。

地亩

据《县志》，城东南二十里北张里引泉水，溉本村地十顷有奇。宋南渡后，平阳隶金。元光元年，金平阳公胡天作降蒙古。蒙古宪宗二年，分汉地封宗属，各村住札蒙古一户。北张村夏兀兰、敬村鲍宣，将本渠水地占佃数年。夏兀兰、鲍宣调潞州，本渠地户程详、姚进等备资收赎，各依旧佃种。当蒙古中统四年立渠册时，原额南渠北张村水地一十八夫，安乐村水地六夫，敬村水地六夫，北渠滩地一十二夫，中渠滩地三夫，三渠共地四十五夫。迄明成化二十二年，南渠北张村增地九夫，安乐村增地三夫，敬村增地三夫，中渠增地二夫，新旧共地六十二夫。厥后累被涧水泛涨，冲激坍塌，北滩、中滩二渠地亩仅有存者。至我朝乾隆三十八年，将现在水地编为四十三夫。尔年以来，河益南徙，地益减少，仅余四十二夫。其每夫地亩若干，另有夫簿。

碑记附。

洪洞县东南二十里北张村，有连子渠。旧制引用泉水溉地十顷有奇，《县志》至明。自古迄今，盖未有易。自东迤西五里外有范村，其旧制水地所用涧水，原系分古县等村沃阳渠之一派，以溉之者也。渠名各异，渊源且殊，与连子渠毫不干涉。马牛其风，方策昭昭可考焉。乃范村土豪左承诏等溪壑为心，豺狼成性，只求利已，不顾损人，恃其强梁率其村众五百余人，蚁聚蜂屯，刀箭从事。竟将连子渠填塞筑堵，强夺泉水，浇伊无粮滩地捌百余亩，紊乱古制，藐视王章，贪何如也，恶莫甚焉！连子渠生员程四哲、渠长郑国命等，具告本县，蒙青天秘老爷至公至明，踏勘再三，是非立剖，泾渭攸分，断令泉水仍归连子渠，立案存卷，范村不得争执。盖已豪强心折，奸佞钳口矣。第恐年久，范村无良仍起混赖，以强凌弱，仗富欺贫。今遵县谕将案卷刻石，以为永远炳据云。并刻审语。

看得天设水利，福此一方。从来既久，则引水自有成例，非可以人众强梁，而任意侵夺者也。连子渠北张里，引用泉水，溉地十顷有奇。沃阳渠古县里引用涧水，溉地二顷有奇。载在志书，百世不易之定规也。乃沃阳渠刁民左承诏等，不遵旧例，逞恶侵凌，竟将连子渠填塞源头，则水不溉连子而尽归沃阳矣。本县亲诣踏勘，经画昭然，何得混赖！且沃阳纠众，动以刀箭伤人，损人利已，奸贪殊甚。本当依律究惩，姑念东作方兴，免其罪责。立令将原塞之渠速为疏通，各照旧制，引水永为定例。再有争执，必惩无贷。立案存卷。

顺治二年四月初九日立石

要截渠

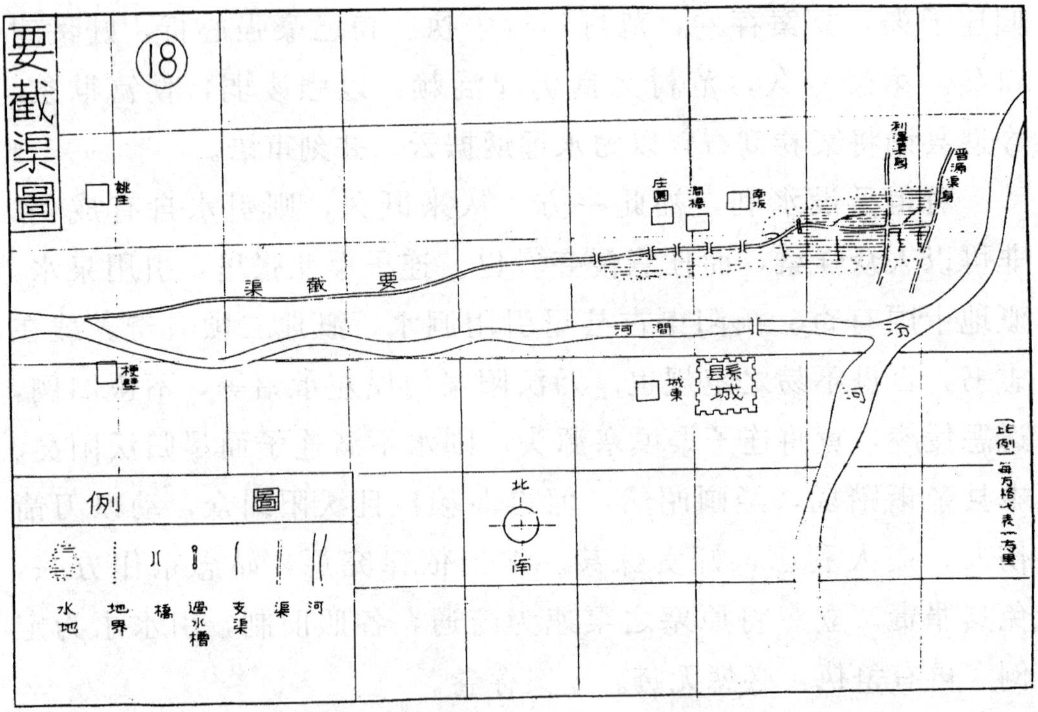

该渠转浇城南涧桥一村之地六百余亩。创始于宋祥符间，村民食其利者久矣。沿河治水，广利居其上，利泽、晋源居其下。利泽为纵，而该渠为横，必横贯利泽渠，而后能西连于晋源，盖即以晋源为尾闾矣。该村既得广利、要截、利泽三渠之水以资浥注，是以民多小康，而经理渠务之人亦尚能尽厥职。故地亩夫册之修辑甚为完善，而轇轕亦因之以少。治法、治人两

得之矣。

节抄《要截渠册》渠规原五十一条，录十二条。

一、渠口上源直抵姚庄迤东涧取水，因为要截渠名，不与广利渠相挨置堰，依古开淘。缘赶涧河泛涨，猛水佃漫渠，如前开淘取水。若非成熟纳差田地，诸处滩易便为渠，毋得阻当。

一、本渠上下通流，时遇山河泛涨猛冲破渠耳，损田苗。洪崖迤西，王家畔往北，退水渠一条，多余渠水流入涧河，亦无伤损田苗。如有两边地畔，将退水渠泥土壅塞，拿捉得实，罚白米二石。

一、本渠古例：渠底淘五尺，两岸堆积泥土，地主不许拦当，亦不许将掏出泥土复入渠内。有此等之人，捉拿得实，每步罚白米五斗。

一、河南口原旧母渠，直西转北至道，跟迹（上）〔尚〕存。缘在先年涧河坍塌，西岸佃户侵占。立条之后，各宜改正，免致后患。

一、河角口北南渠，系小浒渠子。缘涧河塌断，母渠难以过水，就将小浒开淘宽阔，为此赏浒西畔地二亩。

一、角口渠正地，系原旧南未母渠，今作浒用。若不显明，恐后失迷，难以定夺。

一、南、西两浒有地人户，阖浒地亩不等，须要酌量水势大小，分豁使用。毋得巨顽强行，尽数要截。如南浒浇讫，却将原分水数回于西浒，毋得因而作戏冲破渠，捉得审实，于本人罚白米一石。

一、利泽渠桶槽窄狭，不时破漏，致渠西田苗有碍。须要渠长、沟头用心设法修理坚固，使水通流。临修之时预行转帖，合用桩稍等物，开写明白，毋得失误。如违，罚白米二斗。

一、浇灌田地须要栈板，使水甚易，毋得将泥土为堰，以致佃漫渠底，劳苦众夫。有此之人，罚白米五斗。

一、神道西汧渠，系浇灌花园之地土。亘古在母渠桥下边取水，往卫家地边折回，往东数步分二汧，向下流水浇灌地土。尔来错乱强行要截，今立渠条，理合改正，仍旧使水。若有仍前不依条例之人，创立汧口，要截上水，如浇地一亩，罚白米一石。

一、永乐元年七月内，奉上司明文，为兴利除害，疏通水利事。接续入到本渠地土，先立文约，明白协力兴工，开展渠道。今既入夫就便使水，理合待原旧兴工田地，上下浇灌完毕，方许新入夫田地开取夹口浇灌，并不得恣肆强截。如违，浇地一亩，罚白米三石。若恃顽不服科罚，见官以盗豁论罪。

一、赏水人户秦通甫，系本渠人户。伊家赏水文约，原系在先年涧河水涨，将四郎庙渠塌断，难以过水，久旱田苗。彼时本渠渠长邢小彝等同众夫，商议立约，于秦家地内开渠，为此赏水地六亩。其开渠地东西一十八步。

通泽渠

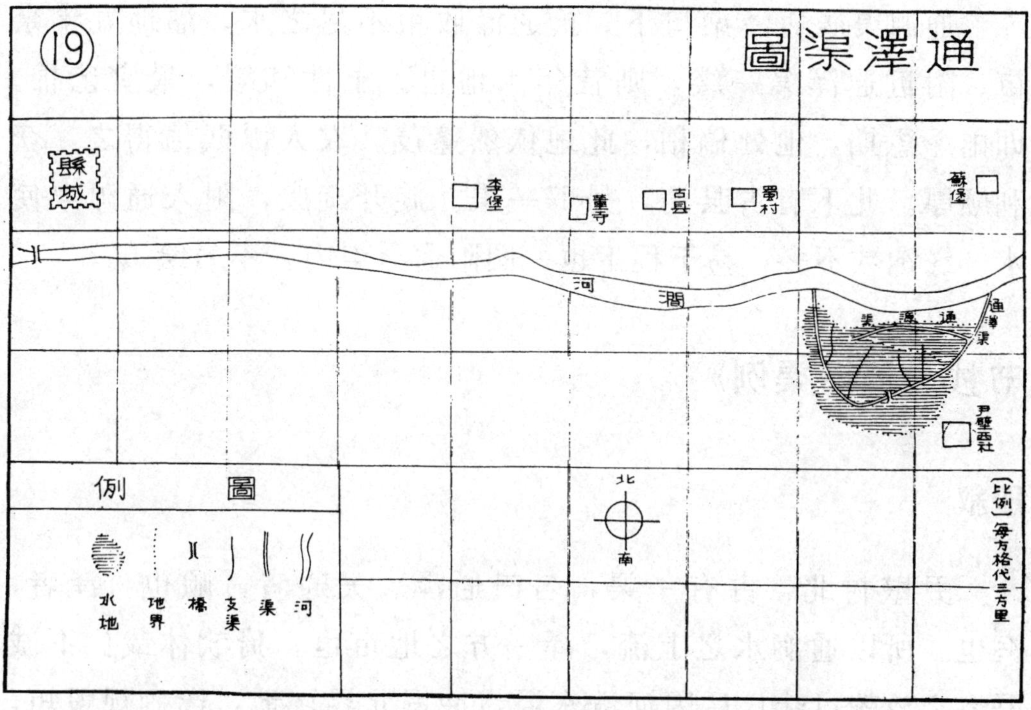

该渠专浇尹壁西社之地二百余亩。当初由饿虎崖下置堰导水，浇地颇多。后于乾隆初年，下节地多被水冲，仅存三百四十余亩，计分三十二夫。及乾隆五十七年，又被水圮。继经整理，夫编三十，以七亩为率，而地又减三之一矣。该渠虽仅供一社之用，向值亢旱，东社截河霸水，屡起讼端。年来涧水北移，通泽由南岸治水，虽属涓滴，尚非甚难。较之迤西各渠利倍蓰矣。

通源渠

通源渠居通泽渠口下，拾通泽收束不尽之水，灌地九十余亩。附近通泽渠一缕，则昔年水地也。土性和缓，最宜艺棉。即雨泽愆期，他处槁枯，此地依然蓬茂。农人以贱值得之，获利颇厚。此下有古县湾，另辟一渠。旋开旋废，附入通源渠使水。缘地数不多，易于程工也。图附通泽渠内，不另绘。

节抄《通泽渠例》

册叙

尹壁村北，古有一渠，名曰通泽。夫通者，顺也。泽者，润也。所以通涧水之上流，泽一方之地亩也。猗欤休哉！不诚吾乡之攸赖也哉！后因河涨水溢，冲塌北界之地，遂偭规毁矩，渐酿争夺之祸。尉嘉恒等于乾隆六年，吁众夫头公议，按现在之地，悉为清丈，共计地三百四十三亩，分为十节，定为三十二夫。且因渠口隘小，则杯水难济万顷，渠道短狭，即汇（猪）〔潴〕仅及数亩。于是仿隋炀之开（刊）〔邗〕，广其边幅；法鲁哀之浚洙，浚其沟洫。数十年来亿万人得享粒食之乐者，皆自此昉也。而今历年又久，涧流之泛溢较前更甚，北界之冲损比昔尤多。每一夫之中有损十之一二者，有损十之三四者，甚且有损十之五六者，地亩虽不足数，夫头仍在莫去。由是多寡异数，苦乐不能一埒。截流横权，渠规于焉渐紊。尔虞我诈，争端之所以易起也。渠长马文、李宏瓒等于乾隆五十七年，同公直马敏等，暨众夫头齐集三义庙公议。于地之损伤者，尽为抛掷；于地之现存者，复为清丈，共计地二百二十六亩。于是裒多益寡，挹彼注此，仍照古规分为十节，每节二十亩有零，足为三十一夫。每夫以七亩上下为则。一年自上而下，一年自下而上，上下轮流灌田。则多寡适均，庶无有余不足之患。兴工使水，亦无争夺口舌之祸，岂非吾乡中无穷之福也哉！渠例既定，勿容私移。因编删一帙，而弁其序于首云。

乾隆岁次壬子仲春简城侯秉政撰

渠例开后：原八条，录三条。

一、应浇灌地亩，初年自上而下，次年自下而上。编为十节使水，十日一周，周而复始。如有奸恶，或在上强截，或在下盗豁，浇过地亩者，每亩罚白米五石，入官公用。

一、塌坏壅塞，诚恐误浇灌，沟头鸣锣召唤，该夫不避昼夜，齐力修筑，不许推委。违者，罚白米三石，入官公用。

一、兴工如有不到，沟头循情不报者，罚钱四百文，入渠公用。

节抄《通源渠册》

尹壁村北，古有一渠，名曰通泽，河水冲塌已久。于嘉庆十四年，适值河南淤起，计地五十余亩，须得开渠方便浇灌。今有师人杰、任天佑约众商议，议定夫头十二位，编为四夫，每一夫上下十四亩为则，分为四节。一年自上而下，一年自下而上轮流浇灌，不许紊乱，则多寡适均，庶无有余不足之患。兴工使水，亦无争夺口舌之祸，岂非有地者无穷之福也哉！渠例议定，无容私移。因编册一帙，而弁其序于首云。

渠例开后：

一、举保掌例，在夫头内不论年纪老幼，惟保勤力有德、公平正直方可。倘循情举保，罚白米五斗，入渠公用。

一、沟头，在夫头十二人，轮流充膺。如遇拨夫之日，保一夫，罚钱二百文。散夫一夫不到者，罚钱二百文。沟头拨夫，一夫不到者，罚钱四百文，入渠公用。

一、应浇灌地亩，初年自上而下，次年自下而上。编为四节，轮水四天，周空轮实转，周而复始，不得紊乱。未种田苗者，不在此例。如有奸耍，或在上强截，或在下盗豁，浇灌地亩，每亩罚白米五斗，入渠公用。同治八年，河水冲坏地亩不多[1]，工程浩大。因此同众商议，结联西河垄下一带地亩，共地三十余亩，上下地共有九十余亩，一处兴工，编为五节，五日兴工，渠名改为通源渠。一年自上而下，一年自下而上，兴工使水，轮流浇灌，不许紊乱，周而复始。

一、议掌例巡水，在夫头内举保。

---

[1] 不多　疑为衍文。

崇宁渠

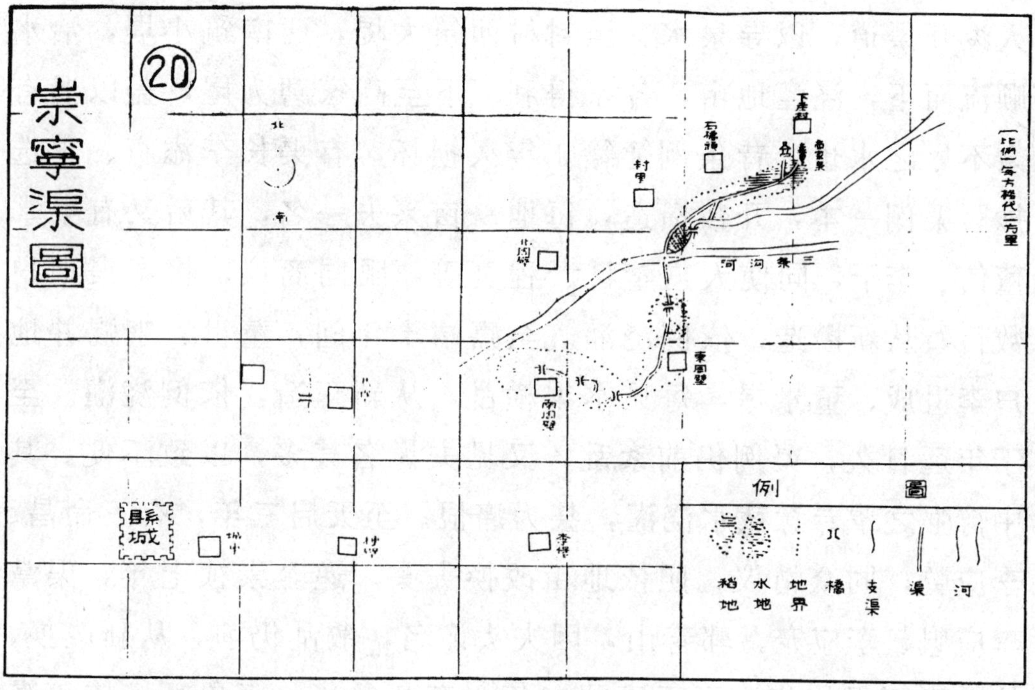

该渠溉东周壁村地三百余亩，亦泉水渠之一。其泉则商家泉也，商家泉在下庄北箕山下。泉水南流浇下庄、石桥、封村三村水稻地约千余亩。及流至封村东南，则折而东以入于涧。涧东对岸崇宁渠口在焉，即该渠上水处也。向来轇轕，多系因封村筑坝引水，截夺崇宁水利，常有纷争，其曲多在封村。最近周壁村有李大器者，异想天开，不于旧渠口上水，竟上溯里许

至封村东，率众横开一渠，引水入涧，致迤南封村东百余亩水稻地不能灌溉。经讼，断令照旧由旧渠口使水，不得侵人水利。复经上诉，结果均同。理势所在，应如此也。

节钞《崇宁渠册渠序》

邑之东北可十里，名周壁村，大河之有田三百有余。自前朝有宋以来，溯之箕山之下，于是乎下庄村，乃商家泉也。里人浚开渠道，以导泉水。至封村西筑大堤，西南筑小堤，治水顺流而下，浇灌地亩，各家得利。下至高家磨为尾，盖以泄有余不尽之水也。昔条例簿籍，年久损坏，有渠长李添贞、李选抄写渠例一本，开数攒造，每地一亩兴夫一名，其后又有渠掌董信、李干，同使人户董江、程真等，眼同商议，将本渠地户数目，从新攒造，依例浇灌。至嘉靖十年间，董世、李赐并地户李世成、董景禄，每见本渠横乱，从新正造，依例浇灌。至于年远日久，渠例仍前紊乱，又见夫诡名甚多，以致不便。其中恃强之辈专意截水浇灌，甚为痛恨。至天启三年，有王命昌、李应乾，同众情议，照依地亩改换夫头。递至崇祯七年，渠掌李应魁、李应宠、郭善山，因夫头诡名，散乱仍前，从新改换，使上下不得均浇。至于康熙二年，有李象华、李象新，挨该渠掌同众公议，又见渠尾夹口水冲不堪，夫头诡名仍前甚多。恃强之辈将渠任意改抹，不兴工夫坐视浇地，殊属痛恨。仍照依旧，深为不便。故强者不得乱截，弱者亦得均利。自此以上挨序轮流，各有定规。迨及我圣朝津润之泽，而田苗得其滋长者，由灌浇之便耳。因工力治水，而百谷及时播种，均沾其利矣。乾隆十六年季春之吉，渠长李绍禹、副李真义，同地户等公议。

但因年久日深，损坏不清，难以治水浇灌。况夫头多有讹错，是（乎）〔年〕鸠工，从新如旧编造渠册，仍照例三节使水。轮沟自下而上，每节使水得沟牌者，从上而下轮沟。下节使水六日，中节使水五日，上节使水五日，周而复始，切不可失误。如有强截盗豁，巡水指名，掌例科罚。是志。

条规原十九条，录七条。

一、本渠渠口三尺为则，渠身底二尺五寸为宽。有渠堎上树木违碍者，许采伐入官公用。不遵者，罚白米十石。

一、本渠浇已完，即便回堰。如有水浇官路一步者，罚白米一石。

一、本渠老堰，但有奸徒损坏，将水入涧转辗磨者，罚白米一十五石。

一、本渠倘遇猛水冲坏渠堰，巡水即便报知渠掌，拘集众夫，必取官渠柳梢，须要竭力修理。如不报者，科罚白米一石。

一、本渠使水须用（购）〔沟〕棍一根。平常使水自下而上。倘有山水猛来，照依常规，不许强截盗豁。如违者，罚白米五斗。

一、本渠倘遇天高无水，许有地人户报知渠掌停沟，待有水照依挨次补浇。如有横浇者，罚白米五斗，再加一倍。

一、本渠使水分为三节，下节十夫，使水六日；中节十夫，使水五日；上节十夫，使水五日。倘有豪富倍势横截，不依挨次私浇分亩者，查出，罚米十石。

沃阳渠即北沃阳渠。

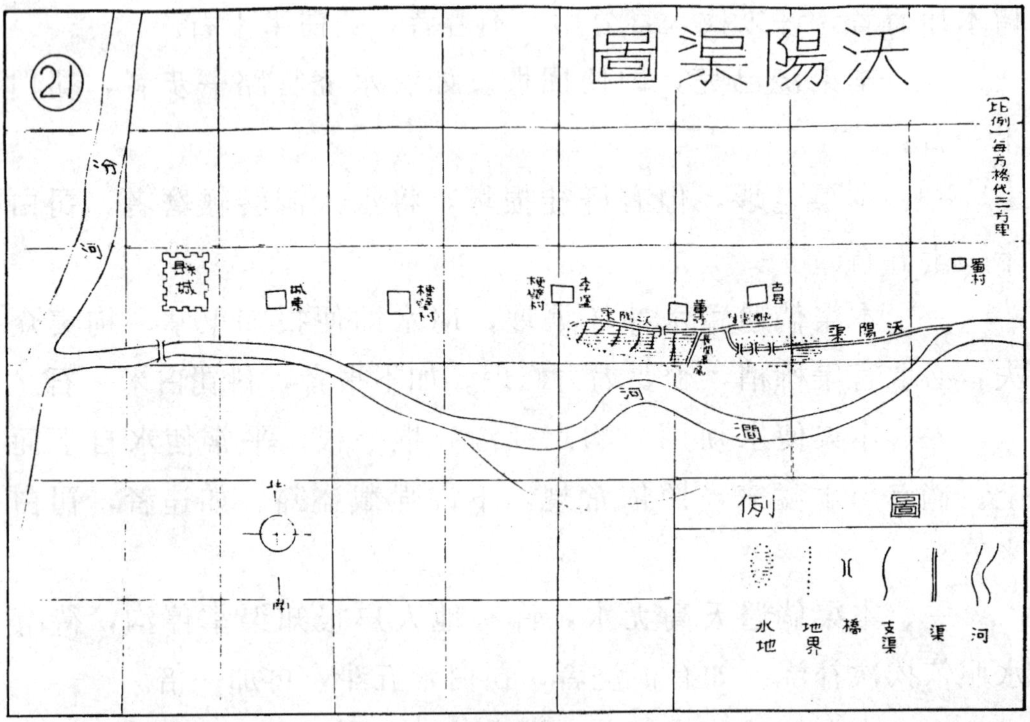

该渠近扬国旧邑，于渠为最古。古迹不可考矣。元至元时重整渠务，买泉导水，沿河相对，分为南、北二渠，作人字形，此所以又名为人字渠也。南渠灌范村水稻地三百余亩；北渠则灌古县、范村、董寺、李堡四村之地五百余亩。清道光以后，南渠地亩均被水冲成滩地，且移于河之北岸，半成沙砾，所余

者只北沃阳尚完好耳。光绪中叶，范村人杨钟秀等，又将北岸地亩略为收拾，在北沃阳渠口下置一渠口，导余水以资灌溉。因之与四村之北沃阳亦时有龃龉。实则渠道已，渠地已移，妄欲与人平分水利，势不可能也。该渠历来讼事轇轕甚多，因撮其大要以记之。览斯册者，亦可以略识其变迁之迹矣。

北沃阳渠例原三十六条，录五条。

一、渠长因悬崄，河水泛涨，顺吹塌断渠道，难以遇水，就便开淘渠道，不致违误浇灌民田地土。如有本渠地土，即便开渠，亦有别渠地土，增作价钱二倍，于水户均摊，限日集众，收纳齐足，给付地主。如有违限不纳者，罚白米四斗。渠地无税。

一、转到各村沟头，每日着夫从上差三五名夫，沿渠上下巡趁，不敢打走失渠水。如将渠堰打破，故意慢工，准罚白米四斗，一半入官，一半众破。

一、推保定渠长，自每年正月初一日交割渠条文卷，速与合当之人收执。如有占婪不肯依理交割，准依渠例，罚白米四石纳官。

一、本渠四村原供地土，系是陆地浇灌。自后却种稻田，将水不时浇渗，（浸）〔侵〕夺四村水程。使众水户议得，据此深为未便。今后若有违犯之人，罚白米一石五斗，本渠公用。

一、原开夹口后取水，怯薄悬崄，却将夹口（那）〔挪〕移他所，暗行别开渠口。上下定从不定，将悬崄去处弃移。或遇天旱时月，意生侥幸，豁破渠水浇伊地土。沟头人等，恐怕诸人告报科罚隐避。却推吹溁，赴渠申报。即日差夫役修理渠堰，急革数目，据此深为未便。今此覆得，若吹溁破渠水，落入无力沟河，难以浇灌他人地土，本渠人等共议得，已后各照地面夹口，怯薄去处即差本处夫役修叠，宽阔牢固，不致破漏。若有违前例之人，同盗例，科官倍罚，治罪施行，一半纳官，一半渠人众破。

南沃阳渠

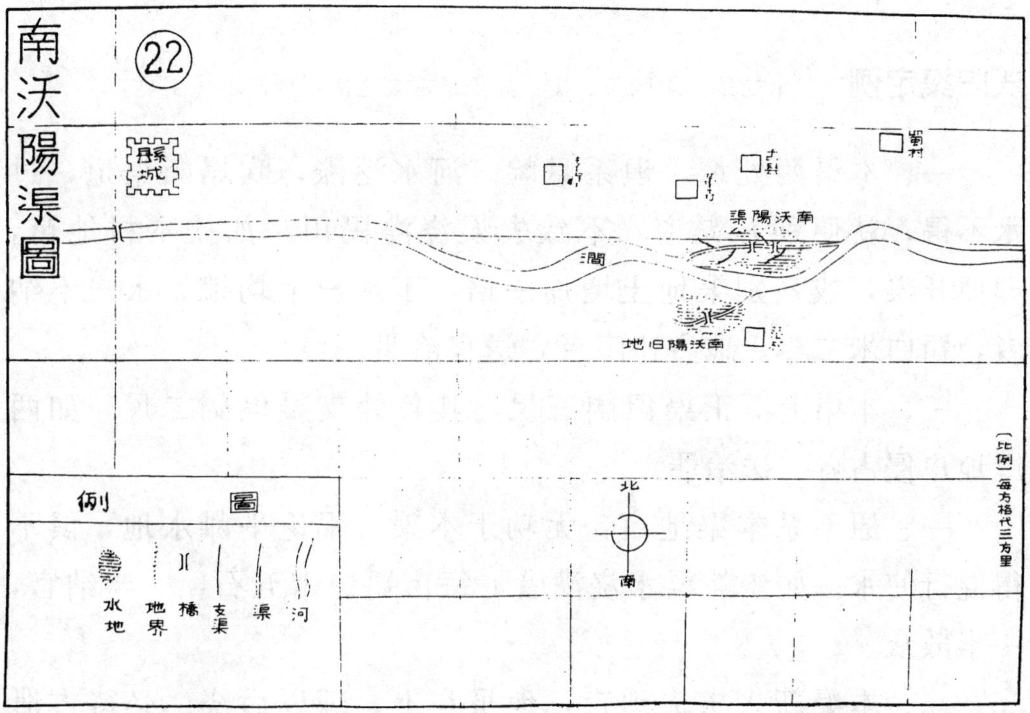

该渠原与北沃阳渠对岸，所有沿革业于北沃阳渠说中详之。该渠渠地原址，系在南岸姚庄小渠渠口之上。今其地尚存百余亩，现在北岸之地，去此地尚里许。实系该村滩地，并非当日渠地之旧矣。只以水地虽坍入河中，而粮银则依旧封纳，故村人不得不取偿于此。丙辰秋，该村渠长以天旱水少之故，竟在四村北沃阳渠口之上，于南岸挖渠引水，思援踞古例，以与北

沃阳抵抗。经讼，亲勘，始悉情势。盖两渠初本对峙，故使水平均。今北渠依旧，而南渠已大有变迁，且地亩既非原地，而渠口且移于北岸北渠渠口之下。形势既大不同，反欲占上游与北渠分水。北渠之力争，亦固其所经断，令北渠渠口上水，应照涧河各渠通例，活石拦堤，不准筑死，以便水得溢漏，俾下游借以灌溉。南渠虽不甚满足，然理势所在，不能不如此也。

节抄《沃阳渠册》

沃阳渠定例原三十二条，录四条。按：此仍系古渠之例，今已不通用矣。

一、本渠两处堰，俱系悬崄。河水泛涨，吹塌断渠道，过水不得，就便别开渠道，不致失误浇灌民田。如挨本村地亩，即便开渠，或系别渠地土增加一倍，于水户上均摊。水户不纳者，罚白米二斗。地主违阻者，送官治罪。

一、本渠上下正渠俱阔三尺，其各处支渠俱阔二尺。如两岸地户侵占者，送治罪。

一、原不系本渠地亩，无功于本渠，不论平滩水地，俱不得混行使水。如盗豁渠水浇灌者，每亩罚白米五石，一半纳官，一半散众。

一、本渠新入末夫地亩，地虽在上，理以后浇。必待古册地亩浇完，方许浇灌。如古册地亩浇灌未完，末夫地户，或乘兴工强截浇灌者，每亩罚白米五斗，一半纳官，一半散众。

古沃阳渠叙一

《周易》有云："润万物者，莫润乎水。"是知水之为利大矣哉！润五谷滋万物，诚民所急需者也。自古以来历世而有天下者，以渠河之利于民者，盖亦多矣。若洪洞县东南一十五里曰范村者，古晋羊舌大夫之邑也。村北地临涧河，其涧河长流。居民左琛等，睹其涧水闲流，因集村众有土之家，同心协力于古县村东南、安乐村东北、尹壁村西、蜀村西南空闲地内开渠，置堰取水，浇灌本村地土。或遇岁时亢旱，其涧忽涸。左琛等往于置堰左右前后相视，得淋浸嫩泉浮水微流。集众公议，用价节次买到古县尹壁各村诸人近堰淋浸嫩泉地亩，内开淘取水，依旧浇灌。其南泉在涧河南岸，地势略高，浇溉上渠地土三百余（里）〔亩〕。泉水顺渠往西流下，其北泉在涧河北岸，地势略低，灌溉下渠地土二百余亩，泉水穿涧往南流下。往往有见斯利者，有等奸邪之人，心生巧计，词讼未已。为此赴官告，给执照，定立渠例，以为永久之计。不致词讼频兴，永为一定之例。

崇庆元年四月给主典秦松

古沃阳渠叙二

洪洞县东南一十五里曰范村，聚落三社居民，北挨涧河。先民左克均睹古县村东南、安乐村东北，有淋浸泉滩，呼集村众，用价置买，开浇渠堰，如知引水浇灌地土，编立夫数，使水浇地，种田甚便。后诣至正二十一年，例乱不均，复造一册，设立渠例，科罚定规，争讼方息。次后至洪武五年，人心不古，渠例仍乱，复造一册，经官印钤，朱笔注定，自上而下使水，轮流浇田，公平无词。后至成化元年，人有兴败，年久例乱，渠长吴祯赴府告理，蒙准，委赵城、汾西二县廉官踏验定规，复造一册。设法凿石立碑。至万历年间，有卖地夫存，有地无夫，置水推延不便，例乱不均。本渠有地人左天旸、南春吉等赴县蒙准，批允造册，改换名夫，谨将历代古册，入封锁，不许擅开。永远为照。

万历十八年十一月左天旸志

古沃阳渠叙三

洪洞县东南十有五里范村，乃古杨国域也。村之东北，有灌田水泉，名曰沃阳，以取沃土载阳之意。离村数余里，在洪崖之北、箕山下之南、尹壁庄之西、蜀村庄之南、曲涧间之中。其水肥泉涌出，滔滔不竭，南泉数股在涧南岸。地势稍高，泉水顺渠往西流下，浇灌上渠稻田水地三百余亩。北泉数股在涧北岸，地势稍低，泉水穿涧往南流下，浇灌下渠稻田水地二百余亩。南泉之水独归上渠，北泉之水乃本村与涧北古县、董寺、李堡分用之水也。北泉四村用水，形势岐分人字。本渠南股若泾，北渠若渭，夹涧而雨就下，溯涧各向西流，南不得而搏跃，北不得而激行。涧水有时或涸，泉水纯而不已。真孟夫子所谓“原泉混混，不舍昼夜”者也！上、下两渠共灌本村稻田水地五百余亩。夫役照地胪列，自历年岁久，后人每泥，不敢菲薄前人之制，以蹈沿袭往典之弊。地易新主，夫乃旧贯，以致掌例浚渠，难以动众，地户应役不便从事。英因同本渠水户儒学生员吴继周、杨作舟、杨作楷，并司渠人范三余、左宪柱、左允武、范璜等，以清地均夫以正渠规事具呈本县薛宗师老爷案下。蒙批，同各地户均夫立册。多则益寡，羡补不足。无地者不得反辖，有地者务到，有地者不至，反为无地人所管。编立册籍，详开地亩夫，名条例炳若日星。地易业主，夫即更名，地亩夫名随时制宜。惟此渠号沃阳，水系泉流，亿万斯年，确乎不易。至若外村豪强，窃本渠水，妄起鼠牙雀角之诬，屡经宪惩治，有文册所载，历历可证。是弁言以叙。

康熙壬寅春王正月人日吕咸英题

北沃阳渠[1]册叙四

闻之："润万物者莫润乎水。""原泉混混，不舍昼夜。"利民浇溉，千古不易也。然水千古而不易，而册历久而即敝。故剥则将复，有赖放蛊。吾洪邑城东十里有沃阳渠者，在故县东南隅。河淋嫩地，周围四面约五十余亩，大泉三眼，小泉无数，开渠引水，自东至西，浇故县、范村、董寺、李堡四村，额有五百余亩。上以裕国，下以便民。其渠开自大元年间，历至我朝康熙二十三年，造册已八次矣。迄今一百余年，其泉眼无不壅塞，地段无不塌损，简编亦无不蠹朽。凡此渠地户，莫不期望有能之渠长，从新整理也。本年掌例不辞烦难，以为己责，遂约四村沟头、公直，并众地户，齐集公议。众皆同心，慨然应允。现在有地人户逐段清录，地仍旧号，人易新名。或一家有十亩者，编成一夫；或数家凑十亩者，编成一夫。四村共五十余夫。半月之间事已告成，则册已复。于既剥而水润乎田者，既便于民，自无不裕夫国也。是为序。

沃阳渠渠长景时炎

光绪十四年南沃阳渠造册后跋五

康熙六十一年，吕咸英立渠册，仍照旧规。至今二百余年，由来久矣。以后人丁短少，世事紊乱，前后兴败，古今不一。至道光二十二年，为使水之故，与古县三村斗殴。册中注明额有定规，南泉所浇之地，被涧河之水涨溢，尽行冲坏。惟北渠

[1] 结合前文，此处"北沃阳渠"应为"古沃阳渠"。

稻田水地，并浇灌之时，各随其便。百余年间，古规坏矣，紊乱已久。近至光绪十二年春间，村中农夫杨钟毓等，聚众三节合为一渠使水。大家同心协力，永无改移。即时交代掌例，直理渠规。数月未满，渠事又乱，不得直理公务。俟十三年夏天，地户大众公议，另立渠规，皆出公心，毫无私欲，人心和平。十四年夏天，合渠相商，复造渠册，照旧抄录。况旧册前后紊乱，难以清楚，合村人等酌量直理一定章成，以永远之计云尔。

司渠人范致德等

康熙五十九年讼案始末

沃阳渠于康熙五十九年八月二十六日，被古县村豪强师成英、卫圣域、宋之魁等滩地创开私渠，盗夺沃阳渠北泉水利。沃阳渠掌例范三余、左宪柱左允武、范璜等，以创开私渠等具控本县薛老爷案下。经一再兴讼，最后县详看得，洪洞县城南有涧河一道，统名之曰沃阳渠。在涧南者为沃阳渠，在上截水之半，独浇范村上渠水地；在涧北者为北沃阳渠，分浇古县、范村、董寺、李堡四村水地。此其浇灌水地之大概，但不得浇无水之滩地耳。无如人心不古，见利即趋。古县村师成英等滩地，势居上流，因天旱无雨，于去年八月内，在北沃阳渠范村应分泉源之傍，陡筑堰开渠，截住范村下渠之泉水引灌滩地。以致范村范三余等，创开私渠等事呈控到府。随批洪洞县，亲诣查勘审据。师成英虽狡供：旧有堰口被冲淤。然查验实迹，前日向无堰口，实系新开。断令范村照旧使水，仍着古县师成英等，填塞堰口，任水下行，杜绝争端。申复在案。讵意古县师成英等不遵审断，上控宪辕，遵即另委浮山县勘明，呈详前来。详称：古县师成英等新开堰口二十余丈，卑府覆加亲讯。

据范村范三余等供称：浇地实时沃阳渠下渠之水地。师成英等供称：浇的是滩地。两造各执己见，哓哓不已。复发洪洞县确勘，务得实情。又据详称：查据书吏地册，范村沃阳下渠之水地一百六十余亩，业主一百八十八户。且查南沃阳渠筑堰设渠，以及下渠水地乘时浇灌，历有年所，从未有指为滩地而讦告者。应听范村照旧使水浇灌，仍着古县村师成英、宋之魁等，填塞新开堰。其古县村师成英、宋之魁等恃刁开渠，具词诬控，相应枷惩，以为紊乱渠规者戒。是否允协，伏候宪裁施行。

臬宪森批：如详，饬令古县村填塞新开渠口，以杜争端。

道光二十二年讼案始末

沃阳渠古有南、北二泉，因其势而导之，有似于人字，后遂号为人字渠。南渠偏于南，则所浇灌者即系河南之地；北泉偏于北，则所浇灌者即系河北之地。自古相传，由来久矣。但此泉分为三节，地亩使用，周而复始，强霸者不得依其势而为浇灌，智巧者亦无由用其智而先为滋润。吾村古迹名曰杨侯县域，所用之水即系北泉，而原泉混混，不舍昼夜，是真天赐洪恩，吾人之所深幸也！不意道光二十二年，皇天震怒，惊醒下民，灵雨未降，不满一年，斯时古县、董寺、李堡三村，心生计巧，私掏新渠，盗吾村北泉之水浇灌伊之田地。于是吾村掌例范兴隆、苗文孝、范思有、左本始、左清凤等，与古县、董寺、李堡三村理论。谁料伊等恃强，遂约数百余人与吾村相为斗殴。吾村人虽则不多，然而理直气壮，遂致误伤古县村吉广顺，于是两造人等据禀在案。蒙陈老太爷堂审问清，断北村吉士功、燕树堂等到案，言伤人命之事。陈大老爷断谕，令吾村范兴隆等案定罪。以后各使各水，仍照古规，不许紊乱纷争，强霸横行。但范兴隆既为村人承案，是以公共之事，而不惜一己之命，真可为义气人也！吾村聚众遂议：范兴隆以为永远掌例，传于后辈，不许改移。伊之地亩，有水先浇，不许兴夫，以为赏水之地，永远为例。且于每年逢祭祀之时，请伊后人拈香，肆筵设席，请来必让至首座，值年掌例傍坐相陪，以谢昔日范某承案定罪之功。此案卷现存于刑房，兹特著于册后，以为永远之计云尔。是为序矣。

通津渠

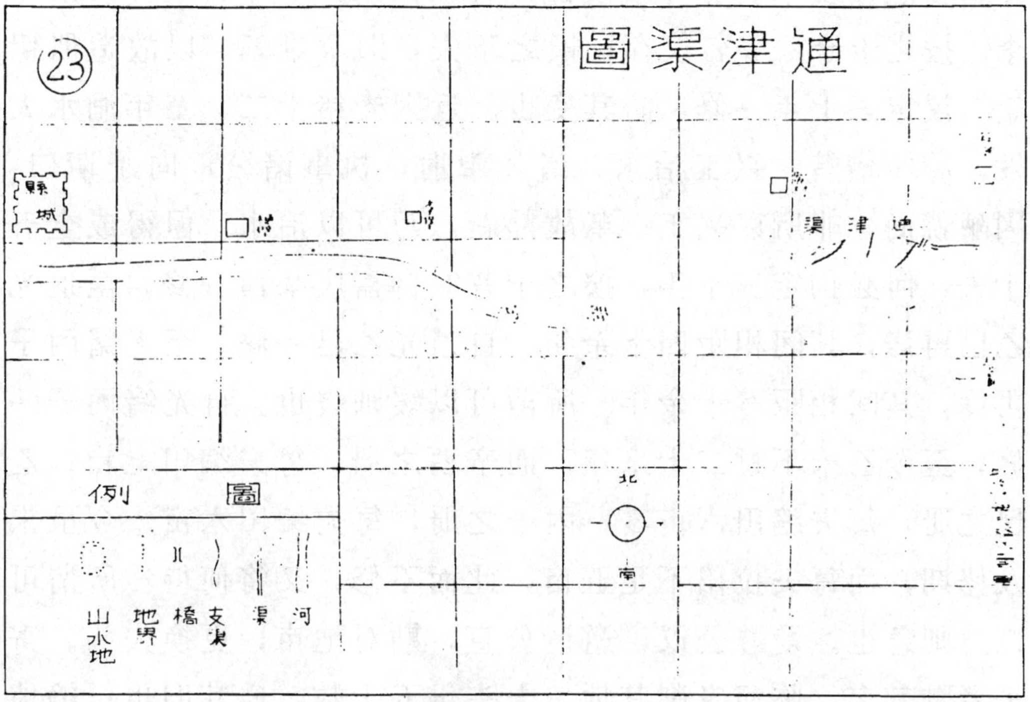

通津渠在涧河北岸，长润渠口之下，灌尹壁东社之地数百亩。因距河较近，地亩屡有变迁。从来兴夫五十，相沿未改。然自光绪初年，每夫七亩，寻仅余六亩。至光绪二十一年，重勘地亩，则每夫已余四亩零矣。鳞鳞沃壤，转眼便成沙碛，虽曰山水狂暴难以抵制，然防御工作丝毫未施，纯任自然，听其湮没。方之自治发达水利，组合完善之处。盖蹚乎后矣。

节抄《通津渠册》

册序

水利之兴，由来久矣。吾乡枕山带水，涧出其北，夹涧两岸水滩地不下二三十顷。大小渠道何止累十？而通津渠其一也。按地编夫，督夫治水，灌溉之利远过他乡。特缘临涧而享水利，亦缘临涧而受水害。冲损浸蚀，转眼沧桑，千年百主，换冠张李。按之于册，空名仅存；揆之于夫，旧章难率。以故造册伊始，议定三十年一修，防其变也。近因光绪十二、三年涧水大发，冲坏倍昔。兴工治水，诸凡掣肘，执事诸公，向予请曰：因陋就简，非所以兴工；革故鼎新，乃可以治水。但得成全五十夫，何必拘定三十年，揆之于昔？自嘉庆辛酉一修，至道光乙巳再修，其间相距四十余年。自道光乙巳一修，至光绪丙子再修，其间相距三十余年。所谓可以缓则缓也。自光绪丙子一修，至今乙未不过二十来年。而辛酉之册，每夫编田七亩；乙巳之册，每夫编田六亩零；丙子之册，每夫编田六亩。今虽未及修期，而每夫拉田不足五亩，此而不修，又将何待？所谓可以急则急也。爰遵公议，邀请公直，勘对地亩，更换夫头。寄夫者黜其名，临河者削其地。夫头仍五十数，遵其旧也；编地每四亩有零，核其实也。从此按地索夫，因夫治水，惩贪儆惰，修废举坠。庶几人无余力，水无遗利，而于通津二字，名实相符。要皆诸公怂恿编修之盛绩也。倘有此河归顺流，地复沃壤。而后来之执事者，重整古规，复事编修，所谓六亩七亩之数，自必仍符其旧。是则予之所望也夫！

光绪二十一年岁次乙未孟春上浣子靖尉大定谨序

渠规开列于后：原二十条，录十二条。

一、渠口在先师殿下，顺河治水。

一、渠底自逃户地至园子坡，以二尺为则。自园子坡至渠口，以三尺为则。

一、共编夫五十，以四亩地为则。

一、保举掌例于每年正月初间，传集夫头，同为商议，有地之中选老成练达、年高有德、勤理渠务者公举一位。临举不得推诿，亦不许一二人私保。

一、每年保管账者一位，公直二位、沟头一位，鸣锣拨夫，轮流送转。

一、举公直自第一号为始，顺挨办理。祭祀者，自五十号为始，逆挨。临期不许推诿。

一、凡祀神，以四位夫头公办为规，备物等费按地均摊，夫头不阔摊阔抖，散夫不得抗违。轮流迭转，周而复始，勿得相诿。

一、浇灌地分为四节。

第一节，自渠南尉丕享，至渠南杨思智，自渠北，至渠北尉浚。使水一日。

第二节，自渠南也齐堂，至渠南尉师古，自渠北，至渠北马王神。使水二日。

第三节，自渠南尉金芳，至渠南尉家兴，自渠北玉皇神，至渠北尉正炎。使水二日。

第四节，自渠南，至渠南，自渠北，至渠北。使水一日。

一、浇地均以日出为起止。过时浇地一亩，罚米一石。过多者，罚戏警众。不遵者，送官究治。

一、浇地以水到底为规。下有白地，上见苗者，不许浇，下有未浇头水者，上不许浇二水。故违，浇地一亩者，罚米一石。过多者，罚戏警众。不遵者，送县究治。

一、浇地单年先尽北渠，浇北渠转签。双年先尽南渠，浇南渠转签。如河水涨发，平分使水，不得恃强忿争，紊乱渠规。违者公议科罚。不遵者，送县究治。

一、兴工治水，以十点为规。不论年月，照点轮流，周而复始，毋得紊乱常规。

先济渠

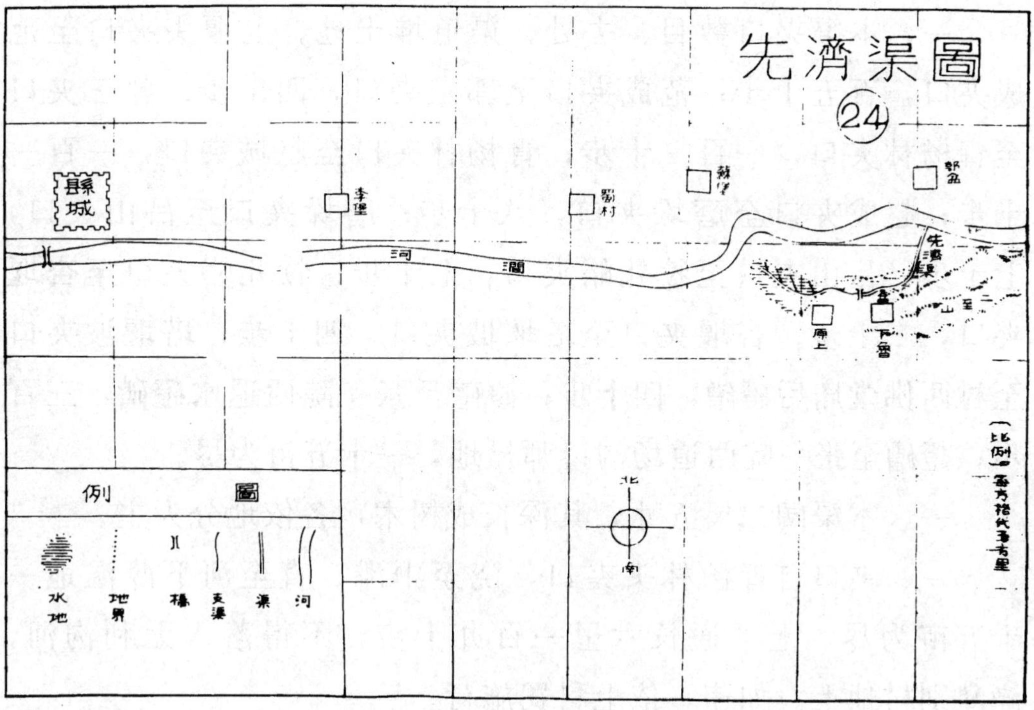

该渠灌下鲁、原上两村地。原九百余亩，因节被山水冲刷，存者不及三之一矣。沿涧河各渠，除陈畛位置极东外，该渠地居第二，得水较易，故地被冲亦最烈。天下事，利与害常相倚，亦势使然也。至该渠轇轕，已详众议渠说明，此不述。

节钞《先济渠册条规》原三十八条，录十条。

一、本村渠道，上自郭盆村先师殿底置堰，冀恩磨下为始，赶河置堰取水，至村西道场沟口师显地一十五亩为尽，东西计长六里三百一十步。置堰取水无（速）〔违〕碍。其水不得落入无利沟河，浇灌别村地土。如违，罚白米五石，充本渠系众用度。

一、本渠夹口数目、去处、渠道堆土地。上堰头夹口至范成夹口，百五十步；范成夹口至郭三夹口，四十步；郭三夹口至青杨林夹口，一百二十步；青杨林夹口至赵城夹口，一百一十步；赵成夹口至磨垛夹口，八十步；磨垛夹口至吕山夹口，七十步；吕山夹口至犊儿峪夹口，七十步；犊儿峪夹口至杏堰夹口，二十步；杏堰夹口至塔堰坡夹口，四十步；塔堰坡夹口至村西佛堂庙后磴礶，四十步；磴礶至张一院西退水磴礶，三百步；磴礶至张一院西道场沟口师显地，一十五亩为尽。

一、本渠阔二尺五寸，其深长成树木，各依地分为主。

一、夹口自青杨林头夹口，浇至中滩，直至河下薛温地一十五亩为尽，上下通长六里一百九十步，不得落入无利沟河，浇灌别村地上。如违，依上科罚施行。

一、淘渠：但有淘渠，自张一院西为始。开淘渠之日，渠长、沟头先行科定夫所花名，不犯横日卯时。一名众夫淘一番。不到者，罚白米一斗。

一、本渠使水人户，自来从下节夹口浇灌，渠长、沟头不依者，乱行沟例，准罚白米五升。如沟头知情，同例照上科罚。

一、本渠缘为涧忍闪渠道，遇地不前。渠长、沟头验水多寡，均平使水。如是涧河无水，断流了当。如有水时，却行补完施行。

一、本渠须管春秋二八月间，开淘两遍，渠长视指。如沟头不依者，准罚白米二斗。如有淘渠处耗散夫者，准白米一石。住令渠长巡断施行。

一、本渠系涧河道，如是泛涨，渠长、沟头即使行帖，火速上水。如渠长、沟头故意迁延，不行上水，罚白米一石，充众用度。

一、渠上众水夫六十夫，每夫浇地一十五亩，共计本渠地土九百余亩。自古编造以来，累年涧河山水泛涨坍塌，不堪耕种外，见有成熟地土三百余亩。

润民渠

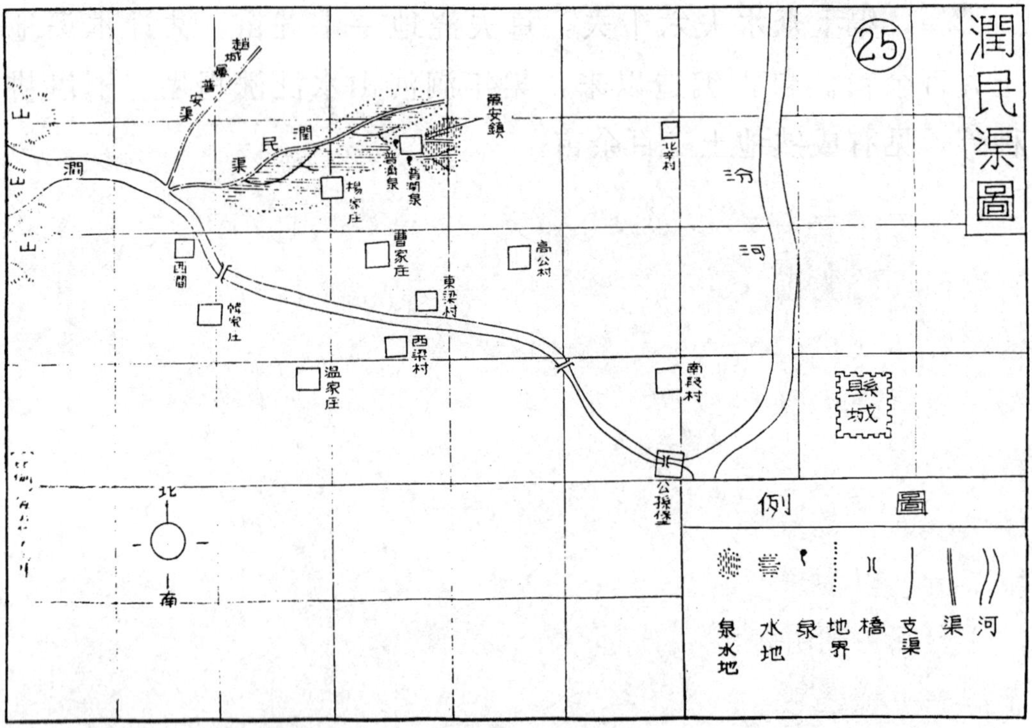

西乡一带，雷鸣水渠颇多，润民其最也。该渠灌万安一镇杨、韩二村之地数千亩。其水专恃急雷暴雨时，山水猛注于涧，由涧截流，方入于渠。此“雷鸣”之所由名也。查开渠引水，本以备旱荒。此项水渠，天愈旱则水愈涸，似与普通渠利有间。然该渠附近之地多种麦，麦于五谷中最易滋荣，苟于下种之前，地得水一次，播种后即可望收。若冬春再小有雪雨，则更可望

丰稔。该渠固不能常川注水，然苟非天旱溽暑之际，必有雷鸣雨降之时。山麓不能潴蓄，悉入于涧，截之归渠，以资灌溉。秋初种麦，来春收获，乐于于矣。余尝于春暮赴该处巡行阡陌，见被水浇过之地，麦油油然；其未浇者则黄萎不及数寸，水之利真大矣哉！该渠近年以来无甚争端。惟自康、隆间，即与邻县之普安渠人争讼，讼结而仇未解。迄今仍时有龃龉，利之所在，即争之所在。防其争而导其利，则有司之责矣。

节钞《润民渠册》

润民渠印册序

尝思王者分田，经界为始；圣人治水，浚浍必先。诚以田有浍而界始能正，亦浍滋田而利可以溥。古圣王之所为尽力于沟洫者，此也。余莅任之初，邑润民、西安二渠民与赵邑普安渠民，争控水利已数年矣。继经府尊李、熊委员汪断结，龚府尊详销后，谕该渠民立碑永遵。戊辰秋，勒石告竣。润民渠人呈伊康熙、乾隆时古印册二本，条款秩然，恳余斟酌增减，合定一册，以为永远遵守之规；且求序以弁其首，而请印焉。

余阅古册并案卷，康熙二十五年经巡抚图委平阳府周断令，于涧之上流石嘴约水处，竖砌石堰，定为三口，按三渠地亩多寡分水，其法颇善。同治二年，裕府尊委襄陵县谭勘验，谭诣渠相势，酌量地宜，禀称于大涧之狭隘处，平分三口，按地分水，永杜争端。仿周府尊案也。乃普安渠据雍正时旧卷，外高五尺五寸，内挖一尺二寸，似不若康熙时之分口使水为允协矣。及观龚府尊碑文，乃汇集全卷，照该渠民所具甘结，联为一篇。内言：涧滩地基，永不许普安渠民添筑沙土之埂云云，更属至公至明，万古不易之道也。盖筑土埂，无异曲防，利己损人，莫此为甚。况乎不筑土埂，则任水自流，三渠分水，非惟惠泽均沾，而水势亦无横溢之害。一筑土埂则猛水独聚一渠，受水旋见堤坊立决，而原隰仍无涓滴之滋，是上埂之不可添筑，不待智者而后知也！

今将册内条款之无益者删之，可遵者存之，去繁就简，酌量尽善。合订渠册一卷，俾后之人世守无替，争端永息，庶无负先圣王尽力沟洫之意云尔。

同治戊辰年七月上浣知洪洞县事仙州李国瀛撰

龚府尊洪赵水利碑记

为遵批转行事。同治五年四月十九日，蒙署布政司钟、按察使司陈会札内开：同治五年三月二十九日，蒙护理巡抚部院王据署府等会详，督审洪洞润民渠渠长、八品乔华封等，上控赵城普安渠崔世珍，在于石埂新开泄沙口一案。讯结详销。查此案，同治元年普安渠民在涧之石埂上，横筑沙土埂二道，尽吞涧水。七月二十五日，西安渠渠长、生员姚焕虞等，以截涧筑堤呈县，润民渠渠长、监生乔树勋，教谕乔凤仪，县丞陈延龄，九品胡九锡，以盗册塞口呈县控府。十二月初四日，经前任裕讯明断令，普安渠崔学博等将新筑沙土二埂一律摊平，任水自流。所有石埂，不许增高挖低，各具甘结存案。崔学博等抗不摊平，乔树勋等控院并钦差大臣兵部尚书爱，仍批平阳府委员汪与前任熊屡次会审讯明，照依古规，三渠一词，各具甘结。将石埂修好，内高一尺二寸，系由普安渠涧底起，外高五尺五寸，系由西安渠水口耳外，润民渠涧底起。再由普安渠自南至北渠埂，一律均归五尺五寸，每年普安渠身并涧底挑挖，总归一尺二寸。挑竣后该渠民禀请洪、赵两县勘验，倘渠埂设有，被水冲塌，不得擅行修补，必须禀明地方官，勘明修补。至石埂之上，涧滩地基，皆系洪民完粮，永不许普安渠人添筑沙土之埂。自此次讯断后，该生等情愿遵依，具结。

普安渠修补石埂，增高二三尺，且于石埂北新开泻沙大口，启闭不时。又普安渠巡水许敦住等，捉获洪洞渠民，擅自科罚。润民渠值年、八品乔华封等，复又上控。经前任李、熊并临汾王令会审，将新开泻沙口照旧永远堵塞，不准忽启忽闭，以息争端。各具甘结，存卷。将许敦住等杖责示儆，销案。六年三月十二日，委府经厅袁督工闭塞泻沙大口，工竣后，将普安渠渠身退水口二个，丈量尺寸，西一口石底至陇高四尺五寸，宽一丈七尺五寸；东一口石底至陇高三尺九寸，宽四丈六尺五寸，皆南向，注明存案。该渠民禀请勒石，除查照院批事理，分别转行遵照，销案。并移霍州知照外，合亟饬令照卷勒碑，永远遵守，以息争端，可也。

大清同治七年吉日勒石

此碑在平阳府大堂滴水檐西墙根立，曾椎碑文数张，平阳府刑房卷内存一张，洪洞县刑房卷内存一张。

康熙三十一年旧印册原稿

闻之国以民为本，民以食为天。而食出于田，田资乎水，水利所关，诚非浅鲜也。但宜顺其自然，得其公平，循其规矩，则水之利可永保于无疆。若吾镇之润民渠，接涧引水，其来久矣。历考旧志，相传以为自洪荒初辟，怀襄既除，即有此清凉大涧一道。西至蒲县横岭，南至金山沟，北至望京山，每逢天雨施行，涧水泛流，其出水之处，有常家沟，有娄村河，有臭花沟，有左家沟，率皆本县所辖地方。由西东，两岸皆山，约有五十里，直至西姚头村北，为山涧之尽头。自唐贞观间诏兴水利，镇人于此处当涧垒石，砌堰截水于东姚头村西正对涧口，开渠引接，由菩萨殿后，历徐家缠，渐次而浇本镇村西及杨、韩二庄一带之田，共计三千亩数。程家坟西有小口一道，其口广阔二尺；乔家坟下分水口三道，中口广阔七尺一寸，北口广阔五尺六寸，南口广阔三尺七寸。照依地亩多寡定为陡门大小，各遵定规使水，不得紊乱。此本渠之大概也。其后本县西姚头人于涧之南岸下开一渠，名曰西安渠。赵城庄里人于涧之北岸下开一渠，名曰普安渠。皆随万安之名而起名者也。是为三渠并列，顺流分水，历代以来屡经冲坏，各自修葺，未闻有凌争之端。

至有明天启间，因南北地势稍高，庄里人始于涧内置一横埂，以扶涧底，南留西安渠口、北留普安渠口、中留润民渠口，但有水发，顺流均沾，亦未闻有凌争之端。忽于康熙二十五年，赵城普安渠陡起贪心，欲尽截一涧之水，遂与西姚头争斗，控告抚院图大老爷案下，批本府周太老爷转批临汾王老爷、本县张老爷、赵城张老爷，从公踏勘，断令于石嘴约水处，竖砌石堰，定为三口，以分其水。使万安、普安两大渠得其九，姚头一小渠得其一。遂遵依奉行，各掏各渠。三载之后，于康熙二十八年，普安渠又起不良，将埂上万安渠口强行杜塞。本渠遂议生员乔奎光、王麟、杨廷玺、乔而俨、乔丙光、乔士奇、乔士量、乔文灿等，渠长胡玉奉、乔国民、程起豸等，甲头王作梅、胡国祯、杜再预等，以藐宪违天、夺水横杀事，具呈本府周太老爷。蒙批：洪、赵分渠使水，久有断案，又何为忽起而争？仰洪洞县会同赵城县秉公勘究。报蒙县主丁老爷同赵城张老爷亲验会审，断令仍遵旧案，三渠分水，各修竖堰，毁此横埂。详申到府。蒙批：限半月内勘修完妥。两县主择日诣渠破土，庄里人止取开万安渠口，仍不修置竖堰，无奈屡禀本府。于二十九年，蒙太老爷亲审，断令于南北两山嘴各竖石条，以为此埂高低之准，横以绳直，务期得平，永息争端。庄里人又不定平，惟将南半增高加厚，北半一石未铺，阳奉阴违，朦混结案。无奈于三十年三月间，向守宪胡大老爷以刁背宪案，毒杀万命，乞天作主，均水安民，鸣冤。蒙批：洪、赵分渠使水，既屡经勘断在案，何崔发关等屡抗不遵，希图横霸，增高贿结等情，仰府严查究报。复委两县查验。赵主力护其民，过于偏徇。县勘府审，俱未得直。蒙胡大老爷复批：渠水关乎民命，若微有偏枯，难令行服，仰再秉公逐讯明确，总期不厌详慎，使水利均便，而争端永绝可也。蒙大老爷委粮厅朱老爷单骑细验，据实详覆。蒙大老爷亲审面谕，以为均利息害，只宜在约水处各修竖堰。庄里人奸计狡辩，诬称为人困工艰，情愿在伊口内平铺石板。因而详申，断令仍饬两县委官监视，将赵城应铺石底之处，先验明高低尺寸。其平者照所铺石之分寸，挖去其土，上铺以石，仍复原平之数。其深者则铺而平之。详申批允，委官监铺。庄里人苟且塞责，不肯如详铺平。于十一月间，具禀署府印总捕府章太老爷。蒙批：仰洪洞县会同赵城县查勘报，关会听审之间有赵城崔君威、崔凤栖等，本县郭九州、王家楫等，劝解和息如详平铺。公具和状，言定南边横埂、北边石底，两得其平，均沾水利。如遇水发，倘有高低不等，许公同量为增减，不得私自任意增高挖低。据和取结存卷，结案。

想夫吾洪民遵法守理，伊赵民恃刁好强，自奸人鼓吞噬之谋，不得已而有不平之鸣，三载方息。所赖为之牧者，持正守法，虽有豪强之侵凌，蠹吏之朦蔽，卒亦称公就平，尤赖当前首事之数人同心协力，秉公矢慎，不敢妄费，不敢私侵，不惮劳瘁，不避艰险。矢天誓日，相济有成。嗣是而为之牧者，类皆仁明廉介、刚断严密，自可无变乱成规、以强而凌弱者矣。并可无擅背定案，阳奉而阴违者矣。但恐年深日久，卷牍沦亡，所当据其巅末详叙于册，以垂不朽。自兹以往，惟愿吾渠之人，循规矩之辙，持公平之理，不夺人利，亦不使人夺其利，以顺其自然之道，则有利而无害。不其为无疆之福也哉！此亦勒石碑，在万安镇西门外千佛庵殿前立。

乾隆三十二年旧印册原序

润民渠何代而始也？历考旧册，发迹于混荒初辟之日，开创于大唐贞观之岁。接出佛峡两岸之水，灌万安镇杨、韩三庄[1]之地，盖历有年所矣。厥后渠北烧瓦庄，开普安渠一道渠，南姚头村开西安渠一道。其接涧分水之区，西安得其一，而涧民与普安得其九也。屡年以来间有冲损，亦只各修本渠，并无争端。自康熙二十五年以至三十年，赵邑普安渠屡行狡诈，几将渠口杜尽。蒙抚台图大老爷会同李太老爷勘审断定，现有存册，历历可考。至乾隆五年，普安渠又将渠口杜塞，蒙军厅李太老爷会同本县梁老爷、赵邑苏老爷，临渠踏验，定润民渠口十丈二尺，横埂之上铺以准石，彼此不得增高挖低。渠身宽二丈八尺，渠底宽一丈八尺。立碑垂久，永为定例。渠民因得安享水利，而争端亦可泯矣。

不意十九年猛水涨发，将渠帮冲断百十余丈，而渠口深等涧底。阖渠见工程浩大，莫不望而生畏。延至二十三年，幸有

[1] 杨、韩三庄　前作“杨韩二村”。

乔万春等六人，素行公直兼优才能，合渠公举至县。蒙廖老爷委以渠事，又着捕廉鲁老爷不时督工，而渠工遂不日告竣。又恐有隐匿地亩，不兴工而盗使水者，复举长于书算乔协中等五人，从新清丈，总计合渠兴工之地共二千五百余亩。

古规，大渠之下有分四口：程家坟西小口一道，乔家坟下中、南、北三口。其年将三口冲坏，而中口之地不能灌浇者二百余亩。公议悉入于南、北二口，而分水渠口，为之重加平定。中口丈地九百余亩，定阔七尺二寸；南口丈六百余亩，定阔四尺六寸；北口丈地七百余亩，定阔五尺四寸；小口丈地三百余亩，定阔二尺五寸。俱系量地多寡，定口大小。凡遇水灌地，自上而下，周而复始。如下未灌完而在上有重灌者，按地科罚，每亩一两。再无论大小一口浇完，即为封闭，使未灌者挨次而下。工成规定，合渠莫不凛然遵守，共享水利也。

讵至二十五年大雨时行，猛水横溢，而渠帮渠口复为大壤，与二十三年无异。合渠会议即欲禀县修理。乃有胡敦朴之管事贺朝仪者，因二十三年修渠之时，李犹龙有拨于南口地十亩，贺欲仍归本口，以致相讼。数年而渠事废弛，五十一甲俱有石田之叹。越三十一年孟秋，幸值姚太爷莅任，念切民生亲行勘验，将中口不能浇灌地二百余亩，仍照前归并于南、北二口。其未归有不便浇灌者，亦取自便归并。定口之后，不得混淆。以屡年未结之案，而一旦永断葛藤。凡在宇下，群仰冰鉴。又谕急行修葺，毋得迟滞，致误灌溉。因于五十一甲之内，选勤慎公直者，监生乔亿杰、李又泌、张存义，生员焦克振，义民柴复光、胡光耀等，公举到县。蒙姚太爷爱民如子，择吉兴工，亲临破土，而乔亿杰等六人者又复明晓公正，踊跃办理，不辞辛勤，于三十二年工程告竣。其一切分水浇灌之例，悉依二十三年成规。由是渠工成而水利兴，合渠得享润泽之福者，莫非乔亿杰等勤襄厥事之力，实莫非姚天仁爱之赐也。召父杜母之歌，万代颂扬不置矣。但恐世远人湮，人情狡诈，而渠规复坏，故将旧条新例悉载册首，呈县钤印，俾执守永存，庶渠规不至紊乱云。

乾隆三十三年七月，东姚头郇生通等，当渠横筑腰堰。润民渠公直乔万金等，以当渠截堰等情呈县。蒙姚太老爷刊断定案，立碑于县。兹将刊语附录于左：

审得润民渠公直乔万金等，与地户郇生通，因渠水互控一案。缘河西润民渠，上接雷鸣之水，浇灌万安镇等庄数千亩之田。自嘉靖年间郇生通之祖郇仓，捐地改修渠道，村众公议其子孙用水永不兴夫，立有碑记，并渠册可考。维时郇姚有地二顷有余。迨后式微，地归别姓，郇姓仅存四十余亩，其地俱杂错于买主姚、刘、胡、樊众姓地亩之中。其渠底旧有斗口三个，高宽尺寸俱载碑记。每遇雷鸣水发，即由斗口进水，浇灌郇姓地亩。讵郇生通今以渠岸数亩之高地，渠水不能浇灌，故于渠身筑坝，欲使水势激流而上，是以数亩之地而将数千亩需用之水一朝截用，于情于理均为不顺。况碑记止载郇姓之子孙许用水不兴夫，并未载郇姓之子孙许筑坝而用水。今本县亲诣查踏情形，秉公刊断：郇姓地亩照旧由斗口浇灌，内除第二斗口尺寸，高一尺二尺宽六寸[1]，虽于碑记不符，但现有成规，毋庸兴动外，第二[2]斗口与第三斗口，俱照碑记开载，高三尺，宽二尺，照旧兴修。郇生通所筑未成之坝，饬令挑毁，余俱仍照旧例遵行，永杜争端，以结斯案。该渠长以及各村众地户人等，

[1] 此处尺寸存疑。

[2] 根据上下文，此处“二”当为“一”。

均宜遵断守法，毋得再起争端，废时失业，有负本县谆谆告诫之意。此判。

条规列后：原二十五条，录十三条。

一、本渠开自唐朝，历代屡有重修。若明洪治年间重修，则有乔得富等；万历年间重修，则有乔守前、杨士义、姬文章、乔和尚等；本朝顺治六年重修，则乔大年、杜永芳、乔遇景、程朝宰、乔松年、王应福、乔伯敖、乔伯玉等；乾隆二十三年重修，则有敕赠儒林郎、布政司经历乔万春，晋赠奉政大夫、太学生乔亿杰、李又泌、张存义，生员焦克振，义民柴复光、胡光耀等，皆为有功于渠，悉载旧册以彰美绩。今同治元年受劳之姓氏，若监生乔树勋、议叙八品乔华封，已未恩科举人乔康侯、增生陈彭龄、高平县教谕乔凤仪、主事陈延龄、九品胡九锡、奎文阁典籍梁述典、吏员杨大洪、九品胡凌云等，皆公而忘私，不避风雨，不辞劳瘁，以襄盛事者也。其公直勤苦，不让前人。亦当叙于册首，以志其功。

一、旧册首载义甲三名，当日乔而俨急公尚义，阖渠有借过银二十两，愿作布施，永不责偿，义送甲头一名。杨廷玺亦急公尚义，输资襄事，义送甲头一名。渠长胡玉奉义勇当先，公而忘私，偏劳任苦，亦义送甲头一名。俱出，公议各净除优免夫地十亩。凡破土、谢土、祭费、管饭等事，亦不摊分，亦不领分。五十一甲之外，为义甲三名。夫甲值几何？而以义旌。义所以励人心，而重渠事也。如日后适派无地，则优免近族之地。近族亦无则不优免，不准贿卖于别姓以失当日旌义云尔。

一、本渠与本县西姚头之西安渠、赵城烧瓦庄之普安渠并列为三。横埂之上顺流分水，润民、普安二大渠得十之九，西安渠得十之一。屡经官断，皆令横埂之上平铺准石，彼此不得任意增高挖低。

一、本渠每年兴夫动工，务在正西石埂之下取土，俾石埂常有五尺五寸高，则普安渠不得乘衅起讼，只须将伊渠身内挖一尺二寸，不能增高石埂。

一、斯渠由东姚头经过。明季渠道损坏，在郇食地内经过，开渠穿道言定，郇仓后世子孙许浇不兴夫地四十亩。其余东姚头之地，不得妄行截浇。

一、东姚头人有普安渠浇灌之地，每在大涧将润民之水盗入普安渠内。须着巡夫细查，一经拿获，送县重究。

一、渠身有东姚头斗口三个，灌地已完，即着将斗口封闭。如有意会余水于别处，以盗水论，送县重究。

一、西安渠有退水口一个，北向地既灌完，即归入润民渠内，不须盗流涧西渠。违者，呈县究治。

一、润民渠东五六里许，有韩、曹、温、铁诸庄之渠，必俟润民渠地亩浇完，接余水浇灌。其田不准在润民渠私行盗水。违者，送县重究。

一、斯渠所灌之地约有二千五百余亩，分为四口浇灌；小口一道，共灌地三百二十余亩，至杨家庄土地庙止；中口兴夫地九百三十余亩，至小南门外正南路止；南口兴夫地五百九十余亩，至张文学地止；北口兴夫地六百九十余亩，至二郎庙后烧瓦庄小道止。四口起止开明，不兴夫者，不得混浇。

一、本渠浇自上而下，如上未灌完，在下不得强行掘堰。若已灌完，即许下堰，不得重浇。有等贪顽无耻之人，己地浇完或受贿卖水，或一连数段兑浇，将水豁流别处，姑留一段以为后来重浇之计。一经查出呈官究处之外，仍照规矩科罚。

一、每年兴工夫役，或每甲几名，或按地多寡。大约杨家庄点夫用四之一，小南门点夫用三之一，西门内外点夫三之二。旧例如此，累年遵之。

一、册首旧载义甲三名，所以鼓励人心，以为尽力渠务之鉴。同治初年，普安渠人当涧堆积土埂，致令润民渠滴水难沾。兴讼六七年始定铁案，永不许普安渠人添筑沙土之埂。其间出力之姓氏，若举人乔康侯借钱出资，倡众整理，披风冒雨，竭力尽心，公送义甲一名。监生乔树勋尚义弃家，不避患难，公送义甲一名。主事陈延龄轻财仗义，偏任劳瘁，公送义甲一名。九品胡九锡赤心办公，善于和众，亦公送义甲一名。典籍梁述典、吏员杨大洪，任劳任怨，始终如一，亦公送义甲一名。五十一甲之外，前后共立义甲八名，每甲优免地六亩，以旌勤劳，将见继往开来，后人庶踊跃图功，共襄盛事于靡极也。

淤民渠

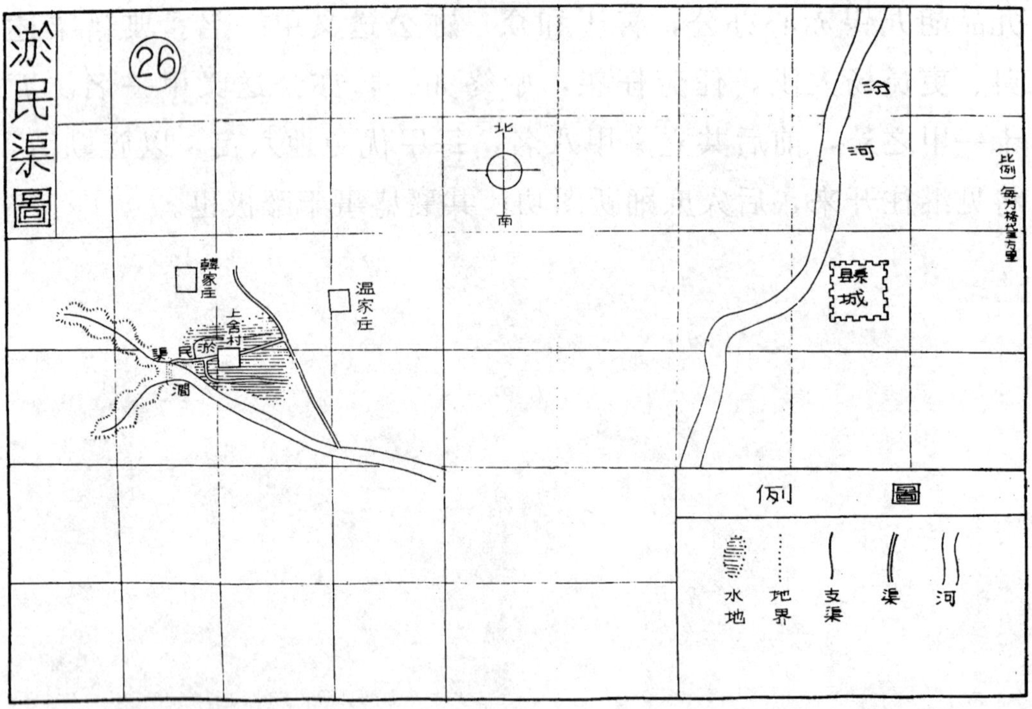

该渠亦雷鸣山水渠之一，专浇上舍封地千余亩。屡圮屡筑，工事颇烦。此亦山水渠之通病也。渠之轇轕，即于下游贺家庄润民渠曾有争执。然既非一渠使水，又复上下攸分，下游虽有觊觎，亦难达到目的。目下润民渠久已荒废淤闭，争点亦根本取消矣。

节抄《淤民渠册》

第三次印册叙该渠并无另订条规，其应守规则即载叙中。

上舍村淤民渠，创自明初。前明及国朝印册所载，村西十余里许，北有英神，南有青龙，两山排闼，层峦叠出。左右峡中，群山万壑。时当盛夏，雷水涨发，沟浍虽盈，究未能统归于一，顺流而下，俾村人得享其利也。宋元两朝，已有排决，力有不及，中道而止。前明村有段广、段玘者，克承先志，挟村丁壮度地势，导壅塞，疏通致远，掘地注下，使群水合归张龙沟者，以地近张家庄，故名。或曰老龙沟，有龙神庙在焉。因安大闸口于沟口之处，治退水口于大闸之下。安大闸以固渠地之坚牢，治退水以防水势之浩大。水由退水而下者，顺流贺家庄等村地界，此水将入淤民渠之去路也。水由渠身而东者，流入上舍村，然后水由地中灌地千余，或有在上地未浇而在下已浇者，或有在下地未浇而在上地重浇者，俱设科罚。上舍村地灌完，水由村东顺流铁炉庄，于温家庄地界，此水已出淤民渠之去路也。下之统归大涧，直达汾河。此上舍村淤民渠道，水来水去之巅末也。

因设渠长四、甲头十八，轮流所转，周而复始。每年六月六日用猪二口、炸食一桌以及香柱纸锞等物。届期黎明，渠长与甲头均诣渠口龙神庙祀神，以答神庥。祭毕，每亩分胙肉一两，出麦一官升。渠长、甲头俱洒席焉，由来旧矣。想前人极费经营，竭尽心思，计工二十余年，费金三千余两，设此成局，力足法密。兴工使水，初未尝借助于他村也。贺家庄灌地使水，原由佛峡山涧水通入伊村济民渠，此伊水道之源流也。后因上舍村开设淤民渠，度其就此取水，较济民渠而更为捷便。即于淤民渠下，顺设润民渠一道，是伊村先有济民，后有润民，不费心力得沾余润，亦已足矣。岂知久则生变，不就济民之固然，不安润民之自然，遂起讼端，与上舍村为难。前明天启四年三月十六日，恩蒙抚宪刘大人饬札县尊李父台断案，额定成规，雨大水多，淤民渠灌完，方及润民渠接其余波。若雨小水少，只尽足淤民渠浇灌而已。国朝康熙二十七年六月，又复兴讼。蒙县尊丁父台断，有人命已申论抵之法，水利终为难夺之势云云。古册可证，成规莫易。嘉庆年间，雨大水涨，冲坏闸口三十余丈。上舍修理，自元年起工，至十年而工始成。费金千六百有奇，载在庙碑，昭兹来许。及张家庄修理张龙沟石桥，上舍村出资助工，莫敢遑怠，前人苦心劳力，噫，甚矣。酓后人守此成规，莫或陨越。一旦为人争夺，此诚不与共戴者。无何世远年湮，忮求复蒙，不思先年之成规，骤起此日之争讼。于同治九年七月十一日，贺家庄突率有力人等，至渠毁坝，上舍人闻信即去，与伊村人理论，无如伊村人不容分办，恃其拳勇，持械殴毒。殴伤上舍村石永安、段锡恩等四人。上舍人星夜至城喊冤。恩蒙县尊张父台大人，遂出火票拘获凶犯，即亲诣上舍村踏验，得石永安等伤痕明确，将已获凶犯拘城堂讯，分别责处。又验得淤民渠自大闸口上下三四里遥，地皆系上舍村有粮之地，涧系上舍村有粮之涧。及大闸口退水口，亦皆系上舍村鸠工所成，与贺家庄毫无干涉。贺家庄呈出白头册子，曲为分辨，张父台大人断谕：此册与上舍村册大异，又无印证，非堂讯所断，不足为凭。二次堂讯仍将已获逞凶人等责处，意其两造，各自心服，不涉偏倚。又亲诣上舍渠口复行细验，仍然毫无差错，莫能更张，反至上舍公寓，再三勉谕两造人等：以其事有必至，理有固然。尔等均当顺其理势之必然，率由旧章之已然，以相安于无事之天然。仍谕各自定册用印，以志今日，且戒后人。群服讯断，莫敢有违。向非县尊大人仁明慈详，端本以治，乌能大畏民志使无讼乎？兹将断案判语，甘结花押，开列于左，以为永远之据，以免后起之争。

讯得段森林等，告贺侃之等，恃强毁坝，举众毒殴一案。讯据贺家庄润民渠，与上舍村淤民渠，山水入渠之处，地亩俱系上舍村之业。今据呈出印册碑文，尚有次序。惟阅上舍村印册载明：雨大水多，淤民渠灌完，方及润民渠接其余波；若雨小水少，则惟尽淤民渠而已。及贺家庄呈出白册，接阅之下与上舍村印册大相迥异，殊难凭信。况土坝之筑亦非近年，两村相安并无闲言。今贺侃之等骤萌争竞之心，不合任听。贺林俊等纠众争水，殴伤石永安、段锡恩等四人，本应详请府宪斥革，姑从宽免，着将贺侃之等摘顶看管，饬将逞凶已获之人，分别责处管押。勒限三天内着贺侃之等，即将贺林俊等交差送审，以凭悲定断。此判。七月十九日堂讯。

讯得段森林等告贺侃之等一案。贺伏娃、贺癸卯、贺缠娃等，不合纠众滋事，着分别责惩示儆，取具永不滋事甘结，俟再行勘验，酌定章程。着段森林等择期修坝，定日饬委监造，以昭平允，以免滋事。此谕。八月初九日堂讯。

勘得上舍村西有淤民渠一道。沿渠西南三里许，有东西斜长土坝一条，约长二十余丈。其渠靠南有地一块，据段森林等口称，系伊村人地亩。量得此地北，渠身高一尺三寸，坝高于地一尺一寸。南坝外底下之处，安有大闸口一所，其下仍系上舍村地土，有水冲流形迹。渠东百余步靠南，又有退水渠一个，约宽二丈，量得土坝高一尺一寸，渠身比坝低二尺六寸，再量坝外低二尺四寸。据段森林等指称，渠中水大，即由此口退入润民渠中等语。再查上舍村东南二里许，系贺侃之等贺家庄地界，近西即润民渠道流水之处，余无别故。勘毕，随将两造传集上舍村公庙，多方开导劝解，谕令以后遵照旧规，勿用更张。自上往下，挨次灌浇。倘水涨发，水大自溢坝流，具有退水口低亦可沾润，以免争讼，以全和好。倘贺家庄或有盗水等弊，一经犯案，定行重究不贷，勿谓言之不预也。着取具各结存卷。此谕。

西安渠

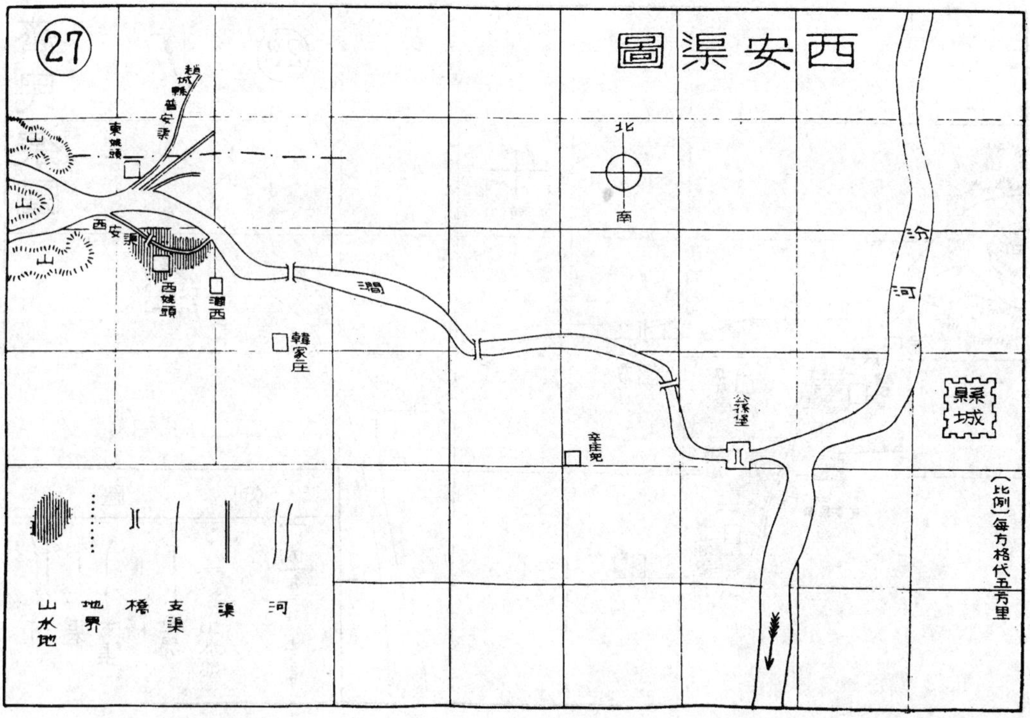

该渠仅浇西姚头地一百三十余，亦通天涧内之雷鸣水渠也。考旧志未载此渠，亦无碑碣可据。其沿革颇不能详，以意度之，大约是渠开浚，当不甚远，不然何以一无记载耶？渠在万安镇渠口之上，得水较易，惜溉地无多，利尚不能普遍耳。

汾州里渠即济民渠。

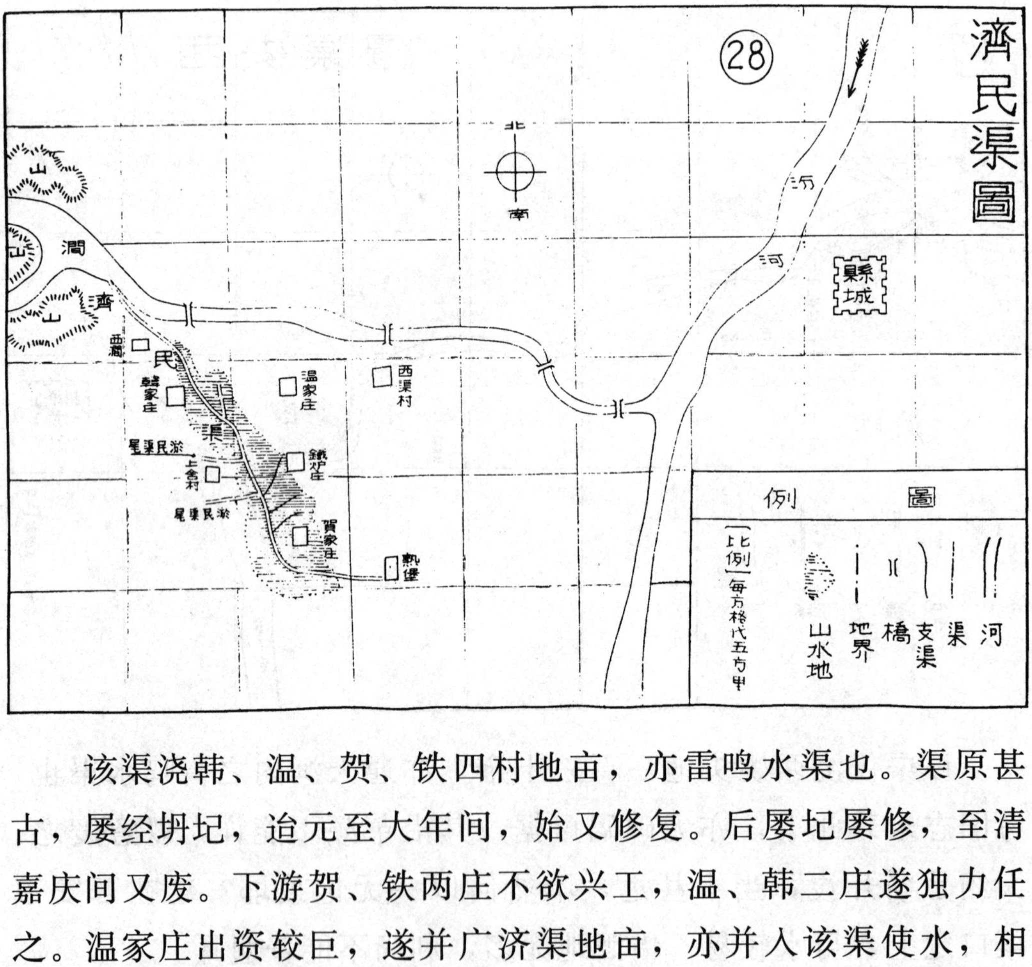

该渠浇韩、温、贺、铁四村地亩，亦雷鸣水渠也。渠原甚古，屡经坍圮，迨元至大年间，始又修复。后屡圮屡修，至清嘉庆间又废。下游贺、铁两庄不欲兴工，温、韩二庄遂独力任之。温家庄出资较巨，遂并广济渠地亩，亦并入该渠使水，相沿浸成习惯。民国三年，下游二村忽来争水互殴，经讼终年未结。余莅任后，始亲往履勘，为之秉公核断，两方遵照结案。

重颁印册，载明原委。积年之争，汔可少休矣。

节钞《汾州里渠册》

平阳府洪洞县汾州里，古有济民渠一道，上通出佛峡，下在狐家舍东北置堰上水，浇灌本里四庄兴夫地土。后因天雨，猛水浩大，难以遮当，将渠东西吹塌五七余里。涧阔沟深，地形高埠，难以治水。蒙官司勾追，照原额兴夫地土，保到赵保、樊添乃集众人同议，于至大二年五月二十八日，经洪洞县陈告，蒙受状勾设都科张贵、史寨步量，寻觑古迹，高一去处，渠道水平，无连合于狐家舍东北立堰上水。断令汾州里赵保、樊添引领人夫，依旧开淘山涧之渠，浇民有益之田。渠口上下渠底带耳，宽阔一丈八尺。四庄人户，助力一心，兴夫千余。不意已成渠道，引水通流浇溉地土。至大七年八月初六日夜，经地震将渠耳堤堰兑塌。累年修补，依旧通流，浇溉兴夫地土。于狐家舍东北立堰上水，通流至石盆沟南堰，湾曲行流，至韩家庄东南寻甘泉沟桥过水，约废二千余工。南崖开淘弯曲通长五七余里，行通至贺家庄东南出水，浇溉兴夫地土。如母渠开淘，所犯之地一亩，浇地五亩照验。仰该高家庄、温家庄、铁炉庄、贺家庄、一通治水历一道，先于高、温二庄上接使水，浇溉兴夫地土。如浇灌遍时，并无缺少差错，却从前接，依前例轮流使水浇溉。若没水时分，浇地□□□□[1]猛水，却从浇到处接连使水，补浇完毕。如猛水到来，水□□□□合使水渠道去处授水小尽。渠长甲头亦合下次依例使水。如浇毕时，将水放入无利之地，照依渠例科罚。若上接浇地未遍，下接不依渠例，强

[1] 此处有脱字。以下同。

行豁水浇地一亩，罚白米五斗充渠公用。如顺开挑地一亩，浇地五亩。如地头横开，并不得使。更有事理，该载不尽。今有汾州里古有济民渠一道，以为累年天雨猛水，将渠耳并堰诸处损坏，无人修补。今于本渠甲头水户内，委保到信实人贺良甫、赵均保、贺百川，可充济民渠长，再行整治，渠道完备，通流使水。应有开小渠夹口，开列于后：

一、母渠行流至堤桥北，分致夹口支小渠一道，恐水入沟，故东向南流至尖角地，浇灌兴夫地土。

一、母渠行流至田四地头，分致夹口支小渠一道，浇灌兴夫地土。

一、母渠往东南行流至石家堰徐宜地头，分致夹口支小渠一道，浇灌兴夫地土。

一、母渠行流至道南，分致夹口支小渠一道，浇灌兴夫地土。

一、母渠行流至赵得地头，分致夹口支小渠一道，浇灌兴夫地土。

一、母渠行流至栾墓前，顺小道分致夹口支小渠一道，浇灌兴夫地土。

一、母渠行流至往西南，至贺家庄村南，浇灌兴夫地土。

各开支渠已毕，今将本里原有济民渠一道，已经蝗蝻之后，无人补修，失误使水。今永乐二年间，承奉工部勘合，为兴利除害事，本县会集老人，劝谕乡民，各人出力，相度河道水利，必要趁时尽力，开淘渠道浇溉禾稼，以图永远养民之计。为此，合行出榜晓谕，有司、官吏、里老、乡民人等趁□□□上急开渠道，敢有违慢不成实效者，将水户重行问罪。□□□上源水利者，故行阻碍，不教涌流使水。仰本处官司画图贴说明白，差人赴省计禀，以凭施行，所有文榜，须至出给者。今有天雨，猛水浩大，将渠冲塌拥塞不通。今有水户、头甲、人夫，委保信实人贺思贞、徐礼轻、张彦恭，可充渠长身役，再行整治，通流使水，浇溉兴夫地土。累岁，水户内选拣堪充渠长，该时各得赏水一夫。如割，下次上争渠长，并不得赏水使水。亦依渠约，开渠旧日，各人赏水，系是渠长、甲头出备钱物，置买渠道使用，愿与赏水无处打兑。遂将本渠赏水货卖与各人。赏水永不兴夫，一例使水，花名于后。

一、母渠一道，上通出佛峡雷鸣猛水，上立渠口置堰，如有渠以下入腹者。母渠两傍有地之人，贪心侵占古渠一尺者，告官除责外，罚白米三石；侵占三五尺者，照前以然。凡有母渠内截渠置堰，逼水放入沟涧涨漫渠路者，重治，决不轻恕。

一、母渠上下渠底一丈二尺，渠耳六尺，及渠带耳共一丈八尺。各处分水支渠夹口三尺，如有堪务补修之处，要照依原开渠口尺寸通淘。逐年渠长、甲头引领人夫，照依地方通淘，以便水利。忽有抗拒阻当，罚白米三斗。渠长、甲头不行用心通淘，罚白米五斗。其走水在路，冲成坑坎，并各水户地头垒堰，引支渠水浇地一亩，罚白米五斗，充渠使用。

民国四年断案

为发给渠册以资遵守事。

照得韩、温、铁、贺四村，古有济民渠一道。而韩家庄居于上游，温家庄居于中游，铁、贺二庄居于下游。渠源系属雷鸣山水，灌溉该四村地亩，旧规挨次轮浇。此外，另有广济渠一道，仅浇温家庄一村之地。迨至前清嘉庆年间，被水将济民渠渠道冲坏。彼时工程浩大，铁、贺二庄以修理需费过巨，放弃不问，而韩、温两庄即另买地，修开渠道，浇灌该两村地亩。尔时温家庄广济渠之地亩，亦曾帮同出钱兴修。于是广济渠之地，亦从济民渠头夹口分水浇灌，铁、贺二庄从此概不闻问，既不摊钱修渠，亦不浇灌地亩。嗣于前清宣统三年间，而铁、贺二庄意欲争水浇地，因而成讼，并未断结。至上年七月间，即阴历后五月间，山水偶发，乃铁、贺二庄人等不曾禀明官署核办，即擅聚众赴渠夺水。以致激起温家庄之怒，被温家庄人将铁、贺二庄郭小圪塔等三人殴伤。遂即兴讼。当经李前任屡讯，谕令温家庄渠长杨鸿宾等，先给铁、贺二庄受伤人郭小圪塔等三人养伤钱四十千文。所有渠务，迄未判结。

兹经本知事选次研讯，并派员往渠查验，继而亲诣该渠履勘，始为明确。在温家庄殴人成伤，固属不合。而铁、贺二庄擅行聚众，致酿事端，亦属罪有应得。本应均予照例办理，姑念双方皆系因公起见，且受伤人业已平复，援是和平解决，以杜永远争端。

查温家庄现在济民渠共浇地四百六十七亩八分四厘，惟该渠冲坏之时，而温家庄广济渠之地，曾经出钱帮修，历年随同兴夫，不便率改。随判令温家庄在济民渠共浇地六百亩。除旧日在该渠兴夫之地四百六十七亩零外，下余不敷地一百三十二亩一分六厘，准山头夹口将广济渠之地拨补足数。所补之地逐段勘明，连同旧日兴夫之地，分别开列于后。编造渠册，一样三本，温、铁、贺三庄每庄各执一本，以资遵守，而便查考。

凡经此次编入册内之地，铁、贺二庄不得阻挡，不容浇灌其未造入之地。温家庄亦不得任意强浇，违则公议科罚。倘敢抗不遵罚者，送县讯究。

再，在头夹口上稍南新建一堤，堤高六尺，厚五尺，长靠两垄。惟堤中须留一孔，孔高三尺五寸，宽三尺，以截水势，而便启闭。每年有水时，温家庄浇完之后，即行放水，下流至韩、温两庄从前置买作渠之地。而此地粮银应令铁、贺二庄各摊钱八百文，交由温家庄一并完纳。所有从前上游修买渠道所花钱文，及铁、贺二庄修理四五夹口母渠所花钱文，除彼此相抵外，再着铁、贺二庄摊给温家庄钱一百千文，以断葛藤。其韩、铁、贺三庄兴夫之地，仍照旧规办理，无庸更张。

嗣后各该村民人等，务须遵照此次断案办理。和衷共济，以期水利均沾。毋再各怀意见，酿事受累。本知事实有厚望焉，切切此谕。

天润渠

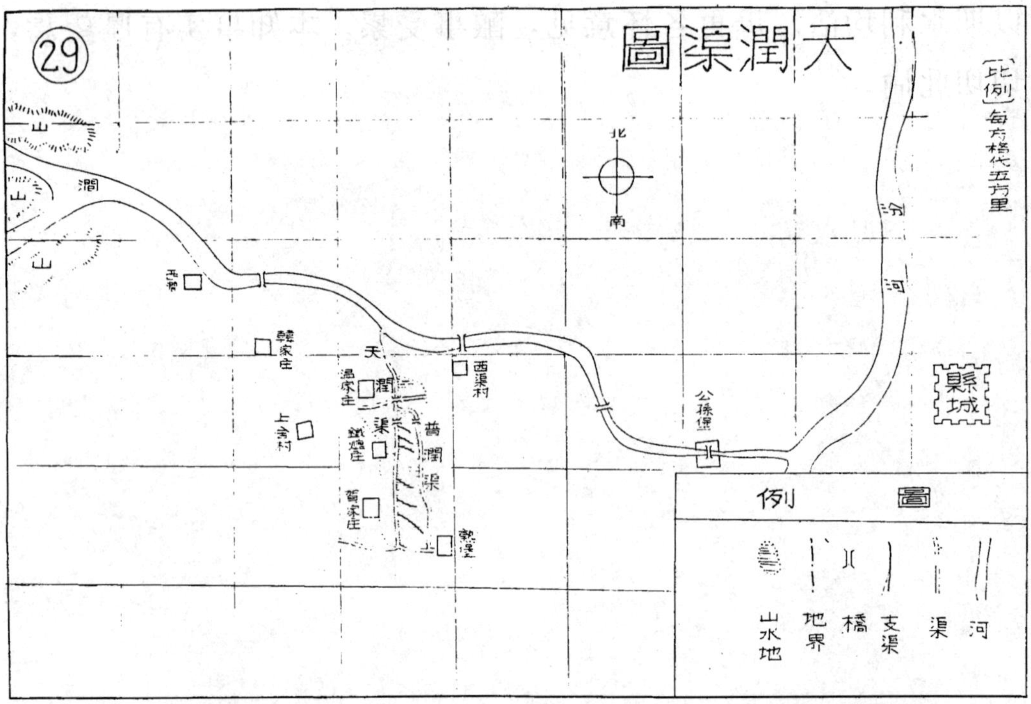

该渠系在济民、广济之下，经过温家庄导水，灌铁炉庄一村地数百亩。年来因经过温家庄南之石桥，桥孔太低，水流难畅，以致渠底积淤逐渐增高。再不大举修治，恐亦将为润民之续矣。该渠石桥以下，有南向窟窿一孔，原系塾堡普润渠引水之处。迩来亦常有轇轕，然桥孔不能增高，水流必日见微细。两方不知从根本解决，虽互争亦无补也。

节抄《天润渠册》

册叙

平阳府洪洞县汾州里铁炉庄、本里村北有通山古涧一道，而至蒲县、汾西、赵城等县。西山地名曰（山）〔出〕佛峡，遇忽有雷鸣骤雨，猛水横流，落入无利沟涧，于民无益。为此，告蒙本县老爷，本县老爷给文，即奉钦差都御史何明文，开渠救荒存恤，惜爱民之心，念济国兴家安妥之本，奉例不敢耽违。水利为重，小民世代有望渠水之恩。惜乎，自本庄商议用工，在本里温家庄村北卫顺地头置堰，买地认粮开渠，即立天润渠一道。切观水势东作东流，西作西流，引水浇田润滋稼穑，亦济民利有望，有智者用而使之，其利于是莫大乎。今铁炉庄商议，选保到本庄信实人贺奉可充渠长身役，渠司贺桂，开通渠道，引水浇溉本庄地土。开挎土宽阔八尺，渠底连耳一丈八尺，上下共移通开，照依原额夫数，置立渠条一本，兴工使水不得违例。

渠规原十二条，录五条。

一、母渠流至贺鼎地头分水硖口，往西南浇溉兴夫地土至刘家湾为止。

一、母渠流行至赵刚地头分水硖口，顺亩小支渠一道，浇溉兴夫地土至东五台赵海地为止。

一、母渠流行至张进地头分水硖口，往东浇溉兴夫地土至高家柏墓东贺桂地为止。其余各人浇地小支渠，不开姓名认意使水，下至王付有地为止。

一、本渠通置渠册一本，铁炉庄兴工人上接使水，议定条规，每一夫浇地十亩，先从上接，轮流使水，依次浇灌。如不遍处，得后猛水补浇完毕。如猛水浩大，本合渠道受水；如不用心将水落入无利之处，照依渠规科罚。如上接浇地未遍，下接不依渠规强豁使水，浇地一亩者，罚白米五斗，充渠使水。累年春初，水户拣选素有德行者，堪充渠长、渠司二名，管领夫役。但逢渠道损坏处，须要补修务使水通。若下接未曾浇遍，上接重浇一亩者，罚白米三斗，充渠使用。但有不随夫之人，偷浇地一亩者，罚白米五斗，充官使用。又随一夫之人，除应渠当浇之外，多浇一亩者罚，白米一斗，亦充官使用。

一、本渠猛水浩大，冲坏渠堰，不能上水。本庄人等慌惧商议，遂举保本村信实人赵永作渠长，贺桂作渠司，张伦等作甲头，于弘治三年三月内，用银买到卫顺、卫清地亩处，立堰开挎土，引水浇溉兴夫地土。又于正德二年五月内，有雷鸣猛水涨漫渠道，壅塞不通，众甲头人夫共议，另举保平昔在乡素有德行信实人张付沈等，堪作渠长。正领夫修理间，不料土坍塌，压死赵玑男、赵黑娃，众人商议，量出白银十两以作埋葬之资。

涧渠

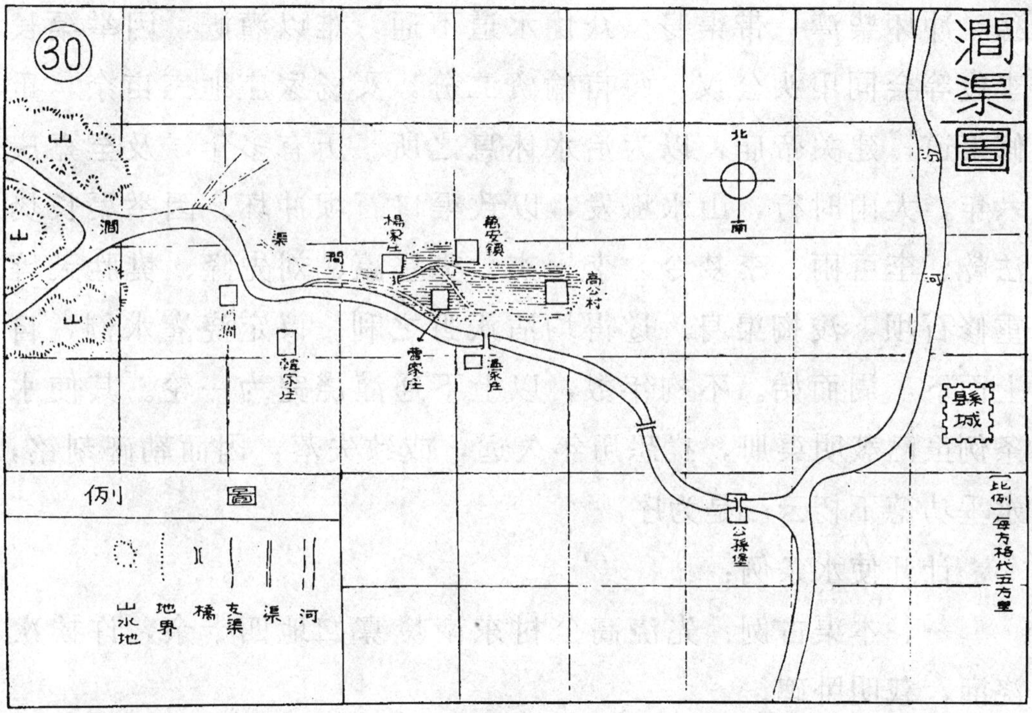

是渠在润民渠口之下，浇杨家庄、曹家庄、万安镇、高公村四村地数千亩。渠口以东又有一口专灌曹家庄一村，地则所谓西渠者是也。以位置在下得水甚难，因之渠务颇为废弛。杨家庄虽在上游，并无册簿。仅可考证者，惟高公村碑文尚约略可识。然亦仅述一村之关系，与他村无与。曹家庄虽新立两簿，然亦略而不详。盖水无定程，往往数年不能得灌溉之利。则居

民漠视，此渠亦宜矣。

高公村重修涧渠石坝序

粤自西门豹引（潼）〔漳〕水溉邺，抵瓠口为渠，而水利肇兴，后世踵而行之，为国课、民食两裨益焉。洪邑高公村古有涧渠一道，不知创始何代。据卧碑所载，开自至元年间，接引西山出佛峡雷鸣山水灌地，由来久矣。万历四十四年，山水涌猛，冲坏柴湾一带渠身。众忧水道不通，难以灌溉，因举渠长李俊等会同甲头公议，每亩输资二分，买杨家庄地三亩余，重修渠道，建关帝庙，以为治水休息之所。历有多年，及至嘉庆六年，大雨时行，山水涨发，以致渠口石坝冲坏。因举渠长樊法乾、李可雨、李梦令、李子杰、樊登瀛、刘先隆、樊胜天等重修石坝，浚掏渠身，遂得均沾沃野之利。议定浇灌水例，自上而下，周而始。不拘年数，以上下通灌浇完为一轮。其使水条例虽已载明渠册，犹恐历年久远，或致失落，因而勒碑刻铭，永垂功德不朽云。是为序。

计开使水条例：

一、本渠古例：先浇高公村东南樊寡妇地四十余，许挨次浇灌，载明卧碑。

一、本渠自出佛峡导水，入渠灌地。设有余水，由高公村东渠尾归东南大涧。

一、本渠上水口座落涧村东，与汾州子渠口相并，入字灰石打坝，各守旧规，不得越界打坝。

一、本渠渠口石坝，嘉庆八年四月，奉本府军宪王大老爷定规，以高四尺为则，有口有尾。

一、本渠渠长二人、沟头三人、巡水三人。一年一更，役满，照例公举，违者罚白米三石。

一、本渠渠长偿水地各二十亩，免其本年夫役，永为定规。

一、本渠长议定，每岁十月十五日交代。三十甲头在公所公备盒酒，用照酬旧迎新之规。

一、本渠甲头有督催之劳，偿水地各十亩，免其本年夫役，永照渠规。

一、本渠掏浚渠道，渠长、沟头有风尘之劳，三十甲头各照俾名，公备酒食一盒酬劳。失误者，罚白米五斗。

一、本村支渠三道，各宽五尺，每年春间掏浚一次，遵照旧规，务使渠水畅流，临渠地户，侵占渠帮一尺者，罚白米一石。

一、本渠每年四月初八日祭祀关帝、龙王之神，一应祭品，按照成规办理，各甲头临期公摊，预议老成能事者三五人，董率其事。失误祀典者，罚白米一石。

大清嘉庆十一年岁次丙寅黄钟中浣之吉

曹家庄涧渠西渠渠册

此渠起自王真，名为西渠。于元至大二年重修渠坝，与闸并口使水，至今多年，重修之事不暇枚举。原渠底宽各九尺，渠外垄高二丈四尺，内高八尺。自红土坡下堆滓入水，灌至村堡戏台后为渠尾，共浇地四百余亩。因灾后渠规紊乱，乏人整理，兼之藏地亩之家甚多，有兴工不能使水者，有使水不兴工者，有浇三次者，亦有一次未浇者。虽屡年修理，亦系掩耳盗铃，因之废弛不堪。加之去年山水过大，将五孔桥西之渠冲坏五丈有余。非特无法灌田，并断行人走路。村人不忍坐视废弛，遂于今春三月间，邀集阖渠人等，公同磋商，并推举王镕为领袖，择日动工，因为捐益。藏地者一律斟明，紊乱者严立定规。将合渠四百余亩地编刊十二甲，每年举渠长四人，三年一周。至有水时，许自上往下，依规灌，不准隔地使（人）〔水〕，且禁止重浇。若本年有水浇某地者，明年亦从某地起首，非属水地，浇完以上之田，不许截水浇灌。倘有越规重浇者，按渠规科罚，违者送县，决不宽贷。

渠规

一、议有重浇者，每亩罚麦五斗。

一、议浇本渠地将水走之别渠地者，罚本渠浇地之户每亩麦三斗。

一、议退夫后浇地者，每亩罚麦一石。

一、议浇地后应本年渠长踏验湿地，留单为记，以杜争端。

一、议刘家渠并西湾陡口，许浇未水地者，闭渠封口，每家支钱二百文。倘误封口闭渠，浇刘渠地者，每亩罚麦五斗。

一、议正渠浇至西者，许南渠在分水口打板，南渠浇至小西，正渠浇完再由自便。

曹家庄涧渠北渠夫簿序

北渠者吾村第一大渠，即涧渠之一支渠也。此渠上游即名涧渠，以此渠自涧西村北入水，故名上游。渠深而阔，原系数村公渠。经杨家庄湾吾村陡口渠下，始与万安镇分水。分水后伊村支渠仍名涧渠，吾村支渠因位居村北，乃名北渠也，北渠共浇地九百余亩。又有小支渠二：一名南渠，一名南北口渠。此二支渠亦灌田二百余亩，可谓吾村之一水利耳。特恃雷鸣山水，灌溉靡常，恒有数年无水者，良可慨已。是为序。

广平渠

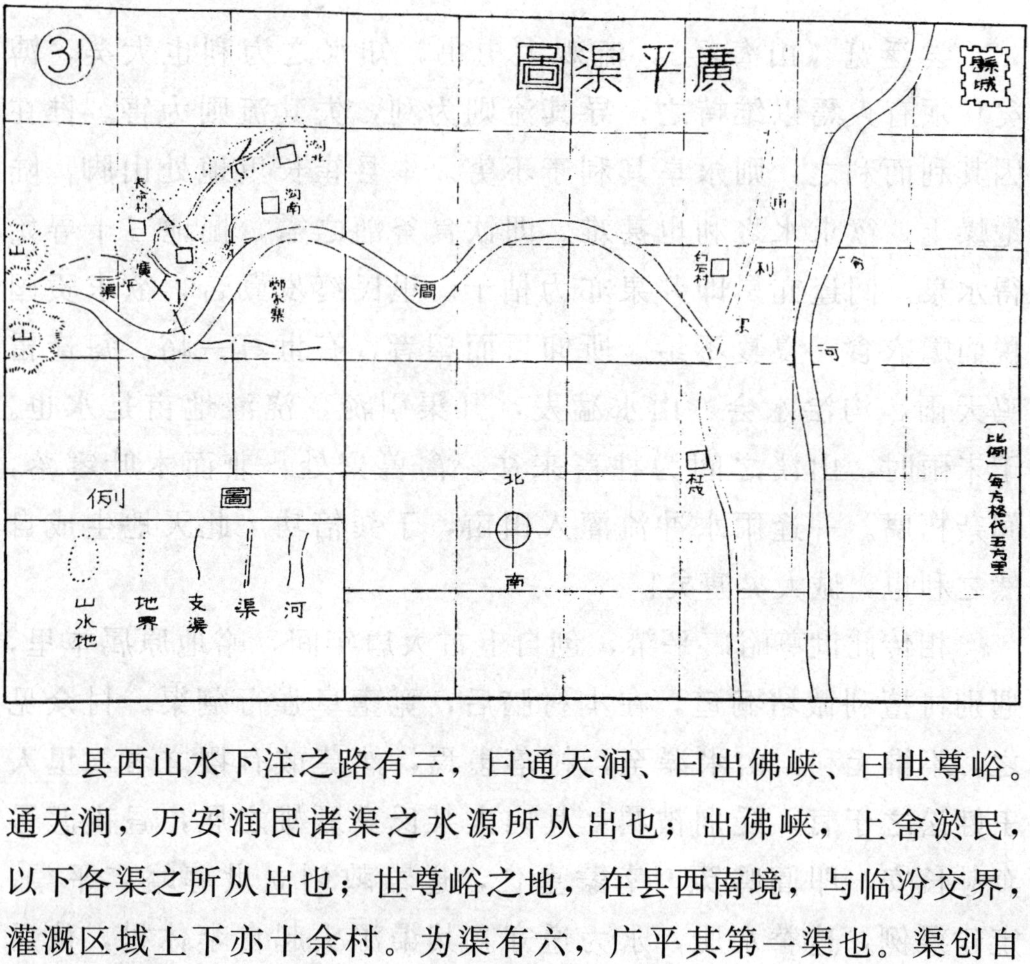

县西山水下注之路有三，曰通天涧、曰出佛峡、曰世尊峪。通天涧，万安润民诸渠之水源所从出也；出佛峡，上舍淤民，以下各渠之所从出也；世尊峪之地，在县西南境，与临汾交界，灌溉区域上下亦十余村。为渠有六，广平其第一渠也。渠创自唐时，灌长命、郑家寨二村之地。历年雷鸣水至，沿渠地亩一经灌溉，麦即卜丰收，实利源所在也。至于该渠轇轕，则与临境

梁家庄，时因截坝常起轇轕。曾经断案，载在渠册。迩来尚无甚纷争。本渠渠册向归长命村王姓执掌。盖相传此渠之立，系王氏先人兴讼多年，其妇赴阙鸣冤，始获得此项权利，故至今世世为渠务领袖，亦所以彰有功也。

节抄《广平渠册》

序

尝泛览《山海经》，流观太史书，知水之为利也大矣，溥矣！须有人焉以维持之，导其流则为利，失其流则为害。惟在因其利而利之，则永享其利于不穷。本县崔长里地处山脚，陆地燥土，欲求水之利也甚难。即饮食釜甑之需，掘地三十寻始得水泉。间逢亢旱即井泉亦为枯干。里民终岁勤苦，欲求贡国税而赡衣食，戛戛不给。所仰目而望者，有世尊一峪。每逢雷鸣天雨，沟浍水会，山水猛发，开渠引流，浇灌地亩是水也。于未雨时，山溪之间为牲畜来往，禽兽聚处，兼而木叶零落，间杂朽腐。一逢雨水冲流灌入田亩，于粪倍功。此天地生成自然之利也，诚大矣溥矣！

相传此世尊峪广平渠，创自上古大唐年间，峪地原属本里，遇别村擅利截堵涧道，在本村脑后，竟壅阜强行剜渠。村众见之，不惟无利，山水瀑至，村落患焉，然莫敢有撄之者。里人王姓讼之于官，受刑被羁。其内人某氏哀厥雄之屈，昼夜悲号奔赴长安，叩阍鸣冤。幸蒙皇仁，遂奉敕创立世尊峪广平渠，定建渠例，造誊水册，永为遵守。其渠源头起自李休村，依后大山冲天横岭，中心为界，东至鸟落卧象之处而逝。历宋、元、明来，几经二千秋，其李休村鸟落卧象处所，俱化为乌有，亦未有识其为何地者。所存而可识者，止冲天横岭在焉。今数其抵止，西抵冲天横岭，东至汾河相连村庄，但是水所过处俱得沾灌溉之利，惟崔长里、长命村、郑家寨，并连郭家庄诸处，共地三千有余，同属一册。积年之久，其水册簿籍，先失于大德七年八月初六日地震，陷入坑堑；后于地中复掘出原册，因朽腐不堪，里人王璞、郑伦、张仲仁、王贵、王思忠等，俱有告准给修例志，计三篇，俱附存考。兹因明季遭饥馑流寇之变，兵燹之余，其复誊水册，亦失落无存。于康熙龙飞二十八年岁在己巳，皇恩普遍，钱粮尽行蠲免，希世未睹之特恩。更逢本县正堂丁老爷推广皇仁，轸念民艰，观风问俗。惜水册之废弛，仰令照依古规定为渠例，造写水册，遵即照依旧例，公同众议，酌定成规，明示科罚。缮写成帙，祈赐钤印朱照，毋得变乱违错，永为亿万年广平渠遵守之例。

不料于乾隆三十六年，陡出临邑梁家庄奸民马致恭，串通西庄郭有才、许伋等，在渠横筑截埝，坝水坏渠，害及万姓。经总理渠长王荣先控吕府宪案下，蒙吕宪将马致恭、马福寿、许伋、郭有才一起刁棍，俱行杖笞，永不许横筑截埝。至三十八年，讼方少息。至四十一年，马致恭复筑截埝，冲坏渠堤二十余丈。蒙钱府宪批，谭军宪秉公斧断，亦不许奸等截渠筑埝。详文（妙）〔抄〕后。连讼七载，渠册屡经查阅，又致破坏，不堪垂久，因奉钱大老爷钧谕，着另照渠册新造送署钤印，以便照例遵断，永不准奸民紊乱渠规。为此谨序。

大清康熙二十八年岁在己巳季冬望日撰

渠例原二十五条，录（九）〔十〕条。

一、例本里长命村、郑家寨等处地亩，以二十亩立为一夫，议立一十六甲头，挨次轮应，不得推诿失误。如推诿失误者，罚白米一石。

一、例渠口水平，俱照古规，不得妄增高低，私开广阔。如妄行私开者，罚白米一石。

一、例本渠渠长，除王门每年永督渠长外，轮流各甲报应，不许紊乱。如紊乱，罚白米一石。

一、例本渠地亩不许重浇，重浇地一亩者，罚白米一石。

一、例山水入口各渠，分流自上而下，挨次使水浇灌，不许强行邀豁使水。如强豁者，罚白米一石。

一、例长命村、郑家寨境内高夫之地，离渠堤甚远，与渠无碍，许截渠筑埝浇灌，不许阻当。如西梁二庄之地，逼近渠堤，即有高地，断不许在渠内横筑截埝，恐壅水坏堤。不惟劳民伤财，动费千金，且以西梁有限之地，必至耗下流数千亩之水。西梁如敢故违，许长郑渠长立即送官治罪。所系甚重，决不容情。

一、例梁家庄地百亩有余，伊在渠口，水来许其溢灌，不许截渠筑埝，损坏石堤，遗漏水利。亦不许浇过重浇，如违者，送官重究。

一、例长、郑创渠始于大唐开元，西梁立庄起于有明弘治。此渠自与伊等无干，止因祀神代劳修渠，馈送饮食，方得浇地，不得违例重浇，有碍长郑。如违，禀究。

一、例西庄地亩二百余亩，从先并未有水口。自顺治年间始入夫使水，水来浇过，许自堵水口，不许重浇，遗漏水利私浇无夫地亩。如不闭塞渠口，遗漏水利，私浇无夫地一亩者，罚白米五斗。

一、例本渠自古原有渠道所占地亩粮钱，又因年节渠道塌坏，置买人地，重修渠道，将置买地土钱粮与长命村、郑家寨各分一半，各一斗六升二合三勺，各随各里办纳。

计开广平渠枝渠浇地起止于后：

第一渠，马家口起，浇至马忠地头止。

第二渠，石窑口起，浇至涧堎止。

第三渠，秽儿圪垛口起，浇至涧堎为止。

第四渠，一张弓口起，浇至涧堎为止。

第五渠，王家口起，浇至涧堎为止。

以上一渠分为上、下二渠，古例使水，上渠使水三分，下渠使水七分，不许越规。违者，照渠例科罚。

计开上一渠渠道枝分浇地起至于后：

第一渠，王家口起，浇至王复忠地头为止。

第二渠，墓窟垄口起，浇至王国祥地头止。

第三渠，真渠口起，浇至张应美地头止。

第四渠，西圪垛口起，浇至张尚奇地头止。

第五渠，二郎殿南口起，浇至刘应豸地头止。

第六渠，二郎殿北口起，浇至刘景淳地头止。

第七渠，庵北渠起，浇至常住地头止。

第八渠，楼东口起，浇至王复正地头止。

第九渠，郑家寨村内口起，浇至土涧为止，以下退入官渠。

第十渠，库庄渠起，系老渠，浇至王家口止，以下退入官渠。

计开下一渠渠道枝分浇地起止于后：

第一渠，宋家口起，浇至刘养景地头止。

第二渠，杨家口起，浇至王彦富地头止。

第三渠，卢家口起，浇至王富经地头止。

第四渠，景家口起，浇至姚进宝地头止。

第五渠，涧园口起，浇至刘养妙地头止。

第六渠，郑龙地口，起浇至宋国祯地头止。

第七渠，南桑埝口起，浇至柴茂林地头止。

第八渠，沟南渠起，浇至阴宅地头止，以下退入官渠。

第九渠，官庄渠起，浇至狼虎地头止。

第十渠，王家口起，浇至坡子下地头止。

第十一渠，阴家口渠北起，浇至郑时兴地头止。

第十二渠，韩家口起，浇至老墓止。

普润渠

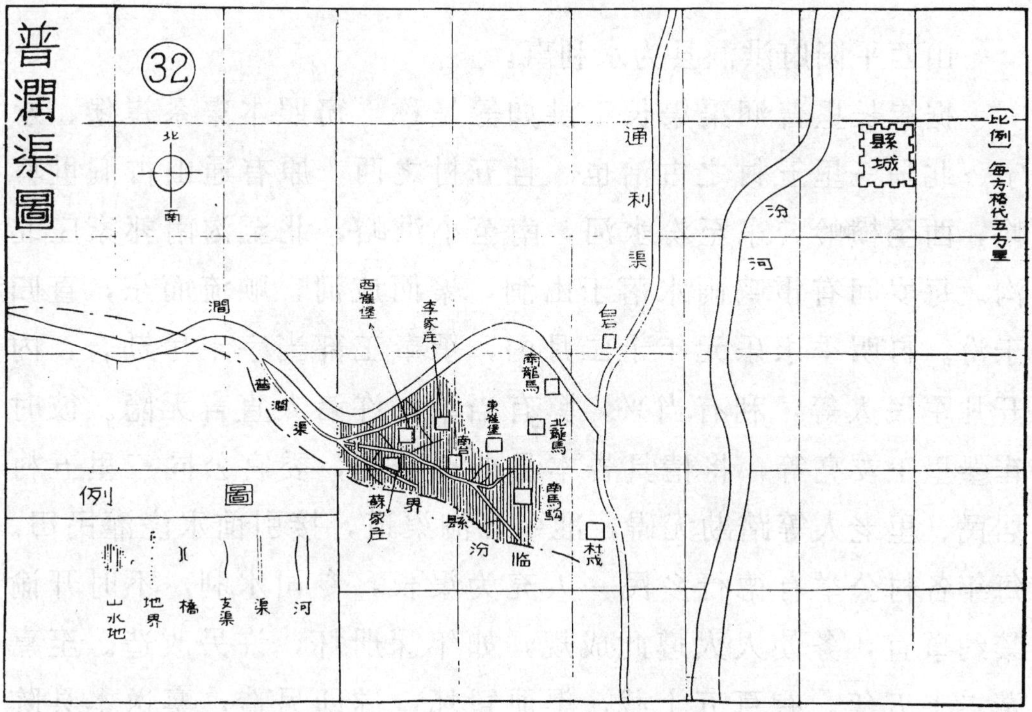

广平渠之下，北岸第一渠口，为第二润民渠。南岸之第一渠口，则普润渠也。普润浇北马三里五村之地。自明永乐年间开渠至今，渠道尚未损坏。不过山水既有无难定，而上游又有两渠数村之地，例先灌溉。自非水大，实难遍溉，近年以来苦旱者屡矣。窃意果能西山一带多种树木，则雨量自多，沟渠自润。乃民无常识，林业既无人讲求，而山中自然生成之树木，

亦均剪伐不稍爱护，以致童山满目，致雨无由。迩来劝种与禁伐并行。如果行之无怠，或者葱葱郁郁，林业之发达可期，而雨量增加。此等雷鸣水地，亦可常沾灌溉，于民富所关，洵非浅鲜也。

节抄《普润渠册》

册序

山西平阳府洪洞县为水利事。

据崔长里普润渠渠长王洪如等呈称，窃照本渠系崔堡、永宁、北马三里五村之古治也。且五村之西，原有通山古涧世尊峪，西至横岭，东至汾水河，南至小洪峪，北至沟南郭家庄北沟。每岁间有雷鸣雨水落于山涧，聚而成河，顺流而东，直归于汾。自明季永乐元年十二月内，承奉工部当字十号勘合，内开凡军民人等，利有当兴，弊有当革，许诸人直言无隐。彼时崔堡里王友亮等，将情具告本县老爷查明，委官公同三里五村居民、里老人等踏勘无碍，准令开淘渠道，接引前水浇灌民田。每年各村公举有德行乡民一人充为渠长，专司水利，不时开谕禁约事宜，务使人人遵此成规，如年深册坏，许另改造。至嘉靖二十五年，有百五十载，渠册毁坏，遂即另造，禀送本县陈老爷处，已经钤印矣。

嘉靖二十五年迄今，又有百十多年，册仍毁坏。日远年深，又逢大清定鼎，百度更新，理合改造请印。王朝恩等于顺治十七年，具禀本县老爷验册，其（绛）〔缝〕钤印施行。陡被巨恶刘应交等恃财仗势，不遵成例，当涧创增堤堰，截水北流，贿卖无分村庄沟北郭家庄等村，隐匿古册，紊乱渠规，以致涧南八村，八年点水不沾。王景等于康熙二十二年以独吞峪水等情具告本县老爷以及本府老爷、守道张老爷、布政老爷、抚院图老爷，蒙批行临汾县王老爷审理断明：沟北郭家庄原无使水之分，长、郑二村邀水渠堰，不得过高，俟广平渠浇完放水，下渠挨次浇灌。又蒙本县正堂丁老爷亲踏验明，秉公勘审，照依抚院大老爷详案，挨次浇灌。各渠浇完，周而复始。令勒石严禁，斩葛藤之争，造册钤印，息万世之讼。浇完地亩，顺流而东，至杜戌村投入汾河。日后省无穷之资财，全万亿之性命，照旧给付渠长收执遵守。今将从前公议渠条禁约开列于后，等情到县，据此拟合印给渠长照旧收执，遵奉施行，须至册者。

计开渠例：

编造地夫

一、地三十亩编为一夫，如第一村地若干亩，夫若干名，各村共地若干亩，共夫若干名，造渠册一本，付渠长收管，以便点查若干。渠册年深坏，许另改造。

举保渠长

一、各村夫头人等，限二月初一日，俱至某村某庙聚集公议，举有德行之人为渠长，总管夫役。每年轮流更替，每村仍举甲头二人、巡水三人，分管该村渠事，不许滥举无行之人，以致误事。

一、天道亢旱，秋苗枯槁，各救苗稼，不在禁限。

优免夫役

一、渠长，既为渠长管理渠事，优免夫一名。甲头、巡水俱照渠长一样优免。

清理夫役

一、夫名某人，地若干亩，坐落某处，四邻某人，系某渠浇灌，如地卖于〔人〕，即要明白供报旧管、开除、新收应役。敢有朦胧不报者，许渠长指名，呈县治罪。

修通渠道

一、渠道堤堰损坏，该渠长即令各村甲头鸣锣起夫，俱应修处所兴工修理，不许老幼充塞。如违令，渠长就彼处，量行责逐另换，庶不误工。其堰令以稍石修砌，不许灰石高垒。或淘某渠或淘某甲口，自通山峪口起，至使水之处淘修渠身，甲口深浅宽窄，俱要如法，不许虚应故事。

浇灌地亩

一、渠道水行，其水系涧，有雷鸣雨水，不能长流。如有水之日，某日至某日，自上而下，浇至某村某渠某甲口某人地内，水尽为止。日后再有水至，就从水尽之地接浇一二，挨次浇灌。一渠浇完，该村甲头督夫回渠，做一土堰，闭住渠口，令在下各渠亦要挨次接水浇灌。若浇完回渠，皆如前例。

万润渠

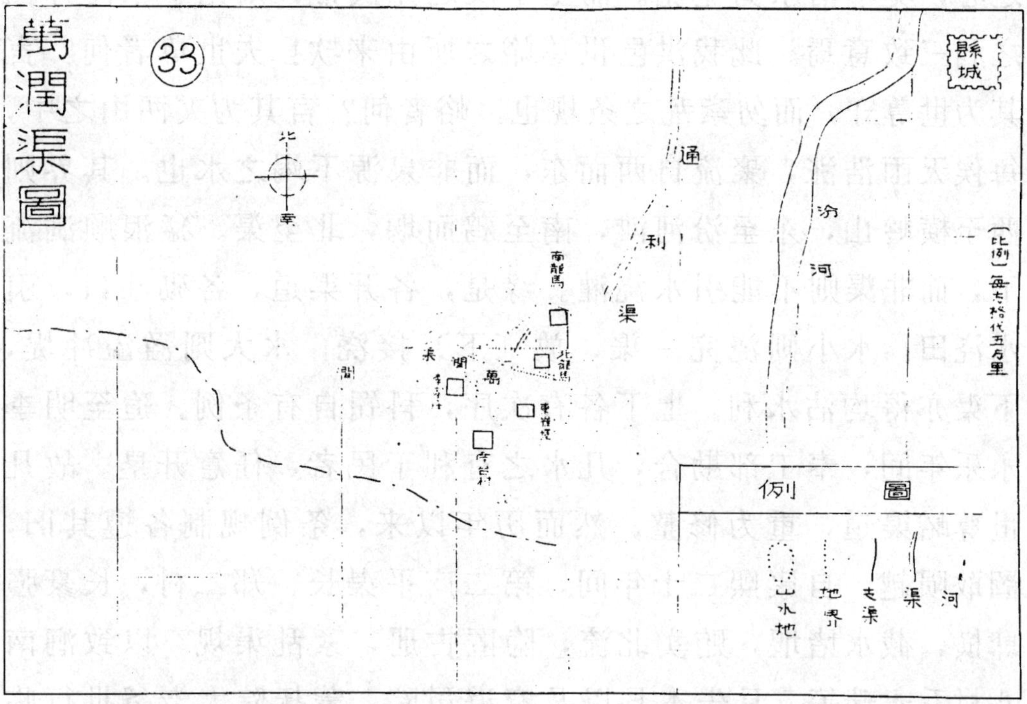

该渠在普渠口之下，向浇北马驹等三村之地，与普润渠流域各村，合而为涧南八村。亦自永乐年间始成渠，与普润渠先后相去不甚远也。康熙年间，因上游广平渠截坝买❶水，与普润联合兴讼，卒得直。是以近来北岸如赵村、沟北等村地亩，正在广平下

❶ 买 疑为“卖”。

流，颇可灌溉。然卒不敢染指者，以有前此断案之力也。

节抄《万润渠渠册》

册序

窃以水也者，天地生之，帝王治之，其为利大矣哉！上关朝廷之国富，下系民生之休养，故自古圣帝明王，体天地生人之心，莫不治水为竞竞。而至于汉之光武帝，则尤于水泽开民之利三致意焉。此我洪邑世尊峪之所由来欤！夫世尊者何？言其为世尊守，而勿紊乱之条规也。峪者何？言其为夹两山之中，每俟天雨浩涨，聚流自西而东，而非泉源不竭之水也。其界则西至横岭山，东至汾河滩，南至鸦而堰，北至渠。猛浪顺涧流下，而非渠则不能引水浇灌。缘是，各开渠道，各砌斗口，引水浇田。水小则浇完一渠，放〔下〕接浇；水大则溋溢冲堤，下渠亦得均沾水利。上下各有次序，科罚自有条例。迨至明季永乐年间，奉工部勘合，凡水之有利于民者，任意开垦。故凡世尊峪渠道，重为修整。然而历年以来，条例规制各遵其旧，罔敢陨越。自康熙二十年间，第二广平渠长、郑二村，长豪强肆横，截水堵堰，贿卖北流，隐匿古册，紊乱渠规。以致涧南八村乔永瑞等，具告本县以及府道司院，蒙抚院大老爷批行临汾县审理，又蒙临汾县王老爷断明：沟北、赵村原无使水之分，长、郑邀水堤堰不得過高。俟广平渠浇完，放水下渠浇灌。又蒙本县丁老爷莅任，秉公勘审，照依抚院大老爷详案，挨次浇灌。浇完一渠，放下接浇，各渠浇完，周而复始，不得有隔岁不算次数之说。钧谕勒碑仪门，垂戒永久。

嗣后南北争水，狱讼纷纷，有互相殴打死者，有罹法拟罪而亡者。欲争水以获利，不旋踵而害，随荡业败产，无有穷极，皆由民不古，若豪强紊规以致此耳。兹幸我洪邑正堂丁老爷清廉似水，执法如山，名魁三晋，望隆海内。痛民生之伤残，鉴积弊之来除。票拘各渠印造新册，严饬条例。敢有犯者，法在必行。正欲堤本塞源，斩断葛藤。是真体帝王爱民之心，全天地好生之德。其与汉之召杜争烈可也！自是万人息命，百代均沾。其为利不诚大矣哉！册籍编造已成，因此以叙之。但有天雨太大，聚水成河，雷鸣雨水浇灌民田。渠有渠例，必有科罚，各依遵守。有棍徒强截水利，照依旧例科罚。且浇灌不均，而争讼不息，故今照依旧例，其水自上而下，日为猛水，而先浇者不得重浇，必待一周完备。不遵渠条，照依条例科罚，入官支兵应用。如往上渠治水，违者科罚。其水口各有定式，不许阔大。不损坏而更换者，遵照旧也。须至渠册者。

计开：原十一条，录七条。❶

一、夫三十亩兴夫一名，违者每亩罚米一斗。

一、分水夹口不依旧规，阔一寸者罚米一石。

一、浇地自上而下，强截浇地一亩者，罚米五斗。

一、上年浇过而今年重浇者，每亩罚米五斗。

一、水大下源不容退水者，每人罚米一石。

一、渠长不许轮流，择其德行足以服人者佥补。

建中年间，唐朝第九帝德宗在位二十六年重修。蒙督察院大老爷告准分水，布政司大老爷告准分水，按察司大老爷告准分水，分守河东道张老爷告准分水，本府大老爷周告准，临汾县王老爷断明，本县丁老爷断明，粮衙沈老爷踏验，捕衙候老爷踏验。

---

❶ 七　应为六。

第二润民渠

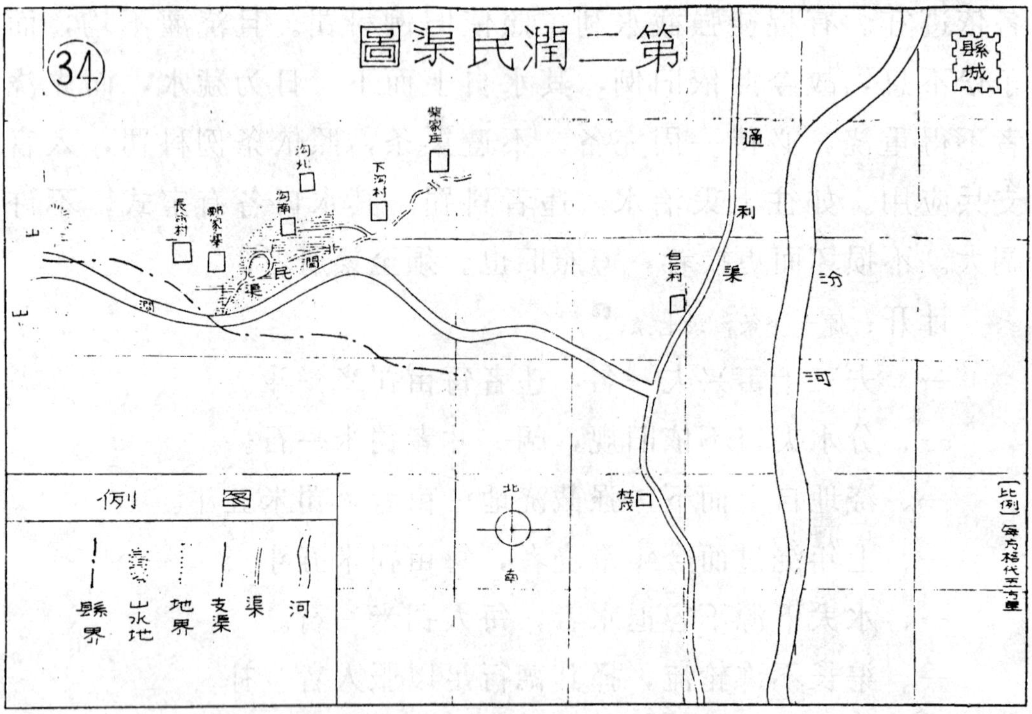

该渠在广平渠之下，专浇沟南村（即郭家庄）地亩。自（唐）〔金〕[1]皇统二年，即经订有渠条，大约立渠与广平渠年代相差无几，亦可称古渠矣。该渠位置较上，灌溉尚易。再下如万尊、如下广平，虽有渠名，然历年得水颇为不易，以视该渠，

---

[1] 皇统二年是金熙宗完颜亶的年号。此处误为唐代。

相悬迥绝矣。

节抄《第二润民渠册》

册序

旧例先于至正年间，奉工部告准人马文江等，连名状告本庄，系平阳府洪洞县为兴利除害事。

先据本府帖文批县印押。其马文江等原系永宁里南郭家庄，水来源头，地面西接李休村依后大山充天横岭中心为界，东北至鸟落卧象地面为界，南至泰名浮图天神为始。山下涧边南北双夹临汾县王家平、梁吉二庄。其地山坡野涧，委系乱石占压，不堪耕种，名曰世尊峡，涧曰师至涧。西山周围，内有生地产水泉，民因耕耨，不曾淘取，泉水壅滞而不得以便流。后遇天泽流而沙塞，不以润民。岁遇夏秋，天雨猛瀑，山岭坡陡，(两)〔雨〕集，沟浍皆盈，其水猛不可当。流至月余，其泉自通，流而无滞。山坡涧下又系孳畜往来，野兽粪土之水，夏秋灌田，不粪而肥，无雨而润，一种得以收成。其马文江等已知润民之事，为无官司凭验，不敢擅便开渠，具告工部准行开渠以便民用。批：灌田润民，禾稼生成，夏秋收获，赋税有资，奈临近侵欺，多生凶暴。约束梁、吉二庄并相接村分，强梁势豪，不许倚强行凶，拦阻侵害。渠口在下，别庄通涧接水之处，不得结党仗势，越赖上水叠石遮当。若有不依原取准状，定是治罪施行。

仰渠长即便领拽人夫，摊拆叠石以通水流。本村兴夫人等，定立条约。地亩夫数各照夫役兴工，轮流使水，若有强梁言语冒犯，不依渠长约束，即（便）〔鞭〕笞七下，照私约科罚。若有大小水例公事，一依上司明文体例施行。须至给付者。

右给付渠长马文江、马成、韩世杰执照。

洪洞县永宁里南郭家庄渠长马尚孝、马尚宾等，见得本庄俱系平原地土，古有润民渠册，年久磨搽破损，字样不真，难以验阅，今将古旧编造条例，照旧抄誊，别无增减词语。乞上仁恩爱民，批示押印，给发示下，以凭收掌，督工修淘使水，便益须至给者。

右给誊造渠长马尚孝、马尚宾执照。

大（唐）〔金〕皇统二年三月初四日洪洞县永宁里郭家庄润民渠条例开列于后：原三十一条，录六条。

一件，世尊峪第二润民渠渠底尺丈，除堆土堰渠底阔一丈八尺，两堎各一丈。不许倚势遮当，违者照册科罚。

一件，如分水、水平已上，一依分到人工两沟人夫，俱各不致抱欠，合议修补不到者，罚米一斗。

一件，砌水平系依分数均摊，每一夫分到水平三寸，如是合立条约上。无分到水平，自后并不得使水，违者罚白米二石。

一件，自定水平后，寅夜偷撅水平石一块者，罚白米一石，充官使用。猛水冲坏不在此限。

一件，分水之地修置夹口，照旧定立水平。如后水户剜撅损坏夹口者，罚白米五石，仍修夹口依旧。

一件，官渠尺丈分水，大渠七尺，支渠四尺，子渠三尺，协和修补，不动锨镢。溢流不在此限。

广济渠

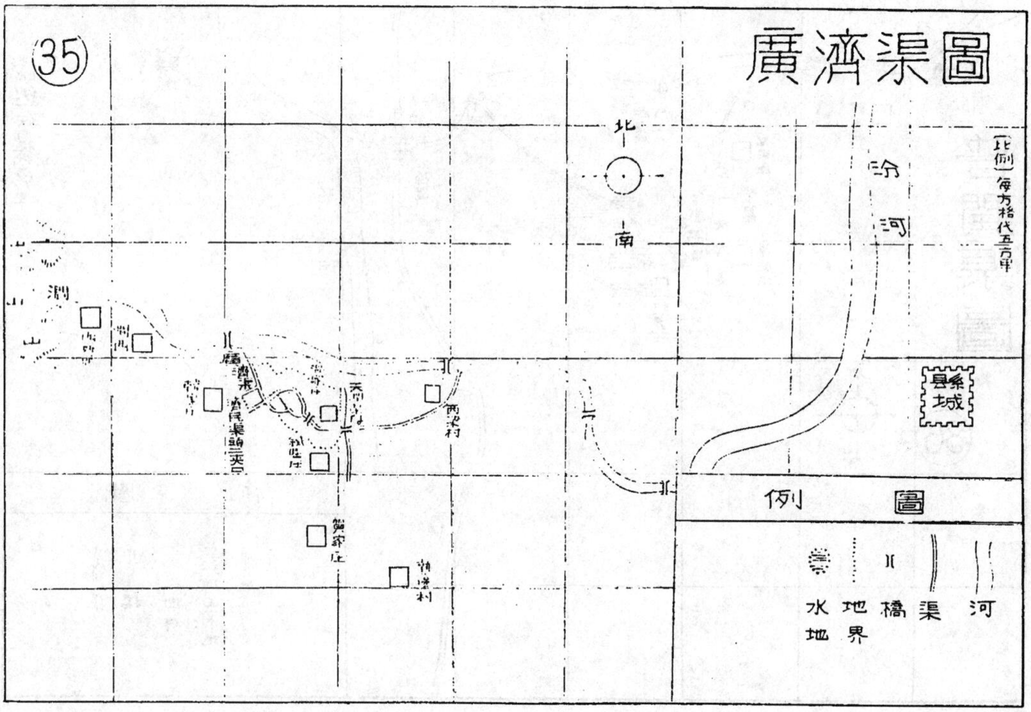

该渠在济民渠之下，灌温家庄一村地亩。自近数十年，因济民下游二村，不兴夫修渠，于是温家庄独力修筑，遂并广济地亩，合而为一。民国三年兴讼，经断：广济渠地只准在济民渠头夹口上，浇地一百三十二亩零。其余地亩仍在本渠渠口上水。勘明地段，立册各执，村人允服，无异议焉。

普润渠

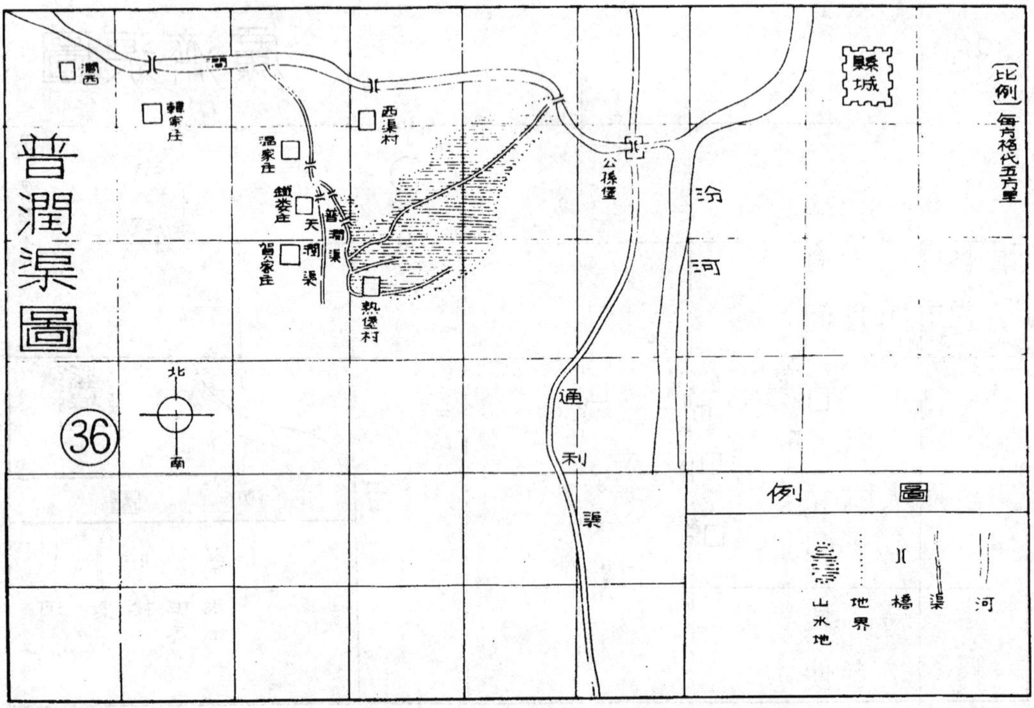

该渠在出佛峡水流域内，位置最下，面积颇广。盖自塾堡村直至南洪段村之西，东西约十里一带之地皆属焉。以上游渠多之故，水小则涓滴难沾，水大则各渠皆以是为尾间。以故，利不必其一，而害且十焉。历来修渠工作，所费甚巨。近来渐就废圮，是以渠册夫簿一无存者，仅嘉庆间修闸一碑，尚略记其沿革，余则不可考已。

塾堡村普润渠后闸碑记

窃念普润渠一道，源自七佛峡口通古涧内。其水至曹家庄西南，有一涧闸，其深四丈不足，南北二十丈有余。水势难以入渠。历年兴工使水，浇灌地亩。每年以沙土堆坝，屡做屡坏，枉费银两。我渠人等思念堆沙不如灰石，数村公议，铁娄庄、塾堡村、西梁村、东梁村、南段村，于乾隆四十一年七月间，五村各出资财，公做石垄四。四十二年，山水大发，石垄冲坏，踪迹尽灭。数十年来，不能浇灌。每年与南段村、东梁村商议后做石垄，二村执意不随。然三村念已往之苦衷，图将来水利。于五十一年，铁娄庄、塾堡村、西梁村公议后做。此时，铁娄庄出灰，塾堡村出工，西梁村出石，数月之间渠工告竣，共费银七百三十有零。此后天雨浩大，石垄冲坏。三村又于乾隆五十三年四月间，后议维持铁娄庄出工，塾堡村出灰，西梁村出石，亦于一月之间其功成焉。费银三百六十（雨）〔两〕有零。五十六年山水涨发，石垄又坏，三村前重修费银二百四十五两。又至嘉庆六年，猛水大发，石垄又坏，三村后议铁娄庄出石，塾堡村出工，西梁村出灰，费银四百七十余两，兴工一月有余，乃告竣焉。其坝长二十丈有余，底阔三丈有余，高四丈不足。三村兴工者使水，苦尽者甘来。恐后紊乱渠规，勒碑刻铭，以为永垂不朽。

嘉庆七年榴月立

下广平渠

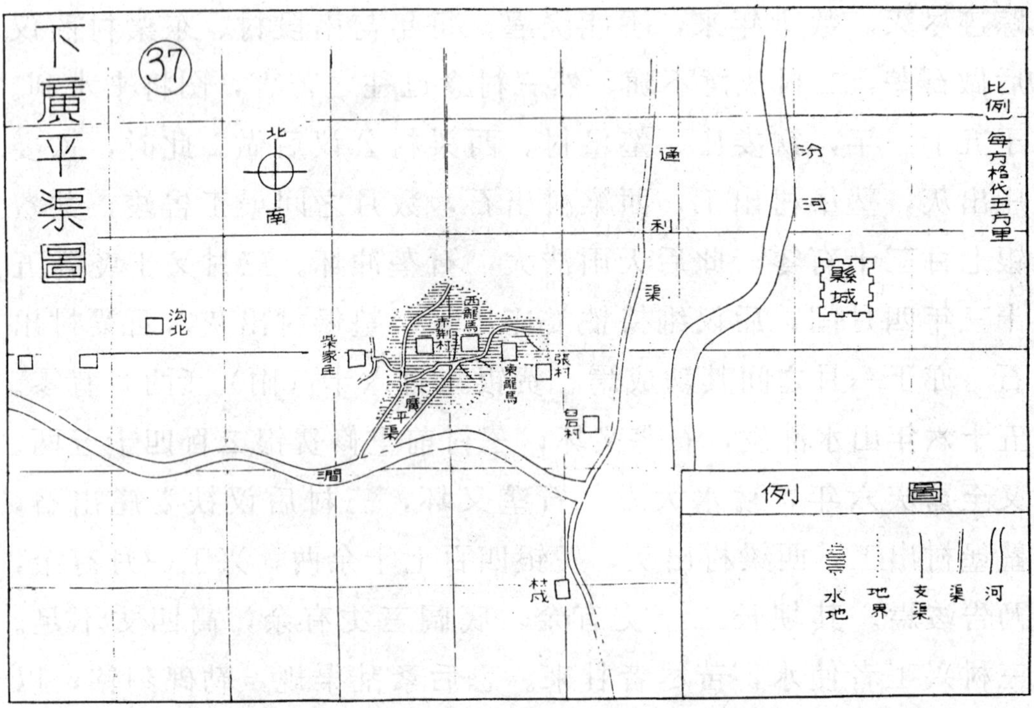

该渠在世尊峪水流区域内。地势居最下，计溉赤荆，东、西龙马，张村等四村之地。再东则近汾河，与白石等村接壤矣。以位置较远，得水綦难，名为渠地，无异旱田。又以无人经理之故，是以并渠册夫簿以及碑碣，一概无之。今仅询诸父老绘其渠形，以为异日修复地步。倘吾造林致雨之计划得行，则十年之后，此一带之地亦未尝无膏腴之望也。曷禁拭目俟之。

万尊渠

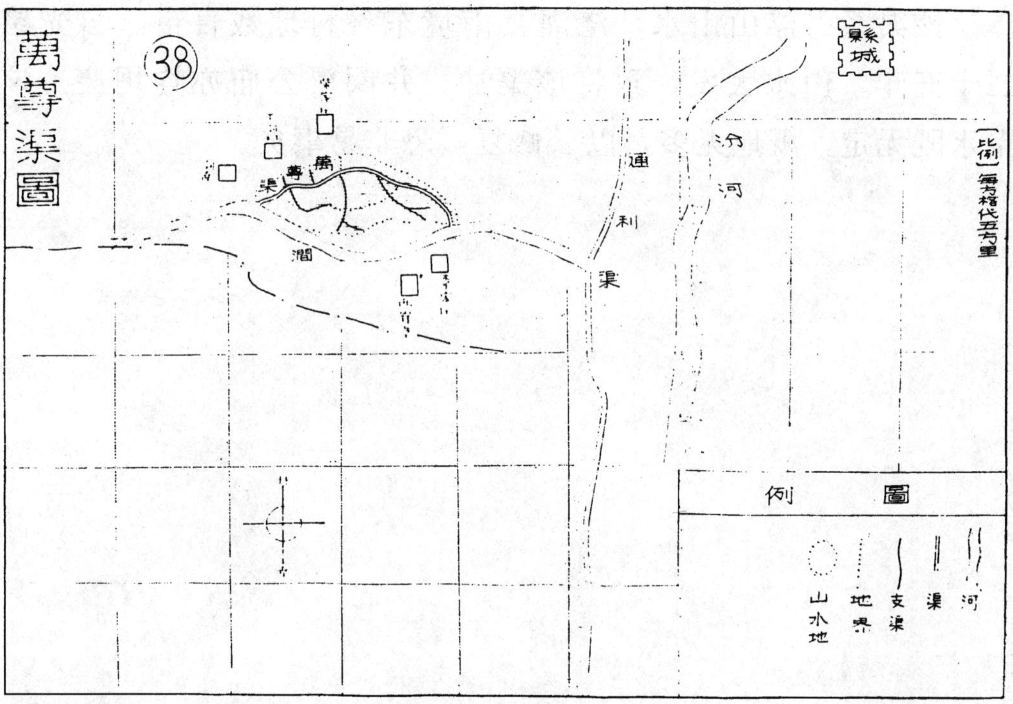

是渠亦世尊峪水流域之一，灌涧北、沟南、下沟、柴家庄三村地亩。询诸村人，是村不得水者已数十年。册例既无，夫簿亦失，盖所谓渠者，亦不过仅有其名而已。然沟渎未湮，畎亩犹是。苟雨量较多，人力无缺，则化瘠土为肥田，亦易事也。

益民渠

该渠系引浮山山水，浇灌县南境东谷村地数百亩。自光绪二十五年，山水大发，致将该渠冲，并阖渠公庙亦均坍废。该渠水既无定，溉地无多，以云修复，恐非易事矣。

润民渠

该渠水源出于龙王沟，故有老龙沟之俗称。该处水源无多，又须先经上舍村之淤民渠浇毕，始归该渠，是以得水之时绝少，而争端且时起焉。近渠已久废，沟洫一切已均不存。不过于贺家庄西，尚略见废址而已。

贺家庄重修润民渠碑记

盖观天生谷以养民，民治水以滋谷，自沟洫之制立，而水利之重，振古如兹矣。洪洞县河西四十里许有娸媓庙，南有张龙王沟二处，每遇大雨时行两地聚水成沟，合并一渠顺流而东，经流上舍村、贺家庄二村。至大明洪武六年，先辈贺伯山等两村二十多人，向山西巡抚司道，各上台具告，开渠浇地富国裕民，蒙准开渠。渠（民）〔名〕润（名）〔民〕，据实立案。不意至顺治二年，上舍村李尚益等，暨赵应科冒籍襄陵，以苏命等情，控诬本庄。贺王玠赴山西巡抚老爷刘诉告，蒙准，批送本县李老爷亲行踏验，公断分口使水，各依旧规。上舍村不得横截断流，贺家庄不得从傍剜决。既经五十年矣。孰意至我清康熙二十七年，赵村何光祖等，倚势恃强，竟在润民渠腹创开渠口，将本庄三觉寺僧人寂中征粮平地，开渠过水。两庄哄斗，光祖弟承祖身死斗伤。光祖绰影妄诬县主不察下情，本庄生员贺子景运倡义保渠，身殒家倾。光祖贪毒不悛，仍以祈天定例，控诬渠长贺景昌、贺彦士等，昌等据实伏诉本县县主，前情毕悉，悔恨莫及。亲行到渠踏看明确，将光祖重笞。欲照反坐例定罪，姑念乡愚，行宽宥，断令光祖率伊赵村有地人等，将创开渠口自行堵塞，剜坏僧地照旧平治，佃种庄民依旧各照渠规浇灌地亩。阖渠人等因系一村大事，何苦贺生一人一家。在渠各家公议，照依本县河东赏水之例，贺生在渠地三十亩，不轮水分，不做夫役，用尊前劳。至三十一年渠水汹猛，旧渠冲坏。三十二年分渠长贺时清、贺大有不惮劳苦，统领阖渠等照旧修理，约费三百余金。前有贺生忘身以有渠，次有昌等竭力以保渠，又有清等忘劳以修渠，其均有功于渠者，岂浅鲜哉？由是为记，以序其事云。

康熙三十二年岁次癸酉仲夏伍月吉日立

均益渠

该渠创始前明，先石垒滚堰，后渐淤渐辟，遂成佳壤。旧规东西合办，中社附入东社，祀神办公俱在中社，取其适中，便于传集也。渠口在通泽渠上，借用尉登仕地一段，立有信行字据，年付誊土钱两串。清同治八年，执事人不善办理，尉登仕填平渠口，致起讼端，连年不休。初犹一姓，后竟两社构衅，亲友避道而行，不共戴天。光绪初年，连遭奇荒，涉讼人半皆物故，渠亦遂废。旧渠三十二夫，东、中两社十之三，西社十之七，废渠之见，有自来也。自后地既旱阜，西社以贱值售于中、东两社，实居多数。重事开浚，渠形尚在。仍东、西合办，地数既均，水利普沾，尚不至十分棘手。是所望于热心公益者。

节抄《均益渠册》

且夫粒食之资，莫切水利。水利之便，尤重渠道。尹壁村北，古有马津渠。自康熙五十四年清理更名，均益渠计地一百五十余亩，数十年来并无增添。其渠西有桥湾地百亩有零，向来不在本渠之数，浇灌未免不便。乾隆五十四年，因地主李宏瓒、李秉仁、李克正等说合，许其加入。于嘉庆十一年，又入二十余亩。本渠一例浇灌，诚和睦乡里之雅意也。其应入之地，自沟口头起至泉子止，一切鸠工浇灌，以及违例科罚，俱照本渠旧规。虽世远年湮，不得另创别议。详开条例，并勒瑱珉永垂不朽云尔。

自乾隆五十四年至今二十年来，其册破烂，又兼更换地主，嘉庆十四年新正众议，更换夫头，另为提调，永垂不朽，掌例李自忠等。

自嘉庆十四年至今十有余年，其册破烂，又兼更换地主，道光六年十月众议，更换夫头，另为提调，永垂不朽。掌例唐魁等。

自道光六年至今四十余年，其册破烂，又兼更换地主，同治五年于十月众议，更换夫头，另为提调，共集地二百五十余亩，所有条例详开于后，永垂不朽。掌例师长龄等。

渠规开列于后：

一、议地亩三七兴工，不得违规，违者科罚。

一、议浇灌地亩自上而下，一水彻底，不得紊乱。

一、议地内渠租、神钱，俱照地亩摊派，不得依夫而论。

历年掌例，系合渠公保，巡水挨次轮办。于同治十一年，合渠公议。每年掌例按册内夫头名次一位轮膺，以专责成。于同治十二年为始，嗣后不得紊乱。巡水仍照旧规。

跋

乙卯春，玉田孙公来尹吾邑。值夏秋多旱，宿麦播种维艰。明年再旱，粟价腾涌。禀请缓征，借纾民力。而农田待泽孔殷，争水构讼者日数起。公亲履勘验，得其要领，无不片言立决。因辑邑之河渠，为《水利志补》，详其来源流域，录其册序、渠例。此志一出，健讼骫法者，无能逃其鉴。盖千百年无此专书也。至绘图贴说，燎如指掌。后之宰是邑者，抚兹蓝本，展卷斯在，不必身历其地，曲直立判矣。洵政简刑清之一助也。公之泽及洪民岂浅鲜哉！读既竟，因跋数语于后。

邑人李琴声谨跋

邑人李登云、贺椿寿、马汝骐参订

整理人： 蒋超，先后担任水利部科技教育司副处长、科技司处长、水利部信息研究所副所长、国际泥沙研究培训中心副主任。曾兼任中国水利学会副秘书长、中国水利学会水利史研究会副会长兼秘书长、《中国大百科全书》第二版水利学科副主编、《中国水利百科全书》第二版水利史分支副主编、《中国水利史典》专家委员会副主任，现担任世界灌溉遗产评审专家。

孙媛贞　著
武强　整理

贻谷督办内蒙垦务记

整理说明

《贻谷督办内蒙垦务记》一文，发表于《禹贡》半月刊第四卷（1935 年）第三期，作者孙媛贞。

孙媛贞，民国时期经济史、历史地理学者，曾在《禹贡》半月刊发表《〈禹贡〉〈职方〉〈史记·货殖列传〉所记特产比较表》（第一卷第三期）、《一周间西北旅行记》（第三卷第二期）等文章。后赴台湾，曾合著《明代经济》一书（台湾学生书局，1968 年版）。

贻谷，字蔼人，乌雅氏，满洲镶黄旗人，《清史稿·列传二四〇》有传。贻谷于光绪元年（1875 年）中举人，十八年（1892 年）成进士，选庶吉士，授编修，累迁内阁学士。光绪三十四年（1908 年），因垦务贪腐事发被查。民国 15 年（1926 年）去世，葬易州白杨树。贻谷一生中的主要作为是前赴内蒙办理垦务事，《清史稿》中的记载与《贻谷督办内蒙垦务记》一文中史实的记载和对贻谷的评价等方面多有龃龉，读者可对照阅读。

《贻谷督办内蒙垦务记》一文，原书各段落已有标点，但往往依据民国时期的行文，断句过长或过短的情况时时有之，本次整理在保持原貌的情况下进行了一定的修正。本编纂单元由武强整理。若有不当之处，敬请批评指正。

整理者

目　录

贻谷督办内蒙垦务记

读过《禹贡》二卷十二期《王同春开发河套记》的，都知道开发河套的大伟人，是一个有天才、有毅力而不读书、不做官的农夫。凭着他天赋的聪明与坚苦的劳动，才把内蒙荒芜的牧场开辟成肥沃的农田。当他埋头苦干的期间，清朝何尝有一丝一毫的力量帮助过，但是到事业成功，生产繁盛之后，朝廷上却又眼红起来。于是在光绪二十七年冬天，慈禧太后正式任命兵部左侍郎贻谷做垦务大臣，到内蒙古去督办垦务。

贻谷是个精明强干的满洲人（吉林省伊通县人），在幼年时代，非但读书成绩很好，就是对于经商也很内行。后来他考中了乡举，家道也渐渐丰富了，于是他就装满了钱包到北京去活动做官。当时朝廷上最得势的大臣是荣禄，所以贻谷竭力想法同他结纳。果然不久以后，大为荣禄所亲信，声势煊赫，权重一时。不幸后来“拳匪”起事，贻谷很倾向“匪团”，在朝廷上竭力为他们鼓吹，并且亲自当过大队长，所以事后很受中外人士的指摘，在京城委实有些不安。恰巧这时朝廷有开发内蒙的意思，于是就派了他去。

贻谷是在光绪二十八年的春天，佩着钦差印到内蒙古的。到二十九年，又兼任了绥远将军与理藩院尚书两个重要职位。

于是内蒙的政权差不多完全操纵在他一人的手里，论办事，可以说是绝少牵掣了。然而开发内蒙的事业，虽然落在这么一位政府特派的权重势大的大臣手里，却并不见得幸运。试看贻谷在任七年之久，结果除了联络好几个内蒙的王公贝子，接收了一大批土地之外，对于汉、蒙民族的调协和整个垦殖事业的发展，非但不见进步，反而还不如王同春等私人经营时代来得兴旺。这的确是值得我们注意的一件事呵！

现在先把贻谷督办蒙垦的情形，略叙一二。贻谷是光绪二十八年到任的，当年就着手办理东盟察哈尔的垦务。他看到当地地商包揽放垦的利益，很是嫉妒，于是一方面下令禁止，一方面奏请朝廷，在张家口设立一个垦务公司，来代办这件事业。名义上公司是官商合办的，实际官股很少；所谓商股，据说也大半是贻谷等一班贵官们的化名；公司的职员，也都由垦务局的职员兼任。说句老实话，这公司也许是一种骗人的圈套罢。

公司的事业是先缴出押荒银两，向垦务局领取整批的田地；然后再零零碎碎的卖放给各个农户，一转手之间，就可以得到几十万银两的赢利。其实是否先缴押荒银两，还是问题。有如此富厚的利息，公司的范围自然就一天一天扩充；后来划分为东、西两部，东公司仍旧在张家口，西公司在绥远。并且还兼营放贷的行业，例如光绪二十九年，贻谷正式命令公司在地价项下拨库平银五千两，发给商人算利，后来伊克昭盟盟长又借用公司银五千两，副盟长又借二千五百两，鄂尔多斯札萨克又借四千两，议定每月按三分起息，付款时先扣下两个月的利钱，并且还要指定上好的田地作为抵押。到光绪三十一年正月，伊克昭盟盟长因为没有归还本利的能力，只得把乌审旗三百顷田地抵还给公司。这件事后来因为乌审旗的蒙古人竭力反对，终究没有实行，可是从此以后，蒙古人对于朝廷官员总怀着一种不信服的态度了。

垦务局的土地是从那儿来的呢？是蒙古人报效给他的。垦务局把这些土地卖放之后，就把所得的押荒银分做十分，蒙人取三分，垦务局取七分。何以蒙古人会甘心做这种吃亏事情的呢？简单一句话，受名利的诱惑与威势的胁迫而已。贻谷的手段是很巧妙的：譬如说乌审旗的报地罢，他先收买一个名字叫王德呢玛的喇嘛去对乌审贝子说道："若是你肯划出一部分田地来报垦，一定升你做盟长，并且还替你向朝廷请求王衔。"乌审贝子听了十分喜欢，立刻就指地报垦。后来果然升做盟长，加上王衔了，于是又依从着王喇嘛的劝告，向垦务公司借五千两银子，酬谢贻谷。

然而这种事情，牺牲了一般蒙古人的利益来满足一二个王公贝子的私欲，当然是一般蒙古人所不愿意的，而垦务局里的职员，非但不好好的劝谕他们，倒还常常的欺诈压迫，难怪蒙古人都顽强地起来反对报垦了。例如光绪三十一年，乌审旗就发生抗垦风潮，始终坚持着不让垦务局接收土地。就是杭锦旗也发生过同样的风潮，原因是杭锦旗有许多人合伙去报垦，而垦务局不赏众人，独独赏梅楞棍布一个人六千两银子，其余的人因此哄闹起来，声称要杀死梅楞棍布，再向垦局理论，幸亏有王同春从中排解，总算渐渐的平息了。

抗垦风潮闹得最利害的是准噶尔旗。最初也是为准旗的贝子答应了报地，而小酋长与人民多不愿意，当垦务分局派人去丈量田地的时候，蒙人们肯吉亚等就实行抢局，把垦务分局的委员撵走，局里的东西也抢掠一空。西垦务局总办姚学镜得了消息，立刻遣派军队去保护垦务局，同时又进兵剿捕暴动的主使人丹丕尔；丹丕尔率领众人抵抗了一阵，不得已还是逃了出去，官军紧紧的追赶着，终于在豹子塔把他活活捕获了。贻谷为惩一儆百起见，不及细审，马上就叫处死。经过了这一番刀兵，蒙古人诚然有点心惊胆怕，然而说是心悦诚服，可不见得呢。

开发内蒙最重要的事情是兴水利，假使没有水，非但荒地不能垦熟，就是熟地也只能变荒。前面我们已经说过，王同春等还在垦务局没有开办之前，早已私自开凿了好些渠道，灌溉的田地有几万顷。贻谷到了那边，既然从蒙古人手里取得了田地，当然不能让渠道仍旧留在别人手里；恰巧王同春有个仇人叫陈四的被暗杀了，人家都疑惑同春是主使人；贻谷抓住了这个把柄，就强逼着他献渠道与田地来赎罪。王同春不得已，就在光绪二十九年六月，第一次向垦务局上呈，把中和渠、天生渠与田地一万顷，报效归公。三十年十二月，又第二次上呈，把义和、恒和、永和三条大渠与五条支渠、二千顷田地、同心堂房屋一所，一起献纳。两次报效，垦务局一共只给他三万二千两修渠费；然而这还是因为贻谷器重王同春的才能，要他帮助垦局和蒙古人交涉与修理渠道的缘故，否则恐怕像丹丕尔那样，连性命都不保呢。至于其他地商，如郭敏修、侯永奎等所修的渠道，也统统被逼着报效了。贻谷收回了这许多渠道，然而垦务局里边没有人懂得水利，怎样引水，怎样疏通，仍旧要请王同春他们来干。你想王同春被垦务局逼得破家荡产了，还肯尽心竭力地替垦务局出力么？不过是为威势所逼，不得不敷衍敷衍而已。所以从此渠道日渐毁坏，田地日渐荒芜。据王同春说，光绪三十一年还可以收到三万三千两租银，以后就只有二万多两。

光绪三十二年冬天，副参文哲珲突然上奏朝廷，控告贻谷吞侵公款、愚弄蒙旗等种种罪状。朝廷就派鹿文瑞等人前去调查，结果断定贻谷确实有二大错误、四大罪状，于是下诏把他革职拿办，交与法部审问。这场公案一直迁延到宣统三年，才判决把贻谷戍边赎罪，并追还一些侵款。当贻谷囚在法部的时候，他的子侄拼命的在外面施行贿赂，上自朝廷大臣，下至婢仆台役，以及报馆主笔等等，只求可以减轻贻谷的罪名，无不挥金如土，尽力收买。前后四五年，所费何止百万？于是一般人说：贻谷在内蒙委实搜括了不少金钱啊！

然而自从京控案发生以后，内蒙的详情才逐渐暴露于京都。因此中原人士对于寒苦腥毡的塞外荒地，也渐渐的发生了兴趣；譬如鹿文瑞在调查贻案的覆奏里，就提出兴办蒙古学校、训练蒙古军队、修筑张绥铁路、连接归大电线等善后方策，这倒是一种很好的影响了。

整理人：武强，新疆大学历史文化学院副教授，硕士研究生导师，历史地理学博士，人文地理学博士后。主要从事历史经济地理与近代经济史、历史地理信息化等方面的研究。已出版著作三部，发表论文三十余篇，主持国家级、省部级课题多项。

顾颉刚 著
蒋超 整理

王同春开发河套记（改稿）

整理说明

王同春（1852—1925），近代黄河后套的主要开发者之一。著名历史学家、地理学家顾颉刚对王同春开发黄河后套的事业给予很高的评价。1934 年夏天，顾颉刚在今张家口、呼和浩特一带考察时，听说了王同春开发河套的许多故事，颇感兴趣，因而收集了不少前人的资料，在此基础上写出了《王同春开发河套记》一文，1935 年刊登在《禹贡》半月刊第二卷第十二期上。

顾颉刚自己把《王同春开发河套记》称为“改稿”，希望有更多的人关注王同春。他同时把自己收集的文献资料都附于文章之后，并希望大家帮助修改这篇文章。事实上参与这篇文章收集资料工作的热心人很多，其中包括吴文藻、冰心夫妇，以及当时晋绥地区的许多军政要人等。由此可见，当时王同春在河套地区的影响仍然很大。

整理者

目　录

王同春开发河套记（改稿）

民国二十三年的春天，我同家起潜叔（廷龙）旅行到包头，在狂风中荡了一次黄河的船；因为没有人认识，所以不曾打听到什么。夏天，我们得到平绥铁路局长沈立孙先生（昌）的招待，游察哈尔和绥远约一个月，与当地人士往来稍多，就收集了许多塞外的故事。最使我高兴的是听得许多人讲起王同春开发河套的故事。河套的开垦是我久已听说的，尤其是“民生渠”三个字近年常在报纸上见到；但为什么“王同春”这个名儿直到现在才听得呢？我听了他们讲说之后，时常这样地问自己。

第一个把这件故事讲给我听的，是平绥路车务段长贺渭南先生（郿），他是山西崞县人，很注意西北地理。七月十一日，同行的许多位都参观大同的上寺、下寺去了，我因事独留在车上，贺先生把王同春说给我听，我才知道河套中曾有过这样的民族伟人，我就发愿替他写一篇传。但贺先生不过讲得一个大概。第二天，我们到云冈，承晋军骑兵司令赵印甫先生（承绶）的招待，住入他新盖好的云冈别墅。席间我们把这件故事问他，因为王同春的儿子王英曾在他的部下，所以他也随口说了一些。就是这一天晚上，贺先生又补述了许多。他们两位的话都由我笔记了。八月九日到了绥远，省政府咨议张宣泽先生邀宴，他向我们介绍建设厅秘书周颂尧先生，周先生是十余岁就到绥远办垦的，曾和王同春并辔出游，查勘田野，所以记得的他的故事更丰富。那一天晚餐席上，他一路吃一路讲，我就一路吃一路写，因此这一顿饭吃得特别慢。有一位客，他连带讲起王同春的女儿二老财的故事，吴文藻夫人谢冰心女士记了。本来我们想赴五原访一访王同春的家，并看他所开的渠道，不幸那时绥远的雨量太多了，道路因泥泞而不通，只得把包头作为旅行的终点。我在绥远接到家母病电，遄回南方，连包头也没有去成。在包头，冰心女士记下了王靖国师长部下的参谋吴泽先生所讲，也转告给我。友人陈中心先生（忠）是顺德人，和王同春同乡，少时在家乡所听得的闾巷间的谈论，把记得的也告给我几条。

以上的材料是属于口说的。至于文字方面，当时一点也没有得到。我居丧在杭，吴文藻先生来信，告我新刊的《临河县志》的末尾有一篇王同春的小传；回到北平，在燕京大学图书馆里找到。恰巧《大公报·史地周刊》向我征文，我就依据了大同和绥远所听得的加上这一篇传文，合写为《王同春开发河套记》，登入十二月十八日报中（《史地周刊》第十五期）。发表之后，吴先生又告我张蔚西先生（相文）著有《王同春小传》一篇，是民国四年作的。有一天，我见到张亮丞先生（星烺），向他提了，他就送我一部《南园丛稿》；在这书里，不但读到了这篇小传，又从《塞北纪行》中知道蔚西先生和王同春认识的经过。我想，蔚西先生既和他认识，说不定在亮丞先生作的《沌谷居士年谱》里尚有材料。拿《地学杂志》一翻，果然又得许多。日前晤赵泉澄先生，他说，“我读《光绪东华录》，也发见王同春了！”我就在这部书里抄出了升允的奏文。有了这许多新材料，此文该得重做了，所以现在就修改一下，在《禹贡》发表。又把各种文字材料集录起来，作为本篇的附录，以备读者的参证。有一幅简单的地图，是吴志顺先生根据了樊中府先生（库）的绥远省分县图而绘的，因为时间匆促，未能画得很细。好在不久的将来，我要写一篇《绥远的垦务和河套的水利》，到那时再请吴先生画精详的图罢！

王同春是一个民族的伟人，贫民靠了他养活了多少万，国家靠了他设立了三个县。然而他的事业是及身而失败了，他的名誉除了绥远一带之外是湮没了。如果我们再不替他表章，岂不是证明中国太没有人了！所以我诚挚地恳求：凡是有人知道他的事实的，对于这篇文字，请给以严格的纠正，或给以大量的补充，使得它可以逐年改作，由我的手里写成功一部这位失败英雄的传记。

二三·一二·二四始草，二四·一·二七改作讫。

(一)

王同春是直隶省顺德府邢台县人，生于清咸丰元年（西元一八五一），小名进财。他出身微贱，没有受过教育，识不得几个字。他的幼年的生活，大约已经没有人知道了。到十六岁那年，他犯了杀人的案子，从家乡逃出来，同拳术家李三侉子一起推车到了河套。河套本来是一块肥沃的地方，谚所谓“黄河百害，惟富一套”。黄河在河套一段，本有两道，在北的叫做北河，在南的叫做南河。后来北河渐湮，其下游在清朝道光年间淤断，和南河不通，土人呼为五加河（也有人写作乌拉河）。从黄河到五加河，叫做后套。这块地方，南北四百余里，东西六七百里，真是天府之国。自从明朝弃给蒙古人，他们只拿来充做牧场，辜负了天地的美惠。到乾隆年间，有几个汉族渔夫捕鱼到此，在近河处用桔槔取水，试行种植，大获其利。到道光三十年，黄河水溢，北岸决成一河，名曰塔布河。河流所及，都成了膏腴。那时山西人民移殖来的渐渐多了，他们在那边种地，有非常好的收获。听说一个人可以种到一千亩，种一年可以吃十年。起初他们只会利用天然的河流，后来也会自己开渠，引水灌田了。王同春就在这个运会中赶到了河套。

有一个四川人，名唤郭有元，他先到河套，娶了甘肃女子，成家立业。他首先提倡开渠，这条渠就叫做“老郭渠”（现在改称通济渠，在安北县）。同治十三年，王同春投在郭家，充做工人，勤苦地工作。他的身材特别高大，长六尺左右，进普通的门户全须低头而入。力气又极大，一锄下去，掀起来时就有百余斤的土。郭有元见他一表人材，心里着实爱重，就叫他管理渠工，把女儿嫁给他。他既成了家，就向蒙人租了牧地，自创一牛犋（这是绥远的特别名词，两条牛为一牛犋，引伸为村庄的意思）。后来再开第二个牛犋，以至于第三，第四……他的田多了，就在隆兴长（地名，在今五原县城南）创一牛犋，这是他的大本营。光绪七年，他又自己开一条小渠，叫永和渠。十二年，又开同和渠；后来开得长了，改名义和渠（在今五原县），这条渠长有百余里。在这时候，他已经不受他的丈人的节制了。

光绪初年，开渠垦田的有几人。西边有一姓王的凿了一条黄土拉亥渠，又有一个姓杨的开了一条杨家河（都在今临河县）。东边有一曹四，有一个四老虎，同时开了一条长胜塔布渠（今名长济渠，在安北县）。凡事一关了利就会发生争端，他们为了争水争霸常时械斗。王同春势力最充裕，他有来复枪、前膛枪，手下养着的逃兵和把式匠（即拳教师）又最多，械斗几年，他独霸了。河套共有八大干区；每区周围数百里，他一个人就开辟了五个，拥有良田一万余顷，牛犋七十个。河套地方几乎给他打成了一片。

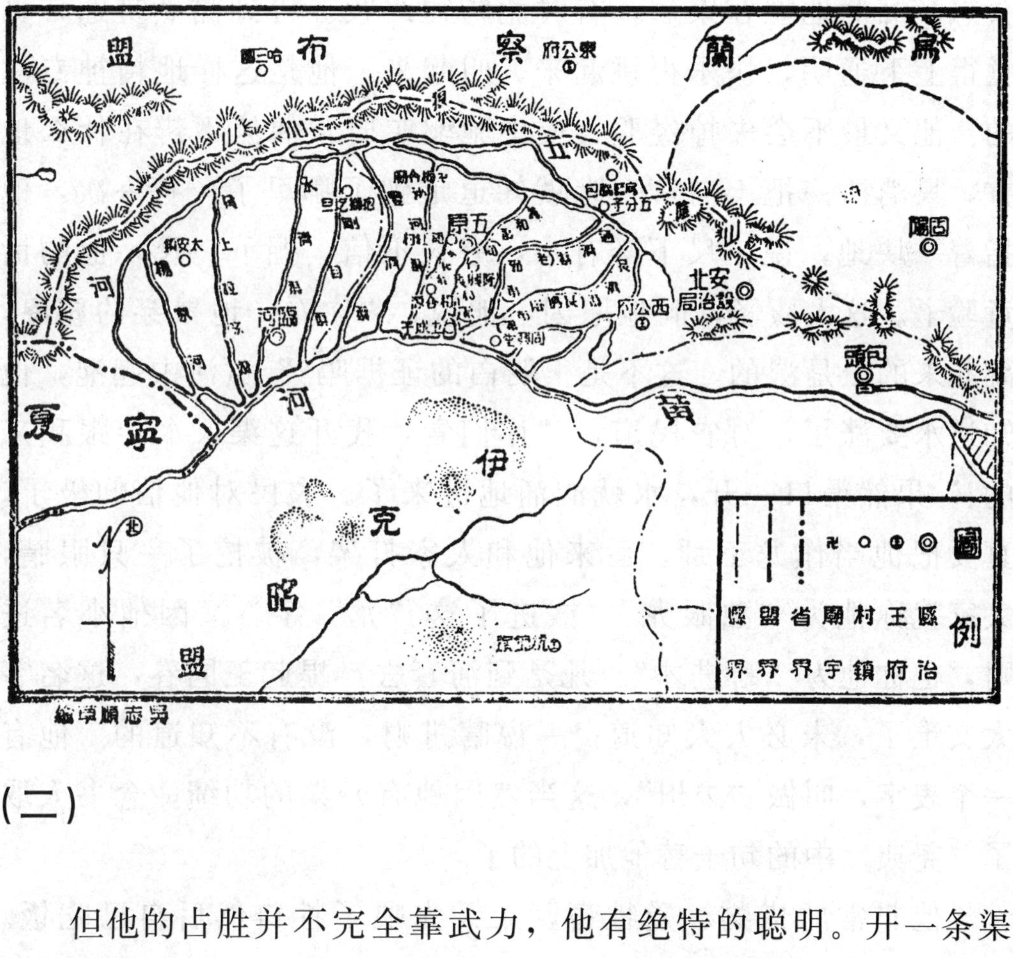

（二）

但他的占胜并不完全靠武力，他有绝特的聪明。开一条渠不是容易的，三丈阔，三丈深，数十里至数百里长，有许多的支渠，费钱数万至数十百万，实在是很伟大的工程。要是开了没有水来，或来而不多，人力财力岂不冤枉花了，但他识得水脉，有开渠的天才，一件大工程，别人退避不遑的，他却从容布置，或高或下，或向或背，都有很适当的计画。他时常登高远望，或骑马巡行，打算工程该怎么做，比了受过严格训练的工程师要有把握。在黑夜之中，他点了三盏灯，疏落地放着，来测定地的高低。逢到下雨天，他又冒雨出去，看雨水的流转，做他测量的标准。在开挖时，他一眼看去，说那里有水，锄头打下去，果真冒出水来了。遇有疑难的地方，低着头看，抬着头想，痴痴地立在渠边，有时竟彷徨终夜。等到豁然贯通，真觉得上下通明，快乐得跳起来、叫起来。他是这样地精神专注的。他又最不会失掉经验。夜中驰驱旷野，偶然不辨在什么地方，只消抓一把土向灯一瞧就知道走到了哪里了。有一次，他指着一块地，说一尺下必有水，旁人不信，掘下一尺，他的话竟验了。这人骇怪，问他原因，他说，“你看，地鼠穿的窟窿，翻起来的土是湿的。这不是很明白的证据吗?”黄河中起泡，他知道水要涨了，对农民道，“你们看，我开这渠，水会跟我来的!”果然渠口一开，水就汹涌地进来了。农民对他信仰极了，真要把他当作龙王拜。后来他和人家打架，被挖了一只眼睛，大家就称他为“独眼龙”，嵌进了这“龙”字。又因他小名进财，也称他为“瞎进才”。凡是到河套去，提起王同春，这名字太文雅了，未必人人知道；一说瞎进财，没有不知道的。他有一个表字，叫做“浚川”，这当然因他有开渠的功绩，念书人取了《尧典》中的句子替他加上的了。

他非常的惜物、爱牲畜，天天先喂了牲口然后自己吃饭。他又非常的刻苦，开渠时自己也杂在工人队里，一齐动手；就是他的爱子也逃避不了这种苦差使。就是他的女儿，脚裹得小小的，也要背了枪在渠里监工。

他的势力既渐渐雄厚，于是招兵买马，做起土皇帝来。流氓跑向他那边去，犯罪的也逃到他那边去。三教九流，他都容得下。直、鲁、豫三省的贫民，去的更不少。本来茫茫的荒野，给他一干，居然村落相望，每天下锄的和担土的有数万人了。他用了兵法部勒他们，个个人要替他作事，不许随便离开。农闲之时，又要施行军事训练，以防敌人的侵袭。清末革命党需要金钱的接济，常去访他，也受过他不少的恩惠。他对于钱财一点不吝惜。凡是去依赖他的人，他每每给这人娶媳妇，再给以百亩或千亩的田地。光绪十七、八两年，京北大旱灾，他捐输了粮米一万多石。二十七年又是闹荒，他再捐了六千多石。给他救活的总有五万人以上。这时候，人人感激他。河套中人更只知有他，不知有国家；彼此说话，提到他时，不忍称他的名字，只说“王善人”。

但是他的手段也实在辣。凡是和他有利益上的冲突的，或是犯了他的禁令的，捉了来就要处罚。他的刑罚有三种。第一种叫做“住顶棚房子”，是冬天渠冰，凿开一洞，把人投入。第二种叫做“下饺子”，把土袋装了这人，扔下黄河。第三种叫做“吃麻花”，是把牛筋晒干，像一条麻花似的，把人打死。所以，汉高祖要约法三章，他则只有死刑一章。有一年，他曾经用了这三种刑罚处死了三千五百人。总算起来，在他的手里结果的人可不少咧！

他有一件不合理的举动，就是欺侮蒙古人。河套地方已久为蒙人所占有，他们自己不开发，汉人替他们开发也未为不可。而且开发之后，蒙人日用的菜面油酒都可从近地交易，地方的繁荣本来也是他们的利益。……[1]他常常租用蒙人的土地；对方不肯时，他又强立借契，契上写明期限一万年。再不肯，他就命他的手下人和他们械斗，把他们逐出这个区域之外。蒙汉间

[1] 此处有删节。

的感情就此伤了。他既广辟田地，开沟渠、置牛犋，后套里方圆数百里，再没有蒙人游牧的地方，于是他们不是北度阴山，就是南越黄河，王同春势力所及之地便断绝了蒙人的足迹。但也有人说蒙人很信仰他；蒙旗里有什么争论，只要他一出来调停事就完了。到底怎样，尚待打听。也许王同春的强垦蒙地比了官垦能讲些公道，又舍得花钱，虽然蒙人一样地受压迫，究竟压迫得轻的会得收拾人心呢。

他不但对于蒙人毫不客气，即对于洋人也没有礼貌。比利时等国的教士在绥远一带传教历有年所，每一个教堂各领有蒙地数百千顷，筑室耕田，自成都邑，彷佛一个个的小独立国，做事自然偏于强横。王同春压不服他们，他们也压不服王同春，彼此积有嫌怨。在这方面，我们虽没有听到什么故事，幸而觅得陕西巡抚升允的一篇奏书。奏书中的事情是这样：蒙人和教民闹起来，在庚子年后蒙方当然不会占便宜，其中有一个乌审旗（即鄂尔多斯右翼前旗）须赔银四万八千两，但这旗太穷，不但拿不出钱，也拿不出牲畜，只得把一个碱池押给教堂；教堂不要，因此招商承领。有人推举王同春承领，王同春自己答应了，而教堂不肯答应，说“此人最不安分，与教堂颇有宿怨”，竭力阻挡。地方政府无法，把碱池改为官办。从这一点上可以知道，王同春对于外国人是怎样的倔强。

有一个河南人陈四，到河套时比王同春早些，他也是一个豪侠讲义气的男儿，手下自然收得许多徒众。两雄不并立，他们两家时常械斗，杀伤的人很多。诉到官厅，王同春就被捕入萨拉齐的牢里。萨厅抚民同知文钧觉得械斗的事双方都应负责，不该独使王同春受冤屈，把他放了。后来陈四方面屡次上告，文钧为了这件事情竟革了职。他年老无子，不回家了，寄居在绥远城里，也没有人理他。有一天，外边忽然来了几十个大汉，把他掳了去，他莫明其妙。停了一回，才知道他们是王同春特地派来接他的。到了王家，王同春跪下说道，“大人，你是重生我的恩人，你没有儿子，我就是你的儿子了！”奉养他终身，殷勤服侍，过于孝子。远道的人听了，愈加钦佩他待人的诚厚。

光绪二十七年，库伦活佛听得他的名声，聘他到外蒙开渠。他带了一千个汉人去工作。结果如何，因为道远，述说的人也不知道。但他的幸运已在这一年交完了，从此以后，他就一重重地堕入了厄运。

（三）

光绪二十六年，八国联军攻入北京，西太后等逃到陕西，岑春煊率师勤王，路过河套，看见土地肥美如此，心中着实想用了国家的力量帮助农业的发达。下一年他接任山西巡抚，就奏请开发（因为那时的绥远是山西省管的）。朝中准了，命贻谷做督办垦务大臣，二十七年先在东蒙着手，二十八年推到西蒙。贻谷到河套一看，见王同春的势力这等雄厚，觉得非把他打倒，政府的垦务是不能办的。因此，对他说：“你办垦务极有经验，我就请你当了总工程师罢！”贻谷带去的一班人，看见那边有这样的大财主，个个眼红，想去揩他的油。他知道政府的势力来了，豺狼当道，对他必然不利，但无法反抗。他任了总工程师，第一件事是修长济渠。他只命工人往低处开，水来了上不去，反把以前所开的渠一起淹了。他达到了败坏渠道的愿望。

本来绥远的萨拉齐厅辖区极广，后套全部在内，现在宁夏省的一部分也在内。自从政府开发西蒙，就把它的西部划作五原厅。二十九年，五原厅抚民同知兼西蒙垦务督办姚学镜为了王同春不肯把渠道公开，亲带几营兵到他家里，勒逼他把渠道归公，他违抗不了，只得屈服。从此以后，政府里设了水利局专管放水，每年征收水租多少钱；在规定之外，局中的吏役常常作额外的需索，不肯纳贿的就不给水。逼得人不能种，河套里的良田又变成沙碛了！王同春是自开渠道的人，政府里算是体恤他，贴他一些些的开渠费。

在那时，他不再能和以前械斗过的人争气了，于是他的二十余年来的敌人一一上衙门控告他，其中以陈四为最厉害。他派人同陈四说："从此以后，我固然完了，但你也完了！我们讲和罢，我们把两班把式匠遣散了罢!"陈四听了他的话，果真把自己的爪牙辞退。二十九年腊月三十日，陈四住在义和渠旁土城子（今五原县城南约六十里），王同春的拳师杜福元带了几人，从隆兴长赶骡子到土城子，夜十二时把陈四打死了。杜福元们跨骡东去，八点钟走了四百里路，到包头，大年初一到处拜年。陈四家属告状，官府捕获了杜福元，但他说："元旦天亮我就在包头拜年，怎么大年夜的十二点我在土城子杀人？两处相去四百里，难道我是会飞的?"官府到底不能定他的罪。

但是办垦务的官员们发财的机会又到了。他们叫王同春来，斥责道，"你私垦蒙地是有大罪的，杀人也是有大罪，两的罪并发，你有几个头？这不是害了自己不够，害子孙吗？听我们的话，你具一个甘结，我们替你消案!"说罢，拿出一张纸来，叫他画押。王同春是不识字的，不知道上边写的是什么；迫不得已，打上了一个手印。这一打，他的田就去掉了无数！

到光绪三十三年，王同春到底为了打死陈四的案被捕入狱。关了五年，适逢辛亥革命，绥远将军堃岫因人心不安，要把监内五十一个犯人一齐枪毙，结果，别的都死了，只有王同春没有死：然而死尸却是五十一个，原来一个开枪的兵丁误死在内了。将军觉得其中必有天意，没有杀他，仍旧监禁。民国元年，他恢复了自由。绥远将军派他回河套办团练，安定边疆。他回到家里，叫人肩了一面大旗遍走四乡，嘴里喊道："王老子放出来了！奉将军的命令训练乡团，保护老百姓了！"百姓们听了这话，聚集拢来，不上一月就部署井然，威声大振。民国二年冬，外蒙入寇，他埋伏了许多团丁，在高阙戍前打了一仗，蒙人大败而归。他因有了这回武功，得到政府里五等嘉禾章的奖赏。可是他的田产已很少是他的了，他虽任当地的农会会长，做得出什么事情来呢？

听说阎锡山在清末和王同春有过很深的交情，辛亥革命，阎氏曾得到他的兵马钱粮的帮助，因此，民国以来他输运货物经过山西，很受当局的保护。他每年把滩羊皮和软毛细皮从宁夏后套运到顺德，再把绸缎布匹洋广杂货从顺德等处运到后套，车上插了"王同春"三字的标旗，经过山西各税卡，概可免验放行。因此，他在顺德民间的声名也很大。但我们知道辛亥革命时他正关在狱里，或者只是一种民间的传说而已。

民国三年五月，地理学家张相文旅行到五原，他在归化听得了王同春的名望，访他谈话，一见倾心，觉得他真是一个农村的模范人物。听到他自叙五十年来的经过，又深切地替他抱不平。张氏回到北京，和农商总长张謇说了。那时张謇兼任导淮督办，听得有这样一位开河的天才，自然高兴，就聘他为水利顾问，招他到北京，并嘱他带了两个儿子到南通师范学校读书。这年冬天，他们动身，路过绥远城，谒见将军潘矩楹，潘将军的手下人和贻谷的手下人一样，看他有钱可榨，就劝将军加他一个罪状，把他下狱。张相文与张謇函电营救，都没有效果。张謇为了这事特地进总统府见袁世凯，用袁大总统的命令打电报去，方得释放了。他到北京，对人说，“险呵！案子已判决，该枪毙了！只要这命令迟到一天，已来不及了！”他想起这些事情，真觉得万念都灰了。

他们到了北京，在张相文办的中国地学会里住了三个月，和张謇等商量开垦河套的计画。他们共同组织了一个西通垦牧公司，由王同春拨出乌兰脑包附近地十万八千亩作为公司事业的基础，张謇和张相文各出二千元作为活动资本，从民国四年四月开冻时办起，张相文亲自去布置。因为交通不便，官吏贪婪，军队骚扰，土匪猖獗，办了六年，不但开垦失败，连牧畜也失败了。

民国三、四年间，张謇常常请假回南，覆勘淮河工程。王同春曾随着他南行。张謇同他讨论导淮的方案，他主张疏导入海，张也极以为然，但到底为了种种阻碍，没有实行。

他在南通县住了些时，又到北京和山西应州住了些时。民国四年，他回到五原。五年，河套田地又归他经营。但他老了，不行了。六年，病死，年六十七。现在五原城内有个王同春的祠堂，每年六月六日为庙会期。就是这座五原城，也是民国四年他捐资建造的。

（四）

自从光绪末年他入狱之后，一班拳师失去了首领，变为土匪。河套的土匪几乎没有不是王同春的把式匠，他们的扰乱区域直蔓延到察哈尔。

讲到渠道，自他走后也湮塞了。当贻谷办垦的时候像个样子。到了民国就没有人顾及，恳务停顿了。四年，绥远都统蔡成勋手下有一个旅长杨以来，他要包办水利，设立灌田公社；名义似乎很好，但实际只有剥削，水利全坏。五年，虽仍由王同春接办，但过年他就死了。此后水利事业由垦务局经营，当局者只知有田而不知有水，更失败了。十七年，划归建设厅，设立包西水利管理局，困于经费，变成官督民修。无论如何，总不及王同春私人管理时来得好。所以有人叹息着说："民主渠修了三年尚未成功，而且眼看将来也没有希望，如叫王同春来修，那会枉费这么多的时间和这么多的金钱！"

王同春共生四个儿子、一个女儿。长子和四子早死。五子王喆，号乐禹，是一个谨慎的人，能保守他的遗产。三子王英，号杰臣，民国初年随父到南通，读过几年书。回五原后，他不去种地，专喜招集流亡，聚众至数千人，后又增至万余人。政府任命他做军官，曾在山西骑兵司令赵承绶部下做过旅长和副司令等职。但他为人心气高强，不能郁郁居人下，而有势力的又垂涎他的产业，逼得他难堪，二十年，他提了两师兵造反了。这说不定有《水浒传》中逼上梁山的背景！给国军剿平了之后，至今匿居在天津。他分得的父产，已全部没收了。次女名二老财，年已五十外，娴骑术，擅智谋，绰号是"后套的穆桂英"，也有人比她做九花娘。十七年，土匪赵二半吊子围攻五原城，声言破城后要屠城，她挺身而出，严辞责备，他的兵就退了。即此一事，可以知道她在后套的威望。她手下有四千人，又有些军火。她也能指挥军队。王英失败后，后套的土匪更多，有人报信，说他们都住在二老财的家里。政府得此消息，把她逮捕。她侃侃答辨，说："倘使我帮着王英造反，为什么他失败之后我不跟着他跑呢？再说捉贼捉赃，我的赃在哪里呢？犯罪要证，那一个土匪供出是我窝藏的呢?”问官觉得她理由甚直，没有定她的罪，但也没有敢放她。她现在仍住在五原县的监牢里。又有人说，已经放出来了。

民国十四年，从五原县中析出通济渠以东的地，成立安北设治局；又析出丰济渠以西的地，成立临河设治局。十八年，改临河为县。绥远一省只有十八个县，而五原、临河、安北三县是王同春开发的。一个不识字的人能彀赤手空拳创出这番大事业来，那不够我们的纪念？再说倘使官民能够合作，他的成绩又将怎样？所以张相文沉痛地说：王同春是不幸而生于中国！

附录一　东华续录（光绪二十八年四月）　朱寿朋辑（光绪朝卷一七三，页八）

升允奏：查光绪二十六年七月间，陕西宁条梁地方蒙人闹教一案。去夏经奴才派员会同绥远城将军所派委员，暨蒙部各员，与该处教堂议和，往返筹商，磋磨再四，开议逾月，始获办结。计此案焚毁教堂四处、教民房屋六百余间，伤毙教士一人，教民十人，掠取教堂及教民器物粮石牲畜等件，为数颇多。议定不戮一人，共赔偿银十四万两；又乌审旗历年旧案，三旗另赔银三千五百两，归入此案并结，一了百了，均不得复有违言。其赔款应由鄂托克、扎萨克、乌审三旗分摊，鄂托、扎萨两旗或即时措交现银，或以牲畜地亩作抵，惟乌审旗素称贫瘠，无款可筹，因以大淖碱池暂押教堂，一面设法出租。上年十月、腊月，本年三月，三期筹款赎淖。届期如办无端绪，教堂仍按三限索银，决不将淖池收留。当经该委员等同蒙旗及教士会议条规，妥立和约，所有永无翻悔，甘结存案。此起初蒙洋议和之大概情形也。

嗣因招商认租淖池，日久无人承领，而十月限期已迫，因札饬延榆绥道酌量妥办；如招商甚难，即以大淖归俄，俄代蒙出赔款。旋据延榆绥道禀称："已由绥远委员招来晋商王同春；惟一时无此巨款，拟按四年分缴。"后据驻札神木部员明禄咨称"淖池归王同春承办，其银由王同春分期自交洋堂，现已互立约据"等语。奴才以为偿款既有着落，自可相安无事；乃今正接阅该处教堂来函，谓"去冬蒙旗应缴之银，一再愆期。闻欲将淖池出租王同春，此人最不安分，与教堂颇有宿怨，果尔当极力阻挡"；并云"第三期如不将款交清，彼时断难应允"。奴才窃维此次蒙洋构衅，幸经派员议款，复归于和。倘因该旗筹款无从，致启责言，彼直我曲，其将何术以解？且王同春既为教堂指摘，又无现银持交，自不能令其承办碱池，免生枝节。当饬司筹款五万余两，委员解赴榆林，于三月限期内如数兑交该处教士核收，赎回淖池，归官开办。良以大淖产碱最旺，在公家既非虚掷黄金，洋堂赔款缴清，在蒙旗亦可如释重负，两有稗益，是以毅然行之。此代蒙筹款结案之实在情形也。

兹据驻扎神木部员明禄来文，据称王同春系该员招来，"即使洋款定须一时清，不允四年分期，亦应婉劝教士曲从，何得遽归官办。此皆绥远委员佐领扎拉丰阿揽权干预，又以小石碥地方许给洋堂，必暗激成祸变。合先陈明，以免明禄将来获咎"等因。接阅之余，不胜骇异。查佐领扎拉丰阿乃奏委专办此次教案之员，凡放地筹款各事宜，是其专责，何得谓之干预？碱池既可归商，何独不可归官！以巨金济蒙之急，蒙人有何不利？至小石碥地方，乃上年会议租与洋堂之地，业经咨明外务部在案。此时自应指明地段界限，劝论各蒙民迁徙，以期彼此相安，何得遽食前言，任意挠阻！明禄因淖池未归王同春承办，辄牵引“蒙教相仇，大祸即在目前”等语，希图挟制，殊不知教堂所切齿者专属王同春一人，若复用之，适以挑蒙教之衅。明禄懵懵，乃为之力争，奴才固不敢谓其必受王同春贿赂，故听该商把持；而其徇私忘公，危言耸听，实属昧于情势，不顾大局。际此蒙教猜疑未泯，该员不思弹压调停，以期释嫌敦好，万一因民之怒，激成事端，其患何堪设想！焦思再四，惟有请旨饬下理藩院，将驻扎神木部员明禄速即撤回，以弭隐患。

得旨：“明禄着即撤回。该衙门知道。余依议。”

附录二　塞北纪行　张相文（《南园丛稿》卷四，页三二）

（民国三年五月）二日，住五原农会。……下午，王君同春来晤，农会会长也。余在归化已闻其名，然官场对之，率多诋毁之词。及逾萨拉齐而西，所遇农民莫不称其经营水利具有心得。因乞知事范君为书介绍见之。与谈河套地方利害，所言颇能中肯，亦可为农人之最好模范矣！

附录三　王同春小传　张相文（《南园丛稿》卷七，页五二—五三）

王同春者，北直邢台县人。性任侠喜事。少时家赤贫，随父觅食塞外，转徙至河套，佣为蒙人工作。其为人眇一目，身躯雄伟，膂力兼人，以是得稍稍积工资，乃贷蒙人牧地自垦之。

河套界山河间，地层冲积，赤埴中兼杂白沙，得河水以浸之，乃异常滋润；水所不及，皆荒碛也。同春有天才，能识水脉，登高而望，即知畎浍所宜。又或驰马巡行，凡山原高下，工程多寡，斗角钩心，了了然不差累黍，虽精于测算者不如也。故其垦地岁获滋多。乃益出资租蒙地，蒙人益信赖之。自南河沿岸以达北河，南北四百余里，东西六七百里，凡凿干渠四道，宽深皆与大河相等，支渠旁边无数。晋、秦、燕、豫贫民争趋之，日操畚锸者常数万人，岁获粱谷至巨万，馈运口内不可胜计。茫茫荒野，至是乃村落云屯，富庶过于壮县。同春指挥其间，俨然一建国主也。

是时适有豫人陈四者，先同春至河套，豪侠尚气与同春埒，徒众亦归之，乃起与同春为虞芮之争。两家持械斗，时有杀伤者，同春遂坐系萨拉齐狱中。厅官文钧视同春无大罪，遽遣之。已而陈四之党迭上告，文因以落职，年老无子，退居绥远城，无过视者。一日，忽来壮士数十人，急举之去，不知何所为也。继知乃同春遣迎之。既至家，同春则跪陈曰："大人实生我，我即大人子矣！大人何用子为！"遂奉养之终身，过于孝子焉。蒙古诸王公闻之，愈益多同春之义。蒙旗有违言，得同春片语无不立解者。

居久之，清将军贻谷奉命督办西盟垦务，知蒙人弗善也，乃罗致同春，欲以开导蒙人。同春既进谒，适陈四为人杀于路，风传同春实使之。贻谷从吏合谋，借是以毙同春，瓜分其产，乃勒令同春尽献垦田，且让之曰："如此则为尔消案，不则私垦蒙地有罪，杀人有罪，两罪并发，祸且及子孙矣！"遂出一纸，逼之画诺。同春不知书，手印之，其田尽没。然终以陈四案，囚系之狱。

辛亥革命军兴，北方骚动，狱中诸犯且谋越狱为乱。同春密告之，得以无害。将军堃秀嘉其忠，遂释之，饬往河套为靖边计。同春既归，乃建大旗，使人周走而呼曰："王老子出狱矣！且奉将军命，为若练乡团，击寇盗也。"于是蒙汉争集，旬日间部署井然，声威重一方。二年冬，库伦入寇，同春设伏邀击之高阙戍，大破之，遂由军功奖以五等嘉禾章。然垦田既尽入官，乃退耕河西为老农，亦无复当年意气矣。

野史氏曰：泰西人于近数百年间盛言殖民矣；吾向者读吴元盛、林道干殖民诸伟人传，心窃壮之，谓吾民之聪明才力果不在彼族下也。自今观之，彼吴林者特侥幸成功耳。设使南洋诸岛亦如河套之隶属于中国，则是蚩蚩者方为官吏鱼肉之不暇，而岂能披荆斩棘，为吾人争存于尺寸土耶！呜呼，悲夫！

附录四　泗阳张沌谷居士年谱

张星烺（《地学杂志》民国二十二年第二期《张蔚西先生纪念号》）

民国三年，甲寅，年四十九岁。

春，三月，拟为西北之游。……农商部总长张季直先生因以调查西北农田水利相嘱，部给旅费。……出居庸关，经张家口至大同。由大同用骡车……至归化城……见张敬与（名绍曾）将军。将军以西方荒落，孤行不便，命副官派马兵数人，护送至宁夏。……由归化西行……至五原县。在此认识其县农会会长王同春。由五原西南行……至大中滩，属阿拉善旗地，得悉豫匪白狼入甘肃，宁夏戒严，不可前行，乃乘舟下至包头东归。归后翌年，有《塞北纪行》之作；又有《王同春小传》，以记套中开辟伟人。……

秋，冬，与张季直筹划开垦河套事务。致书五原县，请王同春来京，共商进行之法，由部给以顾问名义。季直先生并请王派两子至南通师范学校肄业。至冬，王由五原东来，至绥远谒见新将军潘矩楹。时有欲向之绑票者，在潘将军前构陷之，将王拘留下狱。先君在京闻之，先求张敬与致函潘将军缓颊，请释王，无效。农商部致电亦无效。季直先生为此特进总统府谒袁，用袁大总统命令，电其即刻释放，始有效。王抵京云："在绥远已定谳，大总统令若迟到一日，即遭枪毙矣！"同春在河套开垦凿渠，功绩甚大，有类神禹。套中又有称之为王善人者。壮年起业时，不无有得罪人之处。年老多财而无势力，即为其所至获罪之由也。清末将军贻谷讹诈其钱财土地甚多，曾下之狱，至此又遭下狱，因之万事灰心矣！民国二十年冬，各报记后套匪首王英有兵两师之众，兵败被械至北平，以后不知下落。英即同春长子也。据前山西国会议员景太昭（名耀月）及前江苏省长王铁珊（名瑚）云："王英并非土匪，而报章别有政治作用，宣传之为土匪，实甚冤枉。"此真所谓"以乱政为政，枉法为法"矣。王同春及其二子抵北京后，寓西单牌楼旧刑部街中国地学会，约三月之久，与先君及张季直商量河套开垦事宜，组织西通垦牧公司，立案于农商部。王拨五原县乌兰脑包地方附近地十万八千亩作公司基址，季直先生与先君各出银二千元为活动资本，定明年春四月开冻时至河套试办。袁世凯当时闻之亦欲在口外大举养马，为扩张军队之用，但不久亟亟谋称帝，不暇再及此矣。同春回至山西应州。其二子往南通留学不久，以不惯南方生活，回后套。

民国四年，乙卯，年五十岁。

春，三月，在泗赐县招集农人十名，往五原县开垦。每人给旅费三十元，由泗阳步行至五原。并约地垦熟后，每人给地一百亩。约族叔化鹏来京，同往五原县照料工人。化叔年已六十余矣，但精神甚佳，饮食甚健。其子相禹亦随工人同往。春、夏、秋皆在五原亲自照料一切。此时五原地旷人稀，物产极少，即青菜豆腐，欲求一饱，亦不可得。常以买一斤豆腐，几根白菜，走至二十里外，始能得之。泗阳在江北已为穷苦，而五原县较之泗阳更苦。泗阳农人至五原后不堪其苦，加以公司前途无大希望，二年后即俱回泗。初至乌兰脑包，第一事即建二十余间房屋，以便栖止。次即种菜买磨，以便饮食。后套天气干燥，时常全年不雨，种植全恃河渠灌溉。五原河渠颇多，皆为王同春壮年时所凿，以后悉被没收。政府设水利局专管放水，每亩征水租若干。规定以外，局中委员无不额外苛索，要求纳贿，不纳贿者不给水。地近渠边者，每届秋季，黄河水涨，自然泛滥，不需纳贿；次年春末下种，无不丰收。地距渠远者，为自然泛滥所不及，无渠水断不能下种。公司地基距渠稍远，某次为争执贿赂多少之故，怒极，欲率工人捣毁水利局。继思此事不可为，乃止。五原水利局隶属绥远将军，中央权力所不达。天高皇帝远，无可如何也。此时铁路仅至丰镇，尚未至绥远，五原一带农产无从输出。即能得水，专办垦植，亦未必有利。于是乃专注意于畜牧，买犊三百头、小羊五百头、猪若干养之。垦则兼办，求以自给足矣。秋末，自五原归北京。留化叔及张霖溥在五原照料度冬。

民国五年，丙辰，年五十一岁。

秋，后套开垦之泗阳县农人十名，不耐后套之苦生活，俱回泗阳。有二名经北京而回。仅张霖溥一人留套中照料本地工人畜牧事业。

民国九年，庚申，年五十五岁。

冬，十一月，张霖溥自后套经北京回泗阳。霖溥在五原数年，照料垦牧事业，费尽心力，经阅万难。屡来书求接济，并呼援助。而套中政治情形日坏，土匪猖獗，官兵骚扰，招新股则无人再肯出资，欲援助则恨鞭长莫及。所畜牧之牛羊，不为土匪所抢而去，即为官兵强夺屠食。其余东藏西匿所剩留百余头牛羊，至是出卖结束。河套开恳，起于民国四年，至是凡六年，完全失败，损失活动资本四千余元。此事可为现今大声急呼开发西北者之殷鉴也。西通公司之失败，一由于水利局委员贪污索贿，无法应付，不得不罢垦务。二由于军队之强取，所有牛羊尽被屠食，数年畜牧工作付之流水。三由于土匪之乱，使人生命财产全无保障，办事人求一日安枕而不可得。以后欲开垦西北，而不先澄清吏治，惩贪污，禁苞苴，及约束军队，皆可视作纸上谈兵，欺人之举也。至若土匪，则缘政治不良而产生者也。民国初年，套中无大股土匪，以后国政日益崩溃，土匪乃应运而生矣。

附录五　五原王绅同春行状

王文墀（民国二十年，《临河县志》卷下，页二九）

民国八年春，文墀奉令卸五原任，邑绅张君厚田等来署，盛述王绅同春开辟河套，殖我民族，事迹綦详，请为文以状之。爰撮叙其崖略，为之状曰：

按：王君同春，字浚川，直隶行唐人。幼负异禀，嬉游里巷，不与群儿伍，人争异之。髫年随其先德来河套，纵览周原，尝语人曰：“沃野千里，何居乎蒙人自封自闭为？”其有殖我民族之志固已夙矣。于是考求农牧实业，孜孜不遑；而其生平乐而不厌，嗜而弥笃，有与终身结不解之缘者，厥惟水利。同治十二年，首先创开老郭渠。光绪六年，开哈拉各尔河；嗣又开渠口至梅令庙五加河。七年，由和合源创开永和渠，至补红村。十五年，由老郭渠上游创开同和渠，复由土城子开口接至同和渠，改名义和渠，渠长百余里。二十五年，创开中和渠，至五分子。二十八年，随垦务督办贻钦使周勘永，丰、刚、黄、沙、义、通、长各大渠，指导动合机要，每有大工，他人咋舌束手，退避不遑者，先生从容措置，高下之宜，向之背势，得失顺逆之局，均能测于几先，定于临时。一时造门请者，得其片言一语，大用之大效，小用之小效。是其果操异术哉！盖其经验有独至者然也。普通工作无论已，遇有疑难大工，俯而察，仰而思，面壁终夜，临流痴立：虑其结而不解也，以无厚之精心入之；虑其膜之不破也，以至锐之果力出之。及夫豁然贯通，直有觉上下通明，踊跃狂呼，虽南面王莫易此乐者，何快如之！

昔张南通与先生谈水利，终日无倦容。导淮大计，先生力持导入海之议，南通深韪其说。识者惜其未见诸实行也。

当光绪末季，蒙旗犹守闭关主义，报垦之地寥寥，先生长驾远驭，出全力辟地五千顷，开大渠三道，待以举火者万家，其真能造福我民族民生者为何如耶！一旦尽夺其所有而归于公，先生视之如弃敝履。若此，其器识又为何如耶！先生持平等主义，尚博爱，好施予。光绪十七、八两年，地方苦凶，慨出粮万余石，二十七年，岁大饥，慨出粮六千石赈之，活人无算。辛亥，王爷地刘天佑之变，蹂躏河套无完土，晋军全部军粮数千石，独力任之。此其乐善不倦为何如耶！

按：临河未设治前，地方悉隶于五原。临河当日农业水利，何莫非我浚川先生经营缔造之所赐。士食旧德，农服先畴，至今父老犹乐道之。用附志乘，以志不谖云。

按：中和渠未详。哈拉各尔河亦未详，而绥远省分县图中五原有哈拉乌素渠，未审即此否。

吴志顺记

整理人：蒋超，先后担任水利部科技教育司副处长、科技司处长、水利部信息研究所副所长、国际泥沙研究培训中心副主任。曾兼任中国水利学会副秘书长、中国水利学会水利史研究会副会长兼秘书长、《中国大百科全书》第二版水利学科副主编、《中国水利百科全书》第二版水利史分支副主编、《中国水利史典》专家委员会副主任，现担任世界灌溉遗产评审专家。

《中国黄河文化大典》编辑出版人员

总　编　辑　涂曙明

总责任编辑　营幼峰

总执行编辑　王厚军　马爱梅　宋建娜

黄河治理（近代部分）一

责任编辑　宋建娜　戴甫青

审稿编辑　王　勤　宋建娜　戴甫青

装帧设计　芦　博　李　菲

责任排版　吴建军　郭会东　孙　静

责任校对　梁晓静　黄　梅

责任印制　崔志强　焦　岩　冯　强